Declamatio Romanorum

Vera Isabella Langer

Declamatio Romanorum

Dokument juristischer Argumentationstechnik, Fenster in die Gesellschaft ihrer Zeit und Quelle des Rechts?

PETER LANG
Frankfurt am Main · Berlin · Bern · Bruxelles · New York · Oxford · Wien

Bibliografische Information der Deutschen Nationalbibliothek
Die Deutsche Nationalbibliothek verzeichnet diese Publikation in der Deutschen Nationalbibliografie; detaillierte bibliografische Daten sind im Internet über <http://www.d-nb.de> abrufbar.

Zugl.: Frankfurt (Main), Univ., Diss., 2006

Umschlagabbildung:
Front eines Kindersarkophages (Ausschnitt)
mit einem deklamierenden Knaben.
Am linken Rand der Sarkophagfront stillt die Mutter ihr Kind
im Beisein des Vaters.
In der nächsten Szene hält der Vater das Kleinkind auf dem Arm,
das im folgenden Abschnitt in schon forgeschrittenerem Alter
auf einem von einem Widder gezogenen Wagen fährt
(Paris/Louvre; Richter, Überlegungen zur Redegestik).

Abdruck mit freundlicher Genehmigung von
Verlag Bibliopolis, Möhnesee.

D 30
ISBN 978-3-631-55861-4

www.peterlang.de

MEINEN ELTERN,
GUDRUN JOHANNA UND DIETGER LANGER,
IN DANKBARKEIT GEWIDMET

sed ut perveniri ad summa nisi ex principiis non potest,
ita procedente iam opere minima incipiunt esse quae prima sunt.
Quintilian, Institutio oratoria X.I.4

Vorwort

Die vorliegende Arbeit wurde im Wintersemester 2005/2006 vom Fachbereich Rechtswissenschaft der Johann Wolfgang Goethe-Universität in Frankfurt am Main als Dissertation angenommen.

Die römischen Deklamationen haben mich schon im vierten Semester meines Studiums begeistert, als ich im Seminar *Römisches Recht* bei Prof. Dr. Boudewijn Sirks eine Seminararbeit zu diesem Thema verfasst habe. Um so mehr habe ich mich dann gefreut, dass ich nach meinem ersten Staatsexamen eine Dissertation zu diesem Thema anfertigen durfte. Die Begeisterung für die Deklamationen ist bis zum heutigen Tag geblieben und ich hoffe, mit dieser Arbeit der relativ geringen Beachtung der römischen Deklamationen in der Rechtsgeschichte wenigstens etwas entgegenwirken zu können.

Prof. Dr. Boudewijn Sirks, meinem Doktorvater, möchte ich an erster Stelle danken. Durch seine Art und sein Wissen wird die Welt der Antike greifbar. Er war stets zur Diskussion bereit und hat mich immer durch kreative Anregungen begleitet. Auch hat er mir die Angst genommen, mein Thema auf internationalen Kongressen zu vertreten.

Tiefe Dankbarkeit empfinde ich gegenüber meinem Mann, Joachim Papendick, ohne dessen ständige tapfere seelische Unterstützung dieses Buch nicht denkbar gewesen wäre.

Bedanken möchte ich mich sehr bei Prof. Dr. Richard Gamauf für sein Zweitgutachten und dafür, dass er die beschwerliche Reise von Wien nach Frankfurt im kalten Winter auf sich genommen und mir auch immer mit Rat zur Seite gestanden hat.

Weiterer Dank gebührt Ass. Prof. Dr. Verena Tiziana Halbwachs, Ulrike Hühne, Uta Bredemeier, Silvy De Bie und Wout Van Dessel.

Widmen möchte ich dieses Buch meinen Eltern, denen ich mich tief verbunden fühle. Leider konnte meine Mutter die Fertigstellung der Dissertation nicht mehr erleben. Jedoch glaube ich an ein Leben nach dem Tod und hoffe, dass sie um die Fertigstellung weiß.

Mein Vater hat mich in allen Phasen der Dissertation begleitet. Das freut mich sehr und dafür bin ich ihm sehr dankbar.

Offenbach am Main im Sommer 2006 *Vera Isabella Langer*

Inhaltsverzeichnis

I. Einleitung

Declamationes waren als spezifische Art von Schulübungen im augusteischen Zeitalter besonders populär und beherrschten den höheren Schulbetrieb der Kaiserzeit.[1] Dieser höhere Unterricht vervollständigte als dritte Stufe die Schullaufbahn, die mit dem Elementarunterricht begann und in einer zweiten Schulstufe durch den Unterricht beim Grammatikus weitergeführt wurde. Im Unterschied zur Elementarschule wurde der weiterführende Unterricht nur von Söhnen der wohlhabenden Gesellschaftsschichten besucht.[2]

Die Deklamation ist „die Übung, eine Rede vor jemandem vorzutragen“[3]. Sie greift alle elementaren Vorübungen auf und ist verglichen mit allen anderen Übungsstufen der Realität am nächsten.[4] Die Deklamationen spalten sich auf in die *controversiae* (oder *causae*) und die *suasoriae*.[5]

Die Gerichtsreden wurden in der Form der *controversiae* geübt, die beratenden Reden in der Form der *suasoriae*. Die *controversiae* wurden als schwierigste Übungen für das Deklamieren angesehen.[6] Tacitus berichtet etwa, dass „die deliberativen Übungen“, also die *suasoriae*, „als die leichtesten Übungen galten und den weniger hervorragenden Schülern überlassen wurden, während die Streitreden“, die *controversiae*, „eine Sache der begabtesten war“.[7] Der Ablauf der Übung in den antiken Schulen gestaltete sich wohl folgendermaßen: Der Rhetor oder Schüler bekam ein „Gesetz“ oder eine Norm[8] zusammen mit einem Sachverhalt[9] als Aufgabe überreicht. Der Rhetor vertrat dann in der Deklamation wie ein Advokat eine der beiden Streitparteien[10].

1. Stand der Forschung und Problemstellung

In der Literatur ist der Wert der *declamationes* für die Rechtsgeschichte unterschiedlich bewertet worden:

Im späten 19. und frühen 20. Jahrhundert[11] wird der Wert der *declamationes* als Rechtszeugnis und damit auch ihre Bedeutung für die Rechtsgeschichte noch deutlich in Frage gestellt. Dies gilt vor allem für DIRKSEN, der sich mit der

---

[1] Sirks, Juridical rationality, S. 333.

[2] Marrou, Histoire de l' éducation, S. 389 - 421; Tellegen-Couperus, Quintilian and Roman Law, S. 171; van den Bergh, Role of Education, S. 364.

[3] Andersen, Garten der Rhetorik, S. 249 f.

[4] Andersen, Garten der Rhetorik, S. 249 f., Quintilian, Inst. or. II 10, 2.

[5] Sirks, Juridical rationality, S. 333.

[6] Andersen, Garten der Rhetorik, S. 250.

[7] Tacitus, Dial. de or. 35, 4, übersetzt nach Andersen, Garten der Rhetorik, S. 250.

[8] In diesem Zusammenhang wird darauf hingewiesen, dass der Begriff „Norm“ in der gesamten Arbeit streng rechtsmethodologisch gebraucht wird und an sich noch keine Aussage über den Inhalt oder den Realitätsbezug der verwendeten Norm macht.

[9] Sirks, Juridical rationality, S. 335.

[10] Sirks, Juridical rationality, S. 333.

[11] Dirksen, Methode der Auswahl; Lécrivain, Le droit Grec et le droit Romain; Borneque, Les Déclamations; Sprenger Declamationes Iuridicae.

„Methode der Auswahl und Benutzung von Beispielen römischrechtlichen Inhalts durch griechische und lateinische Rhetoren“[12] befasst. DIRKSEN verweist auf Aussagen Ciceros und Quintilians, die davor warnen, den Rhetorikübungen ausschließlich erdichtete und phantastische „Rechts“-Probleme zu Grunde zu legen.[13] Während Cicero Wert darauf legte, in den Schulübungen reales römisches Recht und reale Probleme zu verwenden und Abweichungen oder Benutzung von nichtrömischem antikem Recht kenntlich zu machen, seien die postciceronischen Rhetoren, wie Seneca der Ältere oder Quintilian, diesem Verfahren nicht treu geblieben. DIRKSEN vertritt die Ansicht, dass diese Redner für die Beurteilung fiktiver Fälle „entweder eine Rechtsregel ohne alle locale Färbung“ oder „aus der Überlieferung griechischer Volkssitte hergeleitete Regeln“ herangezogen hätten.[14] Ihre Reden stünden, so DIRKSEN mit Bezug auf eine Äußerung Juvenals, alleine „im Dienste der Frivolität und des schlechten Geschmacks“[15]. Die Analyse einiger Deklamationen von Quintilian und von Seneca dem Älteren dient der Untermauerung dieser Ansicht[16]. Auch bei der Untersuchung einiger späterer Rhetoren, wie z.B. Fronto[17], kommt er zu keinem anderen Ergebnis.[18] Er schließt mit der Feststellung, dass diese Entwicklung von Cicero bis hin zu den späteren Rhetoren den Einflüssen „der damaligen entarteten griechischen Rhetorik“ [19] zu verdanken sei. Es kann also festgestellt werden, dass DIRKSEN den nachciceronischen Deklamationen keinen juristischen Wert beimisst.
Dagegen verweist LÉCRIVAIN[20] auf die Notwendigkeit eines Vergleichs der Deklamationen mit dem griechischen Recht und den griechischen Vorbildern. Er stellt fest, dass bei den bisherigen Untersuchungen der Einfluss der griechischen Rhetorik nicht beachtet worden sei. LÉCRIVAIN betont, dass die in den Deklamationen verwendeten Sujets griechisch geprägt seien.[21]
Die Untersuchungen BORNEQUES[22] befassen sich mit den Deklamationen und den Deklamatoren, wobei die Deklamationen Senecas des Älteren den Schwerpunkt bilden. Neben biographischen Studien zu Seneca geht BORNEQUE auch auf die Geschichte der *declamatio* sowie auf die in den Deklamationen Senecas verwendeten Sujets ein. In diesem Zusammenhang wird ein Kapitel auch dem Recht in den *controversiae* gewidmet.[23] BORNEQUE geht von der Fragestellung aus, ob das

[12] Dirksen, Methode der Auswahl, S. 254.
[13] Dirksen, Methode der Auswahl, S. 255 - 259; Cicero, De orat., II. 24; Quintilian, Inst. or., V.13. 36,42,44. ff; VII. 2. 24,54.ff; VII. 3. 20; VII. 6. 1; VIII. 3. 22 ff; IX 2. 67, 74, 80 ff; X 1. 36; X. 5. 14 ff, 17 ff; X. 7. 20 ff; XI. 1. 38, 55 ff, 81 ff; XII. 2. 8; XII. 11. 15 ff.
[14] Dirksen, Methode der Auswahl, S. 261.
[15] Dirksen, Methode der Auswahl, S. 261, auch S. 270.
[16] Dirksen, Methode der Auswahl, S. 267 - 280.
[17] Niebuhr, Res quae M. C. Frontonis, 8., Epistolar. Ad Marcum Caes. II. 15. P. 70 ff.
[18] Dirksen, Methode der Auswahl, S. 267 - 280.
[19] Dirksen, Methode der Auswahl, S. 280.
[20] Lécrivain, Le droit Grec et le droit Romain.
[21] Lécrivain, Le droit Grec et le droit Romain, S. 680.
[22] Borneque, Les Déclamations.
[23] Borneque, Les Déclamations, S. 59 - 75.

in den *controversiae* verwendete Recht als reales römisches Recht gelten könne oder ob es sich um griechisches Recht oder um Phantasieprodukte der Deklamatoren handele. Dabei zeigt er auch die Möglichkeit auf, dass das Recht in der Form, wie es in den *controversiae* präsentiert wird, zwar nicht existent, wohl aber an reales Recht angelehnt sei, so dass von einer Abwandlung gesprochen werden könne.[24] BORNEQUE kommt zu dem Ergebnis, dass alle diese Möglichkeiten auch tatsächlich genutzt wurden. Es kam den Deklamatoren, so BORNEQUE, eben nicht auf die Art des verwendeten Rechts an, sondern es stand der Wunsch im Vordergrund, eine für die Rede interessante Materie zu behandeln.[25] Von der neueren Forschung wird BORNEQUES Abhandlung allerdings als perspektivisch sehr begrenzt eingeordnet.[26]

SPRENGER[27], der davon ausgeht, dass die Rhetorikschüler in der Antike auch in der Jurisprudenz ausgebildet worden seien[28], untersucht in seinem Werk die *declamationes* mit juristischem Inhalt. Er kommt zu dem Schluss, dass die *declamationes* griechisches und römisches Recht verarbeiten.[29] Seine Ansicht bildet also bereits einen Gegensatz zu jener DIRKSENS. SPRENGER ordnet die *declamationes* nach ihrem Inhalt in acht Gruppen ein.[30] Auch seine Forschungen werden heute im Detail als veraltet und überholt angesehen.[31]

Insgesamt ist festzustellen, dass der in der neueren Forschung, unter anderem von CROOK,[32] vermittelte Eindruck, dass die Deklamationen in der Literatur der Jahrhundertwende vom 19. zum 20. Jahrhundert ausschließlich für nutzloses, wirklichkeitsfernes Wortgeklingel gehalten wurden und dass erst LANFRANCHI mit seinem Werk von 1938[33] ein Umdenken in der Forschung provoziert habe, korrigiert werden muss. Bereits die Literatur der Jahrhundertwende zeigt deutlich Ansätze, die einen Wert der Deklamation für die Rechtsgeschichte befürworten (s.o.).

Zwischen 1935 und 1970 sind in der Literatur bereits zwei sich kontrovers gegenüberstehende Forschungsmeinungen zu verzeichnen. Während etwa HOSIUS und CAPLAN den Deklamationen keinen Wert für die Rechtsgeschichte beimessen, sieht die Gegenmeinung die Deklamationen als Gewinn für die Rechtsgeschichte an.

HOSIUS[34] geht davon aus, dass es zwischen der republikanischen Zeit und dem Prinzipat einen Wandel in der Rhetorik gegeben habe. In der republikanischen

---

[24] Borneque, Les Déclamations, S. 59.
[25] Borneque, Les Déclamations, S. 75.
[26] Winterbottom, Seneca - Declamations - Volume I - S. XXV.
[27] Sprenger, Declamationes Iuridicae.
[28] Sprenger, Declamationes Iuridicae, S. 170.
[29] Sprenger, Declamationes Iuridicae, S. 173.
[30] Sprenger, Declamationes Iuridicae, S. 176 - 261.
[31] Sirks, Juridical Rationality, S. 335.
[32] Crook, Legal Advocacy, S. 163.
[33] Lanfranchi, Il diritto nei retori.
[34] Hosius, Römische Literaturgeschichte, § 335 a.

Zeit habe die Schulrede, die *declamatio*, für die Rede auf dem Forum vorbereitet. Der Prinzipat habe dagegen die gesamte rhetorische Tätigkeit in das Forum der Schule zurückgedrängt.[35] „Aus dem Orator wurde jetzt der Deklamator"[36], so HOSIUS. Der Redner auf dem Forum habe die Zuhörer in Entscheidungen beeinflussen können, die sie selbst noch in Händen hielten, im Prinzipat habe der Redner hingegen nur Lob ernten wollen. Deshalb seien, so HOSIUS, konstruierte Themen bevorzugt worden[37], „der scholastische Redner spinnt sich ein in die trübe Welt des Scheines"[38]. Die Themen der Deklamation seien möglichst fern liegend, aufs schärfste kontrastierend oder gar widernatürlich.[39] Diese Ansicht ist sehr verkürzend, denn in Rechtsstreitigkeiten bestand für den Redner selbst im Prinzipat die Möglichkeit der Beeinflussung des Richters.

CAPLANS[40] Äußerungen beziehen sich vor allem auf die Situationen, die in den Deklamationen dargestellt werden. Sie seien kompliziert, irreal und sensationslüstern. Piraten und Tyrannen habe es zur Zeit Senecas des Älteren oder Quintilians schon nicht mehr gegeben. Die verwendeten Gesetze seien oft sehr vage gehalten, erfunden oder von griechischen Gesetzen übernommen.[41]

Die Gegenmeinung sieht die Deklamationen als Gewinn für die Rechtsgeschichte: LANFRANCHI, von STROUX und RICCOBONO geprägt[42], untersucht die *declamationes* von Seneca dem Älteren, die von Quintilian und die von Calpurnius Flaccus, um Interpolationsvermutungen bzgl. einiger Digestenstellen zu widerlegen.[43] Begriffe oder Wortsequenzen, die im Verdacht stehen, von den justinianischen Kompilatoren interpoliert worden zu sein, versucht er in den *declamationes* wiederzufinden. Dadurch gelingt ihm der Beweis, dass diese Begriffe auch schon in der Klassik gebräuchlich waren. Entsprechend dieser Zielsetzung beschränken sich seine Untersuchungen auf bestimmte Begriffe, die in den Digesten des Corpus Iuris Civilis vorkommen. Eine systematische Untersuchung der überlieferten *declamationes* erfolgt allerdings nicht. LANFRANCHIS Betrachtungen verbleiben selektiv und auf einer eher philologischen Ebene. Nichtsdestoweniger unterstreicht er durch sein Werk den Wert der rhetorischen Schulübungen für die rechtsgeschichtliche Forschung.[44]

DÜLL unterstützt in seinem Aufsatz über das römische *iudicium domesticum*, das Richteramt, das der *pater familias* über seine sämtlichen Gewaltunterworfenen ausübte[45], die Ansicht, dass die Rhetorenschulen vorzugsweise Probleme behan-

---

35 Hosius, Römische Literaturgeschichte, § 335a.
36 Hosius, Römische Literaturgeschichte, §335a.
37 Hosius, Römische Literaturgeschichte, § 335a.
38 Hosius, Römische Literaturgeschichte, § 335a.
39 Hosius, Römische Literaturgeschichte, § 335a.
40 Caplan, Of Eloquence.
41 Caplan, Of Eloquence, S. 163.
42 Wenger, Quellen, S. 235; Lanfranchi, Il Diritto Nei Retori, S. 2-6.
43 Lanfranchi, Il Diritto Nei Retori, S. 15 - 25.
44 Sirks, Juridical rationality, S. 334.
45 Düll, Iudicium domesticum.

delten, die den Römern anschaulich waren. Er weist es als unwahrscheinlich von der Hand, dass die Lehrer den Schülern für die Anfertigung von Deklamationen, die ja rhetorische Übungsstücke für den Schulbetrieb waren, Themen und Gesetze vorgaben, die den Schülern unbekannt waren. Viel wahrscheinlicher sei es, anzunehmen, dass die zur Bearbeitung vorgelegten Themen den Schülern aus der Alltagsrealität bekannt waren und dass ihnen damit das Argumentieren erleichtert werden sollte.[46] Die Behandlung rechtlicher Probleme, die nicht aus dem täglichen Leben bekannt waren, oder die Arbeit mit nichtrömischen, d.h. griechischen oder erfundenen Gesetzen, sei deshalb weitgehend vermieden worden.[47]

Auch PARKS[48] weist die Ansicht zurück, dass die Rhetorikschulen im Prinzipat nur Schaudeklamationen ohne jeden praktischen Inhalt boten, deren Motivation lediglich darin bestanden hätte, das Publikum zu unterhalten. Er geht im Gegenteil davon aus, dass auch im Prinzipat die Rhetorikschulen für die Rede vor Gericht ausbildeten. Ferner hält er die Ansicht, dass kaiserliche Repressionen für einen Niedergang der Rhetorik verantwortlich gewesen seien, für unzutreffend.[49]

PARKS begegnet der abschätzigen Beurteilung der Deklamationen als phantastische und unrealistische Gebilde mit einer Analyse der vorhandenen Quellen. Es handele sich bei den überlieferten Deklamationensammlungen immer um Abschriften oder „high spots“. Der Kritik an den kleineren Deklamationen des Quintilian, die vielfach als „sketchy“ bezeichnet würden, weist er beispielsweise mit dem Hinweis darauf zurück, dass es sich hierbei höchst wahrscheinlich um Mitschriften vorgetragener Deklamationen handele und nicht um eine vollständige Sammlung aller Konzepte.[50] Besonders die *controversiae* haben dazu beigetragen, die Schüler in der *aequitas* zu üben. Dadurch werde auch der große Einfluss der Stoa auf das Rechtsleben deutlich.[51] In seinem Resümee weist PARKS darauf hin, dass die phantastisch erscheinenden Sachverhalte keinesfalls dafür sprechen, dass die Deklamationen als Übung für die Praxis unbrauchbar waren.[52] Er bezeichnet die Deklamationen Quintilians und die Senecas deshalb als Sammlungen, die Rechtsfällesammlungen sehr ähnlich seien.[53]

STROUX[54] setzt sich mit der Beeinflussung des römischen Rechts durch das griechische auseinander. Gerade der Rhetorik misst er als Medium besondere Bedeutung zu. Sie habe den Juristen eine Arbeitsmethode an die Hand gegeben, die, wie die Rhetorik überhaupt, stark vom griechischen Modell geprägt war und ist.[55] Dabei trifft STROUX auch Aussagen über die *declamationes* des Quintilian. Leider

---

[46] Düll, Iudicium domesticum, S. 74 f.
[47] Düll, Iudicium domesticum, S. 76.
[48] Parks, Rhetorical Schools.
[49] Parks, Rhetorical Schools, S. 19 f.
[50] Parks, Rhetorical Schools, S. 68.
[51] Parks, Rhetorical Schools, S. 85.
[52] Parks, Rhetorical Schools, S. 114.
[53] Parks, Rhetorical Schools, S. 113 f.
[54] Stroux, Rechtswissenschaft und Rhetorik
[55] Stroux, Rechtswissenschaft und Rhetorik, S. 77.

untersucht er diese nicht unmittelbar, sondern bezieht seine Aussagen aus dessen *Institutio oratoria*.[56] Er ist der Meinung, dass die Fälle, also die Sachverhalte, die den Deklamationen zu Grunde liegen, fingiert seien. Er zweifelt aber nicht daran, dass bei der Ausarbeitung der Reden reales antikes Recht mitbenutzt wurde.[57]
Auch BONNER[58], der die Deklamationen in der späten Republik und im frühen Prinzipat untersucht, betont, dass die rhetorischen Texte mehr römisches Recht zeigen, als zuvor angenommen. Im übrigen versteht er die Untersuchung der Deklamationen als eine Aufgabe, die ebenso die klassischen Kulturstudien wie die Rechtsgeschichte betreffe. BONNER geht hauptsächlich auf die Deklamationen Ciceros und Senecas ein, lässt aber auch jene von Quintilian und Calpurnius Flaccus nicht unerwähnt. Er untersucht vor allem, welche Stellung die *declamatio* in der späten Republik und im frühen Prinzipat inne hatte, wie eine *declamatio* aufgebaut ist und ob die *leges*, auf die Bezug genommen wird, reale oder fiktive Gesetze sind.[59] Allerdings lässt BONNER die Frage außer Acht, auf welche Art und Weise der *declamator* diese *leges* verwendet hat, ob diese Verwendung realitätsnah oder fernab jeden realen Bezugs war. Auch betont er, dass er kein Jurist sei, dass der Schwerpunkt seiner Monographie mithin nicht im juristischen, sondern im kulturhistorischen Kontext verortet sei.[60]
PAOLI[61] geht es vor allem darum, zu prüfen, inwiefern die römischen Deklamationen als Quelle für das griechische Recht genutzt werden können. Er referiert zunächst die Kritik, die an dem Inhalt der Deklamationen geäußert wurde. Der Ansicht, dass die Sachverhalte der Deklamationen romanhaft, phantastisch, lächerlich oder unglaubwürdig seien, begegnet er mit Hinweisen auf die Entstehungsgeschichte. Die römischen Rhetoriklehrer hätten aufgrund der Notwendigkeit, interessante Sachverhalte bereitstellen zu müssen, auf griechisches Repertoire zurückgegriffen, das dann romanisiert worden sei.[62] PAOLI erkennt in dem verwendeten Recht partiell attisches Recht.[63] Dabei habe zwischen Seneca und Quintilian eine Entwicklung hin zur stärkeren Romanisierung stattgefunden.[64]
WENGER vertritt eine weitgehend positive Position. Er zählt die *declamationes* zu den Quellen des römischen Rechts.[65] Als Rechtsquellen versteht er nicht nur die Anspielungen oder Hinweise der Deklamatoren auf das Recht oder einzelne Gesetze, sondern auch deren gesamte Argumentationsweise. Dennoch sei bei der Deklamation als Rechtsquelle Vorsicht geboten, da bezüglich des Rechts auch

---

[56] Stroux, Rechtwissenschaft und Rhetorok, S. 22 ff., 26, 44, 63.
[57] Stroux, Rechtswissenschaft und Rhetorik, S. 26, 63.
[58] Bonner, Roman Declamation.
[59] Bonner, Roman Declamation, S. VI f.
[60] Bonner, Roman Declamation, S. III f.
[61] Paoli, Droit dans les rhéteurs.
[62] Paoli, Droit dans les rhéteurs, S. 79 f.
[63] Paoli, Droit dans les rhéteurs, S. 81.
[64] Paoli, Droit dans les rhéteurs, S. 98 - 101.
[65] Wenger, Quellen.

erdachte Materie verwendet wurde.[66] Die erörterten Fälle seien teilweise real, teilweise aber auch fiktiv.
Allein CLARKE vertritt eine vermittelnde Ansicht bezüglich des Wertes der *declamationes* für die Rechtsgeschichte. Er untersucht in seinem Werk die Rhetorik der Römer.[67] Dabei stellt er deren Entwicklung beginnend mit der Republik bis hin zum Christentum dar. Er kommt zu dem Schluss, dass der Inhalt der Deklamationen phantastisch und melodramatisch sei. Dennoch spricht er den verwendeten Gesetzen einen engen Zusammenhang mit dem damaligen römischen Recht zu[68], obwohl auf juristische Genauigkeit oder auf die Beziehung zur wahren römischen Gesetzeslage wenig Wert gelegt wurde[69]. Auch von einer ernsthaften Beweisführung könne nicht gesprochen werden.[70] CLARKE greift die beiden sich kontrovers gegenüberstehenden Meinungen über die Funktion der *declamationes* auf, die in gleicher Weise bereits in der Antike zu beobachten seien. Die eine bestand darin, dass die Überzeugung vertreten wurde, das Deklamieren habe nichts mit dem Plädieren vor Gericht zu tun. Die andere Ansicht sieht die *declamatio* als Vorbereitung für die Gerichtsrede.[71]
In der neueren Forschung wird der Wert der Deklamationen für die Rechtswissenschaft zunehmend komplexer gesehen. Der frühe WINTERBOTTOM[72] betont beispielsweise, dass es sich bei der Auffassung, die Übungen der Deklamatorenschulen seien fernab jeder Realität gewesen, lediglich um ein in der Gegenwart, aber auch schon in der Antike geläufiges Klischee handele.[73] Er beruft sich auf Quintilian, der die Wurzel der Rhetorik in der Vorbereitung für die Rede auf dem Forum sieht.[74] Im Folgenden widmet sich WINTERBOTTOM vor allem der weiteren Entwicklungsgeschichte der *declamatio*. Er geht zunächst von der Frage aus, ob es denkbar sei, dass die Römer, die Amphitheater und Aquädukte bauten und meisterhafte juristische Regeln besaßen, ihre Kinder in Deklamatorenschulen geschickt hätten, wenn diese für das reale Leben unnütz gewesen wären.[75] Um zu ermitteln, welche Vorteile die Deklamationen für das römische Leben boten und um ihren allgemeinen Wert zu ergründen, hält WINTERBOTTOM es für zweckmäßig, die kleineren Deklamationen des Quintilian, die er für eine Mitschrift tatsächlich vorgetragener rhetorischer Schulübungen aus dem täglichen Schulbetrieb hält, zu untersuchen. Paradigmatisch analysiert er eine *declamatio* mit historischem bzw. pseudohistorischem Thema; bei der Quint. Decl. min. CCCXXIII

[66] Wenger, Quellen, S. 253.
[67] Clarke, Rhetoric at Rome.
[68] Clarke, Rhetoric at Rome, S.92; Clarke bezieht sich hierbei auf Bonner, Roman Declamation, S. 84 f.
[69] Clarke, Rhetorik at Rome, S. 92.
[70] Clarke, Rhetirik at Rome, S. 92 f.
[71] Clarke, Rhetorik at Rome, S. 97.
[72] Winterbottom, Schoolroom and Courtroom.
[73] Winterbottom, Schoolroom and Courtroom, S. 62.
[74] Winterbottom, Schoolroom and Courtroom, S. 63.
[75] Winterbottom, Schoolroom and Courtroom, S. 63.

seien alle Angaben außer jenen, dass Alexander ein junger und kühner General war, unwahr und vollkommen unhistorisch. Dem Redner konnten also beim Verfassen der Rede nur die beiden genannten Fakten bekannt gewesen sein. Dies sei in didaktischer Hinsicht durchaus sinnvoll gewesen, so WINTERBOTTOM, um den Schüler nicht durch zu viele Fakten, zu viele Realien zu verwirren und seine Kreativität einzuschränken. Eine zu enge Bindung an die Realität hätte den Schüler in der Freiheit der Argumentation eingeschränkt bzw. von der Konzentration auf die Argumentation abgelenkt. „Rhetors taught rhetoric, not history", stellt WINTERBOTTOM als Ergebnis fest. Er vertritt die Meinung, dass diese Konsequenz auch für Deklamationen mit nicht historischen Themen gelte.[76] WINTERBOTTOM führt weiter aus, dass man das Deklamationenrecht nicht als Quelle für das römische Recht bezeichnen könne, da es fiktional sei. Gerade die Verwendung fiktionalen Rechts habe die Flexibilität und Kreativität bezüglich der Argumente befördert. Recht habe man in einer Rechtsschule oder im Gericht erlernt, Argumentieren dagegen in einer Deklamationsschule.[77] WINTERBOTTOM betont jedoch, dass bei den *declamationes* und bei den Gerichtsreden die Betonung der *aequitas* von großer Bedeutung war. Deshalb seien, wenn man die Bedeutung des Elements der *aequitas* berücksichtige, die Deklamatorenschulen eben doch ein Training für die Rede im Gericht gewesen, da sie in ihre Ausbildung die Beschäftigung mit der *aequitas* stark einbezogen.[78]

ANDERSEN[79] steht dem Realitätsbezug der Gesetze eher kritisch gegenüber. Er bezeichnet die Deklamationsthemen als wirklichkeitsfern. Die geschilderten Situationen seien unwahrscheinlich, die Gesetze eher fiktiv und die verwendete Personengalerie sei weitgehend eine Sammlung von Parodien. Die Deklamationen mit juristisch anmutendem Inhalt seien hauptsächlich ein Mittel dafür gewesen, die Statuslehre einzuüben. ANDERSEN erkennt sowohl in lebensnahen Deklamationen, als auch in artifiziellen lebensfernen Deklamationen einen Wert. Gerade die artifiziell konstruierten Deklamationen haben die Schüler im juristischen Bereich oft in größerem Maß herausgefordert, als die lebensnahen.[80]

ZINSMAIER untersucht exemplarisch die VI. der *Declamationes maiores* des Pseudoquintilian.[81] Er erkennt eine prozessual realistische Situation.[82] Die Personen und die zu Grunde liegende Handlung stuft er als der neuen Komödie verwandt ein.[83] Die verwendeten Rechtssätze bezeichnet er als zugespitzt und zu extrem um real sein zu können, wobei er ihnen einen realen Kern keinesfalls abspricht.[84]

---

[76] Winterbottom, Schoolroom and Courtroom, S. 64 f.
[77] Winterbottom, Schoolroom and Courtroom, S. 65.
[78] Winterbottom, Schoolroom and Courtroom, S. 67 f.
[79] Andersen, Garten der Rhetorik.
[80] Andersen, Garten der Rhetorik, S. 253 ff.
[81] Zinsmaier, Leichnam.
[82] Zinsmaier, Leichnam, S. 14 - 17.
[83] Zinsmaier, Leichnam, S. 3.
[84] Zinsmaier, Leichnam, S. 17 - 21.

NÖRR gründet seine Forschungen über die *causa-mortis*-Wendung[85] auf die quintilianischen kleineren Deklamationen, u.a. auf die Decl. min. CCLXX, CCLXXXIX und CCXCII, sowie auf jene des Calpurnius Flaccus.[86] Er geht davon aus, dass die für die *declamationes* verwendeten Rechtsnormen „irgendwo auf der breiten Skala zwischen historischen Vorbildern und märchenhaften Erfindungen liegen". Daher warnt er davor, sie unkritisch als Rechtsquelle zu benutzen. Sofern die Historizität einer rhetorischen juristischen Norm jedoch anderweitig festgestellt ist, geht NÖRR davon aus, dass aus den Deklamationen Schlüsse über die Popularität, über das Verständnis einer bestimmten Norm oder über Argumentationsarten gezogen werden können.[87]
SIRKS behandelt exemplarisch zwei *Declamationes minores* Pseudoquintilians, Nummer CCCXL und CCCXLII.[88] Er befasst sich mit der Frage, welcher juristische Wert der Argumentation, abgesehen von den Gesetzen, in den Deklamationen beigemessen werden kann.[89] Die beiden von SIRKS untersuchten Deklamationen behandeln dasselbe Gesetz und dasselbe Thema, die Freilassung. Während der in Quint. Decl. min.CCCXL geschilderte Fall sowohl der Realität wie auch alten Geschichten entstammen kann, ist der Fall in Quint. Decl. min. CCCXLII demgegenüber völlig unrealistisch.[90] SIRKS kommt zu dem Ergebnis, dass für jede Deklamation gesondert festgestellt werden müsse, welcher Stoff verarbeitet wurde. Es seien Themen zu verzeichnen, die auf attischem Recht beruhen und romanisiert wurden, Themen, die eine Verbindung zum römischen Recht haben, wie auch solche, die ausgesprochen phantastisch anmuten. SIRKS schließt eine Relation zwischen dem Realitätsgrad des Falles und dem Bezug der Rede zum Recht ein; je unrealistischer der Fall, um so mehr Freiheit nehme sich der *declamator* bezüglich des Rechts, und je realistischer die Fallgestaltung, um so mehr bediene sich der *declamator* Argumenten aus der Realität. In beiden untersuchten Deklamationen nehme sich der *declamator* die Freiheiten von der Realität; sie seien also primär zum rhetorischen Gebrauch entstanden.[91]
SUSSMAN bedauert in der „Introduction" zur Ausgabe der Deklamationen des Calpurnius Flaccus[92] die Vernachlässigung dieser Texte durch die Forschung, obwohl sie für die lateinische Literatur, für die Geschichte der Ausbildung, für die Rhetorik und das römisches Recht von Wert seien.[93] Auch in Hinblick auf soziologische und rechtssoziologische Aspekte seien die *declamationes* des Flaccus relevant.[94] SUSSMAN beschreibt die Praxis der *declamationes* als rhetorische

---

[85] Nörr, Causa Mortis.
[86] Nörr, Causa Mortis, S. 42-48.
[87] Nörr, Causa Mortis, S. 37.
[88] Sirks, Juridical rationality.
[89] Sirks, Juridical rationality, S. 335.
[90] Sirks, Juridical rationality, S. 340, 346.
[91] Sirks, Juridical rationality, S. 359.
[92] Sussman, Declamations of Calpurnius Flaccus.
[93] Sussman, Declamations of Calpurnius Flaccus, S. 1f.
[94] Sussman, Declamations of Calpurnius Flaccus, S. 2f.

Schulübungen. Er ist der Ansicht, dass die Übungsreden nicht nur den Mitschülern oder dem Lehrer vorgetragen wurden, sondern dass die Türen der Schule „geöffnet" waren und auch außerschulisches Publikum den deklamierenden Schülern zuhören konnte.[95] Der Inhalt der Deklamationen sei sehr vielseitig, er reiche von Selbstmord über Frauenraub bis hin zu den Taten von Priestern und Heroen.[96] Die Situationen und Charaktere seien denen, die in den *controversiae* Senecas des Älteren vorkommen, sehr ähnlich.[97] Kritisch konstatiert SUSSMAN, dass es üblich geworden sei, davon auszugehen, dass die in den Deklamationen verwendeten Gesetze erfundene oder an griechische Vorbilder angelehnte Gesetze seien. Dies gelte jedoch nur für eine gewisse Anzahl von Gesetzen. SUSSMAN ist der Auffassung, dass die Deklamationen im Ganzen sehr wohl ein Spiegelbild der Essenz der römischen Gesetzgebung darstellen.[98] Er ist sich durchaus der Kritik bewusst, dass der Inhalt der Deklamationen nicht die römische Realität ihrer Entstehungszeit abbilde. Er begegnet diesem Argument jedoch mit dem Hinweis darauf, dass die *declamationes* Übungen an Schulen, und zwar an „Privatschulen" waren. Die Schüler mussten die Lehrer bezahlen, und diese waren folglich daran interessiert, möglichst viele Schüler zu gewinnen. Sie wählten daher für die *declamationes* solche Themen aus, die für junge Männer von besonderem Interesse waren. Daraus resultiere u.a. auch die besondere Vorliebe für sexuelle Themen.[99]

In einem Exkurs behandelt CROOK die *controversiae*.[100] Er greift zunächst die seiner Meinung nach vorherrschende Argumentation auf, nämlich dass die Themen der *controversiae* einer Phantasiewelt oder dem griechischen Kulturkreis entstammen und der römischen Realität fern waren. Angesichts dieser abwertenden Beurteilung wirft er die berechtigte Frage auf, wie anhand solcher Themen die jungen Schüler in die Advokatentätigkeit eingeführt werden konnten. Ihm drängt sich die Ansicht auf, dass die Themen doch nicht so fernab der römischen Realität lagen, wie heute vermutet wird.[101] CROOK weist auch darauf hin, dass die in den *declamationes* verwendete Terminologie römisch sei und dass sie vielleicht die Praktik der römischen Gerichte wiedergebe. Möglicherweise bilde sie zwar nicht unbedingt die Gerichtspraxis in Rom ab, aber doch die in den Provinzen, in denen sich trotz desselben Rechts eine andere Gerichtspraxis herausgebildet haben könne. CROOK verdeutlicht, dass auch die Digesten Fälle, d.h. Sachverhalte, behandeln, jedoch in einer ganz anderen Weise, als es in den *controversiae* geschieht. Neue Papyrusfunde, die Texte bieten, bei denen es sich sicher um der Realität entstammende Rechtsdokumente handelt, seien in ihrer Art aber den

[95] Sussman, Declamations of Calpurnius Flaccus, S. 4f.
[96] Sussman, Declamations of Calpurnius Flaccus, S. 11f.
[97] Sussman, Daclamations of Calpurnius Flaccus, S. 12.
[98] Sussman, Declamations of Calpurnius Flaccus, S. 13.
[99] Sussman, Declamations of Calpurnius Flaccus, S. 15.
[100] Crook, Legal Advocacy.
[101] Crook, Legal Advocacy, S. 163.

Digesten ähnlicher als den *controversiae*.[102] Auch beschreibt CROOK Quintilian als einen Mann, der selbst als Advokat tätig war. Darin sieht er eine Bestätigung der Realitätsbezogenheit des Unterrichts in den Rhetorikschulen. Er verweist auf die Notwendigkeit, die *controversiae*, die in ihren Themen an römische Realität erinnern, auf rechtliche Argumente hin zu durchsuchen, um dadurch herauszufinden, wie wichtig es den Lehrern gewesen sei, ihre Schüler auch auf das römische Rechtssystem vorzubereiten.[103]

READER[104] vertritt die Ansicht, dass die Deklamationen teils Themen enthalten, die mythologisch geprägt sind oder der Vergangenheit entstammen, teils aber dem Recht der Gegenwart ihrer Entstehungszeit. Rechtliche und gegenwartsbezogene Themen seien dabei hauptsächlich in den *controversiae* und nicht in den *suasoriae* zu finden.[105] Allerdings, so Reader, sei es beim Deklamieren nicht wichtig gewesen, mit der Rede tatsächlich einen Fall zu gewinnen, vorrangige Motivation der Redner sei es vielmehr gewesen, den Zuhörern zu gefallen. Daran erinnernd, dass die Deklamation nicht auf dem Forum oder im Senat vorgetragen wurde, sondern in der Schule, versteht READER den Redner als Künstler, als Schauspieler, dessen Vorstellung *declamatio* genannt wurde.[106] READER beschließt seine Überlegungen mit einem Zitat, das dem Cassius Severus zugeschrieben wird: „*In scholastica quid non supervacuum est, cum ipsa supervacua sit*" (Sen. contr. 3 pr. 12).[107]

Der spätere WINTERBOTTOM betont im Vorwort der Ausgabe der Deklamationen des Seneca[108] aus dem Jahre 1999, dass das in den Deklamationen verwendete Recht zumindest an das geltende Recht seiner Zeit angelehnt war. Das Deklamieren sollte die Schüler für den tatsächlichen Prozess trainieren.[109] Die Charaktere und Situationen aber, mit denen die Sachverhalte operieren, seien, weil sich die meisten Rhetorenschulen auf griechische Rhetorenschulen zurückführen ließen, griechischen Sujets entnommen.[110] Außerdem, so WINTERBOTTOM, werde besonders in der *divisio*, die ein Teil der *declamatio* ist, der Kontrast von „law" und *aequitas* am einzelnen Fall deutlich gemacht.[111]

Auch LIEBS spricht den Rhetorenschulen nicht ab, dass sie die Schüler „mit dem Rechtswesen als solchem vertraut" machten, obwohl er die im Unterricht verwendeten Normen als „erfunden" oder „märchenhaft" beschreibt.[112] Dieser weiterführende Unterricht der Rhetorenschulen habe speziell für die Laufbahn als

---

[102] Crook, Legal Advocacy, S. 164 f.
[103] Crook, Legal Advocacy, S. 167.
[104] Reader, Severed Hand.
[105] Reader, Servered Hand, S. 27.
[106] Reader, Servered Hand, S. 26.
[107] Reader, Servered Hand, S. 30.
[108] Winterbottom, Seneca - Declamations - Volume I.
[109] Winterbottom, Seneca - Declamations - Volume I, S. XI.
[110] Winterbottom, Seneca - Declamations - Volume I, S. XIII.
[111] Winterbottom, Seneca - Declamations - Volume I, S. XVIII.
[112] Liebs, Römische Jurisprudenz in Gallien, S. 23.

advocatus, als höherer Beamter oder als *patronus* ausgebildet, so LIEBS. Er fasst die im weiterführenden Unterricht Ausgebildeten aber nicht unter den Begriff „Juristen". Denn Juristen definiert er als „Fachleute der Rechtskunde, und zwar des römischen Rechts", „wo dieses nicht nur als ein Zweig der Allgemeinbildung gepflegt wurde".[113] LIEBS beschreibt dieses juristische Fachstudium als ein „besonderes, relativ selten gewähltes, dem allgemeinen Literatur- und Rhetorikstudium wohl folgendes, zusätzliches Studium", das sich deutlich von der „oberflächlichen Rechtskunde" unterscheide, die in den weiterführenden Rhetorenschulen vermittelt wurde.[114] Er stuft die Kontroversien also als probates Mittel ein, den Rhetorikschülern eine oberflächliche Rechtskunde nahe zu bringen.
TELLEGEN-COUPERUS sieht die Deklamationen als Bindeglied zwischen Rhetorik und Philosophie. Aus der Einsicht der Sophistik, dass es keine absolute Wahrheit gebe, nur Möglichkeiten, sei die Notwendigkeit der Reden entstanden.[115]

Im Vergleich der neueren mit der älteren Literatur wird vor allem deutlich, dass die Kriterien, mit denen die Deklamation des Prinzipats in die antike Kultur und vor allem in die Rechtswissenschaft eingeordnet werden, zunehmend an Komplexität gewinnen. Bei der Reflexion der Literatur über die *declamationes* im Prinzipat zeigt sich, dass die für die Rechtsgeschichte entscheidende Frage nicht einfach lauten darf: Ist die Deklamation eine Quelle des Rechts? Eine Konzentration auf diese Fragestellung wäre zu eng gefasst; eine solche Reduktion würde der Spezifik der antiken Welt nicht gerecht, in der nicht nur Quintilian als Anwalt und Rhetor zugleich wirkte[116] und die von dem Ideal eines Rhetors ausging, der nicht nur formal die Redekunst beherrscht, sondern sich durch eine umfassende Allgemeinbildung auszeichnet[117]. Die Bewertung der *declamatio* kann jedenfalls nicht alleine in der Antwort auf die Frage liegen, ob die für die *declamationes* verwendeten Gesetze reale römische Gesetze waren oder nicht. Der Wert der *declamatio* für die Rechtsgeschichte kann nur durch die Zusammenschau mehrerer Faktoren erschlossen werden, unter denen freilich dem Realitätsbezug der verwendeten Normen besondere Relevanz zukommt. Auch für die Antike gilt, dass es nicht möglich ist, das Recht getrennt von der Sozialstruktur, der Gesellschaft, der Politik und der Religion[118], d.h. isoliert vom sozio-kulturellen Kontext, in dem es angewandt wird, zu sehen. Obwohl die Differenziertheit der bezüglich der Deklamationen anzuwendenden Kriterien in der Literatur bereits erkannt wurde (s.o.), besteht doch Uneinigkeit über das genaue Zusammenspiel. Die Forschung bietet zwar vielfältige Ansätze, aber es fehlt bisher an einer Untersuchung, in der diese Ansätze konkretisiert und systematisch verknüpft werden.

---

113 Liebs, Römische Jurisprudenz in Gallien, S. 23 f.
114 Liebs, Römische Jurisprudenz in Gallien, S. 24.
115 Tellegen-Couperus, Introduction, S. 12 ff.
116 Loretto, Inst. or. X, S. 4.
117 Cicero, De orat., I. 5; Borneque, Les déclamations, S. 39 f.; Andersen, Garten der Rhetorik, S. 194 ff.; Fuhrmann, Antike Rhetorik, S. 54.
118 So auch Watson, State, Law and Religion, S. 1ff.

Die zentrale Fragestellung, mit der sich die Dissertation aus unterschiedlichen Perspektiven heraus beschäftigt, ist die nach der Gesamtrelevanz der Deklamationen des Prinzipats für die Rechtsgeschichte. Eine wichtige Orientierungshilfe bietet hier der komplexe Ansatz BONNERS. Er geht bei seinen Untersuchungen auf ein breites Spektrum von Faktoren ein: Wie erwarb die deklamatorische Praktik Akzeptanz in Rom? Wie und wann entwickelte sie sich oder degenerierte sie? Woher nahmen die Römer ihre Gegenstände, Themen oder Sachverhalte, und warum scheinen diese so bizarr? Wie war die genaue Prozedur einer Deklamationsveranstaltung? Besaß diese einen wirklichen Wert oder war es nur ein Zeitvertreib der Jugend? Wie vor allem war die Beziehung der Deklamationen zum römischen juristischen Denken und zur Praxis, und waren die *leges*, die in den Übungen verwendet wurden, hauptsächlich fiktiv, oder können sie auf die genuine Gesetzgebung bezogen werden?[119]
Der Ansatz BONNERS wird aufgegriffen, vertieft und mit der neueren Literatur konfrontiert. Dabei war es jedoch unerlässlich, den Zugang um die folgenden wichtigen Fragestellungen zu erweitern: Wie wirken sich die rhetorischen Kunstgriffe auf die juristische Argumentation aus? Wie lassen sich die Themen der *declamationes* mit juristischem Inhalt in den gesellschaftlichen Kontext ihrer Zeit einordnen? Gibt die Norm, die zu Beginn einiger Deklamationen angegeben wird und mit der in der Deklamation gearbeitet wird, reales Recht wieder? Ist die beschriebene Situation prozessual gesehen realistisch? Wie stellt sich die juristische Argumentationstechnik in den *declamationes* dar? Die Fälle, die den d*eclamationes* zu Grunde liegen, sind häufig sehr komplex und 'sophistisch' zugespitzt. Inwiefern wird gerade durch diese akuminöse Fallgestaltung die Rechtspraxis oder die Argumentationstechnik der Juristen der Entstehungszeit verdeutlicht? Sollte gerade anhand besonders schwieriger, zugespitzter Fälle die Beherrschung bestimmter Rechtsprobleme und realer Rechtssätze demonstriert und geprüft werden, oder kam es bei den Deklamationen nur auf die Ausbildung rhetorischer Fähigkeiten an? Darüber hinaus wird geprüft, ob bestimmte Kasustypen, also Fallgestaltungen, beliebter waren als andere und welche Bedeutung dieser Bevorzugung zukommt. Wie stand es um die juristische Deklamation im späten Prinzipat und wie entwickelte sie sich im Dominat?
Entscheidend ist nicht allein, *ob* die *Declamatio Romanorum* eine Quelle des Rechts ist oder als eine solche bezeichnet werden kann, sondern auch wie, in welcher Hinsicht und in welchem Maße sie ein Fenster in die Gesellschaft ihrer Zeit bildet.
Das Quellenmaterial, das der Untersuchung zu Grunde gelegt wird, sind zum einen die quintilianischen bzw. pseudoquintilianischen Deklamationen, zum anderen die Deklamationen des Calpurnius Flaccus und die Kontroversien Senecas des Älteren. Unter Quintilians Namen sind zwei „Sammelbände" von Deklamationen überliefert[120]. Bei den *Declamationes maiores* handelt es sich um 19 grö-

[119] Bonner, Roman Declamation, S. VI f.
[120] Dingel, Scholastica Materia, S. 1.

ßere ausgearbeitete Stücke[121]. Die *Declamationes minores* waren ursprünglich 388 kleinere, eher skizzenhafte Stücke, von denen nur noch 145 erhalten sind.[122] Obwohl auch die *Declamationes minores* den Namen Quintilians tragen, wird seine Autorschaft bezweifelt. Es wird jedoch von keiner Forschungsrichtung bestritten, dass die *Declamationes* mit der Quintilianschule in Verbindung stehen.[123] Die *Declamationes minores* sind wohl zwischen 68 und 100 n. Chr. entstanden, wobei die *Declamationes maiores* wohl etwas älter als die *minores* sind.[124] Die Deklamationen des Calpurnius Flaccus sind Exzerpte aus 53 Stücken unterschiedlicher Länge. Dabei wird angenommen, dass Calpurnius Flaccus nicht der Autor der *declamationes* sei, sondern nur die Exzerpte anfertigte. Auch wird gemutmaßt, dass die Autoren dieser Stücke eine Gruppe von Personen war. Hinreichende Belege existieren aber für keine der beiden Annahmen.[125] Die Deklamationen des Calpurnius Flaccus müssen in der Zeit zwischen 100 und 160 n. Chr. entstanden sein. Von den *controversiae* Senecas des Älteren sind die Bücher 1, 2, 7, 9 und 10 vollständig erhalten. Die übrigen Teile der Kontroversienbücher sind in Exzerpten aus dem vierten und fünften Jahrhundert überliefert.[126] Die *controversiae* Senecas des Älteren sind insgesamt 74 Stücke. Alle vier Deklamationensammlungen sind unter der Staatsform des Prinzipats entstanden, d.h. zu einer Zeit, als die Deklamation als Form einer rhetorischen Schulübung besonders populär war. Alle vier Sammlungen können also hinsichtlich der römischen Deklamation paradigmatischen Charakter beanspruchen.

2. Die Rhetorik im Prinzipat

Das Leben des Quintilian und des Calpurnius Flaccus, zweier bedeutender Deklamatoren, fällt in die Zeit des Prinzipats. Selbst Seneca der Ältere ist noch nicht einmal zehn Jahre jünger als Augustus. Es ist davon auszugehen, dass die Hochphase der Deklamatorentätigkeit nicht zufällig mit der Staatsform des Prinzipats zusammenfällt. Der Prinzipat gilt als Staatsform, die den republikanischen Anschein aufrecht erhält, ohne republikanisch zu sein.[127] Dies gibt nämlich zur Frage Anlass, ob auch die Deklamation dementsprechend eine Redeform darstellt, die die Bedeutung der Rhetorik gleichsam nur als Kulisse aufrechterhalten soll, während sie tatsächlich ein Zeichen dafür ist, dass die Rhetorik ihren Einfluss auf die Politik, der sie ihre Blüte verdankt, im Prinzipat verloren hat. Dieser Vorwurf wird vielfach erhoben. Schon Quintilian mag sich in seiner verloren gegangenen Schrift *De causis corruptae eloquentiae* mit diesem Thema befasst haben.[128]

---

[121] Håkanson, Textkritische Studien, S. 7ff.
[122] Winterbottom, The Minor Declamations, S. 1.
[123] Dingel, Scholastica Materia, S. 2.
[124] Dingel, Scholastica materia, S. 1.
[125] Sussman, Declamations of Calpurnius Flaccus, S. 19f.
[126] Winterbottom, Seneca - Declamations - Volume I, S. XIX - XXII.
[127] Fuhrmann, Antike Rhetorik, S. 65.
[128] Seel, Quintilian, S. 53.

Die Beantwortung dieser Fragen muss in Auseinandersetzung mit der Kritik erfolgen, die in der Literatur häufig am Genre der Deklamation geübt wird. Die Tatsache, dass die Hochphase der Deklamatorentätigkeit in die Zeit des Prinzipats fällt, wird als untrügliches Zeichen des Niedergangs gewertet.[129] Der Anstieg ihrer Popularität scheint in diametralem Gegensatz zum Rückgang bestimmter Werte zu stehen, die gemeinhin als positiv eingestuft werden, wie z.B. freie Rhetorik, freie politische Tätigkeit, republikanische Staatsform, Lebendigkeit etc. Allerdings ist zu fragen, ob es sich bei dieser Sichtweise nicht um einen Topos, um ein tradiertes Deutungsmuster handelt, das schon in der Antike selbst bestanden hat. Zur Klärung ist es unerlässlich, auf die politischen Verhältnisse zur Zeit der Hochphase der Deklamatorentätigkeit einzugehen und ebenso die Deklamation in die allgemeine Entwicklung der Rhetorik einzubetten.
Die augusteische Herrschaft - Octavian wird am 16.01.27 v. Chr. zum Augustus ernannt und als Friedensbringer gesehen[130] - zeichnet sich durch eine kulturelle Blüte, vor allem in Literatur und Architektur, aus. In der römischen Literatur galt es seit jeher als wichtiges Lebensziel, nach *virtus* und *dignitas* zu streben. Mit diesem Streben waren aus römischer Sicht Stärke und Leistungsfähigkeit des Staates nach außen hin eng verwoben. „Der Ehrgeiz des Einzelnen musste an allgemeine Prinzipien gebunden sein“.[131] Der Abfall von diesen Prinzipien und die Verrohung der Sitten gerade bei der Oberschicht wurden für die Zerrüttung der Republik, für Bürgerkrieg und den Niedergang des römischen Staates verantwortlich gemacht. Octavian betont durch die Ablehnung herkömmlicher politischer Ämter die Bedeutung der alten Sitten und Einrichtungen des republikanischen Staates. Er sichert seine Macht mit scheinbar republikanischen Mitteln.[132] Obwohl er lediglich die *tribunicia potestas* und das *imperium proconsulare* an sich bindet, durchbricht er durch die Bindung der beiden Attribute an seine eigene Person schrittweise die republikanische Tradition.[133] Augustus lässt sich von Horaz und Vergil, die gleichsam als Hofdichter fungieren, als Virtusträger feiern und als einen von den Göttern gesandten Heilbringer rühmen, der das römische Volk aus dem Zustand der Verweichlichung der Sitten herausführen und die innere Zerrüttung überwinden wird. Er stellt sich so in eine Reihe mit Caesar. Vergil preist Octavian als *magnum Iovis incrementum*[134]. Nicht nur Maecenas sieht die Autokratie als einzigen Ausweg aus dem Dilemma der inneren Zerrüttung.[135]

---

[129] Andersen, Garten der Rhetorik, S. 298.
[130] Bleicken, Augustus, S. 772 ff; Grant, Roman Emperors, S. 19; Hammond, Augustan Principate, S. 110 f.
[131] Sion-Jenkis, Von der Republik zum Prinzipat, S. 78 f; Levi, L`auctoritas di Augusto, S. 185 - 201.
[132] Rostovtzeff, Römisches Kaiserreich, S. 34; Hammond, Augustan Principate, S. 25 - 47, 195; Levi, L`auctoritas di Augusto, S. 185 - 201.
[133] Sirks, Making a request, S. 130; Hammond, Augustan Principate, S. 17 f.; Ortmann, Cicero, Brutus und Octavian, S. 15 ff; Täubler, Der römische Staat, S. 68 ff.
[134] Vergil, Ekloge IV, Z. 49.
[135] Cassius Dio 52, 15, 5; Sion-Jenkis, Von der Republik zum Prinzipat, S. 91.

Die Wirren der Republik schufen zweifellos ein großes Potenzial für die Rhetorik, weil sich der Streit um die Macht sowohl auf dem Forum als auch im Senat abspielte. Im Prinzipat lässt sich hingegen ein Wandel der Rhetorik feststellen, der häufig als Niedergang bewertet wird.[136] Dabei wird meist auf die Analogie zu Griechenland hingewiesen, das bereits drei Jahrhunderte zuvor eine ähnliche Entwicklung vollzog. Fuhrmann etwa betont, dass eine „epochale politische Umwälzung" der Rhetorik als dem „Instrument der öffentlichen Diskussion politischer Fragen" den Raum nahm.[137] Als Symptom des Wandels gilt, dass der Kaiser selbst eine sachliche, direkte und leicht verständliche Sprache kultivierte, die Reize des Stils und die rhetorischen Kniffe wurden damit hinfällig.[138] Die politische Rede wurde vom Herrscher eingeschränkt. Er saß auch dem Senat vor, dessen Aufgaben sich jetzt auf die Verwaltung beschränkten. Die Rede im Senat war nicht mehr frei.[139] Bei den Gerichtsreden waren die Anwälte vielfach durch die „Existenz mächtiger Personen gehemmt"[140], was besonders bei den politischen Prozessen vor dem Senat deutlich wurde. Der Senat wurde zum Kriminalgerichtshof degradiert, vor dem Hochverratsfälle verhandelt und Anklagen gegen Mitglieder des Senats untersucht wurden. Oft fand sich gar kein Verteidiger für die Angeklagten.[141]

Die Blüte der Rhetorik in der letzten Phase der Republik hingegen bildete „die Kehrseite der damaligen sozialen, wirtschaftlichen und politischen Missstände, der unablässigen Revolten, Bürgerkriege" und der „Rechtsunsicherheit"[142]. Das Fehlen jener Unsicherheitsfaktoren, die die Redetätigkeit kreativ beansprucht und ihre Entfaltung gefördert hatten, war für die Bürger in erster Linie nicht nachteilig, sondern womöglich der Preis dafür, in einer Zeit des Friedens (*aera pacis*) leben zu können.[143] Dem Schicksal Ciceros wird dabei im Hinblick auf die Stellung der Rhetorik symbolische Bedeutung beigemessen. Cicero baut seit Dezember 44 v. Chr. seine republikanische Front auf, die sich jedoch in erster Linie gegen Antonius richtet. Dennoch willigt Octavian bei der Schließung des Triumvirats mit Antonius und Lepidus am 27. November 43 v. Chr. ein, auch Cicero für vogelfrei erklären zu lassen.[144] Im Deutungsdiskurs dominiert die Ansicht, dass Octavian mit dem Triumvirat mit Antonius und Lepidus und der damit verbundenen Schmähung des Cicero die Republik sowie die Rhetorik verkauft habe. Die Rhetorik als solche, die in der Deutung überwiegend mit der freien politischen Rhetorik gleichgesetzt wird, sei mit Cicero „gestorben". Als Sinnbild dieser to-

---

136 Clarke, Rhetoric at Rome, S. 101.
137 Fuhrmann, Antike Rhetorik, S. 65.
138 Clarke, Rhetoric at Rome, S. 100.
139 Caplan, Of Eloquence, S. 160 f; Levi, L`auctoritas di Augusto, S. 185 - 201.
140 Kritisch dazu Parks, Rhetorical Schools, S. 53; Clarke, Rhetoric at Rome, S. 101.
141 Clarke, Rhetoric at Rome, S. 101.
142 Seel, Quintilian, S. 53.
143 Seel, Quintilian, S. 53.
144 Fuhrmann, Cicero, S. 304 - 307; Bleiken, Zwischen Republik und Prinzipat, S. 11.

ten, d.h. wirklichkeitsfernen Rhetorik, wird die Deklamation gesehen.[145] Bereits Seneca nennt aber noch drei andere Gründe für den Niedergang der Rhetorik, nämlich den übertriebene Luxus des Zeitalters, der für so vieles verantwortlich gemacht wurde, die mangelnde finanzielle Anerkennung sowie eine Naturgesetzlichkeit, nach welcher auf eine Blüte stets ein Niedergang folge.[146] Mit dem Prinzipat endete zwar die politische Freiheit, die die Redekunst in der Republik gefördert hatte. Dennoch überlebte die Rhetorik den Verfall der Republik, indem sie sich wandelte. Sie fand ihr Hauptbetätigungsfeld nunmehr in Schule und Ausbildung.[147] Der Rhetorik des Prinzipats wird jedoch vorgeworfen, dass sie ihre Lebendigkeit und Kraft eingebüßt habe.[148] Von der neueren Literatur wird ihr unterstellt, dass sie im Prinzipat den Kontakt zum wirklichen Leben verloren habe und sich durch eine sonderbare Distanz zur historischen Entwicklung auszeichne.[149] Dabei ist allerdings zu beachten, dass der Rhetorikunterricht in der Kaiserzeit kein realitätsferner Luxus war, sondern eine „klar umrissene Funktion im gesellschaftlichen Ganzen" besaß[150]. Dies wird vor allem dann deutlich, wenn die allgemeine Entwicklung der Rhetorik in Betracht gezogen wird:
Der Überlieferung des Aristoteles zufolge waren Korax und Tisias die ersten, die im fünften Jahrhundert v. Chr. in Sizilien systematische Grundregeln für das Reden erstellten.[151] Ihre Rhetorik erwuchs aus der praktischen Erfahrung an den Gerichtshöfen. Korax und Tisias boten Ratschläge für Rechtsstreitigkeiten und scharten dadurch Schüler um sich. Die Ausbildungstätigkeit war also bereits hier ein zentraler Aspekt. Die vorherrschende Art der Rechtsstreitigkeiten waren Forderungen von Rückerstattung privaten Eigentums nach der Vertreibung der Tyrannen. Jetzt konnten Interessengegensätze auf ökonomischem, politischem und rechtlichem Gebiet öffentlich ausgetragen werden.[152] Die Grundrichtung, in die sich auch später die Rhetorik bewegte, war somit festgelegt, sie war praxisbezogen, und zwar auf die Gerichtspraxis hin orientiert. Unter den Sophisten gab es zahlreiche berufsmäßige Lehrer der Redekunst, denn eindrücklich plädieren zu können, war wesentlicher Teil der Fähigkeit, sich im politischen Leben erfolgreich durchsetzen zu können, also zu handeln. Gorgias und Protagoras (sophistische Aufklärung, fünftes Jahrhundert v. Chr.) befreiten letzten Endes die Sprache aus dem mystischen Denken und machten sie zu einem rational brauchbaren, vielseitig einsetzbaren Instrument des gesellschaftlichen Lebens.[153] Sokrates befürwortet eine strikte Trennung zwischen Dialektik und Rhetorik und stellt das Verhältnis zwischen Rhetorik und Dialektik dem Verhältnis zwischen Wahr-

[145] Andersen, Garten der Rhetorik, S. 298 f.
[146] Clarke, Rhetoric at Rome, S. 102.
[147] Winterbottom, Schoolroom and Courtroom, S. 61; Clarke, Rhetoric at Rome, S. 85.
[148] Clarke, Rhetoric at Rome, S. 85; Caplan, Of Eloquence, S. 161.
[149] Clarke, Rhetoric at Rome, S. 85.
[150] Fuhrmann, Antike Rhetorik, S. 65.
[151] Eisenhut, Einführung in die Antike Rhetorik, S. 8; Fuhrmann, Antike Rhetorik, S. 16.
[152] Clarke, Rhetoric at Rome, S. 1; Eisenhut, Einführung in die Antike Rhetorik, S. 11.
[153] Neumeister, Grundsätze der Forensischen Rhetorik, S. 18.

scheinlichkeit und Wahrheit gleich.[154] Platon hat diesen „Kampf gegen die Rhetorik“ fortgeführt.[155] Aristoteles geht einen anderen Weg. Schon er überwindet den „Kampf“, indem er für die Rhetorik den gleichen Rang wie für die Dialektik beansprucht. Er führt Rhetorik und Dialektik wissenschaftlich zusammen. In seiner „Rhetorik“, in der er die Rhetorik von ihrem logischen und ethischen System her durchdringt, wird diese Einheit zwischen Rhetorik und Dialektik deutlich.[156] Cicero gründet später sein Verständnis der Rhetorik auf das Ideal des *orator perfectus*, der zugleich ein *vir bonus* ist und sich durch umfassende Allgemeinbildung mit moralischem Verantwortungsbewusstsein auszeichnet. Erziehung, Politik, Recht, Gesellschaftstheorie und Ethik verbinden sich zu einem umfassenden Lehrgebäude.[157]

Die Zeit der römischen Republik zeichnet sich auf dem Gebiet der Rhetorik vor allem dadurch aus, dass eine Umformung der griechischen Terminologie ins Lateinische vollzogen wurde.[158] Auffällig bleibt die starke Betonung der juristischen Ausbildung als Voraussetzung zum Rednerberuf.[159] Die republikanische Zeit war durch die freie politische Rede geprägt, was durch den Zustand des republikanischen Senats als wichtiges Staatsorgan deutlich wird. Das antike System der Rhetorik, zu dem Aristoteles, Cicero und Quintilian wesentlich beigetragen haben, bleibt bis heute Grundlage der Rhetorik. Die theoretischen Voraussetzungen basieren auf der anthropologischen Annahme, dass die Redefähigkeit eine allgemeine menschliche Naturanlage (*natura*) sei, die durch Kunst (*ars*) und Wissen (*doctrina*), aber auch durch Erfahrung und Übung (*exercitatio*) vervollkommnet werden kann. Daher setzt sich der rhetorische Unterricht zusammen aus der Aneignung des rhetorischen Wissens (*doctrina*), der Nachahmung exemplarischer Vorbilder (*imitatio*) mit dem Ziel, diese zu übertreffen (*aemulatio*), und eben aus der praktischen Einübung (*declamatio*).[160]

Dem Emporkommen Mazedoniens und den Eroberungszügen Alexanders des Großen im vierten Jahrhundert v. Chr. folgt der Niedergang der griechischen Stadtstaaten. Die Rhetorik wurde von der Politik getrennt, als die Monarchie die führende Regierungsform wurde. Die Entwicklung der römischen Rhetorik von der späten Republik bis zum frühen Prinzipat wird oft als Parallele dazu gesehen.[161] So wird der Niedergang der griechischen Rhetorik in der antiken Literatur vielfach dem Demetrius von Phaleron angelastet, eben jenem, der auch die Praxis entwickelt haben soll, fiktive Themen nach Art der Streitfragen, wie sie in den Gerichtshöfen und vor den Volksversammlungen „zu erwarten waren“, zu erörtern. Zum Teil wird hierin der Beginn, der Ursprung der Deklamation gesehen.

---

[154] Platon, Protagoras, 318e - 319a.
[155] Platon, Gorgias; Platon, Phaidros.
[156] Aristoteles, Rhet.
[157] Cicero, De orat., 1.5, 128; Robinson, Quintilian's use, S. 66.
[158] Cicero, De orat., 1 ff; Cicero, Rhetorica ad Her., 1 ff.
[159] Cicero, De orat., 1.
[160] Andersen, Garten der Rhetorik, S. 219 ff.
[161] Clarke, Rhetoric at Rome, S. 6 ff.

Durch diese bereits in der Antike verbreitete Legende wird der Untergang der Rhetorik schon vor dem römischen Prinzipat mit dem Phänomen der Deklamation in Verbindung gebracht. Allerdings gibt es auch Gegenmeinungen: Die Entstehung der Deklamation in Zusammenhang mit der Person des Demetrius von Phaleron wird u.a. von Quintilian verneint. Quintilian ist nicht der Ansicht, dass der Entstehungszeitpunkt der Deklamation, die später den Schulbetrieb der römischen Kaiserzeit bestimmen sollte, in der Zeit des Demetrius anzusiedeln sei.[162]
Die Rhetorik wurde zu einem wesentlichen Element des hellenistischen Erziehungssystems. Auf das Studium der Grammatik, das sich an die Primärschule anschloss, folgte das Studium der Rhetorik.[163] Allgemein bekannte „Vorübungen elementaren und allgemeinen Charakters" führten auch zu Übungsreden im eigentlichen Sinne hin.[164]
Schon seit alters her wurden also Schüler in der Rhetorik für die Praxis ausgebildet, und zwar durch Übungen, die das reale Leben imitierten - ein allseits bekanntes und anerkanntes pädagogisches Mittel. Dies gilt auch für die Zeit des Prinzipats.
Zwar war die Zeit der großen Redner von der Art eines Cicero vorüber und die Phase der intensiven politischen Auseinandersetzung gehörte ebenfalls der Vergangenheit an[165], jedoch blieben das tägliche Geschäft der Rhetorik und das gesellschaftliche Ansehen, das durch diese Kunst erlangt werden konnte, nahezu unverändert bestehen. Einfluss und Bedeutung einer Person waren eng mit ihrem Stand und ihrer Herkunft verknüpft. So bestimmten im Senat hauptsächlich die älteren Senatoren, die Senatoren aus einflussreichen Familien oder jene, die zuvor schon Konsuln waren. Viele Senatoren erhielten nicht einmal die Gelegenheit zu reden. Das einzige Mittel, durch das hohes Ansehen und großer Einfluss unabhängig von dem Status, den eine Person durch unbeeinflussbare Faktoren, wie Familienzugehörigkeit oder Alter besaß, erreicht werden konnte, war die Redekunst. War ein junger Senator ein begnadeter Redner, so konnte er dadurch in die Schicht der einflussreichen Senatoren gelangen.[166] So benennt Cicero in seiner Rede für Quinctius zwei Dinge, die im römischen Staat am meisten bewirken: *summa gratia* und *eloquentia*. Mit *gratia* bezeichnet man die Dankbarkeit als eine Verpflichtung, die innerhalb des römischen Patronatssystems für den Klienten entstand. Vereinigte eine Person viele solcher Verpflichtungen auf sich, dann verfügte sie über *summa gratia* und dadurch über großen Einfluss. Solch eine Patronatsstellung wird normalerweise ererbt, d.h. *summa gratia* liegt oft die Verbindung vieler Generationen und kluge Familienpoltitik zu Grunde. Dieses Machtmittel war also einflussreichen Familien mit langer Familientradition vorbehalten. Die Eloquenz konnte diese Führungsschicht aber nicht für sich reservie-

---

162 Clarke, Rhetoric at Rome, S. 6.
163 Marrou, Histoire de l'éducation, S. 389 - 421.
164 Clarke, Rhetoric at Rome, S. 7.
165 Habicht, Cicero, S. 160 ff.
166 Jehne, Rednertätigkeit und Statusdissonanzen, S. 170 f.

ren. Die Eloquenz beruhte auf Ausbildung, Talent und Fleiß. Natürlich benötigten die Söhne der alten Oberschicht für ihre gesellschaftlichen Aufgaben als *patroni* eine gute Ausbildung auch in der Rhetorik. Den Söhnen eine gute rhetorische Ausbildung zukommen zu lassen, konnten sich aber auch Familien leisten, die erst seit kurzer Zeit über Vermögen verfügten, also Neureiche (*homines novi*). Mit der Eloquenz konnte die ererbte Hierarchie durchbrochen werden. Ein wesentlicher Faktor, der das Überwinden dieser ererbten Ordnung durch Eloquenz unterstützte, war ebenfalls das Patronat. Der Patron hatte unter anderen auch die Pflicht, sich bei Rechtsangelegenheiten und anderen öffentlichen Problemen für seine *clientes* einzusetzen.[167] War ein *homo novus* eloquent, konnte er, sofern dies bekannt wurde, auch Klienten an sich binden, die sich von ihm eine bessere Verteidigung ihrer Interessen versprachen. Der *homo novus* konnte auf diesem Wege auch zu *gratia* und sogar zu *summa gratia* gelangen, was ihm wiederum ein höheres politisches und gesellschaftliches Prestige beschied. Durch dieses höhere Ansehen konnte er weiterhin noch mehr Klienten an sich binden. Die Bindung der Klienten war aber nur dann möglich, wenn der *homo novus* über eine gewisse Bekanntheit verfügte. Deshalb übernahmen redebegabte Söhne von *homines novi* häufig schwierige Verteidigungen in öffentlichkeitswirksamen Prozessen, um durch einen Erfolg bekannt zu werden.[168] An dieser Entwicklung änderte auch der Prinzipat nichts.[169] Die Patronatsverhältnisse hatten auch weiterhin Bestand. Die Redekunst zu beherrschen, behielt indes große Bedeutung für den Patron, der seinen Klienten gegenüber dazu verpflichtet war, sie bei Rechtsstreitigkeiten zu unterstützen.
Es bleibt festzuhalten, dass sich die Rhetorik und ihr Wirkungsfeld zwar auf hoher Ebene mit dem politischen Wechsel geändert hatten, die Geschäfte des täglichen Lebens blieben aber bestehen. Auch in der Zeit des Prinzipats behielt das Patronatssystem seine Gültigkeit, obwohl der Princeps als Patron[170] aller bezeichnet wurde. Die Anerkennung des *patrocinium* in der Spätantike zeigt die Dauerhaftigkeit dieses Systems, dem sich selbst die Kaiser beugen mussten.[171] Es mussten auch im Prinzipat weiterhin Anklage- oder Verteidigungsreden bei Rechtstreitigkeiten des täglichen Lebens gehalten werden, die sich von jenen in der Republik nicht wesentlich unterschieden haben dürften.

Es besteht insofern keine Notwendigkeit, die Lebendigkeit der Rhetorik auf dieser alltäglichen Ebene im Prinzipat anzuzweifeln. Ebenso ist es bei der Behandlung der Deklamationen unerlässlich, den vielfach beschworenen Zusammenhang

---

[167] David, Die Rolle des Verteidigers, S. 28 - 47; Welwei, Die frührömische Klientel, S. 220; Paulus, Römisches Eigentumsverständnis, S. 313.
[168] Jehne, Rednertätigkeit und Staatusdissonanzen, S. 184 f; Reader, Servered Hand, S. 3 f, 26 f.
[169] Clarke, Rhetoric at Rome, S. 85; Caplan, Of Eloquence, S. 161.
[170] Der Titel *pater patriae* weist auch darauf hin - Hammond, Augustan Principate, S. 111.
[171] Bowersock, Late Antiquity, S.637 f.

der Popularität der Deklamation mit dem Niedergang der Rhetorik als einen bereits in der Antike geläufigen Topos zu erkennen und seinen Realitätscharakter zu relativieren.

3. „Der römische Jurist"

Ein Vergleich der realen prozessualen Anforderungen, die an die in einem Prozess beteiligten Personen gestellt wurden, mit den juristisch anmutenden Deklamationen kann zur Klärung der Frage beitragen, ob die *declamationes* als Übungen für die reale juristische Praxis überhaupt tauglich waren.[172] Um einen solchen Vergleich anstellen zu können, ist es erforderlich, die Arbeit des „Juristen" im Prinzipat allgemein zu beleuchten,[173] d.h. den Begriff des „Juristen" im Kontext der prozessualen Realität dieser Zeit zu charakterisieren.

In der frühen Prinzipatszeit war die vorherrschende Prozessform für Zivilprozesse der Formularprozess. Der Legisaktionenprozess war bereits durch die *lex Aebutia* und die *leges Iuliae* verdrängt worden. Das Verfahren war zweigeteilt. Als erstes musste sich der Kläger an den Prätor, in den italischen Gemeinden an den *praefectus iure dicundo* und in den Provinzen an den Statthalter[174] wenden, der entschied, ob dem Begehren des Klägers eine Klage entsprach. Der Prätor bestimmte sodann die Formel, die *formula* oder auch *iudicium* genannt wurde und ein Prozessprogramm beinhaltete. Der Prätor war somit der Gerichtsherr. Er bestimmte durch Festlegung des Prozessprogramms, worüber zu richten war und wer Richter sein sollte. Alle juristischen Probleme und auch Entscheidungsalternativen, Einreden und Erwiderungen waren schon im Prozessprogramm vermerkt. Die Richter stellten dann nur Tatsachen fest, erforschten also den Sachverhalt. Sie wurden vom Magistrat aus Richterlisten ausgewählt und in die Formel eingefügt (*Titius iudex esto*). Das Verfahren vor dem Prätor bezeichnete man als *in iure*, jenes vor dem Richter als *apud iudicem*.[175]

Bei dem Formularprozess hatte der Prätor bestimmte Klagen zur Verfügung, die in seinem Edikt manifestiert wurden. Nach dem *edictum perpetuum* des Prätors zu Rom bestand ein *numerus clausus*. Der Prätor entschied, ob dem Begehren des Klägers eine Klage entsprach, d.h. ob diesem eine Klage eingeräumt werden konnte. Wurde ein Begehren vorgebracht, für das es keine Klage gab, dann bestand für den Prätor noch die Möglichkeit, eine analoge Klage *in factum* oder eine Klage *utilis* zu geben. Das Zivilrecht war somit prozessrechtlich orientiert, da eine Person nur dann etwas erreichen konnte, wenn ihr eine Klage zustand.

Neben dem Formularverfahren existierte in Rom eine weitere Verfahrensart. Die *cognitio extra ordinem*, ein Kognitionsverfahren, das aber herkömmlicher Weise

---

[172] Diesen verfahrensrechtlichen Ansatz wählt auch Zinsmaier, Der Leichnam, S. 14.
[173] Parks, The Roman Rhetorical Schools, S. 21.
[174] Kaser/Hackl, Römisches Zivilprozeßrecht, § 24.
[175] Mayer-Maly, Römisches Recht, S. 208.

nicht als solches bezeichnet wird, ist für die Ansprüche geschaffen worden, die von den Prätoren nicht als einklagbar erkannt wurden. Auf diese Weise wurden Fideikommisse, Unterhaltsansprüche unter Verwandten oder das Entgelt für Dienstleistungen, die nicht aus *locatio conductio* erwuchsen, klagbar.[176]
Die Zeit, in der die Deklamatorentätigkeit ihren Höhepunkt erreicht hatte (ca. erstes Jahrhundert n. Chr.) fällt also verfahrensrechtlich gesehen in die Zeit des Formularprozesses. Allerdings ist zu bemerken, dass in einigen wenigen Provinzen (z.B. Ägypten)[177] die Form des Kognitionsprozesses praktiziert wurde. Auch ein Verfahren *extra ordinem* war möglich.[178]
Die Gerichtsgewalt der Prätoren umfasste in der Republik, obwohl sie nur innerhalb ihres Bezirks Amtsgewalt hatten, den gesamten von der römischen Staatsgewalt beherrschten Raum. In Italien wurde die Zuständigkeit der Prätoren aber von der Gerichtsbarkeit der *praefecti* und der Munizipalmagistrate eingeschränkt. In den Provinzen unterlag seit Sulla den Statthaltern die Gerichtsbarkeit. Die Jurisdiktion des *praetor urbanus* war weiterhin auf römische Bürger beschränkt. Für den Fall, dass nicht beide Parteien römische Bürger waren, kam es auf die Person des Beklagten an. Der Juristdiktion des *praetor peregrinus* waren Bürger und Nichtbürger unterworfen. Personen, die nicht in Rom wohnten, konnten dort nur verklagt werden, wenn sie in Rom angetroffen wurden. Den Munizipalmagistraten unterstanden die Bürger der Gemeinden (*cives*, *municipes*), sonstige Einwohner (*incolae*) fielen nur unter die Gerichtsbarkeit der Munizipalen, wenn sie in der betreffenden Gemeinde wohnten. Die Gerichtsgewalt der Statthalter richtete sich ebenfalls nach dem Wohnsitz.[179] Das Formularverfahren, das auf eine Entscheidung abzielte, ob ein Urteilsgericht (*iudicium*) eingesetzt wurde oder nicht, unterlag keinen festen Regeln. Der Prätor konnte die Reihenfolge festlegen. Es ist aber anzunehmen, dass sich aus pragmatischen Gründen eine bestimmte Reihenfolge herauskristalisiert hat. Der Gegner musste schon vor der Ladung die *actio* bezeichnen, die er anstrebte. Auf diese Weise nannte er auch das Begehren, das er gerichtlich geltend machen wollte. Auf die Ladung musste der Geladene reagieren. Er musste der Ladung nachkommen oder einen *vindex* stellen. Der Geladene wurde mit Hilfe der *in ius vocatio* oder einem *vadimonium* verpflichtet. Standen die Parteien dann vor dem Prätor (Verfahren *in iure*), fand die Verhandlung in freier Rede statt. Der Ankläger brachte sein Verlangen vor, was der Beklagte meistens bestritt. Darauf prüfte der Prätor die Prozessvoraussetzungen[180], wie z.B. die Rechtsschutzwürdigkeit oder die Prozesswürdigkeit. Das Verfahren *in iure* endete mit der *litis contestatio* und der Richterbestellung.[181] Das Urteils-

---

[176] Kaser/Hackl, Römisches Zivilprozeßrecht, § 66 III. 1.
[177] Kaser/Hackl, Römisches Zivilprozeßrecht, § 70, II. 1; Hackl, Der Zivilprozeß in den Provinzen, S. 158 f.
[178] Kaser/Hackl, Römisches Zivilprozeßrecht, § 66; Hackl, Der Zivilprozeß in den Provinzen, S. 158 ff.
[179] Kaser/Hackl, Römisches Zivilprozeßrecht, §§ 30 - 43.
[180] Bürge, Römisches Privatrecht, S. 72 - 75; Bürge, De edendo, S. 46.
[181] Kaser/Hackl, Römisches Zivilprozeßrecht, § 30 - 43.

gericht bestand entweder aus einem Einzelrichter (*iudex*) oder aus der Richterbank der *recuperatores*.[182] Wobei es gerade in kleineren Orten in der Provinz nicht einfach war, ausreichend Leute zu finden, die im Formularprozess Richter sein konnten. Der Hergang der Verhandlung *apud iudicem* war nur zu einem geringen Teil rechtlich geregelt. Bei der Verhandlung *apud iudicem* standen den Parteien neben dem *orator* und dem *patronus* die *advocati* zur Seite. In das Verfahren *apud iudicem* gehörte auch das Beweisverfahren. Bezüglich der Beweislast genoss der Richter wahrscheinlich Ermessensfreiheit[183], jedoch war der Kläger jedenfalls stärker dazu berufen, die Grundlagen und den Inhalt seiner *actio* zu beweisen. Der Beklagte musste hingegen den Tatbestand seiner *exceptio* und andere ihm günstige Tatsachen beweisen. In dem Verfahren *apud iudicem* ging es darum, gestützt auf eine Vielzahl von Mitteln, zu denen psychologische Überzeugung genauso gehörte, wie juristische oder logische Argumente, die Redlichkeit der eigenen Partei und die Unredlichkeit des Gegners überzeugend darzustellen.[184] Das Verfahren endete mit einem Urteil, das der Einzelrichter oder die *recuperatores* mit der einfachen Mehrheit ihrer Stimmen fällten.[185]

Zwischen Prozessvertreter und Prozessbeistand muss unterschieden werden. Die Prozessvertreter sind Personen, die den Prozess an Stelle desjenigen führen, der als privatrechtlich Berechtigter zur Rolle des Klägers oder als privatrechtlich Verpflichteter zur Rolle des Beklagten berufen wäre. Die Vertreter erhielten selbst die Stellung der Prozesspartei. Der Vertretene, *dominus litis*, wurde nicht Partei, er nahm gar nicht am Verfahren teil. Die Befugnis zur Vertretung empfing der Vertreter entweder aus einer Ermächtigung (*iussum*, *mandatum*) des Vertretenen (so im Falle des *cognitor* und regelmäßig des *procurator*) oder aus einer Treuhänderstellung (wie der *tutor*, der *curator* oder der *actor* einer Körperschaft).[186] Von diesen Prozessvertretern, die selbst die Parteirolle einnahmen, wurden in der republikanischen Zeit die Beistände streng getrennt.[187] Diese traten neben die Parteien und berieten sie als Sachwalter. Die Prozessbeistände waren auch befugt, für die Parteien Anträge zu stellen; dazu mussten sie postulationsfähig sein. D. 3.1.1.4 besagt, dass der Prätor im Edikt angibt, wenn er bei Bedarf einen *advocatus* bestellen will.[188]

Die *controversia* besteht in der Regel aus einem Sachverhalt, einem oder mehreren Normen, einer Rede, in der für eine der beiden im Sachverhalt vorgestellten Streitgegner Partei ergriffen wird, und häufig noch aus einer Gegenrede. Die Sachverhalte betreffen unterschiedliche Rechtsgebiete. Es liegt also nahe, dass in

---

[182] Kaser/Hackl, Römisches Zivilprozeßrecht, § 26.
[183] Anders Wacke, Beweislast, S. 445.
[184] Kaser/Hackl, Römisches Zivilprozeßrecht, § 51 - 53.
[185] Kaser/Hackl, Römisches Zivilprozeßrecht, § 54.
[186] Kaser/Hackl, Römisches Zivilprozeßrecht, § 29. I.
[187] David, Die Rolle des Verteidigers, S. 28 - 47.
[188] Kaser/Hackl, Römisches Zivilprozeßrecht, §29 VII.

den juristisch anmutenden Deklamationen bei den Zivilrechtsstreitigkeiten im Formularverfahren das Verfahren *apud iudicem* imitiert wird, bei dem der *orator* als Prozessbeistand oder Prozessvertreter auftritt.

Das Verfahren *extra ordinem* wurde mit der privaten *denuntiatio* oder der *evocatio*, bei der der Gerichtsherr mitwirkte, eingeleitet. Die Ladung bewirkte, dass der Geladene bei der nächsten *sessio pro tribunali* oder dem nächsten *conventus* (in den Provinzen) erscheinen musste. Verglichen mit dem Formularverfahren weist das Verfahren *extra ordinem* eine viel geringere Bindung an Rechtsregeln auf. Es herrscht im Verfahren *extra ordinem* nicht das Prinzip der Förmlichkeit, sondern das Prinzip der Zweckmäßigkeit. Bei der Prüfung der Prozessvoraussetzungen wurden die Regeln für die Zulassung der Parteien gegenüber dem Formularprozess den Bedürfnissen des Verfahrens angepasst. So war es selbst Sklaven möglich, ihre fideikommissarisch zugewandte Freiheit in einem Verfahren *extra ordinem* zu erstreiten, auch Haussöhne konnten gegen den Gewalthaber auf Unterhalt klagen. Das Begehren wurde unmittelbar nach den Regeln des Privatrechts beurteilt und nicht in einer *formula* niedergeschrieben. Auch der Beklagte war in seiner Verteidigung freier, die *exceptio* war nicht mehr eine „Formelklausel, sondern das Gegenrecht selbst“.[189] *Praescriptio* war jedes Mittel, mit dem der Beklagte einen für ihn günstigen Umstand geltend machte, der von der Rechtsordnung zugelassen war. Eine *litis contestatio* wurde gelegentlich verwendet. Wesentlich ist, dass das Beweisverfahren im Kognitionsprozess eine Einheit mit dem übrigen Streitverfahren bildete. Der Richter konnte die Beweisführung dort einordnen, wo er sie für geboten hielt. Auch im Formularprozess unterlag das Beweisrecht weitgehend der Ermessensfreiheit; dies ist ebenso im Verfahren der *cognitio extraordinaria* anzunehmen. Als Beweismittel war alles zugelassen, was dem Richter eine Beurteilung des Prozesses ermöglichte, wie Zeugenaussagen, Parteiaussagen oder Urkundenbeweise.[190] Das Urteil wurde entweder von dem beamteten Gerichtsherrn selbst oder von einem amtlich beauftragten delegierten Richter gefällt. An eine bestimmte Textform war das Urteil nicht gebunden.[191]

Bezogen auf die Kontroversien ist festzustellen, dass sich die Reden und Gegenreden in den Kontroversien grundsätzlich als Verfahren nach dem Prüfen der Prozessvoraussetzungen in den Verfahrensablauf *extra ordinem* einfügen. *Advocati* wurden in den Prozessen vor den *cognitiones extraordinariae* häufig hinzugezogen.[192]

Bestimmte Verbrechen wurden vor den *questiones perpetuae* verhandelt. Die *quaestiones perpetuae* waren außerordentliche Gerichtshöfe, mit deren Errichtung schon im zweiten Jahrhundert v. Chr. begonnen wurde, um die unzureichen-

---

[189] Kaser/Hackl, Römisches Zivilprozeßrecht, §§ 71 - 73.
[190] Kaser/Hackl, Römisches Zivilprozeßrecht, §§ 71 - 73.
[191] Kaser/Hackl, Römisches Zivilprozeßrecht, § 74.
[192] Alexander, Trials in the Late Roman Republic, S. 3 - 40.

den Verfahren der *iudicia populi* zu ersetzen.[193] Die Gerichte wurden durch Gesetze eingerichtet, sie standen in der republikanischen Zeit unter dem Vorsitz eines Magistraten oder eines ehemaligen Magistraten. Die *quaestiones perpetuae* beschränkten die Prozesse vor den Komitien. Es wird auch die Theorie vertreten, dass die Entwicklung der *quaestiones perpetuae* mit der Entwicklung der *cognitio extraordinaria* zusammenhängt. Die *quaestiones perpetuae* hätten nach dieser Ansicht die Verfahren vor dem Polizeigericht der *tresviri capitales* abgelöst.[194] Jedenfalls diente die *quaestio perpetua repetundarum* als Muster für weitere Gerichtshöfe. Den Vorsitz der Geschworenenbank in der *quaestio perpetua repetundarum* führte ein eigens dafür vorgesehener *praetor*. Er wurde jedes Jahr aus denen für die Magistratur erwählten Personen ernannt. Innerhalb von zehn Tagen nach Amtsantritt musste er eine Liste von 450 Bürgern erstellen, die aus der Ritterklasse ermittelt wurden. Aus diesem Register, dass in einem speziellen Album veröffentlicht wurde, wählte der Ankläger für jeden Prozess gesondert 100 Namen und teilte sie dem Beschuldigten mit. Der Beschuldigte wählte daraus 50, aus denen das Richterkollegium zusammengesetzt wurde. Der geschädigte Provinzbürger war dazu berechtigt, persönlich die Anklage, die *nominis delatio*, vorzubringen und hatte die Möglichkeit und nicht mehr die Pflicht sich von seinem *patronus* unterstützen zu lassen. Die Patrone wurden so von einem Prozessvertreter zu einem Prozessbeistand. Das Urteil des öffentlichen Gerichtshofs brachte erheblichere finanzielle und politische Folgen mit sich als das zivilrechtliche Rekuperatorenverfahren.[195] Am Ende der republikanischen Zeit, nach den Reformen durch Sulla und Caesar, die den Ausbau der *quaestiones perpetuae* unterstützten und unter anderem das Auswahlverfahren des Geschworenenkollegs modifizierten, waren in Rom zumindest neun ständige Gerichtshöfe tätig. Fünf waren mit der Verurteilung von politischen Verbrechen betraut (*maiestas*, *repetundae*, *ambitus*, *peculatus*, *vis*) und vier mit gemeinen Verbrechen (Mord, Verwandtenmord, Fälschung, schwere Persönlichkeitsverletzungen). Der wichtigste Teil des Verfahrens vor den *quaestiones perpetuae* ist auch hier das Vorbringen der *orationes* des Anklägers und des Angeklagten oder seiner Patrone und die Vernehmung der Zeugen für Anklage und Verteidigung.[196] Im Strafprozess war in der Regel nur die Prozessbeistandschaft möglich.[197] Es ist also möglich, dass in den Kontroversien dieser Teil der Verfahren, in dem die *orationes* vorgebracht wurden, imitiert wird. Der Redner übernimmt die Rolle des Prozessbeistands.

Ein bedeutender Unterschied zwischen Zivil- und Strafverfahren bestand darin, dass im Zivilverfahren nur der Geschädigte eine Klage erhielt, während im öf-

[193] Kaser/Hackl, Römisches Zivilprozeßrecht, § 66.VI.
[194] Santalucia, Diritto e processo penale, S. 63.
[195] Santalucia, Diritto e processo penale, S. 67 f.
[196] Santalucia, Diritto e processo penale, S. 75 ff; Riggsby, Crime and Community, Kap. 1.
[197] Paoli, Vita Romana, V.

fentlichen Strafverfahren das Prinzip der Popularklage galt. Den Strafverfahren kam eine viel größere Öffentlichkeitswirksamkeit zu, als den Zivilverfahren. Es galt nicht der „Amtsermittlungsgrundsatz" und das Legalitätsprinzip, sondern das Akkusationsprinzip.[198]
Jeder unbescholtene Bürger konnte die *delatio* aussprechen und als Ankläger fungieren.[199] Dahinter verbarg sich wohl die Überzeugung, dass durch ein *crimen* die gesamte Gesellschaft geschädigt war. Geschädigt war also nicht das Individuum, sondern das Kollektiv, die „Gemeinschaft". Der Angeklagte hatte durch seine Tat gegen die Regeln der Gemeinschaft verstoßen. Somit stand es jedem (Bürger) als Teil dieser Gemeinschaft frei, zu klagen. Er trat dann gewissermaßen als *pars pro toto* auf. Es konnten also **Teile der Gemeinschaft** klagen, während heute im Strafprozess der Staatsanwalt als **Organ der Gemeinschaft**, des Staates, anklagt.[200] Das Prinzip der Popularklage ermöglichte es, dass ein Bürger auch dann klagen konnte, wenn er nicht individuell geschädigt war. Jeder einzelne repräsentierte die Gemeinschaft. Dies galt natürlich nur für den römischen Bürger, denn die Gemeinschaft war die römische Bürgerschaft. Der Schaden war die durch das *crimen* gestörte zwischenmenschliche Beziehung. Deshalb erscheint es auch folgerichtig, dass der Hochverrat ein sehr alter, wenn nicht der älteste Tatbestand war, der dem öffentlichen Strafrecht unterfiel[201], weil hier die Schädigung der gesamten Gemeinschaft am offenkundigsten war.
Als Ankläger zu fungieren, barg ein erhebliches Risiko, denn im Falle des Unterliegens drohten nicht nur negative gesellschaftliche Konsequenzen. Wurde indessen vom Ankläger ein Prozess gewonnen, brachte ihm dies großes gesellschaftliches Ansehen ein; darüber hinaus fiel ihm die Hälfte des Vermögens des Verurteilten zu. Aus diesen Gründen versuchten viele Bürger der unteren Schichten, als Ankläger soziales Ansehen und finanzielle Ausstattung zu erlangen.[202]
Der *delatio*, der eigentlichen Anklage, ging die *postulatio*, ein einleitendes Begehren voraus. Der Magistrat kontrollierte nach der *postulatio* das Vorliegen der vom Gesetz vorgeschriebenen Voraussetzungen und die Ehrbarkeit des Anklägers. Es war durchaus möglich, dass sich für dieselbe Anklage mehrere Ankläger fanden. In diesem Falle gab es ein Vorverfahren, die *divinatio*. War ein Ankläger ausgewählt worden, folgten die formale Präsentation der Anklage (*nominis delatio*) und die Annahme durch den Magistrat (*nominis receptio*). Nach der Einsetzung des Geschworenenkollegs fand die Verhandlung statt. Kläger und Angeklagter oder dessen Patron trugen ihre *orationes* vor, die Zeugen wurden vernommen.[203] Nach dem Abschluss des Verfahrens erhielt jeder Geschworene ein Wachstäfelchen, das auf einer Seite mit dem Buchstaben A für *absolvo*, auf der

---

198 Kaser/Hackl, Römisches Zivilprozeßrecht, § 66. VI.
199 Santalucia, Diritto e processo penale, S. 110 f.
200 Malek, Verteidigung in der Hauptverhandlung, S. 12; Ostendorf, Strafvereitelung durch Strafverteidigung, S. 1348.
201 Santalucia, Diritto eprocesso penale, S. 5.
202 Jehne, Rednertätigkeit und Statusdissonanzen, S. 171 ff.
203 Santalucia, Diritto e processo penale, S. 76 f.

anderen Seite mit dem Buchstaben C für *condemno* gekennzeichnet war. Der Geschworene radierte einen der beiden Buchstaben aus und legten diese *tabella* sodann in eine Urne. Der Magistrat, der wohl selbst kein Stimmrecht besaß, verkündete das Urteil der Geschworenen nach Auszählung der Tafeln. Die Geschworenen konnten nur auf schuldig oder nicht schuldig erkennen. Die Strafen waren durch die Gesetze festgesetzt, so dass ein Anpassen der Strafe nicht möglich war.[204]

Im Prinzipat verschwanden allmählich die Schwurgerichtshöfe und es wurde eine außerordentliche Strafjustiz geschaffen.[205] Diese wurde vom Stadthalter oder Provinzialstadthalter, später aber vom Kaiser selbst geleitet. Entscheidend für die außerordentliche Strafjustiz war die *lex Iulia iudiciorum publicorum*. Der Zivilprozess wurde zur selben Zeit durch die *lex Iulia iudiciorum privatorum* reformiert. Die *lex Iulia iudiciorum publicorum* enthielt Regelungen über Geschworenentätigkeit. Es ist zweifelhaft, ob der Princeps tatsächlich als alleiniger Richter für ein von einer *quaestio* gefälltes Urteil fungieren konnte, oder ob er nur durch sein Mitstimmen bei den Geschworenen die Entscheidung beeinflussen konnte.[206] Jedenfalls konnte er auf die Rechtsprechung dahingehend einwirken, dass er eine Verhandlung vor sein Tribunal verlegen konnte, überdies war es ihm möglich, als Berufungsinstanz zu fungieren oder einzelne Bereiche der Jurisdiktion seinen eigenen „Funktionären" zuzuweisen.[207]

Im Prinzipat war es dann nur möglich, das Verfahren von Amts wegen *oder* auf private Klage hin einzuleiten. Der Beamte oder der Kaiser führte regelmäßig nur die Verhandlung, der Schuldspruch war dagegen noch Sache des *consilium principis*.[208]

Das *consilium principis* bestand im ersten Jahrhundert nur aus den *amici augusti*, seit Hadrian wurde es jedoch durch regelmäßig bei der Rechtsprechung hinzugezogene Juristen erweitert. Grund für diese Umwandlung war, dass sich die *quaestiones perpetuae* nicht mit der Staatsform des Prinzipats vereinbaren ließen. Die Anzahl der Geschworenen, d.h. die Anzahl der Bürger, die hoheitliche Aufgaben wahrnehmen konnten, war zu groß, um von der Seite des Princeps Einfluss nehmen zu können. Auch gab es praktische Probleme: Wollte z.B. ein Bürger einen anderen wegen eines neuen Tatbestandes anklagen, konnte er dies vor keiner *quaestio* vorbringen, da jede *quaestio* nur für bestimmte Tatbestände zuständig war. Auch konnten Tätermehrheit oder mehrere Tatbestände nicht vor einem Gericht verhandelt werden.[209] Ein großes Problem war auch die zunehmende Bestechlichkeit der Richter.[210]

---

[204] Santalucia, Diritto e processo penale, S. 76 f.
[205] Robinson, Criminal Law, S. 6; Mommsen, Römisches Strafrecht, S. 64.
[206] Santalucia, Diritto e processo penale, S. 91 f; Robinson, Criminal Law, S. 2.
[207] Santalucia, Diritto e processo penale, S. 114 f.
[208] Santalucia, Diritto e processo penale, S. 73 f.
[209] Santalucia, Diritto e processo penale, S. 98 f; Robinson, Criminal Law, S. 2.
[210] Robinson, Criminal Law, S. 2.

Sowohl der *iudex* im Zivilprozess als auch die Mitglieder des *consilium* waren größtenteils keine „Juristen". Dies ist jedoch nicht so zu verstehen, dass sie juristische Laien waren. Der *iudex* wie auch die Mitglieder des *consilium*, das zwischen 50 und 180 Personen umfasste[211], waren verdiente Männer von hohem gesellschaftlichen Ansehen. Sie können in drei Gruppen eingeteilt werden, die allesamt der obersten gesellschaftlichen Schicht zuzuordnen sind: Die Männer waren Senatoren, *equites* und *tribuni aerarii*.[212] Es ist aufgrund der römischen Ausbildung, die für die Söhne der führenden Schicht zumindest aus Elementarschule, dem Unterricht beim Grammatikus und einem aufbauenden höheren Unterricht bestand, davon auszugehen[213], dass gerade diese Söhne der höheren Schicht auf einen gewissen juristischen Grundstock **und** auf eine rhetorische Grundausbildung zurückgreifen konnten. Beides wurde nämlich im höheren Unterricht vermittelt.[214] Dass der *iudex* oder die Geschworenen keine Juristen waren, bedeutet also lediglich, dass sie keine mit juristischen Fragen betraute Beamten waren und dass sie keine gründliche Kenntnis von prozessrechtlichen Vorgängen besitzen mussten, um ihrem Auftrag gerecht zu werden.
Besonders im Zivilprozess war der Patron durch das Patronatsverhältnis dazu verpflichtet, seinen *clientes* beizustehen. Da der Patron in der Regel mehr Ansehen besaß und auch über eine bessere Ausbildung verfügte, wird er für seine Klienten plädiert haben. Schon deshalb war es wichtig für die *patroni*, über eine gewisse rhetorische **und** juristische Ausbildung zu verfügen. Im Strafprozess wurden aber oft auch Advokaten „herbeigerufen" (z.B. Cicero).
Die Redner in den römischen Prozessen waren also zum einen Senatoren, die bereits über einen gewissen Bekanntheitsgrad verfügten, die redeten, um ihren Verpflichtungen aus dem Patronatsverhältnis nachzukommen, zum anderen gab es Redner, die sich durch das Reden „einen Namen machen wollten"; ferner gab es noch die professionellen Gerichtsredner, *advocati*, die von den gesetzlich ausgelobten Prämien lebten.[215] Die Motivation aus finanziellem Nutzen war aber gesellschaftlich verpönt. Cicero etwa empfand diese Redner als lästige Konsequenz, die das System der Popularklage mit sich brachte.[216] Die Missachtung des bezahlten Redners für eine Partei mag ihren Ursprung in der *lex Cincia* von 204 haben, in der den *patroni* verboten wurde, für die Verteidigung ihrer *clientes* ein Honorar zu nehmen.[217] Es stand für Advokaten ebenfalls unter Strafe, mehr als das maximal erlaubte Honorar zu verlangen (*SC Claudianum* von 47 n. Chr.).[218]

---

211 Parks, The Roman Rhetorical Schools, S. 51, 25 ff.
212 Parks, The Roman Rhetorical Schools, S. 44 f.
213 Parks, The Roman Rhetorical Schools, S. 45.
214 Jehne, Rednertätigkeit und Statusdissonanzen, S. 171; Liebs, Römische Jurisprudenz in Gallien, S. 23.
215 Jehne, Rednertätigkeit und Statusdissinanzen, S. 173 f; Ciferri, Iurisprudentia, S. 113 ff.
216 Jehne, Rednertätigkeit und Statusdissonanzen, S. 174; Cic. Rosc. Amer. 55-57.
217 Jehne, Rednertätigkeit und Statusdissonanzen, S. 174 Fn. 26.
218 Santalucia, Diritto e processo penale, Kap. VI. 3.

Obwohl der *advocatus* ein fester Bestandteil des römischen Rechtssystems war[219], wird in der Literatur oft kritisch vermerkt, dass der *advocatus* im Gegensatz zu den Rechtsgelehrten hauptsächlich mit rhetorischem Geschick gearbeitet habe und nicht mit juristischem Können.[220] Aufgrund dieser Differenzierung erscheint die Profession des Advokaten in der Literatur nicht als die eines Rechtsanwenders, sondern als die eines Rechtsverdrehers. Es muss jedoch bedacht werden, dass die Arbeit des Advokaten stets schon per definitionem rein parteiisch war (was sich deutlich von der Position des Verteidigers in Deutschland unterscheidet)[221]. Seine Profession brachte es mit sich, seine gesamten Fähigkeiten gezielt einzusetzen.[222] Es ist daher kaum verwunderlich, dass der Advokat, wenn das Recht nicht auf Seiten des Mandanten war, versuchte, diesen Nachteil mit rhetorischem Geschick auszugleichen. Dies muss jedoch nicht zwangsläufig auf mangelnden juristischen Sachverstand hinweisen. Ein weiterer Kritikpunkt, der die antike Profession des *advocatus* in der neueren Literatur[223] ausgesetzt ist, ist der Vorwurf, dass die Advokaten ähnlich den *iudices* oder *recuperatores* keine Juristen waren. Dieser Tadel wird noch durch den römischen Usus erhärtet, wonach eine Person die rechtlichen Grundlagen des Falles prüft und den günstigsten Weg für die Prozessführung vorschlägt, während eine andere als Rechtsbeistand bei der Verhandlung selbst auftritt. Der Gutachter wird mit *iuris consultus*, derjenige, der bei der Verhandlung im Prozess selbst auftritt, wird als *orator* bezeichnet.[224] Cicero geht in *De oratore* im Zusammenhang mit der *Causa Curiana* auf den Umfang der juristischen Bildung der Redner ein und bringt zum Ausdruck, dass er das Erfordernis einer umfassenden und intensiven juristischen Bildung sehr gering einschätzt.[225] Dabei muss jedoch beachtet werden, dass *orare* im Lateinischen ursprünglich den Sinn von „verhandeln, vortragen" hatte[226], eine Bedeutung, die sich deutlich von der Übersetzung mit „reden, sprechen" unterscheidet. Während der Debatte in der Verhandlung war es außerdem üblich, dass Kläger und Angeklagter von einflussreichen Freunden umgeben waren, die zwar nicht redeten, aber ihren Schützling durch pure Anwesenheit, d.h. durch ihre Machtstellung und ihr persönliches Ansehen, moralisch unterstützten. Diese Personen wurden auch mit *advocati* bezeichnet. Oft war es bis sich einer dieser

---

[219] Crook, Legal Advocacy, S. 9.

[220] Crook, Legal Adcocacy, S. 4; Parks, The Roman Rhetorical Schools, S. 21.

[221] Beulke, Verteidiger im Strafverfahren, Kap. 3 I; Radbruch, Rechtsphilosophie, S. 281 f.; Kniemeyer, Das Verhältnis des Strafverteidigers zu seinem Mandanten, S. 118; es muss sich durch die Verteidigung lediglich eine Waffengleichheit zwischen Staatsanwalt und Angeklagtem ergeben (Art. 6. I. S. 1 MRK).

[222] Crook, Legal Advocacy, S. 4.

[223] Liebs, Römische Jurisprudenz in Gallien, S. 24.

[224] Paoli, Vita Romana, II. V. 5; eingehend zu dieser Differenzierung Ciferri, Iurisprudentia, S. 103 - 119.

[225] Cicero, De orat., 1. 239; Tellegen, On the Causa Curiana, S. 194 ff; Manthe, Sieg der Rhetorik, S. 74 - 84.

[226] Paoli, Vita Romana, II. V. 5.; Georges, Handwörterbuch II, Sp. 1404 ff.

Männer zur Rede erhob für die Anwesenden nicht klar ersichtlich, wer eigentlich die Rede führen würde.[227]
Ein weiteres Problem bei der Klassifizierung des *iuris consultus* als „Jurist" und des *advocatus* als „Nicht-Jurist" besteht darin, dass - um diese Klassifizierung korrekt vornehmen zu können - zuerst der Begriff „Jurist" definiert werden müsste. Ist ein Jurist eine Person, die über eine gewisse Rechtskunde verfügt oder, muss sich schon der Jurist in der Antike durch eine umfassendere Rechtskenntnis von denen absetzen, die im hohen Unterricht[228] neben der Redekunst auch eine juristische Grundausbildung genossen hatten? Liebs definiert den Juristen der Antike als einen Mann, der in einem speziellen Rechtsunterricht ausgebildet wurde. Dieser Rechtsunterricht wurde relativ selten gewählt und schloss sich an den höheren Unterricht an.[229] Ein antiker Jurist musste also mehr aufweisen als den Elementarschulunterricht, den Unterricht beim Grammatikus und den Besuch der höheren Schule, in der eine rhetorische Ausbildung mit einer juristischen Grundausbildung vermittelt wurden. Der Definition Liebs zu Folge waren die *advocati* in der Regel keine Juristen, weil ihre juristische Ausbildung nicht umfassend genug war und sie ähnlich den *patroni* meistens nur den höheren Unterricht, aber keinen weiterführenden Rechtsunterricht besucht hatten. Man kann den „Juristen" im Sinne der Liebschen Definition eher als „Rechtsgelehrten" bezeichnen. Der *advocatus*, der als *orator* im Prozess redete, war also kein Jurist im Sinne eines Rechtsgelehrten, er war aber eine Person, die auf Grund ihrer Grundlagenausbildung mit dem Recht in der Praxis umgehen konnte, die den Rat des *iuris consultus* nachvollziehen und vor Gericht umsetzen konnte. Ciceros Forderung *neque legum ac iuris civilis scientia neglenda est* unterstützt diese These.[230] Die *advocati* verließen also die juristische Ausbildungslaufbahn, nachdem sie im höheren Unterricht eine gewisse Grundausbildung im Recht genossen hatten, oder besser gesagt, sie verfolgten die juristische Ausbildungslaufbahn nicht weiter. Den hohen Unterricht besuchten sie offensichtlich nicht. Sie gingen dann in der Regel bei einem erfahrenen *advocatus* in die Lehre.[231]
Die Deklamationen waren das prägende Element des höheren Unterrichts. Sie wurden dort als Übungen verwendet. In den Deklamationen ist daher ein juristischer Gehalt zu erwarten, der diese juristische Grundausbildung widerspiegelt.

Im Prinzipat entstand durch das *ius respondendi* ein großer Unterschied zwischen den Juristen im engeren Sinn, d.h. den Juristen meist von sozial höherer Herkunft, die ein *responsum*, ein Gutachten, verfassen konnten und jenen, die die Rechtslehre praktisch anwendeten.[232] Diese praktischen Anwender waren die Urkun-

---

[227] Paoli, Vita Romana, V.
[228] Marrou, Histoire de l'éducation, S. 412 ff.
[229] Liebs, Römische Jurisprudenz in Gallien, S. 24.
[230] Cicero, De orat., I. 5. 8; Crook, Legal Advocacy, S. 142 f.
[231] Warde Fowler, Social Life at Rome, S. 193 ff.
[232] Kritisch dazu Tuori, Ius Respondendi, S. 337, der das ius respondendi als historisierende Kreation des 19. Jahrhunderts enttarnt.

denschreiber oder Advokaten, denen oft aufgrund ihrer Herkunft das *ius respondendi* versagt blieb. Diejenigen, die an einem Prozess als Richter beteiligt waren, konnten ein *responsum* einholen, waren aber dazu nicht gezwungen. Durch die Verleihung des *ius respondendi* konnte die Rechtskultur ein neues Maß an Exklusivität gewinnen.[233]

Winterbottom ist der Meinung, dass in den juristisch anmutenden Deklamationen Prozesssituationen imitiert werden. Der Deklamator schlüpfe entweder in die Rolle des Anklägers, des Angeklagten oder eines Advokaten.[234] Es ist deutlich geworden, dass diese Ansicht, die der *declamatio* eine Bedeutung als Übung für das reale juristische Leben zuspricht, in Hinblick auf die prozessuale Situation und die Anforderungen an den *orator* in einem Verfahren - sei er nun *patronus*, professioneller Advokat oder ein anderer einflussreicher Mann - durchaus gerechtfertigt ist. Unstrittig erscheint es, dass die Kontroversien als Übung für die reale juristische Praxis grundsätzlich tauglich waren. Dennoch muss in konkreter prozessualer Hinsicht für jede *declamatio* einzeln geprüft werden, welche Prozesssituation imitiert wird, ob beispielsweise ein öffentlicher Strafprozess vor einer *quaestio perpetua* oder ein Zivilverfahren nachgestellt wird.

4. Forensische Rhetorik

Die forensische Rede zielte im Gegensatz zu der politischen Rede nicht darauf ab, einen Kompromiss zu erreichen. Denn vor Gericht gab es keine Kompromisse, der Prozess wurde entweder gewonnen oder man war unterlegen. Das römische Gerichtswesen basierte auf Rede und Gegenrede, es war also „radikale Parteilichkeit" der Redner erwünscht.[235] Eine Orientierung an der *res publica*, dem Gemeinwohl, wie es im Senat üblich war, bestand nicht.[236] Die forensische Rede ist nicht vorrangig durch Formvollendung und Ästhetik gekennzeichnet; die Redeteile müssen nicht in besonderer Weise ausgeglichen sein, die Gliederung der Rede muss sich nicht unbedingt durch außergewöhnliche Klarheit auszeichnen. In der forensischen Rede dienten vielmehr alle Mittel den Erfordernissen der Zweckmäßigkeit, ihr Charakteristikum ist das Element der Persuasion der Zuhörer, insbesondere des Richters. Auf eben dieses Merkmal konzentriert sich jedoch oft die Kritik an den *declamationes*. Gerade das für die forensische Rhetorik wesentliche Element der Überredung des Zuhörers wird der Schuldeklamation paradoxer Weise vielfach, z.B. von Hosius[237] und Caplan[238], zum Vorwurf gemacht. Tatsächlich ist in diesem Zusammenhang die Ausrichtung der *controversia* auf

[233] Kunkel, Herkunft und soziale Stellung der Römischen Juristen, S. 367 - 371.
[234] Winterbottom, Seneca The Elder - Declamations Vol. I, S. XI.
[235] Jehne, Rednertätigkeit und Statusdissonanzen, S. 173; Crook, Legal Advocacy, S. 4.
[236] Jehne, Rednertätigkeit und Statusdissonanzen, S. 173.
[237] S.o., Hosius, Römische Literaturgeschichte, § 335a.
[238] S.o., Caplan, Of Eloquence, S. 163.

Überredung nicht als Zeichen der Realitätsferne, sondern als Hinweis auf die Realitätsnähe der Deklamationen zu werten.
Zur forensischen Rede zählen die beratende (symbuleutische) Rede und die Gerichtsrede. Beiden ist gemeinsam, dass sie auf Überredung abzielen und dass der Hörer die Rolle eines Richters oder Beurteilers einnimmt.[239] Jeder forensischen Rede liegt die *causa*, der juristische Streitfall, also der Sachverhalt[240], zu Grunde. Jede *causa* enthält eine Streitfrage, z.B. „Hat A den B ermordet?“ Diese Streitfrage (*quaestio*) befindet sich auf der realen Ebene, ist also eine Frage der Beweisführung. Der Ankläger behauptet immer die positive Möglichkeit dieser Streitfrage, z.B.: „Der A hat den B ermordet“. Der Verteidiger behauptet das Gegenteil, also: „Der A hat den B nicht ermordet.“ Daraus ergibt sich ein Widerspruch (*controversia*). Die *controversia* verlangt nach Auflösung. Dies verleiht dem gesamten Prozess Dynamik und bestimmt den *status* der Rede.
Die Aufgabe des Verteidigers besteht zunächst darin, die *controversia* zu ermitteln und seine Rede auf die Auflösung der *controversia* abzustimmen. Er muss also seine Formulierungen so wählen, dass sie unmittelbar eine Lösung bieten oder jedenfalls zu bieten scheinen. Welche der beiden möglichen Antworten auf die *quaestio* die richtige ist, wird erst am Ende des Prozesses entschieden; vorher bestehen nur vorläufige Meinungen (*optiones*). In der Unwissenheit der Richter liegt die Chance des Rhetors. Die Richter sind dazu verpflichtet, *sine ira et studio* die Wahrheit zu erforschen, während der Advokat dazu verpflichtet ist, seine Klienten parteiisch zu vertreten.[241] Gegenüber der Zweckmäßigkeit ist also für ihn die Wahrheit zweitrangig. Für den Verteidiger steht das Parteiinteresse im Vordergrund.[242] Dem Advokaten steht die Möglichkeit offen, agierend auf die Wirklichkeit einzuwirken, während die Richter die Wirklichkeit erkennen sollen.
Der Advokat der Antike bereitet sich auf das Streitgespräch vor, indem er, wie jeder andere Rhetor auch, die Argumente und die Sicht seines Gegners studiert. Zu diesem Zweck war es üblich, mit dem Klienten ein Streitgespräch wie vor Gericht zu führen, wobei der Klient seine eigene Seite vertrat und der Advokat die Gegenpartei.[243] Die *delectatio*, d.h. das Erfreuen des Adressaten, ist in der forensischen Rhetorik kein Selbstzweck, sondern Mittel zur Überredung. Oberstes Ziel ist das *persuadere*, das der Redner auf drei unterschiedliche Weisen erreichen kann. Er kann den Richter durch sachliche Argumentation überzeugen (*probare*, *docere*), „er kann durch seine ansprechende Redeweise das Wohlwollen der Richter gewinnen“ (*concilare*)[244], oder er kann versuchen, sie in eine für seine Absichten günstige, affektische Erregung zu versetzen (*commovere*, *perturbare*, *flectere*). Er hat also die Möglichkeit, auf sachliche, ethische und parteiische

---

[239] Neumeister, Grundsätze der Forensischen Rhetorik S. 11, 15.
[240] Pötter, Animus accusatorius, S. 9.
[241] Neumeister, Grundsätze der Forensischen Rhetorik, S. 15 - 17.
[242] Neumeister, Grundsätze der Forensischen Rhetorik, S. 17.
[243] Neumeister, Grundsätze der Forensischen Rhetorik, S. 17 f.
[244] Neumeister, Grundsätze der Forensischen Rhetorik, S. 32; eingehend dazu Ciferri, Cicero`s Orations, S. 85 - 125.

Mittel zurückzugreifen. Da jede *causa* eine *controversia* beinhaltet, gibt es sowohl Argumente, die für den Ausgang, den der Rhetor erreichen will, günstig sind, wie auch Aspekte, die ungünstig sind. Die Kunst besteht darin, die Dualität durch das Plädoyer ganz zur einen Seite hin zu verändern; dies kann der Redner dadurch erreichen, dass er die für die eigene Partei ungünstigen Aspekte übergeht oder gar von ihnen ablenkt.[245] Die antike Einteilung[246] der *causae* in *genus honestum, genus turpe, genus dubium* oder *genus humile* betrifft de facto nicht die *causa* selbst, sondern das Verhältnis des Hörers zum Sachverhalt. Bei der forensischen Rede kommt es in erster Linie auf die Haltung des Hörers an, die *causa* selbst ist erst in zweiter Linie von Bedeutung. Der Redner muss die Gliederung und den Stil der Rede der Haltung des Zuhörers anpassen. Auch Ort, Zeit und die anderen in den Prozess verwickelten Personen wirken auf die Rede, da diese Faktoren ihrerseits die Haltung des Hörers beeinflussen.[247] Man bemühte sich sogar ganz offen darum, bei dem Richter Mitleid zu erregen. Es gab zu diesem Zwecke standardisierte Gesten; die Verwandten erschienen in Trauerkleidung zur Verhandlung, der Angeklagte trug sein kleines Kind auf dem Arm. Auch wenn sie zur Klärung des Sachverhalts gar nichts beizutragen hatten, wurden die Verwandten als Zeugen aufgerufen, um zu beteuern wie unersetzlich der angeklagte Verwandte sei.[248] Deshalb war es auch üblich, dass Schüler schon einmal gehaltene Reden zu Übungszwecken mit der passenden Gestik untermalten. Die Abbildung (siehe S. 7) zeigt einen Vater und seinen Sohn in solch einer Situation. Der deklamierende Knabe steht vor seinem Vater. Der Junge führt die passenden und angemessenen Körperbewegungen aus. Sein rechter Arm ist vorgestreckt und der linke Unterarm ist leicht erhoben. Der Daumen der vorgestreckten Hand ist an dem Zeigefinger angelegt - die Hand führt einen „Zweifingergestus" aus. In der linken Hand hält der Junge eine geschlossene Buchrolle.[249] Auch Fronto berichtet von einer Szene, in der ein Knabe seinem Vater Ausschnitte aus einer Rede vorträgt, während er dem Autor der Rede Augen, Stimme und Gesten leihen soll.[250]

Die forensische Rhetorik wurde nicht wie die Staats- oder Volksreden von den Senatoren der Oberschicht dominiert, es redeten vielmehr hochgestellte Senatoren ebenso wie auch Senatoren von niederem Status, Ritter oder auch Männer aus der übrigen Oberschicht, Junge und Alte sowie Männer aus der nichtsenatorischen Schicht. Die Rolle des Verteidigers war sozial angesehener als die des Anklägers. Anklagen sollte man nicht zu oft, sonst war man als hartherzig verrufen. Der An-

---

[245] Neumeister, Grundsätze der Forensische Rhetorik, S. 32.
[246] Neumeister, Grundsätze der Forensischen Rhetorik, S. 32.
[247] Neumeister, Grundsätze der Forensischen Rhetorik, S. 33 ff.
[248] Jehne, Rednertätigkeit und Statusdissonanzen, S. 174 ff.
[249] Richter, Überlegungen zur Redegestik, S. 261 f; Wülfing, Classical and modern gesticulation, S. 265 - 275.
[250] Fronto, 1, 7 p.18N.

geklagte wurde nicht primär als Übeltäter gesehen, der für seine Taten die gerechte Strafe erhalten sollte, sondern als Römer, dem der soziale Ruin drohte.[251] Die Verpflichtung, bei der Gerichtsrede in hohem Maße parteiisch aufzutreten, war gesellschaftlich akzeptiert.
Die Anwendung forensischer Rhetorik zieht sich oft den Vorwurf zu, unjuristisch zu sein. In der gegenwärtigen Rechtspraxis hat es häufig den Anschein, dass der Richter zu einem „Subsumtionsautomat“[252] reduziert wird. Die Subsumtion soll emotionslos geschehen. Dies soll Gerechtigkeit, Rechtsgleichheit und Rechtssicherheit bringen. Die „juristische Wahrheit“ soll erkannt werden,[253] Rhetorik ist zu einem „boo-word“[254] verkommen. Dieser Wertungsansatz ist allerdings schon seit der Antike bekannt. Sokrates und Platon bewerten die Rhetorik grundsätzlich negativ.[255] Eine neutrale Definition der Rhetorik als „Technik jeglicher Argumentation“, also auch der juristischen und der philosophischen Argumentation,[256] muss der Untersuchung der juristisch anmutenden Deklamationen zu Grunde gelegt werden, um eine tendenziöse Behandlung des Korpus zu verhindern. Der Forderung Ciceros, dass der Advokat, der Anwender der forensischen Rhetorik, als *vir bonus* auch auf juristischem Gebiet versiert sein müsse,[257] zeigt, dass die Phase der negativen Wertung der Rhetorik in der Entstehungszeit der Deklamationen schon überwunden schien und erst im spätantiken Ostreich wieder die herrschende Überzeugung werden sollte[258].
In der Rechtsgeschichte manifestiert sich die Tendenz zur Abwertung der forensischen Rhetorik in der relativ geringen Beachtung der *declamationes*. Während Gesetzestexte (Kodifikationen, Edikte oder *leges* etc.) häufig untersucht wurden, werden die Deklamationen als Forschungsgegenstand weitgehend vernachlässigt.

5. Statuslehre und *declamatio*

Die Lehre der Rhetorik beschreibt fünf Stufen der Entstehung einer Rede. Die erste Stufe, in der sich der Rhetor Klarheit über die äußeren Umstände verschafft, ist die *inventio*[259], wobei eingeräumt werden muss, dass die Meinungen über Inhalt und Bezeichnung dieser ersten Stufe stark auseinandergehen. Ein einheitliches System hat es wohl nicht gegeben.[260] Bei der *inventio* soll dem Rhetor die Statuslehre behilflich sein, und zwar in Hinblick auf die *argumentatio*. Die Sta-

---

[251] Jehne, Rednertätigkeit und Statusdissonanzen, S. 177 ff.
[252] Montesquieu, L`esprit des lois; Ogorek, Richterkönig oder Subsumtionsautomat?
[253] Crook, Legal Advocacy, S. 4 ff.
[254] Crook, Legal Advocacy, S. 3.
[255] Platon, Protagoras, 318e - 319a; Platon, Gorgias; Platon, Phaidros; Crook, Legal Advocacy, S. 3.
[256] Crook, Legal Advocacy, S. 3.
[257] Cicero, De orat. I. 5. 8.
[258] Libanius, Ep. 1203, 1.
[259] Martin, Antike Rhetorik, S. 28 ff.
[260] Clarke, Rhetoric at Rome, S. 140 f.

tuslehre ist von Hermagoras von Temnos, einem bedeutenden Rhetor, um die Mitte des zweiten Jahrhunderts vor Christus speziell für die Gerichtsrede entwikkelt worden. Für die politische Rede und die Festrede hingegen ist sie ohne Bedeutung.[261] Die Bezeichnung *stasis* (lat. *status*), die vermutlich aus dem Wortschatz des Faustkampfes stammt[262], wird mit juristischem Bezug zum ersten Mal von Aischines dem Rhetor ca. 330 v. Chr.[263] in der Rede gegen Ktesiphon gebraucht. Er vergleicht dabei die Tätigkeit der Richter für das Wohl der Stadt mit dem Ringen der Faustkämpfer.[264] Womöglich soll mit *status* aber auch nur beschrieben werden, was Quintilian unter *quod in eo causa consistat* versteht.[265]
Die Statuslehre, die Cicero und Quintilian auch *constitutio* nennen, die aber auch als *summa quaestio, in qua causa vertitur* oder einfach als *quaestio* bezeichnet wird,[266] teilt die Fallfragen, die sich aus dem Sachverhalt ergeben, in bestimmte Gruppen ein. Diese Kategorisierung soll es dem Redner erleichtern, bereits zu Beginn der Redevorbereitung zu erkennen, welche Streitfrage sich aus dem Sachverhalt ergibt, worum es also bei dem Sachverhalt geht. Der Status ist der Punkt, um den gestritten wird, auf den es in der Entscheidung ankommt.
Jeder Sachverhalt bedingt aus sich selbst heraus eine bestimmte Ordnung, die aus der *depulsio* des Anklägers und aus dem Widerspruch des Angeklagten resultiert.[267] Die Fallfrage, die *quaestio*, ergibt sich aus den gegensätzlichen Behauptungen der Parteien.[268] Allerdings gibt es auch eine kleine Gruppe von denkbaren Fallgestaltungen, die diese Ordnung nicht enthalten, die sogenannten *asystata*. Ihr Sachverhalt ist entweder unzusammenhängend, wirft gar kein Problem auf oder birgt ein unlösbares Problem.[269] Jeder Sachverhalt, der ja einen Einzelfall darstellt, enthält eine Hypothese. Diese gründet sich auf sieben Umstände, die Peristasen: die Personen, die Handlungen, die Zeit, den Ort, das Motiv, die Art und Weise, die Hilfsmittel. Durch Abstraktion lässt sich aus jeder Hypothese eine These entwickeln. Aus der Hypothese: „Empfiehlt es sich für die Athener, ein Heer nach Sizilien zu senden, obwohl sie von den Spartanern belagert werden?“, lässt sich beispielsweise die These entwickeln: „Darf jemand der auf seinem eigenen Territorium von Feinden bedrängt wird, ein Heer ins überseeische Ausland senden?“[270]
Der Redner muss so vorgehen, dass er zunächst den Status jeder Hypothese bestimmt. Dabei sind zwei *status*-Gruppen zu unterscheiden. Die eine Gruppe

---

261 Wesel, Rhetorische Statuslehre, S. 23 f.
262 Martin, Antike Rhetorik, S. 29.
263 Aischines or. III 206.
264 Martin, Antike Rhetorik, S. 29.
265 Wesel, Rhetorische Statuslehre, S. 24; Quintilian, Inst. or., 3.5.4.
266 Martin, Antike Rhetorik, S. 29.
267 Martin, Antike Rhetorik, S. 29; Fuhrmann, Antike Rhetorik, S. 101 - 103; Clarke, Rhetoric at Rome, S. 26 ff.
268 Wesel, Rhetorische Statuslehre, S. 24.
269 Fuhrmann, Antike Rhetorik, S. 101 f.
270 Fuhrmann, Antike Rhetorik, S. 99 f.

(*genus rationale*) ergibt sich aus den Fällen, die durch Argumentation und aus sich selbst heraus geklärt werden können. Die andere Gruppe (*genus legale*) resultiert aus jenen Fällen, die durch Interpretation und Anwendung eines Gesetzes oder Rechts entschieden werden können[271]. Die Unterteilung kann auch folgendermaßen beschrieben werden: Das *genus rationale* betrifft Tatfragen und die Beurteilung von Handlungen unter der Voraussetzung, dass die Anwendung des Gesetzes selbst unproblematisch ist, während beim *genus legale* die Umstände der Tat nicht streitig sind, aber die Auslegung von Gesetzen behandelt wird. Hermagoras unterscheidet beim *genus rationale* wie auch beim *genus legale* je vier *status*. Die *status* des *genus rationale* entsprechen vier Verteidigungsstufen des Angeklagten.[272] Die Statuslehre war also speziell für das Strafverfahren entwickelt worden. Die Lehre des Hermagoras wurde jedoch in der Folgezeit mehrfach umfunktioniert und durch neue *status* und andere Einteilungen verändert, so dass bis hin zu den Lehrbüchern der Kaiserzeit eine große Vielfalt an Lehrmeinungen und Systematisierungen bestand. Quintilian trug entscheidend dazu bei, die Statuslehre in der Kaiserzeit in ein kohärentes System zu bringen,[273] allerdings hatte Cicero dazu schon wesentliche Vorarbeit geleistet.[274]
Der Zuordnung eines Falles entsprechend der Statuslehre zum *genus rationale* oder zum *genus legale* folgt die Einteilung in die Unterkategorien.[275] Die Unterkategorien des *genus rationale* betreffen je eine der drei Fragen: ob etwas geschehen sei (*an sit*), was geschehen sei (*quid sit*) und wie dies zu beurteilen sei (*quale sit*). Aus jeder dieser Fragen ergibt sich ein *status*. Quintilian beließ es in seiner Lehre bei diesen drei *status*. Gemeinhin bestand aber noch ein vierter *status*, der die Frage betrifft, ob ein Fall vor dem zuständigen Gerichtshof verhandelt wird (*status translationis*). Diesem *status* sprach Quintilian die Eigenständigkeit mit der Begründung ab, dass es sich hier stets um andere Fragen handele, die sich auch problemlos unter die anderen drei *status* subsumieren ließen.[276]
Ist die Frage entscheidend, ob etwas geschehen ist, so handelt es sich um Unklarheiten in der Beweisführung. Dieser *status coniecturalis* liegt immer dann vor, wenn der Angeklagte leugnet, die Tat begangen zu haben, die ihm vorgeworfen wird[277]. Er ist im Strafprozess der häufigste.
Wenn Einigkeit darüber besteht, dass die Tat begangen wurde, dann kann darüber gestritten werden, wie die Tat zu qualifizieren sei. Dies ist die Frage nach dem einschlägigen Tatbestand. Sie ist dann zu stellen, wenn der Angeklagte die Tat im wesentlichen zugibt, aber nicht die Deliktskategorie angewendet wissen will, die der Ankläger angibt, sondern eine mildere. Gefragt wird dann *quid sit*. Der An-

---

271 Andersen, Garten der Rhetorik, S. 163; Wieacker, Römische Rechtsgeschichte, S. 669 - 674.
272 Wesel, Rhetorische Statuslehre, S. 24 - 27.
273 Wesel, Rhetorische Statuslehre, S. 26; Quintilian, Inst. or. 3.6.1-103.
274 Wesel, Rhetorische Statuslehre, S. 26.
275 Fuhrmann, Antike Rhetorik, S. 103 - 113.
276 Wesel, Rhetorische Statuslehre, S. 27; Martin, Antike Rhetorik, S. 42 ff.
277 Clarke, Rhetoric at Rome, S. 68; Martin, Antike Rhetorik, S. 30 - 32.

geklagte behauptet häufig, dass die Tatbestandsmerkmale für ein bestimmtes Delikt nicht vollständig erfüllt seien. Für diesen *status definitivus* oder *status definitionis*[278] ist der Fall des Tempelraubes ein beliebtes Beispiel. Ein Mann hatte aus einem Tempel Geld gestohlen, das jedoch einer Privatperson gehörte. Er wird als Tempelräuber angeklagt, auf dieses Delikt stand die Todesstrafe. Der Angeklagte bringt vor, dass ein Tempelraub nicht schon dann vorliege, wenn jemand etwas aus einem Tempel genommen habe, es müsse sich vielmehr um heiliges Gut handeln.[279]

Der *status qualitatis* fragt nach der Beschaffenheit der Handlung. Er liegt dann vor, wenn der Angeklagte ohne Einschränkungen zugibt, dass er die Tat begangen hat, aber Rechtfertigungsgründe oder Entschuldigungsgründe geltend macht. Der *status qualitatis* besteht aus zwei Haupttypen, der *constitutio iuridicialis absoluta* und der *constitutio iuridicialis assumptiva*, dem absoluten und dem relativen Rechtfertigungsstatus. Der absolute Rechtfertigungsstatus war von geringer praktischer Bedeutung, da hier die begangene Tat als solche gerecht und ehrenwert war. Der relative Rechtfertigungsstatus ist der häufigste, weil der Beschuldigte Nebenumstände zur Rechtfertigung heranzieht. Diese Materie wird von Hermagoras in vier Fallgruppen gegliedert: *concessio* (Zugeständnis), *relatio criminis* (Übertragung des Vorwurfs), *remotio criminis* (Zurückweisung des Vorwurfs) und *comparatio* (Vergleich). Der *status qualitatis* bedingt also eine Gesamtwürdigung des Tatgeschehens.[280] Das System der *status* des *genus rationale* erinnert in vieler Hinsicht an das Prüfungsschema (sog. dreistufiger Verbrechensaufbau), das dem deutschen Strafrecht zu Grunde gelegt wird[281].

Beim *genus legale* geht es um die Anwendung von Normen auf den konkreten Sachverhalt. Dabei können sich Probleme ergeben, die von einer scheinbaren oder wirklichen Ungenauigkeit der betreffenden Normen herrühren. Durch die Kategorien des *genus legale* werden diese Ungenauigkeiten in Fallgruppen geordnet. So können dem Redner Argumente zur Verfügung gestellt werden, die ihm helfen, die gegebene Situation in einer bestimmten Weise für sich nutzbar zu machen.[282] Die Kategorie *scriptum - sententia* betrifft das Verhältnis des Wortlauts eines Gesetzes zu seiner Auslegung. Die zweite Kategorie, Antinomie/*leges contrariae*, betrifft den Konflikt zwischen zwei einander widersprechenden Gesetzen. Die dritte Kategorie, Amphibolie oder *ambiguitas,* bedeutet die Doppeldeutigkeit des Textes, d.h. die Parteien warten mit je unterschiedlichen Interpretationen einer nicht eindeutigen Norm auf. Bei der vierten Kategorie will eine Partei durch Syllogismus oder *ratiocinatio* einen Fall, der, wie sie behauptet,

---

278 Martin, Antike Rhetorik, S. 32 - 36.

279 Quintilian, Inst. or. 3, 6, 4 I; Fuhrmann, Antike Rhetorik, S. 104 f; Andersen, Garten der Rhetorik, S. 162 f.

280 Fuhrmann, Antike Rhetorik, S. 105 ff; Andersen, Garten der Rhetorik, S. 163; Martin, Antike Rhetorik, S. 36 - 42.

281 Otto, Grundkurs Strafrecht, § 5 III. 2.

282 Fuhrmann, Antike Rhetorik, S. 109; Martin, Antike Rhetorik, S. 44 - 52.

nicht vom Gesetz gedeckt ist, durch die analoge Anwendung einer verwandten Norm lösen.[283]
Die Bezeichnungen *genus **rationale*** und *genus **legale*** erfassen also die Eigenarten der beiden Statusgruppen.
In der neueren Literatur wird darauf hingewiesen, dass gerade der Statuslehre für die Beurteilung der *declamationes* große Bedeutung zukommt. Die *declamationes* werden als **das** zentrale Mittel bezeichnet, mit dem - gerade mit Hilfe der unwahrscheinlichsten Fälle - die Anwendung dieser Statuslehre geübt werden sollte.[284] Diese Einschätzung wird auch dadurch gestützt, dass sich Quintilian, dem oder dessen Kreis die Autorenschaft zweier beachtlicher, noch erhaltener Deklamationensammlungen zugeschrieben werden, eingehend mit der Statuslehre beschäftigt hat. Andersen erkennt in einigen Deklamationen, die juristisch anmuten, sogar einen regelrecht „schematischen Durchgang durch die Statuslehre".[285]

6. Die Deklamation - Aufbau und Systematik

Die *genera orationis* sind die Gerichtsrede (*genus iudiciale* oder *genos dikanikon*), die Beratungsrede oder politische Rede (*genus deliberativum*, *genos symbouleutikon* oder *genos demegorikon*) und die Lobrede (*genus demonstrativum*, *genos epideiktikon* oder *genos panegyrikon*). Als Beratungs- oder politische Rede wird insbesondere die Rede vor der Versammlung bezeichnet. Mit „Lobrede" ist insbesondere die Rede auf der Feier, öffentlich oder privat, gemeint.[286]
Während die politische Rede und die Gerichtsrede den Hörer zu einem Urteil im Sinne des Redners veranlassen sollen, hat die Lobrede dagegen keine unmittelbaren Handlungskonsequenzen.
Auch die Übungsreden vor Publikum, also die *declamationes*, wurden grundsätzlich in drei Gruppen eingeteilt, die diesen oben genannten Redegattungen entsprachen. Dabei wurde die Lobrede weit weniger geübt als die Gerichtsrede oder die Beratungsrede. Die Beratungsreden wurden in der Form der *suasoriae* geprobt, die Gerichtsrede durch die *controversiae*.[287]
Inhaltlich gesehen imitiert die *controversia* als Übungsrede das *genus iudiciale*. Dennoch sind Deklamationen nicht dem *genus iudiciale* zugehörig, da diese Übungsreden keine Handlungskonsequenzen haben. In diesem Aspekt stimmen sie mit dem *genus demonstrativum* überein.[288] Obwohl die *controversiae* im augusteischen Zeitalter als wichtige Übungen galten[289], wurden sie aber auch als so

---

[283] Andersen, Garten der Rhetorik, S. 164; Fuhrmann, Antike Rhetorik, S. 109 f.
[284] Andersen, Garten der Rhetorik, S. 254 f, 164.
[285] Andersen, Garten der Rhetorik, S. 253.
[286] Kuße, Konjunktionale Koordination, S. 86 ff.; Andersen, Garten der Rhetorik, S. 35.
[287] Andersen, Garten der Rhetorik, S. 250.
[288] Kuße, Konjunktionale Koordination, S. 86 f.
[289] Sirks, Juridical rationality, S. 333.

genannte „Prunkdeklamationen“ nicht mehr zu Übungszwecken, sondern nur zum Vergnügen einem außerschulischen Publikum dargeboten[290].
Der Ablauf der Übung in den antiken Schulen gestaltete sich wohl folgendermaßen: Dem Rhetor oder dem Schüler wurde ein Gesetz oder eine Norm zusammen mit einem Fall[291], also einem Sachverhalt, gleichsam als Aufgabe, überreicht. Der Rhetor vertrat dann in der Deklamation eine der beiden Streitparteien wie ein Advokat[292]. Des weiteren gab der Lehrer noch wichtige Hilfestellungen oder Hinweise zur Anfertigung der Deklamation. Die Schüler arbeiteten sodann eine Deklamation aus und trugen diese vor. Danach wurde über die vorgetragenen Deklamationen diskutiert und abschließend gab der Lehrer noch ein Beispiel dafür, wie eine gute Deklamation hätte aussehen sollen. Manchmal wird er die Übung noch dadurch ausgedehnt haben, dass er eine weitere, inhaltlich ähnliche Deklamation vorbereiten ließ, die dann aber nicht so vollkommen ausformuliert werden musste wie die erste.[293]
Diese regelrechte **Schul**deklamation war sowohl eine Vorübung für die Prunkdeklamation als auch für die forensische Rede. Die Quintilianschule bildete jedoch speziell für die forensische Rede aus.[294]
Seneca der Ältere stellt fest, dass die Deklamation erst zu seinen Lebzeiten entstanden sei.[295] Seine Aussage bezieht sich aber wohl eher auf den Höhepunkt der Bedeutung, die die Deklamation zu dieser Zeit besaß, und nicht auf ihre Entstehungszeit. Die Deklamation hat ihre Wurzel, so wie die Rhetorik überhaupt, in der griechischen Welt und zwar in der Zeit zwischen Demetrius von Phaleron (ca. 350 - 280 v. Chr.) und Hermagoras von Temnos (Mitte des zweiten Jahrhunderts v. Chr.).[296] Die Deklamation oder *meletai*, wie ihre griechische Bezeichnung lautet, war also eine hellenistische Schöpfung.[297] Der Deklamation als Gattung wird vor allem von Reader vorgeworfen, dass sie nicht die spezifische praktische Absicht besaß, einen Fall durch rechtliche Argumentation zu gewinnen (forensische Rhetorik) oder eine Versammlung durch eine politische Botschaft zu überzeugen (deliberative Rhetorik). Sie habe nicht darauf abgezielt, die Zuhörer zu einem Urteil über die Vergangenheit zu veranlassen oder eine Entscheidung für die Zukunft zu fällen. Es sei vielmehr darum gegangen, die Zuhörer zu beeindrucken.[298] Diese fundamentale Kritik ist wohl auch im Zusammenhang mit der allgemeinen Abwertung der Rhetorik zu sehen, die bis in die sechziger Jahre des 20. Jahrhunderts andauerte und in einigen Disziplinen noch immer anhält.[299] Be-

---

290 Sirks, Juridical rationality, S. 333; Dingel, Scholastica mateiria, S. 1.
291 Sirks, Juridical rationality, S. 335.
292 Sirks, Juridical rationality, S. 333.
293 Sirks, Juridical rationality, S. 335.
294 Dingel, Scholastica materia, S. 1.
295 Winterbottom, Seneca - Declamations - Volume I, Contr. 1, pr. 12.
296 Winterbottom, Schoolroom and Courtroom, S. 59.
297 Winterbottom, Schoolroom and Courtroom, S. 59 f; Reader, Severed Hand, S. 3.
298 Reader, Severed Hand, S. 3.
299 Kuße, Konjunktionale Koordination, S. 4, 8.

reits in Kapitel I.4 wurde jedoch darauf hingewiesen, dass sich die Intentionen „Beeindrucken des Zuhörers" und „Überzeugung des Zuhörers" nicht widersprechen. Im Gegenteil - ein Zuhörer lässt sich viel leichter überzeugen, wenn er zuvor beeindruckt worden ist.

Das Quellenmaterial, das der Untersuchung zu Grunde gelegt wird, sind zum einen die quintilianischen bzw. pseudoquintilianischen *Declamationes minores* und *Declamationes maiores*, zum anderen die Kontroversien Senecas des Älteren und die Deklamationen des Calpurnius Flaccus[300].

Das Thema steht zu Beginn jeder *declamatio* und stellt die Gesamtheit der einzelnen Fakten und die einzelnen inhaltlichen Elemente vor. Es beschreibt also den Sachverhalt. Zu Beginn des Themas wird meist die Regelung genannt, auf der die *controversia* beruht.[301]

Die *declamationes* umfassen erläuternde Partien, die *sermones*, und die *declamatio* im engeren Sinn, die Rede an sich.[302] Die *sermones* bereiten häufig, aber nicht zwingend, die *declamatio* durch Angaben über *actio, divisio* oder *quaestiones* vor. In der *sermo* sind wohl die Kommentare oder Hilfestellungen enthalten, die der Lehrer den Schülern bereits vor Anfertigung der Deklamation gab. Die *declamationes* im engeren Sinne sind oft geteilt in eine Erörterung der Gesetzmäßigkeit und eine Erörterung der Billigkeit.[303]

Sermo und *declamatio* können in unterschiedlicher Abfolge und Zusammensetzung den Ablauf einer Rede prägen.[304] Ebenso enthalten einige wenige Stücke noch eine gesondert genannte *pars altera*, die das praktische Gegenstück zu der *declamatio* im engeren Sinn ist, in der nur für eine Streitpartei plädiert wird. Die *pars altera* ist also das Plädoyer für die Gegenpartei. Die Verbindung „*pars altera - declamatio*" ermöglicht es, dass ein Plädoyer für jede der beiden Streitparteien vorliegt.[305] Ob das häufige Fehlen der *pars altera* in den einzelnen *declamationes* auf einer beabsichtigen, spezifischen Vorgehensweise des Lehrers oder auf einer überlieferungsbedingten Kürzung beruht, ist ungewiss.[306]

Die größeren pseudoquintilianischen Deklamationen, die *Declamationes maiores*, enthalten zu Beginn eine Norm, dann folgt die Situationsschilderung, also der Sachverhalt. Es schließt sich die *declamatio* als solche an, die verglichen mit den *Declamationes minores* stets ausgereifter und umfangreicher ist. *Sermones* und *partes alterae* kommen selten vor.

Die Deklamationen des Calpurnius Flaccus tragen Überschriften, die wohl größten Teils aus der Renaissance stammen[307]. Es folgt ein Abschnitt, in dem eine

---

[300] Winterbottom, The minor Declamations, S. 1.

[301] Dingel, Scholastica materia, S. 16.

[302] Dingel, Scholastca materia, S. 11.

[303] Sirks, Juridical rationality, S. 335; Dingel, Scholastca materia, S. 11.

[304] Dingel, Scholastica materia, S. 16.

[305] Dingel, Scholastica materia, S. 13.

[306] Dingel, Scholastca materia, S. 11.

[307] Kritisch dazu Dingel, Scholastica materia, S. 16 - 20, der die Entstehung der Überschriften alle in der Antike verortet.

Norm und eine Situation angegeben werden. Sussman bezeichnet diese in seiner Ausgabe schlicht als „law" und „situation"[308]. Dem folgt die *declamatio* an sich und häufig eine *pars altera*. Die Deklamationen des Calpurnius Flaccus enthalten in der überlieferten Form jedoch nur noch Exzerpte der ursprünglichen Reden.[309] Den *controversiae* Senecas des Älteren ist eine Norm vorangestellt. Ihr folgt eine Schilderung der Situation, danach die *declamatio* an sich und eine *pars altera*. Bei den Deklamationen Senecas des Älteren ist jedoch zu beachten, dass stets mehrere Kontroversien zu Büchern zusammengefasst sind. Jedem dieser Bücher ist eine Einleitung (*prefatio*) vorangestellt. Die Kontroversien selbst enthalten keinen durchgehenden Text, weil die einzelnen Stücke aus Kontroversien unterschiedlicher Rhetoren zusammengesetzt sind.

An diesen vier Beispielen wird deutlich, dass die *controversiae* prinzipiell dem gleichen Aufbau folgen. Nahezu allen Deklamationen ist eine Norm und eine Schilderung der Situation vorangestellt. Dann folgt die *declamatio* an sich. Lediglich die Stellung und die Häufigkeit der *sermones* und der *partes alterae* variieren.

7. Die Deklamatoren des Prinzipats als Repräsentanten des neueren Kontroversientypus

Obwohl es schon vor Seneca dem Älteren namhafte Deklamatoren gegeben hat, ist er doch derjenige, der für den Beginn des Aufschwungs der Deklamatorentätigkeit in lateinischer Sprache steht.[310] Er markiert den Wendepunkt zwischen den älteren und den neueren *controversiae*.[311] Die älteren *controversiae*, so Sueton, beruhen entweder auf der Geschichte oder auf einem Ereignis des wirklichen Lebens aus der jüngsten Vergangenheit; und daher wurden sie gewöhnlich unter Nennung des Ortsnamens vorgestellt.[312] Die neuere *controversia* wird in lateinischer Sprache und nicht mehr in griechisch dargeboten. Auch griechische Deklamatoren gingen dazu über, nur noch in Latein zu deklamieren. Der neuere Kontroversientypus legte laut Sueton keine realen historischen Begebenheiten mehr zu Grunde.[313] Die romantisch melodramatische Komponente soll in den neueren Kontroversien weitaus stärker ausgeprägt gewesen sein. Cicero z.B. gilt als Verfechter dieses neueren Typus.[314]

Bezeichnender Weise nennt das Schulbeispiel, das für den älteren Kontroversientyp vorzugsweise angeführt wird, zwar eine konkrete Ortsangabe, nämlich Ostia, der zu Grunde liegende Fall scheint aber auch nicht realer zu sein als die der neueren Kontroversien. „Einige junge Leute aus der Stadt begaben sich im

---

308 Sussman, Declamations of Calpurnius Flaccus, S. 22f.
309 Sussman, Declamations of Calpurnius Flaccus, S. 6.
310 Er sieht dies zumindest selbst so: Sen. contr. 1 pre. 12.
311 Clarke, Rhetoric at Rome, S. 87; Sen. contr. 1 pre. 12.
312 Sueton, Rhet. 1; Clarke, Rhetoric at Rome, S. 86.
313 Clarke, Rhetoric at Rome, S. 86.
314 Cicero, Brutus 325; Clarke, Rhetoric at Rome, S. 87.

Sommer nach Ostia und trafen bei ihrer Ankunft am Strande einige Fischer an, die gerade ihre Netze einzogen. Sie vereinbarten mit den Fischern einen bestimmten Betrag, den sie für den Fischzug zahlen wollten. Das Geld wurde gezahlt und sie warteten einige Zeit, bis die Netze ans Ufer gezogen waren. Als diese endlich eingezogen am Ufer lagen, stellte es sich heraus, dass sie zwar keinen einzigen Fisch, aber einen verschlossenen Korb mit Gold enthielten. Daraufhin behaupteten die Käufer, dass der Fang ihnen gehöre; die Fischer dagegen, dass er ihr Eigentum sei."[315] Auch in diesem Beispiel ist schon eine starke Verbindung mit dem romantisch melodramatisch Komödienhaften ersichtlich. Der Schauplatz ist der einer Komödie, eine Stadt am Meer unweit der Küste gelegen. Entweder besteht das „Bühnenbild" aus einer Straße, die für den Zuschauer links zum Forum, rechts zur Stadt hinaus, d.h. meist zum Hafen führt, oder die Handlung spielt sich insgesamt direkt an der Küste oder im Hafen ab.[316] Schon die beschriebene Szene in dem Hafenort Ostia entspricht also genau diesen Anforderungen. Obwohl die Grenze zwischen den neueren und den älteren Kontroversien doch in Wahrheit weniger klar als schon in der Antike angenommen hervortritt, galt die Schule, in der Seneca der Ältere unter Marullus[317] studierte, als Schule, die den neueren Typus unterrichtete.[318]

Seneca der Ältere, auch Seneca Rhetor genannt, stammt aus Corduba[319], war also Auslandsrömer. Sein Leben (ca. 55 v. Chr. bis 40 n. Chr.) fällt in die Zeit des staatlichen Umbruchs. Die Niederschrift seiner Deklamationensammlung liegt aber eindeutig in der Zeit des Prinzipats, er begann damit kaum vor 37 n. Chr.[320] Er stammt aus einer wohlhabenden Familie und genoss dem entsprechend eine gute Ausbildung nach antikem Modell. Diese Ausbildung erwarb er in Rom. Es wird gemutmaßt, dass er dann Advokat oder Funktionär in der römischen Verwaltung war.[321] Lucius Annaeus Seneca entspricht also genau dem in Kapitel I.3 gezeichneten Bild eines Mannes der juristischen Praxis, der aus wohlhabendem Hause stammt, deshalb eine Ausbildung nach antikem Modell genießt und dann als Advokat oder Funktionär eine nicht übermäßige, aber doch stattliche Karriere macht. Hier ist sein erhaltenes Werk von Interesse. *Oratorum et rhetorum sententiae divisiones colores* besteht aus zehn Büchern *controversiae* und einer Abteilung *suasoriae*. Von den *suasoriae* sind sieben Stücke erhalten, von den *controversiae* sind die Bücher 1, 2, 7, 9 und 10 vollständig erhalten. Die übrigen Teile der Kontroversienbücher sind in Exzerpten aus dem vierten und fünften Jahrhundert überliefert.[322] Seneca der Ältere hat mit Hilfe von Skizzen aus dem

---

315 Suet. Rhet. 1. Übersetzung nach Klaus Dockhorn, in: Clarke, Rhetorik bei den Römern, S. 115.

316 Zinsmaier, Leichnam, S. 3.

317 Winterbottom, Seneca The Elder - Declamations Volume I, S. X.

318 Clarke, Rhetoric at Rome, S. 87.

319 Winterbottom, Seneca The Elder - Declamations Volume I, S. IX.

320 Winterbottom, Seneca The Elder - Declamations Volume I, S. XX.

321 Winterbottom, Seneca The Elder . Declamations Volume I, S. X.

322 Winterbottom, Seneca The Elder - Declamations Volume I, S. XIX - XXII.

Gedächtnis die Fälle der *declamationes* niedergeschrieben und die Auffassungen zahlreicher Rhetoren hinzugefügt.[323] In der *divisio* setzt er sich mit den Reden verschiedener Rhetoren auseinander und analysiert diese. Er hat dieses Kompendium für seine Söhne Novatus, Seneca und Mela verfasst und ihnen gewidmet.[324] In den Vorreden zu den einzelnen Büchern beschäftigt er sich hauptsächlich mit den Deklamatoren, die er kannte. Er beschreibt sie und ihre Redeweise. Erwähnt werden Senecas Freund Porcius Latro, der mit ihm die Schule des Marullus besuchte, Publius Asprenas, Cassius Severus, Titius Labienus, der Rhetor, der Selbstmord beging als seine historiographischen Schriften gegen Ende der augusteischen Zeit auf Senatsbeschluss hin verbrannt wurden, der Philosoph und Deklamator Fabianus und andere. Sein Werk bildet einen, wenn nicht sogar **den** Einblick in die Praktiken der Rhetorik des Prinzipats.[325] Er betont, dass er alle namhaften Rhetoren seiner Zeit persönlich habe reden hören, außer Cicero, den er der Bürgerkriegswirren wegen nicht hatte hören können.[326] Dennoch muss beachtet werden, dass Seneca wohl keine Schule unterhielt und die Deklamationen womöglich nicht denen des Schulalltags entsprechen.
Die folgende Untersuchung beschäftigt sich nicht mit den Suasorien, den beratenden Deklamationen Senecas. Dieser beratende Deklamationentyp, der das *genus deliberativum* imitiert, ist wegen der beratenden Ausrichtung nicht dazu geeignet, eine Antwort auf die Frage nach dem Rechtsquellencharakter der Deklamationen zu geben. Es werden daher nur die Kontroversien in die Untersuchung einbezogen.

Marcus Fabius Quintilianus ist schon aufgrund seiner *Institutio oratoria*, die heute noch immer als Standardwerk gilt, eine schillernde Persönlichkeit der Rhetorik. Ihm werden auch die beiden Deklamationensammlungen *Declamationes maiores* und *Declamationes minores* zugeschrieben. Quintilian, geboren in Calaguris um 35 n. Chr.[327], lebte teils in Rom, teils in Spanien. Er wirkte seit 68 n. Chr. als Rhetor, insbesondere als Gerichtsredner und Ausbilder, in Rom und starb vermutlich im Jahre 96 n. Chr.[328] Quintilians Leben fällt in die nachaugusteische Zeit, in die Zeit des Prinzipats. Unter Kaiser Vespasian erhielt er die erste staatlich besoldete „Professur“ für Rhetorik.[329] Auch war er für die Ausbildung und Erziehung der Großneffen des Kaisers Domitian zuständig.[330] Er hatte sowohl in Spanien als auch in Rom als Lehrer gewirkt.[331] Die Quintilianschule zielte in erster Linie darauf ab, für die forensische Tätigkeit auf dem Forum auszubilden und

[323] Winterbottom, Seneca The Elder - Declamtions Volume I, S. X.
[324] Sen. Contr. 1. Pre.
[325] Winterbottom, Seneca The Elder - Declamations Volume I, S. X.
[326] Sen. Contr. 1, pre. 11.
[327] Loretto, Institutio oratoria X, S. 3.
[328] Kennedy, Quintilian, S. IX; Tellegen-Couperus, Quintilian and Roman Law, S. 171.
[329] Loretto, Institutio oratoria X, S. 4; Kennedy, Quintilian, S. IX; Seel, Quintilian, S. 19.
[330] Kennedy, Quintilian, S. IX.
[331] Seel, Quintilian, S. 19.

erst nachrangig für die Prunkdeklamation, die nicht auf Praxisnähe ausgerichtet war. Die *Declamationes minores* sind wohl zwischen 68 und 100 n. Chr. entstanden. Die *Declamationes minores* sind wahrscheinlich ein wenig jünger als die *Declamationes maiores*.[332] Die *Declamationes maiores* sind 19 größere ausgearbeitete Stücke.[333] Sie wurden wohl von professionellen Rhetoriklehrern verfasst, von denen einer Quintilian selbst gewesen sein kann.[334]
Die *Declamationes minores* waren ursprünglich 388 kleinere, eher skizzenhafte Stücke, von denen nur noch 145 erhalten sind.[335] Obwohl auch die *Declamationes minores* den Namen Quintilians tragen, wird bestritten, dass er selbst der Verfasser war. Ritter hält die Autorenschaft aufgrund des Sprachstils, der speziellen Wortwahl und der Syntax, die in den *Declamationes minores* wesentlich von denen in der *Institutio oratoria* abweichen, für ausgeschlossen.[336] Er ist der Meinung, dass die *Declamationes minores* auf der Mitschrift eines Schülers des Quintilian beruhen, der auf diese Weise die Vorlesungen seines Lehrers festhalten wollte.[337] Winterbottom, der den neueren Forschungsstand vertritt, ist hingegen der Meinung, dass es sich bei den *Declamationes minores* um den „Nachlass des Rhetors" handelt, der nach dessen Tod veröffentlicht worden ist.[338] Die Aufzeichnungen, in denen nicht nur ein Rhetor „spricht", sondern auch Passagen mit Einwürfen, Stellungnahmen oder Kritik an der Rede enthalten sind, die wohl von einem „Master" oder Lehrer herrühren, sind zum Teil skizzenhaft. Winterbottom erkennt in den *Declamationes minores* nichts, was niedergeschrieben wurde, damit es ein anderer lesen sollte, sondern Texte, die nur der eigenen Verwendung und Lektüre des Schreibers dienten.[339] Es wird jedoch von keiner Forschungsrichtung bestritten, dass die *Declamationes minores* mit der Quintilianschule in Verbindung stehen.[340]
Das umfangreichste und älteste Zeugnis der *Declamationes minores* ist das Montpellier manuscript H 126, das wohl aus der zweiten Hälfte des neunten Jahrhunderts stammt[341]. Es enthält alle *Declamationes minores*, die heute bekannt sind. Das sind die Nummern 244 bis 388. Obwohl die *Declamatio* Nr. 244 und der Anfang der Nr. 245 heute teilweise unlesbar sind, wurden diese durch eine Abschrift des P. Pithoeus aus dem Jahre 1580 ergänzt.[342] Desweiteren sind noch drei Manuskripte bekannt, die allerdings nur 136 *Declamationes* anstatt der 145

---

332 Dingel, Scholastica materia, S. 1.
333 Hakanson, Textkritische Studien, S. 7 ff.
334 Sussman, Declamations of Calpurnius Flaccus, S. 6.
335 Winterbottom, The minor declamations, S. 1.
336 Ritter, Quintiliani Declamationes, S. III ff; Ritter, Quintilianische Deklamationen, S. 246 ff.
337 Ritter, Quintilianische Deklamationen, S. 250 f.
338 Winterbottom, The minor declamations, S. XII.
339 Winterbottom, The minor declamations, S. XII; z.T. schon bei Ritter, Quintilianische Deklamationen, S. 249 f.
340 Dingel, Scholastica Materia, S. 2.
341 Winterbottom, The minor declamations, S. XX.
342 Winterbottom, The minor declamations, S. XX.

wie im Montpellier manuscript H 126 enthalten.[343] Diese sind das Codicium Monacensis (Munich Clm 309), das vor 1494 entstanden sein muss, das Codicium Chigianus (Vatican Chigianus H VIII 261)[344] und das Codicium Pallatinus (Vatican Pallatinus lat. 1558).[345] Ritter, dessen Ausgabe der Untersuchung zu Grunde gelegt wird, hat nur das Manuskript aus Montpellier und die ersten beiden der drei späteren verarbeitet.[346] Der Text ist eine Synthese aus diesen.

Die kleinste Sammlung römischer Deklamationen sind die des Calpurnius Flaccus. Über die Identität des Calpurnius Flaccus besteht Uneinigkeit in der Forschung. Es wird kein Praenomen angegeben, das die Identität leichter bestimmbar machen würde. Der Stil der Deklamationen lässt auf die Zeit nach 100 n. Chr. schließen. Es wird auch die Meinung vertreten, dass es sich bei Calpurnius Flaccus um den *consul suffectus* des Jahres 96 n. Chr. handelt. Außerdem gibt es noch einen Calpurnius Flaccus, der als Rezipient eines Briefes von Plinius dem Jüngeren[347] auftritt, über eine gewisse literarische Bildung verfügt und Schüler des Quintilian war.[348] Jedenfalls ist sich die Forschung darüber einig, dass Calpurnius Flaccus in der Zeit des Prinzipats und zwar gegen Ende des ersten Jahrhunderts oder im zweiten Jahrhundert nach Christus lebte.[349] Die Kontroversien des Calpurnius Flaccus sind allerdings nur Exzerpte aus 53 ursprünglich wohl umfangreicheren Stücken. Die Edition Sussmans, die hier herangezogen wird, ist ein Kompendium aus folgenden Quellen: Codex Monte pessulanus H 126, Codex Monacensis Latinus 309, Codex Chigianus Latinus H VIII 261, Codex Monacensis Latinus 316 und Codex Bernensis Latinus 149. Bemerkenswert ist, dass die Titel der einzelnen Stücke das erste Mal in der Renaissance erwähnt werden.[350]
Bekannt ist noch die Deklamationensammlung des Marcus Antonius Polemo. Polemo war wohl ein Zeitgenosse von Flaccus. Seine Deklamationen sind aber in griechischer Sprache verfasst und stehen also nicht für den die Zeit des Prinzipats prägenden in lateinischer Sprache verfassten neueren Kontroversientypus.
Andere Kontroversien, z.B. die Ciceros, sind uns nicht erhalten.[351] Es lässt sich nur durch andere Schriften, z.B. die Suasorien oder die Kontroversien Senecas des Älteren, auf sie schließen.
Die vorliegende Untersuchung der römischen Kontroversien beschränkt sich auf die Sammlung Senecas des Älteren, die Sammlungen Quintilians und die Sammlung des Calpurnius Flaccus, weil die vier Kontroversiensammlungen demnach die einzigen erhaltenen Zeugnisse für den neueren Kontroversientypus sind. Der

343 Winterbottom, The minor declamations, S. XXI.
344 Ritter, Quintiliani Declamationes, s. Notae.
345 Winterbottom, The minor declamations, S. XXI.
346 Ritter, Quintiliani Declamationes, s. Notae.
347 Plinius, Ep. 5. 2.
348 Sussman, Declamations of Calpurnius Flaccus, S. 6 - 9.
349 Sussman, Declamations of Calpurnius Flaccus, S. 7.
350 Sussman, Declamations of Calpurnius Flaccus, S. 19 f.
351 Sussman, Declamations of Calpurnius Flaccus, S. 5.

Zeitraum, den die Quellen literarisch abdecken, beträgt ca. 100 Jahre. Der untersuchte Zeitraum erstreckt sich demnach hauptsächlich auf das erste nachchristliche Jahrhundert. Die Deklamation war die Form der Rhetorik des Prinzipats. Die vier Kontroversiensammlungen stehen also exemplarisch für die römische Rhetorik im Prinzipat. In allen vier Sammlungen werden Deklamationen des so genannten neueren Typus vorgestellt, also des Typus, der, verglichen mit den älteren Kontroversien, den geringeren Realitätsbezug haben soll. Der Meinung Suetons[352] zufolge, müssten in diesem Redetypus Realität und Vortrag eine in dieser Größe vorher nie erreichte Distanz zueinander aufweisen.

---

352 Clarke, Rhetorik at Rome, S. 86.

II. Hauptteil

Um die Relevanz der Deklamation des Prinzipats für die Rechtsgeschichte ergründen zu können, ist es notwendig, die einzelnen erhaltenen Kontroversien des neueren Typs umfassend zu untersuchen. Die Analyse darf sich nicht allein auf die in den Kontroversien genannten Normen beschränken. Nur wenn auch der Sachverhalt, die Fallgestaltungsgruppe, die rhetorischen Kunstgriffe, die juristische Argumentationstechnik, der Bezug zur Statuslehre, der Realitätsbezug der prozessualen Gestaltung und der sozio-kulturelle Kontext untersucht werden, lassen sich Beziehungen zwischen den einzelnen Elementen herstellen und komplexe Schlüsse ziehen. Eine Reduktion der Deklamationen auf die Normen wäre für die Frage nach der Gesamtrelevanz der Deklamationen des Prinzipats für die Rechtsgeschichte zu eng gefasst und darüber hinaus unhistorisch. Die Bearbeitung des Stoffes lässt gerade bei den Deklamationen, die ja Übungsstücke sind, einen weit tieferen Einblick in komplexe Zusammenhänge zu.

1. Reales Recht oder *leges fictae*? - Der Realitätsbezug der Normen in den Kontroversien des neueren Typs

Die meisten erhaltenen Deklamationen des neueren Typs enthalten zu Beginn noch vor der Angabe des Sachverhalts die Norm oder Normen, die der Schüler als Aufgabe zusammen mit dem Sachverhalt vom Lehrer erhalten hatte. Die Frage, die sich bezüglich dieser Normen für den Wert der *declamationes* für die Rechtsgeschichte stellt, ist, ob sie reales Recht wiedergeben. Der Terminus „Norm" an sich macht noch keine Aussage über die Qualität des Rechts, er besagt nicht, ob der Inhalt mit der Realität übereinstimmt oder ob es sich um erfundenes Recht (*lex ficta*) handelt. Der methodologische Terminus bezeichnet lediglich die Art der Wiedergabe.

Häufig wird der Inhalt eines bestimmten „Gesetzes" oder mehrerer Rechte oder „Gesetze" in einem oder wenigen Sätzen vor der Angabe des Sachverhalts wiedergegeben. Manchmal wird aber auch nur der Name eines oder mehrerer „Gesetze" genannt. Der spezielle Wortlaut kann bei den verschiedenen Autoren unterschiedlich sein. Es kommt auch vor, dass betont wird, es **solle** solch ein Gesetz oder Recht bestehen oder bestanden haben (Quintilian, Decl. min. CCLXI) oder, dass ein bestimmtes Gesetz erlassen worden **sei** (Quintilian Decl. min. CCLV). Diese Art der Wiedergabe macht deutlich, dass der Rhetor oder Aufgabensteller selbst die Existenz eines solchen Gesetzes oder Rechts anzweifelt. Es sind mitunter Kontroversien vorhanden, in denen der Ort, meist eine griechische Polis, angegeben wird, in dem das betreffende Gesetz existiert haben soll.

Von Interesse ist weiter, dass bestimmte Rechtssätze häufig verwendet werden, z.B. die *lex iniusti repudii*, die *lex raptarum*, das Gesetz über die Ehebrecher oder das Gesetz über die Unterstützung der Eltern. Andere werden nur sehr selten verwendet, so z.B. prozessrechtliche Regelungen oder Rechtsregeln, die das Sachenrecht betreffen. Bei einigen Kontroversien wird die Norm nicht angegeben,

aber durch die Beschreibung im Sachverhalt implizit vorausgesetzt, z.B. *nolentem abdicat* (Sen. contr. 1.6).
Oft werden auch nur die Namen der Klagen am Ende der Sachverhaltsschilderung genannt, z.B. *actio dementiae*, wie in Sen. contr. 2.6. oder *actio adulteri*, wie in Sen. contr. 2.7.
Häufig wird aber auch am Ende des Sachverhalts, quasi als Teil desselben, lediglich angegeben, wer gegen wen welche gerichtlichen Schritte unternimmt, z.B. *accusat, accusatur, petit, appellavit* etc.
Es zeigt sich besonders deutlich, dass die Normen, die in den Kontroversien Senecas des Älteren und in den *Declamationes maiores* Quintilians gebraucht werden, bezüglich der Rechts- und Lebensbereiche nicht so vielfältig sind, wie die in den *Declamationes minores* des Pseudoquintilian oder in den Kontroversien des Calpurnius Flaccus.
Während sich die Normen in den Deklamationen Senecas des Älteren und in den *Declamationes maiores* eher mit Themen befassen, die sich heute in den Schlagzeilen der Boulevardpresse wiederfinden würden, wie z.B. Frauenraub, Ehebruch, Enterbung oder Tapferkeit, sind in den *Declamationes minores* und in den Kontroversien des Calpurnius Flaccus darüber hinaus auch weniger spektakuläre Themen regelnde Normen zu finden, z.B. Steuerpacht oder das Schließen von Verträgen. In den *Declamationes minores* und in den Kontroversien des Calpurnius Flaccus sind mitunter privatrechtliche Normen zu finden, während es sich in den Kontroversien Senecas und in den *Declamationes maiores* eher um Strafrecht handelt. Manchmal werden in hintereinanderstehenden Deklamationen dieselben Normen verwendet oder zumindest Normen, die denselben Themenkomplex regeln.
Die Normen, mit denen in den Kontroversien gearbeitet wird, lassen sich untechnisch in folgende zehn Themenkomplexe einteilen: Beziehung zwischen Frauen und Männern, Beziehung zwischen Eltern und Kindern, Krieg, öffentlichen Angelegenheiten, Erben und Vererben, den übrigen privatrechtlichen Bereich, Angriffe auf Leib, Leben, die Ehre oder das Vermögen, Sachbeschädigung, verfahrensrechtliche Regelungen und Religion und Sitte.
Bonner hat sich in seinem Werk mit der Herkunft dieser Normen befasst, er geht jedoch nur selten auf die Verbindung zum gegebenen Sachverhalt ein. Außer Acht lässt er die Verwendung der Normen in der Rede selbst, d.h. ihre Verbindung zur juristischen Argumentationstechnik. Bonner teilt die verwendeten Normen zudem in Gruppen ein, die sich auf ihre Herkunft beziehen. Er führt folgende Gruppen an: *Laws stated or implied to be fictious, Laws appearing in contradictory versions, Laws which conflict with the evidence of legal sources, Laws for which Roman evidence is lacking or inadequate and Greek evidence exists, Laws for which the available evidence is Roman quite as much as Greek, Laws for which the ancient evidence is slight* und *Laws for which there are strong Roman parallels*.

Mögen die Normen nun erfunden, real oder an reale Rechtsregeln angelehnt sein - eine solche Einteilung, wie Bonner sie erstellt, macht es nur schwer möglich, die Vorlieben der Lehrer für bestimmte Themenkomplexe heraus zuarbeiten. Daher wird im Folgenden die thematische Einordnung gewählt.

a) Themenbereich „Beziehung zwischen Frauen und Männern"

In der Gruppe der Normen, die sich mit der Beziehung zwischen Frauen und Männern befassen, gibt es Regelungen, die Frauenraub (*raptus*), Ehebruch (*adulterium*), Unzucht (*incestum*), das Verstoßen der Ehefrau (*repudium*) und den Verbleib der Mitgift (*dos*) nach der Scheidung betreffen.

Rechtsregeln aus diesem Themenbereich werden überdurchschnittlich häufig in den Kontroversien verwendet. Regelungen, die sich mit *raptus* befassen, kommen beispielsweise allein in 24 Stücken des untersuchten Korpus vor. Rechtsregeln, die sich auf *adulterium* beziehen in immerhin 19 Stücken. Der gesamte Themenkomplex lässt sensationslüsterne Sachverhalte und Reden erwarten. Aus der Wahl sensationslüsterner Themenkomplexe muss nicht unbedingt die Verwendung „märchenhafter Rechtssätze"[353] resultieren, nicht selten werden heutzutage gerade in Anfängerübungen anschauliche oft ebenfalls sensationslüsterne Themen behandelnde Fälle verwendet, um den Umgang mit geltendem Recht zu prüfen. Dennoch ist es gerade dieser Themenkomplex, an dem ein Großteil der Kritik an den Deklamationen ansetzt.

aa) *Raptus* (Frauenraub)

Raptus hat die Grundbedeutung „Raub, Entführung".[354] In den Kontroversien bezeichnet *raptus* aber stets die Entführung einer Frau. Die auffälligste Regelung bezüglich des Frauenraubs ist *rapta raptoris aut mortem optet aut nuptias* (Quint. Decl. min. CCLXXX, Quint. Decl. min. CCLXXXVI). In dieser Regelung wird der Geraubten die Wahl zwischen dem Tod des Räubers und einer Hochzeit mit diesem anheim gestellt.

In den Kontroversien Senecas wird eine präzisere Form dieser Rechtsregelung gegeben: *Rapta raptoris aut mortem aut indotatas nuptias optet* (Sen contr. 3.5). In Senecas Version der Norm wird deutlich, dass es sich bei der Hochzeit, die die Geraubte wählen kann, um eine Hochzeit handelt, bei der für die Braut bzw. deren Familie nicht die Verpflichtung besteht, eine Mitgift (*dos*) zu bestellen. Diese Einschränkung scheint durchaus verständlich, da es üblich war, dass die Mitgift nach der Hochzeit in das Eigentum des Ehemannes überging.[355] Es besteht zwar bei einer Scheidung die Pflicht, abhängig vom Verschulden, die *dos* wieder ganz

[353] Liebs, Römische Jurisprudenz in Gallien, S. 23.
[354] Georges, Handwörterbuch II, Sp. 2198 f.
[355] Kaser, Römisches Privatrecht, 1. Abschnitt, § 80 I 2.

oder anteilig an die Frau auszuzahlen,[356] dennoch wäre der Räuber im Falle einer Hochzeitswahl zumindest für die Dauer der Ehe finanziell besser gestellt als zuvor.
Calpurnius Flaccus formuliert die Rechtsregelung, indem er an die Stelle des *optet* ein *petat* setzt (*rapta raptoris mortem aut indotatas nuptias petat*/Calp. Flacc. 34). Durch diese Verstärkung des Verbs betont er das Bestehen eines Anspruchs der Geraubten auf eine Hochzeit ohne Dospflicht oder den Tod des Räubers.
In einigen Deklamationen (Calp. Flacc. 16, Calp. Flacc. 25, Calp. Flacc. 41, Calp. Flacc. 43, Calp. Flacc. 46, Calp. Flacc. 51) ist nur von einer *lex raptarum* die Rede. Der Inhalt dieser Rechtsregel wird als bekannt vorausgesetzt.
Es gibt auch Fälle, in denen das Thema *raptus* im Sachverhalt verarbeitet wird, aber kein Verweis auf eine konkrete Regelung erfolgt (Sen. contr. 1.2, Quint. Decl. min. CCCI, Quint. Decl. min. CCCIX).
Allein in Quint. Decl. min. CCLXXVI taucht eine Abwandlung zu der Grundform der *lex raptarum* mit der Wahlmöglichkeit zwischen einer Hochzeit mit dem Räuber und dem Tod desselben auf: *Rapta raptoris mortem aut bona optet.* Hier wird der Geraubten die Wahlmöglichkeit zwischen dem Tod und dem Vermögen des Räubers anheim gestellt.
Obwohl unter *raptus* der Raub einer Frau, genauer gesagt, einer Jungfrau, zu verstehen ist,[357] bedeutet *raptus* nicht „Vergewaltigung". „Vergewaltigung" wird mit *stuprum* übersetzt[358]. So gibt es auch die Regelung, *qui ingenuam stuperaverit, det decem milia* (Quint. Decl. min. CCCLXX). Es taucht aber auch parallel dazu die folgende Norm auf: *raptor decem milia solvat* (Quint. Decl. min. CCLII). In beiden Normen wird interessanter Weise für Raub und Vergewaltigung dieselbe Strafe festgelegt, was auf eine Gleichwertigkeit beider Handlungen hindeutet. Auch darf die Verführte nach Sen. contr. 8.6 den Tod des Verführers oder eine Hochzeit ohne Mitgift mit demselben wählen (*vititia vitiatoris aut mortem aut indotatas nuptias petat.*) Diese Regelung entspricht der *lex raptarum*. Es kann gefolgert werden, dass Raub, Vergewaltigung und Verführung zwar begrifflich unterschieden, praktisch aber nicht präzise getrennt werden.[359] So wird *stuprum* auch synonym für alle illegitimen sexuellen Beziehungen gebraucht.[360] Dies lässt sich folgendermaßen erklären: Wird beispielsweise eine Jungfrau geraubt, so ist es wahrscheinlich, dass entweder eine Vergewaltigung, also Geschlechtsverkehr gegen ihren Willen, oder eine Verführung, also Geschlechtsverkehr, mit dem sie einverstanden war, stattgefunden hat. Weil im sozialen Umfeld der Akt des Geschlechtsverkehrs, auf welche Weise auch immer, bei einem Raub ohnehin ange-

---

[356] Kaser, Römisches Privatrecht, 1. Abschnitt, § 81.
[357] Arjava, Women and Law, S. 37 - 41.
[358] Georges, Handwörterbuch II, Sp. 2833; Hallebeek, Si ab stuprum, S. 409.
[359] Evans Grubbs, Law and Family, S. 62, 215.
[360] Evans Grubbs, Law and Family, S. 62.

nommen wurde, war es für das soziale Ansehen ohne Relevanz, was während der Entführung tatsächlich geschehen ist.[361]
Raptor nisi et suum patrem exoraverit et raptae intra XXX dies pereat (Quint. Decl. min. CCCXLIX) verwundert, denn diese Aussage steht der Regelung entgegen, nach der der Geraubten selbst die Wahl der Bestrafung zusteht (*rapta raptoris aut mortem aut indotatas nuptias optet*, Calp. Flacc. 34, oder *rapta raptoris mortem aut bona optet*, Quint. Decl. min. CCLXXVI) und nicht dem *pater familias*.
Einen Verweis auf die Urteilserfüllungsfrist enthält die Calp. Flac. 25 (*poena raptoris in diem tricesimum differatur*).

Raptus wird definiert als „widerrechtliche Entführung einer unbescholtenen Frauensperson gegen ihren eigenen oder ihrer Beschützer Willen durch einen Mann, welcher dabei eine die weibliche Ehre gefährdende Absicht hegt“. [362] Diese Definition bezieht die soziale Komponente des Frauenraubes, die einen Ehrverlust auch bei nicht erfolgter Vergewaltigung eintreten lässt, mit ein. Die Definition sagt aber nichts über den Realitätsbezug der *lex raptarum* aus.
D.48.6.5.2, auf die in diesem Zusammenhang in der Literatur stets verwiesen wird, zeigt eine Verbindung zur *lex Iulia de adulteriis* auf, obgleich hier der Vater als Geschädigter angesehen wird: *Marcianus libro quarto decimo institutionum: Qui vacantem mulierem rapuit vel nuptam, ultimo supplicio punitur et, si pater iniuriam suam precibus exoratus remiserit, tamen extraneus sine quinquennii praescriptione reum postulare poterit, cum raptus crimen legis Iuliae de adulteris potestatem excedit.*
Marcian, der hier die *lex Iulia de vi publica* kommentiert, ist das Delikt des Frauenraubs bekannt. Dem zu folge ist anzunehmen, dass es in der *lex Iulia de vi publica* eine Regelung über Frauenraub gegeben haben muss. Der Frauenraub bezieht sich hier aber sowohl auf den Raub der verheirateten als auch der unverheirateten Frau. Der Raub in D.48.6.5.2 bezieht sich also nicht nur auf eine Jungfrau. Die Strafen für die in der *lex Iulia de vi publica* behandelten Delikte waren eigentlich *aquae et ignis interdictio*.[363] Da der Frauenraub aber in der Form einer *cognitio extra ordinem* abgehandelt wurde,[364] ist die Existenz der Todesstrafe aus folgenden Gründen trotzdem möglich:
Das Verfahren *extra ordinem* hatte inquisitorischen Charakter. Eine förmliche *accusatio* war nicht notwendig.[365] Ein weiterer Unterschied zu den *iudicia publica* liegt darin, dass dem Richter bei der *cognitio extra ordinem* bezüglich der

---

361 Evans Grubbs, Law and Family, S. 183 f., 187; Evans Grubbs, Abduction Marriage, S. 67 - 71.
362 Rein, Kriminalrecht der Römer, S. 392.
363 Bonner, Roman Declamation, S. 90.
364 Kaser/Hacl, Römisches Zivilprozeßrecht, § 69; Santalucia, Diritto e processo penale, S. 112 f.
365 Kaser/Hackl, Römisches Zivilprozeßrecht, § 69.

Strafe ein Ermessensspielraum zugestanden wurde.[366] Das Verhängen der Todesstrafe für den Jungfrauenraub war also aufgrund des Ermessens durchaus möglich.[367] Wie aber ist dieser Ermessensspielraum mit der Existenz einer Norm, der der Geschädigten und nicht dem Richter die Wahl zwischen zwei bestimmten Strafen zugesteht, zu vereinbaren?

Paulus behandelt in seinen Sentenzen den *raptus* als eine Form der strafrechtlichen *iniuria*. Er nennt die Todesstrafe als Art der Bestrafung, betont aber, dass die Todesstrafe verhängt werden **könne** (*poena capitis vindicetur*)[368], weil es sich um ein Delikt handelt, das *extra ordinem* verhandelt würde. Dass dieser Ermessensspielraum bei diesem speziellen Delikt der Geraubten, also dem Opfer, und nicht dem Richter zusteht - wie es in den Normen der Kontroversien der Fall ist -, erwähnt er nicht.

Iustinian hingegen spricht sich in einem Aufhebungsgesetz der früheren Konstitutionen (CJ.9.13.1.2) gegen den Brauch der Heiratsvereinbarung zwischen Räuber und Geraubter aus. *Nec sit facultas raptae virgini vel viduae vel cuilibet mulieri raptorem suum sibi maritum exposcere* ... Dieses Aufhebungsgesetz, von dem vermutet wird, dass es schon von Konstantin herrührt[369], setzt die Existenz eines Gesetzes oder Brauchs voraus, nach dem es der Geraubten möglich war, eine Ehe mit dem Räuber einzugehen. Es ist also anzunehmen, dass einer Geraubten in der Zeit des Prinzipats faktisch die Möglichkeit, eine Ehe mit ihrem Räuber eingehen zu können, zugestanden haben muss.

Obwohl ein Beleg für eine Regelung, durch die es der Geraubten ermöglicht wurde, zwischen dem Tod des Räubers und einer Heirat mit diesem wählen zu können, nicht gefunden werden kann, ist festzuhalten, dass die Bestrafung mit dem Tod im Verfahren *extra ordinem* möglich war und dass Iustinian oder Konstantin die Möglichkeit der Wahl der Ehe der Geraubten mit dem Räuber bekannt war.

Die hohe Eignung einer *lex raptarum* als Modus für die Bestrafung des Delikts des Frauenraubs wird bei einem Vergleich der Eigenart des Delikts mit den Rechtsfolgen der *lex raptarum* deutlich: Durch einen Frauenraub wird die Ehre der Geraubten gesellschaftlich zerstört. Die Chancen einer Geraubten, einen anderen als den Räuber heiraten zu können, sind wegen des Ehrverlusts sehr gering.[370] Nur eine Frau, die ihr Leben nach der *pudicitia* ausrichtete, konnte einen guten Ehemann bekommen. Durch den *raptus* war aber die *pudicitia* zerstört. Dies zeigt sich eindrucksvoll am Freitod der Lucretia.[371]

Die Regelung der *lex raptarum* dient allein dem Zweck, die Ehre der Geraubten wiederherzustellen. (Sie bewahrt die Frau so vor der moralisch geforderten Notwendigkeit eines Selbstmordes.) Die gesellschaftliche Wirkung ist daher wichtig.

---

[366] Santalucia, Diritto e processo penale, S. 112 f.
[367] Nach Haase, Justinian I. und raptus, S. 458 f. sogar wahrscheinlich.
[368] Paulus, Sententiae, V, 4, 4.
[369] Rein, Criminalrecht der Römer, S. 394; Mommsen, Römisches Strafrecht, S. 702.
[370] Evans Grubbs, Law and Family, S. 195; Arjava, Women and Law, S. 220.
[371] Benke, Lucretia`s Heritage, S. 5; zum Begriff der pudicitia auch Masi Doria, Inpudicitia, S. 77 - 81.

Für diese Ehrherstellung, für diese gesellschaftliche Rehabilitation, gibt es nur zwei denkbare Möglichkeiten, nämlich entweder den Tod des Räubers oder eine Ehe der Geraubten mit dem Übeltäter. Bei der Todesstrafe überwiegt das Element der Rache. Bei der Eheschließung überwiegt das praktische Element, weil das Eheproblem auf diese Weise gelöst wird. Da die Regelung trotzdem für den Räuber einen strafenden Charakter aufweisen soll, ist bei der Eheschließung die Bestellung der *dos* nicht verpflichtend.

Lex raptarum ist jedoch nicht so zu verstehen, dass es tatsächlich ein gleichlautendes legislativ erlassenes Gesetz mit gleichem Namen gegeben haben muss, *lex raptarum* bezeichnet vielmehr die faktische Rechtslage bezüglich des Frauenraubs. Die Norm aus Quint. Decl. min. CCCXLIX (*raptor nisi et suum patrem exoraverit et raptae intra XXX dies pereat*), macht die Möglichkeit greifbar, dass es sich bei der *lex raptarum* in der Zeit der Republik um eine Sitte oder einen Brauch gehandelt haben kann, also um eine gewohnheitsrechtliche Regelung, zu deren Verhandlung vielleicht ein Hausgericht berufen wurde. Dem Hausgericht standen die *patres familias* der betroffenen Familien vor. Die Möglichkeit Hausgerichte einzuberufen, hängt eng mit der *patria potestas* des *pater familias* zusammen[372] und schließt das Tötungsrecht mit ein.[373]

Obwohl der *raptus* nach der *lex Iulia de vi publica* in einem Verfahren *extra ordinem* verhandelt wurde, hat dieser Brauch scheinbar die Rechtsordnung überlagert und sich zumindest bis Iustinian (oder Konstantin) im Bewusstsein erhalten.

Letztendlich ist es die Möglichkeit der Geraubten, eine Ehe mit ihrem Räuber zu wählen, auf die Iustinian oder Konstantin in dem Aufhebungsgesetz hinweisen. Tatsächlich wird ein Raub in den Fällen, in denen sich die Familie gegen eine Heirat der Verliebten stellte, die einzige Möglichkeit gewesen sein, die Hochzeit erzwingen zu können.[374] Gerade weil bei Brautleuten, die nicht *sui iuris* waren, die *patres familiarum* der Eheschließung zustimmen mussten[375], ist davon auszugehen, dass dieses Erzwingen häufig vorkam. Die abweichende Formulierung in Sen. contr. 8. 6 *vititia vitiatoris aut mortem aut indotatas nuptias petat*, wird vor diesem Hintergrund verständlich.

Rapta raptoris mortem ***aut bona optet*** (Quint. Decl. min. CCLXXVI) verwundert insofern als die Möglichkeit des Einforderns der Güter des Räubers an ein Freikaufen erinnert. Nicht verwunderlich ist dabei, dass das Zahlen von Geld nicht wie eine Heirat oder der Tod des Räubers auf die Wiederherstellung der Ehre der Geraubten abzielt, sondern einen Vermögensausgleich für die verlorene Ehre darstellt, ohne die Ehre selbst wiederherzustellen. Durch die Forderung nach den Gütern des Räubers bekommt die Geraubte nämlich einen Schadensersatz für

---

[372] Kaser, Römisches Privatrecht, 1. Abschnitt, § 14, I; zum Hauisgericht näher Bürge, Der mercennarius und die Lohnarbeit, S. 125; D.47.2.17pr.

[373] Bürge, Der mercennarius und die Lohnarbeit, S. 126 Fn. 153, der sich auf eine in den siebziger Jahren in Pozzuoli gefundene Konzessionsvergabe für das Bestattungsgewerbe bezieht und auf die Monographie Scaevolas *De quaestione familiae*.

[374] Evans Grubbs, Law and Family, S. 183.

[375] Paulus D.23.2.2; Haase, Justinian I. und raptus, S. 459.

die verlorene Ehre[376], der sie als Erhöhung ihrer *dos* als Braut wieder attraktiver macht. Der Nachteil der verlorenen Jungfräulichkeit wird durch den finanziellen Zugewinn wieder ausgeglichen.[377]
Bei den Rechtsregeln *qui ingenuam stuperaverit, det decem milia* und *raptor decem milia solvat* ist die Situation ähnlich. Die Geldzahlung lässt hier eher auf den Ausgang einer zivilrechtlichen *actio iniuriarum* schließen, als auf ein strafrechtliches Verfahren *extra ordinem*. Die Bestrafung mit der Konfiskation des Vermögens des Räubers bei dem Raub einer freien Frau soll nach der *lex Iulia de adulteriis* dann bestanden haben, wenn der Räuber gutgläubig war, wenn also keine Gewalt angewendet wurde (I.4.18.4). Die *lex Iulia de adulteriis*, die zur Zeit der Entstehung der *Declamationes minores* des Quintilian schon in Kraft war, erfasst *stuprum* als *stuprum committit, qui liberam mulierem consuetudinis causa, non matrimonii continet, excepta videlicet concubina* (Mod. 1 reg. D.48.5.35.pr.), stuft es aber als *crimen extraordinarium* ein.
Die Strafe über 10 000, die in den *Declamationes minores* ohne Verweis auf eine Wahl oder einen Ermessensspielraum genannt wird, überrascht, ist aber als Möglichkeit eines Schadensersatzes denkbar und erinnert an die Strafe aus der *lex Scantinia* für den Übergriff auf Jugendliche.[378]
Die Frist von dreißig Tagen, nach deren Ablauf die Strafe verfallen soll, ist nicht verwunderlich, da die Befristung auf dreißig Tage dem römischen Recht nicht unbekannt ist. Sowohl im Formularverfahren als auch im Verfahren nach der *cognitio extra ordinem* ist die Dreißigtagesfrist als Urteilserfüllungsfrist bekannt.[379]

Obgleich die Existenz einer *lex raptarum* als legislativ gesetztes Recht in der Zeit des Prinzipats nicht nachgewiesen werden kann und auch nicht wahrscheinlich ist, ist doch davon auszugehen, dass es schon seit der frühen republikanischen Zeit eine sittlich oder gewohnheitsrechtlich fundierte Regelung in Rom gegeben hat, die der geraubten Frau die Wahl zwischen einer Ehe mit ihrem Räuber oder dem Tod des Räubers gestattete. In diesem Zusammenhang bedeutet *lex* eher „Rechtsregelung“[380] als „Gesetz“.
Die Regelung wirkt verglichen mit der Rechtsentwicklung im Prinzipat altertümlich. CJ 9.13.1.2 (Iustinian, 533) verweist dennoch darauf.

bb) *Adulterium* (Ehebruch)
Adulterium spielt ebenfalls eine große Rolle in den Rechtssätzen der Kontroversien. Rechtsregeln über *adulterium* tauchen in allen vier Kontroversiensammlun-

---

376 De Ruggiero, Bona damnatorum.
377 Im jüdischen Brauch konnte die Geraubte entweder eine Bußzahlung oder die Hochzeit mit ihrem Räuber verlangen. - Exodus 22: 15 - 16; dazu Lafont, Femmes, S. 123.
378 Bonner, Roman Declamation, S. 91.
379 Kaser/Hackl, Römisches Zivilprozeßrecht, §§ 56 II, 76 I.
380 Diese Übersetzung ist aufgrund der nicht gesetzgebungsaffinen römischen Tradition ohnehin häufig zu wählen, siehe dazu Giaro, Römisches Juristenrecht, S. 1, 89.

gen auf. *Adulterium* bezeichnet Ehebruch.[381] Aus der *controversia* 48 des Calpurnius Flaccus wird schon deutlich, dass es als rechtens angesehen wird, wenn die beim Ehebruch ertappten getötet werden. Obwohl in Calp. Flacc. 48 keine Rechtsregel über Ehebruch enthalten ist, kann dies aber aus dem Sachverhalt (*Ex duobus filiis pater alteri uxorem dedit, alter incidit in adversam valetudinem. medici dixerunt animi esse languorem. quaerenti patri fratris uxorem se amare confessus est. petit pater a filio ut matrimonio cederet. Impetravit. inventos in adulterio postea fratrem et uxorem secundus maritus occidit. abdicatur a patre)*geschlossen werden. Die Rechtsregel *adulter cum adultera liceat occidere* in Calp. Flacc. 49 bestätigt das. Weitaus präziser ist die Angabe: *adulterum cum adultera quid deprehenderit, dum utrumque corpus interficiat, sine fraude sit*, in Sen. Contr. 1.4. Hier wird deutlich, dass nur derjenige kein Verbrechen begeht, der beide, also den Ehebrecher **und** die Ehebrecherin tötet. Dies ist aber nur unter den beiden Voraussetzung, dass die Ehebrecher auf frischer Tat angetroffen (*deprehenderit*) und sogleich getötet werden, kein Verbrechen. Die Norm aus Quint. Decl. min. CCXLIX macht deutlich, dass es sich für den Ehemann nicht gehört, die Ehebrecherin zu richten, wenn er sich nicht zuvor dem Ehebrecher angenommen hat (*necliceat cum adultera marito agere, nisi prius cum adultero egerit*). Bevor die Ehebrecherin gerichtet wird, muss also derjenige, mit dem die Ehefrau die Ehe gebrochen hat, bestraft werden.

Die Deklamationen Senecas des Älteren, die *Declamationes minores* des Quintilian und die Kontroversien des Calpurnius Flaccus kennen eine *actio adulterii* (Sen. contr. 2.7., Quint. Decl. min. CCCXIX, Quint. Decl. min. CCCXXX, Calp. Flacc. 2). Dabei muss *actio* in den Kontroversien nicht streng dogmatisch als „Klage“ übersetzt werden, eine allgemeinere Übersetzung mit „Vortrag“ [382] trägt einer möglichen umgangssprachlichen Bezeichnung für einen ganzen Themenkomplex Rechnung und nimmt der Wortfolge den Status als Terminus technicus. In Quint. Decl. min. CCCXXX wird angegeben, dass es sich bei *adulterium* um ein Verbrechen, also ein Strafdelikt handele.

Liceat in matribus adulteria vindicare (Calp. Flacc. 23) besagt, dass auch Mütter als Ehebrecherinnen bestraft werden können. Wenn es um das Delikt des Ehebruchs geht, kommt sogar einer Mutter, obgleich ihre Stellung als *matrona* in Rom sehr angesehen war,[383] keine Schonung zu. Nach der in den Kontroversien dargestellten Rechtslage können auch Kinder ihre Mutter wegen Ehebruchs anklagen. Söhne können ihre eigene Mutter töten oder Brüder ihre Schwestern, wenn diese beim Ehebruch ertappt werden (*et matres et sorores in adulterio deprehensas liceat occidere*, Calp. Flacc. 31).

Quint. Decl. min. CCLXXIX gibt bezüglich der Bestrafung des Ehebrechers eine Regelungsalternative: *adulterum aut occidere aut accepta pecunia dimittere liceat*. Nach dieser Regelung gehört es sich, den Ehebrecher entweder zu töten,

---

[381] Georges, Handwörterbuch I, Sp. 152.
[382] Georges, Handwörterbuch I, Sp. 91 f.
[383] Evans Grubbs, Law and Familiy, S. 329.

oder nachdem man Geld erhalten hat, wegzuschicken. Auch *maritus deprehensi adulteri bona possideat* (Quint. Decl. min. CCLXXIII) zielt auf einen finanziellen Vergleich des Ehemannes mit demjenigen ab, mit dem die Ehefrau die Ehe gebrochen hat.
Eine völlig andere Alternative der Bestrafung bietet Quint. Decl. min. CCCLVII. Danach soll der *adulter* geblendet werden. Diese Bestrafung wirkt im Vergleich mit *bis adulterii notatus ignominiosus sit* (Quint. Decl. min. CCCX) sehr hart.
Bemerkenswert ist noch, dass *lenocinium* (Kuppelei) ebenfalls im Kontext des *adulterium* gesehen wird (Quint. Decl. min. CCCLVII und Quint. Decl. min. CCLXXV).

Adulterium im römischen Recht lässt sich als Ehebruch definieren, wobei aber nur der Ehebruch der Ehefrau gemeint ist.[384] Die Ehebrecherin wird mit *adultera* bezeichnet, der Mann, mit dem die Ehefrau die Ehe bricht mit *adulter*. Darauf, dass das Delikt nur für die Ehefrau bestanden hat, weisst auch die Norm aus Calp. Flacc. 31 *et matres et sorores in adulterio deprehensas liceat occidere* hin. Ein Ehemann erfüllt nur dann das Delikt des Ehebruchs, wenn er seinerseits mit einer verheirateten Frau die Ehe bricht. Dann aber begeht er das Delikt nicht bezogen auf seine eigene Ehefrau, sondern bezogen auf den Ehemann der anderen.[385] Das Delikt beschränkt sich nach Höbenreich/Rizzelli nur auf die Frau, weil nur ihr ungezügelte Sexualtrieb, der hinter einem *adulterium* vermutet wurde, den Staat und die patriarchalische Familienordnung gefährdete.[386]
Das Delikt des *adulterium* war in der Frühzeit nur moralisch sittlich geregelt[387]. Es wurde wohl, so wie auch der *raptus* und wie alle anderen Eheangelegenheiten vor einem Familien- oder Hausgericht verhandelt.[388] Der Spruch dieses *iudicium de moribus* war aber auch für eine betrogene Ehefrau bei einer Scheidung oder Verstoßung wichtig für den Verbleib der *dos*.[389] Eheangelegenheiten unterlagen nach dem Verständnis der Römer nicht der legislativen Gewalt. Hierbei gab es keinen Raum für *ius*, Regelungen des *fas* und der *mores* waren zuständig.[390]
Schon zur Zeit der Republik habe, so Santalucia, ein Gesetz bestanden, die *lex Cornelia de adulteriis et de pudicitia,* das dem betrogenen Ehemann das Recht gab, seine Ehefrau und den, mit dem sie ihn betrog, zu töten, wenn er diese beiden auf frischer Tat ertappt hatte.[391] Es drängt sich der Verdacht auf, dass der Brauch eine Ausformung der *patria potestas* war und so auch in Bezug auf den Ehemann von dem Bestand einer Manusehe abhing. Es wird aber in verschiede-

---

[384] Rein, Criminalrecht der Römer, S. 835.
[385] Rein, Criminalrecht der Römer, S. 833.
[386] Höbenreich/Rizzelli, Scylla, S. 204 - 243.
[387] Cicero, De leg., II, 4.
[388] Rein, Criminalrecht der Römer, S. 837.
[389] Rein, Criminalrecht der Römer, S. 837.
[390] Santalucia, Diritto e processo penale, S.3.
[391] Santalucia, Diritto e processo penale, S. 3; Seneca, De ira, I. fin.; Martial, Epigramme, II, 60; Juvenal, Satiren, X, 311 ff.

nen Normen in den Kontroversien des neueren Typs betont, dass er beide töten musste, um straflos auszugehen. Dies erscheint durchaus realistisch. Hätte er nur einen getötet, wäre die Qualifikation dieser Tat als notwehrähnlich nur schwer möglich, da dann der Verdacht nahe liegen würde, er habe sich lediglich des Nebenbuhlers oder der Ehefrau entledigen wollen. Das Tötungsrecht stand wohl in der republikanischen Zeit nur dem *pater familias* zu.[392] *Et matres et sorores in adulterio deprehensas liceat occidere*, verwundert aber vor diesem Hintergrund, da weder die Schwester noch die Mutter nach dem Tod des *pater familias* unter der *potestas* des Sohnes oder Bruders standen. Sohn oder Bruder konnten nur als Tutoren fungieren. Einem Tutor (in diesem Fall dem *tutor legitimus*) steht aber nicht die häusliche Vollgewalt zu.[393] Nur der Vater konnte die ehebrechende Tochter und den *adulter* dann töten, wenn er sie in seiner *domus* oder in der des Ehemannes ertappte.[394] Das Tötungsrecht des Vaters ist ein Aspekt seiner *vitae necisque potestas*.[395] Dieser Brauch weist auf die starke Stellung der Hausgewalt in Familienangelegenheiten hin.[396]

Augustus beschränkte den Brauch in der *lex Iulia de adulteriis*.[397] Der Ehemann durfte die Ehefrau nun gar nicht mehr töten - es sei denn, er ertappte sie in seinem Haus, - und den Ehebrecher nur dann, wenn er einem sozial niederen Stand angehörte. Tötete der Ehemann die Ehefrau trotzdem, wurde er angeklagt. Der Ehemann durfte nun seiner Ehefrau nicht mehr vergeben, sondern musste das Verbrechen in jedem Fall anzeigen. Als Strafe verlor die *adultera* die Hälfte der *dos* und ein Drittel ihres Vermögens, der *adulter* die Hälfte seines Vermögens.[398] Anders war dies bei dem Vater der Ehebrecherin. Er konnte seine Tochter weiterhin im Rahmen des *ius occidendi* straflos töten. Es mussten dafür aber drei Aspekte vorliegen: Die Tochter musste *alieni iuris* sein. Sie musste entweder in der *potestas* des Vaters stehen oder von ihrem Vater in eine Manusehe gegeben worden sein. Der Vater musste die Tochter und den *adulter* bei dem Akt des Ehebruchs angetroffen haben und beide auf der Stelle getötet haben. Auch musste der Akt des Ehebruchs im Haus des Vaters vollzogen worden sein oder in dem Haus, in dem der Ehemann lebte.[399] Das Tötungsrecht bei Ehebruch ist auch im griechischen Raum bekannt.[400] In den drakonischen Gesetzen sowie in den solonischen wird demjenigen, der den Ehebrecher auf frischer Tat angetroffen getötet

---

[392] Bynkershoek, De iure occid. C. 3; Saller, Patriarchy, property and death, S. 116.
[393] Kaser, Römisches Privatrecht, 1. Abschnitt, § 21.
[394] Paulus, Sententiae, II, 26,1und 7; D. 48.5.23.2, 24.2, 25. pr.
[395] Saller, Patriarchy, property and death, S. 116.
[396] Saller, Patriarchy, property and death, S. 94.
[397] Santalucia, Diritto e processo penale, S. 94; D.48.5.21 - 24; D.48.5.23.4; Kaser, Römisches Privatrecht, 2. Abschnitt - Nachtrag zu § 76; Höberneich/Rizzelli, Scylla, S. 230 - 239 sieht Augustus Motivation darin, die Männer vor der kollektiven Angst gegenüber ihren Frauen zu erlösen.
[398] Paulus, Sententiae, II. 26.
[399] Benke, Lucretia`s Heritage, S. 1.
[400] Lysias, I, 30; Aristoteles, Athenaion politeia, 57, 3; Lysias, I, 49.

hat, straffreiheit gewährt. Dabei ist hier nur derjenige genannt, der die Ehefrau, die Mutter, Schwester oder Tochter beim Ehebruch ertappt.[401] Dieser Norm entspricht die Regelung aus Calp. Flac. 31 sehr stark. Auch ist die Möglichkeit einer Bußzahlung anstelle der Tötung, wie sie in Quint. Decl. min. CCLXXIX, Quint. Decl. min. CCLXXIII vorkommt, in den solonischen Gesetzen verbürgt.[402] Handelnder bleibt hier jedoch der Kyrios der ehebrechenden Frau. Abweichend vom römischen *adulterium* wird in den greichischen Bestimmungen in der Art der Bestrafung zwischen der ehebrechenden Frau und dem Liebhaber unterschieden.[403] In der griechischen Rechtspraxis darf nämlich nur der Liebhaber getötet werden, die Frau wird demütigenden Strafen ausgesetzt.[404]

Adulterum aut occidere aut accepta pecunia dimittere liceat (Quint. Decl. min. CCLXXV) gibt also die Rechtslage sehr verkürzt wieder. *Maritus deprehensi adulteri bona possideat* (Quint. Decl. min. CCLXXV) ist in dieser Hinsicht präziser.

Nach der *lex Iulia de adulteriis coercendis* konnte auch eine Frau, die nicht im eigentlichen Sinne verheiratet, sondern nur die *concubina* eines Mannes war, wegen Ehebruchs bestraft werden.[405] Allerdings musste schon eine gewisse feste Verbindung bestehen, eine Dirne beging natürlich keinen Ehebruch. Auch wurde die *adultera* durch die *lex Iulia de adulteriis coercendis* einer Dirne gleichgestellt, sie war in ihrer Heiratswahl nicht mehr frei und musste die Toga tragen, die außer Männern eigentlich den Prostituierten vorbehalten war.[406]

Die alleinige Strafbarkeit der ehebrechenden Frau ist aber vor dem Hintergrund, dass es bei der zivilrechtlichen Seite des Delikts immer um den Verbleib der *dos* im Falle einer Scheidung ging, nicht plausibel. Das Recht, sich zu trennen, stand in Rom nach dem Prinzip der Konsensehe beiden Ehepartnern zu, also konnte sich spätestens im Prinzipat auch die Frau vom Mann trennen.[407] Hatte der Ehemann mit einer anderen die Ehe gebrochen, wirkte dieser Umstand auch bei einem Prozess um den Verbleib der *dos* zu seinem Nachteil.[408] In diesem Zusammenhang ist es wichtig, darauf hinzuweisen, dass der betrogene Ehemann jedenfalls nur eine Klage erheben konnte. Er musste sich zwischen der *actio dotis* und einer Strafklage entscheiden.[409] Der Kläger konnte frei zwischen diesen beiden Möglichkeiten wählen, hatte er sich aber einmal entschieden, war eine Änderung der Klage wegen der *litis contestatio* nicht mehr möglich. Es ist als wahrscheinlich anzunehmen, dass die strafrechtliche *actio adulteri* die Klage war, die vor

---

[401] Kapparis, Humilating the adulterer, S. 66.
[402] Lysias, I, 25,29; Kallias F1 PCG.
[403] Schmitz, nomos moicheias, S. 46.
[404] Kapparis, Humiliating the adulterer, S. 66.
[405] D.48.5.13.1; D.48.5.13. pr.
[406] Wissowa/Kroll, RE 29. Halbband, Sp. 1018 - 1026.; McGinn, Prostitution, S.165 - 171.
[407] Corbett, Roman Law of Marriage, S. 228; Kaser, Römisches Privatrecht, 1. Abschnitt, § 77 III. 1.
[408] Kaser, Römisches Privatrecht, 1. Abschnitt, § 81 II. 1.
[409] Rein, Criminalrecht der Römer, S. 254.

der von Augustus ins Leben gerufenen *quaestio de adulteriis*[410] verhandelt wurde.
Die erwähnte Blendung des Ehebrechers wirkt vor dem Hintergrund der *lex Iulia de adulteriis* als Strafe unrealistisch. Strafbar wurde aber durch die *lex Iulia de adulteriis* auch die Beihilfe zum Ehebruch, die als Kuppelei (*lenocinium*) bestraft wurde.[411] Die direkte Kuppelei wurde mit Infamie bestraft.[412] Mit *lenocinium* wird daher auch Zuhälterei bezeichnet.[413] Die soziale Wirkung der *lex Iulia de adulteriis* in Bezug auf den Ehebruch bezieht sich weitgehend auf die Gleichstellung des Ehebruchs mit der Prostitution.[414] Dass Augustus hier gesetzgeberisch nach dem „Zeitgeist" handelte, scheint aus der Perspektive, dass er gerade gesetzgeberisch tätig geworden sein soll, um die moralische Entartung einzudämmen,[415] unwahrscheinlich.

Zusammenfassend ist zu bemerken, dass die Normen, die sich in den Deklamationen des Prinzipats mit Ehebruch befassen, nicht die aktuelle Rechtslage ihrer Entstehungszeit wiedergeben. Wenn mit der herrschenden Literatur davon ausgegangen wird, dass die *lex Iulia de adulteriis* ca. 18 v. Chr. entstanden ist[416] und Seneca der Ältere 37 v. Chr. mit seinem Deklamationenapparat begonnen hat, ist es nicht unwahrscheinlich, dass Seneca sich an die alte voraugusteische Rechtspraxis hält. Hingegen lassen sich die Normen in den Deklamationen Quintilians mit den Regeln der *lex Iulia de adulteriis* größten Teils (außer *adulter excaecetur* in Quint. Decl. min. CCCLVII) vereinbaren.[417] Dies ist nicht verwunderlich, da die Kontroversiensammlungen Quintilians jünger sind als die Senecas. Calpurnius Flaccus aber spiegelt in seinen Deklamationen die alte Rechtslage vor dem Inkrafttreten der *lex Iulia de adulteriis* wieder. Er beschreibt die Rechtslage sogar noch viel extremer als sie in der republikanischen Zeit anzunehmen ist. Bei ihm ist beispielsweise der Satz *adulter cum adultera liceat occidere*, zu lesen, der das alte Notwehrrecht wiedergibt. Gerade er als Jüngster der drei Deklamatoren hat aber die Geltung dieser alten Rechtslage nicht mehr erleben können. Daraus kann geschlossen werden, dass sich Calpurnius Flaccus in der Tradition Senecas des Älteren oder vielleicht gar in einer republikanischen Tradition gesehen hat. Dass er es in der Zeit des Prinzipats gewagt hätte, politisch unopportun zu sein, ist schwerlich anzunehmen. Möglich ist aber auch ein ganz anderer rein praktischer Grund: Die „neue" Rechtslage war für Übungen mit Schülern womöglich zu unübersichtlich, das alte archaisch anmutende Notwehr- und Selbst-

---

[410] Santalucia, Diritto e processo penale, S. 94.
[411] Santalucia, Diritto e processo penale, S. 94..
[412] Gamauf, Ad statutam confugere, S. 90.
[413] Georges, Handwörterbuch II, Sp. 612; D. 3. 2. 1. 4. 2.
[414] Mc Ginn, Prostitution, Sexuality and the Law, S. 171; Riggsby, Lenocinium, S. 426.
[415] Kaser, Römisches Privatrecht, 1. Abschnitt, § 75 I.
[416] Santalucia, Diritto e processo penale, S. 94..
[417] Dies stellt Tellegen-Couperus auch für das *adulterium* in Quintilians Institutio oratoria fest - Tellegen-Couperus, Quintilian and the Law, S. 177.

hilferecht war eindeutiger und eindrucksvoller als der Gerichtszwang der *lex Iulia de adulteriis*. Auch könnte die Verwendung des alten Brauchs ein Anzeichen dafür sein, dass die augusteische Novellierung gesellschaftlich nicht akzeptiert war.

cc) *Incestum* (Unzucht)

Incestus bedeutet unkeusch oder unzüchtig im Sinne von unsittlichen und unreligiösen Handlungen.[418] Ursprünglich bezeichnet *incestus* lediglich die Unkeuschheit der Vestalinnen und der sexuelle Umgang Verwandter untereinander.[419] Tatsächlich weisen beide in den Deklamationen des Prinzipats verwendeten Normen, in denen es um *incestum* geht, eine Beziehung zur Göttin Vesta auf. *Incesta saxo deiciatur* (Sen. contr. 1.3), sagt aber genau genommen nichts über die Sonderstellung der *incesta* als Vestalin aus. Im Zusammenhang mit dem gegebenen Sachverhalt wird die Verbindung zur Vesta zwar hergestellt, die Stellung der *incesta* als Vestalin wird aber nicht erwähnt und kann deshalb auch nicht (wie es etwa Bonner annimmt)[420] vorausgesetzt werden: Eine Frau, die wegen Unzucht verurteilt worden war, flehte Vesta an, bevor sie vom Felsen gestürzt wurde. Sie überlebte den Sturz. Nun soll sie die Strafe ein zweites Mal erleiden.
In Sen. contr. 6.8. wird mit der *actio incesti* im Gegensatz zu Sen. contr. 1.3 explizit eine Vestalin (*virgo Vestalis*) konfrontiert. Normen über *incestum* kommen nur in den Deklamationen Senecas, also in der ältesten Deklamationensammlung des neueren Typus, vor.

Vestalinnen mussten ihrer Göttin 30 Jahre Keuschheit geloben, wobei die 30 Jahre vermutlich für ein Leben bzw. eine Generation stehen.[421] Verstießen sie gegen dieses Gelübde indem sie sexuellen Umgang hatten, wurde dies als schädlich für die gesamte römische Gesellschaft erachtet, da diese Tat den Zorn der Göttin auf sich zog, die die Sicherheit und innere Eintracht der Stadt und des Staates bewahren sollte. Die Strafe war deshalb angemessen hoch, weil man glaubte dadurch den Zorn der Göttin zu bändigen.[422] Es sind zahlreiche Prozesse wegen unkeuscher Vestalinnen bekannt (z.B. Dionysios III, 67; Dionysios VIII, 89; Dionysios IX, 40; Livius XX). Wurde die Vestalin als schuldig befunden, so wurde sie mit etwas Speise sowie Trank und einem kleinen Licht in ein Gewölbe auf dem *campus sceleratus* am collinischen Tor bei lebendigem Leibe eingemauert, nachdem sie in einem schweigenden Umzug auf einer Bahre durch die Stadt getragen und gegeißelt worden war.[423] Das Begraben bei lebendigem Leib trägt wohl dem Um-

---

[418] Wissowa/Kroll, RE Bd. 9, Sp. 1246 - 1249; Rein, Criminalrecht der Römer, S. 869.
[419] Wissowa/Kroll, RE Bd. 9, Sp. 1246 - 1249; Rein, Criminalrecht der Römer, S. 870.
[420] Bonner, Roman Declamation, S. 92 f.
[421] Sirks, Auctoritas tutoris, S. 56 Fn. 46.
[422] Puliatti, Incesti Crimina, S. 11.
[423] Dionysios von Halikarnaß, Antiquitates Rom., IX, 40.

stand Rechnung, dass die Vestalin ihr Leben, d.h. in diesem Fall ihre 30 fruchtbaren Jahre dem römischen Staat zur Verfügung stellen musste. Sie symbolisierte damit die Fruchtbarkeit und das Leben Roms. Sie durfte in keinem Fall mit dem Tod in Berührung kommen. So konnte nur ein Mädchen, dessen Eltern noch lebten, Vestalin werden, weil der Tod auf diese Weise am weitesten von ihr entfernt war. Ein direktes Töten der Vestalin war deshalb nicht möglich.[424] Das Einmauern bei lebendigem Leib erwies sich als einzige Möglichkeit, eine Vestalin, ohne sie unmittelbar töten zu müssen, zu Tode bringen zu können. Ihr Verführer wurde auf dem Forum zu Tode gepeitscht.
Im weiteren ist als Strafe für einen sexuellen Umgang mit Verwandten das Herunterstoßen vom tarpeischen Felsen überliefert.[425] In der *lex Iulia de adulteriis coercendis* wird *incestum* nur noch unter bestimmten Umständen und dann als Form des *adulterium* bestraft[426].

Obwohl im Sachverhalt der Sen. contr. 1.3 ein Bezug zur Göttin Vesta hergestellt wird, wird die Verurteilte nicht als Vestalin bezeichnet. Es muss davon ausgegangen werden, dass es sich bei dem Delikt in Sen. contr. 1.3. im Gegensatz zu dem in Sen. contr. 6.8 um Unkeuschheit in Form eines sexuellen Umgangs mit Verwandten handelt und nicht um Unkeuschheit einer Vestalin. Es wird also in den Kontroversien bezüglich des *incestum* die römische Rechtslage wiedergegeben. Jedoch muss beachtet werden, dass in den beiden Kontroversien Senecas nicht die Rechtslage um ca. 37 n.Chr. geschildert wird. Die Bestrafung durch die *lex Iulia de adulteriis* mit dem Stoßen vom tarpeischen Felsen ist nicht bekannt. Die Bestrafung wurde mittels *deportatio*, Vermögensverlust oder *relegatio* vollzogen.[427] Die Wiedergabe des Rechts in den Kontroversien ist in Bezug auf *incestum* archaisierend.

dd) *Repudium* (Verstoßung)

Repudium bezeichnet in seiner ursprünglichen Bedeutung die Verstoßung der Ehefrau durch den Ehemann.[428] Die Ableitung des Wortes von *repudiare* macht den negativen sozialen Beigeschmack, den diese Verstoßung für die Frau mit sich brachte, deutlich. Schon in der republikanischen Zeit, als sich die Scheidungssitten gelockert hatten und eine Scheidung auch von Seiten der Frau möglich war, wurde mit *repudium* die Scheidung bzw. die Scheidungserklärung allgemein bezeichnet.[429]

---

[424] Sirks, Auctoritas tutoris, S. 56.
[425] Tacitus, Annales, VI. 19; Cassius Dio, LVIII, 22.
[426] Diese Umstände sind: Schließen einer Ehe, *stuprum* oder Ehebruch. Santalucia, Diritto e processo penale, S.94 f; Puliatti, Incesti Crimina, S. 13.
[427] Rein, Criminalrecht der Römer, S. 871 ff.
[428] Kaser, Römisches Privatrecht, 1. Abschnitt, § 19 II. 2.
[429] Kaser, Römisches Privatrecht, 1. Abschnitt, § 77 III. 2.

In Sen contr. 2.5 wird bezüglich einer Verstoßung nur von *dimittere* gesprochen. In der selben Kontroversie wird als Grund für diese Verstoßung angegeben, dass die Ehefrau innerhalb von fünf Jahren nach der Hochzeit kein Kind geboren hatte. In der Norm der Quint. Decl. min. CCLI wird dieser Tatbestand als Grund für eine Verstoßung anerkannt (*intra quinquennium non parientem repudiare liceat*). In Quint. Decl. min. CCCLVII wird *uxor virum in calamitate ne deserat* gefordert. Auch wird in zahlreichen Deklamationen (Quint. Decl. min. CCLI, Quint. Decl. min. CCLXII, Quint. Decl. min. CCCXXVII, Quint. Decl. min. CCCXXXVIII, Calp. Flac. 10) die Existenz einer *actio iniusti repudii* (Klage wegen ungerechtferigten Verstoßung) angegeben.

Um auf die Regelungen über Verstoßung bzw. Ehescheidung näher eingehen zu können, ist es notwendig sich zuerst mit der Eigenart der römischen Ehe zu befassen:
Die Ehe wurde von den Römern nicht als Rechtsverhältnis, sondern als faktisches Verhältnis des sozialen Lebens, als wirkliche Lebensgemeinschaft von Frau und Mann verstanden[430]. Diese verwirklichte Lebensgemeinschaft wurde von dem Bewusstsein und der Absicht der Ehegatten getragen, dass die Gemeinschaft, in der sie lebten, eine Ehe ist.[431] Weder die Schließung noch die Auflösung der Ehe wurden von den Römern als Rechtsgeschäft behandelt und unterlagen somit auch größten Teils nicht der staatlichen Aufsicht, sondern den sittlichen Regeln[432]. Augustus wagte es, in diesem Bereich legislativ tätig zu werden. Gerade die Oberschicht sah diese Gesetze als scharfe Beschränkung ihrer persönlichen Freiheit und griff sie stark an[433].
Wichtigster Grund der Ehe war das Ehebewusstsein der Partner. In der idealen Ausformung war das der Wille, eine lebenslange, monogame, in häuslicher Gemeinschaft verwirklichte Lebensgemeinschaft zu führen, deren vornehmster Zweck die Gewinnung vollberechtigter Nachkommen war[434]. Dieser Wille war während der ganzen Ehe und im gesamten Verhalten der Gatten zueinander und vor Dritten deutlich zu machen[435].
Parallel zu der Ehe existiert die *manus*, die Hausgewalt des *pater familias* über die Ehefrau. Die Überführung der Frau von der *manus* ihres ursprünglichen Gewalthabers in die ihres Ehemannes oder in die dessen Gewalthabers war als Akt getrennt von der Ehe zu sehen. Die Manusgewalt über die Ehefrau konnte seit alters her auf drei verschiedene Weisen erworben werden: durch einen symbolischen Kaufakt zwischen dem *pater familias* der Frau und dem Ehemann, durch

---

[430] Kaser/Knütel, § 58; Rein, Hülfsbuch, S. 190; eingehend dazu auch Péter, Liberorum quaerundorum causa, S. 285 - 331.
[431] Kaser/Knütel, § 58.
[432] Kaser/Knütel, § 58; Rein, Hülfsbuch, S. 190.
[433] Evans Grubbs, Law and Family, S. 104f; Mette-Dittmann, Ehegesetze des Augustus, S. 200.
[434] Kaser/Knütel, § 58.
[435] Kaser/Knütel, § 58.

Zusammenleben für ein Jahr, in dem die Frau nicht länger als drei Tage und Nächte hintereinander das Haus verließ (damit die „Ersitzungsfrist" nicht unterbrochen wurde), oder durch gemeinsames Opfer und Verzehren eines Opferkuchens in Anwesenheit eines Priesters (damit die Kinder bestimmte Priesterämter erfüllen konnten)[436]. In der Zeit des Prinzipats war die *manus*-Ehe aber längst nicht mehr der Regelfall.[437]
Der Vollzug der Scheidung war kein Rechtsgeschäft sondern ein faktischer Vorgang. Die *manus* musste jedoch auch aufgehoben werden. Bei der Form der Manusüberführung durch einen Priester, der *confarreatio*, musste ein Gegenakt, nämlich die *disfarreatio* vollzogen werden. Bei der *coemptio* war auch ein Gegenakt notwendig. Die Scheidung bestand darin, dass die eheliche Lebensgemeinschaft von einem oder beiden Partnern aufgehoben wurde und das Bewusstsein geäußert wurde, dass die Ehe aufgehoben sein sollte. Darin zeigt sich das Konsensprinzip der römischen Ehe. Die Scheidungsmöglichkeit war weder an bestimmte rechtliche Gründe gebunden, noch war sie unter gerichtliche Kontrolle gestellt. Obwohl die grundlose Auflösung der Ehe sittlich und gesellschaftlich geächtet wurde, war sie trotzdem gültig,[438] soweit die Erklärung seit Inkrafttreten der *lex Iulia de adulteriis* in Anwesenheit von sieben erwachsenen Römern von einem Boten des scheidungswilligen Teils dem anderen Teil überbracht wurde[439]. Ehe und Manusgewalt waren so, wie sie getrennt geschlossen wurden, auch getrennt aufzuheben. Obgleich die Ehescheidung an sich also relativ problemlos war, waren die Folgen der Scheidung um so schwerer und streitbeladener. Sehr streitbar war die Frage nach dem Verbleib der *dos*, der Mitgift der Frau. Dabei muss beachtet werden, dass auch die Dotalgabe - zumindest anfänglich - nicht gesetzlich, sondern sittlich geregelt war.[440] Wenn die Schuld an der Scheidung bei der Frau lag (z.B. durch Ehebruch, Unfruchtbarkeit[441]), war es üblich, dass die Frau nach Verstoßung durch den Mann keinen Anspruch auf Auszahlung der Mitgift hatte.[442] Wenn hingegen die Schuld der Frau nicht unzweifelhaft vorlag oder gar der Mann mitschuldig oder schuldig war, musste er die Dotalgaben vollständig wieder auszahlen. Über die Schuldfrage befand ein Hausgericht. War dieses nicht dazu imstande, die sehr streitbeladene Frage zu entscheiden, folgte der Gang zum Prätor. Aus dieser magistratischen Untersuchung entwickelte sich mit der Zeit ein förmliches *iudicium de moribus*, das schon vor den Gesetzen des Augustus existierte.[443]

---

[436] Kaser/Knütel, § § 58; Rein, Zivilprozeß, S. 378 ff; Düll, Scholastica materia,S. 41.
[437] Mönnich, Frauenschutz vor riskanten Geschäften, S. 36.
[438] Kaser/Knütel, § 58.
[439] Corbett, Roman Law of Marriage, S. 228.
[440] Kaser, Römisches Privatrecht, 1. Abschnitt, § 14; Rein, Zivilprozeß, S. 418.
[441] Gerade das *Senatus Consultum Pacianum* hat deshalb häufig zum „Unterschieben" eines falschen *partus* geführt. (Siehe dazu D.25.3.1.9 - 11. und Lanfranchi, Ricerche sulle azioni, Bd. I und II; Lanfranchi, Ricerche sul valore).
[442] Höbenreich/Rizzelli, Scylla, S. 204 - 243.
[443] Rein, Zivilprozeß, S. 418.

Die Klage, mit der die geschiedene Ehefrau die Rückgabe ihrer Dotalgüter verlangen kann, ist die *actio rei uxoriae*. Die Existenz einer *actio iniusti repudii* ist durchaus zweifelhaft. Wird aber in Betracht gezogen, dass mit *res uxoriae* die Dotalgabe, d.h. auch die tatsächliche Auszahlung der Dotalgabe, der Frau gemeint ist, erscheint die Existenz einer sittlich fundierten Klage durchaus möglich, zumal gerade in der klassischen Zeit die Auszahlung der *dos* an den Ehemann nicht mehr der Normalfall war[444]. Eine zu Unrecht verstoßene Ehefrau hätte ohne eine *actio iniusti repudii* keinerlei Möglichkeit gehabt, sich gesellschaftlich zu rehabilitieren, da eine *actio rei uxoriae* ohne vorherige Dotalgabe nicht einschlägig war. Vielleicht bezeichnet diese *actio iniusti repudii* auch nur den Brauch im Hausgericht über die Schuldfrage bezüglich der Scheidung zu befinden, *actio* wäre dann wie oben auch hier mit „Vortrag" zu übersetzen. Diese Entscheidung wäre somit eine Vorstufe zur *actio rei uxoriae*. Ein Ehemann, der seine Ehefrau zu Unrecht verstoßen hat, hatte den Zorn der Ceres auf sich gezogen.[445] Deshalb sollte sein Vermögen auch zur Hälfte an die Frau fallen, die andere Hälfte sollte der Ceres *sacer* sein.[446] Selbst, wenn keine *dos* bestellt worden war, hatte eine Klage wegen ungerechtfertigter Verstoßung also eine finanzielle Seite. Um die Bedeutung der *lex iniusti repudii* besser einüben zu können, wurden bewusst Fälle gewählt, die eine Ehe ohne Dotalgabe zum Inhalt hatten. Der einzige mögliche Fall einer Ehe ohne Dotalgabe, war der Fall einer Heirat aus der *lex raptarum* heraus. Ein gutes Beispiel hierfür bietet Quint. Decl. min. CCLI: Eine gewisse Ehefrau, die sich nach einem Raub für die Ehe mit ihrem Räuber entschlossen hatte, gebar innerhalb von fünf Jahren kein Kind. Darauf verstieß sie ihr Ehemann. Sie klagt ihn wegen *iniustum repudium* an. Durch den im Sachverhalt erwähnten Raub wird deutlich, dass es sich bei der Heirat um eine Eheschließung ohne Dotalgabe gehandelt haben musste.

Ein Ehemann konnte seine Frau verstoßen, wenn sie innerhalb einer bestimmten Frist nach der Hochzeit kein Kind geboren hatte[447]. Über die Frist gibt es unterschiedliche Angaben, die sich zwischen einem und zehn Jahren bewegen.[448] Obwohl die Scheidung auch ohne Grund oder mit einem ungerechten Grund wirksam war, ist die erhebliche Bedeutung des Scheidungsgrundes für den Verbleib der *dos* und die soziale Stellung der Frau immens wichtig. Den Widerspruch zwischen Sen. contr. 2.5 und Quint. Decl. min. CCLI, der dadurch entsteht, dass in Sen contr. 2.5 eine Ehefrau verstoßen wird, weil sie innerhalb von fünf Jahren kein Kind geboren hat, in Quint. Decl. min. CCLI die Ehefrau dies aber nicht als Grund für eine Verstoßung anerkennt, erklärt Bonner dadurch, dass sich die Aus-

[444] Halbwachs, Frauen im Rechtsalltag, S. 210.
[445] Wissowa/Kroll/Witte, RE 2. Reihe, 1. Halbband, Sp. 614 f.; Kaser, Römisches Privatrecht, 1. Abschnitt, § 14, II. 1.e).
[446] Kaser, Römisches Privatrecht, 1. Abschnitt, § 14, II. 1. e).
[447] Fall des Spurius Carvilius Ruga, Gellius, Noctes Att., IV, 3. 2; XVII, 21, 44; Dionysios Halikarnaß, Antiquitates Rom., II, 25; Valerius Maximus, Factorum ac dictorum, II, 1,4; Bonner, Roman Declamation, S. 122 ff.
[448] Bonner, Roman Declamation, S. 122 ff.

sage der Ehefrau auf den konkreten Fall beziehe und nicht als abstrakt gültig angesehen werden könne. Er stellt den Fall als Beispiel für einen Widerspruch von *ius* und *aequitas* dar.[449] Die Veränderung des sozialen Gerechtigkeitsempfindens in der Zeit zwischen der Entstehung der Kontroversien Senecas und der *Declamationes minores* kann aber auch der Grund für diesen Widerspruch sein.
Umgekehrt gilt für die Eheleute, dass sie einander in Schwierigkeiten nicht im Stich lassen sollen. Dieses Gebot hat sich bis in die römisch katholische Ehe erhalten. In Quint. Decl. min. CCCLVII handelt es sich bei der Schwierigkeit aber um den Ehebruch des Mannes. Diese Art von Schwierigkeit ist selbstverständlich nicht gemeint, da auch die römische Ehe auf eine lebenslange monogame Beziehung angelegt war[450].

Auch wenn die *actio iniusti repudii* als Klage nicht nachweislich bestanden hat, greift sie doch ein Thema auf, das bei Scheidungsangelegenheiten immens wichtig war. Sie befasst sich nämlich mit der Schuldfrage. Die Lehrer haben so möglicher Weise die Scheidungsproblematik für ihre Schüler vereinfacht, da sie das finanzielle, den vermögensrechtlichen Aspekt, den die *actio rei uxoriae* beinhaltet, durch die Kreation der *actio inuisti repudii* außer Acht ließen, um sich so nur auf die Klärung der Schuldfrage beschränken zu können.

ee) *Dos* (Mitgift)

Mit *dos* wird die Mitgift bezeichnet. Die Bestellung einer *dos* ist nicht von der Eheform abhängig. War die Frau gewaltfrei, hat sie oft selbst die *dos* gestellt.[451]
In den Deklamationensammlungen des Prinzipats sind nur zwei Normen enthalten, die sich explizit mit dos beschäftigen. In Quint. Decl. min. CCCLX wird die Aussage getroffen: *prima ratio dotis habeatur.* In Quint. Decl. min. CCCLXXXIII heißt es *quare virum malae tractationis damnaverit, duplam dotem recipiat; si indotata nupserit, litem aestimet.*
Die erste Regelung befasst sich mit der Frage, wem die *dos* zusteht, die zweite bezieht sich auf die Höhe der Rückzahlung der *dos*, in dem Fall, in dem der Ehemann wegen übler Behandlung angeklagt ist.

Die *dos* geht nach der Eheschließung in das Eigentum des Mannes über. Er haftet aber für die Rückgabe der *dos* nach beendeter Ehe. An sich konnte er aber wie ein Eigentümer verfügen.[452] Besonders in der augusteischen Zeit wurden in der *lex Iulia de fundo dotali* Beschränkungen bezüglich der Veräußerung der Dotalgüter festgesetzt. Die *lex Iulia de fundo dotali* soll ein Kapitel der l*ex Iulia de*

---

[449] Bonner, Roman Declamation, S. 124.
[450] Kaser, Römisches Privatrecht, 1. Abschnitt, § 74.
[451] Kaser, Römisches Privatrecht, 1. Abschnitt, § 80.
[452] Kaser, Römisches Privatrecht, 1. Abschnitt, § 80.

adulteriis von 18 v. Chr. gewesen sein.[453] Dem Mann wird die Veräußerung eines italischen Dotalgrundstücks ohne Zustimmung der Frau untersagt.[454] In der Frühzeit war der Grund der *dos*-Bestellung hauptsächlich, dem Mann als Beitrag zur Tragung der ehelichen Lasten zu dienen. Schon zu republikanischer Zeit wurde die *dos* aber auch deshalb bestellt, um der Frau nach Beendigung der Ehe den Lebensunterhalt zu sichern. Verstarb der Ehemann erbte sie nur intestat, wenn es sich um eine Manusehe gehandelt hatte. Wurde die Ehefrau enterbt, dann stand ihr kein Pflichtteil zu. In der prätorischen Erbfolge war sie nur Angehörige der vierten Erbengruppe. Deshalb bestand bei der Ehescheidung auch eine Rückgabepflicht der *dos*. Dabei war aber das Verschuldensprinzip maßgeblich. Hatte etwa die Frau den Grund für die Scheidung geliefert oder zu vertreten, konnte der Mann die *dos* ganz oder zumindest anteilig behalten. Außerdem konnte er für jedes gemeinsame Kind noch ein sechstel, höchstens jedoch die Hälfte der *dos* einbehalten.[455]
Die Norm *prima ratio dotis habeatur* aus Quint. Decl. min. CCCLX beschreibt keine Eigenart der *dos*, sondern ist nur eine logische Ausformung eines Prioritätsprinzips. Der Sachverhalt lautet folgendermaßen: Eine Frau hinterließ bei ihrem Sohn die Dotalgüter, nachdem sie von ihrem Ehemann verstoßen worden war. Der Junge starb, nachdem er eine reiche Frau in die Ehe geführt hatte. Es ist nach dem Tod noch keine der beiden *dotes* ausgezahlt worden. Die Schwiegermutter und die Schwiegertochter streiten darum, welche von beiden die Dotalgüter zuerst erhalten soll. Der erste Grund der Dosbestellung wird beibehalten, deshalb bezieht sich das Problem, wie im Sachverhalt erklärt, nicht auf den jeweiligen Ehemann, sondern auf den Zeitpunkt der Dosbestellung.
Quare virum malae tractationis damnaverit, duplam dotem recipiat; si indotata nupserit, litem aestimet (Quint. Decl. min. CCCLXXXIII) bezieht sich auf die Rückzahlungspflicht nach beendeter Ehe. Hatte die Ehefrau den Ehemann wegen übler Behandlung angeklagt, musste der Mann ihr die doppelte *dos* zurückzahlen. Von Interesse ist hier die Tatsache, dass sich die Rückzahlungspflicht auf mehr als die ursprüngliche Dotalgabe bezieht, die Haftung des Mannes war also in diesem Fall nicht auf die Dotalgabe beschränkt. Die Pflicht, das Doppelte zu zahlen, weist oft auf einen strafrechtlichen oder wenigstens deliktischen Charakter hin. Die Zahlung des Doppelten bedeutet immer eine Bestrafung des Zahlenden (wie z.B. auch bei der *actio furti*).[456]
Die Rechtssätze in den Deklamationen des Prinzipats behandeln also abschließend gesagt nicht die Bestellung der *dos* sondern ein viel streitbeladeneres Thema, nämlich den Verbleib der *dos*. Die Rechtsregeln lassen sich aber durchaus in das römische System der Dotalgabe einordnen.

---

[453] Kaser, Römisches Privatrecht, 1. Abschnitt, § 80.
[454] Gaius, Inst., 2, 63; D.23.5.4.
[455] Kaser, Römisches Privatrecht, 1. Abschnitt,§ 80.
[456] Kaser, Römisches Privatrecht, 1. Abschnitt, § 120 I.

ff) Zwischenergebnis

Bezüglich des Themenbereichs der Rechtsregeln, die die Beziehung zwischen Frauen und Männern betreffen, verhält es sich im Hinblick auf ihren Realitätsbezug so, dass häufig zwar reales römisches Recht oder tatsächliche gesellschaftliche Normen wiedergegeben werden, welche aber nicht mit dem geltenden Brauch der Entstehungszeit der Deklamationen übereinstimmen. Es handelt sich bei den wiedergegebenen Regelungen oft nicht um römische Regelungen des Prinzipats, sondern um den Rechtsbrauch der frühen Republik.

b) Themenbereich „Beziehung zwischen Eltern und Kindern"

In den Kontroversien sind Rechtsregelungen zu finden, die sich mit der Fürsorgepflicht, die Kinder gegenüber ihren Eltern haben, mit Söhnen, die ihre Väter schlagen und mit Elternmord (*parricidium*) befassen. Es gibt auch Regeln, die sich auf eine Klage gegen den *pater familias* wegen Schwachsinns (*actio dementiae*), auf das Recht des *pater familias*, seine Gewaltunterworfenen ohne Gerichtsbeschluss zu richten (*lex indemnatorum*), auf Adoption oder auf eine Wiederanerkennung von Familienangehörigen beziehen.

Immerhin enthalten 44 Stücke Normen, die sich mit der Regelung des Themenkomplexes „Beziehung zwischen Eltern und Kindern" befassen. Dieser Themenkomplex, der ähnlich unmittelbar das Leben jedes Menschen betrifft, wie der, der sich mit der Beziehung zwischen Frauen und Männern befasst, erfreut sich ebenfalls großer Beliebtheit in den Kontroversien des neuen Typs. Dabei ist der Themenbereich „Beziehung zwischen Eltern und Kindern" weit weniger sensationsheischend als der Regelungskomplex „Beziehung zwischen Frauen und Männern".

aa) Fürsorgepflicht der Kinder für die Eltern

Eine Fürsorgepflicht im Verhältnis zwischen Eltern und Kindern wird in den Normen der Deklamationen nur bezüglich der Kinder gegenüber ihren Eltern behandelt. In Sen. contr. 1.7 und Sen. contr. 7.4 werden identische Formulierungen gewählt: *Liberi parentes alant aut vinciantur.* Hier bezieht sich die Fürsorgepflicht also auf die Ernährung der Eltern. Wer seine Eltern nicht nährt, soll eingesperrt werden. Diese Norm bzw. diese Pflicht scheint eine Umkehrung der elterlichen Pflicht, die Kinder nähren zu müssen, zu sein. Wird bedacht, dass *alere* auch die Bedeutung „aufziehen" oder „großziehen" hat,[457] kommt die Beziehung Kind/Eltern noch deutlicher zum Vorschein: Der Norm ist zu entnehmen, dass von einem Eltern/Kinder Verhältnis ausgegangen wird, bei dem die Art der Verpflichtung gleich bleibt, nur die Person des Verpflichteten eine Veränderung erfährt. D.h. wenn die Kinder noch klein sind, werden sie von ihren Eltern genährt,

[457] Georges, Handwörterbuch I, Sp. 297.

sind die Kinder groß, dreht sich das Verhältnis um. Die Eltern sind jetzt die, die versorgt werden müssen. Sie sind nun die zu nährenden.
Quintilian wählt in Quint. Decl. mai. V eine etwas andere Formulierung als Seneca der Ältere. *Liberi parentes in egestate aut alant aut vinciantur*, verdeutlicht den Punkt, dass die Pflicht des *alere* für die Kinder nur dann besteht, wenn die Eltern bedürftig sind. Obwohl Quintilians Formulierung präziser ist als die Senecas, meint sie aber doch dasselbe, da sonst das Bild des Gebens und Nehmens nicht stichhaltig wäre. Auch ein Kind braucht nur so lange Nahrung von den Eltern, wie es bedürftig, also klein ist und noch nicht für sich selbst sorgen kann.
Die Norm in Quint. Decl. mai. VI und die Norm in Quint. Decl. mai. XVI befassen sich mit einer geringfügig anderen Version der Fürsorgepflicht der Kinder bezüglich ihrer Eltern. *Qui in calamitate parentes deseruit, insepultus abiciatur* (Quint. Decl. mai. VI) besagt allgemeiner, dass Kinder ihre Eltern nicht im Unheil oder in Schwierigkeiten verlassen sollen. In Quint. Decl. mai. VI wird dieses Gebot zu Anfang der Deklamation als Norm angeführt, in Quint. Decl. mai. XVI wird diese Regelung nur innerhalb des Sachverhalts erwähnt (*mater detinet ex lege, qua parentes in calamitate deserere non licebat*). In Quint. Decl. mai. XVI wird sogar von einer *lex* mit gleichem Inhalt gesprochen. Allerdings sagt diese Deklamation nichts über eine Rechtsfolge des im-Stich-Lassens der Eltern oder eines Elternteil aus. Doch Quint. Decl. mai. VI gibt als Rechtsfolge an, dass die Person, die ihre Eltern im Stich lässt, nicht bestattet wird. Ihr Leichnam wird fortgeworfen (*abiciatur*).

Bonner untersucht in seinem Werk die Variante: *Liberi parentes alant aut vinciantur*. Er sieht die Wurzeln dieser Norm im griechischen Recht. Er betont aber ebenfalls, dass das Recht der Papyri des griechisch-römischen Ägypten eine gegenseitige Verpflichtung der Eltern und der Kinder erkennen lässt. Das sei auch die römische Rechtslage nach den Antoninen, was aus D.25.3.5, D.34.1.3 und C.I.5.25.1-3 zu schließen ist. Einen Beleg dieser Rechtspraxis vor der Regierungszeit der Antoninen kann er nicht vorweisen.[458]
Zinsmaier beschränkt sich auf die Analyse der Varianten, die das Bestattungsverbot enthalten, also die Normen aus Quint. Decl. mai. VI und aus Quint. Decl. mai. XVI. Er bezeichnet die Normen als *leges scholasticae* und betont ihren fiktiven Charakter. Obwohl er ebenfalls eine Verbindung zum griechischen Recht erkennt, ist er davon überzeugt, dass diese Rechtsregel nichts mit der römischen Rechtsrealität gemein hatte. Er sieht den Grund der Verpflichtung, für die Eltern zu sorgen, in der *pietas*, die in dieser Ausformung durch den Storch symbolisiert wird. Ein Verstoß gegen diese Pflicht käme also einem Verstoß gegen die römische *pietas* gleich. Zinsmaier macht seine Kritik der Realitätsferne der Norm hauptsächlich an der Strafe fest. Er kommt zu dem Schluss, dass die Strafe des Nichtbestattens ohne vorherige Tötung des Schuldigen sinnlos sei. Auch hält er

---

[458] Bonner, Roman Declamation, S. 95f; Taubenschlag, Die Alimentationspflicht im Recht der Paryri, bei Lanfranchi, Il Diritto nei Retori, S. 275.

das Verhältnis zwischen der Schwere der Strafe und der begangenen Tat für ein Missverhältnis.[459]

Zinsmaier unterlässt es dabei aber, die römische Kultur in seine Abwägung stringent einzubeziehen. Das Nicht-für-die-Eltern-da-sein kommt einer Verleugnung der eigenen Familie und somit der eigenen *gens* gleich. Es verstößt gegen die *pietas* und somit auch gegen den *mos maiorum*[460], ist also ein unglaubliches Vergehen gegen das römische Selbstverständnis.[461] Ein Missverhältnis zwischen Tatbestand und Rechtsfolge besteht also nicht. Das Nicht-Bestatten ist als Strafe für ein *nefas* bekannt.[462] Das Im-Stich-Lassen der hilfsbedürftigen Eltern wird demnach auch als *nefas* gewertet. Ein Miteinbeziehen einer Tötung in die Strafe des Nicht-Bestattens ist daher nicht nötig. Der Blick braucht dabei gar nicht so weit in die Vergangenheit gerichtet zu werden. In den meisten Kulturen und Religionen, auch in der christlichen, ist oder kann es zumindest für einen lebenden Menschen eine schlimme Vorstellung sein, in der Gewissheit leben zu müssen, dass sein Leichnam nicht bestattet, sondern fortgeworfen wird, ohne Zeremonie, ohne Grabmal, so dass er ungeschützt verwest. Selbst ein nicht religiöser Mensch möchte nicht mit der Aussicht leben müssen, dass sein Leichnam wie Abfall behandelt werden wird. Aber genau das impliziert die angedrohte Bestrafung: ein Mensch, der sich in einer Notlage nicht um seine Eltern kümmert, ist wie Abfall. Dies wird besonders durch das Wort *abiciantur* deutlich. Zudem lässt Zinsmaier außer Acht, dass durch die Bestrafung mit dem ***in - sepultus*** *abiciatur* der Betroffene vom Totenkult ausgeschlossen war und zwar in der Form, dass sein Leichnam keine römische Bestattung erfuhr. Wird die Bedeutung des Totenkultes für den Römer in Betracht gezogen, die sich u. a. darin zeigt, dass Römer ohne Nachkommen deshalb adoptierten oder arrogierten, damit der Totenkult fortgeführt werden konnte[463], macht dies den Charakter der Strafe deutlich. Die Verknüpfung des Bestattungsverbots mit einer Todesstrafe war nicht nötig, weil die Verhängung eines Bestattungsverbots schon zu Lebzeiten einer Person, ein Zeichen von *impietas* und *nefas* war.[464]

Aus der These Ritters, dass diese *lex ficta* aus einer Kontamination der Normen aus Quint. Decl. mai. IV und Quint. Decl. min. V resultiert[465], leitet Zinsmaier die Behauptung ab, dass die Norm aus Quint. Decl. mai. VI ebenso eine Kontamination sei und zwar aus dem Regelungsinhalt der Normen aus Quint. Decl. mai. V und Quint. Decl. mai. XVI sowie der Sanktion aus Quint. Decl. mai. IV.[466] Dies

---

[459] Zinsmaier, Leichnam, S. 17-25.
[460] Blösel, mos maiorum, S. 25 - 91.
[461] Vergil, Aeneis, II, 745.
[462] Van Hooff, Zelfdoding, S. 200.
[463] Kaser/Knütel, § 60 III. 2; Paulus, Verrechtlichung der Familienbeziehungen, S. 434.
[464] Das Gegenteil von Aeneas - Vergil, Aeneis, I, 257 - 266. Aeneas nämlich rettet seinen Vater aus dem brennenden Troja; über römischen Gräberluxus Welwei, familiare bellum, S. 73.
[465] Ritter, Quintilianische Deklamationen, S. 77.
[466] Zinsmaier, Leichnam, S. 21.

scheint aber auf Grund der Tatsache, dass die Regelungsinhalte völlig unterschiedlicher Art sind, wenig plausibel zu sein.
Eine Parallele zu der Regelung bezüglich der Fürsorgepflicht der Kinder für die Eltern in Notzeiten lässt sich in der Pflicht finden, die die *clientes* bezüglich ihres Herren trifft[467]. Leidet der *patronus* Not, hat er z.B. auf Grund einer schlechten Ernte keine Nahrung, sind die *clientes* dazu verpflichtet, ihn in dieser Notzeit zu nähren.
Dennoch wurde auf legislativer Ebene erst in der Kaiserzeit mit der einseitig autoritativen Hausgewalt durch die Statuierung der gegenseitigen Unterhaltspfllicht zwischen Eltern und Kindern gebrochen, die im kaiserrechtlichen Kognitionsverfahren durchgesetzt wurde. In der republikanischen Zeit war diese Fürsorgepflicht, die der *pietas* entstammt, wohl moralisch-sittlich geregelt, aber nicht gerichtlich einklagbar.[468] Die Sanktionierung durch ein Bestattungsverbot, wie sie in den Normen der Kontroversien des neueren Typs vorgestellt werden, weist eher auf den Zustand der Regelung als außerrechtliche moralische Regel in vorkaiserlicher Zeit hin.

bb) Misshandlung des Vaters durch den Sohn

Normen, die das Problem der Misshandlung des Vaters durch den Sohn behandeln, sind dreimal in den Deklamationensammlungen des Prinzipats zu finden. In Sen. contr. 9.4 ist die Norm *qui patrem pulsaverit, manus ei praecidantur* zu lesen.
In den *Declamationes minores* Quintilians sind zwei unterschiedliche Versionen dieser Norm angegeben. Quint. Decl. min. CCCLVIII sagt: *Qui patrem pulsaverit, manus perdat.* In Quint. Decl. min. CCCLXII heißt es: *Qui patrem pulsaverit, manus ei incidantur.* Der Unterschied zwischen diesen drei Normen liegt also nur im letzten bzw. in den letzten beiden Worten. Die Tatbestandsbeschreibung bleibt gleich: *qui patrem pulsaverit* (wer den Vater geschlagen hat). *Pulsare* kann mit seiner Grundbedeutung „schlagen" übersetzt werden, aber auch die umfassende Bedeutung „misshandeln" ist möglich.[469]
Bezüglich der Rechtsfolge wird in Sen. contr. 9.4 angegeben: *Manus ei praecidantur.* „Wer den Vater geschlagen hat, dem werden die Hände abgehauen". In Quint. Decl. min. CCCLXII heißt es: *manus ei incidantur*, „dem werden die Hände abgeschnitten". In Quint. Decl. min. CCCLVIII ist von *manus perdat* „verliert die Hände" die Rede.
Obwohl die Art des Verlustes differiert, bleibt doch der Aspekt, dass die Hände abgetrennt werden müssen, gleich.

---

[467] Kaser/Knütel, § 13 I. 2.
[468] Kaser, Römisches Privatrecht, 1. Abschnitt, § 63.
[469] Georges, Handwörterbuch II, Sp. 2079.

Bonner vertritt die Meinung, dass das Gesetz bei Seneca dem Älteren auf der *lex Cornelia de iniuriis* basiert.[470] Die Bestrafung in der *lex Cornelia de iniuriis* war aber immer eine Bußzahlung (D.37.15.1; D.47.10.7.8; D.48.19.28.8). Überdies weist Bonner auf eine Regelung aus dem Codex Hamurabi hin, die das Schlagen des Vaters mit dem Verlust der Hände bestraft. Tatsächlich ist in §195 des Codex Hamurabi eine ähnliche Regelung zu finden. Wenn ein Sohn seinen Vater schlägt, sollen diesem die Hände abgeschlagen werden.[471] Von der republikanischen Zeit ist ferner bekannt, dass ein Hauskind, das seinen Vater schlägt, nach dem alten Sakral- und Sittenrecht, dem der familiäre Bereich in der Republik unterlag, vor den Göttern oder einer bestimmten Gottheit *sacer* wurde. Dies entsprach einer Art von Vogelfreiheit, dieses Hauskind konnte also, ohne dass der *pater familias sacer* wurde, von diesem getötet werden (*ius occidendi*).[472]
Die Strafe, der Verlust der Hände, hat spiegelnden Charakter. Die Hände werden zum Schlagen benutzt. Die Strafe für dieses Schlagen ist dann der Verlust dieser Hände, also des Körperteils, das das Delikt „ausgeführt" hat. Es handelt sich um eine analoge Talion. Die Regelung mutet archaisch an. Es ist vor diesem Hintergrund nicht abwegig, dass sie eine Entsprechung im römischen oder im griechischen Recht gehabt haben könnte.[473] Gemeint ist dabei bezogen auf Rom natürlich früh- wenn nicht sogar vorrepublikanisches römisches Recht.

Die Wiedergabe einer Rechtspraxis in den Rechtsregeln der Deklamationen des neuen Typs, wie sie im Rom des Prinzipats üblich war, scheint ausgeschlossen.

cc) *Parricidium* (Verwandtenmord)

Parricidium bedeutet Verwandtenmord. Oft wird es aber auch mit „Elternmord" oder mit „Vatermord" übersetzt.[474] Die Wiedergabe als „Verwandtenmord" lässt einen größeren Opferkreis zu.
In den Kontroversien des neueren Typs sind drei verschiedene Normtypen enthalten, die sich mit *parricidium* befassen: In Sen. contr. 3.2, Sen. contr. 7.3., Sen. contr. 7.5., Quint. Decl. mai. XVII, Quint. Decl. min. CCLXXXI, Quint. Decl. min. CCCXXVIII ist von *accusatur parricidi, accusatur parricidii* oder *accusat parricidii* die Rede. In Quint. Decl. min. CCCXIV ist die Formulierung *parricidii reus* zu lesen. Auf die Existenz einer *actio parricidii* wird direkt nur in Quint. Decl. min. CCCLXXVII angespielt: *parricidii sit actio*.
In Quint. Decl. min. CCXCIX wird auf die Art der Bestrafung einer Person, die sich des *parricidium* schuldig gemacht hat, eines *parricida*, hingewiesen. Es wird angeordnet: *Parricidiae insepulti abiciantur.* Auffällig ist, dass alle bisher auf-

---

[470] Bonner, Roman Declamation, S. 96.
[471] Bonner, Roman Declamation, S. 96; TUAT, S. 68.
[472] Kaser, Römisches Privatrecht, 1. Abschnitt, § 14 II 1 a.
[473] Bonner, Roman Declamation, S. 97; Thonissen, Le Droit Pénal, S. 291.
[474] Georges, Handwörterbuch II, Sp. 1484 f.

geführten Deklamationen, die einen Hinweis auf *parricidium* in der Norm oder im Sachverhalt enthalten, aus den drei älteren Deklamationensammlungen, d.h. von Seneca dem Älteren, aus den *Declamationes maiores* oder aus den *Declamationes minores* Quintilians, stammen. In der Deklamationensammlung des Calpurnius Flaccus ist nur eine einzige Deklamation enthalten, die sich mit dem Delikt des *parricidium* befasst: *Damnatus parricidii anno custodiatur* (Calp. Flac. 4). Im späten Prinzipat scheint es also nicht mehr populär gewesen zu sein, über einen Fall, der sich mit *parricidium* befasst, zu deklamieren.

Nur wenn es von einer Verschmelzung der Worte *pater* und *caedere* hergeleitet wird, bedeutet *parricidium* in seiner Grundbedeutung „Vatermord". Schon vorrepublikanische Quellen (so Plutarch Rom. 22.) aus der Königszeit sollen den Vatermord an ein Blutgericht verwiesen haben.[475] Diesem Parricidialgerichtshof ordneten dann, angeblich schon Romulus, eher aber Numa, die Gerichtsbarkeit über alle anderen Morddelikte zu. Deshalb wurde lange Zeit die Ansicht vertreten, *parricidium* sei die Urform des römischen Morddelikts gewesen[476], was aber auf Grund Plutarch Rom. 22 und Cic. P. Rosc. Am. 25 und Oros. V, 16 nicht haltbar ist. Laut Cic. P. Rosc. Am. 25 und Oros. V, 16 soll es sogar schon zu dieser Zeit eine *lex de parricidio* gegeben haben. Paulus (Paulus, Diac.V) und Pomponius (D.1.2.2.32) sprechen von den *quaestores parricidii*. Dass diese zu einem stehenden Gericht gehörten, ist unwahrscheinlich. Sie wurden wohl eher für den Einzelfall bei Bedarf ernannt.[477]
Die Strafe für *parricidium* war wohl schon seit alters her das Einsäcken in einen ledernen Sack und das anschließende Versenken im Meer.[478] Bemerkenswert ist, dass dies der Strafe für Personen entsprach, die etwas aus den sybillischen Büchern verraten hatten, also eine Art Staatsverrat begingen.[479] Auch das Zwölftafelgesetz erwähnt *parricidium*.[480]
Cornelius Sulla erwähnt zwar in seinen Kriminalgesetzen keine *lex de parricidio*, in seiner *lex Cornelia de sicariis* bestätigt er aber die Strafe des Einsäckens und des Ertränkens.[481] Die *lex Pompeia* (55 v.Chr.) befasst sich explizit mit *parricidium*.[482] Sie definiert den Personenkreis, der als „Verwandte" im Sinne des Verwandtenmordes zu sehen ist. Die Verwandtschaft in bezug auf das *parricidium* erstreckt sich auch auf Adoptivverwandte, uneheliche und ausgesetzte Kinder. Die Strafe des Einsäckens und Ertränkens wurde nur für diejenigen *parricidae* beibehalten, die Großeltern oder Eltern ermordeten. Für andere Verwandte wurde

475 Santalucia, Diritto e processo penale, S. 6 ff.
476 Rein, Criminalrecht, S. 401.
477 Robinson, Criminal Law, S. 46 f.
478 Plutarch, Rom. 22; Plautus, Fragment der Vidular. u. Epid., III, 2,13, auct. ad Her. I, 13; Livius, Ep. LXVIII, Oros. V, 16.
479 Valerius Max., Factorum ac dictorum, I, 1, 13.
480 Plautus, auct. ad Her. I,13.
481 D.48.9.1.
482 Paulus, Sententiae, V, 25; D.48.9.1; D.1.7.23; D.2.4.4.3; D.2.4.6.

indes *aquae et ignis interdictio* angeordnet. Diese Regelung wurde aber später wieder verschärft.[483]
In der gesamten Kaiserzeit blieb die *lex Pompeia* die Grundlage des Verfahrens wegen *parricidium*. Caesar fügt aber noch in einem Nachtrag zur *lex Pompeia* an, dass das Vermögen derjenigen, die Verwandte getötet hatten und deshalb ins Exil verbannt wurden, konfisziert werden sollte.[484]
D.48.9.9.pr. berichtet, dass der Verurteilte mit einem Hund, einem Hahn, einer Viper und einem Affen in den Sack gesteckt wird. Der Hund steht als von den Römern verachtetes Tier wohl für die Verachtung, die dem Verurteilten entgegen gebracht wird.[485] Der Hahn gilt als der *pietas* entgegenstehend, die Viper als Kreatur, die nur durch den Tod der Mutter zum Leben kommen sollte und der Affe symbolisierte wahrscheinlich ein Zerrbild des Menschen.[486] Das Einsäcken vor dem Wurf ins Meer sollte wohl bewirken, dass der Verurteilte jenseits aller Elemente stirbt.[487] Diese Art der Bestrafung, die sehr viele Symbole aufweist, verdeutlicht schon, dass das Verbrechen des *parricidium* an sich für die Römer weitreichende Folgen nach sich zieht, die durch die Bestrafung ungeschehen gemacht werden mussten. Das Delikt des *parricidium* bedeutete nämlich ein Verstoß gegen die *pietas*, was den Zorn der Götter erregte und somit, ähnlich dem Verrat der Geheimnisse aus den sybillischen Büchern, einem Staatsverrat gleich kam. Die *pietas* als die typisch römische Tugend der Pflichterfüllung gegenüber den Göttern, dem Vaterland, den Eltern und den Kindern ist ein Zentralpunkt des römischen Selbstverständnisses.[488] Sie wird oft auf Münzen dargestellt, wobei die Liebe der Kinder für die Eltern häufig als Storch dargestellt wird. Die Personifikation des *pius* ist die Figur des Aeneas in der Aenaeis, der seinen Vater Anchises und seinen Sohn Ascanius aus dem brennenden Troja rettet[489].
Das Delikt des *parricidium* ist ein Element, in dem römische Religion, Sitte, Kultur, Staatslehre und Rechtsverständnis sowie Rechtsetzung zusammenlaufen. An dem Beispiel *parricidium* wird deutlich, dass sich diese Elemente weder in der Gegenwart noch in der Vergangenheit trennen lassen. Aus dem göttlichen Gebot, *fas*, die Eltern zu ehren, erwächst ein göttliches Verbot, *nefas*, des Elternmordes, das dann schon in der Königszeit in die Ebene des *ius* durch einen Gesetzgebungsakt überführt und bis in das Dominat hinein, also bis in die christliche Zeit, als solches bestätigt wird.[490]

Die Existenz einer *actio parricidii* scheint also gesichert zu sein. Obwohl das Delikt überaus archaisch wirkt, kann sein Bestand doch bis in die justinianische

483 Rein, Criminalrecht, S.401f, 449 - 463; Mommsen, Römisches Strafrecht, S. 645 f.
484 Rein, Criminalrecht, S. 455 - 462; Robinson, Criminal Law, S. 46 f.
485 Rein, Criminalrecht, S. 457; Mommsen, Römisches Strafrecht, S. 645 f.
486 Rein, Criminalrecht, S. 457.
487 Rein, Criminalrecht, S. 457 f.
488 Saller, Patriarchy, property and death, S. 105 ff.
489 Saller, Patriarchy, property and death, S. 105 ff.
490 Rein, Criminalrecht, S. 461 f.

Zeit verfolgt werden. Die Bedeutung, die ihm in den Normen der Deklamationen zukommt, macht die große Abscheu der Römer vor diesem Delikt deutlich, die im römischen Selbstverständnis und wohl auch in der Menschlichkeit überhaupt begründet liegt. Obgleich in der römischen Geschichte nicht viele Prozesse wegen *parricidium* bekannt sind[491], bleibt der Mord naher Verwandter durch Jahrhunderte hinweg besonders verachtenswert.

Nur in zwei Deklamationen werden Strafen für *parricidium* genannt, die aber mit der Strafe des Einsäckens und Ertränkens gerade nicht identisch sind. Quint. Decl. min. CCXCIX spricht von einem „unbestatteten Fortwerfen des Verwandtenmörders". Dem Sachverhalt ist aber zu entnehmen, dass es hier um die Problematik geht, die durch den Selbstmord eines *parricida* entsteht. In diesem Fall kann die Strafe des Einsäckens und Ertränkens nicht mehr greifen, es ist nur noch möglich, dem Leichnam des *parricida* eine Bestattung zu verweigern. Die Strafe des unbestatteten Fortwerfens des Leichnams erinnert an die Strafandrohung für Kinder, die ihrer Fürsorgepflicht bezüglich ihrer Eltern nicht nachkommen (Quint. Decl. mai. VI s.o.) und ist Zeichen für ein *nefas*. Tatsächlich verstößt auch das Verletzen der Fürsorgepflicht der Kinder bezüglich ihrer Eltern gegen die *pietas* (s.o.). Das Verletzen der Fürsorgepflicht ist, untechnisch gesprochen, eine Vorstufe zum *parricidium*. Es ist aber selbstverständlich nicht mit dem versuchten *parricidium* gleichzusetzen. Die Verletzung der Fürsorgepflicht entspräche viel eher einem versuchten *parricidium* durch Unterlassen. Diese Form des *parricidium* existierte aber im römischen Recht nicht; das versuchte *parricidium* war zwar auch strafbar, es war aber dazu ein aktives Tun nötig.[492]

Für die in Calp. Flac. 4 genannte Strafe des Einsperrens für ein Jahr lässt sich weder in der römischen noch in der griechischen Rechtspraxis eine Entsprechung finden und stellt so wahrscheinlich eine simulierte Rechtspraxis dar.

dd) *Actio dementiae* (Klage wegen Schwachsinns)

Dementia bezeichnet allgemein das „Nicht-recht-bei-Sinnen-Sein".[493] Über den Grund, der zu diesem Zustand führt, macht der Begriff an sich keine Aussage. Im Sachverhalt der Sen. contr. 2.4. ist angegeben, dass ein Vater von seinem Sohn wegen Schwachsinns angeklagt wird (*ab altero filio accusatur dementiae*). Auch in Sen. contr. 2.6 wird ein Vater von seinem Sohn wegen *dementia* angeklagt (*filius accusat patrem dementiae*), ebenso in Sen. contr. 6.7, Sen. contr. 7.6, Sen. contr. 10. 3, Quint. Decl. min. CCCXVI, Calp. Flac. 8 und in Calp. Flac. 30. In Calp. Flac. 38 wird ein Vater sogar von zwei Söhnen wegen Schwachsinns angeklagt. Nur in einer einzigen Kontroversie aber wird diese Klage benannt. In der Norm der Quint. Decl. min. CCCXLVI heißt es nämlich: *adversus patrem nequa sit actio, nisi dementiae.* In allen Fällen wird ein Vater von einem oder mehreren

---

[491] Rein, Criminalrecht, S. 461 f.

[492] Mommsen, Römisches Strafrecht, S. 643 ff.

[493] Georges, Handwörterbuch I, Sp. 2024.

seiner Söhne angeklagt. Häufig hatte sich der Vater moralisch zweifelhaft verhalten. Meist wehren sich die Söhne mit der *actio dementiae* gegen eine Enterbung.
Das Recht in den Deklamationen vermittelt also den Anschein, dass Handlungen eines *pater familias*, die ja für die Gewaltunterworfenen unmittelbar bindend waren[494] (so z.B. die *abdicationes* in den genannten Stücken), mit einer so genannten *actio dementiae* „angefochten" werden konnten.

Das Recht in den Deklamationen des Prinzipats gibt dadurch eine Antwort auf die Frage, nach der Existenz einer Kontrolle oder eines Korrektivs für die Ausübung der *patria potestas* des römischen *pater familias*. Weil die *patria potestas* eine für die Gewaltunterworfenen umfassende Gewalt war, liegt die Vermutung nahe, dass es tatsächlich, um Missbrauch zu verhindern, eine Kontrolle gegeben hat. Die Eigenart der *patria potestas* war aber gerade, dass sie eine Vollgewalt war, eine Kontrolle also eigentlich nicht bestand. Sie war eine Gewalt, die das Recht über Leben und Tod beinhaltete (*vitae necisque potestas*).[495] Die einschlägige Literatur berichtet allerdings von Haus- oder Sittengerichten, die über einen Missbrauch dieser Gewalt urteilten.[496] Es handelte sich dabei aber lediglich um die Kontrolle der Ausübung des Rechts über Leben und Tod. Andere rechtlich relevante Handlungen, wie z.B. Enterbung, konnten nicht kontrolliert werden. Bei diesen anderen rechtlich relevanten Handlungen war der *pater familias* völlig frei, auch wenn seine Entscheidung ungeschickt oder unüblich schien. Dennoch konnte sich der *pater familias* nicht davor schützen (weil kein römischer Bürger, der *sui iuris* war, sich davor bewahren konnte), bei Geisteskrankheit einen *curator* zur Seite gestellt zu bekommen.[497] Im Fall des Nicht-recht-bei-Sinnen-Seins hätte es sich um einen *curator furiosi* gehandelt. Waren noch agnatische Verwandte vorhanden, dann trat die Pflegschaft von selbst, d.h. ohne Ernennung ein. Waren keine agnatischen Verwandten mehr vorhanden, dann wurde ein *curator* vom *praetor* oder Provinzstatthalter ernannt (Gai. D. 27, 10, 13).[498] Der *pater familias* verliert seine Stellung im Normalfall nur durch den Tod.[499] Hätte es also nicht die Möglichkeit der Bestellung eines *curators* gegeben, dann müssten Fälle bekannt sein, in denen ein *pater familias* seine Familie aus Wahnsinn finanziell zu Grunde richtete. Trotzdem ist ein solches Verfahren der Bestellung eines *curators* nicht ohne eine Kontrollinstanz denkbar, sonst hätte an diesem Punkt eine große Einfallstelle für Missbräuche bestanden. Auch für den Fall, dass noch agnatische Verwandte vorhanden waren, musste es ein Verfahren gegeben haben, im Rahmen dessen festgestellt wurde, ob tatsächlich *dementia* vorlag. Quintilian

---

494 Saller, Patriarchy, property and death, S. 102 - 105; Kl. Pauly, Bd. IV, Sp. 552.
495 Saller, Patriarchy, property and death, S. 116.
496 Kaser/Knütel, § 60 I 2.
497 Kaser/Knütel, § 64.
498 Kaser/Knütel, §64 III.
499 Saller, Patriarchy, property and death, S. 102 - 105.

spricht von einem real existierenden Verfahren, das in den Deklamationen als *actio dementiae* bezeichnet wird (VII, 4, 11 cf.29 cf. Contr. II, 3, 13).[500] Eine Erklärung für die *actio dementiae* in den Deklamationen ist, dass durch diese Fälle eingeübt werden sollte, mit der Abgrenzungsproblematik umgehen zu können. Gemeint ist die Abgrenzungsproblematik, mit der die Prätoren zu kämpfen hatten, wenn sie feststellen mußten, ob ein *pater familias* tatsächlich an Altersdemenz litt, oder nicht.[501] Diese Erklärung scheint von dem Standpunkt aus, dass keine gesetzlich festgelegten Kriterien für diese Abgrenzung bekannt sind, durchaus möglich. Eine Parallele der *actio dementiae* in der Rechtsrealität des Prinzipats ist also in dieser Hinsicht wahrscheinlich. Der Antrag vor dem *praetor* oder Provinzstatthalter musste nicht notwendiger Weise im technischen Sprachgebrauch mit *actio dementiae* bezeichnet worden sein. Davon, dass *actio dementiae* eine umgangssprachliche Bezeichnung war, ist auszugehen.

ee) *Lex indemnatorum* (Gesetz der ohne Urteilsspruch Bestraften)

Die *lex indemnatorum*, das Gesetz der ohne Urteilsspruch Bestraften, findet sich nur in der Deklamationensammlung des Calpurnius Flaccus, also in der jüngsten Deklamationensammlung des neueren Typs. Seneca der Ältere und Quintilian verwenden sie nicht. Calp. Flac. 24, Calp. Flac. 44 und Calp. Flac. 53 stellen im Sachverhalt ein Gesetz vor, das dem Vater zugesteht, Hauskinder ohne Gerichtsurteil zu bestrafen. Calp. Flac. 45 und Calp. Flac. 46 enthalten die Norm: *Indemnatos liberos liceat occidere.* In allen Fällen handelt es sich um einen Vater, der seinen Sohn auf Grund der *lex indemnatorum* tötet oder töten will. Aus dem Sachverhalt von Calp. Flacc. 24 wird weiter deutlich, dass der Vater die Bestrafung, also die Tötung, mit eigener Hand vornehmen muss oder dass der Sohn, der getötet werden soll, dies zumindest fordern kann.

Der *pater familias* besaß mit seiner Vollgewalt, der *patria potestas*, das Recht über Leben und Tod seiner Gewaltunterworfenen (*vitae necisque potestas*). Schon in der republikanischen Zeit wurde der Missbrauch dieses Rechts aber durch Sakral- oder Sittenrecht geahndet.[502] Die Gründe, die den Hausvater zur Tötung eines Gewaltunterworfenen veranlassten, mussten vor einem Hausgericht (*iudicium domesticum*) vorgetragen und von diesem für ausreichend befunden werden. Diesem *iudicium domesticum* gehörte der *pater familias* selbst auch an.[503] Tötete der *pater familias* den Gewaltunterworfenen aber ohne den Spruch des Hausgerichts, galt er wohl als Mörder und wurde *sacer*. Dies soll schon in die XII-Tafeln Eingang gefunden haben.[504] Als sich bereits in republikanischer Zeit

---

[500] Bonner, Roman Declamation, S. 93 f.
[501] Bonner, Roman Declamation, S. 93 f.
[502] Saller, Patriarchy, property and death, S.116.
[503] Honsell, Römisches Recht, §65.
[504] Kaser, Römisches Privatrecht, 1. Abschnitt, § 63.

der Familienverband lockerte, wurde die Aufsicht über die Ausübung der *patria potestas* dem Zensor unterstellt[505]. Das Tötungsrecht gilt zwar erst ab Konstantin als nicht mehr bestehend,[506] aber schon Hadrian bestrafte einen Vater, der seinen Sohn tötete, weil der Sohn eine intime Beziehung zu seiner Stiefmutter unterhielt.[507]

Die *lex indemnatorum*, die in den Deklamationen des Calpurnius Flaccus vorgestellt wird, handelt aber gerade davon, dass ein Sohn ohne Urteil von seinem Vater bestraft wird. *Indemnatus* bedeutet „ohne verurteilt worden zu sein“, also „ohne Urteilsspruch“.[508] *Indemnatus* im Sinne der *lex indemnatorum* könnte sich auf ein staatliches Urteil beziehen. Aber selbst, wenn sich das *indemnatus* auf den Urteilsspruch eines Sittengerichts beziehen würde, wäre es auch dann nicht mit der römischen Rechtspraxis des Prinzipats vereinbar: Dem Zensor oblag im Rahmen der Sittenaufsicht auch die Aufsicht über die Hausgewalt[509].

Die Ausübung des Tötungsrechts unterlag also in jedem Fall einer Kontrolle (in der frühen Republik der eines Hausgerichts, später der des Zensors) und konnte praktisch nicht willkürlich ausgeführt werden. Die Deklamationen erwähnen aber diese Kontrolle nicht. Calp. Flac. 53 erweckt eher den Eindruck, dass das Recht des Hausvaters über Leben und Tod willkürlich ausgeübt wurde.

Bezüglich der *lex indemnatorum* zeigen die Deklamationen ein Zerrbild der römischen Rechtspraxis. Obwohl nämlich die *potestas vitae necisque* des *pater familias* bis Konstantin formal bzw. sittlich als Vollgewalt bestanden hat, stand sie in der Rechtspraxis aber stets unter einer Missbrauchskontrolle, die einer gerichtlichen Kontrolle gleich kam. Es kann gefolgert werden, dass das Recht in den Deklamationen in dieser Hinsicht nur die formale Rechtslage, nicht aber die Rechtspraxis abbildet.

ff) *Adoptio* und *arrogatio* (Annahme an Kindes Statt)

Kontroversien mit diesem Thema sind nur bei Seneca dem Älteren und bei Calpurnius Flaccus zu finden, nicht aber bei Quintilian. In Sen. contr. 2.1 ist der Wunsch nach einer *adoptio*, die das betreffende Kind aber ablehnt, Teil des Sachverhalts: Ein reicher Mann hatte seine drei Söhne enterbt und einen armen Mann gefragt, ob er dessen einzigen Sohn adoptieren könne. Der Mann war einverstanden, der Sohn akzeptierte dies nicht.

In Sen. contr. 2.3 enterbt ein Vater seinen Sohn, der mit einer Prostituierten einen Sohn zeugt. Der enterbte Sohn stirbt und der Großvater adoptiert seinen Enkel. Der Großvater wird darauf von den übrigen Söhnen des Wahnsinns bezichtigt. Auch in Sen. contr. 3.3 ist die Adoption Teil des Sachverhalts. Hier hatte ein

505 Kaser, Römisches Privatrecht, 1. Abschnitt, § 63.

506 Kaser/Knütel, § 60.

507 D. 48.9.5; Saller, Patriarchy, property and death, S. 122, Fn. 83.

508 D.28.1.9.

509 Kaser, Römisches Privatrecht, 1. Abschnitt, § 14, II 2

Vater zwei Söhne, einen guten und einen Verschwender (*luxuriosus*). Er enterbte den Verschwender. Der rechtschaffene Sohn geht in die weite Welt und wird dort von Piraten gefangen. Er bittet den Vater, ein Lösegeld zu bezahlen. Dieser verzögert die Zahlung, der Bruder aber reagiert prompt. Der rechtschaffene Sohn kehrt nach Hause zurück und adoptiert den Bruder (*adoptavit fratrem suum*). Der Vater enterbt darauf auch noch den rechtschaffenen Sohn. In Calp. Flac. 53 wird die Adoption ebenfalls thematisiert: Ein reicher und ein armer Mann waren Feinde, sie wollten sich versöhnen. Deshalb adoptierten sie ihre Söhne wechselseitig. Der reiche Mann tötet darauf den adoptierten Sohn auf Grund der *lex indemnatorum*. Der Adoptivsohn des Armen will sich darauf das Leben nehmen und trägt die Gründe für den Selbstmord vor dem Senat vor. Sein Adoptivvater redet dagegen. In Calp. Flac. 11 geht es um das Zurückverlangen eines zur Adoption freigegebenen Sohnes: Ein Reicher und ein Armer waren Feinde, dann wurden sie Freunde. Der Arme hatte drei Söhne. Der Reiche adoptierte diese. Später wurde einer dieser Söhne beim Ehebruch ertappt und getötet, ein anderer wurde wegen Statuierung einer Tyrannis getötet. Der leibliche Vater verlangt den dritten Sohn zurück. Der Adoptivvater ist dagegen.
Alle diese Fälle sprechen von *adoptio*, eine *adrogatio* wird nicht erwähnt.

Die Annahmen einer gewaltfreien Person an Kindes statt konnte in Rom mit der *adrogatio* vorgenommen werden. Adrogiert konnte nur ein Mann werden, der *sui iuris* war. Der Adrogierte fällt nach der Adrogation in die *patria potestas* des „neuen" Vaters.[510]
Werden Personen, die nicht *sui iuris*, sondern gewaltunterworfen sind (*alieni iuris*) an Kindes statt angenommen, ist die *adoptio* einschlägig. Die Annahmen an Kindes statt hat bei den Römern eine weitaus größere Rolle gespielt als heute. Sie war nämlich für die Fortführung des Familiennamens, zur Aufrechterhaltung des Familienverbandes und zur Bewahrung des Hausgötterkultes wichtig.[511] Deshalb konnte die Annahmen an Kindes statt zeitweise nur dann geschehen, wenn keine eigenen männlichen Nachkommen vorhanden waren und auf Grund des Alters der Eltern auch keine mehr zu erwarten waren.[512] In der Klassik hat die Annahme an Kindes statt den völligen Austritt der Person aus dem ehemaligen Familienverband bewirkt. Die Annahme an Kindes statt sollte das natürliche Vater/Kinder-Verhaltnis imitieren.[513]

In den Deklamationen, die eine Annahme an Kindes statt beinhalten, wird nur die *adoptio* erwähnt. Es muss sich also in allen Fällen um die Annahme einer Person handeln, die *alieni iuris* war. Bei Sen. contr. 2.1, bei Sen. contr. 2.3, bei Calp.

---

[510] Kaser/Knütel, § 60 III. 27.
[511] Ein wichtiges Indiz dafür ist das Testament Caesars - Sueton, Caes. 83, 2 - dazu Schumacher, Oktavian und das Testament Caesars, S. 70.
[512] Kaser/Knütel, § 60 III.
[513] Kaser/Knütel, § 60 III 2.

Flac. 11 und bei Calp. Flac. 53 lässt sich das mit dem Sachverhalt vereinbaren. In Sen. contr. 3.3 müsste der rechtschaffene Sohn aber, um seinen Bruder adoptieren zu können, als Adoptierender selbst *sui iuris* sein. Dies ist auf Grund der Information, dass er von zu Hause fort gegangen ist, denkbar. Wäre er aber bei seiner Verabschiedung emanzipiert worden, dann wäre er nur in der Gruppe der *unde liberi* bei Intestaterbfolge erbberchtigt. Es ist deshalb wahrscheinlich, dass eine Enterbung durch ein Testament erfolgt ist. Der Sachverhalt könnte sich so in Rom zugetragen haben und wäre mit dem römischen Rechtsbrauch konform.

Interessant ist weiter, dass die *adoptio* immer nur Teil des Sachverhalts ist und nie in einer Norm erwähnt wird.

Calp. Flac. 11 behandelt die Frage, ob es einem leiblicher Vater möglich ist, ein Kind, das mit dessen Einverständnis von einem anderen adoptiert worden ist, zurückzuverlangen. Um dies zu beantworten, ist es nötig, den Adoptionsvorgang im Einzelnen zu behandeln. Der Vorgang beginnt damit, dass der leibliche Vater den Sohn dreimal dem Adoptivvater oder einem dritten *fiduciae causa* manzipiert. Der Erwerber lässt ihn nach der ersten und zweiten Manzipation durch *manumissio vindicta* frei, wodurch er jedesmal in die *patria potestas* des leiblichen Vaters zurückfällt. Erst durch die dritte Manzipation erlischt, laut den XII-Tafeln, die väterliche Gewalt über den Sohn. Ist die Gewalt auf diese Weise erloschen, folgt die *remancipatio* an den früheren Hausvater. Nun folgt die eigentliche *adoptio* in Form einer *in iure cessio* zum Erwerb der *patria potestas* (Gaius.1.134): Der Adoptierende behauptet vor dem Prätor, dass das Kind das seine sei. Der Gegner unterlässt die bestreitende Gegenbehauptung. Der Magistrat spricht das Kind durch *addictio* dem Adoptivvater zu.[514] Es müsste also, um den Realitätsbezug der Deklamationen konstatieren zu können, möglich sein, dass der leibliche Vater vom Adoptivvater eine Emanzipation und das Unterlassen der Gegenbehauptung bei der *in iure cessio* erzwingen kann oder dass der leibliche Vater seine eigenen Rechtshandlungen anfechten kann. Eine Anfechtung sieht das römische Recht nicht vor. Ein Geschäft ist nur dann von Anfang an unwirksam, wenn es sittenwidrig ist. Der Adoptivvater scheint im oben erwähnten Fall die drei Söhne mit dem Einverständnis des leiblichen Vaters ordnungsgemäß adoptiert zu haben. Es kann sich auch nicht um eine zeitlich befristete Adoption gehandelt haben, denn eine Adoption auf bestimmte Zeit wird als sittenwidrig eingestuft (D.1.7.3.4.).[515] Das Erzwingen einer Emanzipation ist ebenfalls nicht möglich.[516]

Der geschilderte Rechtsbrauch stimmt nicht mit der römischen Rechtswirklichkeit überein.

---

[514] Kaser/Knütel, § 60, III.3.

[515] Kaser/Knütel, § 9, II.

[516] Im solonischen Gesetz jedoch ist eine Regelung enthalten (Demosthenes, 46, 14), die die Zurechtweisung bzw. Ungültigerklärung einer Adoption auch dem Adoptierten ermöglicht. Von einer Regelung, die dem leiblichen Vater ebenfalls diese Möglichkeit zuerkennt, wird hingegen nicht berichtet. - Dazu Humphreys, Solon an adoption and wills, S. 340 ff.

gg) Anerkennung

In zwei Deklamationen spielt die Anerkennung eine Rolle. In Sen. contr. 6.3 geht es um die Anerkennung eines durch eine Sklavin geborenen Nachkommens. Die Norm aus Sen. contr. 6.3 heißt: *Liceat filium ex ancilla tollere.* In Sen. contr. 9.3 geht es um einen Mann, der sein Kind, das er ausgesetzt hatte, wieder anerkennen will. Die Norm lautet hier: *Expositum qui agnoverit solutis alimentis recipiat.* Es geht also in beide Fällen um die Anerkennung von Kindern.

Die Anerkennung von ehelich geborenen Kindern erfolgt durch das Aufheben des Neugeborenen durch den Vater (*tollere liberos*),[517] wobei berücksichtigt werden muss, dass die Eltern eine gültige Ehe aber nur eingehen konnten, wenn sie das *conubium* hatten.[518] Dies bestand zwischen römischen Bürgern und kraft besonderer Verleihung auch zwischen Römern, Latinern und Peregrinen. Zwischen Römern und Sklaven war das *conubium* nicht möglich.[519] Ein Kind von einer Sklavin und einem Römer, wie im oben erwähnten Fall, konnte also nicht aus einer gültigen Ehe stammen und war somit *illegitimus*. Uneheliche Kinder waren mit ihrem Vater nicht juristisch Verwandt, die verwandtschaftliche Beziehung gab es nur zu der Mutter (im Falle einer Sklavin juristisch noch nicht einmal das), das Kind hatte also keine agnatische Verwandten, bestenfalls cognatische.[520] Im römischen Recht entsteht die *patria potestas* nicht erst durch das *tollere liberos*, sondern schon mit der Geburt (D. 40. 4. 29). Das *tollere liberos* symbolisiert nur den Willen des Vaters, das Kind aufziehen und nicht aussetzen zu wollen. Im *tollere* liegt auch eine zumindest vorläufige Anerkennung der Ehelichkeit.[521]

In Sen. contr. 6.3 handelt es sich um einen Sohn, der aus einer Verbindung eines Mannes mit einer Sklavin hervorgegangen ist. Der Sohn war also nach seiner Geburt juristisch nicht mit dem Vater verwandt. Wenn die Mutter als Sklavin im Eigentum des Vaters stand, dann war auch er als Sohn Eigentum des Vaters. Ein *filium tollere* im Sinne des *tollere liberos* war also nicht möglich. Der Sachverhalt sagt aber, dass der Sohn, der von der Sklavin geboren wurde, nach dem Tod des Vaters erbberechtigt war. Der Vater musste ihn also adoptiert bzw. arrogiert haben. Als Kind einer Sklavin war der Sohn aber ebenfalls Sklave. Der Sohn musste also erst von seinem *dominus* freigelassen worden sein. Danach muss der Vater ihn arrogiert haben. Die Norm aus Sen. contr. 6.3 (*liceat filium ex ancilla tollere*) ist also juristisch sehr ungenau.

Im Fall aus Sen. contr. 9.3. hat der Vater das Kind nicht durch *tollere liberum* anerkannt, sondern es ausgesetzt. Die Norm besagt, dass der, der ein Kind ausgesetzt hatte, nach Rückzahlung der Alimente das Kind wieder zu sich nehmen darf. Damit ist gemeint, dass der leibliche Vater dem, der in der Zwischenzeit für das

---

517 Kaser/Knütel, § 60 III. 1.

518 Kaser/Knütel, § 60 III. 1.

519 Kaser, Römisches Privatrecht, 1. Abschnitt, § 74 I. 3.

520 Kaser/Knütel, § 60 III; Sirks, Senatus Consultum Claudianum, S. 138 f.

521 Kaser, Römisches Privatrecht, 1. Abschnitt, § 83 I 1.

Kind gesorgt hatte, die aufgewendeten Kosten erstatten musste. Codex Theodosianus 5.9.1 nennt eine Konstitution des Kaisers Konstantin, in der dieser erklärte, dass der *nutritor* im Gegensatz zu der bisherigen Praxis gegen alle Rückforderungen des Vaters gesichert ist. Dies lässt im Rückschluss die Annahme zu, dass vor Konstantin die Praxis der Rückforderung ausgesetzter Kinder durch den leiblichen Vater sehr wohl bestanden hat.[522] Der in der Kontroversie geschilderte Rechtsbrauch lässt sich also mit dem römischen Recht vereinbaren: Bleibt das ausgesetzte Kind nämlich am Leben, dann behält der leibliche Vater die *patria potestas*.[523] Er kann das Kind in der klassischen Zeit mittels eines *praeiudicium* (früher mittels der *vindicatio*) zurückholen.[524] Derjenige, der sich in der Zwischenzeit um das Kind gekümmert hatte, wird seine getätigten Aufwendungen mittels einer Kondiktion eingefordert haben.

c) Themenbereich „Krieg"

Dieser Themenbereich ist in den Normen der Deklamationen ebenfalls verhältnismäßig häufig. Dies ist aus der Perspektive, dass Kriegsführung der wesentliche Bestandteil der römischen Politik und der römischen Kultur war, nicht verwunderlich. Das römische Reich erzielte unter dem Prinzipat seine größte Ausdehnung. Der Prinzipat lässt sich also nicht nur als eine Epoche der kulturellen Blüte und des innerstaatlichen Friedens beschreiben, sondern auch als eine Zeit der starken Expansion aufgrund der kriegerischen Aktivität. Die maximale Ausdehnung wurde unter Traianus erreicht[525], also ungefähr zu der Zeit als Calpurnius Flaccus seine Sammlung fertig stellte.

Die Bedeutung der Kriegskunst für den römischen Staat wird durch einen Rückblick deutlich: Schon 295 v. Chr. werden die übrigen italischen Gebiete unterworfen. Der Bauernstaat entwickelt sich immer mehr zur Keimzelle einer hochentwickelten Kriegsführungstechnik[526]. Obwohl die Truppen im Prinzipat schon längst nicht mehr in Rom und auch nicht auf latinischem Gebiet ausgehoben werden, bleibt die Kriegspolitik der Grundgedanke der Staatsräson.[527] In den Kontroversien des neueren Typs werden die Belohnung für Tapferkeit im Krieg, die Behandlung von Deserteuren, Überläufern und Feigen, Regelungen bezüglich des Kriegsdienstes, die Gewalt des Imperators im Krieg und das Verbot des Öffnens der Stadttore bei Nacht im Krieg thematisiert.

Das Kriegsrecht in der Antike war im allgemeinen kein legislativ gesetztes Recht, sondern basierte auf Gewohnheitsrecht.[528]

---

[522] Herrmann-Otto, Sklavenkinder, S. 171 ff.
[523] Memmer, Findelkinder, S. 27 - 40; Kaser, Römisches Privatrecht, 1. Abschnitt, § 82, II. 2.
[524] Kaser, Römisches Privatrecht, 1. Abschnitt, § 82. III.
[525] Grant, The Roman Emperors, Kap. 3 - Traianus.
[526] Paoli, Vita Romana, Vita Romana I, IX.
[527] Paoli, Vita Romana, Vita Romana I, IX.
[528] Paoli, Vita Romana, Vita Romana I, IX.

aa) Belohnung für Tapferkeit im Krieg

Die Normen, die sich mit der Belohnung für Tapferkeit im Krieg befassen, ziehen sich quer durch alle Deklamationensammlungen des neueren Typs und erfreuen sich großer Beliebtheit. Diese Tatsache spiegelt die permanente politische Beschäftigung mit dem Thema Kriegsführung gerade in der Zeit des Prinzipats wieder. Auch muss bedacht werden, dass die Deklamationen ein Teil der Ausbildung waren, die starke Beschäftigung mit der Tapferkeit also auch einem erzieherischen Zweck diente.

Seit alters her gab es im römischen Staat eine Wehrpflicht, die nur für den Kriegsfall galt. Die Wehrpflicht bestand für alle römischen Bürger zwischen dem 17. und dem 46. Lebensjahr.[529] Dabei ist zu beachten, dass in der frühen und mittleren Republik nur die Römer, die einer bestimmten Vermögensklasse angehörten, von der Wehrpflicht erfasst waren. Die Bürger mussten für das Kriegsgerät selbst Sorge tragen. Sold gab es nicht. Wichtigster Lohn war die Beute.[530] Die Verteilung der Beute oblag allein dem Feldherrn,[531] einen Anspruch auf einen Teil der Beute, die Eigentum des römischen Volkes war, hatten die Soldaten nicht[532]. Der Beuteanteil ging dann in das *peculium castrense* des Soldaten über. Hinsichtlich des Teils des *peculium castrense*, das der Soldat im Feld erworben hat, stand ihm sogar Klage und gerichtliche Verfolgung auch gegen den Willen des Vaters zu.[533] Allerdings entsprach es der Tradition, ruhmreiche Soldaten an der Beute zu beteiligen. Ohnehin waren die meisten Kriege Beutefeldzüge. Wegen der Vermögenserfordernisse wurden die Plebejer nicht von der Wehrpflicht erfasst.[534] Der Hauptteil der wehrpflichtigen Männer stammte aus der Bauernschicht. In der Frühzeit dauerten die Feldzüge maximal von März bis August, so dass die Bauern noch ihre Äcker bestellen konnten. Aber schon in den Punischen Kriegen konnte diese Zeitspanne nicht mehr eingehalten werden. Die Folgen waren verheerend, eine Verelendung der Bauern stellte sich ein. Dies bedeutete eine geringere Heeresstärke, weil die ehemaligen Soldaten die Vermögensgrenze nicht mehr erreichten. Erst Marius beseitigte diesen Notstand. Er machte aus dem römischen Heer ein Söldnerheer aus Freiwilligen. Die Soldaten kamen jetzt auch aus den unteren Schichten, waren aber nach wie vor römische Bürger. Obwohl die Ausdehnung des römischen Bürgerrechts auch Latinern und anderen Peregrinen den Eintritt in das römische Heer möglich machte, bediente sich dann bereits Caesar der *auxilia* (Hilfstruppen), die aus Bewohnern der Provinzen rekrutiert wurden.[535]

---

529 Rüpke, Domi Militiae, S. 58 ff; auch Unfreie wurden aber im Krieg eingesetzt - Welwei, Unfreie im antiken Kriegsdienst, Bd. 3.

530 Rüpke, Domi Militiae, S. 58 ff.

531 Rüpke, Domi Militiae, S. 210.

532 Tacitus, Hist. 3, 19, 2; Wesch-Klein, Soziale Aspekte des römischen Heerwesens, S. 48.

533 D.49.17.4.§1; D.49.17.11 bietet eine Definition des *peculium castrense*.

534 Rüpke, Domi Militiae, S. 58 ff.

535 Rüpke, Domi Militiae, S. 58 ff.

Augustus erkannte die Gefahr, die von einem Söldnerheer und ehrgeizigen Feldherren ausging und vereidigte eine ständige Armee und Hilfstruppen auf den *princeps*. Die Hilfstruppen sicherten fast ausschließlich die Grenzen nach außen. Dieses System brachte tatsächlich eine innere Stabilisierung des Staates mit sich.[536]
Der Sold, den die Soldaten vor dem Prinzipat erhielten, fiel, wenn die Söhne nicht emanzipiert waren, an den *pater familias*, obwohl die Haussöhne während der Zeit des Wehrdienstes unter der *potestas* des Feldherrn standen.[537] Erst unter Augustus erlangten Haussöhne bezüglich des Solds eine beschränkte Vemögensfähigkeit. Sie konnten das im Heeresdienst erworbene Vermögen frei testieren.[538] Vorher stand ihnen lediglich das *peculium castrense* zu.[539]

In Sen. contr. 8.5. sowie in Quint. Decl. min. CCLXXXVII, in Quint. Decl. min. CCXCIV, Calp. Flac. 28, Calp. Flac. 29 und Calp. Flac. 32 wird die Belohnung eines Mannes, der als Held aus dem Krieg zurückkehrt, ohne Norm im Sachverhalt vorausgesetzt. Es scheint, dass er sich die Belohnung selbst erwählen darf. In Quint. Decl. mai. IV wird diese Regelung als Norm dem Sachverhalt vorangestellt. Die Norm, die dem Tapferen eine überaus große Wahlmöglichkeit bezüglich seiner Belohnung lässt, heißt: *Vir fortis optet praemium quod volet. Vir fortis optet quod volet* in Quint. Decl. min. CCLVIII und Quint. Decl. min. CCCLXXI sagt dasselbe aus.
Oft ist eine Norm, die dem Tapferen die Belohnung zugesteht, die er sich wünscht, mit einer anderen Norm kombiniert, die einen Sonderfall betrifft. In Quint. Decl. min CCLVIII ist nämlich noch folgende Norm angefügt: *Si duo aut plures fortiter fecerint, de praemio armis contendant.* In Sen. contr. 10. 2 ist folgende Norm zu lesen: *Vir fortis quod volet praemium optet; si plures erunt, iudicio contendant.* Diese Norm ist in der Art der Belohnung sehr frei; sie lässt dem ruhmreichen Krieger die freie Wahl. Der Sonderfall besteht wohl darin, dass mehrere Leute zusammen ruhmreich waren (so auch in Calp. Flac. 21). Dies ist folgendermaßen zu verstehen: in dem Fall, dass das Zusammenwirken mehrerer sehr ruhmreich war, müssen sich diese Kriegshelden auch zusammen eine Belohnung aussuchen. Ein einigendes Urteil muss dabei erreicht werden. In diesem Zusammenhang ist es durchaus möglich, zu Gunsten eines anderen auf seine Belohnung zu verzichten (*Praemio cedere licet.* Calp. Flac. 22).
Obwohl die Norm: *Praemio cedere licet* in Beziehung zu einem Kampf gegen den Aufbau einer Tyrannis genannt wird, wird sie auch in anderen Deklamationen, die sich mit Belohnungen für Tapferkeit im Krieg befassen, in den Sachverhalten verwendet, z.B. Sen. contr. 10. 2.

---

536 Bleicken, Augustus, S. 541 - 565.
537 Rüpke, Domi Militiae, S.91.
538 Kaser/Knütel, § 60 II. 4. a).
539 Rüpke, Domi Militiae, S. 92.

In Quint. Decl. min. CCXCIII, in Calp. Flac. 26 und Calp. Flac. 27 wird die Art der Belohnung nicht näher beschrieben (*viro forti praemium*).
Um so überraschender ist es, dass in Calp. Flac. 25 eine Duplikation der Prämie angezeigt wird: *Viro forti duo praemia.* Die Anzahl der Belohnungen ist also auf zwei angestiegen. In der Norm aus Quint. Decl. min. CCLXXVIII wird die Prämie nicht etwa dem Tapferen selbst, sondern dessen Vater zugesprochen (*viri fortis pater decem milia accipiat*).
Natürlich wird auch dem siegreichen Feldherrn eine Belohnung zuerkannt, (*praemium victor imperator accipiat*/Quint. Decl. min. CCLXXXV und Calp. Flac. 15). Die Belohnungen siegreicher Feldherren mit Triumphzügen und ähnlichen Ehrungen sind hinreichend durch das *carmen triumphale*[540] bekannt. Der Triumphator reitet an prominenter Stelle im Zug oder bekommt eine *ovatio*.[541]
Die Wortwahl differiert in den einzelnen Normen. Bezüglich des Feldherrn wird von einem **siegreichen Mann (*victor*)** gesprochen, während die Soldaten, um eine Belohnung zu bekommen, **tapfer (*fors*)** gekämpft haben müssen.
Sen. contr. 1.8 und Calp. Flac. 15 weisen noch auf eine andere Anerkennung für ruhmreiche Krieger hin: Wer dreimal ruhmreich aus dem Krieg zurückgekehrt ist, wird vom weiteren Kriegsdienst entbunden (*qui ter fortiter fecerit, militia vacet* und *ter vir fortis militia vacet*).
Außerdem sollen die tapferen Taten eines Mannes abgebildet werden (Calp. Flac. 21). Die Taten eines tapferen Mannes wurden auf den Grabmälern der Helden oder auf dem Forum ihres Heimatortes tatsächlich verewigt in Bildern, Mosaiken, Reliefs oder Statuen.[542]

Die Prämien, die in so vielen Normen der Deklamationen thematisiert werden, beziehen sich auf Belohnungen, die über den Sold und den Beuteanteil hinaus gehen. Durch den Zusatz *fortis* wird zudem deutlich gemacht, dass es sich um einen tapferen Soldaten handeln muss, der der Belohnung würdig ist. Da ohnehin von jedem römischen Soldaten Tapferkeit im Kampf erwartet wird und dies auch zu den römischen Tugenden zählt,[543] muss es sich in dem Fall der Belohnung um einen extrem tapferen Einsatz gehandelt haben. Die Sachverhalte der oben genannten Kontroversien legen die Vermutung nahe, dass es sich bei der Belohnung nicht um pekuniäre Zuwendungen, sondern um rechtliche Entgegenkommen handeln sollte. In diesem Rahmen konnte der tapfere Krieger wohl seine Wahl treffen. Dass es auch im Söldnerheer des Prinzipats ein Belohnungssystem als Anreiz gegeben hat, ist wahrscheinlich. Das Verteilen von *donativa* an das gesamte Heer oder an einzelne Heeresteile im Prinzipat ist bekannt, um die Söldner zu binden. Augustus etwa hinterließ gleich einem Patron den Soldaten pro Kopf eine an-

[540] Livius, Ab urbe condita, 9, 19, 17; Cicero, Phil., 14, 11 - 13.
[541] Livius, Ab urbe condita, 28, 9, 7 - 10; Rüpke, Domi Militiae, S. 231.
[542] Rüpke, Domi Militiae, S. 29 - 35.
[543] Wesch-Klein, Soziale Aspekte des römischen Heerwesens, S. 163 - 168.

sehnliche Summe.[544] Die Konstellation, dass sich mehrere *viri* zusammen eine Belohnung wählen können, wird von den Deklamatoren gern verwendet, um eine Situation für eine Rede und eine Gegenrede erzeugen zu können, bei der sich beide Parteien auf der rechtlich selben Stufe und Ausgangslage befinden. Dieser juristische Sonderfall ist aber unter praktischen Gesichtspunkten betrachtet in der Realität nicht ungewöhnlich. Mehrere Soldaten können tapfer zusammen gekämpft haben. *Praemio cedere licet*, ist daher im römischen Brauch möglich.
Viri fortis pater decem milia accipiat, wird unter der Einbeziehung des Umstandes, dass der Sohn nicht *sui iuris* war, sondern noch unter der *patria potestas* des Vaters stand, realistisch. Eine Norm, die bestimmt, dass ein Mann, der drei mal ruhmreich aus dem Krieg zurückgekehrt ist, nicht mehr zum Kriegsdienst muss, lässt sich aber mit der Heeresform des Söldnerheeres, wie es im Prinzipat bestanden hat, nicht vereinbaren. Als Brauch der frühen und mittleren Republik wäre diese Norm hingegen durchaus passend.

Auch bezüglich der Regelungen in den Deklamationen des Prinzipats, die die Belohnung für Tapferkeit im Krieg betreffen, kann also festgestellt werden, dass die Rechtsregelungen republikanisch anmuten. Sie geben nicht vollständig die Rechtspraxis ihrer Entstehungszeit wieder, sondern betreiben eine Historisierung. Die Rechtsprobleme werden aus Rechtsregeln gebildet, die an die „gute alte Zeit" der frühen Republik erinnern. Die erwähnten Rechtsregeln sind aber nicht allesamt schon im Prinzipat veraltet. Sie sind womöglich als Brauch auch im Bewusstsein der Menschen des frühen Prinzipats noch verwurzelt, passen aber nicht zu dem Alltag in einem Reich, das mehr als die Hälfte Europas umfasste. Rom hatte sich weiterentwickelt. Es ist schon gegen Ende der Republik kein agrarisch geprägter Kleinstaat mehr, diesen aber hatten die sittenprägenden Vorfahren im Auge.
Die Betonung der alten Bräuche fügt sich in die Epoche des Prinzipat ein. Sie erinnert an eine Staatsform, die sich auf Werte beruft, die es schon längst nicht mehr gibt, weil sich die Strukturen geändert haben, und sie erinnert an den Princeps, der diese Sitten der Vorfahren scheinbar wieder zu beleben versucht.

bb) Die Behandlung von Deserteuren (*desertores*), Überläufern (*transfugae*) und Feigen

In den Normen, die sich mit dem Themenkomplex Krieg befassen, gibt es auch viele Normen, die sich mit der Behandlung von Deserteuren beschäftigen. In Quint. Decl. min. CCLV wird ein Gesetz vorgestellt, das zwischen zwei *civitates* besteht. Nach diesem Gesetz (*lex*) sollen nach einem Krieg zwischen den beiden *civitates* die Überläufer **nicht** ausgetauscht werden. Es handelt sich hierbei um einen sehr interessanten Fall, weil schon bei der Vorstellung der Norm mitgeteilt wird, dass es sich hier nicht um römische Rechtspraxis des Prinzipats handeln

[544] Wesch-Klein, Soziale Aspekte des römischen Heerwesens, S. 54.

soll. Es wird gesagt: *Inter duas civitates bellum erat. In alteram multi transfugae veniebant. Fert quidam legem, ne recipiantur.* Dabei wird der Eindruck erweckt, dass das Gesetz nur zwischen den beiden nicht näher bestimmten *civitates* bestehe, also ein Rechtsbrauch, gleichsam ein Abkommen, dieser beiden *civitates* sei.
Das Überlaufen zum Feind war ein harter Verstoß gegen das *sacramentum*. Zivilrechtlich gesehen ist das *sacramentum* ein Akt freiwilliger Selbstbindung. Durch das *sacramentum* werden die Soldaten auf den Feldherren vereidigt, im Prinzipat auf den *princeps*. Das *sacramentum* war personenbezogen, deshalb lautete der Eid auch nicht auf den Staat, sondern auf die Person des Feldherrn. Erst später im Prinzipat als die Fiktion der Trennung zwischen Staat und Princeps nicht mehr aufrecht erhalten wird, verschwimmt es. Das *sacramentum* wird auch für eine bestimmte Zeit, nämlich nur für die Dauer eines Feldzugs hin geleistet.[545] Es hat, wie Eide im Allgemeinen, eine religiöse und eine rechtliche Komponente. Stellt sich heraus, dass der Soldat die Unwahrheit schwört, dann ist er *sacer*, somit vogelfrei. Außerdem fällt er durch den Eid unter die *potestas* des Feldherren. Wenn er zuvor nicht *sui iuris* war, sondern in der *potestas* des *pater familias* stand, dann ruht für die Zeit des Wehrdienstes die *patria potestas* des Hausvaters zu Gunsten der *potestas* des Feldherren.[546] Sklaven und Verbrecher bleiben vom *sacramentum* ausgeschlossen.
Ursprünglich verstößt das Überlaufen nicht gegen die *disciplina*, sondern gegen das *sacramentum*, wenngleich mit der Zeit eine Verwischung eintritt. Aus der Verletzung des *sacramentum* folgt unmittelbar die unehrenhafte Entlassung. Diese macht die Anwendung der Todesstrafe *cruce* und *ad bestias* für Überläufer möglich.[547] Dazu war freilich ein Austauschen der Überläufer nötig. Die Vereinbarung zwischen den *civitates*, diesen Austausch zu unterlassen, stellt also, wie durch die Formulierung im Sachverhalt der Quint. Decl. min. CCLV nahe gelegt, einen Sonderfall bzw. eine Sondervereinbarung dar.
Die Art des Krieges bzw. die Identität der Gegner passt aber nicht in die Zeit des Prinzipats. Im Prinzipat kämpften nicht mehr *civitates* gegeneinander, sondern Römer gegen (andere) Volksstämme. Die Zeit der Kriege, in denen die Gegner des Stadtstaats Rom andere italische *civitates* waren, gehörte im Prinzipat längst der Vergangenheit an und ist in der Zeit der frühen Republik anzusiedeln. Selbst der Krieg zwischen Rom und Karthago würde nicht als Krieg zweier *civitates* beschrieben werden, zumal Rom meist nicht als *civitas*, sondern als *urbs* bezeichnet wird.[548] Es ist also naheliegend, dass andere Städte gemeint sind. Zu vermuten ist, dass hier kriegerische Auseinandersetzungen zwischen griechischen Stadtstaaten (*poleis*) imitiert werden.

---

545 Rüpke, Domi Militiae, S. 89.
546 Rüpke, Domi Militiae, S. 76 ff., 80 ff., 86 ff, S. 92.
547 Rüpke, Domi Militiae, S.86 ff.
548 Georges, Handwörterbuch I, Sp. 113.

Die *lex*, die sich mit dem Schicksal der Überläufer befasst, gibt jedenfalls, wie auch im Sachverhalt angedeutet, nicht die römische Realität der Kaiserzeit wieder.

Die Normen, die sich mit dem Schicksal von Deserteuren befassen, werden in den Kontroversien anders eingeführt als die oben behandelte *lex*. Sie werden als Normen dem Sachverhalt ohne Kommentar vorangestellt. In Calp. Flac. 15 und Calp. Flac. 27 wird *desertor capite puniatur* als Norm angegeben. In Calp. Flacc. 36 heißt es aber: *Desertor duci serviat*. Es werden also zwei auf den ersten Blick unterschiedliche Bestrafungen für Deserteure genannt.
Das Desertieren verstößt, wie das Überlaufen, nicht gegen *disciplina*, *virtus* oder *signa*, sondern ebenfalls gegen das *sacramentum*. Für das Desertieren sind Strafen wie das Aderlassen, Handabschlagen, Enthauptung außerhalb des Lagers oder der Spießrutenlauf mit geringer Überlebenschance bekannt.[549] Das Aderlassen oder das Handabschlagen musste der Feldherr als Träger der *potestas* selbst vornehmen.[550] Die Enthauptung konnten die Liktoren des Feldherren besorgen.[551] Der Spießrutenlauf stellte eine Bestrafung der Heeresgemeinschaft dar, weil das Desertieren bezogen auf das heimische Heer eine gemeinschaftsschädigende Handlung ist.[552]
Da das Heer - außer während des Triumphzugs am Ende einer Schlacht - aus dem *pomerium* der Stadt verbannt war, lag durch einen Grenzübertritt das Desertieren eindeutig vor. Einem *in urbe* angetroffenen Deserteur wurde die Todesstrafe ohne Bewährung zuteil (D. 49. 16. 5. 3).[553]
Zumindest die in Calp. Flac. 15 und Calp. Flac. 27 erwähnte Kapitalstrafe findet sich in verschiedener Form in dem Strafenkatalog wieder.
Bezüglich des Desertierens gibt es in den Kontroversien des Calpurnius Flaccus (Calp. Flac. 50) noch eine Norm, die einen Sonderfall darstellt. Es handelt sich laut Sachverhalt nämlich nicht um eine *lex*, sondern um das Einbringen eines Antrags für ein Gesetz (*legem ferre*): Ein Mann bringt einen Gesetzesantrag vor, nach dem einer, der drei mal desertiert ist, gekreuzigt werden solle. Dieses Gesetz wird wohl verabschiedet, worauf tatsächlich einer, der drei mal desertiert ist, gekreuzigt wird. Dieser Rechtsbrauch befindet sich tatsächlich im Bereich der bekannten Rechtspraxis, obwohl bekannt ist, dass die Kreuzigung auch schon nach nur einmaligem Desertieren als Strafe verhängt wurde[554].

Die Norm aus Quint. Decl. min. CCCXV *vir fortis desertorem sua manu occidat* bezieht sich ebenfalls auf Deserteure. Er ist vor dem Hintergrund, dass die

549 Rüpke, Domi Militiae, S. 90, 92; Currie, The Military Discipline of the Romans, S. 32 - 38.
550 Rüpke, Domi Militiae, S. 90, 92.
551 Rüpke, Domi Militiae, S. 90, 92; Currie, The Military Discipline of the Romans, S. 32 - 38.
552 Rüpke, Domi Militiae, S. 90, 92; Currie, The Military Discipline of the Romans, S. 32 - 38.
553 Rüpke, Domi Militiae, S. 228 Fn. 84.
554 Rüpke, Domi Militiae, S. 86 ff.

Höchststrafe in der Regel der Feldherr ausführen musste, unverständlich. Trotzdem ist aber der Spießrutenlauf als eine Bestrafung, die das Heer als Kollektiv durchführt, bekannt. Die Überlegung, dass in zeitlicher Not, d.h. im Kampf, auch nur einer aus der Gemeinschaft der Soldaten die Bestrafung für die Gemeinschaft vornehmen kann (*pars pro toto*), scheint als Erklärung dafür möglich, dass hier der *vir fortis* und nicht der Feldherr bestraft. Dazu müsste sich die Norm aber auf die Situation im Kampf beziehen, in der ein tapfer Kämpfender beobachtet, wie ein Kommilitone die Flucht ergreift. Bei diesem Ertappen auf frischer Tat könnte eine „standrechtliche Tötung" durch den tapferen Kameraden möglich gewesen sein.
Der Sachverhalt, der in Quint. Decl. min. CCCXV dargestellt wird, zeigt aber einen anderen Kontext: Ein Vater kämpft ruhmreich, sein Sohn desertiert. Der Vater wünscht sich, dass er seinen Sohn nicht eigenhändig töten muss. Von einem Ertappen auf frischer Tat ist hier nicht die Rede. Der Realitätsbezug scheint daher fraglich und ließe sich allenfalls im hohen Ansehen der römischen Kriegshelden, das mit einer gesellschaftlichen Besserstellung einher geht[555], oder im *ius occidendi* des *pater familias* begründet finden.

Qui provocatus ab hoste non pugnaverit, capite puniatur aus Quint. Decl. min.CCCXVII behandelt die Feigheit vor dem Feind. Auch für Feigheit vor dem Feind als schweres Verbrechen im Krieg ist tatsächlich die Todesstrafe als eine Form der Kapitalstrafe bekannt.[556]

cc) Regelung bezüglich des Kriegsdienstes
Die Norm aus Calp. Flac. 52 sagt: *Infamis non militet.* Einem Infamen bleibt der Kriegsdienst versagt.
Infames bezeichnet ehrlose Personen. Die *infames* werden in verschiedene Gruppen unterteilt. Die erste Fallgruppe knüpft die *infamia* an das ehrlose Verhalten oder den Beruf der betreffenden Personen. Zu dieser ersten Gruppe gehören z.B. Gladiatoren, Dirnen und Schauspieler. Bei der zweiten Fallgruppe ist die Ehrlosigkeit an eine Verurteilung gebunden (D. 47. 17. 3; D. 47. 2. 64; D. 49. 16. 4. 7).[557] Die prätorische Infamie entzieht oder beschränkt die Befugnis, Anträge vor Gericht zu stellen, einen *cognitor* oder *procurator* zu bestellen oder als ein solcher bestellt zu werden. Die kaiserliche kognitionale Infamie ist in der Bestimmung der Tatbestände freier und sieht als Rechtsfolge auch eine auf bestimmte Zeit beschränkte Ausschließung von Gemeindeämtern oder von der Advokatur vor.[558]

---

[555] Wesch-Klein, Soziale Aspekte des römischen Heerwesens, S. 58 ff.
[556] Rüpke, Domi Militiae, S. 92.
[557] Wesch-Klein, Soziale Aspekte des römischen Heerwesens , S. 156 f.
[558] D.3.2.1; D. 3.1.1.6 - 8; D.22.5.3.5; D.48.1.7; D.48.2.8; D.3.2.1; D.48.10.13.1; D.50.1.15.pr; D.50.2.3.1; Kaser, Römisches Privatrecht, 1. Abschnitt, § 64 III.

In der Frühzeit blieb Bürgern niederen Standes der Wehrdienst versagt. Unter Marius konnten aber auch sie Soldaten werden.[559] Sklaven, Kastraten (nicht hingegen *spadones*) und Verurteilten blieb der Eintritt in das Heer unter hoher Strafandrohung (D.49.16.4.pr.-7) nach wie vor verboten. Dabei machte es keinen Unterschied, ob die Person zwangsweise eingezogen wurde oder sich freiwillig meldete. Die Aufklärungspflicht oblag hier dem Einzelnen.
Tatsächlich war der Mann, der in Calp. Flac. 52 zum Militär zurückkehrt zuvor Gladiator gewesen. Die Rechtspraxis der Prinzipatszeit ist also in Calp. Flac. 52 abgebildet.

dd) Höchste Gewalt des Imperators im Krieg (*potestas imperatoris*)

Imperator in bello summam habeat potestatem (Sen. contr. 5.7; Quint. Decl. min. CCCXLVIII) besagt, dass der Imperator im Krieg die höchste Gewalt hat. Für den Realitätsbezug dieser Normen ist entscheidend, welche Gewalt gemeint ist.
Zu republikanischer Zeit fungierte einer der für ein Jahr gewählten Konsuln im Kriegsfall als Imperator. Außerdem hatte ein Feldherr durch die *sacramenta* das *imperium* über die Soldaten. Selbst wenn ein Feldherr nicht direkt bei einer bestimmten Truppe anwesend war, behielt er die Obergewalt. Sein *imperium* konkurrierte mit der *patria potestas* des *pater familias* und befreite die Soldaten de facto von der *patria potestas*.[560] Später wurde für die Heerführung das Amt des Prokonsuls eingeführt. Der Imperator in der Republik hatte also das *imperium* bezogen auf den Staat und das *imperium* bezogen auf die Soldaten inne.[561]
Caesar riss als Imperator die Staatsregierung an sich und ließ sich zum *dictator* auf Lebenszeit wählen. Er hatte also auch die imperatorische Gewalt bezüglich des Staates auf Lebenszeit. Augustus behielt die Oberste Heeresführung, die Soldaten wurden auf ihn vereidigt.[562] Ihm stand dann sowohl die oberste Staatsgewalt als auch das *imperium* über die Soldaten zu.
Sen. contr. 5.7 beschreibt einen Fall, in dem der Imperator die oberste Gewalt über eine Stadt hat. In Quint. Decl. min. CCCXLVIII geht es um die Gewalt bezogen auf die Soldaten. Der Imperator entscheidet nämlich über das Schicksal von Fahnenflüchtigen. Beide Fälle scheinen aber nicht die Verhältnisse unter Augustus widerzuspiegeln, obwohl Seneca die Regierungszeit des Augustus miterlebt hatte. Auch die Verhältnisse unter den übrigen Kaisern nach Augustus dürften nicht mehr denen aus der Republik geähnelt haben. Die Stadt in Sen. contr. 5.7 wird als Stadtstaat beschrieben (*trecenti ab hoste captivi ad portas nocte venerunt, imperator non aperuit; ante portas occisi sunt. Imperator post victoriam reus est laesae rei publicae*), was in römischen Verhältnissen eher einem Zustand der frühen Republik entspricht. Zudem wird in der Norm in beiden Fällen, in Sen.

---

[559] Wesch-Klein, Soziale Aspekte des römischen Heerwesens, S. 156.
[560] Rüpke, Domi Militiae, S. 92.
[561] Rüpke, Domi Militiae, S. 91 - 94.
[562] Rüpke, Domi Militiae, S. 88.

contr. 5.7 und in Quint. Decl. min. CCCXLVIII, die Bezeichnung *potestas* für die Gewalt des Imperators gebraucht. Tatsächlich wird diese aber üblicher Weise mit *imperium* bezeichnet. Dennoch zeigt D.2.3.1, dass die beiden Begriffe durchaus synonym verwendet werden. D.2.3.1 bezieht sich jedoch auf die richterliche Amtsgewalt oder auf die Strafgewalt, jedenfalls aber nicht auf die Gewalt eines Feldherrn (wie eindeutig in D.48.3.4). Die Begriffsverwendung von *potestas* an Stelle von *imperium* scheint also nur zu dem Sachverhalt aus Quint. Decl. min. CCCXLVIII zu passen, in dem der Feldherr einen Fahnenflüchtigen bestraft, aber nicht zu dem Sachverhalt der Sen. contr. 5.7.
Der Rechtsbrauch wird in Sen. contr. 5.7 begrifflich ungenau und bezogen auf die lokalen Gegebenheiten archaisierend dargestellt. Jedenfalls zeigt er im dargestellten Kontext nicht die Rechtspraxis des Prinzipats. Zudem erinnert die in Sen. contr, 5.7 dargestellte Situation sehr an einen Krieg zwischen zwei griechischen *poleis* oder an einen Krieg zwischen dem archaischen Rom und einer Nachbarstadt (z.B. Lavinium oder Alba Longa).

ee) Verbot des Öffnens der Stadttore bei Nacht
Ebenfalls in Sen. contr. 5.7 wird die Norm *nocte in bello portas aperire ne liceat* genannt.
Cicereo behandelt einen ähnlichen Fall (Cic. Inventione 2.123) unter Verwendung derselben Norm. Das Verbot, die Stadttore im Krieg bei Nacht zu öffnen, ist eine logische Folgerung des Zwecks, dem eine Stadtbefestigung mit Stadtmauern dienen soll. Eine Stadtmauer soll der Stadt Schutz geben. Es wäre also widersinnig, die Stadttore gerade bei Nacht, zu der gefährlichsten Zeit, zu öffnen. Auffällig ist, dass der Tatbestand des Öffnens der Stadttore bei Nach in der Sen. contr. 5.7 nicht als ein Fall der *perduellio* behandelt wird. Gerade im Schutze der Dunkelheit können Angriffe drohen.[563] Die Parallele im antiken Rechtsbrauch ist evident.

d) Rechtsregeln aus dem Themenbereich „öffentliche Angelegenheiten“
Das römische Recht wird gemeinhin in öffentliches Recht (*ius publicum*) und Privatrecht (*ius civile*) eingeteilt.[564] Diese Abgrenzung wird mit der Interessentheorie begründet, die aus Ulpians Aussage in D.1.1.1.2. interpretiert wird. Nach Ulpian werde das Privatrecht vom Individualinteresse (*singulorum utilitas*) und das öffentliche Recht durch die Orientierung am Gemeinwohl bestimmt.[565] Unterstützend wird meist noch das „Einteilungskriterium“ des Papinian angefügt, nach dem das *ius publicum* ein zwingendes Recht sei (*ius cogens*), während das Privatrecht in der Regel dispositiv sei (D.2.14.38.).[566] In diesem Zusammenhang

---

[563] Winterbottom, Seneca Declamations Volume I, S. 492, Fn. 1.
[564] Mayer-Maly, Römisches Recht, § 2.
[565] Mayer-Maly, Römisches Recht, § 2.
[566] Honsell, Römisches Recht, § 4, II.

wird es oft unterlassen, die gesamte Aussage Ulpians zu analysieren. Ulpian sagt nämlich in D.1.1.2. auf das *ius publicum* bezogen: *publicum ius est quod ad statum rei Romanae spectat, privatum quod ad singulorum utilitatem: sunt enim quaedam publice utilia, quaedam privatim. publicum ius in sacris, in sacerdotibus, in magistratibus consistit.*

Dieser Aussage lässt sich mehr entnehmen als die Interessentheorie. *Ius publicum* ist nämlich das Recht, das die Beschaffenheit des römischen Staates vor Augen hat. Außerdem wird eine starke Betonung des religiösen Zusammenhangs und der staatlichen Amtsträger ausgedrückt.

Was aber macht diese *res Romana*, den römischen Staat aus? Welchen Charakter hat demnach das *ius publicum*? Eine Antwort bietet ein Blick in das Zentrum der *res Romana*, ein Blick auf das *Forum Romanum*:

Alle für das Staatsleben wichtigen Einrichtungen lagen gemäß dem Aufbau eines antiken Stadtstaats hier zentralisiert: das *Comitium*, die *Curia*, die *rostra*, Tempel, *Lapis Niger* als wichtigster Identifikantionspunkt Roms und die *basilicae*. Das Marktgeschehen, das in der frühen Republik noch zusammen mit der Politik den Charakter des Forum ausgemacht hatte, war schon gegen Ende der Republik auf andere Foren (*forum boarium*, *forum holitorium* oder *forum piscatorium*) verdrängt worden. Die politische Tätigkeit bestimmte den Charakter des *Forum Romanum*. Zu allen Zeiten verkörpert es die *res Romana* an sich. Das *Forum Romanum* spiegelte politische Veränderungen und triumphale Siege genauso wieder wie die Verlegung des Zentralpunktes des Imperiums nach Byzanz. Das *Comitium*, der Platz für die Volksversammlung, bestand in der Kaiserzeit nicht mehr.[567] Das *Forum Romanum* offenbart also genau die Mischung aus politischem Engagement, religiösem Einfluss und Staatsorganisation, die auch dem *ius publicum* eigen ist.

Obwohl die genannten Themenbereiche, in die die Normen der Kontroversien eingegliedert wurden, bewusst „untechnisch“ gehalten wurden (siehe Kapitel II. 1.) und daher auch in den bisher behandelten Themenkomplexen durchaus schon Normen aus dem *ius publicum* besprochen wurden, zielen doch nur die Normen, die im Folgenden behandelt werden, in ihrem Regelungsinhalt tatsächlich auf das öffentliche politische Leben ab.

aa) Teilnahme an einer Volksversammlung (*contio*)

In den Kontroversien Senecas des Älteren beschäftigen sich zwei Normen mit der Teilnahme bzw. dem Verbot der Teilnahme an einer Volksversammlung. Die Norm in der Sen. contr. 5.6 verbietet einem *inpudicus* die Teilnahme an der *contio* (*inpudicus contione prohibeatur*). In der Norm der Sen. contr. 10. 6 bleibt einem Dieb die Teilnahme an der *contio* verboten (*fur contione prohibeatur*). Die anderen Deklamationensammlungen verwenden keine Normen, die sich mit der Teilnahme an politischen Versammlungen befassen.

---

[567] Paoli, Vita Romana, Urbs.

Auffällig an diesen beiden Normen ist, dass nicht die Bezeichnungen *comitia* oder *concilium*, die die Volksversammlungen an sich bezeichnen[568], verwendet werden, sondern die Bezeichnung *contio*. Die Versammlungen der Kuriatskomitien, der Tributskomitien und der Zenturiatskomitien werden als *comitia* benannt, die der nichtpatrizischen Bürger mit *concilium plebis*. *Contio* bezeichnet im Unterschied zu *comitia* eine ungegliederte nicht beschließende Volksversammlung in Rom. Nur in der *contio* fand eine Diskussion statt, nicht aber in den Komitien. Die *contio* diente dazu, Mitteilungen an das Volk zu machen sowie Gesetzesanträge und Ähnliches zu diskutieren. Ein Magistrat leitete diese Versammlung, nur er konnte das Wort erteilen. Den *comitia* ging regelmäßig eine *contio* voraus.[569] Unklar ist indes, ob hier *contio* technisch gebraucht ist und nur die Vorversammlung zu den Komitien meint. Eine durch das faktische Ende der Republik bedingte Begriffsverwischung könnte eingetreten sein. Nachdem die Volksversammlung im Prinzipat bedeutungslos wurde, hat die *contio* die Komitien ersetzt[570]. Auch muss beachtet werden, dass auch in anderen Städten des römischen Imperiums *contiones* bestanden, die als Gemeindeversammlungen beschrieben werden können[571].

Sowohl in Rom (Gaius, IV, 182; Paulus, Sententiae, II, 31, 15)[572] als auch im attischen Recht (Lysias, VI, 24)[573] sind Regelungen bekannt, die bestimmten Personen oder Personengruppen verbieten, an öffentlichen Versammlungen teilzunehmen oder vor Gericht aufzutreten. Diese Verbote im römischen Recht beruhen auf der *infamia*, unter die einzelne Personen oder Personengruppen fallen. Iustinian fasst diese nach der klassischen Kasuistik zusammen (D.3.2.1). Bei der ersten Fallgruppe besteht der Grund der Infamie in der ehrlosen Handlung selbst. In diese Gruppe gehören beispielsweise Männer, die sich geschlechtlich haben gebrauchen lassen, Kuppler, Schauspieler, Personen, die die Trauerzeit verletzt haben, Personen, die trotz einer bestehenden Ehe nochmals geheiratet haben oder Personen, die eine Doppelverlobung eingegangen sind, also alle Personen, die auch als *inpudici* bezeichnet werden können. Bei der zweiten Fallgruppe folgt die Infamie einer Verurteilung. Sowohl Verurteilungen aus *ius publicum* wegen bestimmter kapitaler oder anderer Verbrechen als auch Verurteilungen wegen Zivildelikten, wie z.B. *furtum*, zogen Infamie des Verurteilten nach sich.[574]

Die beiden in den Kontroversien genannten Rechtsregeln stimmen also nicht nur mit attischer, sondern auch mit römischer Rechtspraxis überein. Sowohl der *in-*

---

568 Warde Fowler, Social Life, S. 19.

569 Mommsen, Römisches Staatsrecht, III, S. 1282; Meyer, Röm. Staat und Staatsgedanke, S. 190 f; Warde Fowler, Social Life, S. 19 ff.

570 Kaser, Römisches Privatrecht, 1. Abschnitt, § 27 Fn. 9.

571 Kaser, Römisches Privatrecht, 2. Abschnitt, § 206 IV.

572 Bonner Roman Declamation, S. 105.

573 Bonner, Roman Declamation, S. 105.

574 Kaser, Römisches Privatrecht - 1. Abschnitt, § 64, III. 2.; Kaser; Römisches Privatrecht, 2. Abschnitt, § 206 IV.

pudicus als auch der *fur* fallen unter die mit Infamie belegte Personengruppen. Die in Sen. contr. 5.6 und in Sen. contr. 10. 6 erwähnten Normen müssen sich also nicht zwangsläufig auf die Stadt Rom beziehen, sondern können auch den Rechtsbrauch in anderen Städten des römischen Imperiums wiedergeben.

bb) Bekämpfung einer Tyrannis

Normen, die sich mit der Bekämpfung einer Tyrannis bzw. eines Tyrannen befassen, sind in den Deklamationen sehr beliebt. Allein in 15 Deklamationen des neueren Typs finden sich Normen, die Tyrannis thematisieren. Die Verwendung einer Norm, der sich mit Tyrannis beschäftigt, bedingt natürlich auch einen Sachverhalt, der die Tyrannis behandelt. So gibt es eine *actio adfectatae tyrannidis* (Klage der angestrebten Tyrannis/Quint. Decl. min. CCLXVII, Quint. Decl. min. CCCXXII, Calp. Flac. 6). Passend zu dieser taucht die *actio ex suspicione tyrannidis* auf (Quint. Decl. min. CCCLI, Quint. Decl. min. CCCLII).
Wer einen Tyrannen tötet soll auf dem Forum begraben werden, besagt die Norm aus Quint. Decl. min. CCCXXIX. Außerdem darf derjenige, durch dessen Bemühungen ein Tyrann getötet worden ist, eine Belohnung verlangen (Quint. Decl. min. CCCLXXXII). Den selben Inhalt, aber prägnanter gefasst, hat die Norm: *Tyrannicidae praemium* (Sen. contr. 4. 7; Quint. Decl. min. CCLXXXII; Quint. Decl. min. CCLXXXVIII; Quint. Decl. min. CCCXLV; Calp. Flac. 13; Calp. Flac. 22).
Der Leichnam eines Tyrannen soll außerhalb der Stadtmauer unbestattet fortgeworfen werden (Quint. Decl. min. CCLXXIV). Die Norm aus Calp. Flac. 1 besagt gar, dass ein Tyrann zusammen mit fünf seiner engsten Familienmitgliedern getötet werden solle. Diese Strafe erinnert stark an die Bestrafung des Meineids im griechischen Raum. Hesiod berichtet vom Untergang des gesamten Geschlechts des Übeltäters.[575] Dabei ist die Verbindung zur göttlichen Sphäre ausschlaggebend.[576] Im Erythrai-Dekret ist sogar eine der Norm aus Calp. Flac. 1 entsprechende Regel enthalten. Zeile 34 bis 38 des Dekrets besagen, dass Tyrannen oder deren Sypathisanten hingerichtet werden sollen und auch die Kinder der Tyrannen, wenn sie sich antidemokratisch zeigen sollten.[577] Diese Bestimmung wird jedoch als Immitation einer athenischen Bestimmung, des Bouleuteneids, gesehen. [578] Die Norm aus Calp. Flac. 1 stellt sich somit als Adaption eines attischen Brauchs dar. Die Blutinschrift vom Nordtor Milets, die einen Fluch gegen die gesamte Tyrannenfamilie beinhaltet[579], unterstützen die Annahme, dass im

---

[575] Hesiod, Erga 219 nach Geelhaar/Scheibelreiter, Rechtssymbolische Bedeutung der Geschlechtsteile, S. 34.
[576] Geelhaar/Scheibelreiter, Rechtssymbolische Bedeutung der Geschlechtsteile, S. 32.
[577] Bei Scheibelreiter, Seebund, S. 326.
[578] Scheibelreiter, Seebund, S. 326.
[579] Gehrke, Geschichte Milets, S. 17 f; Scheibelreiter, Seebund, S. 328.

attischen Bereich die gesamte Familie für die Statuierung einer Tyrannis eines Familienmitglieds bestraft wurde.

Die Regelungsdichte bezüglich der Bekämpfung einer Tyrannis in den Normen der Deklamationen ist sehr eng, so dass ein umfassendes Regelungssystem zu erkennen ist. Das Bestreben, eine Tyrannis zu etablieren, ist ebenso strafbar wie der konkrete Versuch. Wer hingegen einen Tyrannen vernichtet, wird als Held verehrt. Dies wird durch die Art der Bestattung deutlich. Dem Tyrannenmörder steht eine Prämie zu. Die Norm erinnert an die Belohnung für Kriegshelden (s.Kap. II.1.c.aa). Die Bestrafung des Tyrannen ist hingegen schwer. Er wird samt seinen engsten Verwandten getötet und nicht bestattet, sondern außerhalb der Grenzen, also schutzlos wie Abfall, fortgeworfen. Diese Regelung erinnert an die Bestrafung einer Person, die ihre Eltern im Stich gelassen hat oder ein anderes *nefas* begangen hat.[580] Die Rechtsregeln, die sich zu einem Regelungssystem bezüglich der Tyrannis zusammenfügen, drücken allesamt tiefste Verachtung und Abscheu gegenüber einer Tyrannis aus.

Tyrannus bedeutet „Alleinherrscher“ oder „Gewaltherrscher“.[581] Die große Abscheu ist aus der ablehnenden Haltung der Römer gegenüber Alleinherrschern zu erklären. Die Vertreibung des letzten etruskischen Königs, Tarquinius Superbus, und die Errichtung der Republik wird gemeinhin als Befreiung gesehen.[582] In Rom gab es seit dem legendären Tarquinius Superbus offiziell keinen Tyrannen mehr. Faktisch kann natürlich Caesar als ein solcher bezeichnet werden. Obwohl seine Ermordung vielfach und nicht zuletzt von den Mördern selbst als *tyrannicida*, also als gerechtfertigter Tyrannenmord gesehen wird[583], konnte dies in der Epoche des Prinzipats aus Rücksicht auf Octavian öffentlich nicht in dem Maße geäußert werden. Octavian sah sich nämlich in der Nachfolge Caesars[584]. Er erkannte natürlich Caesars Fehler und ließ seinen Prinzipat bewusst nicht als Alleinherrschaft, sondern als *res publica restituta* erscheinen[585]. Die Vermutung, dass in den Deklamationen des Prinzipats auf den Tod Caesars angespielt wird oder womöglich gar auf die Alleinherrschaft Oktavians, liegt nahe. Die Tyrannenthematik in den Kontroversien des neueren Typs kann daher als versteckte politische Kritik gewertet werden, die in dem Rahmen, in dem Rhetorik im Prinzipat möglich war, geäußert wurde. Es würde sich somit um eine Kritik handeln, die mit scheinbar politisch opportunen Mitteln der Zensur stand hielt und mit einer situationsbezogenen Doppeldeutigkeit arbeitete. Denn auf den ersten Blick erinnern die behandelten Regelungen in den Deklamationen vielmehr an einen

[580] Hooff, Zelfdoding, S. 200.
[581] Georges, Handwörterbuch II, Sp. 3277.
[582] Cicero, De re publica, 1. 58.
[583] Appian, II, 127.
[584] Vergil, Aeneis, VIII, 655 - 666.
[585] Augustus, Res gestae, 22.

griechischen Stadtstaat, der von der Statuierung einer Tyrannis bedroht ist, als an ein Weltreich, das von einem Princeps regiert wird, der angestrengt versucht, den Anschein eines republikanischen Staates aufrecht zu erhalten. Der Begriff *tyrannis* ist nicht durch Zufall ein griechisches Fremdwort.[586] Nach dem Sturz bzw. der Beschränkung des Königtums war die Herrschaft der griechischen Staaten im Allgemeinen an die Bürgerschaft und deren Vertreter übergegangen. Die Demokratie war entstanden. Es gelang aber immer wieder einzelnen Männern, ihre Heimatstadt und oft noch weitere Gebiete unter ihre Herrschaft zu bringen.[587] Genannt seien Orthagoras in Sikyon oder Cypselos in Korinth. Natürlich trifft auf Augustus dasselbe zu. Oft gebrauchten fremde Oberherrn, z.B. Perser, die Lokaltyrannen, um sich einzelne Städte zu sichern. Regelmäßig wurde nach dem Sturz einer Tyrannis diese verfemt und das Streben nach ihr als schweres Verbrechen eingestuft und mit hohen Strafen bedroht.[588] Diese Systematik ähnelt dem legendenhaften Bericht über die Vertreibung des Tarquinius Superbus. In Ciceros Modell über den Wechsel der Regierungsformen hat die Tyrannis einen festen Platz als Zustand vor der Demokratie oder der Oligarchie.[589] In dem Gesetz aus Ilion, das sich gegen die Tyrannis richtet, bekommt der Tyrannenmörder tatsächlich eine Belohnung[590]: „(§ 1) Wer den Tyrannen tötet ...: Wenn er Vollbürger ist, soll er von der Polis noch am selben oder am folgenden Tag ein Silbertalent erhalten, und der Demos soll ein bronzenes Standbild von ihm aufstellen lassen; man soll ihm die Speisung im Prytaneion auf Lebenszeit zubilligen und er soll bei den Wettkämpfen auf einen Ehrenplatz namentlich ausgerufen werden und man soll ihm tagtäglich zwei Drachmen auszahlen, solange er lebt."[591] Die Bestimmung aus Quint. Decl. min. CCCLXXXII stimmt mit diesem Rechtsbrauch überein, ist jedoch verglichen mit der Regelung aus Ilion sehr ungenau. Auch das Begraben des Tyrannenmörders auf dem Forum (Quint. Decl. min. CCCXXIX) spiegelt eine Ehrung wider, die - zwar in anderer Form - durch das Aufstellen eines Pronzestandbildes auch in dem Gesetz aus Ilion ausgedrückt wird. Nichts desto weniger ist die Einführung der Demokratie nach einem Tyrannenmord ein in der Antike bereits geläufiger Topos.[592]

In den Deklamationen, die die Bekämpfung der Tyrannis betreffen, handelt es sich bei den Rechtsregelungen um antike Rechtstopoi, die im römischen Prinzipat als versteckte Regimekritik eingesetzt wurden. Es handelt sich bei diesen Rechtsregelungen aber nicht um römische Rechtspraxis des Prinzipats.

---

[586] Georges, Handwörterbuch II, Sp. 3276.

[587] Libero, Die archaische Tyrannis, S. 39 - 387.

[588] Cicero, De re publica, 2.34; Andrews, Greek Tyrants, S. 1 ff.

[589] Cicero, De re publica I, 65.

[590] Koch, Demokratie in Ilion, S. 46 - 49.

[591] Gesetz aus Ilion zitiert nach: Koch, Demokratie in Ilion, S. 46; im zweiten Paragraph werden die Belohnungen für Fremde und Sklaven geregelt.

[592] Scheibelreiter, Seebund, S. 356.

cc) Verrat (*proditio*)

Die Norm *proditionis sit actio* wird in Sen. contr. 7.7; Quint. Decl. min. CCLXXXVII, Quint. Decl. mai. XI und Calp. Flac. 32 angeführt. *Qui hosti opem tulerit, capite puniatur* (Quint. Decl. min. CCCXXIII) beschreibt inhaltlich auch den Tatbestand des Verrats. Ähnlich ist: *Qui consilia publica enuntiaverit, capite puniatur* (Quint. Decl. min. CCLXXII). Auch hier werden Tatbestand und Rechtsfolge beschrieben.

Prozessrechtliches Vorgehen bezüglich der Behandlung eines Verräters beschreiben folgende Normen: *Proditionis rei causam de vinculis dicant* (Quint. Decl. min. CCCIII) und *proditor torqueatur, donec conscios indicet* (Quint. Decl. min. CCCVII).

Genauere Angaben zur Rechtsfolge machen Quint. Decl. min. CCCXXXIV (*cum damnato proditionis patronus exulet*) und Quint. Decl. min. CCCLXVI (*proditor cum liberis exulet*).

Die Bestrafung des Verräters schwanken also in den Deklamationen von der Todesstrafe bis zur Vertreibung ins Exil. Von Interesse ist, dass bezüglich der Exilierung eine Sippenbestrafung greift, die sich einmal sogar auf den Patron und einmal auf die Kinder des Verurteilten bezieht. Schon die Rechtsregeln aus den Deklamationen zeigen also kein einheitliches widerspruchsfreies Regelungssystem.

Bezüglich der Einstufung der *proditio* werden in der Literatur zwei Ansichten vertreten. Nach der einen ist die *proditio* die äußere Seite der *perduellio*, also wie die *perduellio* ein Verbrechen gegen die *civitas*. Die *proditio* würde somit nicht unter das Kriegsrecht fallen. *Proditio* bedeutet dabei „der Staatsverrat an den auswärtigen Feind durch einen treulosen Bürger, der eine Verbindung mit dem Feind eingeht". Der *proditor* gefährdet die *res Romana* durch diese äußere Verbindung zu dem Feind, während der *perduellis* der innere Feind der *res Romana* ist, der ohne Verrat nach außen den Staat in Gefahr bringt. Den Tatbestand der *proditio* erfüllen also sowohl der Überläufer und der Fahnenflüchtige als auch ein treubrüchiger Bundesgenosse.[593]

Nach einer anderen Ansicht ist *proditio* ein Teil des Kriegsrechts und hat keine entstehungsgeschichtliche Verbindung zur *perduellio*.[594] Gegen diese Ansicht der neueren Literatur ist aber einzuwenden, das in Rom schwerlich von einem Kriegsrecht gesprochen werden kann (s.o.). Die Delikte und Regelungen, die thematisch zum Bereich des Krieges gehören, fallen entweder unter das Völkerrecht, sind Folgen des *sacramentum*, hängen mit der Stellung des Imperators im Kriegsfall zusammen oder gehören schon durch den strafrechtlichen Charakter dem *ius publicum* an. Wenn diese Regelungen aber unter das *ius publicum* fallen, dann sind sie von Staatsverbrechen kaum zu unterscheiden.

---

[593] Rein, Criminalrecht, S. 469 f.; 475 ff., 518 ff.

[594] Santalucia, Diritto e processo penale, S. 10, 37, 72.

Proditio wird in der Republik vor den Zenturiatskomitien oder vor den Tributskomitien verhandelt[595]. Dies ist ein Zeichen dafür, dass es sich um *ius publicum* handelt.[596] Jedenfalls hatte schon Sulla durch den Ausbau ständiger neuer Schwurgerichtshöfe die Zuständigkeit der Volksversammlung stark geschwächt. Die Rechtsprechungsbefugnis der Komitien wurde durch diese Neueinrichtung verschiedener *quaestiones* herabgesetzt. Für jede *quaestio* war die Zuständigkeit bezüglich der Verbrechen, das Verfahren, sowie die Strafe genau festgelegt.[597] Für schwere Proditionsfälle konnte seit Alters her die Todesstrafe verhängt werden.[598] Sie wurde durch das Aufhängen an einem ausgedörrten Baum (*arbor infelix*) und anschließendes Auspeitschen, durch hinunterstürzen vom tarpeischen Felsen oder durch Enthauptung vollstreckt. Familienangehörige sollten den Namen des Verurteilten nicht mehr führen und durften nicht um ihn trauern.[599]

Die Existenz einer *actio proditionis* ist gesichert. *Qui hosti opem tulerit, capite puniatur* und *qui consilia publica enuntiaverit, capite puniatur* stimmen tatsächlich mit der möglichen Bestrafung mit der Kapitalstrafe in Form der Todesstrafe für Verräter überein.
Bezüglich des prozessualen Verfahrens ist in der Kaiserzeit auch zu beobachten, dass bei politischen Verbrechen die Bereitschaft zu foltern erheblich ansteigt.[600]
Die Exilstrafe bezieht sich auf das Bestehen eines alten Brauchs, der auch noch nach den Sullanischen Reformen bestand. Bevor nämlich die letzte Richterstimme im Prozess abgegeben wurde, stand dem Angeklagten die Wahl offen, freiwillig ins Exil zu gehen. Dadurch verlor er durch *aquae et ignis interdictio* das römische Bürgerrecht. Wie die Grausamkeit dieser Strafe, im Exil weit ab von Rom entfernt zu sein, empfunden wurde, verdeutlicht das Schicksal Ciceros im Zusammenhang mit der *lex Clodia de capite civis Romani*.[601] Auch im griechischen Bereich ist die Verbannungsstrafe bekannt. Arthmios von Zeleia (ca. 459 v. Chr.) war des Versuchs beschuldigt worden, im Auftrag der Perser mit deren Gold die Spartaner zu bestechen. Im Bann heißt es: „Ohne Recht soll Arthmios und seine Familie bei Athen und den Bundesgenossen sein.“[602] Die Verbannung wird durch die Rechtlosstellung ausgedrückt. Sie wird auf die ganze Familie ausgedehnt.
Es war durchaus üblich, dass bei Staatsverbrechen die Bestrafung auf die ganze *familia* des Verurteilten ausgedehnt wurde.[603] Die Erweiterung der Strafe auf den Patron, wie es in Quint. Decl. min. CCCXXXIV beschrieben wird, erscheint je-

---

[595] Rein, Criminalrecht, S. 181 - 193; Santalucia, Diritto e processo penale, S. 71 ff.
[596] Rein, Criminalrecht, S. 181 - 193; Santalucia, Diritto e processo penale, S. 71 ff.
[597] Santalucia, Diritto e processo penale, S. 71f.
[598] D. 48. 4. 3.
[599] Santalucia, Diritto e processo penale, S. 36 ff; Rein, Criminalrecht, S. 469 - 472.
[600] Santalucia, Diritto e processo penale, S. 140 ff.; Rein, Criminalrecht, S. 542.
[601] Grasmück, Exilium, S. 113 f.
[602] Scheibelreiter, Seebund, S. 325; Übersetzung nach Scheibelreiter, Seebund, S. 325.
[603] Rein, Criminalrecht, S. 181 - 193.

doch extrem. Sie ist aber dadurch zu erklären, dass der *libertus* zu der *familia* seines Freilassers und Patrons gehört.

Bezüglich der *proditio* ist die Wiedergabe des römischen Rechtsbrauchs durch die Normen in den Deklamationen gesichert. Es ist dabei auffällig, dass die *proditio* explizit benannt wird, während die weitaus populärere *perduellio* nicht erwähnt wird. Diese Tatsache stimmt jedoch präzise mit der Rechtspraxis der Kaiserzeit überein, in der die *perduellio* praktisch durch das *crimen maiestatis* verdrängt und schließlich durch die *lex Iulia* vollständig abgeschafft wurde[604].

dd) Das Verursachen von Zusammenrottungen

Bezüglich des Verursachens von Zusammenrottungen oder Aufläufen gibt es in den Deklamationen des neueren Typs nur eine einzige Norm. Er ist in Sen. contr. 3.8 zu finden und stuft das Veranlassen einer Zusammenrottung oder eines Auflaufs als todeswürdiges Verbrechen ein (*qui coetum et concursum fecerit, capital sit*).

In der Tat, so geben es Rein und Bonner[605] an, sind Regelungen sowohl aus dem griechischen Recht als auch aus dem römischen Recht bekannt, die die Verursachung von Zusammenrottungen und Aufläufen verbieten. Wie sind aber diese Verbote zu qualifizieren und welchen Zweck verfolgen sie? Rein bezieht sich auf Livius II, 28. 32 und XXX, 15, wo von *coetus nocturni* und *coetus occulti* (nächtliche und geheime Zusammenrottungen) gesprochen wird. Bonner bezieht sich auf eine Aussage über das Zwölftafelgesetz (Declamatio in Catilinam, Latro) *XII Tabulis cautum esse cognoscimus ne quis in urbe coetus nocturnos agitaret* und auf eine Aussagen über den Inhalt der *lex Iulia de vi privata* (Paul, Sent. V, 26, 3; D.48.7.4.pr.; D.48.4.1.1.), in der sogar die Kombination der beiden Begriffe *coetus* und *concursus* verwendet wird. Eine Festnahme wegen *coetus* wird an mehreren Stellen von Livius behandelt (Liv. II, 28, 1, 32, 1; Liv. III, 48, 1; Liv. XXX, 15; Liv. XXXIX, 15).[606] Santalucia bezeichnet das Veranlassen von Aufständen in der Nacht als Delikt[607], das in der frühen Republik von geringer Bedeutung war und dessen Ahndung allein zur Wahrung der städtischen Sicherheit diente. Die Delikte dieser Art seien nicht Gegenstand öffentlicher Strafverfolgung gewesen, sondern seien vom Magistrat in Ausübung seiner Polizeigewalt verfolgt worden.[608] Rein hingegen spricht bezüglich der Veranlassung von Zusammenrottungen von einer Erfüllung des Tatbestandes der *perduellio*.[609] Bonner

---

[604] Rein, Criminalrecht, S. 494.
[605] Rein, Criminalrecht, S. 473; Bonner, Roman Declamation, S. 113.
[606] Bonner, Roman Declamation, S. 113.
[607] Dazu auch Zlinszky, Le répression criminelle dans la Rome archaïque, S. 473.
[608] Santalucia; Diritto e processo penale, S. 39.
[609] Rein, Criminalrecht, S. 473.

weist auf die sehr hart anmutende Strafandrohung in der Norm aus den Deklamationen hin.[610]
Schon durch einen Blick in D. 48. 7.4. pr und D. 48. 4.1.1 wird deutlich, wie wichtig dieses Verbot des Erzeugens von Zusammenrottungen für Augustus war, um den inneren Frieden in Rom zu sichern. Gerade die Zeit der Bürgerkriege war geprägt von Kämpfen und Zusammenrottungen in der Stadt. Sowohl zur Zeit der Bürgerkriege als auch beim Machtantritt Caesars waren die kriegerischen Auseinandersetzungen vor allem innerhalb der Stadtmauern ausgetragen worden. D. 48. 4. 1.1 steht unter dem Titel *ad legem Iuliam Maiestatis*. Nach einer Definition für Majestätsverbrechen zählt Ulpian (D. 48. 4.1.) das Veranlassen von Aufständen und Zusammenrottung als Beispiel für ein Majestätsverbrechen auf (... *quove coetus conventusve fiat*...). Es handelt sich hierbei also um ein Delikt, das von einem Gefahrenabwehrdelikt aus politischen Gründen zu einem Majestätsverbrechen mutierte. Für Majestätsverbrechen war die Verhängung der Todesstrafe durchaus möglich.[611]

Die Norm aus Sen. contr. 3. 8 gibt also den Rechtsbrauch im Prinzipat nach der *lex Iulia Maiestatis* wieder.

ee) Klage wegen Verletzung der Hoheit (*actio laesae maiestatis*)
Es gibt in den Deklamationen des Prinzipat nur eine Deklamation, deren Norm sich explizit mit der *actio laesae maiestatis* befasst. Die Norm in Sen. contr. 9.2 lautet: *Maiestatis laesae sit actio.*

Das *crimen maiestatis* wird im ersten Jahrhundert vor Christus als Verbrechen verstanden, das sich gegen die Gebote und somit gegen das Wohl des Volkes richtet. Es konnte wahrscheinlich in den Anfängen nur von Magistraten unter Missbrauch der ihnen verliehenen Befugnisse verübt werden.[612] Durch die *lex Appuleia* waren spezielle *quaestiones de maiestate* eingesetzt worden. Eine *lex Cornelia de maiestate*[613] und/oder eine *lex Iulia*[614] dehnten den Tatbestand der *laesio maiestatis* aus und präzisierten ihn zugleich. Es wurden Handlungen unter Androhung der Todesstrafe untersagt, die die Unabhängigkeit, die Sicherheit oder das Ansehen des *populus Romanus* oder dessen Organe gefährdeten und die zuvor vom Tatbestand der *perduellio* oder der *proditio* gedeckt waren.[615] Unter den Tatbestand der Majestätsbeleidigung des römischen Volkes fallen z.B. die Beleidigung der staatlichen Magistrate, öffentliche Aufruhrstiftung und die Verleitung

---

[610] Bonner, Roman Declamation, S. 113.
[611] Rein, Criminalrecht, S. 524 f.
[612] Santalucia, Diritto e processo penale, S. 68.
[613] Santalucia, Diritto e processo Penale, S. 71 f.
[614] Bonner, Roman Declamation, S. 109.
[615] Santalucia, Diritto e processo penale, S. 71 f.

zum Volksaufstand. In der Kaiserzeit verändert sich das *crimen maiestatis* von einem Verbrechen gegen den römischen Staat und die öffentliche Sicherheit zu einem Verbrechen gegen den Kaiser.[616] Dies geht einher mit der Entwicklung des *genius*-Kultes und der Gleichsetzung des Kaisers mit dem römischen Staat. Veränderungen in Richtung dieses Kaiserverbrechens sind schon im Prozess gegen Verres zu beobachten, in dem sich Verres noch beiden Klagen zugleich ausgesetzt sieht.[617] In der Zeit des mittleren bis späten Prinzipats wurden dann Tatbestände für das *crimen maiestatis* angefügt, die in der *lex Iulia* noch nicht zu finden sind. Die Beleidigung der Person und des Namens des Princeps fällt im mittleren bis späten Prinzipat ebenso unter den Tatbestand des *crimen maiestatis* wie die Schändungen der Statuen und Bildnisse des Princeps, militärische Aktionen, die ohne seinen Befehl geführt werden, der Einsatz von magischen Praktiken, um die Zukunft des Princeps zu erfahren oder die Weigerung, die kaiserliche Göttlichkeit anzuerkennen[618] (was den Christen zum Verhängnis wurde). Bestraft wurde das Verbrechen mit der Enthauptung, der Verbrennung bei lebendigem Leib oder dem Vorwerfen an wilde Tiere.[619]
Das *crimen maiestatis* hatte sich also von einem täterqulifizierten Verbrechen zu einem universal einsetzbaren Machtinstrument des Princeps entwickelt. Auch die Bedeutungsverschiebung dieses Verbrechens im Staatsleben erscheint markant. Während zur Zeit der frühen Republik noch die meisten politischen Prozesse über den Tatbestand der *perduellio*, seltener über den Tatbestand der *proditio* abgehandelt wurden, wurden die Staatsprozesse im Prinzipat anhand der Deliktsbeschreibung des *crimen maiestatis* geführt.[620]

Der Fall in Sen. contr. 9.2 zeigt die Form des täterqualifizierten Verbrechens. Proconsul Flaminius hält mit einer Dirne Mahl. Diese erklärt, sie habe noch nie der Enthauptung eines Menschen beigewohnt. Flaminius lässt einen Verurteilten enthaupten. Flaminius wird darauf der *laesae maiestatis* angeklagt. Die Geschichte erinnert zwar an den Tanz der Tochter der Herodias vor dem König Herodes, die als Belohnung den Kopf Johannes des Täufers auf einem goldenen Tablett erhält (Mt 14, 3 - 12). Tatsächlich geht das Szenario auf eine von Livius nach der Anklageschrift des Cato erzählte Tat des Konsuls Flaminius zurück, der im Jahr 192 v. Chr. im Krieg gegen die Gallier beim Mahl einen Gefangenen erschlug, um seinem Lustknaben das Schauspiel einer Enthauptung zu bieten. Schon bei Valerius Antinus trat an die Stelle des Lustknaben eine Geliebte und die homoerotische Komponente verschwand.[621] Die häufige Verwendung des

---

[616] Santalucia, Diritto e processo penale, S. 93 f., 118.
[617] Cicero, Reden gegen Verres 2, I, 5.
[618] Paulus, Sententiae, 5.29; D.48.4; c.9.8; I.4.18.3.
[619] Santalucia, Diritto e processo penale, S. 93 f., 118.
[620] Rein, Criminalrecht, S. 481 ff.
[621] Frenzel, Stoffe der Weltliteratur, S. 382.

Stoffes legt ohnehin die Vermutung nahe, dass es sich hierbei um einen mannigfaltig verwendeten Topos und nicht um eine historische Begebenheit handelt. Obwohl die Art des Sachverhalts eher an einen Majestätsverbrechensfall aus der Republik erinnert, erscheint die Kontroversie Sen. 9. 2 doch als gute Übung für ein zukünftiges Mitglied der *quaestio de maiestate*[622], weil das *crimen* in der Fallkonstellation darin liegt, dass Flaminius sich der Hoheit seines Amtes zu einem schändlichen Zweck bedient.

ff) Klage wegen der Schädigung des Staates (*actio laesae rei publicae*)
Die *actio laesae rei publicae* verwenden alle drei Deklamatoren. Sie kommt in den Normen aller vier Deklamationensammlungen vor. Die Norm in Sen. contr. 10.4 lautet: *Rei publicae laesae sit actio.* In Sen. contr. 10.5 ist lediglich die Wortstellung verändert: *Laesae rei publicae sit actio.* In Quint. Decl. mai. XII ist im Sachverhalt von einer Anklage *laesae rei publicae* die Rede. In Quint. Decl. min. CCLX wird im Sachverhalt von einer Person, die *reus laesae rei publicae* ist, gesprochen. In Quint. Decl. min. CCCXXVI wird die Klage wegen Schädigung des Staates ebenfalls in den Sachverhalt eingebaut (*finita pestilentia reus est legatus laesae rei publicae*), so wie auch in Sen. contr. 5.7 (*Imperator post victoriam reus est laesae rei publicae*). Auch Calpurnius Flaccus verwendet die Klage in Calp. Flac. 5 auf diese in den Sachverhalt eingebaute Weise (*accusatur a parentibus eorum leno laesae rei publicae.*). Im Gegensatz zu der *actio laesae maiestatis*, die nur von Seneca dem Älteren verwendet wird, scheint die *actio laesae rei publicae* ein von allen bekannten Deklamatoren des neueren Typs verwendetes „Rechtsinstitut" zu sein.

In diesem Zusammenhang zieht Bonner eine Parallele zum griechischen Rechtsbrauch, nach dem staatsschädigende Handlungen bestraft wurden (Xen. Hell. I, 7, 20; Dem. XXIV, 173). Der Begriff *respublica laesa* sei aber auch bei den römischen Advokaten als Gegensatz zu der Schädigung des privaten Eigentums bekannt, so Daube.[623] Dies zeige D.2.14.7.14.[624] Tatsächlich wird der Ausdruck *ad publicam laesionem* in der Digestenstelle verwendet und kann mit „Nachteil" oder „Verletzung" der öffentlichen Ordnung übersetzt werden.
Bei der Klage, wie sie die Deklamatoren beschreiben, stellt sich der *populus Romanus* als Geschädigter dar. Demzufolge müsste es sich bei dieser Klage um eine Popularklage handeln, mit der jeder römische Bürger als pars pro toto Klage erheben konnte. Vor dem Hintergrund der gesicherten Existenz der *actio laesae maiestatis* (s.o.), deren Tatbestandsausdehnung auch Handlungen aufnahm, die zuvor von dem Tatbestand der *perduellio* oder der *proditio* gedeckt waren, und

[622] Bonner, Roman Declamation, S. 109.
[623] Bonner zitiert die Ansicht David Daubes ohne Literaturangabe in Bonner, Roman Declamation, S. 98 Fn. 5.
[624] Bonner, Roman Declamation, S. 98.

so spätestens in der Kaiserzeit zu dem universal einsetzbaren Staatsverbrechen schlechthin, dem *crimen maiestatis*, wurde, scheint die These Daubes aber unwahrscheinlich. Da der Princeps im Prinzipat als Personifikation des Staates wirkte, hätten dann zur selben Zeit zwei Klagen, nämlich die *actio laesae maiestatis* und die *actio laesae rei publicae*, mit demselben Tatbestandsinhalt existiert. Wahrscheinlicher mutet eine synonyme Verwendung der beiden Bezeichnungen *actio laesae maiestatis* und *actio laesae rei publicae* für ein und dieselbe Klage an. Diese Tendenz der synonymen Verwendung wurde vielleicht noch durch die griechische Rechtspraxis gefördert (s.o.).
Die Beispiele, die die Deklamationensammlungen vorweisen, treffen aber eine andere Aussage. Alle Handlungen, aufgrund derer jemand der *laesa respublica* angeklagt wird, verstoßen hier gegen die soziale Ordnung, gegen das menschliche Anstandsgefühl, gegen die *humanitas* und damit schädigen sie die *res publica* mittelbar. In Sen. contr. 10.4 zwingt beispielsweise ein Mann ausgesetzte Kinder zum Betteln, nachdem er sie zu Krüppeln gemacht hat, und kassiert von ihnen Geld. Vor diesem Hintergrund bekommt die *actio laesae rei publicae* den Charakter eines öffentlich strafrechtlichen Auffangtatbestandes, sie hat dann nichts mehr mit einer Klage wegen Hochverrats gemein. Aufgrund der breiten Fächerung der möglichen strafbaren Handlungen, die unter diesen Auffangtatbestand fallen würden, ist der Realitätsbezug jedoch unwahrscheinlich. Nahezu jede strafbare oder deliktische Handlung wäre dann nämlich gesellschafts- und damit gemeinwohlschädigend und wäre mit der *actio laesae rei publicae* anklagbar. Alle anderen Klagen und Tatbestände wären mit dieser von den Deklamatoren des Prinzipats vorgeführten weit gestreuten Fächerung der möglichen Handlungen, die unter den Tatbestand der *laesa respublica* fällen würden, überflüssig. Es handelt sich hier in den Deklamationen eher um eine moralische Abwägung als um eine real existierende Klage.

gg) Ein Amtsbewerber darf gegen einen anderen Amtsbewerber reden (*Conpetitori liceat in conpetitorem dicere*)

Die Norm *conpetitori liceat in conpetitorem dicere* wird in einer Kontroversie Senecas, der Sen contr. 5.8, angeführt. In keiner anderen Kontroversie des neueren Typus ist diese Norm zu finden.
Die Norm steht in Verbindung mit einem Sachverhalt, der von einem Tyrannen berichtet, der seine Macht unter der Bedingung niedergelegt hat, dass jeder, der ihn der Tyrannei beschuldigt, getötet wird. Nun strebt dieser ehemalige Tyrann eine Magistratur an, der andere Amtsanwärter spricht gegen ihn. In der Verbindung der Norm mit dem Sachverhalt wird deutlich, dass der Inhalt der Norm hier dem Inhalt der Abmachung mit dem Tyrannen entgegensteht. Wenn ein Amtsbewerber gegen einen anderen Reden darf, dann muss ihm dies auch frei zugestanden werden. Der Rivale würde also bestimmt auf die tyrannischen Machenschaften des Gegners hinweisen, um dadurch seine Chancen für die Erlangung des

Amtes zu erhöhen. Genau dies wird auch in der *declamatio* an sich, in der Rede des nicht tyrannischen Amtsbewerbers, behandelt (*candidatus anno meo spondeo: nulla rapietur, nullus occidetur, nullum spoliabitur templum....*). Der *abolitio* zu Folge müsste dieser nicht tyrannische Amtsbewerber dafür aber mit dem Tode bestraft werden. Diese Problemstellung entspricht einem Fall der Statuslehre, nämlich dem Unterfall des *genus legale*, *leges contrariae*, bei dem zwei sich widersprechende Gesetze auf den Fall angewendet werden können. Die Norm *conpetitori liceat in conpetitorem dicere* bezieht sich also auf das Bewerbungsverfahren für das Amt eines Magistraten.

Die Magistraturen wurden je nach dem Ort ihrer Wahl, entweder in den *comitia centuriata* oder in den *tributa*, in patrizische und plebeische Ämter und nach dem Recht der *sella curulis* in kurulische Ämter (Konsul, Prätor, Censor, kurulischer Ädil) und nicht-kurulische Ämter (Quästor, Volkstribun, plebejischer Ädil) unterteilt.[625] Schon im Wahlkampf wurde Kritik am Gegner geübt. Nicht nur der andere Amtsanwärter, sondern auch die Unterstützergruppen kritisierten den Gegner in den auf Häuserwänden angebrachten Sprüchen und Bildern.[626] Der Brauch, dass ein Amtsbewerber gegen einen anderen Amtsbewerber reden darf, folgt zwangsläufig aus dem bestehenden Konkurrenzkampf, der die Rhetorik deutlich als Mittel zeigt, das der menschlichen Neigung zu Aggressionen im Kampf aller gegen alle entspricht[627].
Unter Tiberius (14 n. Chr.) wurde der gesamte Wahlvorgang an den Senat übertragen, die Komitien hatten nur noch symbolische Bedeutung.[628] Während des ersten nachchristlichen Jahrhunderts erlangte die *nominatio* eine zentrale Stellung. Der freie Zugang zu den Ämtern war nicht mehr gegeben. Es gab keine freien Kandidaturen mehr und auch keine Wahl.[629] Berufung gegen die Auferlegung eines Amtes konnte tatsächlich, aber nur vor der *nominatio* eingelegt werden. Dies geschah aber üblicher Weise nur von dem nominierten selbst. Zu einem späteren Zeitpunkt war dies nicht mehr möglich.[630] Die genannte Norm entspringt also einem Rechtsbrauch, der aus dem politischen Element der Wahl herrührt. Er gibt jedoch den republikanischen Brauch und nicht den des Prinzipats wieder.
Allerdings geht aus dem Sachverhalt und der Streitrede hervor, dass der Kontrahent als Tyrann beschrieben wird, der in Sizilien sein Unwesen getrieben haben soll. Winterbottom sieht in ihm den Phalaris, der als rhetorisches *exemplum* in Val. Max. 9.2 ext. 9 genannt wird[631] und schon weit vor der Entstehungszeit der Kontroversien Senecas des Älteren, nämlich im sechsten Jahrhundert v. Chr. gelebt hat. Die Norm ist trotzdem mit dem republikanischen römischen politischen

---

[625] Mayer-Maly, Römisches Recht, § 3.
[626] Wie in Pompeji gefunden - Abbott, Society and Politics, S. 13 ff.
[627] Andersen, Garten der Rhetorik, S. 279 f.
[628] Sirks, Nimonation, S. 1ff, 20.
[629] Sirks, Nomination, S. 21.
[630] Sirks, Nomination, S. 1.
[631] Winterbottom, Seneca The Elder Declamations Volume I, S.496 Fn. 2.

Brauch vereinbar und erweist sich, auch wenn die Protagonisten sich als historische Topoi darstellen, zudem als besonders geeignet für ein Übungsstück zum *genus legale* (*leges contrariae*).

hh) Staatliche Zahlung für Blinde

Die Norm *caecus de publico mille denarios accipiat* wird in Sen contr. 3. 1 angegeben. Er findet sich in keiner anderen Deklamation des neueren Typs wieder.

Die Norm besagt, dass ein Blinder 1000 Denare vom Staat erhalten solle. Die Formulierung legt nahe, dass es sich dabei um einen Anspruch gegen den Staat, also gegen das Gemeinwesen handelt. Über die Qualifikation dieser staatlichen Zahlung, ob es sich etwa um eine Art Sozialleistung handelt, trifft der Text keine Aussagen.

Winterbottom[632] berichtet von einem attischen Brauch, nach dem behinderte Personen in Athen eine dürftige Unterhaltszahlung bekommen haben sollen. Es handelt sich dabei aber nicht um eine einmalige Zahlung, sondern um eine dauerhafte Unterstützung.
Ein *denarius* entspricht ursprünglich zehn *as* oder vier Sesterzen. Wenn davon ausgegangen wird, dass in Pompeji im August 79 n. Chr. ein mittelmäßiger Wein für ein bis drei *asses* zu haben war und ein Pfund Olivenöl vier *asses* kostete, ist die Summe von 1000 Denaren - auch wenn Preisschwankungen berücksichtigt werden - nicht unerheblich.[633] Ein Tagelöhner verdiente im August 79 n. Chr. in Pompeji im Vergleich ganze fünf *asses*.[634]
Blindheit war im Römischen Reich der Antike, wie im gesamten Mittelmeerraum stark verbreitet. Das zeigt auch die große juristische Beachtung dieser Personengruppe, z.B. im Rahmen der Testierfähigkeit (Paulus Sententiae 3, 4a §4).[635] Blind geborene Kinder wurden oft nach der Geburt ausgesetzt und nicht vom Vater angenommen (*liberum tollere*), weil sie in der agrarischen Gesellschaft im Unterschied zu Taubstummen nicht als arbeitsfähig galten.[636] Überlebende Kinder seien oft zur Prostitution oder zum Rudern auf Galeeren gezwungen worden.[637] Küster beurteilt das Empfinden der Römer gegenüber Blinden als „gefühllos". Blinde wurden als „unnütze Last" angesehen, man soll sogar davon abgeraten haben, ihnen Spenden zu geben, um ihr Warten auf den erlösenden Tod nicht zu verlängern.[638] Leider führt Küster für diese Ansicht keinerlei Belege aus der Antike an. Dennoch ist davon auszugehen, dass die Blinden aufgrund ihrer einge-

---

632 Winterbottom, Seneca Declamations Volume I, S. 392 Fn. 1.
633 Drexhage, Wirtschaft, S. 179.
634 Drexhage, Wirtschaft, S. 283.
635 Küster, Blinde und Taubstumme, S. 2, 68.
636 Küster, Blinde und Taubstumme, S. 12, 14.
637 Küster, Blinde und Taubstumme, S. 12, 14.
638 Küster, Blinde und Taubstumme, S. 12 ff.

schränkten Erwerbsfähigkeit überwiegend arm und auf Almosen angewiesen waren. Auf eine staatliche Unterstützung in Rom gibt es keine Hinweise.[639]
Anders war das Ansehen Blinder in der antiken griechischen Welt. Besonders Späterblindete wurden mit der Gabe der Prophetie und Magie in Verbindung gebracht. Blinde Weissager oder Priester sind in der griechischen Welt häufig anzutreffen. Der thebanische Seher Theiresias erlangte die Sehergabe beispielsweise erst nach Verlust seiner biologischen Sehkraft.[640] So erhielten die Blinden wie die Lahmen in der griechischen Welt eine Unterstützung von zwei Obolen täglich. Bei den Griechen wurde die Krankenfürsorge im Unterschied zu den Römern als Staatsangelegenheit angesehen.[641] Wenn davon ausgegangen wird, dass der Wert einer Drachme dem Wert eines Denars entspricht, dann ist ein *obolos* (6 *oboloi* = 1 *drachme*) ein sechstel Denar.[642] Es liegt also nahe, dass es sich bei der Zahlung aus Sen. contr. 3.1 um eine Vorauszahlung dieser täglichen Unterstützung handelt. Die These Winterbottoms ist also im Ansatz stichhaltig.
Die Norm fügt sich nur in die griechische Praxis ein, nicht jedoch in die römische.

ii)Verbannte (*exules*)
Rechtsregeln über Exilanten finden sich in den Kontroversien Senecas des Älteren und in den *Declamationes minores* Quintilians wieder. In den anderen beiden Deklamationensammlungen sind zwar Aussagen darüber zu finden, dass bestimmte Delikte mit dem Exil bestraft werden, Regelungen, die sich auf die Behandlung der Exilanten beziehen, werden in den anderen beiden Deklamationensammlungen hingegen nicht erwähnt.

In Sen. contr. 6. 2 ist die Norm *exulem tecto et cibo iuvare ne liceat* zu finden. Er besagt, dass es untersagt ist, einem Exilanten mit Unterkunft und Nahrung zu helfen. In Quint. Decl. min. CCXLVIII, in Quint. Decl. min. CCXCVI, in Quint. Decl. min. CCCV und in Quint. Decl. min. CCCLI ist der jeweils angegebenen Norm zu entnehmen, dass es rechtens ist, einen Exilanten, der innerhalb der Grenzen angetroffen wird, zu töten. In Quint. Decl. min. CCXLVIII ist die Formulierung *exulem intra fines liceat occidere*, in Quint. Decl. min. CCXCVI, in Quint. Decl. min. CCCV und in Quint. Decl. min. CCCLI *exulem intra fines deprehensum liceat occidere* zu lesen.
Die Norm aus Quint. Decl. min. CCLIV besagt, dass ein Exilant, der etwas Geheimes, das den Staat betrifft, anzeigen will, in die Grenzen der Stadt zurückkehren darf. Weiter sagt die Norm aus, dass er innerhalb der Grenzen bleiben darf, wenn er es angezeigt hat (*exul, qui secretum ad rempublicam pertinens indicare voluerit, habeat in civitatem redeundi potestatem, et si indicaverit, maneat in*

[639] Küster, Blinde und Taubstumme, S. 11.
[640] Esser, Das Antlitz der Blindheit, S. 100.
[641] Küster, Blinde und Taubstumme, S. 11.
[642] Dilke, Maße und Gewichte, S. 98; Giesecke, Antikes Geldwesen, S. 138 - 197.

civitate). Die bezüglich der Exilanten am häufigsten verwendete Norm ist demnach die, die angibt, dass es rechtens ist, einen Exilanten, der innerhalb der Grenzen angetroffen wird, zu töten. Damit wird impliziert, dass diese Tötung straflos erfolgen, also keine *actio caedis* nach sich ziehen würde. Der Exilant ist, wenn er sich doch innerhalb der Grenzen aufhält, vogelfrei. Einer, der dem Exilanten, der sich innerhalb der Grenzen aufhält, Nahrung und Unterkunft gibt, wirkt diesem Verbot entgegen.

Das Exil diente ursprünglich dazu, dass der Täter durch eine freiwillige Flucht aus dem römischen Gebiet der Blutrache entgehen konnte.[643] Der Beschuldigte musste sich dann in eine andere Stadt begeben, die mit Rom ein Abkommen über dieses Recht geschlossen hatte (z.B. Neapel oder Tivoli). War der Beschuldigte auf diese Weise verschwunden, folgte die formale Maßnahme *aquae et ignis interdictio*. Diese Maßnahme bewirkte den Verlust der Staatsbürgerschaft, die Vermögenskonfiskation und das Verbot der Wiedereinreise nach Rom bei Todesstrafe.[644] Später war aus diesem Brauch eine faktische Regel geworden, denn es zogen mit der Zeit vielleicht nicht nur die Schuldigen vor, eher ins Exil zu gehen, als getötet zu werden. So ist im letzten Jahrhundert der Republik die Todesstrafe für römische Bürger außer Gebrauch gekommen, weil diese vielfach das Exil dem Tod vorgezogen haben.[645] Es macht deutlich, dass das Exil nicht so gefürchtet wurde wie der Tod. Dieses Empfinden ist nur allzu menschlich. Es widerspricht allerdings der in weiten Teilen der Literatur vertretenen[646] idealisierenden Meinung, dass ein römischer Bürger den Tod als weniger grausam empfunden habe, als vom Leben in Rom ausgeschlossen zu sein.
Neben der strengen Form der Verbannung bestand in der Republik als milderer Grad der Bestrafung die *relegatio*, die weder den Verlust der Staatsbürgerschaft noch den Verlust des Vermögens zur Folge hatte.[647] Die strenge Durchsetzung der Todesstrafe wurde schon in der späten Republik wieder eingeführt. Dann wurde auch für einige Tatbestände, die den *quaestiones perpetuae* zur Entscheidung überantwortet waren, das Exil als eigentliche Strafe angedroht (erstmalig durch die *lex Tullia de ambitu*, 63 v. Chr.).[648] Unter der Bezeichnung *poena capitalis* wurde dann nicht mehr nur die Kapitalstrafe verstanden, sondern auch das Exil mit daraus resultierender *aquae et ignis interdictio*.[649] Das Exil weitete sich also von einem bloßen Strafumgehungsbrauch für römische Bürger zu einer regelrechten Strafe aus, die als Rechtsfolge bei Erfüllung des Tatbestandes zwingend folgte, während der Brauch, durch das Exil die Todesstrafe zu umgehen, schon im

---

[643] Gamauf, Exilium, Sp. 343.
[644] Santalucia, Diritto e processo penale, S. 54 f; Polybius, Historiae 6, 14, 7 - 8; Cicero, Catilina, 51, 22, und 40; Livius, Ab urbe condita 25, 4, 9; Gamauf, Exilium, Sp. 343.
[645] Santalucia, Diritto e processo penale, S. 54 f.
[646] Rein, Criminalrecht, S. 914 ff..
[647] Rein, Criminalrecht, S. 915.
[648] Santalucia, Ditítto e processo penale, S. 78 f; Gamauf, Exilium, Sp. 343.
[649] Santalucia, Diritto e processo penale, S. 78 f, 114 f.

frühen Prinzipat unterbunden wurde (Paulus, Sententiae, V, 21, 4; V, 22, 1; V, 23, 1).[650]

Die Norm, die besagt, dass es rechtens ist, einen Exilanten, der innerhalb der Grenzen angetroffen wird, zu töten, stimmt also zweifellos sowohl mit dem römischen Rechtsbrauch der Republik als auch mit dem des Prinzipats überein.
Bezüglich der Norm, die nur in Sen. contr. 6. 2 erwähnt wird und die es verbietet, einem Exilanten mit Nahrung und Unterkunft zu helfen, vertreten Bonner und Winterbottom die Ansicht, dass dieser Rechtsbrauch ein Teil des *aquae et ignis interdictio* sei.[651] Bonner führt diesen Rechtsbrauch auf eine Manifestation in der *lex Iulia de vi privata* (Paulus, Sententiae V, 26, 3: *Lege Iulia de vi privata tenetur, ... qui eum, cui aqua et igni interdictum est, receperit celaverit tenuerit ...*) zurück.[652] Borneque hingegen verortet diese Norm in einem griechischen Brauch.[653] Obwohl eine Parallele im griechischen Rechtsbrauch durchaus möglich ist, passt sich der Inhalt der Norm aus Sen. contr. 6. 2 auch nahtlos in die römische Rechtspraxis bezüglich des Exils, das mit den Folgen von *aquae et ignis interdictio* unterlegt ist, ein. Der zurückgekehrte Exilant wird als Staatsfeind angesehen[654]. Dessen Versorgung mit Unterkunft und Lebensmitteln wäre demnach eine Hilfe, die diesem Staatsfeind entgegen gebracht würde. Dies geht zumindest aus Paulus, Sententiae V, 26, 3 (*ad legem Iuliam de vi publica et privata*) hervor.[655]
Bezüglich der Norm aus Quint. Decl. min. CCLIV, die besagt, dass ein Exilant, der etwas Geheimes, was den Staat betrifft, anzeigen will, zurückkehren darf und, wenn er es angezeigt hat, bleiben darf, stellt sich die Frage der praktischen Umsetzung dieses Anzeigens. Wenn ein Verbannter innerhalb der Grenzen angetroffen wurde, galt er als vogelfrei.[656] Allerdings konnte er auch durch eine *rogatio* oder eine *lex* in seiner ursprüngliche Stellung restituiert werden (*lex Calpurnia*), wie die Beispiele von P. Pompilius Laenas und Q. Caecilius Metellus[657] zeigen. Einen Verbannten nach der Anzeige wieder zu restituieren war also möglich. Ein Rechtsbrauch im engeren Sinn lässt sich daraus jedoch nicht ableiten.

jj) Der Gesandte (*legatus*)

Legatus sacrosanctus sit ist in Decl. min. CCCLXVI als Norm angegeben. Obwohl *legatus* auch „Unterfeldherr“ oder „Unterstatthalter“ bedeutet, ist hier da-

---

650 Santalucia, Diritto e processo penale, S. 114 f.
651 Winterbottom, Seneca Declamations Volume I, S. 500 Fn. 2.
652 Bonner, Roman Declamation, S. 110 f.
653 Borneque, Les Déclamations et les Déclamateurs, S. 65.
654 Bonner, Roman Declamation, S. 111.
655 Grasmück, Exilium, S. 66.
656 Grasmück, Exilium, S. 66.
657 Plutarch, Caes. 37; Grasmück, Exilium, S. 99.

von auszugehen, dass *legatus* in seiner Grundbedeutung „Gesandter"[658] gebraucht wird.

Der Gesandte galt bei nahezu allen antiken Rechtskreisen als unverletzlich. Auch der Gesandte eines fremden Staates konnte nicht Subjekt eines Verbrechens nach römischem Recht sein. Im römischen Rechtsbrauch waren die Gesandten heilig und unverletzlich, selbst wenn sie Verbrechen begingen.[659] Diese Heiligkeit, aus der die Immunität resultiert, leiten die Römer aus dem Völkerrecht ab (D. 50.7.17). Ein Verstoß gegen diesen Brauch zog einen kriegerischen Angriff nach sich. Dieser Rechtsbrauch lässt sich beispielsweise aus Livius IV, 17 ff.; V, 4; VIII, 5 ff.; IX, 10; Ep. XII; XV; XXI, 25; XXVI, 31; XXX, 25; XXXIX, 25; Ep. LI; LII; Cicero Phil. VIII, 8; Sallust, Iughurta 35; Seneca, de ira III, 2 und Tacitus Hist. III, 80; IV, 57 ableiten. Auch D. 50. 7. 17 und D. 48. 6. 7 behandeln denselben Rechtsbrauch. Der Staat, zu dem der Gesandte geschickt wurde und in dem er das Verbrechen begangen hatte, durfte den Gesandten nicht vor Gericht bringen. Auch war eine Rache an dem Staat, der den Gesandten geschickt hatte, nicht denkbar. Es musste von dem Staat des Gesandten Satisfaktion verlangt werden. Ein berühmtes Beispiel dafür sind die Gesandten des Tarquinius Superbus, die trotz ihrer Vergehen entlassen wurden (Livius II, 4).[660] Daraus folgt, dass Gesandte nur in ihrem Heimatland und nicht nach dem Recht des Staates, in dem sie die Vergehen verübt hatten, angeklagt werden konnten. So konnten römische Gesandte nur in Rom angeklagt werden (D. 5. 1. 24. §1). Der Missbrauch des Gesandtenamtes wurde dann in Rom als *vis publica* mit hoher Strafe geahndet (D.48.6.7).[661] Die Stellung der Gesandten in der Welt der Klassik entsprach also dem der heutigen Diplomaten, die durch Immunität geschützt sind.

Die Norm aus der Quint. Decl. min. CCCLXVI entspricht der römischen Rechtspraxis. Fraglich ist aber, ob er sich im Kontext des Sachverhalts ebenfalls in den römischen Rechtsbrauch integriert. Normen und Sachverhalt der Quint. Decl. min. CCCLXVI werden wie folgt überliefert:
Legatus sacrosanctus sit. proditor cum liberis exulet.
Cuius filius legatus erat, proditionis damnatus est. revertentem legatum quidam occidit. caedis reus est.
Es ist im Sachverhalt nämlich von der Tötung eines Gesandten nach dessen Rückkehr (*revertem legatum occidit*) die Rede. Dies würde aber dem Rechtsbrauch widersprechen, nach dem, wie oben dargestellt, nur fremde Gesandte die Immunität genießen, nicht aber eigene Gesandte im eigenen Land. Tatsächlich ist der Sachverhalt besonders pikant. Er verquickt die Anwendung zweier unterschiedlicher Rechtsbräuche miteinander. Vor diesem Hintergrund erschließt sich

---

[658] Georges, Handwörterbuch II, Sp. 604.
[659] Rein, Criminalrecht, S. 178.
[660] Rein, Criminalrecht, S. 179.
[661] Rein, Criminalrecht, S. 181.

der eigentliche Sinn des *revertem*, das nicht das Zurückkehren im Sinne eines Gesandten, sondern im Sinne eines Exilanten meint. Demnach verhalten sich Normen und Sachverhalt wie folgt: Die eine Norm besagt, dass ein Gesandter heilig also unverletzbar ist. Die andere Norm erklärt, dass einer, der wegen Verrats verurteilt worden ist, zusammen mit seinen Kindern ins Exil geschickt wird. Diese sind dann auch Verbannte und werden bei der Einreise in das Vaterland vogelfrei. Um aber die Komplikation des Sachverhalts verstehen zu können, muss noch bedacht werden, dass, wie oben erörtert, es für einen Römer rechtens ist, einen innerhalb der Grenzen angetroffenen Exilanten zu töten.
Der Sachverhalt besagt also, dass ein Mann wegen Verrats verurteilt worden und mit seinen Kindern außer Landes, also ins Exil gegangen war. Sein Sohn wurde Gesandter des Staates, in dem das Exil verlebt wurde, und kehrte deshalb als fremder Gesandter nach Rom zurück. Dort wurde er als Exilant, der sich widerrechtlich innerhalb der Grenzen befand, von einem getötet. Dieser ist nun, obwohl er einen Exilanten getötet hat, der sich innerhalb der Grenzen aufgehalten hat, der zugleich aber auch ein fremder Gesandten war, wegen Totschlags angeklagt. Die Fallfrage, die sich für den Bearbeiter ergibt, ist, welches Recht vorgeht, ob also der Angeklagte verurteilt oder frei gesprochen wird. Es war jedoch keine römische Gewohnheit, die Verbannung zu einer Sippenhaft auszudehnen, wie die Bestimmungen der *lex Antonia de proscriptione liberis*, der *leges de restituendis damnatis* und der *lex Iulia de exulibus revocandis* zeigen.[662] Die Sippenhaft ist vielmehr als griechischen Phänomen in Verbindung mit der Verbannung eines Tyrannen (s.o.) bekannt. Die römische Parallele ist also nicht gegeben, die Anlehnung an einen griechischen Brauch dominiert.

kk) Anmaßung des Bürgerrechts

Die Norm *civitatem peregrinus usurpans veneat* ist in Calp. Flac. 17 und Calp. Flac. 23 zu finden. Er besagt, dass ein Peregrine, also ein Nicht-Römer, der sich als Bürger ausgibt, verkauft wird.[663] Für den Tatbestand der Anmaßung des Bürgerrechts ist also die Bestrafung des Verkaufs in die Sklaverei vorgesehen. Im Sachverhalt der Kontroversie Nr. 17 des Calpurnius Flaccus wird ein Mann mit der *actio peregrinitatis* angeklagt. Dieser Klage wird stattgegeben, so dass ihm eine Anmaßung des römischen Bürgerrechts vorgeworfen werden kann.
Im Sachverhalt der Calp. Flac. 23 leugnet die Mutter eines jungen Mannes seine legale Abkunft und nimmt ihm somit das römische Bürgerrecht. Die Beschuldigung der vorherigen Anmaßung des Bürgerrechts ist die Folge. In beiden Fällen werden die Beschuldigten in die Sklaverei verkauft.

Die *civitias Romana*, das römische Bürgerrecht, bedingte die Steuerpflicht und die Verpflichtung zum Wehrdienst. Die Inhaber der *civitias Romana* trugen die

---

[662] Grasmück, Exilium, S. 109.
[663] Sussman, Declamations of Calpurnius Flaccus, S. 51, 59.

Toga, hatten auf der Volksversammlung Stimmrecht (*ius suffragii*), das passive Wahlrecht für die Ämter (*ius honorum*) und das Berufungsrecht an das Volk gegen Kapitalstrafen (*ius provocationis*)[664]. Im Prinzipat entfiel faktisch das Stimmrecht in der Volksversammlung, da diese dann nicht mehr von Bedeutung war. Den römischen Bürgern stand das *ius commercii* und das *ius connubii* zu. Das Bürgerrecht wurde in erster Linie durch Geburt erworben, wenn beide Eltern römische Bürger waren oder ein Elternteil Bürger einer Gemeinde war, denen das *ius connubium* durch Vertrag gegeben wurde.[665] Ein Halbbürgerrecht bekamen die Bewohner der *civitates sine suffragio* durch Vertrag. Sie wurden privatrechtlich als Römer behandelt, sie mussten Steuern zahlen und wurden zum Heerdienst herangezogen, ihnen blieb aber das *ius suffragio* und das *ius provocationis* verwehrt.

Das *ius Latii* war eine andere Vorform des römischen Bürgerrechts: Die Gemeinden des latinischen Städtebunds waren selbstständig mit eigenem Bürgerrecht und eigener Verwaltung. Bürger dieser Gemeinden hatten das *connubium* mit Römern und das *ius commercii*. Sie wurden bei der Übersiedlung nach Rom durch Eintragung in die Bürgerlisten römische Bürger.

Die Italiker bekamen im Bundesgenossenkrieg (90 bis 88 v. Chr.) durch die *lex Iulia* und die *lex Plautia Papiria* das römische Bürgerrecht.[666] Die Anmaßung des römischen Bürgerrechts wurde gerichtlich geahndet. Die Rechtsgrundlage bildete hierfür die *lex Papia de peregrinis* (65 v. Chr.). Bekannt ist dabei besonders der Prozess gegen Archias. Cicero verteidigte im Prozess Archias (*oratio pro Archia*), dessen römisches Bürgerrecht bestritten wurde.[667] Erst 212 n. Chr., im späten Prinzipat, wurden durch die *Constitutio Antoniniana* (Caracalla) nahezu alle Peregrinen, also alle freie Angehörige des Reichs, römische Bürger. Das Leben des Calpurnius Flaccus scheint in die Zeit gegen Ende des ersten Jahrhunderts nach Christus oder in das zweite Jahrhundert nach Christus zu fallen.[668] Jedenfalls ist es gesichert, dass er vor dem in Kraft treten der *Constitutio Antoniniana* gelebt hat. Im Sachverhalt der Calp. Flac. 23 wird auf den Erwerb des Bürgerrechts durch Abstammung von Eltern, die selbst römische Bürger sind, verwiesen.

Besonders im Vergleich mit dem Prozess gegen Archias, bezüglich dessen vermutet wird, dass er im Laufe seines Lebens mehrere Bürgerrechte angesammelt hatte[669] (was aber seit der *lex Iulia* und der *lex Plautia Papiria* nicht mehr zum

---

[664] Dazu Link, Bürgerrecht, S. 370 - 384.

[665] Kaser, Das Römische Privatrecht, 1. Abschnitt, § 6; Noy, Foreigners at Rome, S. 24 ff.

[666] Sherwin-White, Roman citizenship; Levy, Libertas und Civitas, S. 143 - 172; Kaser, Das Römische Privatrecht, 1. Abschn. § 53; Noy, Foreigners at Rome, S. 24 ff, 75 - 78.

[667] Beckby, Anthologia Graeca I, S. 34 und 38; Reinach, De Archia Poeta.

[668] Sussman, Declamations of Calpurnius Flaccus, S. 7.

[669] Beckby, Anthologia Graeca I, S. 34 und 38; Coskun, Rechtsgrundlagen der Römischen Eingemeindungen, S. 112 f.

Verlust des römischen Bürgerrecht führte[670]), wird der Bezug der Norm aus den Deklamationen des Calpurnius Flaccus zur römischen Rechtspraxis evident. Die Ahndung der Anmaßung des römischen Bürgerrechts scheint, wie es in den Deklamationen dargestellt wird, zwangsläufige Folge eines negativen Ausgangs der Klage auf Feststellung der Innehabung des römischen Bürgerrechts gewesen zu sein. Diese Klage wird in Calp. Flac. 17 als *actio peregrinitatis* bezeichnet. Das Verfahren ähnelt der *causa liberalis*. Obwohl eine Klage mit der Bezeichnung *actio peregrinitatis* nicht bekannt ist, stimmt aber das geschilderte Verfahren mit dem Prozess gegen Archias überein.

ll) Zwischenergebnis

Die Normen, die den Regelungsbereich des öffentlichen politischen Lebens betreffen, orientieren sich überwiegend am römischen Rechtsbrauch. Es ist jedoch die Tendenz zu erkennen, dass die Rechtsregeln ein Bild von Rom vermitteln, das eher an einen Stadtstaat erinnert, als an das Zentrum eines Weltreiches, wie es in der Zeit des Prinzipats aber zweifellos schon bestanden hat. Auf privatrechtlicher Ebene ist Rom zwar noch ein Stadtstaat, auf öffentlich-rechtlicher Ebene weist es im Prinzipat aber zweifellos schon eine hybride Struktur auf.

e) Rechtsregeln aus dem Themenbereich „Erben und Vererben"

Rechtsregeln, die das Erben betreffen, waren als Normen in den Deklamationen des Prinzipats sehr beliebt. 46 Stücke beinhalten Normen, die sich mit dem Regelungsbereich „Erben und Vererben" befassen. Im Vergleich dazu beschäftigen sich 53 Deklamationen mit Normen aus dem Themenbereich „Beziehung zwischen Frauen und Männern". Vererbungsproblematiken waren also ähnlich populär wie die rechtliche Einkleidung von Beziehungsproblemen.

Innerhalb des Regelungsbereiches „Erben und Vererben" sind sechs verschiedene Gruppen von Normen zu unterscheiden: Normen, die die Vererbung als solche betreffen, Normen, die sich mit der Teilung der Erbmassen befassen, Normen, die sich speziell mit der Erbfähigkeit von Frauen auseinandersetzen, Normen, die sich mit einem Fideikommiss beschäftigen, Normen, die sich der Vererbung durch Freigelassene widmen und Normen, die auf *abdicatio* eingehen. Mit der Verwendung in 39 Stücken kommt die *abdicatio* am häufigsten vor.

aa) Vererbung

Quint. Decl. min. CCCVIII beinhaltet sogar zwei Normen, die sich mit der Vererbung befassen: *Testamenta ultima rata sint* und *intestatorum sine liberis mortuorum bona proximi teneat.* Die eine Norm besagt, dass die letzten Testamente

---

670 Andresen, Gigon, Erbse, Alte Welt I, Sp.516; Cicero, Archias, 6 - 10, bes. §§ 7, 9, dazu Coskun, Rechtsgrundlagen der Römischen Eingemeindungen, S. 112 ff.

gültig sein sollen. Die andere Norm besagt, dass die *proximi* die Güter der Toten erhalten sollen, die kinderlos und ohne Testament sterben.
Quint. Decl. min. CCCXII steht ohne Norm. Der Sachverhalt befasst sich aber mit einem erbrechtlichen Problem. Ein Soldat verlangte von einem anderen Soldaten die Herausgabe eines Gutes, das er ihm in Verwahrung gegeben hatte. Jener leugnete aber, es je erhalten zu haben. Der, der sein Gut heraus verlangte, unterlag bei der gerichtlichen Auseinandersetzung, weil die Beurkundung fehlte. Danach tötete derjenige, der sein Gut verlangte, erst den anderen und dann sich selbst. Die Erben dessen, der das Gut heraus verlangt hatte, forderten von den Erben dessen, der verwahrt hatte, das Gut heraus. Der Sachverhalt befasst sich erbrechtlich gesehen mit dem Problem der Gesamtrechtsnachfolge der Erben.
In den oben genannten Stücken wird die Rechtslage so dargestellt, dass das Testament, welches zeitlich gesehen als letztes vor dem Tod des Erblassers gemacht worden ist, das gültige sein solle. In dem Fall, dass eine Person kinderlos und ohne ein Testament gemacht zu haben, sterben sollte, würden die *proximi* erben. Quint. Decl. min. CCCXII macht deutlich, dass der Erbe die Gesamtrechtsnachfolge antritt.

Der Realitätsbezug ist hier, bei diesem Teilgebiet des römischen Rechts, das gut erforscht ist, besonders evident. Bekannte erbrechtliche Grundsätze tauchen in den Deklamationen auf.
Nach D.24.1.32.3 konnte der Testator seinen Willen widerrufen. Ein neues Testament hebt das alte komplett auf. Demnach ist also das neueste Testament tatsächlich, wie auch in Quint. Decl. min. CCCVIII ausgedrückt, das gültige.
Stirbt eine Person, ohne ein Testament gemacht zu haben, dann tritt die Intestaterbfolge ein.[671] Die zweite Norm aus Quint. Decl. min. CCCVIII (*intestatorum sine liberis mortuorum bona proximi teneat*) bezieht sich auf einen solchen Fall (*intestatorum mortuorum*). Die Rechtsregel konkretisiert aber noch weiter. Sie greift für den Fall, dass zusätzlich zu dem Nicht-Vorhandensein eines Testaments der Erblasser auch noch kinderlos verstirbt. Für diesen Fall ordnet die Norm an, dass die *proximi*, also die Nächsten, das Vermögen erhalten sollen. Welche Nächsten sind hier aber gemeint? Die Vermutung liegt nahe, dass es sich hier um die ***agnati*** *proximi* handelt. Es würde sich dann in der Deklamation verglichen mit der tatsächlichen Rechtslage um eine etwas ungenaue Ausdrucksweise handeln. Die Norm würde dann tatsächlich - diese sprachliche Ungenauigkeit angenommen - die gesetzliche Erbfolge nach *ius civile* wiedergeben. Die *agnati proximi*, die agnatischen Verwandten, sind nach *ius civile* als zweite Gruppe erbberechtigt.[672] Sie erben aber nur dann, wenn aus der ersten Gruppe niemand (mehr) existiert. Diese erste Gruppe sind die *sui heredes*. In der Norm aus Quint. Decl. min. CCCVIII wird dem entsprechend gesagt, dass die *proximi* das Vermögen erhalten sollen, wenn jemand kinderlos stirbt (*sine liberis*). Die Norm aus

---

[671] Kaser/Knütel, § 66.
[672] Kaser/Knütel, § 66.

der Kontroversie und die Regelung des *ius civile* würden also übereinstimmen, wenn die Gruppe der *sui heredes* nur aus den Kindern des Erblassers bestehen würde. Die Hauserben sind alle die freien Personen, die mit dem Tod des Erblassers *sui iuris* werden.[673] Dies ist aber auch die Frau des Erblassers, wenn sie *in manu* ist. Hingegen sind Kinder, die schon vor dem Tod des Erblassers *sui iuris* geworden sind, keine *sui heredes*. Dennoch ist anzumerken, dass - quantitativ gesehen - die Kinder tatsächlich den größten Teil der *sui heredes* ausgemacht haben dürften. Es würde sich hier ebenfalls um eine untechnische Vereinfachung in der Norm der Kontroversie handeln. Zudem dürfte die Manusehe im Prinzipat schon nicht mehr üblich gewesen sein.[674]
Selbst mit diesem Ergebnis bleibt die Frage offen, warum in den Deklamationen nichts über die prätorische Erbfolge nach *ius honorarium* gesagt wird. Die *Deklamationes minores* sind jedenfalls nach Christi Geburt entstanden, in einer Zeit als die Erbfolge nach *ius honorarium* sich nämlich schon längst durchgesetzt hatte.[675] Möglicher Weise ist die Erklärung darin zu finden, dass die Erbfolge nach *ius honorarium* die nach *ius civile* nicht vollständig verdrängt hatte. Sie galt vielmehr in zwei Fällen weiter: erstens, wenn der vom Prätor eingesetzte Erbe nicht zugleich Erbe nach *ius civile* war, sein Recht gegen den zivilen Erben aber nicht ausübte oder zweitens, wenn der Prätor den von ihm Berufenen nur eine *bonorum possesio sine re* gibt.[676] Die Erbfolge nach *ius civile* muss also tatsächlich weiter im Rechtsleben präsent gewesen sein. Zudem ist die Erbfolge nach *ius civile* diejenige, die in den Zwölf Tafeln steht, also die ursprüngliche. Da die Zwölf Tafeln wohl jedem gebildeten Römer bekannt waren, eignete sich diese vereinfachte Version des Zwölftafelsatzes womöglich besser für eine Schulübung als die nach *ius honorarium*.
Auch die erbrechtliche inhaltliche Aussage der Quit. Decl. min. CCCXII stimmt mit dem römischen Rechtsverständnis überein, denn die römische „Erbfolge ist eine Gesamtrechtsnachfolge einer oder mehrerer Personen als Erben in den Inbegriff der vererblichen Rechte eines Verstorbenen" (Gaius 2. 97). „Die Erben treten an die Stell des Erblassers" (*succedere in locum defuncti*).[677]

Es kann abschließend gesagt werden, dass die Rechtsregeln in den Deklamationen des neueren Typus, die sich mit dem Thema „Vererbung" befassen, den römischen Rechtsbrauch wiederspiegeln. Dabei ist aber zu beachten, dass eher der frührepublikanische Rechtsbrauch wiedergegeben wird und nicht der des Prinzipats. Dies wird besonders deutlich an der Norm aus Quint. Decl. min. CCCVIII.

---

[673] Kaser/Knütel, §66.
[674] Kaser, Römisches Privatrecht, 1. Abschnitt, § 76.
[675] Mayer-Maly, Römisches Recht, S. 194.
[676] Kaser/Knütel, § 66. III.
[677] Kaser/Knütel, § 65, I.

Hier wird die Erbfolge nach *ius civile*, also nach den Zwölf Tafeln, wiedergegeben. Diese Erbfolge entspricht eher dem Rechtsbrauch der frühen Republik[678].

bb) Teilung der Erbmasse / Erbauseinandersetzung

In Quint. Decl. min. CCLXI wird darauf hingewiesen, dass in einer Stadt, in der es oft Tyrannen gegeben hat, ein Gesetz gemacht worden ist, nach dem das väterliche Erbgut gleichmäßig verteilt werden sollte (*in qua civitate frequenter tyranni erant, fert quidam legem, ut patrimonia aequentur*). Durch die Angabe *in qua civitate* wird schon die Distanz zum römischen Rechtsbrauch deutlich gemacht. Damit wird nämlich ausgesagt, dass es sich hier gerade nicht um ein römisches Gesetz handeln soll, sondern um eines, das in einer bestimmten Stadt erlassen wurde, die nicht Rom ist. Rom wird gemeinhin nicht als *civitas*, sondern als *urbs* bezeichnet.[679]

In Sen. contr. 6. 3 wird *maior frater dividat patrimonium, minor eligat* als Norm angegeben. Diese Regelung, die besagt, dass der ältere Bruder das väterliche Erbe teilen soll, der jüngere Bruder dann auswählen soll, zeigt eine Technik, mit der bei Verteilung des Erbes das höchste Maß an Gerechtigkeit erzielt werden kann.

Das Gesetz aus Quint. Decl. min. CCLXI, von dem gesagt wird, dass es in einer Stadt, in der es oft Tyrannen gegeben hat, erlassen wurde, sagt bezeichnender Weise nichts darüber aus, zwischen wem das väterliche Erbe gleichmäßig verteilt werden soll. Es ist möglich, das sich die Norm auf die Regelungen zur Intestaterbfolge bezieht. Danach wären diejenigen Erben, die nach des Erblassers Tod *sui iuris* würden, ohnehin Erben zu gleichen Teilen.[680] Jedenfalls widerspricht diese Norm so, wie sie in Quint. Decl. min. CCCXI angegeben wird, der römischen Testierfreiheit. In der römischen Rechtspraxis ist der juristische Normalfall bei der Vererbung die Erbfolge nach Testament. Nur wenn ein solches nicht vorliegt, kommt die Intestaterbfolge zur Anwendung.[681] Die Betonung der Testierfreiheit sagt viel über das Selbstverständnis der Römer aus. Die große Bedeutung des Testierens macht auch die große Zahl an Fällen in den Digesten deutlich, bei denen ein Testament im Spiel ist (z.B. D.29.3; D.26.2 oder D. 29.1). Für einen armen Römer war dieses Problem zwar müßig, für einen wohlhabenden römischen Bürger war es jedoch wichtig, über das Fortkommen seines Vermögens nach dem Tod zu entscheiden. Dies hängt nicht zuletzt mit der Pflicht der Erben zusammen, den Totenkult zu besorgen. Gab es keinen Erben, dann gab es auch keinen, dem die Pflicht oblag, sich um den Totenkult zu kümmern. Die große Adoptionsfreundigkeit ist ein Beleg für diese Erklärung. Mit Hilfe der Adoption

---

[678] Kaser, Römisches Privatrecht, I. Abschnitt, § 24.

[679] Georges, Handwörterbuch I, Sp. 113.

[680] Kaser/Knütel, § 66.

[681] Kaser/Knütel, § 66.

konnten nämlich Familien- und Totenkult weiter geführt werden (s.o.).[682] Auch ist daraus zu erklären, dass gerade die Oberschicht die Ehegesetze des Augustus, die Ehe- und Kinderlosigkeit mit dem Ausschluss der vollen Erbfähigkeit sanktionierten, als scharfe Beschränkung ihrer persönlichen Freiheit sah und ihre Existenz stark angriff[683]. Ebenso unangenehm müsste für einen Römer die Vorstellung von der Existenz eines Gesetzes gewesen sein, das die Teilung zu gleichen Teilen der Ebmasse anordnete. Dies ist vermutlich auch der Grund dafür, warum das Gesetz in der Kontroversie sogleich mit einer Stadt in Verbindung gebracht wird, in der es oft Tyrannen gibt, also etwas ebenfalls Schrecklichem, weil von Grund auf Unrepublikanischem.

Die Norm aus Sen. contr. 6. 3 scheint auf den ersten Blick zu diesem „Gesetz" zu passen. Sie trifft eine Aussage über die genauen Teilungsmodalitäten. Bei genauerer Betrachtung scheint auch sie für die römische Rechtspraxis eher ungeeignet. Durch die Regelung „der eine teilt, der andere wählt"[684] wird nur dann das Maximum an Gerechtigkeit hergestellt, wenn es zwei Personen gibt. Sind mehr als zwei Personen im Spiel, dann ist der Druck auf den Teilenden, gerecht zu teilen, nicht mehr so groß, weil er nicht zwangsläufig den Anteil bekommt, den der andere nicht wählt, auch könnten sich zwei Erben gegen den Dritten verbünden. Zudem würde diese Regelung nur auf Erbfälle ohne Testament angewendet werden können oder auf Testamente, in denen alle zu gleichen Teilen erben sollen. Der Normalfall ist aber der Erbfall mit Testament gewesen, bei der Intestaterbfolge dürfte es häufig auch mehr als zwei Erben gegeben haben. Es handelt sich bei dieser logischen Regelung, „der eine teilt, der andere wählt", um eine allgemeine Weisheit, deren Verwendung in der römischen Rechtspraxis trotzdem möglich erscheint. Besser fügt sich dieser Brauch jedoch scheinbar in die griechische Vererbungspraxis ein. In der attischen Rechtspraxis kam ein Testament erst dann zum tragen, wenn keine direkten Erben vorhanden waren. Dann konnte nämlich der Erblasser eine Adoption vornehmen oder ein Testament machen.[685] Das attische Erbrecht war männlich orientiert, aber nicht agnatisch. Hatte ein Erblasser Söhne und Töchter, erbten nur die Söhne. Töchter erbten erst, wenn keine Söhne vorhanden waren.[686] Der in der Kontroversie beschriebene Teilungsbrauch passt also vom erbrechtlichen System her besser zum attischen Rechtsbrauch, bei dem der juristische Normalfall Söhne als Erben und kein Testament vorsah, die Teilungsproblematik unter den Erben also viel evidenter war.

Dennoch passt das geschilderte Verfahren genau besehen zu dem römischen Verfahren der *actio familiae erciscundae*. Der bestellte *arbitrator* könnte im Zweifel nämlich zu der Regelung „einer teilt, der andere wählt" raten.

---

[682] Kaser/Knütel, § 60 III.

[683] Evans Grubbs, Law and Family, S. 103 ff.

[684] Auch im Alten Testament uns später im Sachsenspiegel und bei Augustinus zu finden - näher dazu Wacke, HRG.

[685] Todd, Athenian Law, S. 221 ff.

[686] Todd, Athenian Law, S. 216 - 221.

Bezüglich der Teilung der Erbmasse ist der Realitätsbezug zur römischen Rechtspraxis zwar nicht vollständig gegeben. Es muss jedoch auch bedacht werden, dass auf die Unstimmigkeit des realen Rechtsbrauchs mit der Norm aus Quint. Decl. min. CCLXI schon im Sachverhalt hingewiesen wird.

In Quint. Decl. min. CCCXXXVI geht es um eine Übereinkunft über die Erbauseinandersetzung. Es geht darum, dass der jüngere mit dem älteren Bruder nach dem Tod des Vaters ein *pactum* geschlossen hat, nach dem der ältere Bruder das gemeinsame Grundstück erhalten sollte, dieser müsse dann aber auch die gesamten Schulden übernehmen, die auf der Erbschaft lasten. Nun hat sich, laut Sachverhalt, aber die Situation geändert. Nach dem Gesetz der neueren Tabulae (*lex tabularum novarum*) tritt eine Befreiung von den Schulden ein. Der jüngere Bruder verlangt nun die Hälfte des Landes. Der Ältere redet dagegen.
Hier stellt sich zuerst die Frage, was unter der *lex tabularum novarum* zu verstehen ist. Unter *tabulae novae* werden nach Cicero neue Rechnungs- und Schuldbücher verstanden, durch die die alten Schuldposten ungültig erklärt wurden, ergo Schulderlass.[687] Der jüngere Bruder stellt darauf ab, dass sich die Grundlage der Erbauseinandersetzung geändert habe, weil nun keine Schulden mehr bestehen, während der ältere Bruder dies als einen Fall von *vis maior* darstellt. Hier verlangt der jüngere Bruder seine Erbschaft heraus. Er hätte also gegen den älteren Bruder die *hereditatis petitio* erheben müssen. Dieser kann der ältere Bruder aber nicht mit der *exceptio pacti* begegnen. Die *exceptio pacti* braucht nämlich nicht bei *bonae fidei iudicia* erhoben zu werden.[688] Die *hereditatis petitio* zählt zu den *bonae fidei iudicia.*[689] Genau besehen wird aber in dem Sachverhalt nur gesagt, dass der jüngere Bruder die Hälfte des Grundstücks heraus verlangt. Tatsächlich kann ein Erbe die in der Erbschaft enthaltenen Rechte auch einzeln geltend machen.[690] Es könnte sich im vorliegenden Fall also auch um die *rei vindicatio* handeln. Die Parallele im römischen Rechtsbrauch wäre dann gegeben.
Im gegenwärtigen deutschen Recht würde dieser Fall als Störung der Geschäftsgrundlage eingeordnet (§ 313 BGB). Die dem § 313 BGB zu Grunde liegende *clausula rebus sic stantibus* ist schon in der klassischen Zeit bekannt und wird auch in der *declamatio* andiskutiert. Die *clausula rebus sic stantibus* geht zumindest als Prinzip aus Ciceros De officiis 1.10.32 hervor (*...nec promissa igitur servanda sunt ea quae sint iis quibus promiseris inutilia, nec, si plus tibi ea noceant quam illi prosint cui promiseris ...*). Auch im griechischen Bereich 428 v. Chr. ist ihr tragender Gedanke zudem schon greifbar (Thukydides III. 9 - 15).[691] Der Realitätsbezug ist also vorhanden.

---

[687] Georges, Handwörterbuch II, Sp. 3005; näher dazu Végh, Ex pacto ius, S. 248.
[688] Halbwachs, Pactum, Sp. 134.
[689] Dazu Müller-Ehlen, Hereditatis petitio, S. 44.
[690] Kaser, Römisches Privatrecht, 1. Abschnitt, § 182 und § 99 II. 2; D.6.1.8.
[691] Scheibelreiter, Seebund, S. 371.

cc) Frauen in der Vererbung

Bezüglich der Rolle der Frau im Erbrecht sind zwei verschiedene Regelungen in den Deklamationen zu finden. In Quint. Decl. min. CCXLVII ist als Norm angegeben: *Bona mariti uxor accipiat.* Wobei hier, wie in der gesamten Bearbeitung, der Edition C. Ritters gefolgt wird, der das Wort *bona* ergänzt.[692]
In Quint. Decl. min. CCLXIV lautet die Norm: *Ne liceat mulieri nisi dimidiam partem bonorum dare.* Die Überschrift dieser Deklamation (*Fraus legis Voconiae*), die jedoch nicht dem Original angehörte[693], gibt einen Hinweis auf die *lex Voconia.*

Die Regelung aus Quint. Decl. min. CCXLVII scheint für sich genommen schwer mit dem römischen Recht vereinbar zu sein. Die Ehefrau *in manu* ist bei der Erbfolge nach *ius civile* ein Teil der Gruppe der *sui heredes.* Zu dieser Erbengruppe gehören außer ihr aber auch alle, die nach dem Tod des Erblassers *sui iuris* werden. Nach der prätorischen Erbfolge ist die *uxor in manu* ebenfalls Teil der ersten Erbengruppe, *unde liberi.* Zu der Gruppe *unde liberi* gehören alle blutsverwandten Abkömmlinge eines Erblassers und alle seine *sui heredes.*[694] Stand die Ehefrau nicht *in manu*, dann war sie nach *ius civile* gar nicht erbberechtigt und nach der prätorischen Erbfolge Angehörige der letzten Erbengruppe.[695] Es ist also keine rechtliche Regelung bekannt, nach der die Ehefrau sozusagen als Erbin erster Klasse das Vermögen erbt. Die in der Deklamation angegebene Regelung wird erst in Verbindung mit dem angegebenen Sachverhalt sinnvoll.
Der Sachverhalt der Quint. Decl. min. CCXLVII ist folgender: Ein reicher erwachsener Mann hatte ein Mädchen geraubt. Bevor das Mädchen eine Ehe wünschte, schickte er die Angehörigen mit einer Bitte um eine Hochzeit zu ihm. Nachdem das Mädchen die Bitte vernommen hat, schweigt es und weint. Der Mann ersticht sich. Bevor er stirbt, wünschte das Mädchen doch die Hochzeit. Die Angehörigen und die Ehefrau verlangen das Vermögen.
Vor dem Hintergrund dieses Sachverhalts wird die Regelung verständlich. Die *propinqui* werden nicht näher beschrieben, es ist also davon auszugehen, dass außer der Ehefrau keine *sui heredes* mehr vorhanden sind. Die Angehörigen sind wohl auch keine blutsverwandten Abkömmlinge. Sie verlangen trotzdem das Vermögen. Sowohl nach der zivilen, als auch nach der prätorischen Erbfolge sind die *propinqui* nur Angehörige der zweiten Erbengruppe. Diese erben in beiden Fällen erst, wenn aus der ersten Erbengruppe niemand existiert. In diesem Fall gibt es als Vertreterin der ersten Erbengruppe die Ehefrau. Sie hatte sich zwar sehr geschickt verhalten, indem sie den im Sterben liegenden dann doch noch heiratete, dennoch ist sie alleinige Vertreterin der ersten Erbengruppe. Vor diesem

[692] Ritter, Quintiliani Declamationes, S. 9.
[693] Weishaupt, lex Voconia, S. 21 - 25.
[694] Kaser/Knütel, § 66.
[695] Kaser/Knütel, § 66.

Hintergrund wird auch der Satz *bona mariti uxor accipiat* sinnvoll. Er ist jedoch eher eine Lösung dieses speziellen Falls, als eine Rechtsregelung. Zudem ist auch anzunehmen, dass die *manus*-Ehe in der Prinzipatszeit schon unüblich war.[696] Hier würde also verglichen mit dem realen Rechtsbrauch der Entstehungszeit der Kontroversien des neueren Typs ebenfalls eine Archaisierung des Rechtsbrauchs vorliegen.

Die Norm aus Quint. Decl. min. CCLXIV bringt die Überschrift mit der *lex Voconia* in Verbindung. Auch Elster und Querzoli[697] aus der neueren Literatur sehen diese Norm als ein Zitat aus der *lex Voconia*. Die Wendung *ne liceat mulieri nisi dimidiam partem bonorum dare* ist wegen der doppelten Verneinung durchaus schwierig zu übersetzen. In der Rede der Quint. Decl. min. CCLXIV, also in der *declamatio* an sich, ist diese Norm sinngemäß aber in einer anderen Formulierung verwendet: *Ne liceat mulieri plus quam dimidiam partem bonorum suorum relinquere* (es gehört sich nicht, einer Frau mehr als die Hälfte seines Vermögens zu hinterlassen). Vor diesem Hintergund ist der Inhalt der Norm aus Quint. Decl. min. CCLXIV wie folgt zu verstehen: Es gehört sich nicht, einer Frau etwas zu vererben - außer den halben Teil des Vermögens. In dem Sachverhalt ist eine Umgehung dieser Norm beschrieben: Einer setzte zwei Frauen zu halben Teilen als Erben ein. Die Kognaten fechten das Testament an. Der Testator hat also nicht einer Frau das gesamte Vermögen vererbt, sondern zwei Frauen je die Hälfte. Welche Verbindung aber haben die Norm und der Sachverhalt mit der *lex Voconia*?
Die *lex Voconia* von 169 v. Chr. enthielt wohl zwei Bestimmungen. Es wurde verboten, dass jemand ein Legat oder eine Schenkung von Todes wegen in größerer Höhe annahm, als der Anteil des Alleinerben oder aller Erben zusammen betrug. Der zweite Teil der *lex Voconia* bezieht sich wohl auf das Erbrecht von Frauen. Allen römischen Bürgern, deren Vermögen von den Zensoren auf mehr als 100 000 As geschätzt wurde, wurde untersagt, eine Frau als Erbin einzusetzen. Für das Vermögen von Frauen wurden vielleicht auch Höchstgrenzen festgelegt. Es gab wohl von Anfang an Möglichkeiten, diesen zweiten Teil der *lex Voconia* zu umgehen. Eine Möglichkeit war z.B. die Güter durch einen Fideikommiss zu hinterlassen, eine andere Möglichkeit bestand darin, kein Testament zu machen und das Intestaterbrecht zur Geltung kommen zu lassen. Die *lex Voconia* galt ohnehin - wie bereits erwähnt - nur für die Angehörigen der ersten Zensusklasse und hatte damit wenig Breitenwirkung.[698] Catos Worten zufolge war eine frauenfeindliche Tendenz beabsichtigt.[699] Aus der *declamatio*, der Rede

[696] Kaser, Römisches Privatrecht, 1. Abschnitt, § 76 (jedoch ohne Beleg); Mönich, Frauenschutz vor riskanten Geschäften, S. 36.
[697] Elster, Gesetze, S. 376; Querzoli, I Testamenta, S. 155.
[698] Elster, Gesetze, S. 376 ff; Weishaupt, lex Voconia, S. 1 ff; Wissowa, RE 24. Halbband, Sp. 2418 ff.
[699] Elster, Gesetze, S. 378; Höbenreich, Scylla, S. 105 - 111; auch Cicero, Rep. 3. 17 und D.1.5.9.

an sich, geht hervor, dass die *lex Voconia* gegen Frauen gerichtet war, ohne aber darüber hinaus den Schutz der männlichen Erben zu bezwecken (*ne feminae nimias opes possiderunt, ne potentia earum civitas premeretur. Hoc ergo adversus singulas constituit, et ad evitandas opes feminarum satis hoc quaesitum, ne uni peus quam dimidia pars patrimonii relinqueretur*).[700] In der Praxis wurde das Gesetz aber wohl meist umgangen. Die Rechtsfolge eines Verstoßes gegen die *lex Voconia* war wahrscheinlich nicht Unwirksamkeit des Rechtsgeschäfts, sondern eine andere Strafe.[701] Die *lex Voconia* wurde wohl nie explizit aufgehoben, sie wurde nach und nach ausgehöhlt. Spätestens zu Beginn des Prinzipats wurde das Verbot der Erbeinsetzung von Frauen gelockert.[702] Dies geschah schon mit Hilfe der *lex Iulia et Papia Poppea*.[703]

An diesem Punkt der Lockerung des Verbots der Erbeinsetzung von Frauen setzt die Verbindung zu dem Deklamationentext ein. Die offensichtliche Verbindung der Quint. Decl. min. CCLXIV wird nur durch die Überschrift hergestellt. Diese ist aber nicht historisch. Aus keiner anderen Quelle ist bekannt, dass eine Regelung, die es verbietet, eine Frau **für mehr als die Hälfte des Vermögens** als Erbin einzusetzen, in der *lex Voconia* existiert hat. Alle Quellen sprechen von einem generellen Verbot, eine Frau als Erbin einzusetzen.[704] Würden nur diese beiden Aspekte berücksichtigt, wäre eine Verbindung mit der Quint. Decl. min. CCLXIV durchaus zweifelhaft. Wird aber der Deklamationentext genauer untersucht, ist eine andere Lösung evident (*sed vel sic scripta lege, ne plus quam dimidia pars patrimonii ad feminas perveniret. Interrogo enim: si qui pluribus feminis, sed minores aliquanto portiones reliquerit, quae tamen computatae et in unum contractae plus quam semissem patrimonii efficiant ... ceterum quidem illud non caverunt leges, ne plures feminae eodem testamento scriberentur; non hercule magis, quam illud, ne plures hereditates iisdem feminis relinquerentur*). Der Testator aus dem Sachverhalt hat wohl mit der Methode, jeder Frau die Hälfte zu vererben, eine Umgehung der in der Deklamation angegebenen Norm erreicht. Es kommt dem Erblasser also nicht darauf an, einer bestimmten Person, die zufällig eine Frau ist, sein Vermögen zu vererben, es kommt ihm vielmehr darauf an, sein Vermögen an Personen zu vererben, die Frauen sind. Vielleicht gönnt er sein Vermögen keinem männlichen Nachkommen. Dies macht aber auch deutlich, dass die in der *declamatio* genannte Norm einen frauenfeindlichen Charakter haben muss. Genau hier ist die Verbindung zur *lex Voconia* zu finden.

Wie aber sind die unterschiedlichen Aussagen der übrigen Quellen und der Quint. Decl. min. CCLXIV über den Inhalt der *lex Voconia* zu erklären? Die Norm der *declamatio* spricht von einem Erbeinsetzungsverbot von Frauen erst ab über der Hälfte des Vermögens, alle übrigen Quellen sprechen von einem generellen Er-

---

[700] Weishaupt, lex Voconia, S. 21 - 25.

[701] Siehe *nota censoria*; Elster, Gesetze, S. 374 - 380.

[702] Elster, Gesetze, S. 374 - 380

[703] van der Meer, Made for men, S. 134 ff.

[704] Elster, Gesetze, S. 374 - 380.

beinsetzungsverbot von Frauen. Die Erklärung dafür ist folgende: Die *Declamationes minores* sind erst nach 68 n. Chr. entstanden. Noch zu republikanischer Zeit oder spätestens im frühen Prinzipat traten die Lockerungen des Frauenerbeinsetzungsverbots auf.[705] Der Prinzipat beginnt bereits 27 v. Chr. mit Augustus. Es ist also durchaus möglich, dass die Norm aus Quint. Decl. min. CCXLIV eine dieser Lockerungen dokumentiert. Die Verbindung dieser Norm zur römischen Rechtspraxis bleibt also vor dem Hintergrund durchaus möglich.[706]

dd) Der Fideikommiss

In Quint. Decl. min. CCCXXV vererbt ein reicher Mann sein Vermögen als Fideikommiss. Der Reiche hatte einen armen Nachbarn. Mit dessen Frau hatte er ein Verhältnis. Davon wußte der Arme. Der Arme wurde wegen Kuppelei angeklagt, aber frei gesprochen. Der Reiche setzt den Armen als Erben ein mit dem Zusatz: *peto, ut hanc hereditatem restituas ei, cui rogavi.* Die Ehefrau verlangt von dem Armen die Erbschaft, weil diese ihr angeblich als Fideikommiss zugedacht war.

In der Republik ist das *fideicommissum* noch nicht einklagbar. *Fideicommissum* ist ursprünglich eine formlose Bitte des Erblassers. Die Erfüllung dieser Bitte **überlässt** der Erblasser der **Treue** des anderen. Aus dem *fideicommissum* entstand eine sittliche aber keine rechtliche Verpflichtung. Augustus hat für Fideikommisse erstmals einen Rechtszwang in Einzelfällen eröffnet, aus denen sich dann eine allgemeine Anerkennung der Klagbarkeit entwickelt hat (I.2.23.1und I.2.25. pr.).[707] Es wurde jedoch nicht der ordentliche Rechtsweg, sondern die *extraordinaria cognitio* vor dem Konsul, in den Provinzen vor dem Statthalter gewährt.[708] Das Fideikommiss ist formfrei, üblich sind aber Worte wie *peto* oder *rogo*,[709] welche auch in der Quint. Decl. min. CCCXXV vorkommen. Im vorliegenden Fall soll der arme Mann die Erbschaft an seine Frau weitergeben. Nach Gaius 2, 285 werden dem Erblasser mit Hilfe eines Fideikommisses Zuwendungen ermöglicht, die sonst gar nicht oder nur eingeschränkt möglich waren, wie z.B. die Vererbung des gesamten Vermögens an eine Frau.[710] Es könnte sich hierbei also ebenfalls um einen Fall handeln, bei dem die Regelungen der *lex Voconia* ungangen werden soll. Wäre dies nicht der Fall, so wäre keine Begründung dafür ersichtlich, warum der Reiche der Frau das Vermögen nicht direkt hinterließe.

---

705 Elster. Gesetze, S. 374 - 380.

706 Im griechischen Bereich, so z.B. in Gortyn, war auch eine Beschränkung des Erbrechts von Frauen bekannt. Doch dort war es sogar untersagt, einer Tochter mehr als die Hälfte dessen zu vererben, was jeder Sohn beanspruchen konnte (Link, Frau in Gortyn, S. 232).

707 Kaser/Knütel, § 77. I.

708 Kaser/Knütel, § 77 I.

709 Kaser/Knütel, §77 II.

710 Kaser/Knütel, § 77 I.

nt. Decl. min. CCCXVIII enthält keine Norm. Der Fall befasst sich mit dem ideikommiss. Ein Mann setzte in seinem Testament einen Freund als Erben ein. Der Erblasser verlangte aber von dem Freund, dass er einem von den beiden Freigelassenen, die er hinterließ, 10 000 geben solle (die Währung wird nicht angegeben, was auf eine Blankettzahl schließen lässt). Welcher von beiden Freigelassenen das Geld erhalten sollte, stand im Belieben des Erben. Einer der beiden Freigelassenen verlangte das Geld, ein Gerichtsverfahren wurde angestrengt. Der Kläger unterlag. Jetzt verlangt der andere das Geld.
Der Erblasser bestellt ein Fideikommiss zugunsten eines Freigelassenen. Der entscheidende Satz lautet: *Testamento quidam instituit heredem amicum et petit ab eo, ut ex duobus libertis, quos relinquebat, utri vellet, decem milia daret.* Die entscheidende Worte für die Klassifikation des Fideikommisses sind *petit* und *daret*. Der Erblasser bittet den Erben, er solle die Summe auszahlen. Dadurch wird deutlich, dass der Erbe zuerst Eigentümer des Geldes wird, dieser wird dann lediglich gebeten, den Geldbetrag auszuzahlen.

Wie verhält es sich aber mit dieser Unklarheit bezüglich des Begünstigten? Es handelt sich hier um ein Fideikommiss, das mehreren Wahlweise vermacht wird. Dies ist laut D.31.16 möglich und ist meist mit einem Wahlrecht des Erben verbunden. D.31.16 besagt: „Wenn ein Vermächtnis dem Titius oder dem Sejus, welchem der Erbe wolle, ausgesetzt ist, so wird der Erbe durch Entrichtung an den einen gegen beide befreit; entrichtet er es keinem, so kann jeder ebenso darauf klagen, als wenn es ihm allein vermacht wäre; denn sowie durch eine Stipualtion zwei Mitgläubiger (*duo rei*) gemacht werden können, so kann dies auch durch ein Testament geschehen."[711] Obwohl sich diese Aussage auf ein Legat bezieht, kann sie wohl auch für Fideikommisse herangezogen werden, weil sich ihre Wirksamkeitsanforderungen im Prinzipat schon an die für Legate angeglichen haben.[712] Der Sachverhalt der Quint. Decl. min. CCCXVII hält sich aber nicht an diese Lösung. Der Sachverhalt besagt nämlich, dass der eine Freigelassene gefordert hatte und auch ein *iudicium* erwirkt habe. Er sei letztlich aber unterlegen. Es ist anzumerken, dass Marcellus Leben in das zweite Jahrhundert nach Christus fällt (wobei biographisch nur gesichert ist, dass er sowohl dem *consilium* des Kaisers Antonius Pius, 138 bis 161, als auch dem *consilium* des Kaisers Mark Aurel, 161 bis 180, angehörte)[713]. Quintilian, der 100 Jahre früher gelebt hat, konnte dessen Ansicht also nicht kennen. Selbst wenn mit dem größten Teil der Forschung angenommen wird, dass die *Declamationes minores* nicht von Quintilian selbst herrühren, sondern von einem oder mehreren seiner Schüler, dürften auch diese die *libri digestorum*, die zwischen 161 und 167 entstanden sind[714], nur schwerlich gekannt haben. Trotzdem bleibt die Frage offen, die auch

[711] Übersetzung von Otto, Schilling, Sintenis, Corpus Iuris Civilis Bd. 3, S. 288.
[712] Kaser, Römisches Privatrecht, 1. Abschnitt, § 189, V.
[713] Kupisch in Stolleis, Juristen, S. 405 f.
[714] Kupisch in Stolleis, Juristen, S. 405.

in der Rede der Quint. Decl. min. CCCXVIII nicht beantwortet wird, warum der Freigelassene, der zuerst forderte, im *iudicium* unterlegen war. Es muss sich bei dem *iudicium* um den Urteilsspruch nach der *extraordinaria cognitio* handeln. Es ist anzunehmen, dass der erste Fordernde deshalb unterlag, weil dem Erben die Wahl oblag, an wen er das *fideicommissum* auszahlen wollte. Das zeigt aber noch einmal deutlich, dass Quint. Decl. min. CCCXVII nicht mit D.31.16 vereinbar ist.

ee) Vererbung durch Freigelassene

Obwohl es vom Wortlaut nicht unbedingt zu erfassen ist, bezieht sich die Norm aus Calp. Flac. 14 *libertorum bona ad patronos pertineat* auf das Erbrecht. Obwohl in der Norm selbst mit keinem Wort auf den Erbfall oder auf den Tod eines Beteiligten hingewiesen wird, ist der Bezug zum Erbrecht aus dem Kontext zu schließen. Der Sachverhalt handelt von einem Vater, der einen seiner beiden Söhne enterbt hatte. Der Vater hatte Schulden und fiel in Schuldknechtschaft. Der enterbte Sohn löste ihn aus und emanzipierte ihn. Als der Vater stirbt, erhebt er Anspruch auf das gesamte Vermögen des Vaters. Der Sohn sieht sich als Freilasser des Vaters. Diese juristische Stellung kommt ihm freilich nicht zu, da der Schuldner durch die Personalexekution nur eine faktische Einbuße seiner Freiheit und keine rechtliche erleidet.[715] Dem Sohn kann rechtlich die Stellung eines Freilassers also nicht zukommen. Dennoch bezieht sich die Norm auf die Regelung, nach der der Freigelassene (*libertus*) nach römischem Recht nach der Freilassung in das Patronat des Freilassers fällt, der den Freigelassenen - für den Fall, dass dieser ohne *sui heredes* stirbt - beerbt. Im vorliegenden Fall könnte sich der enterbte Sohn nicht einmal auf diese Norm berufen, da noch ein nicht Enterbter existiert, nämlich der nicht enterbte Bruder. Darüber hinaus gibt die Norm aus Calp. Flac. 14 den römischen Rechtsbrauch nur sehr ungenau wieder. Der Punkt, dass der Freilasser nur erbt, wenn keine *sui heredes* des Freigelassenen existieren, wird nämlich nicht erwähnt.

ff) *Abdicatio*

Die Enterbung ist in den Deklamationen des Prinzipats sehr beliebt. In 39 Deklamationen wird auf sie eingegangen. In Quint. Decl. min. CCCLXXI und in Quint. Decl. min. CCCLXXIII lautet eine Norm: *Abdicare liceat*. In Quint. Decl. min. CCCLXXIV und in Calp. Flac. 14 wird dies noch konkretisiert durch die Norm *abdicatus de paternis nihil habeat* (der Enterbte soll von den Gütern des Vaters nichts haben). *Abdicare et recusare liceat* in Quint. Decl. mai. IX und in Quint. Decl. min. CCLXXXVI enthält im Vergleich zu der Norm *abdicare liceat* durch das *recusare* noch ein zweites Element. Den bei weitem größten Anteil der Enterbung in den Deklamationen des Prinzipats machen aber Fälle aus, in denen die

---

[715] Kaser, Römisches Privatrecht, 1. Abschnitt, § 71.

Enterbung nicht in einer Norm angesprochen wird, sondern durch den Sachverhalt verdeutlicht wird. Auf diese Weise taucht die Enterbung in Sen. contr. 1.1, Sen contr. 1.6, Sen. contr. 2.1, Sen. contr. 3.3, Sen. contr. 3.4, Sen. contr. 4.3, Sen. contr. 4.5, Sen. contr. 5.2, Sen. contr. 7.1, Sen. contr. 8.3, Sen. contr. 8.5, Quint. Decl. min. CCLVI, Quint. Decl. min. CCLVII, Quint. Decl. min. CCLIX, Quint. Decl. min. CCLXVIII, Quint. Decl. min. CCLXXI, Quint. Decl. min. CCLXXXIII, Quint. Decl. min. CCLXXXVI, Quint. Decl. min. CCXC, Quint. Decl. min. CCXCI, Quint. Decl. min. CCXCV, Quint. Decl. min. CCXCVIII, Quint. Decl. min. CCC, Quint. Decl. min. CCCX, Quint. Decl. min. CCCLVI, Quint. Decl. min. CCCLVI, Quint. Decl. min. CCCLXXVI, Quint. Decl. min. CCCLXXVIII, Quint. Decl. min. CCCLXXXVII, Calp. Flac. 18, Calp. Flac. 19 und Calp. Flac. 37 auf. Auffällig ist, dass in den *Declamationes maiores* keine Enterbung ohne Norm vorkommt. Sen. contr. 6.1 liefert zusätzlich noch einen Vertrag zum Verzicht auf das Widerspruchsrecht bei der Enterbung.

Die Aussagen über Enterbung in den Deklamationen stehen fast ausnahmslos in Verbindung mit der Enterbung eines Sohnes. Angehörige der *sui heredes* eines Erblassers, darunter zählen auch die Haussöhne, konnten enterbt werden. Sie durften aber nicht übergangen werden. Das bedeutet, dass Söhne, die zum Zeitpunkt der Testamentserrichtung in der Gewalt des Erblassers standen, vom Erblasser einzeln mit Namen im Testament enterbt werden mussten. Die Haussöhne mussten auf diese Weise entweder im Testament als Erbe eingesetzt oder enterbt werden. Wurde ein Haussohn mit einem kleineren als dem gesetzlichen Erbteil im Testament berücksichtigt, galt er nicht als enterbt. Ist ein Haussohn aber weder als Erbe eingesetzt, noch namentlich enterbt, sondern übergangen worden, dann war das Testament insgesamt nichtig. Andere *sui heredes* mussten nicht namentlich genannt werden. Sie konnten gemeinsam, *inter ceteros*, enterbt werden. Wurden diese übrigen *sui heredes* übergangen, dann blieb das Testament zwar insgesamt gültig, die Übergangenen wurden aber mit einem Kopfteil bedacht. Der Enterbte bekam nichts von der Erbmasse.[716]

Schon dieser gesetzliche Zustand macht deutlich, welch herausgehobene Stellung den Söhnen beim Erben in der patriarchalischen römischen Gesellschaft zukam. Das spiegelt sich auch in den Sachverhalten wieder. Häufig will der Vater einen Sohn mit der Enterbung bestrafen.

In der bäuerlichen Zeit der frühen Republik hatte die Enterbung von *sui heredes* häufig den Zweck, den gesamten Hof als eine Wirtschaftseinheit an einen Sohn zu vererben. Später dann wurde die Enterbung als Bestrafung dessen benutzt, der sich dem Erblasser gegenüber ehrlos oder pflichtwidrig verhalten hatte.[717] Auf diese Situation wird in den Deklamationen angespielt. In Calp. Flac. 37 geht es um einen Fall[718], in dem sowohl der Vater als auch der Sohn ein Verhältnis mit

---

[716] Kaser/Knütel, § 69.

[717] Kaser/Knütel, §69 II; Paulus, Verrechtlichung der Familienbeziehungen, S. 426.

[718] Dazu auch Sirks, Playboy, S. 710 ff.

einer Prostituierten hatten. Der Vater gab dem Sohn Geld, damit er die Prostituierte freikaufen sollte, die der Vater liebte. Der Sohn kaufte aber die Dirne frei, die er selbst liebte. Darauf enterbte der Vater den Sohn. Dieser Sachverhalt ist ein typisches Beispiel dafür, dass die Enterbung die Funktion einer Bestrafung erfüllt. Dies zeigt auch der Sachverhalt in Sen. contr. 1.1, wo sich zwei Brüder zerstritten hatten. Der eine hatte einen Sohn. Als der Onkel bedürftig wurde, half ihm der Neffe gegen den Willen des Vaters. Der Vater enterbte den Sohn. Einige Zeit danach wurde der Onkel reich. Er adoptierte nun seinen Neffen. Darauf wurde der leibliche Vater bedürftig. Der Sohn half ihm gegen den Willen seines Adoptivvaters und wurde von diesem zur Strafe enterbt.
Der Fall aus Sen. contr. 1.6 mutet sehr phantastisch an: Ein Mann wurde von Piraten gefangen genommen, er bat den Vater um Hilfe. Dieser verweigerte die Hilfe. Der Mann kam mit dem Versprechen frei, die Tochter des Piratenhauptmanns zu heiraten. Er kehrte nach Hause zurück und heiratete die Piratentochter. Der Vater wollte aber, dass der Sohn eine Witwe heiratete. Der Sohn verweigerte das. Nun enterbte der Vater ihn. Das Stück enthält die Streitreden beider Parteien, also sowohl eine Rede für den Vater als auch eine für den Sohn. Obwohl der Sachverhalt hier sehr märchenhaft wirkt, wird die Problematik zutreffend dargestellt. Obgleich der Sohn sich nämlich moralisch richtig verhält, missbraucht der Vater moralisch gesehen seine Testierfreiheit und enterbt den Sohn.Eine grundlose Enterbung widerspricht der Pietätspflicht (*contra officium pietatis*).[719]
Um dieser Tendenz, die sich gegen das römische Familienempfinden wendet, das der *familia* als kleinstem Rechtskreis einen hohen Stellenwert beimisst, entgegen zu wirken, entstand die *querela inofficiosi testamenti*[720]. Mit dieser Klage kann das Testament, das die nächsten Angehörigen nicht hinreichend bedenkt, als pflichtwidrig angefochten werden. Die Folge einer wirksamen Anfechtung ist, dass die Intestaterbfolge eintritt. Um das Testament der Anfechtung entziehen zu können, ist ein Bedenken der *sui heredes* mit einem Pflichtteil notwendig.[721] Die *querela inofficiosi testamenti* entsteht in der Prinzipatszeit nach Vorstufen in der späten Republik. Sie wird in einem Verfahren durchgeführt, das teilweise von den allgemeinen Regeln abweicht. Dieses Verfahren beruht auf keinem Gesetz und gibt dem richterlichen Ermessen viel Spielraum. Das Verfahren wird bei größeren Erbschaften in Rom vor einem Zentumviralgericht auf Grund einer *sponsio praeiudicialis* mittels *legis actio sacramento in personam* durchgeführt. Bei kleineren Erbschaften wird im Formularprozess vorgegangen. Die Frage nach der Pflichtwidrigkeit, der sich der Erblasser schuldig gemacht haben soll, wird nicht als rechtliche Frage, sondern als Frage der sozialen Sitte eingestuft. Sie wird damit zu einer Ermessensfrage, die sich an der Billigkeit orientiert und eröffnet der Gerichtsrhetorik ein weites Feld.[722] Als bevorzugtes Argument, das die Pflicht-

---

[719] Kaser, Römisches Privatrecht, 1. Abschnitt, § 173 I.
[720] Paulus, Verrechtlichung der Familienbeziehungen, S. 426.
[721] Kaser/Knütel, § 69 II.
[722] Kaser/Knütel, § 70 I. 1.

widrigkeit beweisen sollte, wurde häufig vorgebracht, dass der Erblasser in geistiger Umnachtung (*insania*) gehandelt habe. Wurde in der Entscheidung Pflichtwidrigkeit festgestellt, ist das gesamte Testament entkräftet worden. Hätte man das Testament in den besagten Fällen tatsächlich als das Testament eines Geisteskranken angesehen, wäre das Testament von Anfang an nichtig gewesen. Dies war aber nicht der Fall. Obwohl die Begründung der geistigen Verwirrtheit von Fall zu Fall wohl die Richter überzeugte, war das *testamentum inofficiosum de iure* aber gültig, solange die Pflichtwidrigkeit nicht gerichtlich festgestellt worden war.[723]

Der Fall aus Sen. contr. 6.1 stellt sich wie folgt dar: Ein Bruder gibt dem anderen Bruder, der enterbt worden ist, ein Chirographum, das besagt, dass er dem anderen Bruder, wenn dieser der Enterbung nicht widerspräche, die Hälfte der Erbschaft geben würde. Darauf wird auch er enterbt. Ein Chirographum ist eine zeugenlose, eigenhändig geschriebene und durch die Handschrift beweiskräftige, subjektiv, in der ersten Person verfasste Erklärung.[724] Der eine Bruder könnte also für den Verzicht auf sein Recht, eine *querela inofficiosi testamenti* anzustrengen, die Hälfte der Erbschaft von dem anderen Bruder erhalten haben. Der Vater lebte zu der Zeit des Vertragsabschlusses aber noch. Wie D.39.5.29.2 zeigt, werden aber Verträge über die künftige Erbschaft eines noch lebenden Dritten als *contra bonos mores* angesehen und waren wohl nichtig.[725] Der Sohn, der das Chirographum ausgestellt hatte, verhielt sich dem Vater gegenüber ehrlos und pflichtwidrig, weil er sich nicht an die Bestimmungen des Vaters hielt. Der Vater enterbte ihn also nicht grundlos. Auf diese Argumentation stützt sich auch die Rede für den Vater in Sen. contr. 6.1. Der Sohn hingegen stützt sich natürlich auf das Argument, dass der Vater schon den ersten Sohn nicht habe enterben dürfen.
Wird der Realitätsbezug dieser Enterbungsfälle zum römischen Recht des Prinzipats untersucht, tritt jedoch gerade im Hinblick auf die *querela inofficiosi testamenti* ein unvereinbarer Widerspruch auf. Die Erblasser, die die Enterbungen aussprechen, sind zu dem Zeitpunkt, zu dem der Enterbte gegen die Enterbung vorgeht, noch am Leben. Eine *querela inofficiosi testamenti* konnte aber erst nach Eintritt des Erbfalls, also nach dem Tod des Erblassers, gegen den Testamentserben geltend gemacht werden[726]. Zudem ist es auffällig, dass stets *abdicare* und nicht das eher zu erwartende *exhereditare* verwendet wird. *Abdicare* bedeutet aber „eine Person von Haus und Hof jagen“[727], also verstoßen. Über die erbrechtliche Ebene trifft der Begriff primär keine Aussage. Möglich ist es daher, dass hier in den Sachverhalten eine Anlehnung an die griechische Rechtspraxis zu

[723] Kaser/Knütel, § 70 I. 1.
[724] Kaser, Römisches Privatrecht, I. Abschnitt, § 57, IV 2.
[725] Kaser/Knütel, § 66 IV 2.
[726] Kaser, Römisches Privatrecht, I. Abschnitt, § 173, I 2.
[727] Georges, Handwörterbuch I, Sp. 8 f.

erkennen ist. Die griechische *apokèruxis* wurde aber vom Richter ausgesprochen.[728] Sie entspricht also nicht der Verwendung in den Kontroversien, weil hier der Vater selbst die *abdicatio* ausspricht. Tatsächlich gibt es aber auch einen römischen Fall der *abdicatio* bei Valerius Maximus.[729] Hier hat Torquatus Sohn Silanus Schmiergelder angenommen. Torquatus entscheidet, dass Silanus „jetzt seines Hauses unwürdig sei und befiehlt ihm, sich aus" seinem „Blickfeld zu entfernen".[730] Allgemein wurde mit *abdicatio* eine *relegatio* zu einem Landgut des *pater familias* bezeichnet. Dadurch war der Sohn vom Mittelpunkt der Familie und dem Ahnenkult ausgeschlossen. Der Sohn verblieb aber in der *patria potestas*. Sirks sieht in der Emanzipation eine Verschärfung der *abdicatio*. Zu der *abdicatio* konnte dann noch eine Enterbung kommen. Ohne diese zusätzliche Enterbung blieb die *abdicatio* aber ohne rechtliche Konsequenzen. Aus sozialer Sicht war sie natürlich vernichtend, so Sirks.[731]
Diese Betrachtung setzt die zuvor behandelten Kontroversien in einen gänzlich anderen Zusammenhang. Sie macht deutlich, dass die behandelten Probleme nicht im rechtlichen, sondern im sittlichen Bereich verortet sind. Genau besehen ist dies für Übungsstücke, die die Kontroversien hauptsächlich waren, im erbrechtlichen Bereich nicht ungünstig. Der gesamte Bereich der *querela inofficiosi testamenti* ist ebenfalls eng mit der sozialen Sitte verwoben. Die Fragen, über die das Gericht zu entscheiden hatte, waren keine rechtlichen, sondern - wie zuvor im *regimen morum* des Zensors - eine der sozialen Sitte.[732] Daher sind Fälle, die eine *abdicatio*, also ausschließlich die soziale Seite behandeln, eine geeignete Vorübung zum Sammeln von Argumenten für das Verfahren einer *querela inofficiosi testamenti*.

f) Rechtsregeln aus dem übrigen privatrechtlichen Themenbereich

Abgesehen von den erbrechtlichen Normen sind in den Deklamationen zahlreiche Rechtsregeln zu finden, die sich mit Themen aus dem *ius privatum* befassen. Die Regelungsbereiche dieser Normen reichen von der Gültigkeit von Geschäften im allgemeinen, über den Eidschwur unter Eheleuten, Verwahrung, Bürgschaft, Schuldknechtschaft und Gesellschaft bis hin zu Steuerpacht.

aa) Über die Gültigkeit von Geschäften im allgemeinen

Zwei unterschiedliche Rechtsregeln befassen sich in den Deklamationen Senecas des Älteren mit der Gültigkeit von Geschäften.

---

[728] Sirks, Playboy, S. 712; Düll, Iudicium domesticum, S. 66 - 114.
[729] Valerius Maximus, 5, 8, 3; Sirks, Playboy, S. 712.
[730] Sirks, Playboy, S. 712.
[731] Sirks, Playboy, S. 712.
[732] Kaser, Römisches Privatrecht 1. Abschnitt, § 173 I.

In Sen. contr. 4.8 und Sen. contr. 9.3 geht es darum, dass man für Geschäfte, die unter Zwang oder Furcht getätigt worden sind, nicht einzustehen hat. In Sen. contr. 4.8 ist die Formulierung *per vim metumque gesta irrita sint* zu lesen. In Sen. contr. 9.3 lautet die Formulierung etwas anders: *Per vim metumque gesta ne sint rata.* Hier ist noch die Norm *pacta conventa legibus facta rata sint* angefügt. Dieser fehlt jedoch in Sen. contr. 4.8.
Bei der Norm aus Sen. contr. 4.8 und Sen. contr. 9.3 ist von Interesse, dass hier von *gesta* geredet wird. Die Formulierung ist also sehr breit gewählt. Demnach sind nicht nur Kontrakte, die unter Zwang und Furcht geschlossen sind, ungültig, es sind vielmehr alle Geschäfte ungültig, die unter Zwang und Furcht geschlossen sind, so sagen es zumindest die Normen aus den beiden Kontroversien Senecas des Älteren. *Gesta* hier mit **Rechts**-Geschäft zu übersetzen würde dem antiken Verständnis, das nicht die straffe pandektistische Dogmatik inne hatte, widersprechen. Die Formulierung in den beiden Kontroversien ist verglichen mit dem römischen Rechtsbrauch sehr ungenau. Das unter *vis* oder *metus* zustande gekommene Geschäft ist nämlich im römischen Recht, gleichgültig, ob es förmlich oder formfrei zustande gekommen ist, regelmäßig gültig.[733] Unbenommen davon gibt es seit 71 v. Chr. eine Entwicklung, die diese Geschäfte nach prätorischem Recht entkräftet. Genannt sei hier nur die *formula Octaviana*, durch die im Edikt erstmals eine Klage auf Rückgabe des durch Gewalt oder Drohung Erlangten festgesetzt wird.[734] Die *in integrum restitutio*, die *actio quod metus causa*, die *actio arbitraria* und die *exceptio metus* sind bekannte Stationen dieser Entwicklung.[735] Diese prätorische Rechtsfortbildung ändert aber nichts an dem zivilrechtlichen Zustand der Rechtsgeschäfte, die unter Zwang oder Furcht entstanden sind. Die prätorische Entwicklung ist in der Prinzipatszeit schon längst so weit, dass - untechnisch gesprochen - durch die prätorischen Rechtsmittel jemand an die Rechtsgeschäfte, die er unter Zwang oder Furcht einging, faktisch nicht gebunden war. In den Kontroversien werden die Worte *irrita* und *ne rata* verwandt. Diese sind beide mit „ungültig“ zu übersetzen. Die Rechtsregel aus den Kontroversien Senecas ist also in beiden Formulierungsvarianten juristisch sehr ungenau.
Bonner ordnet die Rechtsregel in die Gruppe der Rechtsregeln ein, zu denen Parallelen im römischen Recht existieren. Er geht aber mit keinem Wort auf die Ungültigkeitsproblematik ein.[736]
Die Norm, die der Rechtsregel in Sen. contr. 9.3 angefügt ist, *pacta conventa legibus facta sint*, erinnert an den Rechtssatz *pacta sunt servanda*. Dieser ist jedoch erst im vierten oder fünften Jahrhundert nach Christus entstanden.[737] Seneca der Ältere starb aber schon 40 n. Chr. Er kann ihm also nicht bekannt gewesen sein. Trotzdem ist der Grundgedanke der Regel, dass auch Pakte zu halten sind,

---

[733] Kaser, Römisches Privatrecht, 1. Abschnitt, § 59 III.
[734] Kaser, Römisches Privatrecht, 1. Abschnitt, § 59 III; Kaser/Knütel, § 8, IV.
[735] Kaser, Römisches Privatrecht, 1. Abschnitt, § 59.
[736] Bonner, Roman Declamation, S. 114 f.
[737] Honsell, Römisches Recht, S. 220.

weil andernfalls die Leistung eingeklagt werden könnte, schon in der Klassik präsent. Die später als *pacta vestita* bezeichneten Pakte, für die der Prätor eine Klage schuf, waren klagbar.[738] Aufgrund des Instituts der *stipulatio*, mit deren Hilfe Obligationen nach Wunsch abgesichert werden konnten, fehlte im klassischen römischen Recht die Notwendigkeit für solch eine explizite Formulierung des *pacta sunt servanda* - Grundsatzes. Die Norm aus Sen. contr. 9.3 entspricht also dem klassischen Rechtsbrauch, ist aber sehr ungenau gefasst. Ein Widerspruch zu *per vim metumque gesta ne sint rata* besteht seit der Entwicklung des prätorischen Rechts nicht mehr, da der Rechtsbrauch im Prinzipat schon zu einem umfassenden Schutz vor Zwang und Drohung ausgebildet war[739].

bb) Ein unter Eheleuten geschworener Eid

Im Sachverhalt der Sen. contr. 2.2 geht es darum, dass ein Ehemann und eine Ehefrau sich gegenseitig schwören, dass sich der eine beim Tod des anderen umbringen würde. Der Ehemann ging auf Reisen und sandte der Ehefrau die Nachricht zu, dass er gestorben sei. Die Frau stürzte sich vom Felsen, überlebte aber den Sturz. Ihr Vater befahl ihr, den tatsächlich lebenden Ehemann zu verlassen. Sie weigerte sich und wird vom Vater verstoßen.

Das Versprechen zwischen den Eheleuten wird im Sachverhalt als *iusiurandum* bezeichnet. Das *iusiurandum*, das ein beliebtes Beweismittel im Zivilprozess ist[740], hat seine Wurzel im altrömischen Recht. Mit dem *iusiurandum* bekräftigt der Schwörende seine Aussage im *sacramentum*. Es handelt sich dabei um eine bedingte Selbstverfluchung. Die Bedingung, bei der die Verfluchung eintritt, ist die Unwahrheit der behaupteten Aussage. Wäre die Aussage unwahr, dann würde eine vernichtende Macht der Götter wirken. Das *iusiurandum* hängt also eng mit der archaischen römischen Rechtsauffassung der Frühzeit zusammen. Recht, Religion und Staatswesen sind noch viel stärker als in der Republik und im Prinzipat miteinander verbunden. Eine Trennung dieser Elemente ist nicht möglich. Bestimmte Elemente wirken weiter über die archaische Zeit hinaus und verlieren ihren verbindenden Charakter nicht. Ein Beispiel dafür ist eben das *iusiurandum*, das sogar noch im Kognitionsprozess des späten Prinzipats verwandt wird.[741]

Die Frage, die bezüglich des Sachverhalts aus Sen. contr. 2.2 auftauchen könnte, nämlich die Frage nach der Sittenwidrigkeit des Eides, der das Selbstmordversprechen des überlebenden Ehepartners enthält, stellt sich in der klassischen Zeit nicht. Das *iusiurandum* ist streng genommen nicht im System des *ius civile* integriert, es ist ein Relikt aus der archaischen Zeit. Das Kriterium der *boni mores* und die damit verbundene Unwirksamkeit des Rechtsgeschäfts bei einem Verstoß gegen diese, greift beim Eid nicht, weil die Erfüllung ohnehin nicht einklagbar ist.

---

[738] Honsell, Römisches Recht, S. 220.

[739] Liebs, Römisches Recht, S. 219 f.

[740] Kaser, Römisches Privatrecht, 1. Abschnitt, § 4 II.

[741] Kaser, Römisches Privatrecht, 1. Abschnitt, § 4 II.

Als sittenwidrig werden nur Eide verstanden, die auf eine verbotene Religion geschworen werden (D.12.2.5.§ 4). Die Sanktion eines Verstoßes liegt auf transzendenter Ebene, aber nicht im Bereich des *ius civile*.[742] Der Realitätsbezug befindet sich hier auf sittlich-religiöser Ebene.

cc) Verwahrung (*depositum*)

Die drei Normen, die sich mit der Verwahrung befassen, sind in den *Declamationes minores* des Quintilian zu finden. Die Norm aus Quint. Decl. min. CCXLV besagt: Wer ein anvertrautes Gut ableugnet, schuldet das Vierfache (*qui depositum infitiatus fuerit, quadruplum solvat*). Die Norm aus Quint. Decl. min. CCLXIX besagt, dass es eine *actio depositi* gibt (*depositi sit actio*). *Qui depositum perdiderit, iuret et sibi habeat* lautet die Norm aus Quint. Decl. min. CCCLXI. Sie regelt demnach den Fall, dass jemand ein Gut, das er in Verwahrung hat, verliert. Die Anzahl der Normen in den Deklamationen des neueren Typs, die sich mit dem Thema „Verwahrung" befassen, ist nicht sehr groß. Alle drei Normen sind sprachlich sehr präzise gefasst. In Quint. Decl. min. CCCLIII fehlt die Norm. Es handelt sich hier trotzdem um ein *depositum*. Im Sachverhalt ist angegeben, dass eine *lis de integro* angestrengt wird (*de integro lis est*). Dies bezieht sich allerdings darauf, dass aufgrund der Folterung der beteiligten Verwalter der Prozess erneut aufgerollt wird. Es handelt sich hier also nicht um ein materiellrechtliches Problem der Verwahrung, sondern um ein prozessrechtliches Problem.

Bei dem *depositum* übergibt der Hinterleger eine bewegliche Sache in die unentgeltliche Obhut des Verwahrers. Der Verwahrer hat die Sache zurückzugeben, sobald der Hinterleger dies verlangt. Der Verwahrer haftet für die ordnungsgemäße Rückgabe. Diese ordnungsgemäße Rückgabe kann der Hinterleger mit der *actio depositi* fordern. Im Prinzipat hat sich die Haftung schon von einer deliktischen zu einer kontraktischen entwickelt.[743] Bezüglich der *actio depositi* stimmt also das Recht in den Deklamationen des Prinzipats mit der Rechtsrealität des Prinzipats überein.

Die Norm aus Quint. Decl. min. CCXLV bezieht sich auch auf die *actio depositi*. Schon die Zwölftafeln gewähren bei Geltendmachung mittels der *actio depositi* dem Eigentümer bei Unterschlagung der verwahrten Sache eine Zahlung des doppelten Werts der Sache.[744] In der Norm aus Quint. Decl. min. CCXLV wird aber eindeutig auf den vierfachen Wert der Sache (*quadruplum*) abgestellt. Auch in dem Sachverhalt der Quint. Decl. min. CCCLXI wird das Vierfache gefordert (*quidam cum depositum furto amisisset, iuravit. postea furem damnavit: exegit*

---

[742] Kaser, Römisches Privatrecht, 1. Abschnitt, § 3 II.

[743] Kaser, Römisches Privatrecht, 1. Abschnitt, § 126 . 3; siehe dazu auch Harke, Mora debitoris.

[744] Kaser, Römisches Privatrecht, 1. Abschnitt, § 120 I Fn. 4.

quadruplum. Dominus hoc quoque petit.). Eine Haftung auf das Vierfache ist jedoch im Zusammenhang mit dem *depositum* aus dem römischen Recht nicht bekannt. Die Haftung auf das Doppelte taucht hingegen häufig auf, so z.B. bei dem Sicherungsinstitut, der *stipulatio duplae*, oder bei der Haftung aus der *actio de tigno iuncto*[745]. In der bekannten Codexstelle C.4.44.2 taucht auch der Faktor „Zwei" auf, jedoch in umgekehrter Richtung. Hier geht es nicht um eine Zahlung des Doppelten, sondern um eine Verletzung um die Hälfte, also um eine Zahlung des halben Wertes einer Sache. Die Betonung des Faktors „Zwei" weist im römischen Recht immer auf doloses Verhalten hin: Die Zahlung des Doppelten soll strafenden Charakter haben, die Zahlung der Hälfte des Wertes einer Sache als Kaufpreis drückt doloses Verhalten beim Käufer aus. Obwohl die Ursprünge dieses „Doppelgrundsatzes", die jedenfalls im magischen Denken zu finden sein müssen, im Dunkeln bleiben, muss der er mit dem menschlichen Symmetrieempfinden zusammenhängen.

Obgleich die Norm im Tatbestand und in der Zahlung als Rechtsfolge der römischrechtlichen Praxis entspricht, stimmt die Höhe der bei Verurteilung vom Verwahrer zu leistenden Zahlung nicht mit dem römischen Recht überein.

Bezüglich der Norm aus Quint. Decl. min. CCCLXI fällt auf, dass zwar der Fall erfasst wird, bei dem das anvertraute Gut dem Verwahrer verlustig wird, die Haftungsbeschränkung des Verwahrers auf *dolus* und in der Klassik schon für qualifizierte *culpa* (D.16.3.32) hingegen nicht erwähnt wird[746]. Die Belegstelle von Celsus aus D.16.3.32 thematisiert eine Situation, in der das anvertraute Gut geschädigt wurde. Es wird deutlich, dass sich die Haftung um 100 n. Chr. schon zu einer kontraktischen entwickelt hatte und sich diese auf *dolus* sowie auf die Verletzung der *diligentia quam in suis* beschränkte. Die Norm aus der Deklamation bleibt hier also sehr ungenau.

dd) Bürgschaft (*sponsio*)

Mit der Bürgschaft beschäftigt sich nur eine Norm aus den Deklamationen des neueren Typs. Diese ist in den *Declamationes minores* des Quintilian zu finden. Quint. Decl. min. CCLXXIII enthält folgende Norm: *Adversus sponsorem sit actio, quae adversus debitorem. Quod debitor non solverit, sponsor solvat.* Diese Norm, die eigentlich aus zwei Sätzen besteht, besagt, dass es gegen den Bürgen dieselbe Klage gibt, die gegen den Schuldner besteht. Was der Schuldner nicht bezahlen kann, muss der Bürge zahlen.

Die Bürgschaft ist in der römischen Rechtspraxis das wichtigste Mittel zu Sicherung von Forderungen. Die Forderung wird bei der Bürgschaft dadurch gesichert, dass sich ein Nebenschuldner, der Bürge, zu derselben Leistung verpflichtet, die der Hauptschuldner schuldet.[747] Das römische Recht kennt drei Bürgschaftsfor-

---

745 Kaser, Römisches Privatrecht, 1. Abschnitt, § 41 III. 5.

746 Kaser/Knütel, § 39 III; §36 III 6.

747 Kaser/Knütel, § 57 II.

men, von denen die *sponsio* die älteste ist. Die *sponsio* ist nur römischen Bürgern vorbehalten. Der *sponsor* verspricht in Form einer Stipulation für die Verpflichtung eines anderen einzustehen. Bei der Schuld muss es sich um eine Stipulationsschuld handeln.[748] In der Norm wird der Begriff *sponsor* und nicht der Begriff *fideipromissor* oder der Begriff *fideiussor* verwendet. Die Norm bezieht sich demnach auf die älteste der drei römischen Bürgschaftsformen, auf die *sponsio*, und nicht auf die jüngere *fideipromissio* oder die im letzten Jahrhundert vor Christus aufkommende *fideiussio*[749]. Obwohl es auffällig ist, dass in der Norm die älteste, sozusagen die Grundform der Bürgschaft, verwandt wird und nicht eine Form, die im ersten Jahrhundert nach Christus, also zu der Zeit, in der die *Deklamationes minores* entstanden sind, viel populärer war, muss bedacht werden, dass *fideipromissio* und *fideiussio* die *sponsio* nicht völlig verdrängten.[750] Die Parallele zur römischen Rechtspraxis der Entstehungszeit der *Deklamationes minores* besteht durchaus.

ee) Schuldknechtschaft

Es gibt zwei Normen aus zwei unterschiedlichen Deklamationen, die sich mit dem Thema „Schuldknechtschaft“ befassen. Die eine Norm taucht in den *Declamationes minores* Quintilians, die andere in den Kontroversien des Calpurnius Flaccus auf. Die Norm aus Quint. Decl. min. CCCXI besagt, dass der Schuldknecht, solange bis das Geld bezahlt ist, dienen solle (*addictus, donec pecuniam solverit, serviat*). Die Norm aus Calp. Flac. 14 sagt aus, dass der Schuldknecht dem Geldverleiher dienen solle (*addictus feneratori serviat*).

Bei der *addictio* handelt es sich um eine Form der Personalhaftung. Vollstreckt wurde aus dem Urteil in Folge einer *actio in personam* mittels der *manus iniectio*. Damit eine Schuldknechtschaft begründet wird, bedarf die *legis actio per manus iniectionem* der Bestätigung durch die *addictio* des Gerichtsherrn. Die *addictio* wird aber nur zur *manus iniectio* erteilt, wenn das Zugriffsrecht auf die Person unbestreitbar ist. Steht das Recht aus der Haftung außer Streit, dann ist der Weg zur vollstreckenden *manus iniectio* nur dann frei, wenn die Geldsumme, mit der der Haftende ausgelöst werden kann, feststeht. Nach den Zwölftafeln folgt dann eine 60-tägige Privathaft beim Verfolger. Wenn innerhalb dieser 60 Tage die Ablösesumme nicht gezahlt wird, folgt die Tötung oder Versklavung des Inhaftierten. In der Praxis wurde wohl schon früh die Schuldknechtschaft üblich, durch die der Haftende die Auslösesumme abarbeiten konnte (wohl durch die *lex Poetelia* von 326 v. Chr.). Für die Behauptung, dass die Schuldknechtschaft auch in der späten Republik und in der Kaiserzeit praktiziert wurde, fehlt es aber an

---

748 Mayer-Maly, Römisches Recht, § 35.

749 Kaser/Knütel, § 57 II; gegen diese Trennung: Flume, Bürgschaftsstipulationen, S. 88.

750 Kaser/Knütel, § 57 II.

Belegen.[751] Der Schuldner erleidet durch die Personalexekution lediglich eine faktische Einbuße seiner Freiheit, keine rechtliche.[752]
Es zeigt sich also, dass die Norm die altrömische Rechtspraxis, aber wohl nicht die des Prinzipats abbildet.

ff) Gesellschaft (*societas*)
Sociorum communia sint damna et lucra (den Gesellschaftern sollen die Verluste und die Gewinne gemeinsam sein), lautet die Norm aus Quint. Decl. min. CCCXX, die sich mit der Gesellschaft befasst.

In der jüngeren Republik entsteht neben dem *consortium* die Erwerbsgesellschaft, *societas*. Sie ist eine auf *fides* gegründeter formfreier Zusammenschluss z.B. zu gemeinschaftlichen Handelsunternehmungen (*sociatas negotiationis*) und ist nicht auf römische Bürger beschränkt.[753] Die Anteile am Gewinn und am Verlust sind, falls nicht anders vereinbart, gleich groß (Gaius 3, 149 f.).[754] Mit diesem Inhalt beschäftigt sich auch D.17.2.
Sociorum communia sint damna et lucra entspricht präzise dem römischen Rechtsbrauch.

gg) Steuerpacht
Mit Steuerpacht, oder Zollpacht, befassen sich drei Normen aus den Deklamationen des Prinzipats. Alle befinden sich in den *Declamationes minores* Quintilians. Die Norm *quod quis per publicanos interprofessum transtulerit, commissum sit* aus Quint. Decl. min. CCCXLI besagt: Soweit jemand etwas, das schon durch die Steuerpächter ausgewählt oder geschätzt worden war, woanders hingeschafft hat, soll eine Einziehung stattfinden. Quint. Decl. min. CCCLIX enthält zwei Normen, die sich mit der Steuerpacht befassen. Die erste Norm lautet: *Praeter instrumenta itineris omnes res quadragesima publicano debeant.* Sie bezieht sich darauf, dass - abgesehen vom Reisezubehör - dem Steuerpächter ein Vierzigstel des Wertes aller Sachen gegeben werden sollen. Die zweite Norm lautet: *Publicano scrutari liceat.* Sie macht deutlich, dass der Steuerpächter durchsuchen darf.

Mit *publicani* werden die Pächter der römischen Staatseinnahmen (*publica*) in bestimmten Provinzen, z. B. *provincia Asia*, bezeichnet.
In der Republik war die Bildung von Gesellschaften unter den Steuerpächtern (*societates publicorum*) beliebt. Augustus ließ die Steuerpacht bestehen, stellte

---

[751] Kaser, Römisches Privatrecht, 1. Abschnitt, § 40; siehe dazu auch Munziger, Vincula determae condicionis; Johne, Die Kolonen; Sirks, Coloni, S. 331 - 369..
[752] Kaser, Römisches Privatrecht, 1. Abschnitt, § 71.
[753] Dazu eingehend Meissel, Societas, S. 63 - 218.
[754] Kaser/Knütel, § 43 I. 2. und 3; siehe dazu auch Harke, Mora debitoris.

sie aber unter die Kontrolle des Staates, die von den Finanzprokuratoren des Princeps übernommen wurde. Dadurch wurde der in der Republik häufig geübte Missbrauch eingedämmt.[755] Vespasian und Trajan verengten den Wirkungskreis der *publicani* drastisch.[756] Die Entstehungszeit der *Declamationes minores* fällt bereits in diese Zeit der Eindämmung des Missbrauchs. Während die öffentliche Vergabe der Steuer- und Zolleinziehung an die Publikanen kein privatrechtliches Verhältnis war, hafteten die Publikanen gegenüber Privaten aus Delikt (Ulp. D.39.4.1pr.).

Die Norm aus Quint. Decl. min. CCCXLI steht in Verbindung mit einem Sachverhalt, in dem eine gestohlene Sache durch den Steuerpächter eingenommen wird. Der Eigentümer meldet sich und verlangt seine Sache heraus. Er kann sie auch nach römischem Recht tatsächlich mittels der *rei vindicatio* heraus verlangen.

Die beiden Normen aus Quint. Decl. min. CCCLIX stehen in Verbindung mit einem Sachverhalt, in dem eine Matrone zu einem Steuerpächter kommt und 400 Perlen in ihrem Busen versteckt hat. Als der Steuerpächter die Perlen verlangt, erlaubt die Matrone die Untersuchung. Doch der Steuerpächter will sie nicht untersuchen. Er legt gewaltsam Hand an, nimmt die Perlen und bezeichnet sie als die seinen. Bei den *instrumenta itineris* handelt es sich wohl um die Gegenstände, die einer Person zur Reise dienen. Diese sind laut Sachverhalt zollfrei.

Die Frage ist nun, ob sich die Perlen unter den Begriff *instrumentum itineris* subsumieren lassen. Dass die Sachen, die einer Person unmittelbar zur Reise dienen, der Steuerfreiheit unterliegen, scheint plausibel. Luxusgüter, wie z.B. Edelsteine, Myrrhe, Zimt oder babylonische Felle sind hingegen nicht steuerfrei (D.39.4.16.§6). Perlen werden in dieser Aufzählung der steuerpflichtigen Luxusgüter explizit genannt (D.39.4.16.§6), lassen sich also sicher nicht unter *instrumenta itineris* subsumieren.

hh) Zwischenergebnis

Die Anzahl der Normen, die sich mit einem zivilrechtlichen Thema außerhalb der Vererbung befassen, ist nicht groß. Trotzdem kann anhand dieser Normen schon die Kritik Dirksens widerlegt werden. Dirksens Hauptargument gegen einen Wert der Deklamationen des Prinzipats für die Rechtsgeschichte ist die Sensationslüsternheit der behandelten Themen.[757] Dirksen spielt hier natürlich auf die strafrechtlichen Themen an. Schon die in diesem Abschnitt behandelten Normen beziehen sich jedoch auf wenig spektakuläre Themen. Bemerkenswert ist dennoch, dass sich diese weniger spektakulären Normen ausnahmslos in den *Declamationes minores* des Quintilian und in den Kontroversien des Calpurnius Flaccus,

---

[755] Andresen, Erbse, 2. Bd. Sp. 2481, 2460 f; Kaser, Römisches Privatrecht, 1. Abschnitt, § 72 V. 1; Kl. Pauly, Bd. 4, Sp. 1235.
[756] Andresen, Erbse, 2. Bd. Sp. 2481.
[757] Dirksen, Methode der Auswahl.

aber nicht in den *Declamationes maiores* und in den Kontroversien Senecas finden lassen.

g) Rechtsregeln aus dem Themenbereich „Angriffe auf Leib, Leben, die Ehre oder das Vermögen"

In den Kontroversien des Prinzipats werden eine Klage wegen Totschlags (*actio caedis*), eine Klage wegen Giftmords (*actio veneficii*), Selbstmord (*homicidium*), eine Klage wegen Verursachung eines Selbstmordes, eine Klage wegen übler Behandlung (*actio malae tractationis*), eine Klage wegen festgeschriebenen Unrechts (*actio inscripti maleficii*), eine Klage wegen Gewalttätigkeit (*actio de vi*), eine Klage wegen Täuschung (*actio circumscriptionis*) und Diebstahl (*furtum*) erwähnt.

aa) Tötungsdelikte

Zwölf Deklamationen befassen sich mit einer *actio caedis*. In Sen. contr. 7.5 ist zwar dem Sachverhalt keine Norm vorangestellt, im Sachverhalt wird aber eine Anklage mittels einer *actio caedis* erwähnt (*accusat filius procuratorem caedis...*). In Quint. Decl. mai. III verhält es sich ebenso (*reus est caedis apud imperatorem*), auch in Quint. Decl. min. CCLXXVII (*reus est caedis*), in Quint. Decl. min. CCCXIV (*reus est caedis*), in Calp. Flac. 3 (*reus est caedis*), in Quint. Decl. min. CCCLXIV (*dives caedis reus est*), in Quint. Decl. min. CCCLXXIX (*dives caedis reus est*), in Quint. Decl. min. CCCLXXXIV (*prioris patri magistratus caedis reus est*) und in Calp. Flac. 7 (*pauper accusat divitem caedis*). Quint. Decl. min. CCXLIV und Quint. Decl. min. CCXLVIII enthalten beide dieselbe Norm, die sich mit der *actio caedis* befasst: *Inprudentis caedis damnatus quinquennio exulet* (wer ohne Vorsatz getötet hat, muss fünf Jahre ins Exil). Auch Quint. Decl. min. CCCXIII bietet eine Norm: *Qui caedis reum accusaverit neque damnaverit, ipse puniatur* (wer jemanden des Totschlags angeklagt hat, der nicht verurteilt worden ist, wird selbst bestraft). *Qui reum caedis damnaverit, bona eius possideat* (wer die Verurteilung des wegen Totschlags Angeklagten erwirkt hat, soll das Vermögen dessen in Besitz nehmen) wird in Quint. Decl. min. CCCXXIV dem Sachverhalt als Norm vorangestellt.

In Quint. Decl. mai. I geht es ebenfalls um die Anklage wegen Tötung. Die Art der Klage wird jedoch im Sachverhalt nicht näher bestimmt. Es wird lediglich gesagt, dass sich der blinde Sohn und die Stiefmutter gegenseitig anklagen (*accusant se invicem caecus et noverca*).

Eine Rechtsregel, die dem legenderen König Numa zugeschrieben wird, war der Beginn der Entwicklung, die Ahndung von Tötungen aus der Privatverfolgung durch Blutrache unter die Kontrolle des Staates zu bringen.[758] In der Frühzeit war die Überzeugung vorherrschend, die Angehörigen des Getöteten müssten den Totschläger töten, um Rom nicht dem Zorn der Götter auszusetzen. Einer, der einen anderen getötet hat, habe mit der Tat gegen das Gesetz der Götter (*fas*) verstoßen. Schon Numa soll diese Verfolgung unter die Kontrolle des Staates gestellt haben, wobei sich der Brauch herausgebildet haben soll, den Totschläger nur bei vorsätzlicher Tötung zu töten. Bei einer Tötung ohne Vorsatz sollte ein Widder anstatt seiner geopfert werden.[759] Für eine strafbare Tötung war böse Absicht und Schuld (*culpa*) nötig. Wobei aber der *culpa*-Begriff zu dieser Zeit noch nicht ausdifferenziert war, er umfasste Verschulden, Kausalität und Widerrechtlichkeit. Es gibt nämlich auch Fälle, in denen der Täter wissentlich aber ohne böse Absicht (*imprudens*) handelt. Ein Beispiel für solch einen Fall ist die Tötung von Ehebrechern, wenn sie auf frischer Tat ertappt und beide getötet werden. Es haben sich dann in der mittleren und späteren Republik außerordentliche Tribunale zur Ahndung der vorsätzlichen Tötung herausgebildet.[760] Die *lex Cornelia de sicariis et veneficis* (81 v.Chr.) war für die Einrichtung einer kapitalen *quaestio* verantwortlich. Denkbar ist auch, dass diese schon zuvor existierte und durch die *lex Cornelia de sicariis et veneficis* nur neu organisiert wurde.[761] Die *lex Cornelia* verlangt zur Erfüllung des Tatbestands *dolus* und stellt diesen der Tathandlung gleich. Daher sind sowohl das vollendete als auch das versuchte Verbrechen strafbar. Neben der öffentlichen Anklage wegen Mordes bestand die Möglichkeit einer zivilen Klage nach der *lex Aquilia*. Obwohl die Klage nach der *lex Aquilia* direkt nur für den Tod oder die Schädigung eines Sklaven greift, ist die Klage für Gewaltunterworfene oder Angehörige, die für den Unterhalt des Klägers nötig sind, analog anwendbar.[762] Die Strafe für vorsätzliche Tötung war die *aquae et ignis interdictio*, also das Exil. Schon im ersten Jahrhundert der Kaiserherrschaft wurde diese Strafe differenziert behandelt: *altiores* wurden ins Exil auf eine Insel geschickt (C.9.16), *honestiores* hingerichtet und *humiliores* den wilden Tieren vorgeworfen oder gekreuzigt.[763] Die Strafe *aquae et ignis interdictio* zog die Konfiskation des Vermögens nach sich.[764] In der Kaiserzeit ging die *aquae et ignis interdicitio* in die *deportatio* über. Die Verbrecher wurden nicht nur mit dem Bann belegt, sondern es wurde dann auch ein Ort bezeichnet, an dem sich der Verbannte aufhalten sollte. Die Deportation war lebenslang und mit dem Verlust des Bürgerrechts und einer Konfiskation verbunden. Als milderer Grad der Ver-

---

[758] Rilinger, Humiliores - Honestiores, S. 181 ff; Santalucia, Diritto e processo penale, S. 11, 37, 72; Rein, Criminalrecht, S. 400 - 414.
[759] Rilinger, Humiliores - Honestiores, S. 181 ff.
[760] Santalucia, Diritto e processo penale, S. 11, 37, 69, 72; Rein, Criminalrecht, S. 400 - 414.
[761] Robinson, Criminal Law, S. 42.Santalucia, Diritto e processo penale, S. 11, 37, 69, 72; Rein, Criminalrecht, S. 400 - 414.
[762] Rein, Criminalrecht, S. 404 f; Kaser, Römisches Privatrecht, 1. Abschnitt, § 142.
[763] Rein, Criminalrecht, S. 421; Robinson, Criminal Law, S. 46; Rilinger, Humiliores - Honestiores, S. 181 ff.
[764] Rein, Criminalrecht, S. 914.

bannung bildete sich die *relegatio* heraus, welche dem Verbannten weder das Bürgerrecht noch das Vermögen nahm.[765] Daneben wurden aber für die erfolgreiche Anklage von Verbrechen, die vor den *quaestiones perpetuae* verhandelt wurden, Prämien ausgesetzt. Aus nachsullanischen Zeugnissen ist ebenfalls bekannt, dass der Ankläger bei Verurteilung des Angeklagten wegen eines schweren Vergehens dessen politisches Amt, z. B. einen Senatssitz, bekam.[766] Andererseits war es verpönt, häufig anzuklagen. Cicero berichtet, dass man als hart oder gar als Unmensch angesehen wurde, wenn man „viele der Gefahr einer Kapitalstrafe aussetzte" (Cicero, de officiis 2, 49 f.). Aus diesem Grund war es für Römer, die schon ein gewisses Alter und einen gewissen Rang hatten (z. B. den einer Senators oder Prätors), gesellschaftlich unmöglich, anzuklagen. Bei einer Niederlage hätte nicht dem Angeklagten, sondern dem Ankläger der gesellschaftliche Ruin gedroht. Schon wegen des *iusiurandum calumniae*, die in Kriminalsachen nicht nur eine Geldstrafe, sondern auch noch die *infamia* mit sich brachte, setzte sich der Ankläger einer Gefahr aus.[767] Jungen Leuten hingegen, die noch keine einflussreiche Stellung inne hatten, sah man eine Anklage eher als jugendliche Drangtat nach. Hinter dieser Konsequenz steht eine bestimmte Sichtweise gegenüber dem Angeklagten. Er wurde nicht in erster Linie als möglicher Übeltäter betrachtet, sondern als Römer, dem der finanzielle und soziale Ruin drohte. Sowohl die senatorische Schicht als auch das breite Volk scheint von dieser Ansicht überzeugt gewesen zu sein, „was die große Empfänglichkeit für mitleiderregende Gesten bezeugt"[768]. Dies ist wohl auch der Grund dafür, dass die Verteidigung gesellschaftlich höher angesehen war, als die Anklage.[769] Die Tendenz scheint sich erhalten zu haben. Denn ist nicht die Darstellung einer Gerichtsverhandlung aus der Terminologie der Heiligsprechungsprozesse bekannt, in der der Staatsanwalt der Teufel (*Advocatus Diaboli*), der Rechtsanwalt ein Engel (*Advocatus Dei*) und der Richter Gott ist?

Tatsächlich wird die vorsätzliche Tötung im römischen Rechtsbrauch vorrangig mit *homicidium* bezeichnet. Die Bezeichnung *actio caedis*, wie sie in den Kontroversien verwendet wird, taucht in der Realität nicht auf. Es werden vielmehr die einzelnen Tötungsarten, z. B. Vergiftung, Meuchelmord, Straßenmord etc. unterschieden, was auch die *lex Cornelia de sicariis e veneficis* zeigt. Als *sicarii* wurden Straßenbanditen bezeichnet, was etymologisch mit ihrem gekrümmten Dolch, den sie bei sich trugen, zusammenhängt. In den verschiedenen Kapiteln der *lex Cornelia* waren verschiedene Tötungsdelikte genannt, z. B. der Meuchelmord, der Giftmord, Justizmord durch ungerechte Richter und falsche Zeugen

[765] Rein, Criminalrecht, S. 915.
[766] Jehne, Rednertätigkeit und Statusdissonanzen, S. 180 f.
[767] Rein, Criminalrecht, S. 808.
[768] Jehne, Rednertätigkeit und Statusdissonanzen, S. 180 f.
[769] Jehne, Rednertätigkeit und Statusdissonanzen, S. 178 f.

oder Brandstiftung.[770] Aufgrund der *lex Cornelia de sicariis et veneficiis* wird spätestens 80 v. Chr. eine *quaestio perpetua* eingesetzt (wahrscheinlich im ersten Kapitel). Die vorgebrachte Klage war eine *actio popularis.*[771]
Die Strafe des fünfjährigen Exils aus Quint. Decl. min. CCXLVIII für eine vorsatzlose Tötung stimmt nicht mit dem überein, was über die römische Rechtspraxis bekannt ist. Selbst wenn davon ausgegangen wird, dass gewisse Fälle der unbeabsichtigten Tötung schon vor Hadrian nämlich seit dem Ende der republikanischen Zeit tatsächlich geahndet wurden, ist das Exil nur als Strafe für eine vorsätzliche Tötung bekannt;[772] dabei ist aber keine Beschränkung des Exils auf eine bestimmte Anzahl an Jahren üblich.[773] Es ist im Prinzipat auch nur als Strafe für *altiores*, also Leute höheren Ranges, bekannt.[774] Ob es sich in Quint. Decl. min. CCXLIV um *altiores* handelt, ist dem Sachverhalt nicht zu entnehmen. Im attischen Recht wurden Prozesse wegen nicht vorsätzlicher Tötung am Palladion verhandelt. Hier war das Exil als Strafe bekannt.[775] Quint. Decl. min. CCXLIV erinnert also stark an diesen attischen Brauch.
Bezüglich der Norm aus Quint. Decl. min. CCCXIII (derjenige, der einen anderen des Mordes anklagt, welcher aber nicht verurteilt wird, wird selbst bestraft) ist die in der Norm genannte Strafe aus der Realität bekannt[776]. Als Mittel gegen mutwillige Ankläger bestand das Mittel des *iusiurandum calumniae*, d.h. der Eid des Anklägers, dass er nicht aus böswilliger Absicht einen Unschuldigen anklage. Wahrscheinlich hatte der Angeklagte das Recht, von dem Ankläger den Eidschwur zu fordern, bis er in manchen Klagearten gesetzlich vorgeschrieben wurde (D.3.2.4.§ 4). Wer diesen Eidschwur ablegte, erklärte, sich der Strafe der *calumnia* unterwerfen zu wollen, wenn er sich im Laufe des Prozesses als *calumniator* zeigen würde. Falls es notwendig war, waren es dieselben Richter, die nach der Absolution des Angeklagten über die *calumnia* des Anklägers richteten. Im Zivilprozess traf den *calumniator* eine Geldstrafe, im Kriminalprozess die *infamia*. Durch die *lex Remnia de calumnatoribus* (80 v. Chr.) wurde die Strafe verschärft. Die *lex Remnia* betraf nur die *calumnia* bei Kriminalprozessen. Dem *calumnator* wurde nun zur *infamia* noch ein Zeichen auf die Stirn gebrannt. Trotzdem wurde die *calumnia* durch die *lex Remnia* nicht zum *crimen publicum*, sie blieb ein *crimen extraordinarium.*[777]

---

[770] Rein, Criminalrecht, S. 408.
[771] Robinson, Criminal Law, S, 42; Santalucia; Diritto e processo penale, S. 69.
[772] Höbenreich, Unbeabsichtigte Tötung, S. 313 f.
[773] Rein, Ciminalrecht, S. 421; Robinson, Criminal Law, S. 46.
[774] Rein, Ciminalrecht, S. 421; Robinson, Criminal Law, S. 46; im griechischen Bereich ist das Exil bekannt als freiwillige bzw. Ersatzstrafe für Mord, dazu Caravan, Trial of exiled homicides, S. 51.
[775] Demosthenes, XXIII, 74; Schubert, Areopag, S. 103, 105 f; Arnaoutoglou, Homicide Law, S. 109 - 137.
[776] Cicero, De officiis, 2, 49 f.
[777] Rein, Criminalrecht, S. 808.

Bezüglich der Inbesitznahme der Güter des Verurteilten durch den Ankläger ist die Tendenz, die diese Norm erkennen lässt, durchaus im rechtlichen Brauch wiederzufinden. Schon seit alters her wurden Ankläger belohnt, sobald sich die Anklage als stichhaltig erwies und die Ankläger somit geholfen hatten, den Täter zu überführen.[778] Über die Höhe der finanziellen Belohnung gab es wohl keine gesetzliche Bestimmung. Die Richter hatten diese Entscheidung in ihrem Ermessen.[779] D.29.5.25 lässt aber darauf schließen, dass die *lex Cornelia* Bestimmungen über die Höhe von Belohnungen enthielt. Jedenfalls wurde die Belohnung aus dem konfiszierten Vermögen des Verurteilten genommen.[780] Ferner ist bekannt, dass der Ankläger bei Verurteilung des Angeklagten dessen Position einnahm (s.o.), was für eine Übernahme auch dessen Vermögens spricht.
Bei einem Vergleich der Normen aus den Deklamationen des neueren Typs mit dem römischen Rechtsbrauch ist auffällig, dass einzelne Elemente tendenziell übereinstimmen, aber nicht im Detail.

Normen, die sich mit der Vergiftung (*veneficium*) befassen, finden sich in Sen. contr. 6. 4 (*veneficii sit actio*), in Sen. contr. 6.6 (*veneficii sit actio*) und in Calp. Flac. 40 (*veneficii sit actio*). In Quint. Decl. mai. XIV, Quint. Decl. mai. XV, Quint. Decl. min. CCCXIX, Quint. Decl. min. CCCL und in Calp. Flac. 35 wird in den Sachverhalten eine Anklage wegen Vergiftung erwähnt. Diese in den Deklamationen erwähnte *actio veneficii* fügt sich nahtlos in das ein, was über die *lex Cornelia de sicariis et veneficis* bekannt ist, obwohl die Bezeichnung *actio veneficii* in keiner anderen antiken Quelle außer den *declamationes* erwähnt wird[781].
Durch die *lex Cornelia de sicariis et veneficis* wird der Giftmord als Mordqualifikation bestätigt. Die Vergiftung wurde also spätestens seit 80 v. Chr. vor einer *questio perpetua* verhandelt.[782] In den Sachverhalten der Deklamationen werden hauptsächlich Frauen wegen Giftmordes angeklagt, auch Agrippina hat Claudius vergiftet und Livia Germanicus. Dies ist ein Hinweis darauf, dass schon in der Antike Giftmord als weibliches Verbrechen angesehen wurde. Das „Schneewittchenthema" der giftmischenden Stiefmutter, die ihre Stieftochter vergiftet, bildet beispielsweise den Sachverhalt der Sen. contr. 6.6.

Sieben Stücke behandeln das Thema „Selbstmord". In Sen. contr. 8.4 wird die Norm *homicida insepultus abiciatur* angegeben. In Quint. Decl. mai. IV ist *qui causas voluntariae mortis in senatu non reddiderit, insepultus abiciatur* als Norm genannt, auch in Quint. Decl. min. CCCXXXV ist diese Norm enthalten. In Calp. Flac. 20, in Calp. Flac. 38 und in Calp. Flac. 53. In Quint. Decl. min.

---

[778] Zumpt, Criminalprozess, S. 52 - 69.
[779] Zumpt, Criminalprozess, S. 52 - 69.
[780] Zumpt, Criminalprozess, S. 52 - 69.
[781] Bonner, Roman Declamation, S. 11f.; Winterbottom, Declamations Volume I, S. 509, 418 f; Morawski, Zu lateinischen Schriftstellern, S. 166 f; Simonds, Themes treated by the elder Seneca, S. 89 - 92; Lanfranchi, Diritto nei Retori Romani, S. 483 - 488.
[782] Santalucia, Diritto e processo penale, S. 11, 37, 69, 72; Robinson, Criminal Law, S. 46.

CCCXXXVII ist die Norm in folgender abweichenden Formulierung zu lesen: *Qui causas in senatu voluntariae mortis non adprobavit, insepultus abiciatur.* Sen. contr. 8.1, die keine Norm enthält, beschäftigt sich im Sachverhalt auch mit dem Selbstmord.

Die Norm *homicida insepultus abiciatur* bezieht sich wörtlich auf einen Mörder.[783] Sie wird aber in den Deklamationen des Prinzipats ausschließlich im Zusammenhang mit Selbstmord erwähnt. Bezogen auf den Mörder, also auf jemanden, der **eine andere** Person ermordet hat, erscheint die Verweigerung einer Bestattung durchaus sinnvoll. Eine Person, die zur Strafe *aquae et ignis interdictio* verurteilt wurde, ist nämlich aus der römischen Gesellschaft ausgestoßen und hat demnach auch kein Anrecht darauf, den Sitten gemäß bestattet zu werden.[784] Auch jemand der, weil er einem niederen Stand angehört, statt ins Exil geschickt zu werden, getötet wird, hat mit dem Mord gegen die Regeln der Gesellschaft und der Götter verstoßen und hat den Zorn der Götter auf sich gezogen. Eine Bestattung, durch die er als Ahne verehrt werden würde, scheint auch bei einem Mörder niederen Standes wenig sinnvoll. Das Bestattungsverbot wurde bereits beim Vater- oder Verwandtenmord, *parricidium*, thematisiert. *Parricidium* verstößt gegen die *pietas* und macht somit eine Bestattung, die der *pietas* dient, unmöglich (*parricidae insepulti abiciatur*). Mommsen und Lanfranchi gehen davon aus, dass das Bestattungsverbot eine generelle Regelung für Kriminelle war.[785] Bonner hingegen stuft diese Strafe als alten vorsullanischen Rechtsbrauch ein, der sich stark am griechischen Recht orientiert.[786] In der Frühzeit wurde die vorsätzliche Tötung noch der alten Blutrache folgend, mit dem Tode bestraft. Es scheint aber nicht gesichert zu sein, dass erst die *lex Cornelia de sicarriis et veneficis* den Wechsel zur Bestrafung *aquae et ignis interdictio* vollzogen hat. Santalucia weist vielmehr auf die Möglichkeit hin, dass diese *lex* nur schon bestehende Bräuche gesetzlich fixiert habe[787].

Die Tatsache, dass aber das Bestattungsverbot in den Deklamationen in Zusammenhang mit Selbstmord genannt wird, wirft die Frage auf, ob der Selbstmord in Rom strafbar war, ob er demnach als Tatbestandsalternative des Mordes angesehen wurde. Dann wäre nämlich das Bestattungsverbot als Strafe rechssystematisch nachvollziehbar. In der *lex Cornelia de sicarris et veneficis* wird der Selbstmord nicht erwähnt. In der antiken römischen Literatur wird der Selbstmord nicht verachtet, im Gegenteil, er wird oft als heldenhafter Abgang angesehen. Ein gutes Beispiel dafür ist Paeta, die sich das Schwert in die Brust stieß, um ihrem feigen Mann zu zeigen, wie man sich umbringt. Ihre Tat wird als heldenhaft ange-

---

[783] Georges, Handwörterbuch I, Sp. 3067.
[784] Robinson, Criminal Law, S. 46.
[785] Mommsen, Strafrecht, S. 988; Lanfranchi, Diritto nei Retori Romani, S. 478.
[786] Bonner, Roman Declamation, S. 100 f.
[787] Santalucia, Diritto e processo penale, S. 11, 37, 69, 72.

sehen.[788] Selbstmord war kein Verbrechen und nach der stoischen Lehre oft eine ehrenhafte Sache.[789] Allerdings war die Art und Weise des Selbstmordes entscheidend (C.9.50). Während der Selbstmord mit Hilfe eines Schwerts, wenn sich eine Person des Lebens überdrüssig fühlte (*taedium vitae*) gesellschaftlich anerkannt war, wurde das Erhängen als Selbstmordmittel verachtet. Von dem Erhängen wurde auf bestimmte sexuelle Neigungen des Selbstmörders geschlossen.[790] Es wurde angenommen, dass diese Selbstmörder beim sexuellen Verkehr die weibliche Rolle einnahmen, was aus römischer Sicht einem Missbrauch gleichkam.[791] Während für Selbstmörder, die sich mit dem Schwert töteten, keine Bestrafung bekannt ist, berichtet van Hoof von Quellen (Plinius Maior, Naturalis Historia, 14,119 und Servius, Commentarii in Vergilii Aeneidem, 12, 603), die belegen, dass der Leichnam dessen, der sich erhängt hatte, unbestattet fortgeworfen wurde. Er führt dies auf die religiös motivierte Verachtung bestimmter Selbstmordmittel hin.[792] Der Selbstmord auf eine religiös und gesellschaftlich nicht anerkannte Weise wurde als *nefas* gewertet. Für ein *nefas* ist das Bestattungsverbot bekannt.[793] Den ehrenhaften Selbstmörder ereilten hingegen posthum keine Strafen. Sein Testament war gültig und er wurde ehrenhaft bestattet. Selbstmord wurde demnach wohl nicht als Mord qualifiziert. Es war im Gegenteil bekannt, dass Angeklagte Selbstmord begingen, um ihr Vermögen vor der Konfiskation zu retten und dadurch ihre Familie vor Schaden zu bewahren. Erst unter Hadrian und Antonius Pius wurden Personen, die angeklagt waren und sich noch vor dem Urteilsspruch töteten, posthum verurteilt, um das Vermögen trotzdem konfiszieren zu können.[794] Ein Bestattungsverbot dieses verurteilten Toten wäre dabei verständlich. Die Nachkommen hatten aber die Möglichkeit einer *exculpatio*, gleich einem lebenden Angeklagten.[795] Brachte sich der Angeklagte ohne anders lautende Begründung um, wurde der Selbstmord als Eingeständnis seiner Schuld gewertet.

Die Regentschaften des Hadrian und des Antonius Pius fallen aber in das zweite Jahrhundert nach Christus, in eine Zeit also, in der zumindest die *Declamationes maiores* und *minores* Quintilians schon bestanden haben sollen, der Rechtsbrauch der posthumen Verurteilung kann also nicht Eingang in diese beiden Deklamationensammlungen gefunden haben. Wären sie hingegen von Schülern des Quintilian oder gar von Schülern der Schüler aufgeschrieben worden, würde dies die Kennt-

---

[788] Van Hooff, Zelfdoding, S. 70; auch Piso, um der Verhandlung zu entgehen, Tacitus, Annales 2, 79, 1 und 3, 12, 7, dazu näher Ermann, Das Consilium im römischen Strafprozess, S. 382 ff.

[789] Tacitus, Annales, 6. 26; Wacke, Il suicidio nel diritto romano, S. 679 - 712; Robinson, Criminal Law, S. 44.

[790] van Hooff, Zelfdoding; S. 90.

[791] Williams, Roman Homosexuality, S. 18.

[792] van Hooff, Zelfdoding, S.200 f.

[793] van Hooff, Zelfdoding, S. 200 f.

[794] Rein, Criminalrecht, S. 883 - 886.

[795] Rein, Criminalrecht, S. 883 - 886.

nis des Rechtsbrauchs, der unter Hadrian und Antonius Pius gepflegt wurde, erklären. Dagegen spricht aber, dass auch schon in den Kontroversien Senecas durch die Verwendung der Norm *homicida insepultus abiciatur* in Verbindung mit einem Selbstmord auf einen Rechtsbrauch verwiesen wird, der Selbstmörder als Verbrecher einstuft. Seneca kann aber diese Novellierung von Hadrian und Antonius Pius auf keinen Fall gekannt haben.
Die Ansicht van Hooffs, dass bestimmte Selbstmordmittel bedingten, dass der Selbstmord als *nefas* eingestuft wurde, überzeugt vor diesem Hintergrund mehr. Tatsächlich wird nämlich in dem Sachverhalt der Sen. contr. 8.1 ein Freitod durch Erhängen, also eine verachtete Selbstmordvariante thematisiert. Auch wird der angestrebte Selbstmord in Calp. Flac. 20 tatsächlich mit der Arbeit als Prostituierter in Verbindung gebracht.

In Quint. Decl. min. CCLXX ist die Norm *qui causa mortis fuerit, capite puniatur* angegeben. Dieselbe Norm ist in Quint. Decl. min. CCLXXXIX zu lesen. In Quint. Decl. min. CCXCII gibt es keine Norm, der letzte Satz des Sachverhalts lautet aber: *Accusatur hospes, quod causa mortis fuerit.* In allen drei Fällen geht es darum, dass eine Person eine andere in den Selbstmord getrieben, bzw. den Grund des Selbstmordes geliefert hat. Eine Strafe wird angegeben, die der Bestrafung wegen Mordes entspricht. Es wird nahe gelegt, dass der Selbstmord in den Fällen, in denen ein anderer als der Selbstmörder für die Gründe des Selbstmordes verantwortlich war und eben diese Gründe dem Verstorbenen unter Wahrung der Ehre nur die Wahl des Selbstmordes boten, nicht als Suizid, sondern als vorsätzliche Tötung qualifiziert wurde. Als Täter soll dann derjenige gelten, der für die Gründe des Selbstmordes verantwortlich war. Tatsächlich besagt D.48.8.15, dass es für die Bestrafung einerlei ist, ob jemand wirklich tötet oder nur die Ursache des Todes herbeigeführt hat.[796]
Lediglich die Fallkonstellation aus Quint. Decl. min. CCLXX wird aber vom römischen Rechtsbrauch umfasst. Bei dem Sachverhalt aus Quint. Decl. min. CCLXX handelt es sich nämlich um einen Fall, in dem ein junger Mann eine von zwei Zwillingsschwestern raubte. Die Geraubte bracht sich daraufhin um. Die lebende Schwester wünscht nach der *lex raptarum* (s. II.1.a.aa) den Tod des Räubers. Der Räuber denkt, dass sie tatsächlich die von ihm geraubte sei. Der Vater, der diese Täuschung veranlasst hat, wird angeklagt, den Tod des jungen Mannes herbei geführt zu haben. Es handelt sich im vorliegenden Fall also um einen Justizbetrug, der nach der *lex Cornelia de sicariis et de veneficiis* strafbar war (D.48.8.1.§1).
Bei dem Fall aus Quint. Decl. min. CCLXXXIX handelt es sich um einen Freitod aus Schmerz. Einer gab seine Tochter in die Obhut eines Freundes und verlangte sie nach einer gewissen Zeit heraus. Der Freund verweigerte dies. Hierin ist eine straflose Erzeugung der Gründe des Selbstmordes zu sehen, da das Hervorrufen

796 Robinson, Criminal Law, S. 44.

von Gefühlen wie Eifersucht oder Trauer nicht vom Recht sanktioniert wird. Die Anklage ist hier moralisch zu verstehen.
In Quint. Decl. min. CCXCII wird schon im Sachverhalt angegeben, dass es sich nicht um ein römisches Szenario, sondern um Friedensverhandlungen zwischen den Olynthern und den Athenern handelt. Die Auswirkungen des Todesfalls sind im politischen Bereich zu verorten. Eine Parallele im römischen Rechtsbrauch besteht ebenfalls nicht.

bb) Delikte der üblen Behandlung
In einigen Deklamationen wird von einer Anklage wegen *malae tractationis* gesprochen. In Sen. contr. 3.7 lautet der Hinweis im Sachverhalt: *Accusatur ab uxore malae tractationis*. In Sen. contr. 4.6 heißt es: *Accusatur ab ea malae tractationis*. In Sen. contr. 5.3 wird eine Norm dem Sachverhalt vorangestellt: *Malae tractationis sit actio*. In Quint. Decl. mai. VIII lautet der letzte Satz der Sachverhaltsschilderung: *Sanato uno accusatur pater ab uxore malae tractationis*. In Quint. Decl. mai. X, Quint. Decl. mai. XVIII und Quint. Decl. mai. XIX ist eine Norm dem Sachverhalt vorangestellt, was bei den *Declamationes maiores* eine Ausnahme darstellt. Diese Norm lautet auch, wie in Sen. contr. 5.3: *Malae tractationis sit actio*. Die *actio malae tractationis* ist hauptsächlich in den Kontroversien Senecas und in den *Declamationes maiores* Quintilians zu finden. Nur in einem Stück der *Declamationes minores* wird sie noch behandelt. In Quint. min. CCCLXIII wird die Norm *malae tractationis sit actio* dem Sachverhalt vorangestellt. In den Kontroversien des Calpurnius Flaccus kommt die *actio malae tractationis* nicht vor.
Die *actio malae tractationis* stellt sich als Klage dar, mit deren Hilfe gegen eine üble unangemessene Behandlung vorgegangen werden kann. Die im römischen Recht für solche Fälle entsprechende Klage ist aber die *actio iniuriarum*. Die *actio iniuriarum* ist eine Klage mit einem - spätestens seit der Klassik - sehr großen Tatbestand. Dies rührt aus ihrer Bedeutung als Klage her, mit der ein Verbrechen gegen die fremde Ehre geahndet werden kann. *Iniuria* im weiten Sinne bedeutet im Gegensatz zu *ius* jedes Unrecht, jede widerrechtliche Handlung. Im engen Sinn bezeichnet *iniuria* die Verletzung einer Person in Beziehung auf das ihr zustehende Recht auf Ehre. Die Ehre wird sowohl durch eine körperlich wirkende üble oder unangemessene Behandlung verletzt, als auch durch Beleidigung oder üble Nachrede. Beleidigungen lassen sich daher ebenso mit der *actio iniuriarum* anklagen, wie Körperverletzungen oder das widerrechtliche Fernhalten von öffentlichen Einrichtungen.[797] Auch die *actio iniuriarum* hat in die Deklamationen des Prinzipats Eingang gefunden. Der Sachverhalt der Sen. contr. 4.1 endet mit dem Satz *dimissus iniuriarum agit*. Der Sachverhalt der Sen. contr. 10.1 endet ganz ähnlich mit *cum peteret honores dives, repulsus accusat iniuriarum pauperem*. Die beiden Normen *si quis in templo iniuriam fecerit, decem*

[797] Kaser, Römisches Privatrecht, 1. Abschnitt, § 64 III.

milia det ei, cui iniuriam fecerit, decem milia civitati und *ignominioso ne sit actio iniuriarum* stehen vor dem Sachverhalt der Quint. Decl. min. CClXV. In Quint. Decl. min. CCL wird die Norm *qui iniuriarum damnatus fuerit, ignominiosus sit* genannt. *Qui ter iniuriarum damnatus fuerit, capite puniatur* ist in Quint. Decl. min. CCCXXXI zu lesen.
Die Aussagen, die in den Deklamationen über die *actio iniuriarum* gegeben werden, zeigen zusammengefasst folgendes Bild: Die Strafe, die auf eine Verurteilung wegen begangener *iniuria* folgt, ist Ehrlosigkeit. Wenn die *iniuria* aber, sozusagen als Qualifikation, in einem Tempel verübt wurde, dann muss der Verurteilte dem Opfer 10000 geben und der Gemeindekasse ebenfalls 10000 (die Währung wird nicht angegeben, was auf einen Blankettbetrag schließen lässt). Dem Ehrlosen, also folglich auch dem, der schon einmal wegen begangener *iniuria* verurteilt worden ist, steht die *actio iniuriarum* nicht zu. Wer aber dreimal wegen einer begangenen *iniuria* verurteilt worden ist, der wird getötet.
Schon vor dem Zwölftafelgesetz war Talion die Strafe für eine begangene *iniuria*. Auf eine nicht körperlich wirkende *iniuria* stand die Prügelstrafe.[798] Hier ist auch die Parallele zu der in den Deklamationen als *actio talionis* bezeichneten Klage zu sehen. Die *actio talionis* (Quint. Decl. min. CCCLVIII; Quint. Decl. min. CCCLXXII; Calp. Flac. 9; Calp. Flac. 43) entspricht dieser alten Form der *actio iniuriarum*. Es handelt sich bei den Sachverhalten hauptsächlich, aber nicht ausschließlich, um Blendungsfälle. Das Zwölftafelgesetz hob die Talion nicht auf, sondern schaltete nur die Möglichkeit einer Geldbuße vor. Konnten sich Geschädigter und Schädiger nicht einigen, stand der Weg zur Talion offen.[799] Vor diesem Hintergrund wird die Norm *qui excaecaverit aliquem aut talionem praebeat aut excaecati dux sit* aus Quint. Decl. min. CCXCVII verständlich.
Als Strafe, die einer Verurteilung wegen *iniuria* folgt, wird aber auch in der Literatur *aquae et ignis interdictio* angenommen.[800] Dies zog die Ehrlosigkeit der Verurteilten nach sich[801] und würde die Normen *qui iniuriarum damnatus fuerit, ignominiosus sit* und *ignominioso ne sit actio iniuriarum* erklären. Die Strafe *aquae et ignis interdictio* kann jedoch nur für die Frühzeit angenommen werden, in der der Tatbestand noch enger als in der Klassik interpretiert wurde und nur schwere Iniurien umfasste. Hier griff diese Strafe wohl nur für die schwersten Fälle dieses engen Tatbestands. Schon unter Sulla hat sich die Geldbuße, in der Höhe, die dem Richter unter Würdigung des Einzelfalls als angemessen erschien, als Rechtsfolge durchgesetzt (*lex Cornelia de iniuriis*).[802] Das Talionsprinzip ist vollkommen aufgelöst. Es wird auch die Existenz eines ediktal bestimmten Bußgeldkatalogs angenommen.[803] Die Strafe der Zahlung der zwei mal 10000 für eine

---

[798] Flach, Gesetze der frühen römischen Republik, S. 146 ff.
[799] Flach, Gesetze der frühen römischen Republik, S. 146 ff.
[800] Rein, Criminalrecht, S.373.
[801] Kaser, Das römische Privatrecht, 1.Abschnitt, § 65 III;
[802] Kaser, Das römische Privatrecht, 1.Abschnitt, § 65 III; Rein, Criminalrecht, S. 370 ff.
[803] Völkl, Verfolgung der Körperverletzung, S. 209 f; Robinson, Criminal Law, S. 49 ff; Santalucia, Diritto e processo penale, S. 123 ff.

im Tempel begangene *iniuria* könnte eine Stelle aus diesem Katalog wiedergeben. Bei der Begehung einer *iniuria* ist deshalb eine hohe Strafe durchaus realistisch, weil der Tempel als Tatort beim Gedanken an dessen religiöse Bedeutung das Unrecht der Tat noch steigert. Die Strafandrohung, nach der auf die dreimalige Verurteilung wegen *iniuria* die Todesstrafe folgen soll, scheint jedoch übertrieben.
Aus den vorstehenden Überlegungen kann geschlossen werden, dass in den Kontroversien Senecas und in den *Declamationes minores* an die bekannte römischen *actio iniuriarum* gedacht wurde.

Wie ist aber die *actio malae tractationis* zu verstehen? Bonner sieht in ihr eine Form der *actio rei uxoriae*. Dies macht jedoch wenig Sinn, weil der Klagegrund in keinem der Fälle in den Deklamationen die Verschlechterung von Dotalgütern ist. In allen Fällen, in denen die *actio malae tractationis* auftaucht, geht es um eine begangene *iniuria* gegen Gewaltunterworfene. In sieben der acht Fälle, in denen die *actio malae tractationis* erscheint (Sen. contr. 3. 7; Sen. contr. 4. 6; Sen. contr. 5. 3; Quint. Decl. mai. VIII; Quint. Decl. mai. X; Quint. Decl. mai. XVIII; Quint. Decl. mai. XIX), klagt die Ehefrau den Ehemann mit der *actio malae tractationis* an, weil er mehrere Kinder oder ein Kind misshandelt hat. In dem achten der Fälle (Quint. Decl. min. CCCLXIII) wird ein Mann wegen *malae tractationis* angeklagt, der eine Schutzbefohlene vergewaltigt hat.
Es handelt sich bei dieser *actio malae tractationis* also um eine Klage zur Ahndung einer *iniuria* gegen Gewaltunterworfene. Man kann sogar soweit gehen, die *actio malae tractationis* als Klage wegen der Misshandlung Schutzbefohlener zu beschreiben. Die *patria potestas* schränkt das Klagerecht ein. Eine gewaltunterworfene Person konnte nicht gegen ihren Gewalthaber klagen. Missbräuche der *patria potestas* wurden aber durch Sakral- oder Sittenrecht geahndet. Der „Prozess" wurde vor einem Hausgericht (*iudicium domesticum*) geführt. Als sich schon zu republikanischer Zeit der Familienverband lockerte, wurde die Aufsicht über die Ausübung der *patria potaestas* dem Zensor unterstellt.[804] Es ist vor diesem Hintergrund durchaus wahrscheinlich, dass es sich bei der *actio malae tractationis* um solch eine Klage vor dem Hausgericht handelt. Der Begriff *actio* wird hier untechnisch als „Vortrag"[805] gebraucht. Zudem spricht dafür, dass es in den Sachverhalten der Stücke, die sich mit der *actio iniuriarum* befassen, in keinem Fall um Begehung einer *iniuria* gegen Gewaltunterworfene geht. Die *iniuria* wird stets an Personen begangen, die **nicht** der Gewalt des Angeklagten unterstehen. Die Sachverhalte, die die *actio malae tractationis* umfassen, betreffen hingegen ausschließlich eine begangene *iniuria* gegen Gewaltunterworfene.

Auch ist in den Deklamationen des neueren Typs die *actio maleficii* oder auch *actio inscripti maleficii* zu finden. Die Bezeichnung *actio maleficii* (Sen. contr.

---

[804] Honsell, Römisches Recht, § 65.; Kaser/Knütel, § 12.
[805] Georges, Handwörterbuch I, Sp. 91.

5.1) führt in der Klärung ihres Inhalts und ihrer Existenz nicht weiter. Informativer ist die Bezeichnung *actio inscripti maleficii* (Quint. Decl. min. CCLII; Quint. Decl. min. CCCXLIV; Quint. Decl. min. CCCLXX), Klage wegen eines im Gesetzbuch nicht verzeichneten Verbrechens. Dabei geht es um eine Tathandlung, die gesetzlich nicht verboten ist, die aber in Verbindung mit allen anderen gegebenen Umständen unmoralisch ist. Die Klage dreht sich also ausschließlich um die Frage der Billigkeit. In der *sermo* der Quint. Decl. min. CCLII wird ausdrücklich darauf hingewiesen, dass eine Verurteilung nach dieser Klage nur möglich ist, wenn beide Anforderungen, *inscriptum* **und** *maleficium*, erfüllt sind. Bonner führt die Aussage aus Quint. Decl. min. CCLII in der *declamatio* (*diligentissime maiores hanc videntur excogitasse legem, qui cum sciret, nullam tantam esse prudentiam, nullam immo tam certam divinationem, ut omnia, quaecumque ingeniis malorum excogitari umquam po[tui]sset, providentia caventium videret: hanc lege omnem malitiam veluti quadam indagine cinxerunt, ut quidquid aliarum legum effugisset auxilium quasi extrinsecus circumdaretur*) an, in der betont wird, dass die *actio inscripti maleficii* als Korrektiv für die Rechtsordnung, die nicht alle üblen Handlungen als Tatbestand erfasse, von den Vorfahren erdacht worden sei. Bonner weist aber darauf hin, dass die einzige aus dem römischen Recht bekannte Klage, die der Beschreibung der *actio inscripti maleficii* ähnelt, die Klage ist, die Mommsen als „Ergänzungsklage wegen Unrechtfertigkeit“ bezeichnet.[806] Mommsen beschreibt eine Kriminalklage wegen Schufterei (*stellionatus*) als solch eine „Ergänzungsklage wegen Unrechtfertigkeit“. Diese Klage sei, so Mommsen, „nicht durch Gesetz herbeigeführt worden, sondern durch das correlate Verhältnis des civilen und des criminellen Delicts...“. Er folgert daraus, dass „die Strafe keine feste ist, sondern im einzelnen Falle nach Ermessen, jedoch nicht über Zwangsarbeit hinaus erkannt wird; daneben steht auch hier die Infamie.“[807] Diese Klage soll also das kriminalrechtliche Pendant zu der *actio in factum* (oder *actio utilis*) im Zivilprozess sein. Treffen die für eine bestimmte Klage im Zivilprozess erforderlichen Merkmale bei einem Begehren nicht zu, ist aber dennoch Rechtschutz nötig, so gewährt der Prätor bei Analogie eine Klage *utilis*, wenn sich keine Analogie herstellen lässt, eine *actio in factum*.
Rein jedoch sieht die Stellionatsklage nur als Betrugsklage. Bei Stellionat müsse stets eine vollendete Vermögensbenachteiligung bei dem Geschädigten eingetreten sein. [808] Robinson vergleicht die Stellionatsklage mit der privatrechtlichen *actio de dolo*.[809] Tatsächlich ist das bei den Fällen aus den *Declamationes minores* der Fall.

Der Sachverhalt aus den Kontroversie Senecas unterscheidet sich jedoch völlig von diesen Fällen aus den *Declamationes minores*. Hier geht es nicht um einen Vermögensnachteil, sondern um die Verhinderung eines Selbstmords, worauf der

[806] Bonner, Roman Declamation, S. 86 f; Mommsen, Römisches Strafrecht, S. 678 ff.
[807] Mommsen, Römisches Strafrecht, S. 680 f.
[808] Rein, Criminalrecht, S. 336 f.
[809] Robinson, Criminal Law, S. 32.

Gerettete seinen Retter anklagt. Der Lösungsvorschlag Bonners überzeugt hier wenig.

Die Stücke Senecas sind älter als die der *Declamationes minores*. Während für Senecas *actio inscripti maleficii* wohl das attisches Recht Pate stand, ist der Gebrauch der quintilianischen *actio inscripti maleficii* auf das römische Stellionat abgestimmt. Die ehemals unrömische Deklamatorenklage *actio inscripti maleficii* wurde also im Laufe der Zeit an den römischen Rechtsbrauch angepasst, bzw. in das römische Rechtssystem eingepasst. Wie konnte das in einem relativ kurzen Zeitraum geschehen? Seneca der Ältere hat mit seinem Werk wohl kaum vor 37 n. Chr. begonnen. Quintilian hat - wenn die *Declamationes minores*, so wie es Teile der Forschung meinen, nicht ohnehin nach dem Tod des Quintilian durch einen Schüler verfasst worden sind - wohl nicht vor 68 n. Chr. mit der Aufzeichnung begonnen. Es liegen also mindestens 31 Jahre zwischen den beiden Niederschriften. Die Erklärung für den beschriebenen Wandel ist wohl nicht nur in der zeitlichen Entwicklung zu suchen, sondern vor allem in den hier vorkommenden unterschiedlichen Deklamationentypen. Obwohl beide Sammlungen Beispiele für den Typus der neueren Deklamationen darstellen, zeigen sich in den Kontroversien Senecas noch bedeutende Spuren des alten herkömmlichen, stark griechisch beeinflussten Deklamationentyps, der sich auch rechtlich noch stärker am griechischen Repertoire orientiert.

cc) Klage wegen Gewalttätigkeit

In Sen contr. 9.5 lautet die Norm: *De vi sit actio.* Der Sachverhalt sagt aus, dass ein Großvater mit der *actio de vi* angeklagt wird, weil er seinen Enkel in seinem Haus festhält.

Es handelt sich bei dieser *actio de vi* um eine Klage auf Grund der *lex Iulia de vi publica e de vi privata* vor den *quaestiones de vi*[810]. Es muss sich bei der sog. iulischen *lex* nicht notwendig um ein zusammenhängendes Gesetz handeln. Während die *lex Iulia de vi publica* wahrscheinlich ein Gesetz Caesars ist, kann die *lex Iulia de vi privata* entweder von Caesar oder von Augustus herrühren.[811] Unter *vis* im strafrechtlichen Sinne wird Gewalttätigkeit verstanden. *Crimen vis* kann als Verbrechen der Gewalttätigkeit oder gewaltsamen Handlungsweise definiert werden, durch die die Freiheit einer Person beschränkt und deren Willen ein Zwang angelegt wird, so dass dieselbe genötigt ist, gegen ihren Willen etwas zu tun, zu dulden oder zu unterlassen.[812] Der Angriff auf die Freiheit anderer, um den es auch im Sachverhalt geht, wird als *vi privata* qualifiziert (Paulus, Senten-

---

[810] Robinson, Criminal Law, S. 82; Santalucia, Diritto e processo penale, S. 73 f; Mommsen, Römisches Strafrecht, S. 399 Fn. 1.

[811] Rein, Criminalrecht, S. 741 ff.

[812] Rein, Criminalrecht, S. 734.

tiae I, 1).[813] Die *actio de vi* war tatsächlich eine kriminalrechtliche Klage, der zivilrechtliche Klageweg stand aber für die Verletzungsfälle wegen *vis privata* ebenso offen.[814]

dd) Klage wegen Täuschung (*actio circumscriptionis*)

In zwei Stücken der *Declamationes minores* kommt die *actio circumscriptionis* vor. In Quint. Decl. min. CCCXLIII lautet die Norm: *Circumscriptionis sit actio.* In Quint. Decl. min. CCCI gibt es keine Norm, dennoch weist der letzte Satz des Sachverhalts auf die *actio circumscriptionis* hin: *dives accusat pauperem circumscriptionis.* Beide Sachverhalte zeigen Täuschungsfälle. Besonders anschaulich ist der Sachverhalt der Quint. Decl. min. CCCI: Ein Armer hatte einen Reichen zum Essen eingeladen, die Tochter des Armen bediente die beiden. Der Reiche fragte, wer sie sei. Der Arme sagte, sie sei seine Sklavin. Darauf raubte der Reiche das Mädchen. Es verlangte nach der *lex raptarum*, eine Hochzeit mit dem Reichen. Der Reiche klagt darauf den Armen mit der *actio circumscriptionis* an. Wäre das Mädchen nämlich tatsächlich eine Sklavin gewesen, hätte ihr die *lex raptarum* natürlich nicht zugestanden. Die Bestrafung des Räubers wegen *furtum* wird in ähnlich gelagerten realen Fällen diskutiert (D.47.2.83.2 und D.47.2.39.).[815] Der Verdacht einer durch den Vater geplanten Einheirat der Tochter in wohlhabendere Kreise liegt natürlich nahe.

Die *actio circumscriptionis* aus den Deklamationen weist dieselben Attribute auf, wie die *actio furti* oder die *actio de dolo*. Die Parallelen sind evident.

ee) Diebstahl

Ein Stück in den Deklamationen des neueren Typus beschäftigt sich mit Tempeldiebstahl. Die Norm der Sen. contr. 8. 2 lautet: *Sacrilego manus praecidantur* (dem Tempeldieb sollen die Hände abgeschlagen werden). Dem Sachverhalt ist zu entnehmen, dass es sich bei dem Tempeldieb nicht um einen Dieb handelt, der Privatleuten Sachen in einem Tempel stiehlt, sondern um einen, der kultische Gegenstände aus einem Tempel entwendet. Der dazugehörige Sachverhalt erzählt von einer bestimmten Begebenheit und von einer bestimmten Person: Die Elier haben Phidias von den Athenern bekommen, damit er ihnen eine Statue für den Olympischen Zeus anfertigen sollte. Sie hatten versprochen, dass sie entweder Phidias oder 100 Talente zurücksenden würden. Als die Statue fertiggestellt war, sagten die Elier, dass Phidias Gold gestohlen hätte. Sie schnitten ihm die Hände ab und schickten ihn zurück nach Athen. Die Athener verlangen die 100 Talente. Die Elier reden dagegen.

---

[813] Rein, Criminalrecht, S. 747.

[814] Rein, Criminalrecht, S. 753.

[815] Gamauf, Sex and crime, S. 24 ff.

Bonner kommt zu dem Schluss, dass sowohl im römischen als auch im attischen Recht das *sacrilegium* unter Strafe stand, das aber in keinem Rechtsbrauch das Abschneiden der Hände als Strafe bekannt sei.[816] Als Strafe ist für einen schweren Fall, genannt wird ein nächtlicher Einbruch in einen Tempel, die Todesstrafe bekannt, für leichtere Fälle die Arbeit in einer Miene und für Angehörige der höheren gesellschaftlichen Schicht die *deportatio*.[817] Die Strafe ist spiegelnd, weil den Täter zwar nicht dasselbe Übel trifft, das er angerichtet hat. Die Bestrafung des Werkzeugs, das als unmittelbares Werkzeug bei der Begehung des Delikts fungierte, wird mit analoger Talion bezeichnet. Im ursprünglich römischen Sprachgebrauch wird das Wort *talio* auf *talis* zurückgeführt und bezeichnet schlicht „Vergeltung des Guten wie des Bösen".[818] Die analoge Talion knüpft an archaische Rechtsvorstellungen an (*Codex Hamurabi*), ist im kaiserzeitlichen Rom aber schon nicht mehr bekannt.
Auffallend ist, dass bei dieser Deklamation schon durch den Sachverhalt deutlich zum Ausdruck gebracht wird, dass es sich nicht um römischen Rechtsbrauch handelt, so dass ohnehin eine römische Parallele nicht unbedingt zu erwarten war.

h) Sachbeschädigung
Einige Deklamationen des neueren Typs befassen sich mit der Sachbeschädigung. Drei Stücke erwähnen die *actio damni*. In Sen. contr. 3.6 lautet die Norm: *Damni inlati actio sit* (es soll eine Klage wegen zugefügten Schadens geben). Die Norm in Quint. Decl. mai. XIII lautet: *Damni per iniuriam dati sit actio* (es soll eine Klage wegen eines durch *iniuria* zugefügten Schadens geben). In Quint. Decl. min. CCCLXXXV gibt es eine Abwandlung dieser Norm: *Damni iniuria dati sit actio.*
Die umfangreiche Norm *qui sciens damnum dederit, quadruplum solvat, qui inscius, simplum* (wer wissend einen Schaden zugefügt hat, soll das Vierfache zahlen, wer unwissend zerstört hat, soll das Einfache zahlen) steht vor dem Sachverhalt der Sen. contr. 5.5.

Die widerrechtliche Beschädigung fremden Eigentums wird im römischen Recht mit *damnum iniuria datum* bezeichnet. *Damnum iniuria datum* wird mit der aquilischen Klage verfolgt.[819] Sie begründet eine *obligatio ex delicto*, die auf Schadensersatz gerichtet ist. Obwohl der Schadensersatz schon in den Zwölftafeln manifestiert ist, wurden durch die *lex Aquilia* alle vorherigen Damnationsbestimmungen aufgehoben. Auch in der Kaiserzeit wurden die meisten Sachbeschä-

[816] Bonner, Roman Declamation, S. 106.
[817] Robinson, Criminal Law, S. 83 f.
[818] Wissowa, RE 8. Halbband, Sp. 2069.
[819] Gamauf, Damnum, Sp. 299.

digungen zivilrechtlich verfolgt.[820] Die *actio legis Aquiliae* als *actio damni iniuria dati* findet sich unzweifelhaft in Quint. Decl. mai. XIII und in Quint. Decl. min. CCCLXXXV wieder. Wie verhält es sich aber mit der *actio damni inlati* aus Sen. contr. 3.6? Der Sachverhalt erzählt von einem Mann, der ein Haus in Brand steckte, um einen Tyrannen, der sich darin verbarg, zu töten. Der Eigentümer des Hauses verklagt den Tyrannenmörder, der eine Belohnung erhalten hatte. Der Angeklagte begeht hier - abgesehen von dem straflosen Tyrannenmord - eine Sachbeschädigung durch Brandstiftung. Die Brandstiftung war zumindest nach der *lex Iulia de vi publica* unter Strafe gestellt, parallel dazu war eine zivilrechtliche Klage auf Schadensersatz durch die *lex Aquilia* möglich.[821] Im vorliegenden Fall erinnert die Formulierung der Norm *damni inlati actio sit* an die aquilische *actio damni iniuria dati*. Der Eindruck entsteht durch den Sachverhalt, in dem der Hauseigentümer gerade weil der Tyrannenmörder eine Belohnung erhalten hat, von diesem brandstiftenden Tyrannenmörder Schadensersatz verlangt. Obwohl die im Sachverhalt geschilderte Szene eher griechisch anmutet (Kap. II. 1. d.), entspricht das geschilderte Verhalten dem römischen Rechtsbrauch. In der *actio damni inlati* ist die *actio damni iniuria dati* zu erkennen.

Die umfangreiche Norm aus Sen. contr. 5.5 *qui sciens damnum dederit, quadruplum solvat, qui inscius, simplum* lässt sich scheinbar schwerer mit dem römischen Rechtsbrauch vereinbaren. Derjenige, der leugnete den Schaden verursacht zu haben, musste nämlich den doppelten Schadensersatz zahlen, wer aber nicht leugnete, musste nur den einfachen Schaden zahlen. Der Schadensersatz stand jedenfalls dem Eigentümer zu (D.9.2.11.6).[822] Eine vierfache Zahlung musste nicht geleistet werden.

Wird der Sachverhalt aus Sen. contr. 5.5 untersucht, wird eine Verbindung zur Brandstiftung deutlich. Ein Reicher hatte seinen armen Nachbarn gefragt, ob er ihm dessen Baum abkaufen könne, da dieser die Aussicht des Reichen störe. Der Arme verweigerte es. Darauf zündete der Reiche den Baum des Armen an. Der Baum verbrannte, aber auch das Haus des Armen ging in Flammen auf. Der Reiche war bereit, für den Baum das Vierfache zu zahlen, für das Haus jedoch nur das Einfache.

Paulus (Sententiae, V, 3, 6) ist zu entnehmen, dass der culpose Brandstifter das Doppelte des Wertes zahlen musste. Auch war das Anzünden von Gegenständen, die sich nahe an Wohnhäusern befanden, so dass die Gefahr des Übergreifens auf die Gebäude bestand, verboten und wurde nach Gaius D.47.9.9 strafrechtlich geahndet.[823] Bei dem Baum, dessen Brand auch auf das Wohnhaus übergriff, handelte es sich wohl um solch einen Gegenstand. Die Zahlung eines vierfachen Er-

---

[820] Rein, Criminalrecht, S. 338, 342; Santalucia, Diritto e processo penale, S. 42; Mommsen, Römisches Strafrecht, S. 825 ff.

[821] Rein, Criminalrecht, S. 769 - 774; Bonner, Roman Declamation, S. 116 ff.

[822] Elster, Gesetze der mittleren römischen Republik, S. 128 - 131.

[823] Robinson, Criminal Law, S. 35 ff; Santalucia, Diritto e processo penale, S. 38,72; Mommsen, Römisches Strafrecht, S. 646.

satzes ist jedoch auch bei Gaius nicht zu finden. (Bezogen auf die Entstehungszeit der Kontroversien Senecas des Älteren wären die Bestimmungen ohnehin wahrscheinlich zu spät datiert.) Die Pflicht, den Schaden vierfach ersetzen zu müssen, taucht aber in einer ediktalen Bestimmung des Prätors auf. D.47.9.1.pr. berichtet von einer Damnationsklage, nach der einer, der Unglücksfälle, wie Brand, Einsturz oder Schiffbruch etc. benutzte, um fremdes Eigentum beschädigen zu können, den vierfachen Schaden ersetzen musste.[824] Bonner datiert diese Bestimmung auf 287 v. Chr.,[825] also auf die republikanische Zeit. Genau betrachtet, erfüllt der Reiche diese Tathandlung bezogen auf den Baum aber nicht, denn er hat das Feuer aktiv gelegt und nicht wie es die ediktale Bestimmung verlangt, einen schon bestehenden Brand ausgenutzt. Dies wäre, wenn überhaupt, nur in Bezug auf das Haus begründbar. Eine Klage vor einer *quaestio extraordinaria* wegen *incendium* an einer Sache, die nahe an einem Bauwerk steht, mit einer Strafe auf das Doppelte[826] wäre hier die angemessenere. In Sen. contr. 5.5 wird aber diese kaiserzeitliche Rechtspraxis der *quaestiones perpetuae* offensichtlich außer Acht gelassen. Die Frage nach dem doppelten Ersatz des Schadens ergibt sich daher nicht, sondern nur die nach dem vierfachen Ersatz des Wertes des Hauses. In Sen. contr. 5. 5 wird wieder einmal nicht die Rechtspraxis der Entstehungszeit der Deklamationen, sondern die römische Rechtspraxis der Republik abgebildet.

i) Themenbereich „verfahrensrechtliche Regelungen"

In den Deklamationen des Prinzipats sind auch zahlreiche Regelungen über prozessuale und andere verfahrensrechtliche Probleme enthalten. Parallelen zu diesen Regelungen in der römischen Rechtspraxis zu erkennen, erschließt einen anderen Blickpunkt, durch den der Realitätsbezug der Deklamationen des Prinzipats ergründet werden kann. Sind zahlreiche Parallelen zwischen den prozessualen Regelungen in den Deklamationen und dem römischen Rechtsbrauch des frühen Prinzipats zu finden, würde dies allein die These erheblich stützen, nach der die Deklamationen des Prinzipats als Mittel zur Vorbereitung auf die forensische Tätigkeit anzusehen wären.[827]

aa) *Rogatio*

In Quint. Decl. min. CCLIII gibt es zwar keine Norm, im Sachverhalt wird aber darauf hingewiesen, dass es sich bei der folgenden Rede um eine *rogatio* handele (*fert ipse rogationem...*). Der Sachverhalt ist folgender: In zwei benachbarten Städten gab es Tyrannen. In der einen Stadt wurde der Tyrann getötet, der benachbarte Tyrann verlangte die Auslieferung des toten Tyrannen und drohte mit

---

[824] Rein, Criminalrecht, S. 340 f; Bonner, Roman Declamation, S. 117 ff.

[825] Bonner, Roman Declamation, S. 118.

[826] Rein, Criminalrecht, S. 769.

[827] Andersen, Garten der Rhetorik, S. 255.

einem Krieg. Er selbst macht die Anfrage an das Volk. Diese Anfrage stellt den Inhalt der *declamatio* an sich dar. Obwohl die Sachverhaltsschilderung wegen der beiden Tyrannen sehr unrömisch, eher griechisch wirkt, werden die Adressaten der Rede zu Beginn mit *Quirites* angesprochen (*ut meo nomine sum vobis, Quirites, obligatus, quod quamquam necessarium et ad salutem pertinens civitatis remedium praesentis timoris respectu tamen mei praetermisistis*). *Quirites* ist eine alte Bezeichnung für „römische Bürger".[828] Auch in Quint. Decl. min. CCCXXXIX wird ein griechischer Sachverhalt referiert: Demosthenes macht eine *rogatio*, ob diejenigen, die bei Chaeronea gefangen worden waren und von Philippus als Dank zurückgeschickt worden sind, an den *consilii publici* teilnehmen können.
Die Sachverhalte machen deutlich, dass *rogatio* hier keine forensische Bedeutung hat, sondern als politisches Mittel verstanden wird. Obwohl es sich in beiden Fällen um griechische Sachverhalte handelt, ist die *rogatio* in Rom bekannt. Die bekannteste Bedeutung der *rogatio* ist der Gesetzesvorschlag oder die Gesetzesvorlage.[829] In den Sachverhalten der beiden Kontroversien wird die *rogatio* in ihrer ursprünglichen Bedeutung als Anfrage an das Volk gebraucht.
Trotz der griechischen Umhüllung der Sachverhalte ist eine römische Parallele zu finden, die sich aber nicht auf den juristischen, sondern auf den politischen Bereich bezieht.

bb) Prozessmittel

In Quint. Decl. min. CCCVII wird in der Norm die *actio conscientiae* erwähnt (*conscientiae sit actio*). Auch in Calp. Flac.12 wird auf diese Norm Bezug genommen: *Cum torqueretur, filiam sibi consciam dixit. Petitur puella ex lege ad poenam.* An einer anderen Stelle wird diese Klage der Mitwisserschaft oder der Beihilfe in den Deklamationen des Prinzipats nicht erwähnt. Tatsächlich werden in Cic. p. Clu. 22 und in Cic. p. Cael. 23 die Mitwisser als *conscii* bezeichnet. Sie werden laut der *lex Pomponia de parricidii* (D.48.9.6) und der *lex Iulia maiestatis* (C.9.8.5.§5) ebenso wie die Täter bestraft.[830] Rein[831] ist der Ansicht, dass *conscii* mehr darstellen als nur Mitwisser. Diese Ansicht stimmt mit den Fallgestaltungen in den beiden Deklamationen überein. In Quint. Decl. min CCCVII verabreicht der *conscius* dem Verräter Gift, damit dieser nicht mehr gefoltert werden kann. In Calp. Flac.12 soll die *conscia* mit ihrer Stiefmutter den Halbbruder vergiftet haben. Die Parallele in der römischen Rechtspraxis besteht durchaus.

---

[828] Georges, Handwörterbuch II, Sp. 2172 f.
[829] Georges, Handwörterbuch II, Sp. 2403.
[830] Rein, Criminalrecht, S. 200 f; Mommsen, Römisches Strafrecht, S. 91.
[831] Rein, Criminalrecht, S. 200.

Das Anrufen der Tribunen wird in unterschiedlichen Deklamationen des Prinzipats behandelt. In Sen. contr. 3.9 gibt es keine Norm. Der Sachverhalt endet aber damit, dass sich ein Sklave an die Tribunen wendet (*appellat servus tribunos*). Der Herr des Sklaven hatte diesem befohlen, ihm Gift zu verabreichen. Als der Sklave dies verweigert hatte, hat der Herr in seinem Testament festgehalten, dass der Sklave von den Erben gekreuzigt werden solle.
Quint. Decl. min. CCCLXXX enthält die Norm *de iniusto supplicio tribunos appellare liceat.* Auch hier wendet sich im Sachverhalt ein Sklave an die Tribunen, weil er seine Bestrafung als ungerecht empfindet. Es handelt sich in Quint. Decl. min. CCCLXXX um denselben Sachverhalt wie in Sen. contr. 3.9., mit dem Unterschied, dass im Sachverhalt der Quint. Decl. min. CCCLXXX deutlicher wird, dass der Herr des Sklaven bereits tot ist, während der Sklave die Tribunen anruft. Winterbottom sieht in diesem Sachverhalt ein in den Schulen immer wieder verwendetes Thema.[832] Dieselbe Norm wie in Quint. Decl. min. CCCLXXX taucht auch mit einer anderen Regel in einem Satz zusammengefasst in Calp. Flac. 23 wieder auf (*liceat in matribus adulteria vindicare* ***et de iniusto supplicio tribunos appellare***). Hier wurde ein Römer aufgrund einer Falschaussage gerichtlich nicht als römischer Bürger anerkannt, obwohl er tatsächlich römischer Bürger war. Er tötete seine Mutter, die jedoch leugnete, seine Mutter zu sein, und wurde als Sklave an den Vater seiner Mutter verkauft. Dieser will ihn kreuzigen lassen. Darauf kehrt der Vater des angeblichen Sklaven zurück und ruft die Tribunen wegen einer unrechtmäßigen Bestrafung an.
Auch in Calp. Flac. 33 wendet sich ein Sklave an die Tribunen wegen ungerechtferigter Bestrafung (*meretrix servum suum amantem se in crucem agit. Appellat tribunos ille de iniusto supplicio*). Eine Norm fehlt hier allerdings.
Lediglich in Calp. Flac. 42 handelt es sich nicht um einen Sklaven oder einen angeblichen Sklaven, wegen dessen ungerechter Bestrafung die Tribunen angerufen werden. Hier wollte sich eine Frau, die ihren Mann und vier Kinder verloren hatte, erhängen. Ihr Sohn rettete sie. In der Stadt war ein Verbrechen verübt worden. Die Frau teilte dem Magistrat mit, sie sei die Täterin. Der Magistrat wollte sie bestrafen. Darauf ruft der Sohn die Tribunen an. Die Norm lautet auch hier: *De iniusto supplicio tribunos appellare liceat.*
Tatsächlich hatten die Volkstribunen (*tribuni plebis*) in der Republik das Recht, den Unterdrückten beizustehen (*latio auxilii*). Nur das Volk hatte nämlich in der republikanischen Zeit die Befugnis, eine Begnadigung auszusprechen (Cic. Verr. V, 6).[833] Dies konnte sowohl durch eine *lex centurianta* auf den Vorschlag eines höheren Magistraten, als auch durch ein Plebiszit in den Tributkomitien auf den Vorschlag eines Volkstribuns hin geschehen.[834] Im Prinzipat fiel dieses Recht (*decreti gratia, venia, indulgentia*)[835] dem Princeps zu, der Träger der *tribunicia*

[832] Winterbottom, Seneca the Elder . Declamations - Volume I, S. 418 Fn. 2.
[833] Rein, Criminalrecht, S. 265.
[834] Rein, Criminalrecht, S. 265,
[835] Rein, Criminalrecht, S. 269.

potestas war. *Appellatio tribunos* bezeichnet also dieses „um-Hilfe-Bitten". Die Bitte richtet sich an die Tribunen, deren Anzahl bis 449 v. Chr. auf zehn angestiegen war. Die Möglichkeit, die Volkstribunen in ihrer Funktion als Beamte der *plebs* um Hilfe anzurufen, hätte folglich nur den Angehörigen der *plebs*, also römischen Bürgern, zustehen dürfen.[836] Tatsächlich stand sie aber jedermann zu.[837] Es ist möglich, dass mit dem Übergang des Rechts auf den Princeps eine Verallgemeinerung eintrat, die es dann allen Bedrängten möglich machte, sich hilfesuchend an den Princeps als Träger der *tribunicia potestas* zu wenden. In den Deklamationen des neueren Typs könnte diese Rechtsentwicklung bereits aufgenommen worden sein. Dagegen spricht jedoch, dass die Anrufungsmöglichkeit konstant mit *ad tribunos appellare* wiedergegeben wird. Es handelte sich bei dem Princeps aber nur um eine Person. Das bedeutet eine Archaisierung des zur Entstehungszeit der Deklamationen geltenden Rechts, bei der jedoch nicht auf alle Elemente des geltenden Rechts verzichtet wurde. Archaisierte und aktuelle Elemente vermischen sich.

cc) Vorgänge in und vor dem Gericht

Sen. contr. 6.5 liefert eine Norm: *Qui vim iudicio fecerit capite puniatur.* Diese Norm droht demjenigen, der bei der Gerichtsverhandlung Gewalt ausübt, die Todesstrafe an. Dies ist sicherlich so zu verstehen, dass die gesamte Verhandlung vor dem Gericht nicht durch Gewaltanwendung gestört werden darf. Weder Sachverhalt noch Norm weisen hier daraufhin, dass sich die verbotene Gewaltanwendung nur auf den vorsitzenden Beamten bezieht. Selbige Ansicht vertritt jedoch Borneque[838]. Die Gewaltanwendung vor Gericht wurde von der *lex Plautia de vi* (Cic. Pro Cael. 1.1) und der *lex Iulia de vi publica* unter Strafe gestellt.[839] D.48.6.10pr. benennt eindeutig den in der Norm aus Sen. contr. 6.5 erwähnten Tatbestand. *Qui dolo malo fecerit, quo minus iudicia tuto exerceantur aut iudices ut oportet iudicent...* erwähnt die Gewaltanwendung vor Gericht. Die in der *lex Iulia de vi publica* angedrohte Strafe war jedoch laut D.48.6.10.§2 *aquae et ignis interdictio* und nicht die Todesstrafe. Die Norm aus Sen. contr. 6.5 stellt sich demnach als Unterfall des *crimen vis*, präziser gesagt des *crimen vis publicae*, dar. Die entsprechende Kriminalklage für diesen Fall war also die *actio de vi publica*, neben der der zivilrechtliche Klageweg auf Schadensersatz offenstand.[840]

Tatsächlich erfolgt in der Kaiserzeit eine Differenzierung der Bestrafung des *crimen vis*. Bei *vis publica* wurden *honestiores* weiter mit Deportation bestraft,

---

[836] Winterbottom, Seneca the Elder - Declamations - Volume I, S. 418 Fn. 2; Andresen, Alte Welt, Sp. 3243; Bleicken, Volkstribunat der klassischen Republik, S. 1ff.

[837] Zumpt, Criminalprozess, S. 184.

[838] Borneque, Les Déclamations, S. 65.

[839] Rein, Criminalrecht, S. 734 ff.

[840] Rein, Criminalrecht, S. 734 - 751.

humiliores aber mit der Todesstrafe (Paulus, Sententiae V, 26).[841] Wird eine Entstehung der Kontroversien Senecas in Einklang mit der herrschenden Meinung in der Forschung (s. Kap. I. 7) nicht vor 37 n. Chr. angenommen, so kann Sen. contr. 6.5 ein Indiz dafür sein, dass sich die Entwicklung der Bestrafung, die Paulus erwähnt (Paulus, Sententiae V, 26), schon im frühen Prinzipat vollzogen hat, obwohl vor Konstantin dafür keine weiteren Anhaltspunkte bekannt sind[842]. Bonner vertritt dagegen die Ansicht, dass *capite puniri* ein anderer Ausdruck für *aquae et ignis interdictio* sei.[843] Auch diese Lösung scheint bei genauerer Betrachtung durchaus möglich. Denn *caput* bezeichnet nicht nur das Haupt, den Kopf oder das Leben, sondern auch den personenrechtlichen Status.[844] Die Strafe *aquae et ignis interdictio* müsste, damit die These Bonner stichhaltig wäre, den Verlust des Bürgerrechts mit sich bringen. Tatsächlich bewirkte diese Massnahme den Verlust der Staatsbürgerschaft, sowie die Vermögenskonfiskation und das Verbot der Wiedereinreise nach Rom bei Todesstrafe.[845] Dennoch ist die Ansicht Bonners nur im übertragenen Sinne zutreffend. *Capite puniri* ist nämlich kein anderer Ausdruck für *aquae et ignis interdictio*. Aus dem Brauch beim Drohen einer Todesstrafe noch bevor der letzte Geschworene seine Stimme abgegeben hat, freiwillig ins Exil gehen zu können, war faktisch im letzten Jahrhundert der Republik eine Regel geworden.[846] In dieser Zeit bedeutete faktisch die Strafe *capite puniri* also das Exil, das *aquae et ignis interdictio* mit sich brachte. Die strenge Durchsetzung der Todesstrafe wurde schon in der späten Republik wieder eingeführt. Dann wurde auch für einige Tatbestände, die den *quaestiones perpetuae* überantwortet waren, das Exil als eigentliche Strafe angedroht. Unter *poena capitalis* wurde dann nicht mehr ausschließlich die Todesstrafe verstanden, sondern auch das Exil mit daraus resultierender *aquae et ignis interdictio*.[847] Bonners Ansicht ist juristisch demnach nicht präzise, aber faktisch durchaus zutreffend.
Eine enge Bindung der Norm an die römische Rechtspraxis besteht in jedem Fall, obwohl der Sachverhalt mit dem Protagonisten „Iphicrates" und den Ortsangaben „Athen" und „Thracum" durchaus griechisch anmutet.

In Quint. Decl. min. CCLXVI ist der altbekannte strafprozessuale Grundsatz *ne bis in idem* in der Norm ausgedrückt: *Bis de eadem re agere ne liceat.* Diese Norm knüpft an eine Prozessvoraussetzung an, die besagt, dass die Streitsache nicht bereits rechtshängig geworden oder schon über sie entschieden worden sein

---

[841] Rilinger, Humiliores, S. 65 ff.
[842] Cod. Theod. IX, 10, 1; Sprenger,Declamationes iuridicae, S. 250; Lanfranchi, Il Diritto Nei Rhetori, S. 468 f.; Bonner, Roman Declamation, S. 114.
[843] Bonner, Roman Declamation, S. 114 Fn. 2.
[844] Georges, Handwörterbuch I, Sp. 989 ff.
[845] Santalucia, Diritto e processo penale, S. 54 f; Polybius, Universalgeschichte 6, 14, 7 - ; Sallust, Catilina, 51, 22 und 40; Livius, Ab urbe condita, 25,4,9.
[846] Santalucia, Diritto e processo penale, S. 54 f.
[847] Santalucia, Diritto e processo penale, S. 78 f, 114 f.

darf. Diese Prozessvoraussetzung richtet sich nach der *litis contestatio*. Die Regel *bis de eadem re agere non licet* gehörte bereits dem Legisaktionenprozess an. Die rechtspolitischen Motive dieser Regelung liegen in der Achtung vor dem Gericht und in der Prozessökonomie. Ob *eadem re* vorliegt, hängt davon ab, ob die beiden Klagen denselben Klagegrund (*causa*) und dasselbe Klageziel haben.[848]
Tatsächlich haben die beiden Klagen, die im Sachverhalt angestrebt werden, denselben Klagegrund. In einer Gemeinde war ein Mann wegen Verrats verurteilt worden, er wurde ins Exil geschickt. Darauf wurden wegen eines Kriegs alle Exilierten zurückgerufen. Der Mann kämpfte vorbildlich und verlangt nun, dass es noch einmal einen Prozess wegen des Vorwurfs des Verrats geben solle. Dies wird jedoch mit dem Verweis auf die Norm *bis de eadem re agere ne liceat* abgelehnt. Die römische Rechtspraxis findet sich hier unverändert im Recht in den Deklamationen wieder.

In Quint. Decl. min. CCCLXV werden zwei Normen genannt, die sich beide mit der Arbeit der Richter befassen und inhaltlich zusammen gehören: *De vi septem iudicent* und *quod maior pars iudicium statuerit, reus patiatur*. Der passende Sachverhalt ist sehr knapp gehalten. Er besteht nur aus zwei Sätzen: *Duo ignominiam statuerunt, duo exilium, tres mortem* sowie *petitur ad mortem*.
Es muss sich bei dem Sachverhalt aufgrund der Beschreibung, dass mehrere Richter an der Entscheidung beteiligt sind, und der Tatsache, dass bei der Bestrafung zwischen Entehrung, Exil und der Todesstrafe entschieden wird, um einen Kriminalprozess handeln.
Die *Declamationes minores* sind wohl nicht vor 68 n. Chr. entstanden. Zu dieser Zeit hatten sich die *quaestiones perpetuae* schon längst statuiert. Während im zweigliedrigen Zivilverfahren, dessen erster Verfahrensabschnitt *in iure* vor dem Prätor und dessen zweiter Verfahrensabschnitt *apud iudicem* vor einem Einzelrichter vollzogen wurde, zumindest seit Augustus für nahezu jedes Kriminaldelikt eine *quaestio* zuständig war, gehörten die Verfahren vor den Zenturiatskomminien oder im Senat der Vergangenheit an.[849] Im Prozess vor den *quaestiones perpetuae* füllte ein Magistrat, der Prätor, die Aufgabe des Vorsitzenden *iudex* aus. Er hatte das *imperium* und somit auch die Verantwortung über den Prozess.[850] Die Geschworenen, d.h. die übrigen *iudices*, werden aus öffentlichen, feststehenden Richterlisten nach einem bestimmten Standesproporz ausgewählt. Dieser Standesproporz bedingt jedoch eine gerade Anzahl von Richtern. Das Richterkollegium entschied über die Schuldfrage.[851] Die *iudices* stimmten über die Schuldfrage auf Stimmtäfelchen aus Wachs, den *tabellae*, ab. Auf diesen Stimmtäfelchen war auf der einen Seite ein C für

848 Kaser/Hackl, Zivilprozessrecht, §§ 33, 43.
849 Santalucia,Diritto e processo penale, S. 78.
850 Santalucia, Diritto e processo penale, S. 78.
851 Robinson, Criminal Law, S. 3 - 6; Hitzig, Herkunft des Schwurgerichts, S. 9 - 14.

condemno und auf der anderen Seite ein A für *absolvo* eingeritzt. Die *iudices* radierten das nicht Zutreffende aus und steckten das Täfelchen in eine Urne. Der Prätor verlas dann die Stimmen. Entscheidend ist aber die Frage, ob der Prätor selbst auch mitgestimmt hat. Die Bestimmung, dass die Verurteilung nur eintritt, wenn *sententiae plurimae erunt condemno* (*lex Acilia*), spricht dafür. Nur durch seine Stimme wird eine ungerade Anzahl von Stimmberechtigten gewährleistet.[852] Fiel diese Entscheidung positiv aus, wurde also der Angeklagte für schuldig befunden, dann entließ der Magistrat einige *iudices* und bildete aus den übrigen verbleibenden das *consilium*. Dieses entschied zusammen mit dem Prätor über die *litis aestimatio*. Die Entscheidung erfolgte nicht durch schriftliche, sondern durch mündliche Abstimmung, richtete sich jedoch nach der Meinung der Mehrheit.[853] Auch unterstützte das *consilium* den Prätor in anderen prozessualen Angelegenheiten, bei denen nicht das Geschworenenkolleg auftrat.[854]

Quint. Decl. min. CCCLXV könnte von solch einer Abstimmung in einem *consilium* handeln. Bezüglich der Anzahl der im *consilium* Tätigen, legt die Norm aus Quint. Decl. min. CCCLXV ihre Anzahl auf sieben fest. Wird die Person des Magistraten von dieser Anzahl subtrahiert, verbleiben noch sechs Personen. Bezüglich des Geschworenenkollegs wird aber von einer weit größeren Anzahl gesprochen. Die genauen Angaben differieren in einem Spektrum von 32 bis 75 Richtern. Die präzise Anzahl war in dem für den Gerichtshof passenden Statut geregelt.[855] Das *consilium* war jedoch kleiner als das Geschworenenkolleg. Die tatsächliche Größe ist nicht bekannt.[856] Der Umfang von sechs Personen für das *consilium* erscheint im Verhältnis zu der Größe des Richterkollegs etwas zu gering. Dagegen ist er vom ökonomischen Gesichtspunkt her gesehen (wenn es sich nicht gerade um einen publikumswirksamen politisch motivierten Prozess handelte) durchaus plausibel.

Gegen die Annahme, dass in der Quint. Decl. min. CCCLXV auf solch ein *consilium* abgestellt wird, spricht aber doch, dass die Strafe vom Gesetz, das die *quaestio* einsetzt, fix vorgeschrieben ist und nicht von den *iudices* auf die Schwere der Tat abgestimmt werden kann (*damnatio est iudicium, poena est legis* - Cic. Sull. 63).[857]

In der einen Norm wird jedoch deutlich gesagt, dass es sich um einen Prozess wegen *vis* handele. Beim *crimen vis* wird in der Kaiserzeit die Bestrafung tatsächlich an den Stand des Schuldigen angepasst. Dies ist möglich, weil Augustus die Rechtsprechung aus dem ordentlichen Prozessweg herausnimmt und einer *cognitio extra ordinem* zuordnet. Die Strafe konnte dann durch das Richterkollegium variiert und bestimmten Gegebenheiten, wie z.B. der sozialen

---

[852] Hitzig, Herkunft des Schwurgerichts, S. 8 - 17, 29; Santalucia, Diritto e processo penale, S. 77.
[853] Zumpt, Criminalprozeß, S. 400.
[854] Hitzig, Herkunft des Schwurgerichts, S. 30.
[855] Robinson, Criminal Law, S. 4.
[856] Hitzig, Herkunft des Schwurgerichts, S. 30.
[857] Santalucia, Diritto e processo penale, S. 77.

Herkunft angepasst werden.[858] Demnach müsste es sich hier um solch eine *cognitio extra ordinem* handeln.

Quint. Decl. min. CCCXIII enthält die Norm: *Damnatorum supplicia in diem tricesimum differantur* (die Bestrafungen der Verurteilten sollen auf den dreißigsten Tag aufgeschoben werden).
Die Norm aus Quint. Decl. min. CCCXIII stellt darauf ab, dass die Bestrafung auf den dreißigsten Tag ab der Urteilsverkündung verschoben wird. Ein Aufschub scheint nur im Hinblick auf die Möglichkeit einer Berufung oder einer Anklage wegen *calumnia* plausibel zu sein. In dem Sachverhalt der Quint. Decl. min. CCCXIII klagt der Verurteilte seinen Ankläger wegen falscher Anklage an. Die Todesstrafe kann also nicht sogleich vollstreckt werden. Tatsächlich ist die Dreißigtagesfrist aus dem römischen Rechtsbrauch bekannt. Im Zollrecht konnte der *publicanus* Beispielsweise konfiszierte Ware, die nach 30 Tagen nicht vom Eigentümer ausgelöst worden war, verkaufen[859]. Auch die Urteilserfüllungsfrist aus der *lex Aquilia* betrug 30 Tage. Die Anklage wegen *calumnia* musste aber vor Beendigung des Prozesses erfolgen.[860] Dies besagt zumindest C.9.46, was auch schon dem augusteischen Rechtsbrauch entsprechen soll[861]. Die Norm stellt hier wohl eher eine Regelung für den Einzelfall dar und nicht ein generelles Vorgehen.

In Calp. Flac 42 ist die Norm *magistratus de confesso sumat supplicium* dem Sachverhalt vorangestellt, in Sen. contr. 8.1 die Norm *magistratus de confessa sumat supplicium*. Demnach darf ein Magistrat die Bestrafung einer Person - gleich ob Mann oder Frau - fordern, die sich eines Verbrechens schuldig bekannt hat.
Gestand eine Person ein Verbrechen, galt die Schuld im römischen Rechtsbrauch als „offenbar". In diesem Fall entschied der zuständige Beamte, der *praetor*, selbständig, d.h. ohne gerichtliche Untersuchung, ohne Geschworene und ohne gerichtliches Urteil. Den anderen Beamten und dem Volkstribun, den jedermann um Hilfe anrufen konnte, war aber ein Einspruch möglich.[862]
Die Regelungen aus den Kontroversien geben also den römischen Rechtsbrauch wieder.

In Quint. Decl. mai. VII wird die Norm *liberum hominem torqueri ne liceat* angeführt. Tatsächlich ist die Folter von freien Personen vor Gericht im klassischen römischen Recht unbekannt.[863] Gefoltert werden zu gerichtlichem

---

[858] Santalucia, Diritto eprocesso penale, S. 112 f, 98 ff.
[859] Engelmann/Knibbe, Zollgesetz, S. 82.
[860] Dazu Camiñas, Le crimen calumniae, S. 117 - 133.
[861] Rein, Crimnalrecht, S. 810.
[862] Zumpt, Criminalprozess, S. 183 f.
[863] Zumpt, Criminalprozess, S. 247 ff.

Zwecke aber die Sklaven. Die Folter wird für die Glaubwürdigkeit der Aussage eines Sklaven sogar als notwendig erachtet.[864]
Die Aussage, dass es nicht erlaubt war, einen Freien zu foltern, entspricht somit der klassischen römischen Rechtspraxis.

Quint. Decl. min. CCCLIII enthält keine Norm. Der Sachverhalt beschäftigt sich aber mit einem beweisrechtlichen Problem. Im Streit um verwahrtes Gut leugnet ein Angeschuldigter, das Gut jemals erhalten zu haben. Die Verwalter beider Streitparteien wurden gefoltert. Sie machten aber sich widersprechende Angaben. Der Sachverhalt schließt mit dem Satz: *De integro lis est.* Aus der Rede geht hervor, dass sich der Verwalter des einen darauf beruft, dass er dem anderen Verwalter nichts übergeben habe. Dieser sagt aber unter der Folter aus, dass er etwas angenommen habe. Beide Aussagen fallen also in Bezug auf die beiden Herren und Eigentümer ungünstig aus, daher erweist es sich als um so zweifelhafter, welcher von beiden Verwaltern nun lügt.
Das juristische Hauptproblem des Falles liegt demnach nicht etwa im Bereich der Verwahrung, sondern im Bereich der Tatsachenermittlung.
Res in integro est bedeutet „die Sache ist noch unerledigt".[865] Die Wendung *de integro lis est* ist also so zu verstehen, dass der Prozess noch nicht beendet ist.
Es muss sich im vorliegenden Fall um einen Zivilprozess aufgrund der *actio depositi* handeln. Obwohl der Richter bezüglich der Beweislast Ermessensfreiheit genießt, liegt die Vermutung nahe, dass der Kläger Grundlage und Inhalt seines Begehrens beweisen muss, der Beklagte hingegen den Tatbestand seiner *exceptio*.[866] Für den vorliegenden Fall bedeutet das, dass der klagende *dominus* beweisen muss, dass sein Verwalter das Gut dem Verwalter des anderen übergeben hat. Der beklagte *dominus* muss beweisen, dass er bzw. sein Verwalter das Gut nicht erhalten hat, dass es also nicht in seinen Besitz gelangt ist. Die beiden *dispensatores* sind hier wohl, wie häufig, Sklaven. Sklaven sind zum Zeugnis unfähig, sie werden unter Folter befragt.[867] Jedoch ist die Fragwürdigkeit der Aussage unter Folter bereits unter Augustus bekannt (D.48.18.1. und D.48.18.1.23), daher muss die Sache auch mit anderen Beweismitteln geprüft werden (D.48.18.1.4). Auch dürfen Sklaven nicht zum Nachteil ihres Herrn gefoltert werden.[868] Das stimmt mit der Sachverhaltsschilderung aus Quint. Decl. min. CCCLIII überein, in der der Prozess, nachdem die Aussagen unter Folter abgegeben wurden, nicht beendet ist, obwohl anhand dieser Aussagen der Kläger noch nicht einmal den Inhalt seines Begehrens beweisen kann.

---

[864] Zumpt, Criminalprozess, S. 310.
[865] Georges, Handwörterbuch II, Sp. 122 ff; Bynkershook, Observationes Tumultuariae III.
[866] Kaser/Hackl, Zivilprozeßrecht, § 53.
[867] Kaser/Hackl, Zivilprozeßrecht, § 53; dazu näher Pölönen, From Torture of convicts, S. 257.
[868] Kaser/Hackl, Zivilprozeßrecht, § 53.

Es gibt in den Deklamationen des Prinzipats drei unterscheidliche Normen, die sich mit Prozessrecht bezüglich Frauen befassen. In Sen. contr. 9.6, in Quint. Decl. min. CCCLXXXI und in Calp. Flac. 12 wird eine Norm in unterschiedlicher Formulierung genannt, die besagt, dass eine Frau, die jemanden vergiftet hat, so lange gefoltert werden soll, bis sie ihre Komplizen verrät. In Sen. contr. 9.6 und in Quint. Decl. min. CCCLXXXI wird die Norm in der Formulierung *venefica torqueatur donec conscios indicet* angegeben, in Calp. Flac. 12 hingegen in der Formulierung *veneficii rea torqueatur donec conscios inidicet.*

Über einen Fall, in dem eine Frau, die Teilnehmerin bei einem Giftmord war, ihre Komplizen verraten hat und deshalb vom Senat für straffrei erklärt worden war, berichtet Livius (Liv. VIII, 18). In diesem Fall wird aber nicht von der Folter der Frau berichtet. Eine Folter würde dem Grundsatz, dass Freie grundsätzlich nicht gefoltert werden, ohnehin widersprechen.[869] Es ist naheliegend, dass die Teilnahme am Giftmord auch in der *lex Cornelia de sicariis et veneficis* geregelt ist. Aufgrund des Widerspruchs zwischen dem Inhalt der Norm aus den Deklamationen und der Regel, die besagt, dass Freie nicht gefoltert werden, erkennt Borneque in der Norm einen griechischen Rechtsbrauch.[870] Bonner hingegen weist auf Ausnahmen des Folterverbots von Freien in der Kaiserzeit hin.[871] Diese galten für die Verfahren von *maiestas* und *perduellio*, aber auch für Personen, die magischen Künsten nachgingen.[872] Giftmischerei wurde zu Zeiten Quintilians als Magie beschrieben.[873] Bonner erkennt in der Folter der Giftmischerin zwar keine Rechtsregelung, aber eine Praktik, die in den *quaestiones* der Kaiserzeit angewendet wurde. Zur Unterstützung seiner These führt er folgende Aussage von Paulus an: *In criminibus eruendis quaestio quidem adhibetur; sed non statim tormentis incipiendum est, ideoque prius argumentis quaerendum, et si suspicione aliqua reus urgeatur, adhibitis tormentis de sociis et sceleribus suis confiteri compellitur* (Paul. Sent. V, 14, 1).

Bonner übersieht aber die große zeitliche Distanz. Das Leben des Paulus fällt nämlich in das dritte Jahrhundert nach Christus, die Norm ist jedoch schon in einem Stück der Sammlung Senecas enthalten, die bereits im ersten Jahrhundert nach Chr. entstanden ist.

Anders würde der Fall liegen, wenn die Giftmischerin keine Freie, sondern eine Sklavin ist. Dann nämlich wäre die Folter möglich. Die Täterin wird aber in keinem der Sachverhalte als *serva* oder, was in den Kontroversien des neueren Typs üblicher ist (s. z.B. Sen. contr. 6.3), als *ancilla* bezeichnet. Im Gegenteil, die Täterin ist in allen Fällen die *domina*, die Hausherrin.

---

[869] Zumpt, Criminalprozess, S. 252.
[870] Borneque, Les Déclamations, S. 65.
[871] Bonner, Roman Declamation, S. 112.
[872] Cod. Theod. IX,16,6; Tacitus, Annales, Kap. 10.
[873] Bonner, Roman Declamation, S. 112.

In Quint. Decl. min. CCLXXVII ist folgende Norm angegeben: *Supplicia praegnantium in diem partus differantur*. Der Sachverhalt besagt, dass ein Ehemann seine schwangere Ehefrau beim Ehebruch ertappt hatte und sie sogleich getötet hat. Der Ehemann wird des Totschlags angeklagt. Er widerspricht.

Obwohl der Ehemann seinem Recht zufolge gehandelt hat, nachdem er die Ehebrecherin und den Ehebrecher, wenn er sie auf frischer Tat ertappt hatte, beide sofort töten konnte, wird er mit der Norm konfrontiert, nach der die Bestrafung einer Schwangeren bis zum Tage der Geburt ausgesetzt werden soll.

Obwohl Kaser die Geburt als Beginn der Rechtsfähigkeit ansetzt[874] täuscht das jedoch nicht darüber hinweg, dass den Römern die „Rechtsfähigkeit" als dogmatische Größe unbekannt war. Wird der Pandektismus Kasers außer Acht gelassen, zeigt es sich, dass auch schon die Phase nach der Zeugung, also die Schwangerschaft, rechtlich von Bedeutung war. So richtet sich in der klassischen Zeit bei ehelichen Kindern das Bürgerrecht und die Familienzugehörigkeit nach dem Zeitpunkt der Erzeugung und nicht nach dem Zeitpunkt der Geburt (Gaius 1. 89). Das macht deutlich, dass das Kind in der klassischen Zeit durchaus schon vor der Geburt beachtet wurde. Die Erkenntnis, bei einer Bestrafung der Mutter, nicht nur die Mutter selbst, sondern auch das Kind zu schädigen, bestand also durchaus. Die einzige Möglichkeit, die Schädigung des Kindes zu verhindern, liegt darin, die Bestrafung bis zum Tag der Geburt auszusetzen.[875] Es ist daher naheliegend, dass die Norm der römischen Rechtspraxis entspricht.

Servatus contra servatorem ne quam habeat actionem ist die Norm, die in Sen. contr. 3. 4 vorgestellt wird.

Wird die Norm unabhängig vom Sachverhalt gesehen, scheint sie auf eine Regel aus dem Patronatsverhältnis hinzuweisen. Obwohl das Patronatsverhältnis nach einer Freilassung zwischen Freilasser und Freigelassenem obligatorisch war, gingen auch Freie ungezwungen ein solches Verhältnis ein. Das Patronatsverhältnis als gegenseitiges Verhältnis, das von einem Geben und Nehmen beiderseits bestimmt wird, enthält unter anderem die Verpflichtung des Patrons, den *cliens* bei Rechtsstreitigkeiten zu vertreten und zu unterstützen. Dafür schuldete der *cliens* dem *patronus* Loyalität.[876] Die Einhaltung der Pflichten, die aus dem Patronatsverhältnis resultierten, entsprachen der *pietas* und dem *mos maiorum*. Das Verhältnis war an sich nicht rechtlich, sondern moralisch sittlich fundiert. Natürlich konnten einzelne Verhältnisse auch rechtlich ausgestaltet werden. Bezüglich der Position des *libertus* bestand eine rechtliche Ausgestaltung.

Strengte ein *cliens* eine Klage gegen seinen *patronus* an, verstieß er damit gegen die *pietas* und den *mos maiorum*.[877] In der römischen Königszeit wurde die

---

[874] Kaser/Knütel, § 13 II.
[875] Paulus, Sententiae, I, 12, 4; D.1.5.18; D.48.19.3.
[876] Zumpt, Criminalprozess, S. 82 f; Kaser/Knütel, § 17 II.
[877] Zumpt, Criminalprozess, S. 82 ff.

Verletzung dieses Treueverhältnisses zwischen Patron und *cliens* nach einem angeblichen Gesetz des Romulus durch die *consecratio* der Gottheit Vediovis geahndet. Die *consecratio* bedingte den Ausschluss des Schuldigen aus der Gemeinschaft und bewirkte, dass der Schuldige der Rache der verletzten Gottheit, hier vermutlich des Vediovis, ausgesetzt war.[878]

Dieser Verstoß wird in der Norm *servatus contra servatorem ne quam habeat actionem* ausgedrückt. Sie würde also mit dem römischen Brauch übereinstimmen. Die Anwendung dieser Norm in der Kontroversie stuft Bonner jedoch als mit der römischen Rechtspraxis unvereinbar ein.[879] Die Anwendung ist folgende: Ein Mann, der von seinem Sohn gerettet wurde, enterbte diesen. Der Vater ist also der *servatus* und der Sohn ist der *servator*. Darauf klagt der Sohn gegen den Vater (*servatus a filio abdicat. Ille praescribit*).

Es ist davon auszugehen, dass mit *ille praescribit* gemeint ist, dass der Sohn gegen den Vater klagt. Jedoch ist es hier der Vater, der von dem Sohn beschützt wurde, und nicht umgekehrt. Also müsste die Norm auf die Handlung des Vaters gegen den Sohn bezogen werden. Eine *abdicatio* ist jedoch keine *actio*. Darüber hinaus ist das Verhältnis zwischen Vater und Sohn kein Patronatsverhältnis. Der Schutz, den der Sohn seinem Vater entegegen bringt, resultiert unmittelbar aus der Pietätspflicht, die jeder Römer gegenüber seinen Eltern hat. Bonner beachtet nicht, dass genau diese beiden Anwendungsprobleme der Norm auf den Sachverhalt Inhalt der *declamatio* an sich, d.h. der gesamten Rede, sind. Sie werden also in der Rede bewusst verarbeitet. Als Beispiel für diese Auseinandersetzung in der Rede seien hier nur einige Auszüge genannt: *An vos abdicationem actionem putatis? Etamsi actio est, lex quae de servato loquitur ad personas tantum extraneas pertinet, ad filium et ad patrem non magis quam ad servum et ad dominum, libertum et patronum.*

Die Gesamtaussage der Sen. contr. 3. 4 bleibt durchaus mit der römischen Rechtspraxis vereinbar, scheint jedoch eher frührömisch.

In Quint. Decl. min. CCLXIII wird die Norm *qui tribus rogationibus contradixerit nec tenuerit, ignominiosus sit* (wer drei Aufforderungen wiedersprochen hat und nicht gehaftet hat, sei entehrt) genannt.

Der Sachverhalt aus Quint. Decl. min. CCLXIII ist folgender: *Duabus quidam rogationibus contradixit; non tenuit. Tertia rogatio ferebatur, qua ignominia remittebatur notatis: contradixit et huic; non tenuit. Dicitur ignominiosus.* Diesem Sachverhalt ist leider nicht zu entnehmen, auf welche Situation abgestellt wird, auf welches Rechtsgebiet, bzw. auf welches Rechtsproblem sich die Norm bezieht. Naheliegend ist, dass es sich um das Szenario eines Konkursfalles handelt. Die *rogationes* wären dann die Anfragen der Gläubiger an den Schuldner. Dieser ist seiner Auskunftspflicht drei Mal nicht nachgekommen, auch

[878] Santalucia, Diritto e processo penale, S. 4 f.
[879] Bonner, Roman Declamation, S. 106 f.

haftet er nicht. *Ignominia* bzw. *infamia* des Schuldners ist dafür tatsächlich im römischen Recht die Folge.[880]
Abschließend kann die Frage nach der Parallele im römischen Rechtsbrauch jedoch nicht völlig geklärt werden.

Calp. Flac. 26 enthält unter anderen die Norm *vicarium poena liceat offerre* (es ist erlaubt, sich selbst als Ersatzmann für eine Strafe zur Verfügung zu stellen). Die Norm trifft also die Aussage, dass es möglich sei, eine Bestrafung, die eigentlich für einen anderen bestimmt ist, stellvertretend auf sich zu nehmen.
In der frühen Republik war es bei bestimmten Verbrechen möglich und sogar üblich, um die Götter zu besänftigen, statt einer Strafe des Schuldigen ein Tieropfer darzubringen. Dies war dann in der späten Republik nicht mehr möglich.[881]
Einem Strafsystem, in dem es möglich ist, eine Strafe für einen anderen zu übernehmen, muss die Überzeugung zu Grunde liegen, dass durch eine bestimmte Sühneleistung das Unrecht, das an der Gemeinschaft verübt wurde, wieder gut zu machen ist. Eine Überzeugung, nach der die Strafe eine Besserung des Täters bewirken soll, um diesen wieder in die Gesellschaft eingliedern zu können, kann einem solchen System nicht zu Grunde gelegen haben. Nur durch den religiösen Bezug wird die Norm aus Calp. Flac. 26 verständlich.

Qui falsum testimonium dixerit vinciatur apud eum in quem dixerit (der falsche Zeuge soll Gefangener des Mannes sein, den er zu Unrecht verdächtigt hat) lautet die Norm aus Sen. contr. 5.4.
Im Zwölftafelgesetz ist festgeschrieben, dass der falsche Zeuge vom Tarpeischen Felsen gestoßen wird (*ex XII tabulis ... qui falsum testimonium dixisse convictus esset, e saxo Tarpeio deiceretur.* Aul. Gell. XX, 1, 53). Nach der *lex Remnia* (80 v. Chr.) wird der Verleumder vor derselben *quaestio* zu Verantwortung gezogen, die für das Verbrechen, wegen dessen er Anklage erhoben hatte, zuständig war.[882] Es handelt sich bei der Norm also um eine Strafe für *calumnia.* Bonner sieht keine griechische oder römische Parallele zu der Norm aus Sen. contr. 5.4.[883] Er vermutet eine mögliche Lösung in der privaten Strafverfolgung der frühen Republik. Als viele unerlaubte Handlungen noch im Zivilprozess und nicht vor den *quaestiones* verhandelt wurden, mag es, wie es Bonner sieht, die private Inhaftierung des Verleumders bei Gewaltunterworfenen als Folge der Noxalhaftung gegeben haben.[884] Dagegen spricht jedoch die Regelung im Zwölftafelgesetz. Augustus hat für *calumnia* erstmals die Talionsstrafe angeordnet (Suet. Oct. 32). Der Verleumder sollte also dieselbe Strafe erleiden,

---

[880] Kaser, Das Römische Privatrecht, Bd. I, § 64 III.
[881] Santalucia, Diritto e processo penale, S. 5.
[882] Santalucia, Diritto e processo penale, S. 77.
[883] Bonner, Roman Declamation, S. 92 f.
[884] Bonner, Roman Declamation, S.92 f.

die den Verleumdete erwartet hätte. In dem Sachverhalt der Sen. contr. 5.4 klagt ein Bruder den anderen wegen Vatermords an. Der Angeklagte Bruder verteidigt sich mit einer Klage wegen *calumnia*. Die Entstehungszeit der Kontroversien Senecas des Älteren fällt mit der Regierungszeit des Tiberius zusammen. Gerade die betont verwandschaftlichen Verstrickungen im Sachverhalt lassen darauf schliessen, dass es sich bei dieser Kontroversie wieder einmal um einen Fall versteckter Regimekritik handelt. Gerade unter Tiberius seien nämlich Ankläger durch Belohnungen gelockt worden, eine Flut innerfamiliärer Anklagen war die Folge, so berichtet Tacitus (Tac. Ann. I, 74; II, 32, 34; III, 19, 25, 38, 44; IV, 21, 29, 30, 36, 68, 69; V, 11; VI, 3, 4, 7, 18).[885]

dd) Verfahren vor den Steuerpächtern

Eine Norm aus Quint. Decl. min. CCCLIX lautet: *Quod quis professus non fuerit, perdat* (was jemand nicht öffentlich angibt, soll er verlieren).

Diese Norm steht in Zusammenhang mit anderen Normen aus dem Bereich der Steuerpacht. Die öffentliche Steuer- und Zolleinziehung wurde im römischen Reich, zumindest vor Augustus, an Privatpersonen, die in einigen Provinzen *publicani* genannt wurden, vergeben (siehe oben unter Kap. II: 1. f.gg). In diesem Kontext gesehen, bestimmt die Norm eine Offenbarungspflicht gegenüber den Steuer- und Zollpächtern. Der Verstoß gegen diese Offenbarungspflicht wird mit dem Entzug der unterschlagenen Sache bestraft[886]. Ohne eine Offenbarungspflicht wäre jeglicher Versuch der Steuer-oder Zolleintreibung zwecklos. Tatsächlich besteht im Zollgesetz für die Provinz Asia, das für die Befugnisse der *publicani* paradigmatischen Charakter beanspruchen kann (s.o.), eine Offenbarungspflicht sowohl für den See- als auch den Landzoll. § 18 des Zollgesetzes für die Provinz Asia besagt: Was einer über den Seeweg ausladen oder einführen oder ausführen will, und was einer auf dem Landweg einführt oder hereintreibt oder hereinbringt oder ausführt oder hinaustreibt, [von diesen Waren soll er den Wert] angeben. Was man wiegen muss, davon soll er das Gewicht angeben, und was gezählt werden muss, davon soll er die Stückzahl richtig ansagen. Wenn [dagegen verstoßen wird, soll die] betreffende [Sache] und Ware dem Zöllner gehören.[887] Von der Wiedergabe eines römischen Rechtsbrauchs kann hier also ausgegangen werden.

Eine weitere Norm, die sich auch mit einem Verhalten gegenüber Frauen befasst, ist in Quint. Decl. min. CCCLIX zu finden. *Matronam ne liceat attingere*. Diese Norm steht in Zusammenhang mit einem Sachverhalt, in dem eine Matrone von einem Steuerpächter (*publicanus*) durchsucht werden will. Sie hatte Perlen in

[885] Borneque, Les Declamations, S. 432.
[886] Klingenberg, Commissum, S. 13 ff.
[887] Engelmann/Knibbe, Zollgesetz, S. 80 f.

ihrem Busen verborgen. In der *declamatio* an sich wird die Norm auch mit *scrutari matronam non liceat* wiedergegeben. *Attingere* ist hier also im Sinne von „durchsuchen“ zu verstehen. Die Norm bezieht sich hier also nicht auf ein gerichtliches Verfahren, sondern auf die Befugnisse der *publicani*.
Der *matrona* als ehrbare verheiratete Frau wird nach dem *mos maiorum* in Rom große Ehre geschuldet. Schon Juno trug den Beinamen *Matrona*, welcher sich heute auch im Beinamen Mariens wiederfindet. Sowohl bei Maria als auch bei Juno drückt dieser Beinamen eine beschützende Funktion bezüglich der ihnen Anvertrauten aus. Dies lässt Rückschlüsse auf die römische Sozialstruktur zu. Die Bezeichnung *matrona* bedeutet mehr als die Bezeichnungen *uxor*, *mulier* und *mater*. Sie drückt die Gesamtheit der Ehre und Achtung aus, die einer Frau im römischen Reich zu teil wurde - freilich nur, wenn sie ihre Rolle als Mutter und Ehefrau gewissenhaft erfüllte. Als ähnlich ehrbare Bezeichnung für eine Frau, kann nur noch die *univira* angeführt werden. Die *univira*, die „Einmannfrau“, war nur einmal in ihrem Leben verheiratet. Diese Tatsache wurde sogar auf ihrem Grabstein verewigt.[888] Durch die Begriffe *univira* und *matrona* wird einmal mehr deutlich, dass das *ius* und der *mos maiorum* nicht immer übereinstimmen. Obwohl es rechtlich möglich war, dass eine Frau mehrere Male in ihrem Leben heiratete oder auch (zumindest vor den Ehegesetzen des Augustus) unverheiratet oder kinderlos bleiben konnte, wurden diese drei Möglichkeiten gesellschaftlich nicht geachtet.[889] Die Durchsuchung, die die Matrone in dem Sachverhalt verlangt, soll von einem *publicanus* durchgeführt werden. Zur Klärung der Frage, ob ein *publicanus* tatsächlich Personen nach geschmuggelten Gütern untersuchen durfte, kann das Zollgesetz der Provinz Asia[890] hinzugezogen werden. Die erhaltene Inschrift ist auf das Jahr 62 n. Chr. datiert[891], sie gibt aber ein Gesetz mit fortlaufenden Novellierungen wieder, das schon aus dem Jahre 75 v. Chr. stammt[892]. Der § 39 des Zollgesetzes der Provinz Asia schreibt das Zollrecht der Provinz Asia als Richtschnur für andere Provinzen vor[893], was vor dem Hintergrund, dass Asia als ertragreichste Provinz des römischen Imperiums galt[894], schlüssig ist. Obwohl im § 23 Schmuggel thematisiert wird, indem dem Steuerpächter zugestanden wird geschmuggelte Wahre als Pfand zu nehmen oder eine andere Bestrafung zu wählen, wird ein Durchsuchungsrecht nicht erwähnt[895]. Dennoch ist die Existenz eines solchen aus praktischen Erwägungen heraus unabdinglich. Der Schmuggel gerade von kleinen wertvollen Gegenständen, wie z.B. Perlen, wäre anders nicht zu unterbinden und zu überführen gewesen. Es bleibt jedoch die Frage offen, ob der Matrone ein Einspruch beim *praetor*

[888] Kötting, Bewertung der Wiederverheiratung, S. 18.
[889] Arjava, Women and Law, S. 189.
[890] Engelmann/Knibbe, Zollgesetz.
[891] Engelmann/Knibbe, Zollgesetz, S. 34.
[892] Engelmann/Knibbe, Zollgesetz, S. 41.
[893] Engelmann/Knibbe, Zollgesetz, S. 109.
[894] Engelmann/Knibbe, Zollgesetz, S. 42.
[895] Auch Nicolet, Censeurs, erwähnt eine solche Befugnis nicht.

peregrinus (§ 24 Zollgesetz für die Provinz Asia) bezüglich der Durchsuchung offen gestanden hat, ob die Durchsuchung also nicht nur moralisch sondern, auch rechtlich missbilligt wurde. Zu diesem Problem treffen aber weder das Zollgesetz für die Provinz Asia noch die von Nicolet bearbeiteten Dokumente[896] Aussagen. Es ist jedoch anzunehmen, dass die körperliche Durchsuchung einer Matrone zwar tatsächlich erlaubt, praktisch aber undenkbar war.

j) Themenbereich „Religion und Sitte“

Zu diesem Themenbereich wurden Normen, die sich mit Priestern befassen, Regelungen bezüglich Tempelraubs (*sacrilegium*), die Klage wegen Undankbarkeit (*actio ingrati*), die Sittenklage (*actio de moribus*), die Klage wegen eines zerstörten Grabmals (*actio sepulchri violati*) und eine Regel bezüglich der Bestattung nach einem Blitzschlag zusammengefasst.

aa) Priesterrecht

Die folgenden Normen lassen sich unter den Oberbegriff „Priesterrecht“ zusammenfassen. Die Norm aus Sen. contr. 1.2 lautet: *Sacerdos casta e castis, pura e puris sit* (eine Priesterin soll rein sein und von Reinen abstammen, sie soll makellos sein und von Makellosen abstammen). Sie bezieht sich ausdrücklich auf Priesterinnen.

Obwohl in den Tempeln einiger griechischer und römischer Göttinnen Priesterinnen, z.B. die Priesterinnen der Ceres-Demeter, den geweihten Dienst versahen, gelten doch die Vestalinnen als die bekanntesten Priesterinnen. Nicht zuletzt deshalb, weil Vesta eine der wichtigsten Gottheiten des Staatskultes war. Die Aufgabe der Vestalinnen war es, das heilige Feuer, das nicht erlöschen durfte, zu betreuen und über die Staatspenaten zu wachen. Das Schicksal Roms hing von der gewissenhaften Durchführung der Riten des Vestakultes ab. Die Vestalia waren das große Fest der Vesta, das auf dem so genannten Numa-Kalender vermerkt ist. An diesem neunten Juni begaben sich die Matronen barfuss zum Tempel. Die Vestalinnen teilten dem Volk die *mola salsa*, das grob gemahlene Mehl, aus. Das Heiligtum des Tempels stand in der Zeit zwischen dem siebten und 15. Juni offen. Am 15. Juni wurde der *penus*, der Speicher, gesäubert und der Kehricht fortgeführt.[897]

Der runde Tempel der Vesta befand sich direkt am *Forum Romanum*, das Atrium der Vesta war gleich dahinter zwischen der *Via Sacra* und der *Nova Via*. Die Ve-

---

[896] Nicolet, L'ordre équestre I, S. 347 - 355.

[897] Andresen, Alte Welt, Bd. II, Sp. 2432 ff.; Koch, Skizzen zur Vesta-Religion, S. 1-16;Andresen, Alte Welt, Bd. III, Sp. 3220 f.; Sirks, auctoritas tutoris, S. 12 ff.

stalinnen bildeten ein Priesterkollegium, das dem Kollegium der *pontifices* unterstand.[898]

Obwohl Bonner die Norm aus Sen. contr. 1.2 unmittelbar mit der Priesterschaft einer Vestalin verbindet[899], geht dies aus der Kontroversie nicht eindeutig hervor. In dem gesamten Stück wird die Göttin Vesta nicht erwähnt. Es wird stets nur der Begriff *sacerdos* verwendet. *Casta* lässt sich mit „rein" übersetzen[900], *pura* mit „makellos"[901]. Fraglich ist aber, was darunter genau zu verstehen ist. Die Norm sagt nicht nur aus, dass die Priesterin selbst *casta* und *pura* sein soll, sie soll sogar *e castis* und *e puris* sein, d.h. auch ihre Eltern müssen *casti* und *puri* sein.
Die Vestalinnen wurden schon vor der Pubertät vom Pontifex Maximus bestimmt, erst nach 30 Jahren wurden sie aus dem Dienst entlassen. Damit war gewährleistet, dass ihre gesamte Fruchtbarkeit, d.h. ihre gesamte fruchtbare Zeit, für die Gottheit und somit für den römischen Staat reserviert blieb.[902] Sie durften während dieser Zeit des Dienstes keinen sexuellen Verkehr mit einem Mann haben, sonst wurden sie als *incestae* bestraft. Sie mussten frei sein von jeder Krankheit und jeder Behinderung. Außerdem musste die Vestalin eine größtmögliche Distanz vom Tod haben. Das bedeutet, dass ihre Eltern noch leben mussten. Diese Anforderungen ergaben sich aus der Symbolik der Fruchtbarkeit, die die Vesta für den einzelnen und für den Staat repräsentierte. Das Entferntsein vom Tod drückte sich auch darin aus, dass eine Vestalin, die als *incesta* verurteilt worden war, lebendig mit etwas Nahrung eingemauert wurde, d.h. sie wurde lebendig begraben und nicht sofort getötet.[903] Darüber hinaus aber musste die Vestalin eine freie römische Bürgerin sein, dieses Merkmal musste auch bei ihren Vorfahren bestanden haben.[904] Alle diese Anforderungen finden sich in den Bezeichnungen *casta e castis* und *pura e puris* wieder.

Der Inhalt der Sen. contr. 1.2 stimmt also tatsächlich mit dem römischen Rechtsbrauch überein. Obwohl die Sen. contr. 1.2 nicht eindeutig darauf hinweist, dass es sich bei der *sacerdos* um eine Vestalin handelt, unterstreicht die Übereinstimmung mit der Realität die Vermutung Bonners.

Auch in Sen. contr. 4.2 geht es um „Priesterrecht". Die Norm lautet: *Sacerdos integer sit.* Der Sachverhalt der Sen. contr. 4.2 ist folgender: Als der Vestatempel

---

898 Andresen, Alte Welt, Bd. II, Sp. 2432 ff.; Koch, Skizzen zur Vesta-Religion, S. 1-16;Andresen, Alte Welt, Bd. III, Sp. 3220 f.; Sirks, auctoritas tutoris, S. 12 ff; Guizzi, Il sacerdozio di Vesta.
899 Bonner, Roman Declamation, S. 104.
900 Georges, Handwörterbuch I, Sp. 1024 f.
901 Georges, Handwörterbuch II, Sp. 2094 f.
902 Sirks, auctoritas tutoris, S. 12 ff.
903 Sirks, auctoritas tutoris, S. 12 ff.
904 Winterbottom, Seneca the Elder - Declamations Volume I, S.58 Fn. 1.

brannte, verlor der *pontifex* Metellus sein Augenlicht, als er das Bild der Pallas retten wollte. Darauf wurden ihm seine Rechte als Priester verweigert.
Auch für Priester galt im römischen Brauch die Anforderung der Makellosigkeit.[905] Die Norm entspricht somit ebenfalls dem römischen Rechtsbrauch.

Die Norm aus Quint. Decl. min. CCLXXXIV lautet: *Sacerdos unius supplicio liberandi habeat potestatem.* Die Norm aus Calp. Flac. 26 behandelt das selbe Thema: *Sacerdos Martis damnatum liberet.*
Die Norm aus Quint. Decl. min. CCLXXXIV besagt, dass ein Priester die Macht habe, eine einzige Person von ihrer Bestrafung zu befreien. Der Sachverhalt ist folgender: Ein Mann hatte einen Priester beim Ehebruch ertappt und getötet, obwohl dieser sich auf das „Recht" der Straflosigkeit berief. Der Ehemann wurde wegen Totschlags angeklagt.
Der Sachverhalt spielt also einerseits auf das Recht des Ehemannes an, seine Frau und deren Liebhaber, wenn sie auf frischer Tat ertappt werden, beide straflos zu töten. Andererseits spielt der Sachverhalt darauf an, dass ein Priester eine Strafe zurückweisen kann. Bezüglich dieser Norm wird in der *declamatio* problematisiert, ob ein Priester auch sich selbst von einer Strafe befreien kann. Dies wird mit dem Argument in Frage gestellt, dass die Lage dann vergleichbar mit der Situation wäre, in der ein Verführer eines Mädchens zugleich dessen Tutor wird. Jedenfalls, so eine anderes Argument aus der *declamatio*, hat der Priester durch die Amnestie einer der beiden am Ehebruch beteiligten Personen zugleich auch die Straflosigkeit der anderen Person bewirkt. Der betrogene Ehemann kann nämlich nur dann straflos töten, wenn er **beide** Ehebrecher auf frischer Tat angetroffen tötet.
Von den Vestalinnen ist bekannt, dass sie einen Verurteilten vor der Bestrafung bewahren konnten. Begegnete nämlich ein zum Tode Verurteilter einer Vestalin, durfte er nicht getötet werden, wenn die Vestalin beschwor, dass die Begegnung zufällig geschehen sei.[906] Dieser Brauch ist Ausdruck der Makellosigkeit der Priesterin, der Ferne vom Tod.[907] Ein weiteres persönliches Asyl ist auch für die Nähe des Flamen Dialis bekannt. Gefesselte, die in das Haus des Flamen Dialis flüchteten, wurden befreit, weil Ringe und Knoten die Macht des Priesters beeinträchtigen oder ihn fremdem Zauber ausliefern konnten. Berührte ein Verurteilter das Knie des Flamen Dialis, durfte er am selben Tage nicht ausgepeitscht werden.[908] Flüchtete der Verurteilte vor der Bestrafung zu dem Flamen, dann wurde dadurch die Vollziehung des Strafurteils jedoch nur aufgeschoben, aber nicht aufgehoben (Gellius X, 15; Plut. Qu. Rom. 108). Der Flamen konnte so dem Verur-

[905] Bonner, Roman Declamation, S. 103 f.; Bornecque, Les Déclamations, S. 60; Sprenger, Declamationes iuridicae, S. 256 f; Lanfranchi, Il Diritto Nei Retori, S. 286 ff; Winterbottom, Seneca the Elder - Declamation Volume I, S. 438 Fn. 3; Wissowa, Religion und Kultus der Römer, S. 491 Fn. 3.
[906] Gamauf, Ad statuam confugere, S. 196 f.
[907] Sirks, auctoritas tutoris, S. 12 ff.
[908] Gamauf, Ad statuam confugere, S. 196 f.

teilten nur Asyl gewähren, er konnte ihn jedoch nicht befreien. Eine Begnadigung brachte nur das Zusammentreffen mit einer Vestalin mit sich.[909] In der Norm aus Quint. Decl. min. CCLXXXIV wird aber das Wort *liberandi* verwendet. Calp. Flac. 26 betrifft dasselbe Thema. Die Norm aus Calp. Flac. 26 besagt jedoch auch, dass ein Priester des Mars einen Verurteilten befreien könne. In dieser Norm wird also die Identität des handelnden Priesters genau beschrieben. Gemeint ist hier der Marspriester, der Flamen Martialis, und nicht der Flamen Dialis. Mars ist nach Iupiter der größte Gott der italischen Völker, dementsprechend ist der Flamen Martialis nach dem Flamen Dialis der Zweite der großen Flamines.[910] Die Norm gibt hier den römischen Rechtsbrauch nur ungenau wieder. Auch die Norm aus Quint. Decl. min. CCLXXXIV ist nicht präzise.

Sacerdos tria praemia accipiat (ein Priester soll drei Belohnungen erhalten) ist einer der Normen, die in Quint. Decl. min. CCCIV vorgestellt werden. Die Belohnung ist eigentlich aus dem Bereich der militärischen Praxis bekannt (Kap. II 1 c). Dort wird heldenhaften Kämpfern die Möglichkeit eröffnet, eine bestimmte Belohnung zu erbitten, so wie es auch die zweite Norm aus Quint. Decl. min. CCCIV (*viro forti praemium*) beschreibt. Aus dem Bereich der Priesterschaft ist eine solche Regelung nicht bekannt. In der *declamatio* wird nicht angegeben, um welchen Priester es sich handelt. Gleich in den ersten Sätzen der Rede wird aber die Problematik beider Normen angedeutet. Der Rhetor fragt: *Utra lex antiquior? Belli utique prior; sacerdotium pacis res est. tua ad unum pertinet, haec ad omnes. Mihi lex debet, tu legi.* Der Rhetor stellt also die Verschiedenheit der beiden Rechtsregeln in den Vordergrund. Er betont, dass der Frieden die Sache der Priester sei. Dies korrespondiert mit den *tabus* der *Flamines*. Sie dürfen keine Leiche berühren, an keiner Bestattung teilnehmen, nicht auf einem Pferd reiten, keine Waffen und auch kein bewaffnetes Heer sehen.[911] Auffällig ist dabei, dass die Norm *sacerdos tria praemia accipiat* in Zusammenhang damit gebracht wird, dass ein Priester einen anderen vor dem Tod retten will (*filus ille deseruit. Vult eundem tertio praemio sacerdos liberare*). Die Parallele, die für die Norm aus Quint. Decl. min. CCCIV im römischen Rechtsbrauch gefunden werden kann, ist demnach sehr vage.

bb) Tempelraub (*sacrilegium*)

Sacrilegi bona templo consecrentur (das Vermögen des Tempelräubers soll der Gottheit im Tempel geweiht werden) lautet einer der Normen, die dem Sachverhalt der Quint. Decl. min. CCCXXIV vorangestellt werden.

---

909 Rein, Criminalrecht, S. 265.

910 Hermansen, Studien über den italischen und den römischen Mars; Dumézil, Naissance de Rome, S. 38 - 70, Wissowa, Religion und Kultus der Römer, S. 491 Fn. 3.

911 Dumézil, Flamen-Brahman, - Latte, S. 36 f.

Das *sacrilegium*, der Diebstahl kultischer Gegenstände aus dem Tempel, wurde mit einer hohen Geldstrafe bestraft. Bekannt sind aber auch die Bestrafung mit *aquae et ignis interdictio* oder verschiedene Todesstrafen. Die Verschiedenheit der Strafen resultiert aus der Zuordnung des *sacrilegium* zur *cognitio extra ordinem*. Durch die *lex Iulia peculatus* (oder *lex de peculatu*, jedenfalls nach 17 v. Chr.) wurde das *sacrilegium* wohl zum *peculatus* (Unterschlagung) gerechnet.[912] Die Konfiskation des Vermögens des Verurteilten zu Gunsten des Heiligtums erscheint als Strafe im Rahmen der richterlichen Freiheit bei der *cognitio extra ordinem* durchaus möglich.

cc) Klage wegen Undankbarkeit (*actio ingrati*)

Die *actio ingrati* taucht im Sachverhalt der Sen. contr. 2.5 (*ingrati actio est*), im Sachverhalt der Sen. contr. 9.1 (*ingrati sit actio*) und im Sachverhalt der Quint. Decl. min. CCCLXVIII (*ingrati agit adversus maritum*) auf. Im Sachverhalten der Sen. contr. 2.5 und im Sachverhalt der Quint. Decl. min. CCCLXVIII wird die *actio ingrati* von einer Ehefrau verwendet, um sich gegen eine ungerechte Behandlung ihres Ehemannes zu wehren. Im Sachverhalt der Sen. contr. 2.5 wird eine Ehefrau von einem Tyrannen gefoltert und nach ihrem Mann befragt. Sie sagt nichts, später tötet der Ehemann den Tyrannen. Der Ehemann verstößt sie daraufhin, weil sie innerhalb von fünf Jahren keine Kinder bekommen hat. Sie verklagt ihn mit der *actio ingrati*.

Im Sachverhalt der Quint. Decl. min. CCCLXVIII wählt eine Geraubte gegen den Willen ihres Vaters die Hochzeit. Sie wird enterbt. Dann unterstützt sie ihren Vater gegen den Willen ihres Ehemannes, dieser verstößt sie. Sie klagt gegen den Ehemann mit der *actio ingrati*.

Im Sachverhalt der Sen. contr. 9.1 wird Miltiades wegen Unterschlagung verurteilt und inhaftiert. Er stirbt. Sein Sohn Cimon gibt seinen Körper für den seines Vaters, so dass sein Vater bestattet werden kann. Callias, ein reicher Mann niederer Abkunft, kauft Cimon zurück und bezahlt das Geld. Callias verheiratet seine Tochter mit Cimon. Cimon ertappte diese beim Ehebruch und tötete sie gegen Callias Willen. Callias verklagt Cimon mit der *actio ingrati*.

Hier richtet sich der Undank gegen Callias, der Cimon aus der Sklaverei freigekauft hatte. In diesem Sachverhalt aus der Quint. Decl. min. CCCLXVIII wird schon durch die Protagonisten nahe gelegt, dass es sich um ein griechisches Szenario handelt. Die Sachverhalte aus Sen contr. 2.5 und Sen. contr. 9.1 sind den Sachverhalten überaus ähnlich, in denen sich mit der *actio iniusti repudii* gewehrt wird (Kap. II 1. a. dd). Die beiden Klagen, *actio iniusti repudii* und *actio ingrati*, werden demnach in den Deklamationen des Prinzipats synonym verwendet.

---

912 Rein, Criminalrecht, S. 691 ff; Santalucia, Diritto e processo penale, S. 93; Robinson, Criminal Law, S. 31.

Seneca der Jüngere sagt, dass diese Art der Klage in den Schulen geübt wird.[913] Tatsächlich ist eine solche Klage, die die Attribute der *actio ingrati* und der *actio iniusti repudii* aufweist, aus dem griechischen Raum bekannt (Valerius Maximus II, 6, 6, V, 3, ext. 3). Auch im römischen Rechtsbrauch lässt sich eine *actio ingrati* finden. In D.50.9.30 wird sie von Ulpian eingehend behandelt. In D.50.9.30 wird zudem auf die Manifestation in der *lex Aelia Sentia* (4 n. Chr.) verwiesen. Die Klage aus der *lex Aelia Sentia* wird aber nur auf das Verhältnis *Libertus*/Patron angewendet und nicht in Bezug auf Eheleute. [914] Bei den drei behandelten Deklamationen nimmt lediglich Callias die Stelle eines Freilassers ein, weil er Cimon freikauft. Ihm hätte es nach römischem Brauch tatsächlich frei gestanden wegen Undankbarkeit des Freigelassenen dessen Freiheit zu vindizieren.

dd) Die Sittenklage (*actio de moribus*)

Die *actio de moribus* wird nur in einer einzigen Deklamation des neueren Typus erwähnt. Die Norm der Sen. contr. 7.2 lautet: *De moribus sit actio.* Die Sen. contr. 7.2 ist ein sehr interessantes Stück. Der Sachverhalt stellt eine scheinbar reale historische Begebenheit dar: Cicero verteidigte Popillius, der des Vatermordes angeklagt war. Popillius wurde frei gesprochen. Als Cicero für vogelfrei erklärt worden war, wurde Popillius von Antonius damit beauftragt, Cicero zu töten. Popillius brachte Antonius Ciceros Kopf. Popillius wird mit der *actio de moribus* angeklagt.

Über die Identität der Mordknechte des Antonius ist wenig bekannt.[915] Bonner ist jedoch der Meinung, dass die Geschehnisse hier richtig wiedergegeben werden.[916] Das *iudicium de moribus* ist als Sittengericht schon im frühen Rom bekannt. Die Sittenaufsicht obliegt den Zensoren, die auch Verstöße gegen den *mos maiorum* z.B. mit der Zurechnung zu einer niedrigeren Zensusklasse ahnden können. Die Regelungen der *mores*, die nicht unter das *ius* fallen, beziehen sich auf das Eheverhältnis, auf die *patria potestas* und auf das Patronatsverhältnis.[917] Im vorliegenden Fall geht es aber darum, dass Cicero einen Mann vor Gericht verteidigt hatte, der ihn dann - noch dazu auf eine unehrenhafte Weise - tötete. Es handelt sich hier auf den ersten Blick also nicht um den Anwendungsbereich des *iudicium de moribus*. Wird aber in Betracht gezogen, dass das Verhältnis zwischen dem Verteidiger und seinem **Klienten** dem Patronatsverhältnis entspringt, so wird der Zusammenhang deutlich. Obwohl schon in der späten Republik und im frühen Prinzipat häufig bezahlte Advokaten die Verteidigungen vor Gericht übernahmen,

---

[913] Seneca der Jüngere, De Be, II, 6, 1.

[914] Sprenger, Declamationes iuridicae, S. 221; Lanfranchi,Il Diritto Nei Retori, S. 191; Borneque, Les Déclamations, S. 67.

[915] Fuhrmann, Cicero, S. 305 ff.

[916] Bonner, Roman Declamation, S. 124 f.

[917] Kaser, Römisches Privatrecht, 1. Abschnitt, §§ 4, 7, 14, 19, 21.

hielt sich doch weiterhin die Bezeichnung *patronus*, für die Person des Advokaten.[918]
Die Tötung Ciceros war zwar wegen der Proskriptionslisten der Tresvirn kein rechtlicher Verstoß, doch sie verletzte den *mos maiorum*. In Anlehnung an das Patronatsverhältnis konnte die moralische Ächtung hier in der Beziehung zwischen Klient und Verteidiger greifen, da Cicero als Advokat der *patronus* des Popillius gewesen ist. Die Parallele im römischen Brauch besteht dann im Gegensatz zu der Ansicht Bonners[919] durchaus. Unbenommen dieses Ansatzes ist es offensichtlich, dass das Stück in Wahrheit ein Angriff auf Augustus ist. Augustus hatte der Proskription Ciceros zugestimmt, obwohl dieser ihn unterstützt hatte und von Augustus zuvor als „Vater" bezeichnet wurde.[920] Augustus hatte also ebenso unmoralisch gehandelt, wie Popillius, als er Cicero, um Macht zu erlangen, an Antonius „verkauft" hatte. Er hat sich damit im übertragenen Sinne gegen seinen Patron und seinen *pater* zugleich vergangen. Seneca der Ältere war bei der Ermordung Ciceros schon ca. 12 Jahre alt. Er und Augustus waren Zeitgenossen. Vor diesem Hintergrund scheint es durchaus wahrscheinlich, dass Seneca, der um ca. 37 n. Chr., also erst nach dem Tode des Augustus, mit der Niederschrift der Kontroversien begonnen hat, seine Kritik auf diese Art zum Ausdruck brachte.

ee) Klage wegen eines zerstörten Grabmals (*actio sepulchri violati*)
Die *actio sepulchri violati* ist in vier Stücken enthalten. Sen. contr. 4. 4 beinhaltet die Norm: *Sepulchri violati sit actio* (es soll eine Klage wegen eines zerstörten Grabmales geben). Dieselbe Norm ist auch in Quint. Decl. min. CCXCIX und in Quint. Decl. min. CCCLXXIII zu lesen.
Die *sepulcri violatio*, die in Sen. contr. 4. 4, in Quint. Decl. min. CCXCIX und in Quint. Decl. min. CCCLXXIII angegeben wird, existiert im römischen Rechtsbrauch. Die *sepulchri violatio* umfasst jede dolose Verletzung der Begräbnisse und der Leiche selbst (D.47.12.3.§1).[921] In Sen. contr. 4. 4 geht es um einen Mann, der in einer Schlacht die Waffen eines toten Helden an sich genommen hatte und mit diesen heldenhaft gekämpft hat, weil ihm seine eigenen Waffen beim Kämpfen abhanden gekommen waren. Hierin liegt eine Verletzung der Leiche. Die Wegnahme der Waffen des toten Helden wird als Entehrung begriffen. Vor dem Hintergrund, dass die Kämpfer in der Antike Eigentümer ihrer Waffen waren, stellt sich diese Tat als Diebstahl an einer Leiche dar.

In Quint. Decl. min. CCXCIX werden Knochen ausgegraben und außerhalb des Grabmals weggeworfen. Hier liegt sowohl eine Verletzung des Leichnams als auch des Grabmals vor. Auch in Quint. Decl. min. CCCLXXIII werden einem

[918] Zumpt, Criminalprocess, S. 83.
[919] Bonner, Roman Declamation, S. 124 f.
[920] Fuhrmann, Cicero, S. 303.
[921] Rein, Criminalrecht, S. 897.

Grabmal Knochen entnommen und unbestattet fortgeworfen. Gegen dieses Vergehen wurde eine prätorische *actio in factum* gegeben, die auch *actio sepulchri violati* genannt wird.[922] Die Parallele aus dem römischen Rechtsbrauch ist vorhanden.

ff) Bestattung nach Blitzschlag

In Quint. Decl. min. CCLXXIV lautet die erste Norm: *Quo quis loco fulmine ictus fuerit, eodem sepeliatur.* Sie beschreibt einen Brauch, nachdem jemand, der durch einen Blitz getötet wurde, an der Stelle des Unfalls bestattet werden solle.
Obwohl für die Existenz dieses Brauchs im Prinzipat keine Belege vorzufinden sind, scheint er doch eine allgemein menschliche Gewohnheit auszudrücken, die im übrigen bis heute praktiziert wird. So werden an Stellen, an denen Menschen durch einen Blitzschlag oder durch ein anderes plötzliches unvorhergesehenes Ereignis, aus dem Leben gerissen werden, Kreuze aufgestellt. Die Information, dass es sich bei dem Unfall um einen Blitzschlag handelt stellt die Norm aber noch in einen anderen Zusammenhang. Iuppiter wird als Gott des Blitzes unter dem Namen *Iuppiter Fulgur* und *Iuppiter Lapis* verehrt. Ein vom Blitz getroffener Ort war geächtet und tabu. Iuppiter wacht als Himmelsgott aber auch darüber, dass Eide eingehalten werden. Den Eidbrüchigen bestrafte er mit einem Blitzschlag.[923] Daraus lässt sich ableiten, dass Lebewesen, die durch einen Blitzschlag zu Tode kamen, wohl so angesehen wurden, als ob sie irgendeinen Frevel begangen hätten. Sie sind von Iuppiter bestraft worden und sind ebenso geächtet wie der Ort, in den der Blitz eingeschlagen hat. Von dieser Perspektive her gesehen, ist es verständlich, warum ein vom Blitz Erschlagener auch an dem geächteten Ort begraben wurde. Die These stimmt mit dem Sachverhalt der Quint. Decl. min. CCLXXIV überein. Die getötete Person ist hier nämlich ein Tyrann, also eine aus römische Sicht ohnehin durch und durch verachtenswerte Figur. Den Blitzschlag als Bestrafung durch Iuppiter wegen des Errichtens der seit Tarquinius Superbus verhassten Alleinherrschaft zu sehen, liegt nahe.
Die Norm aus Quint. Decl. min. CCLXXIV verdeutlicht eine Erkenntnis, die sich auf den Realitätsbezug der Normen der Kontroversien des neueren Typs generell bezieht: Es muss sich bei den Regelungen aus den Kontroversien nicht immer um tatsächliche **Rechts**regeln, in dem Sinne, dass sie dem *ius* zuzurechnen sind, handeln. Es kann sich bei den dargestellten Regelungen auch um Bräuche handeln, die mit dem *mos maiorum* zusammenhängen, zum *fas* oder zum *ius sacrale* gehören.

---

[922] Rein, Criminalrecht, S. 899.
[923] Andresen, Alte Welt II, Sp. 1450 f.

k) Ergebnis

Es zeigt sich besonders deutlich, dass die Normen, die in den Kontroversien Senecas des Älteren und in Quintilians *Declamationes maiores* gebraucht werden, thematisch nicht so vielfältig sind, wie die in den pseudoquintilianischen *Declamationes minores* oder in den Kontroversien des Calpurnius Flaccus.

Während sich die Normen in den Deklamationen Senecas des Älteren und in den *Declamationes maiores* eher mit sensationslüsternen Themen befassen, wie z.B. Frauenraub, Ehebruch, Enterbung und Tapferkeit im Krieg, sind in den *Declamationes minores* und in den Kontroversien des Calpurnius Flaccus auch weniger spektakuläre Themen regelnde Normen zu finden, wie z.B. Steuerpacht oder Vertragsschlüsse. Die *Declamationes minores* und die Kontroversien des Calpurnius Flaccus enthalten auch privatrechtliche Normen, während es sich in den Kontroversien Senecas und in den *Declamationes maiores* eher um Strafrecht handelt. Manchmal werden in hintereinander stehenden Deklamationen dieselben Normen verwendet oder zumindest Normen, die denselben Themenkomplex regeln.

Der überwiegende Teil der Normen oder Rechtsregelungen aus den Kontroversien des neueren Typus hat eine Parallele im römischen Rechtsbrauch. Einige haben ihre Parallele aber auch im griechischen Recht. Durch die umfassende Untersuchung konnte die These Dirksens widerlegt werden, der die Ansicht vertritt, die Normen aus den Deklamationen seien von den Lehrern erfunden worden[924].

Zu bemerken ist aber, dass die Normen oder Rechtsregelungen, verglichen mit dem tatsächlichen Rechtsbrauch, in den Deklamationen oft vereinfacht wiedergegeben werden. Dabei muss berücksichtigt werden, dass es sich bei den Deklamationen um Schulübungen handelt. Die Vereinfachung einzelner Rechtsregeln dient vor allem einem pädagogischen Zweck. Die Schüler sollen langsam an die Materie herangeführt werden und sich anfänglich auf einzelne Teilaspekte einer Rechtsregelung konzentrieren (siehe z.B. das Verhältnis *actio iniusti repudii* zur *actio rei uxoriae*).

Auch bezüglich des kleinen Teils der Rechtsregelungen aus den Deklamationen des Prinzipats, die keine Parallelen im römischen oder griechischen Rechtsbrauch haben, muss festgestellt werden, dass mit fiktiven Normen auch die juristische Arbeitstechnik und nicht nur die rhetorische erlernt werden kann. Über juristische Kenntnisse zu verfügen, bedeutet nicht nur das geltende Recht zu kennen, sondern auch die Methode zu beherrschen, mit deren Hilfe das Recht auf den konkreten Fall angewendet wird. Bei diesem Zusammenspiel von Kenntnis der Rechtslage und Methodik liegt die Prävalenz auf der Kenntnis der juristischen Methode, da mit einer wechselnden Gesetzeslage sonst nur schwer umgegangen werden könnte. Durch die Arbeit mit Rechtsregelungen unterschiedlicher Herkunft kann eine größere Flexibilität der Schüler erreicht werden.

Bei vielen Rechtsregelungen aus den Deklamationen des neueren Typs, für die eine Parallele im römischen Rechtsbrauch existiert, ist diese Parallele nicht im

---

[924] Dirksen, Methode der Auswahl.

Bereich des *ius*, sonder der *mores* zu finden. Diese Regelungen entspringen oft der *pietas*.

Ein zentraler Aspekt, der bei der Untersuchung deutlich zum Vorschein kam, ist, dass viele Regelungen aus den Deklamationen des neueren Typs nicht den römischen Rechtsbrauch ihrer Entstehungszeit, also des Prinzipats, wiedergeben, sondern den Rechtsbrauch der frühen bis mittleren Republik, einer während der Regierungsform des Prinzipats schon längst vergangenen Zeit. Die Rechtsregelungen sind oft archaisch und frührömisch, so dass die *pietas* und der *mos maiorum* in den Deklamationen stark in den Vordergrund treten. Genau dieser Aspekt entspricht aber der Regierungsform des Prinzipats. Augustus stellt nämlich seine Neuordnung des Staates unter die Prämisse, den *mos maiorum* wieder neu einzuführen. Er lässt die alten Traditionen wieder aufleben und stilisiert sich selbst zum *pius* und Virtusträger, zum Hüter der Werte, die schon fast verloren gegangen waren. Die Erinnerung an eine längst vergangene Zeit wird so zu einer Wiederbelebung dieser Vergangenheit.[925] Die Wiederbelebung der alten Werte ist aber, genauso wie der Erhalt der Republik, nur vorgetäuscht und in Wahrheit Instrument der Machtkonsolidierung einer Alleinherrschaft.[926] Auch die Autoren, wie Vergil oder Horaz, die zum Sinnbild der kulturellen Blüte im Prinzipat geworden sind, halten sich in ihren Werken wie Hofdichter an diese Prämisse.[927] Die Deklamationen des neueren Typs flechten sich nahtlos in diesen Zeitgeist ein.

2. Eigenart und Herkunft der Sachverhalte

Bezüglich der Eigenart der Sachverhalte ist zunächst festzustellen, dass bei der systematischen Untersuchung strikt zwischen dem Sachverhalt und den angewendeten Rechtsregeln unterschieden werden muss. In seiner Untersuchung begeht Dirksen einen grundlegenden Fehler. Er leitet nämlich von der Herkunft des Sachverhalts unmittelbar den Ursprung der Rechtsregeln ab. Auf diese Weise gelangt er zu dem Ergebnis, dass die Sachverhalte der Deklamationen fiktiv, also nicht dem realen Leben entnommen seien. Daraus schließt er, dass auch die auf diese Sachverhalte angewendeten Rechtsregeln erfunden seien. Auch stuft er die Rechtsprobleme, die sich aus den Sachverhalten ergeben, als nicht real ein.[928] Ebenso verfahren andere Untersuchungen aus der späteren Literatur, die sich der Ansicht Dirksens anschließen. Auch sie setzen die Herkunft der Sachverhalte mit der Herkunft der angewendeten Normen gleich und vertreten die Meinung, dass in fiktiven Sachverhalten nur konstruierte für die Realität unerhebliche Rechtsprobleme behandelt werden können.[929]

---

[925] Augustus, Monumentum Ancyranum.

[926] Hammond, The Augustan Principate; Bleicken, Augustus, S. 509 - 540.

[927] Vergil, Aeneis VIII, 626ff; VIII, 714 - 731.

[928] Dirksen, Methode der Auswahl.

[929] Hosius, Römische Literaturgeschichte; Caplan, Of Eloquence.

Es besteht jedoch auch die Möglichkeit den Umgang mit Rechtsproblemen, die für das reale Leben wichtig sind, anhand erfundener Sachverhalte mit realen Rechtsregeln einzuüben und zu überprüfen. Verhält es sich nicht auch heutzutage in der Juristenausbildung so, dass es sich bei den Sachverhalten, mit denen im Studium gearbeitet wird, weitgehend um erfundene Fälle handelt? Es wäre doch verwunderlich, würde daraus gefolgert werden, dass das Recht, dessen Umgang die Studenten anhand dieser Fälle üben sollen, ebenfalls nur erfunden wäre.
Auch die Sachverhalte der Deklamationen lassen sich wie die Rechtsregeln in verschiedene Gruppen einteilen. Über die Hälfte der Sachverhalte arbeiten mit rund 25 komödienhaft typisierten Protagonisten. Diese Sachverhalte bedienen sich streng aus dem Protagonistenreservoir und verbinden deren ebenfalls typisiertes Handeln zu verschiedenen Fallkonstellationen. Ein anderer Teil der Sachverhalte, insgesamt nur 23 Stücke, enthalten Bezüge zur historisch antiken Realität. Es handelt sich dabei um legendenhaft verklärte Vorkommnisse, die jedem Schüler in der Antike bekannt gewesen sein dürften. Sie bedienen sich sowohl aus dem griechischen wie auch aus dem römischen Bereich. Die Protagonisten und der Ort der Handlung werden hier konkret benannt. Die Fälle werden dadurch individualisiert. Diese Art der Sachverhalte erinnert stark an die Sachverhalte der Suasorien, denen häufig historische Themen zu Grunde gelegt werden. Nahezu jeder Sachverhalt lässt sich einer dieser beiden Gruppen zuordnen.

a) Sachverhalte ohne legendäre bzw. historische Einkleidung

Bezüglich der Sachverhaltsgruppe, bei denen eine solche Konkretisierung der Personen und Umstände nicht vorgenommen wird - diese bilden die größte Gruppe -, hilft eine Erörterung der typisierten Charaktere dabei, deren ebenfalls typisierte Verhaltensmuster[930] in den Sachverhalten wieder zu erkennen. Dadurch wird mehr Licht in die Arbeitsweise der Lehrer bei der Bildung der Sachverhalte gebracht:

Die **Jungfrau (*virgo*)** taucht in der Quint. Decl. min. CCLXII auf. Hier wird sie von einem verheirateten Mann geraubt. Die Jungfrau steht in den Sachverhalten stets in Verbindung mit einem Frauenraub, der sich als *raptus*, *stuprum* oder als Verführung in den Sachverhalt einbettet (Sen. contr. 1.5; Quint. Decl. min. CCXLVII; Quint. Decl. min. CCLI; Quint. Decl. min. CCLXII; Quint. Decl. min. CCLXX; Quint. Decl. min. CCLXXV; Quint. Decl. min. CCLXXX; Quint. Decl. min. CCLXXXVI; Quint. Decl. min. CCCI; Quint. Decl. min. CCCLXVIII; Quint. Decl. min. CCCLXXXIII; Quint. Decl. min. CCCLXXXIV; Calp. Flac. 16; Calp. Flac. 34; Calp. Flac. 41; Calp. Flac. 51). Die Jungfrau als Sinnbild der Reinheit ist in den Deklamationen des Prinzipats nicht immer schuldloses Opfer. Manchmal, so ist es auch in der Quint. Decl. min. CCLXII zu vermuten, verbindet sie mit dem Räuber eine Liebesbeziehung. Der Raub wird dadurch zu einem

[930] Zinsmaier, Leichnam, S. 1.

Mittel, durch das eine von den Verwandten nicht gebilligte Heirat durchgesetzt wird.[931] Die Möglichkeit, eine Hochzeit ohne Dotalgabe der Frau oder der Familie der Frau zu wählen, deutet auf eine Fürsorgepflicht seitens des Räubers hin.[932] Der Jungfräulichkeit wird im Hinblick darauf, dass das Heiratsalter der römischen Männer der Mittel- und Oberschicht weit höher lag als das der Frauen, eine bestimmte Bedeutung zuerkannt. Oft wird durch den Jungfrauenraub in den Sachverhalten der Deklamationen des Prinzipats ein Emanzipationsversuch der Haustochter gegenüber ihrem Vater deutlich (Quint. Decl. min. CCCLXVIII). Dennoch wird in dem Angriff auf die Ehre der Jungfrau auch die Ehre des Vaters angegriffen (Quint. Decl. min. CCCI). Der kollektive Frauenraub, wie z.B. nach dem Modell des Raubes der Sabinerinnen, ist in den Kontroversien kein Thema. Dem Entschluss der geraubten Jungfrau, lieber zu sterben, als entehrt zu leben, greift das Recht der Geraubten vor, den Tod ihres Peinigers wünschen zu können. Im Verhältnis zum Mann, gleichgültig ob er als Räuber, als Ehemann oder als Verführer auftritt, ist die Jungfrau stets schutzbedürftig und schwach. Auch Europa hatte sich beispielsweise nicht gegen den mächtigen Stier gewehrt (Ovid, Metamorphosen, II 833 - 875). Der Mann hingegen ist stark und kraftvoll. Sexueller Verkehr mit der Jungfrau lässt ihn möglicherweise einer urtümlichen Vegetationsvorstellung zufolge sehr potent erscheinen[933]. Juristisch steht die Jungfrau unter der *potestas* ihres *pater familias* oder hat zumindest einen männlichen Tutor. Die Wahl zwischen dem Tod ihres Peinigers und einer Ehe mit diesem stärkt ihre Position[934], da die Entscheidung allein ihr obliegt. Oft taucht die Jungfrau auch in der Rolle einer Priesterin auf (z.B. Sen. contr. 1.2).

Eine andere Rolle, in der Frauen in den Deklamationen des Prinzipats auftreten, ist die **treue Ehefrau (*uxor fidelis*)**, der durch Verleumdung, durch ungerechtfertigte Verstoßung oder auf anderem Wege Unrecht widerfährt. Die ungerechtfertigt verstoßene Ehefrau taucht in Quint. Decl. min. CCCLXVIII, Quint. Decl. min. CCLXII und Sen. contr. 2.5, Sen. contr. 2.2 auf. Die Treue der Ehefrau wird oft durch ihr Verhalten in Grenz- oder Gefahrsituationen deutlich. Sie verrät, obwohl man ihr mit dem Tode droht, den Aufenthaltsort ihres Mannes nicht (Sen. contr. 2.5) oder stellt sich gegen den Willen ihres Vaters auf die Seite ihres Mannes (Quint. Decl. min. CCCLXVIII). Regelmäßig folgt dieser Treuebezeugung eine Schmähung durch den Ehemann selbst. Dieser verstößt die treue Ehefrau, die zu ihm gehalten hat, weil sie beispielsweise kein Kind geboren hat oder er verdächtigt sie ohne Grund des Ehebruchs. Das Motiv der verleumdeten treuen Gattin ist in der alten Literatur sehr verbreitet[935] (Laudatio Turiae). Es bekundet die Gefährdung der Frau in einer ihr feindlichen Welt und die Notwendigkeit der

[931] Arjava, Women and Law, S. 37 - 41; Evans Grubbs, Law and Family, S. 182 - 193.
[932] Frenzel, Motive der Weltliteratur, S. 171.
[933] Frenzel, Motive der Weltliteratur, S. 172 ff.
[934] Arjava, Women and Law, S. 37 - 41.
[935] Frenzel, Motive der Weltliteratur, S. 238.

Ahndung der ungerechtfertigten Anklage wegen Ehebruchs. In der römischen Welt ist dieses Korrektiv, das die Frauen vor der männlichen Willkür schützt, in der Quint. Decl. min. CCCLXVIII zu beobachten. Dabei ist ihre Familie schon aus finanziellen und gesellschaftlichen Gründen an einer Exkulpierung der Tochter interessiert.

Die Grundkonstellation des Motivs stützt sich auf drei Personen, ist aber im Detail sehr variabel. Sie verdeutlicht die Vorstellung von einer lediglich passiven Rolle der Ehefrau und ihren „Dulderqualitäten". Die Ehefrau ist gegenüber der Intrige ihres Ehemannes machtlos und muss das ihr zugefügte Unrecht zunächst erleiden. Die verschiedenen Arten von Missverständnissen, Anklagen, Bedrohungen und Misshandlungen, die die Ehefrau erleiden muss, stehen symbolisch für „eine große Anklage gegen die Roheit des Mannes" an sich. Moralisch angeklagt wird hier nicht nur der, der „falsches Zeugnis" ablegt, sondern auch der Mann, der auf solch eine Verleumdung eingeht, dem es an jeglichem Vertrauen zu seiner Ehefrau mangelt, der schnell bereit ist, seine scheinbar verletzte Gattenehre zu retten. Aus dieser Erfahrung kann die Frau große Energie entwickeln und erreicht dadurch größere Selbstständigkeit, so dass fast von „emanzipatorischen Zügen" gesprochen werden kann. Das Motiv ist deshalb Angsttraum und Wunschvorstellung zugleich.[936]

Spiegelbildlich dazu taucht in den Deklamationen des neueren Typus auch die **untreue Ehefrau (*uxor infidelis*)** auf (Sen. contr. 6.6; Sen. contr. 6.7; Quint. Decl. min. CCXLIV; Quint. Decl. min. CCLXXVII; Quint. Decl. min. CCC; Quint. Decl. min. CCCXIX; Quint. Decl. min. CCCXXX; Quint. Decl. min. CCCXLVII; Calp. Flac. 2; Calp. Flac. 31; Calp. Flac. 40). Helena, die in Homers Ilias durch ihre Treulosigkeit gegenüber Menelaos den trojanischen Krieg verursacht, ist das antike Beispiel für den Charakter der treulosen Frau schlechthin. Sie wird ihrer Schönheit wegen weder von den Trojanern noch von den Griechen verflucht, sie klagt sich vielmehr selbst der Schuld an.

Der Charakter der treulosen Ehefrau entspricht diesem Beispiel nicht ganz. Die treulosen Ehefrauen sind sich in den Sachverhalten der Deklamationen des Prinzipats regelmäßig keiner Schuld bewusst. Sie betrügen ihren Ehemann oft mit einem attraktiveren oder jüngeren Mann (z.B. Sen. contr. 6.6). Der betrogene Ehemann ist selten argwöhnisch, meist lange Zeit ahnungslos (z.B. Quint. Decl. min. CCXLIV).[937] Häufig ist der Zweck der Aufnahme dieses Charakters in den Sachverhalt durch die Zeugung von Kindern während des außerehelichen Geschlechtsverkehrs oder des Geschlechtsverkehrs der Ehefrau mit einem Sohn des Mannes aus erster Ehe (Sen. contr. 6.7; Quint. Decl. mai. XVIII; Quint. Decl. mai. XIX), Verwirrung in die familiäre Ordnung zu bringen. Dadurch bekommt

---

936 Frenzel, Motive der Weltliteratur, S. 238 f.

937 In diesem Charakter findet sich die männliche römische Vorstellung von der unzuverlässigen und unbeständigen Weiblichkeit wieder, dazu Höbenreich /Rizzelli, Scylla, S. 191 - 316.

der Charakter nichtmythische, sondern komödienhafte Züge (vgl. Menandros, Das Schiedsgericht nach 304 v. Chr., bearb. Terenz, Hekyra 160 v. Chr.).[938]

Ein weiterer weiblicher Charakter ist die **Dirne (*meretrix*)** (Sen. contr. 2.4; Quint. Decl. mai. XIV; Quint. Decl. mai. XV; Quint. Decl. min. CCXCVII; Quint. Decl. min. CCCXLIV; Quint. Decl. min. CCCLVI; Quint. Decl. min. CCCLXXXV; Calp. Flac. 30; Calp. Flac. 37). Sie ist meist Sklavin.[939] Die Dirne hat eine soziologische Sonderstellung inne. Sie nimmt in den Deklamationen aber nicht das Gegengewicht zur Unantastbarkeit von Jungfrauen und Ehefrauen ein. Die Dirne steht in den Deklamationen nicht verbunden mit dem Motiv, das sie als verdammte und doch geduldete, oft sogar erwünschte Figur zeigt, die außerhalb der etablierten Gesellschaft steht. Die Dirne taucht in den Sachverhalten der Deklamationen vielmehr als diejenige auf, die einen ehrbaren Mann in einen „Weibersklaven" verwandelt. Dieser ehrbare Mann, dessen Weisheit und Würde ihn eigentlich von einem Jüngling unterscheiden sollte, ist meist in gestandenem Alter. Leidenschaft und Verliebtheit bedrängen zwar einen Jüngling, entsprechen aber nicht der Würde eines älteren gestandenen Mannes. Auch bei Männern waren vor- und außereheliche sexuelle Beziehungen nur innerhalb eines engen Rahmens gestattet. Die Inanspruchnahme einer Prostituierten war aber gesellschaftlich akzeptiert. Dies galt jedoch gemeinhin als Privileg der Jugend. „Erwachsen werden bedeutete so für einen jungen Römer, endlich ohne lästige Bewacher die „Rotlichtbezirke" Roms durchstreifen zu können."[940]
Häufig wird angedeutet, dass es sich bei der Dirne um ein jugendlich-attraktives Mädchen handele. Dies lässt einen großen Altersunterschied zwischen ihr und dem Liebhaber erkennen, der jedoch in der römischen Oberschicht nichts Ungewöhnliches war.[941] Die Dirne in den Sachverhalten der Deklamationen lässt den Mann aber Weisheit und Würde vergessen, er läuft der Frau nach und begibt sich somit unter ihr Joch. Durch dieses Motiv gerät der „Weibersklave" in eine törichte, manchmal sogar lächerliche Lage, bezüglich der aber trotzdem Verständnis mitschwingt. Daraus ergibt sich, dass die Dirne im Sachverhalt einer Kontroversie eigentlich keine eigene Rolle hat, sie ist vielmehr ein Attribut, das den Charakter eines bestimmten Mannes und dessen Verlust an *continentia* verdeutlicht. Diesem älteren Mann, der die Dirne freikaufen will, um sie ganz für sich zu haben, steht meist ein Jüngling, nämlich sein eigener Sohn, gegenüber, dem dasselbe Schicksal widerfahren ist. Er hat sich ebenfalls in eine Dirne, manchmal sogar in dieselbe, verliebt und will eher seine Liebe freikaufen als die des Vaters (z.B. Quint. Decl. min. CCCLVI). So entsteht ein Vater-Sohn-Konflikt, der durch die Ähnlichkeit der Temperamente und Absichten geschürt wird. Interessant ist,

---

[938] Frenzel, Motive der Weltliteratur, S. 222; Frenzel, Stoffe der Weltlitaratur , S. 315.
[939] Mc Ginn, Prostitution, Sexuality and the Law, S. 291 - 310.
[940] Gamauf, Sex and crime, S. 31.
[941] Arjava, Women and Law, S. 220.

dass die soziale Ächtung der Dirne in den Sachverhalten der Kontroversien nie in den Vordergrund gestellt wird, meist sogar gar keine Rolle spielt.[942]

Die **Mutter, die sich aus Sorge um ihre nächsten Verwandten die Augen blind weint (*mater flendo oculos amisit*)**, ist entgegen des ersten Eindrucks nicht selbstlos (Sen. contr. 7.4; Quint. Decl. mai. VI; Quint. Decl. mai. XVI). Der Topos des Blind-Weinens soll sie sorgenvoll und kummerbeladen erscheinen lassen. Sie sorgt sich nicht in erster Linie um das Wohl ihrer Nächsten, sondern um ihr eigenes (Quint. Decl. mai. VI). Die Mutter weint stets nur aus vorgeschobener „Sorge" um ihren Gatten oder um ihren Sohn. Sie weint nie aus Sorge um eine Tochter. Sie handelt insofern rechtserheblich, als sie ihren Mann oder den Sohn anklagt. Meist geschieht das mit der Begründung, sie sei in einer Notsituation im Stich gelassen worden. Dem der *pietas* entspringenden Bild der ehrenhaften, sich stets um ihre Angehörigen sorgenden *mater familias*[943]entspricht sie nur vordergründig.

Die **Stiefmutter (*noverca*)** ist in jedem Fall (Sen. contr. 9.5; Sen. contr. 9.6; Quint. Decl. mai. I; Quint. Decl. mai. II; Quint. Decl. mai. XVIII; Quint. Decl. mai. XIX; Quint. Decl. min. CCXLV; Quint. Decl. min. CCCXXVII; Quint. Decl. min. CCCXXXV; Quint. Decl. min. CCCL; Quint. Decl. min. CCCLXXX; Calp. Flac. 12; Calp. Flac. 35) böse oder verhält sich zumindest unehrenhaft. Ähnlich der bösen Stiefmutter in Grimms Märchen richtet sich ihre Bösartigkeit gegen die Stiefkinder, die ihr schutzlos ausgesetzt sind, weil der leibliche Vater die Stiefmutter nicht durchschaut. Die Stiefmutter wird häufig mit Giftmischerei in Verbindung gebracht (Schneewittchenmotiv/Calp. Flac. 35). Oft hat sie ein Verhältnis mit ihrem Stiefsohn, was der Beziehung einen ödipalen Charakter verleiht. Die Stiefmutter ist aber in jedem Fall ein negativer Charakter, was sich auch in der Argumentation der Deklamatoren widerspiegelt. Schon in der attischen Tragödie ist der Charakter der Stiefmutter grundsätzlich negativ. Diese Figur der attischen Tragödie, die durch die Kontroversie Eingang in die römische Literatur gefunden hat,[944] wird schon in der griechischen Mythologie mit dem Giftmord in Verbindung gebracht[945]. Dennoch wird die Stiefmutter in den Kontroversien des neueren Typs nie mit Magie in Beziehung gesetzt. Obwohl das Wort *venefica* eine Hexe bezeichnet, wird es in den Kontroversien des neueren Typs ausnahmslos weniger wertend für „Giftmörderin" verwendet.[946]
Aufgrund der hohen Frauensterblichkeit im Kindbett[947] dürfte die Stiefmutter in der Antike ein häufiges reales Phänomen gewesen sein.[948] Die von gegenseitigen

---

942 Frenzel, Motive der Weltliteratur, S. 1, 434 f., 728.
943 Mc Ginn, Prostitution, Sexuality and the Law, S. 148 ff.
944 Watson, Ancient Stepmothers, S. 103.
945 Watson, Ancient Stepmothers, S. 90 f.
946 Watson, Ancient Stepmothers, S. 95 Fn. 14.
947 Hope, Death and Disease, S. 85 - 103.
948 Watson, Ancient Stepmothers, S. 95 ff.

Verletzungen geprägten schwierigen psychologischen Verhältnisse der Kinder zur neuen Frau des Vaters, die womöglich auch eigene Kinder hat, veranlassen zu folgender Aussage: *Noverca .... numquam satis privignus occiditur* (Sen. contr. 7.1).

In vielen Sachverhalten der Kontroversien des Prinzipats (Sen. contr. 1.6; Sen. contr. 1.7; Sen. contr. 7.1; Quint. Decl. mai. IV; Quint. Decl. mai. VI; Quint. Decl. min. CCCXLII; Quint. Decl. min. CCCLXXXVIII) tauchen **Piraten (*archipiratae*)** auf. Sie nehmen ehrbare römische Handelsleute gefangen, verlangen Lösegeld oder die Heirat mit einer Tochter oder Schwester des Gefangenen. Oft ist sogar die Rede von einem Piratenhauptmann (Quint. Decl. min. CCCXLII). Die Piraten verhalten sich natürlich nie ehrbar, sie werden jedoch in keiner Kontroversie für ihre Taten angeklagt, sie bilden also niemals eine der beiden Streitparteien des Prozesses. Der Pirat ist in der Deklamation die „Verkörperung der bösen Hälfte", ein *diabolus ex machina*.[949] Das bedeutet jedoch nicht, dass sein frevelhaftes Handeln keine glücklichen Fügungen bedingen kann. Seine Aufgabe liegt einzig darin, „den Knoten des Konflikts zu schürzen"[950], an der Person des Piraten besteht darüber hinaus in der Deklamation nicht das geringste Interesse. Er tritt nur als Variante oder Arm des Schicksals auf. Gerade sein Auftreten gibt dem Sachverhalt eine phantastische Note und das um so mehr, als es in der Zeit des Prinzipats im Mittelmeer so gut wie keine Seeräuberei mehr gab. Die Piraten waren schon 35 v. Chr. erfolgreich bekämpft worden.[951] Die Problematik der Seeräuberei gehört eher in die Zeit des peloponnesischen Krieges.[952]

Der **Held (*vir fortis*)** zeichnet sich immer (Sen. contr. 1.4, Sen. contr. 1.8, Sen. contr. 4.4, Sen. contr. 8.5, Sen. contr. 10.2, Quint. Decl. min. CCLVIII, Quint. Decl. min. CCLXX, Quint. Decl. min. CCCX, Quint. Decl. min. CCCXXXVII, Quint. Decl. min. CCCLXXV, Calp. Flac. 21, Calp. Flac. 25, Calp. Flac. 27, Calp. Flac. 39, Calp. Flac. 47) durch tapferes und siegreiches Verhalten im Krieg aus. Ihm gebührt die größte Ehre, dabei ist es gleichgültig, aus welcher sozialen Schicht oder aus welchem Hause der Held stammt. Er ist bezüglich seiner Stellung immer ein „self made man". Auch er handelt aber, abgesehen von seinen ruhmreichen Taten im Krieg, im täglichen Leben nicht immer vorbildlich. Er ist beispielsweise gegenüber seinem Sohn, der ihn unterstützt hat, undankbar. Das Konfliktpotential, das durch diesen Charakter in den Sachverhalt eingebracht wird, entsteht durch die Schwierigkeit der Ahndung dieses Fehlverhaltens aufgrund des hohen sozialen Ansehens, das der Held durch seine Siege erlangt hat. Die Rolle des Helden charakterisiert die in den Deklamationen dargestellte Ge-

---

949 Zinsmaier, Leichnam, S. 5.

950 Zinsmaier, Leichnam, S. 5.

951 Sirks, Juridical rationality, S. 346.

952 Scheibelreiter, Seebund, S. 338.

sellschaft als eine, in der die tapferen Taten des Einzelnen großes Ansehen genießen. Der Held ist die Personifikation des *vir fortis*.[953] Er ist als Virtusträger das Vorbild der römischen Gesellschaft und entspricht den alten Traditionen und alten Werten, die Augustus zur Konsolidierung der Staatsform des Prinzipats wieder aufleben lässt.

Das diametrale Gegenteil des Helden bildet der ebenfalls männliche Charakter des **Verräters (*proditor*)** (Sen. contr. 7.7; Sen. contr. 10.6; Quint. Decl. mai. XI; Quint. Decl. min. CCXCIV; Quint. Decl. min. CCCIII; Quint. Decl. min. CCCXXXIV; Quint. Decl. min. CCCXLVIII; Quint. Decl. min. CCCLXVI; Quint. Decl. min. CCCLXXI; Quint. Decl. min. CCCLXXV). Seine Rolle ist per se negativ. Der Verräter ist an die Sache oder an die Menschen, die er verrät durch ein Treuverhältnis gebunden, er steht aber nicht mehr zu dieser Treue oder hat sich nie zu ihr bekannt. Er hat in böser Absicht geheimes Wissen, das ihm anvertraut war, an Menschen weitergegeben, die dieses Wissen gegen die Menschen oder gegen die Sache verwenden, denen der Verratende zur Treue verpflichtet war. In der Klassik wird unter Verrat der Abfall von den Interessen der *res publica* und ihrer demokratischen oder scheinbar demokratischen Struktur verstanden.[954] Das Streben nach einer Alleinherrschaft wird ebenso als Verrat gewertet, wie der Verrat von Staatsgeheimnissen an den Feind. Der halbmythische Landesverrat des Gajus Marcius Corolianus ist genauso wie die ambivalente Gestalt des Brutus Beispiel aus der Literatur.[955] In den Sachverhalten der Kontroversien dient der Verrat dazu, Delikte wie *proditio* oder *perduellio* zu thematisieren. Oft besteht aufgrund unglücklicher Umstände nur der Verdacht des Verrats (so z.B. Sen contr. 7.7). Die Exkulpation ist hier Aufgabe der Rede.

Der **Tyrann (*tyrannus*)** (Sen. contr. 1.7; Sen. contr. 2.5; Sen. contr. 3.6; Sen. contr. 4.7; Sen. contr. 5.8; Quint. Decl. mai. XVI; Quint. Decl. min. CCLIII; Quint. Decl. min. CCLIV; Quint. Decl. min. CCLXI; Quint. Decl. min. CCLXIX; Quint. Decl. min. CCLXXIV; Quint. Decl. min. CCLXXXVIII; Quint. Decl. min. CCCXXII; Quint. Decl. min. CCCXXIX; Quint. Decl. min. CCCLXXIV; Quint. Decl. min. CCCLXXXII; Calp. Flac. 1; Calp. Flac. 13; Calp. Flac. 22; Calp. Flac. 39) ist nach Platons Staatslehre[956] ein Herrscher, der seine Macht in moralisch verwerflicher Weise ausübt, unabhängig davon, ob sie rechtmäßig oder unrechtmäßig erworben war. Er entwickelt sein Bild vom Tyrannen hauptsächlich am Beispiel des Usurpators, „der in Zeiten übermäßiger demokratischer Freiheit zunächst als Beschützer des Volks gegen die Besitzenden auftritt und erst allmählich zur Aufrechterhaltung seiner Stellung nach tyrannischen Mitteln

[953] Zinsmaier, Leichnam, S. 2 f.
[954] Frenel, Motive der Weltliteratur, S. 788 ff.
[955] Frenzel, Motive der Weltliteratur, S. 788 ff; Frenzel, Stoffe der Weltliteratur, S. 139.
[956] Platon, Politeia II.

greift“[957]. In den Sachverhalten der Kontroversien des Prinzipats kommt die Tyrannis meist in einer bestimmten nicht näher bezeichneten *civitas* vor. Der Charakter des Tyrannen beschreibt die Gesellschaft, die in den Sachverhalten der Deklamationen abgebildet wird. Die Bürger zeichnet eine große Freiheitsliebe aus, die den Hass des Tyrannen schürt. In dieser Gesellschaft gibt es Gesetze gegen *adfectata tyrannis* und Prämien für Tyrannenmörder.[958] Tyrann bezeichnet einen Alleinherrscher, die Bezeichnung wird aber synonym gebraucht mit Gewaltherrscher. Cicero spricht dem Tyrannen jeden Anteil an der *humanitas* ab und befürwortet den Tyrannenmord aus Gründen der politischen *utilitas*.[959] Die behandelten Regelungen in den Deklamationen erinnern vielmehr an einen griechischen Stadtstaat, der von der Errichtung einer Tyrannis bedroht ist, als an ein Weltreich, das von einem Princeps regiert wird, der angestrengt versucht den Anschein eines republikanischen Staates aufrecht zu erhalten. Das Wort Tyrannis ist nicht ohne Hintergrund griechischen Ursprungs. Nach dem Sturz bzw. der Beschränkung des Königtums war die Regierung der griechischen Staaten im allgemeinen an die Bürgerschaft und deren Vertreter übergegangen. Die Demokratie war entstanden. Es gelang aber immer wieder einzelnen hervorragenden Männern, ihre Heimatstadt und oft noch weitere Gebiete unter ihre Herrschaft zu bringen. Gerne gebrauchten fremde Oberherrn, oft Perser, die Lokaltyrannen, um sich der einzelnen Städte sicher zu sein. In der Regel wurde nach dem Sturz einer Tyrannis, diese verfemt und das Streben nach ihr als schweres Verbrechen eingestuft und mit hohen Strafen bedroht.[960] Die Einführung der Demokratie nach dem Sturz einer Tyrannis war so schon in der griechischen Welt zu einem Topos geworden.[961] Die Abscheu der Römer gegen Gewaltherrscher fußt in der Vertreibung des letzten etruskischen Königs, Tarquinius Superbus, die Errichtung der Republik wird gemeinhin als Befreiung gesehen. Offiziell gab es seit dem legendären Tarquinius Superbus in Rom keinen Tyrannen mehr. Faktisch erfüllt natürlich Caesar, der mit seinen Truppen gegen Rom gezogen ist, alle Attribute eines Tyrannen, daher wird seine Ermordung gemeinhin als gerechtfertigte *tyrannicidia* gesehen. Augustus geht bei der Konsolidierung des Prinzipats weitaus geschickter vor als Caesar. Der Anschein der *res publica restituta* trügt natürlich nicht über die Alleinherrschaft des Octavian hinweg.

Ist also durch dieses Fenster, durch das mit Hilfe der Sachverhaltsschilderungen in die Gesellschaft der Kontroversien geschaut wird, wirklich ein Blick auf eine griechische Polis des vierten Jahrhunderts v. Chr. zu erhaschen oder richtet sich vielmehr der Blick auf die römische Gesellschaft in der Zeit der Alleinherrschaft, die sich von der Fassade der *res publica restituta* nicht täuschen lässt und Octavian als Tyrannen erkannt hat?

---

[957] Frenzel, Motive der Weltliteratur, S. 695.
[958] Zinsmaier, Leichnam, S. 2 f.
[959] Frenzel, Motive der Weltliteratur, S. 696; Cicero, De officiis.
[960] Andrews, The Greek Tyrants.
[961] Scheibelreiter,Seebund, S. 356.

Der **Schiffbrüchige** taucht ebenfalls häufig in den Sachverhalten der Kontroversien auf (Sen. contr. 1.6; Sen. contr. 8.6; Quint. Decl. mai. VI; Quint. Decl. min. CCLIX). Er ist Händler und war auf Geschäftsreise unterwegs, als das Schiff in einen Sturm geraten ist oder von Piraten gekapert wurde. Der Schiffbrüchige wird lebendig oder tot an Land gespült. Der Charakter ist ein notwendiges Resultat der geographischen Lage des kulturellen Zentrums der Antike. Auch Odysseus landet als Schiffbrüchiger bei der Nymphe Kalypso, Aeneas landet in Karthago bei Dido. Es gab auch ein Heiligtum für Iuppiter Redux, den Gott der Heimkehrer. Das Mittelmeer birgt in der Antike noch unzählige Tücken für die Schifffahrt. Häufig verbindet sich das Motiv des Schiffbrüchigen in den Kontroversien ähnlich wie in der Ilias oder der Aeneis mit dem des Heimkehrers. Dieser fürchtet um die Zuneigung seiner Braut oder Frau (Sen. contr. 2.7.) und muss sie häufig erst wie Odysseus bei seiner Penelope wieder für sich gewinnen.[962] Stets haben sich Heimkehrer und Zurückgelassene während der Zeit der Abwesenheit verändert oder sie haben sich anderweitig orientiert, oft wird dies aber von dem Heimkehrer nur vermutet und ist nicht tatsächlich eingetreten. Dies erzeugt Spannungen und zwischenmenschliche und juristische Probleme[963] (Sen. contr. 2.7).

Oft zeigt sich das Heimkehrermotiv auch in der Figur des **Mannes, der in die Sklaverei verkauft wird** (Quint. Decl. min. CCCXI) und in irgendeiner Weise wieder frei kommt. Der Verkauf in die Sklaverei kann Resultat einer nicht bezahlten Schuldverpflichtung sein oder aus der Gefangennahme im Krieg herrühren[964] und geht mit dem Verlust des Bürgerrechts einher. Oft geschieht dieser Verkauf in den Deklamationen aber aus einem ungerechtfertigten Grund. Der Heimkehrer steht dann vor den Scherben seines Lebens oder will rehabilitiert werden.
Auch der **Soldat** tritt als Heimkehrer in den Sachverhalten auf (Sen. Contr. 1.8; Quint. Decl. mai. III; Quint. Decl. min. CCLVIII; Quint. Decl. min. CCCLXIX; Calp. Flac. 32; Calp. Flac. 33). Er ist manchmal siegreich manchmal auch nicht, kehrt aber immer in ein Zuhause zurück, das sich während seiner Abwesenheit verändert hat.

Der **illegitime Sohn** (z.B. Sen. contr. 6.3) ist immer das Kind eines wohlhabenden Bürgers. Ein armer Mann hat in den Sachverhalten der Deklamationen nie ein illegitimes Kind. Bei den illegitimen Kindern, die in den Kontroversien auftauchen, handelt es sich ausnahmslos um Söhne. Die vorehelich oder außerehelich gezeugten Söhne haben lediglich die Aufgabe zwischenmenschliche oder juristische Verwirrung zu stiften[965]; so bilden sie oft den Kernpunkt des Konflikts.

[962] Troje, Gestohlene Liebe, S. 28 ff.
[963] Frenzel, Motive der Weltliteratur, S. 328; Zinsmaier, Leichnam, S. 1 - 13.
[964] Frenzel, Motive der Weltliteratur, S. 328 f; Scheibelreiter, Transformation, S. 47.
[965] Frenzel, Motive der Weltliteratur, S. 222.

Die **Vaterfigur** (Sen. contr. 1.8; Sen. contr. 2.3; Sen. contr. 2.6; Sen. contr. 3.4; Sen. contr. 9.3; Quint. Decl. min. CCLVI; Quint. Decl. mai. VI; Quint. Decl. min. CCCXV; Calp. Flac. 9; Calp. Flac. 14; Calp. Flac. 10) ist wenig typisiert. Der Vater tritt zwar getreu der römischen Familienstruktur häufig als derjenige auf, der rechtsgeschäftlich handelt.[966] Er kann jedoch arm, reich, gutmütig, verwirrt, ungerecht, hartherzig oder frisch verliebt sein. Konfliktträger sind in den Sachverhalten ohnehin oft Mitglieder einer nicht näher bezeichneten Familie. Die Familientragödien werden von einem gewissen „voyeuristischen Reiz" begleitet. Standen sich Vater und Sohn vor Gericht gegenüber, dann konnte der Advokat die Sympathie für seine Partei dadurch erhöhen, dass er fesselnde Einblicke in das Leben einer anderen Familie bot, das sonst der Öffentlichkeit verschlossen war.[967]

Der **Geblendete** (Sen. contr. 2.1; Calp. Flac. 9) verliert sein Augenlicht und ist danach an sich schutzbedürftig. Oft ist aber der Geblendete für den Verlust seines Augenlichts selbst verantwortlich. Er hat sich häufig blenden lassen, um bestimmte Vergünstigungen zu erlangen. Das Motiv, das den Verlust des Augenlichts mit einem Anstieg der geistigen Fähigkeiten, so z.B. der Weisheit, verbindet, die dem betreffenden ein anderes Sehen, d.h. ein Sehen in anderen Sphären, ermöglicht, ist in den Deklamationen nicht erkennbar. Der Geblendete erreicht hier nicht den Charakter eines „blinden Sehers".[968] Dennoch ist der Verlust des Augenlichts die „Behinderung" oder körperliche Schädigung, die in den Sachverhalten der Deklamationen am häufigsten vorkommt.

Der **Gladiator (*gladiator*)** ist (Quint. Decl. mai. IX; Calp. Flac. 52), obwohl sein Mut und seine Kraft beeindrucken, gesellschaftlich verachtet wegen seines außerordentlichen Kontakts mit dem Tod. Er steht auf der gleichen gesellschaftlichen Stufe wie Schauspieler und Zauberer. Diese gesellschaftliche Verachtung drückt sich auch in der juristischen personenrechtlichen Stellung aus (XII-Tafelgesetzt 8,22).[969] Die Aufgabe der Gladiatoren in den Sachverhalten der Deklamationen besteht darin, einen Kontrapunkt zu Personen zu bilden, die aufgrund ihres Berufes eine bessere gesellschaftliche Stellung inne haben, wie z.B. in Quint. Decl. mai. IX. Die Rolle des Gladiators bildet so den Konflikt in einem personenstandsrechtlichen Problem oder gibt dem Redner bei einer anderen Problemlage feststehende Argumentationshilfen an die Hand. Die typisierten gesellschaftlichen Vorbehalte lassen sich als Allgemeinplätze ausgezeichnet im Plädoyer verarbeiten.

---

[966] Saller, Patriarchy, property and death, S. 102 - 132.

[967] Zinsmaier, Leichnam, S. 1 f.

[968] Küster, Blinde und Taubstumme, S. 16.

[969] Kaser, Römisches Privatrecht, 1. Abschnitt, § 64.

Der **betrogene Gatte** (Sen. contr. 2.7; Quint. Decl. min. CCXLIV; Quint. Decl. min. CCXLIX; Quint. Decl. min. CCCXLVII; Calp. Flac. 2) ist stets ein reicher Großbürger. Er ist nie arm und ahnt regelmäßig vom Betrug seiner Ehefrau nichts. Diese betrügt ihn meist mit seinem eigenen Sohn, der ihr Stiefsohn ist (Quint. Decl. mai. XVIII; Quint. Decl. mai. XIX).

Der **schwelgerische Sohn (*luxuriosus*)** ist ebenfalls eine beliebte Figur in den Sachverhalten der Kontroversien des neueren Typs. Er taucht in Sen. contr. 3.1, Sen. contr. 4.1, Quint. Decl. min. CCXLV, Quint. Decl. min. CCXC, Quint. Decl. min. CCCXVI, Quint. Decl. min. CCCLVI, Quint. Decl. min. CCCLXVII, Quint. Decl. min. CCXCVIII, in Sen. contr. 1.1, Sen. contr. 1.8, Sen. contr. 2.6 oder in Calp. Flac. 9 und in Calp. Flac. 30 auf. *Luxuria* bildet das Gegenteil der *frugalitas*, der Genügsamkeit. *Luxuria* ist daher keine Krankheit, sondern eine Untugend. Der *luxuriosus* ist kein *furiosus*, der *luxuriosus* ist nicht verrückt, es mangelt ihm aber an bestimmten Tugenden.[970]
Das Ideal des römischen Mannes beherrscht seine Triebe (*continentia*) und ist sich der Verantwortung gegenüber seinem Geschlecht und dem römischen Volk bewusst. Er heiratet, zeugt einen Sohn und vermehrt sein Erbe. Der *luxuriosus* kann dagegen seine Triebe nicht beherrschen. Dieser Charakterschwäche kann jedoch durch gute Erziehung vorgebeugt werden. Ein schwelgerischer Sohn schadet dem Ruf der Familie und besonders dem Ruf seines Vaters.[971] Er verprasst sein eigenes oder des Vaters Geld.[972] *Luxuria* und *libido* entstammen nach Valerius Maximus demselben Ursprung.[973] Im allgemeinen gibt es hauptsächlich luxuriöse Söhne. Da die Mädchen schon früh verheiratet wurden, war ihnen im Regelfall ein luxuriöses Leben nicht möglich. Sie konnten daher nur noch der *libido* verfallen und zu einer *libidinosa* werden (wie z.B. Messalina). Die *libidinosa* taucht in den Kontroversien des neueren Typs jedoch nie als Charakter auf. Der *luxuriosus*, der antike „Playboy", geht verschwenderisch mit Geld um und verkehrt eifrig mit Dirnen.[974] Das „Pulver", das durch diese Rolle in den Sachverhalt gebracht wird, liegt auf der Hand: Im Plädoyer des Redners ist der *luxuriosus* der negative Charakter schlechthin. Sämtliche schlechten Eigenschaften können ihm zugeschrieben und vorgebracht werden. Dennoch strahlt gerade dieser Charakter eine enorme Faszination auf junge Römer[975], wie sie in den Deklamatorenschulen der Zeit zu finden waren, aus. Denn welcher jüngere Mann könnte dem Leben eines *luxuriosus* im Geheimen nichts abgewinnen?
Die Figur dieses zügellosen Sohnes taucht oft in Verbindung mit einem **Bruder** auf. Der Bruder ist das Gegenteil des *luxuriosus*, er ist genügsam und sittlich,

[970] Sirks, Playboy, S. 710.
[971] Williams, Roman Homosexuality, S. 41.
[972] Sirks, Playboy, S. 710, 714 f.
[973] Val. Max. 9, 1 pr; Sirks, Playboy, S. 714.
[974] Sirks, Playboy, S. 710, 714.
[975] Sirks, Playboy, S. 713.

spart und kümmert sich um den Vater. Oft widerfährt aber gerade diesem sittsamen Sohn getreu dem Gleichnis des verlorenen Sohnes aus der Bibel (Lk 15, 11 - 32) Unrecht in der Behandlung durch den Vater, der dem *luxuriosus* seine Eskapaden verzeiht.
Häufig ist nur von zwei Brüdern die Rede. Von diesen ist meist einer schlecht (oder zumindest luxuriös), der andere gut und sittsam (Sen. contr. 5.3; Sen. contr. 5.4; Sen. contr. 6.1; Sen. contr. 9.4; Quint. Decl. mai. IV; Quint. Decl. min. CCLXXV; Quint. Decl. min. CCCXXXVI).

Ein anderes konträres Charakterpaar, das häufig in den Sachverhalten der Deklamationen auftaucht, bilden **der Reiche und der Arme** (Sen. contr. 10.1; Quint. Decl. mai. VII; Quint. Decl. mai.XIII; Quint. Decl. min. CCLII; Quint. Decl. min. CCLIX; Quint. Decl. min. CCLXIX; Quint. Decl. min. CCCXXXII; Quint. Decl. min. CCCXLIII; Quint. Decl. min. CCCXLV; Quint. Decl. min. CCCLXIV; Quint. Decl. min. CCCLXXIX; Calp. Flac. 7; Calp. Flac. 11; Calp. Flac. 28; Calp. Flac. 50). Der Reiche ist immer schlecht, der Arme immer gut. Die beiden sind oft Feinde, werden aber nicht selten zu Freunden (Calp. Flac. 53). Dieser Dichotomie liegt die Überzeugung zu Grunde, dass Armut den Menschen nicht verdirbt, dass Armut die Rechtschaffenheit nicht beeinflusst, während Wohlstand oder Reichtum die *luxuria* beflügeln und den Menschen verderben.[976] Der Konflikt zwischen den beiden Charakteren bestimmt stets den gesamten Sachverhalt und gibt eine Fülle von typisierten argumentativen Hilfestellungen für die Streitrede an sich.

Häufig hat der **treue Sklave** in den Sachverhalten einen **undankbaren Herrn** (z.B. Sen. contr. 3.9). Der Sklave weigert sich oft, seinem Herrn Leid anzutun, was dieser ihm aber befohlen hatte (Sen. contr. 3.9). Ansonsten ist der treue Sklave immer seinem Herrn gegenüber loyal. Er wird in den Sachverhalten der Kontroversien nie wie z.B. im Satyricon[977] als *fugitivus* dargestellt. Der Sklave befindet sich also in einem tragischen Handlungsdilemma, weil er sich nur falsch entscheiden kann. Mit jeder der beiden Entscheidungen, die ihm zur Wahl stehen, verstößt er gegen einen rechtlich und moralisch fundierten Grundsatz. Fügt er sich den Befehlen seines Herrn, dann fügt er ihm Schaden zu, handelt er nicht nach seinem Befehl, dann verstößt er gegen die Autorität seines Herrn. Das Motiv ist der Grundkonstellation einer Tragödie nicht unähnlich. Die Situation kann unter den Voraussetzungen nur tragisch enden und in eine Katastrophe münden. Eine Lösung, die keinen Grundsatz verletzt, ist nämlich nicht möglich. Das Motiv, das sich aus dem Zusammenspiel der beiden Charaktere bildet, fügt sich nahtlos in die Motive der klassischen Tragödie ein. Auch Antigone kann, bevor sie ihren Bruder tatsächlich bestattet, nicht handeln, ohne entweder gegen den Spruch Kreons oder den Willen der Götter zu verstoßen.

---

976 Horaz, Epode XVI.
977 Gamauf, Realität in der Fiktion.

Treten **Vater und Tochter** als Charakterpaar auf (Sen. contr. 3.5; Sen. contr. 4.3; Sen. contr. 7.6; Sen. contr. 10.3; Quint. Decl. min. CCLXXXIX; Quint. Decl. min. CCCXLIX; Quint. Decl. min. CCCLXVIII; Quint. Decl. min. CCCLXXVI), will der Vater der Tochter in der Regel seinen Willen aufzwingen, auch in Angelegenheiten, in denen sie, obwohl sie unter der *potestas* ihres Vaters steht, ihren eigenen Willen äußern kann[978]. Dies geschieht häufig bei der Frage, ob die geraubte Tochter den Tod ihres Räubers oder eine Hochzeit mit ihm wünscht (Calp. Flac. 34). Der Vater handelt jedoch selten aus Eigennutz und egoistischen Motiven, er sorgt sich vielmehr um seine Tochter und erachtet alle Männer, die sich für seine Tochter interessieren, als nicht gut genug.

Zwillinge tauchen quasi als natürliches „Charakterpaar" in den Sachverhalten auf (Quint. Decl. mai. VIII; Quint. Decl. min. CCLXX; Calp. Flac. 20). Sie bilden jedoch genau genommen kein wirkliches Charakterpaar, da sie immer denselben Charakter haben. Ihr Auftreten ist daher besser als Charakterverdoppelung zu bezeichnen. Zwillinge lockern nicht nur als biologisches Kuriosum die Sachverhaltsschilderung auf, sie haben auch die Aufgabe, einen direkten Vergleich zu einem bestimmten erlittenen Schicksal zu geben. Dies wird häufig so aufgebaut, dass ein Zwilling einer bestimmten Misshandlung zum Opfer fällt, während der andere diese Misshandlung nicht erleiden musste und sich ungestört entwickeln kann (Quint. Decl. mai. VIII).

Der **Orakelspruch** (Quint. Decl. min. CCCXXVI; Calp. Flac. 19; Calp. Flac. 44) kann zwar nicht als Charakter bezeichnet werden, hat aber seinen festen Platz in den Sachverhalten der Kontroversien, so wie im antiken Leben[979]. Auch der Orakelspruch in den Sachverhalten der Kontroversien führt häufig dazu, eine tragische Grundkonstellation bereit zu stellen. Häufig verlangt das Orakel, dass in das Schicksal eines Kindes eingegriffen werden solle (Calp. Flac. 19). Der Vater steht dann vor der Entscheidung, entweder sein Kind zu opfern oder gegen den Spruch des Orakels zu handeln und damit das Wohl seiner *civitas* zu gefährden. Obwohl die römische Wertung hier viel eindeutiger auszufallen scheint, als bei dem Motiv des treuen Sklaven und des undankbaren Herrn und das Schicksal der *res publica* immer höher setzt als das des Einzelnen, scheint das menschliche Schicksal und der Schmerz über den Verlust eines Kindes dennoch auf Verständnis zu stoßen. Der Orakelspruch hat wie der Pirat die Aufgabe „den Knoten des Konflikts zu schürzen"[980].

Die aufgezeigten Figuren lassen sich als feststehendes Kontroversienrepertoire bezeichnen. Dieser Pool an typisierten Protagonisten erinnert an die Figuren der

---

[978] Arjava, Women and Law, S. 33.
[979] Turcan, Cults, S. 12; Geelhaar/Scheibelreiter, Rechtssymbolische Bedeutung der Geschlechtsteile, S. 35 f.
[980] Zinsmaier, Leichnam, S. 5.

Neuen Komödie. Die Darstellung des Sachverhalts geschieht immer sehr skizzenhaft und lässt in den meisten Kontroversien nicht auf ein bestimmtes Milieu oder auf eine bestimmte Zeit schließen. Jedoch lässt sich aus den Umständen die Aussage treffen, dass der Schauplatz an eine griechische Polis des vierten Jahrhunderts v.Chr. erinnert. Die Bewohner der Stadt sind sehr freiheitsliebend und von einer tiefen Abneigung gegen Tyrannen geprägt. Die Stadt ist eine Küstenstadt, deren Bewohner immerzu auf Geschäftsreise die Meere durchkreuzen und von Piraten entführt werden.[981] Anhand der skizzenhaften Darstellungen lässt sich aber auch erkennen, dass die ideale Stadt der Deklamatoren dieselbe ist, wie die Stadt, in der die Neue Komödie spielt, nämlich die Stadt am Meer.[982] So führt die Straße auf der imaginärem Bühne, die beim Hören oder Lesen des Sachverhalts im Geiste entsteht, wie bei der Komödie links zum Forum und rechts zur Stadt hinaus, d.h. meist zum Hafen.[983] Einer stillschweigenden Vereinbarung zu Folge spielt die Neue Komödie, wenn nichts anderes angegeben ist, in Athen. In den Sachverhaltsschilderungen ist dies ebenso. Nur selten wird das Geschehen mit einer genauen Ortsangabe versehen.[984] Die Protagonisten, deren Erscheinen dem Bühnengeschehen eine unerwartete Wendung verleiht, kommen entweder vom Forum oder vom Hafen. Auf diese Weise stimmen das Thema der *declamatio* und der Prolog der Komödie funktional weitgehend überein. Sowohl Thema als auch Prolog vermitteln in knapper skizzenhafter Form das Vorgeschehen bis hin zu dem Punkt, an dem die eigentliche Darbietung in der Form der *declamatio* an sich oder in der Komödie das Bühnengeschehen beginnt.[985] Die Charaktere, auf die in den Sachverhalten der Kontroversien zurückgegriffen wird, sind, wie die in der Komödie Bauer oder Bürger einer Stadt. Auch in der Komödie sind die Reaktionen der erfundenen Helden auf das Bühnengeschehen und die verhandelten Gegenstände typisch und drücken traditionelle Werturteile aus. Die Personen kehren schon in der Alten Griechischen Komödie nach Art der Commedia dell'arte als feste Charaktere von einem Stück zum anderen wieder.[986]

Die Charaktere, mit denen in den Sachverhalten der Kontroversien gearbeitet wird, erinnern aber noch an eine weitere Literaturform. Die Parallele zu den Protagonisten des antiken Romans ist unverkennbar. Auch im Roman tauchen Jungfrauen, Dirnen, Piraten und Soldaten auf, deren Verhaltensweisen sehr typisiert erscheinen. Der Unterschied liegt nur darin, dass den Personen in den Sachverhaltsschilderungen jegliche Indivisualisierungsattribute fehlen, die im Roman vorhanden sind. In den Sachverhalten wird die Figur nicht ausgebaut, hier werden nur die klischeehaften Typisierungen an sich verwendet.[987]

---

[981] Zinsmaier, Leichnam, S. 1 - 13.
[982] Zinsmaier, Leichnam, S. 1 - 13.
[983] Zinsmaier, Leichnam, S. 5.
[984] Zinsmaier, Leichnam, S. 1 - 13.
[985] Zinsmaier, Leichnam, S. 1 - 13.
[986] Andresen, Alte Welt, Bd. II, Sp. 1579.
[987] Zinsmaier, Leichnam, S. 6 - 13.

b) Sachverhalte mit legendärer bzw. historischer Konkretisierung

Die andere Gruppe von Kontroversiensachverhalten, zu der 23 Stücke des neueren Typus gezählt werden können, unterscheiden sich von der eben beschriebenen Gruppe dadurch, dass sie Einsprengsel von realen Bezügen enthalten und so eine gewisse Ähnlichkeit zu den Suasorienthemen aufweisen. Die Themen der Suasorien entstammen meist der Mythologie oder der früheren Geschichte, die jedem antiken Schüler bekannt war.[988] So geht es in der Sen. contr. 1.3 um das Schicksal einer Vestalin, in der Sen. contr. 3.8 um die Schlacht der Athener mit den Olynthern, in Sen. contr. 4.2 geht es darum, dass Metellus das Bild des Pallas aus dem Vestatempel rettet, in Sen. contr. 4.8 spielt sich das Geschehen während des römischen Bürgerkriegs ab und in Sen. contr. 5.3 nehmen zwei Brüder an den Olympischen Spielen teil. Auch in Sen. contr. 6.5 ist der Sachverhalt am eine historische Figur geknüpft, Protagonist ist Iphicrates, der den König von Thracum bekämpft. In Sen. contr. 6.8 geht es wiederum um eine Vestalin, in Sen. contr. 7.2 geht es um Popillius, der von Antonius beauftragt wird, Cicero zu töten, in Sen. contr. 8.2 agiert Phidias, der den Athenern von den Eliern ausgeliehen wurde, um eine Statue des Zeus zu schaffen. In Sen. contr. 9.1 sind die Protagonisten Miltiades, dessen Sohn Cimon und Callias.[989] Der Prokonsul Flaminius ist die Hauptperson in Sen. contr. 9.2. Sen. contr. 10.3 spielt im römischen Bürgerkrieg. Quint. Decl. mai. III handelt von einem Soldaten des Marius, der im Krieg mit den Kimbern gekämpft hatte. Quint. Decl. min. CCLXXXIII erzählt von einem Kyniker, der enterbt wird. In Quint. Decl. min. CCXCII geht es um die von den Athenern besiegten Olynther, in Quint. Decl. min. CCCXXIII geht es um die Zerstörung des Tempels durch Alexander, in Quint. Decl. min. CCCXXXIII wird ein Protagonist nach Athen geschickt, während in Quint. Decl. min. CCCXXXIX Demosthenes eine *rogatio* anstrengt. Iphicrates ist in Quint. Decl. min. CCCLXXXVI wiederholt der Protragonist des Sachverhalts. Auch in der Deklamationensammlung des Calpurnius Flaccus sind zwei Sachverhalte zu finden, die eine historische oder individualisierende Einkleidung aufweisen. Calp. Flac. 3 zeigt den jungen Soldaten aus der Armee des Marius, in Calp. Flac. 26 ist ein Protagonist Marspriester.

c) Ergebnis

In den Suasorien geht es herkömmlicher Weise darum, dass der Redner aus zweifelhaften und schlechten Situationen das Beste macht. Dennoch werden diese Situationen auch als Basis für Kontroversien benutzt, um in dem Rahmen der bekannten historischen Begebenheiten ein Rechtsproblem entstehen zu lassen. Insofern weisen die Sammlungen an bekannten historischen Vorkommnissen und der Pool an komödienhaften Charakteren ein gemeinsames Merkmal auf: Es handelt sich in beiden Fällen um eine Sammlung von Allgemeinplätzen, die so be-

[988] Andersen, Garten der Rhetorik, S. 251 f.

[989] Zu der legendären Rolle Cimons Scheibelreiter, Seebund, S. 317 f.

kannt waren, dass sie zumindest jedem Schüler in der klassischen Zeit vertraut gewesen sein dürften. Genau in diesem Punkt liegt auch der Vorteil der Verwendung dieser Topoi. Es war sowohl für die Schüler als auch für die Lehrer einfacher, mit den festen Charakteren oder den bekannten Situationen zu arbeiten, weil die Schüler ohnehin schon Kenntnis über die Charaktere oder Situationen hatten. Die Lehrer konnten sich beim Stellen des Sachverhalts deshalb kurz fassen und konnten auf längere Erörterungen verzichten. Die Klischeehaftigkeit der Charaktere machte es möglich, dass den Schülern die Nennung des Charakters genügte, um die Handlungsweisen, Vorlieben oder Ängste der Charaktere zu begreifen. Im antiken Plädoyer war es viel mehr als in heutiger Zeit üblich, mit dem Charakter oder dem Stand der Streitparteien zu argumentieren[990], daher war es auch für den Schüler der Klassik sehr wichtig, vor dem Plädoyer darüber Bescheid zu wissen.
Die Verwendung der komödienhaften Charaktere und der allgemein bekannten historischen Personen und Situationen steht somit der klassischen juristischen Schulausbildung nicht entgegen, sondern bietet lediglich eine Vereinfachung für den Schulbetrieb. Die Lehrer waren durch die Notwendigkeit, Übungen durchzuführen, dazu gezwungen, eine Vielzahl von Sachverhalten zu produzieren, die umfangreiche Kreation eines neuen individualisierten Charakters wäre viel arbeitsaufwendiger gewesen und dem Erlernen des Umgangs mit dem Recht und dem Erlernen von bestimmten Argumentationstechniken nicht dienlicher gewesen, als das Zurückgreifen auf die bekannten Klischees.
Beim genaueren Hinsehen lassen sich selbst in den Fallkreationen der deutschen Juristenausbildung bestimmte stark typisierte Charaktere erkennen. Sind nicht der Ganove oder der Gebrauchtwagenhändler per se mit allen negativen Eigenschaften behaftet?

3. Motivische Parallelen in den Kontroversien des neueren Typus

Nicht nur die Figuren der Sachverhalte der Deklamationen haben viel Ähnlichkeit mit denen der Komödie und des antiken Romans, sondern auch die Motive.[991] Die Motive, die zur Sachverhaltsbildung gebraucht werden, sind ähnlich typisiert und überzeichnet wie die Figuren. Sie sind zum Teil zwingende Folgen aus der Eigenart der einzelnen Charaktere. Die Motive entstammen häufig dem Bereich der Liebe, des Abenteuers oder der Familie, sie sind sehr reißerisch aufgemacht. Bei aller Kritik, die deshalb auf den Deklamationen lastet, muss jedoch bedacht werden, dass es sich bei den Schulen, in denen unterrichtet wurde, nicht um staatliche, sondern um profitorientierte Privatschulen handelte. Der Lehrer mietete Räumlichkeiten, meist im Parterre eines größeren Gebäudes, und war daran interessiert, dass möglichst viele Schüler seine Schule besuchten, um dadurch größere Einnahmen zu erzielen.[992] Die Schulen öffneten, während die Übungsre-

---

[990] Jehne, Rednertätigkeit und Statusdissonanzen, S. 174 ff.
[991] Zinsmaier, Leichnam, S. 6; auch Trojahn, Kommentare zur Alten Komödie, S. 1 - 13..
[992] Andersen, Garten der Rhetorik, S. 255.

den dargeboten wurden, ihre Türen auch für außerschulisches Publikum.[993] Dies vergrößerte einerseits das Auditorium, diente aber andererseits auch als Werbung für die Schule. Zudem waren die Schüler ausnahmslos junge Männer,[994] die sich natürlich für sensationslüsterne Themen eher begeistern konnten. Die Verwendung von Themen aus dem sensationslüsternen Bereich, die heute zu dem Metier der Boulevardpressse zählen würden, hatte also auch wirtschaftliche Gründe.

a) Wiederkehrende komödienhafte Motive

Bei der Vielzahl der verwendeten Motive gibt es einige bestimmte, die immer wiederkehren und in verschiedenen Deklamationensammlungen zu finden sind.
Das Motiv, das unmittelbar mit der Figur der Jungfrau zusammenhängt, ist das des Frauenraubs. Es ist in Sen. contr. 1.2, Sen. contr. 1.5, Sen. contr. 2.3, Sen. contr. 4.3, Sen. contr. 5.6, Sen. contr. 7.8, Quint. Decl. min. CCXLVII, Quint. Decl. min. CCLI, Quint. Decl. min. CCLXII, Quint. Decl. min. CCLXX, Quint. Decl. min. CCLXXVI, Quint. Decl. min. CCLXXX, Quint. Decl. min. CCCI, Quint. Decl. min. CCCIX, Quint. Decl. min. CCCXLIII, Quint. Decl. min. CCCXLIX, Quint. Decl. min. CCCLXVIII, Quint. Decl. min. CCCLXX, Quint. Decl. min. CCCLXXXIII, Calp. Flac. 16, Calp. Flac. 34, Calp. Flac. 41, Calp. Flac. 43, Calp. Flac. 46 und in Calp. Flac. 51 zu finden. Das Motiv ist also mit Ausnahme der *Deklamationes maiores* in allen Kontroversiensammlungen enthalten. Das Grundmotiv, nämlich die Entführung einer Jungfrau, aus dem sich ergibt, dass die Geraubte entweder eine Hochzeit mit ihrem Räuber oder den Tod des Räubers wünschen kann, ist auf unterschiedlicher Weise modifiziert. Die Möglichkeit der Modifikation, die schon durch die Grundform des Motivs auf der Hand liegt, ist folgende: Ein Mann hat zwei Frauen geraubt, von denen sich die eine für eine Hochzeit mit dem Räuber, die andere sich aber für dessen Tod entscheidet (Sen. contr. 1.5 und Calp. Flac. 51). Durch diese Modifikation lässt sich eine Situation konstruieren, in der sich die Norm selbst entgegensteht. Diffiziler ist im Vergleich dazu die Variante aus Quint. Decl. min. CCLXII: Ein Ehemann hatte eine Jungfrau geraubt. Die Geraubte hatte darauf die Ehe gewählt. Der Ehemann hat dann seine Ehefrau verstoßen, die nun wegen ungerechtferigter Verstoßung gegen den Ehemann prozessiert. In der Deklamation an sich verteidigt der Rhetor die verstoßene Ehefrau vor dem Gericht. Er stellt seine Verteidigung darauf ab, dass er das Argument des Ehemannes entlarvt. Er stellt klar, dass der Ehemann selbst den Grund, durch den er gezwungen wurde, eine neue Ehe einzugehen und seine Frau zu verstoßen durch sein eigenes Handeln, herbeigeführt hat. Hier wird eine Situation konstruiert, in der sich die Rechtsfolge einer Norm durch die Wahl der Geraubten für eine Ehe in Bezug auf die Gattin des Räubers scheinbar in einen Grund verwandelt, mit dem der Ehemann seine Frau verstoßen kann.

---

[993] Sirks, Juridical rationality, S. 333; Dingel, Scholastica materia, S. 1.
[994] Andersen, Garten der Rhetorik, S. 255.

Eine andere interessante Modifikation des Frauenraubthemas bietet Quint. Decl. min. CCLI. Ein Mann hatte eine Frau geraubt, diese hatte eine Hochzeit mit ihm gewählt. Nachdem die Frau fünf Jahre kein Kind geboren hatte, wurde sie von ihrem Mann verstoßen. Sie klagt nun wegen ungerechtfertigter Verstoßung. In diesem Sachverhalt erfüllt die Vorgeschichte des Sachverhalts einzig die Aufgabe, eine Situation zu erzeugen, in der Raum für eine *actio iniusti repudii* ist. Normalerweise, d.h. bei einer Hochzeit mit Bestellung einer *dos*, wehrt sich die Verstoßene mit einer *actio rei uxoriae*, die eine besondere Form der *actio furti* darstellt.[995] Die Frage danach, ob die Verstoßung gerechtfertigt war, müsste im Rahmen dieser *actio rei uxoriae* geklärt werden. Obwohl das eigentliche Interesse bei der *actio rei uxoriae* auf die Wiedererlangung des materiellen Wertes zielt, ist die Frage nach einer möglichen gesellschaftlichen Rehabilitation durch die Möglichkeit der Feststellung, dass die Verstoßung ungerechtfertigt geschehen ist, gewünschter Nebeneffekt. Für eine *actio iniusti repudii* wäre im Normalfall kein Raum, da diese nur auf die gesellschaftliche Rehabilitation abstellt (s. Kap. II. 1. a. dd). Normalerweise verdrängt also der Anwendungsbereich der *actio rei uxoriae* die *actio inusti repudii*. Bei der Hochzeit, die infolge der Wahl einer Geraubten zustande kam, handelte es sich aber um eine Hochzeit ohne Dotalgabe. Der Grund dafür ist wahrscheinlich darin zu sehen, dass der Räuber nicht auch noch finanziell besser gestellt werden sollte, sondern den gesamten Unterhalt der Frau selbst tragen sollte. Da in einem solchen Fall eine *actio rei uxoriae* aus Mangel an Dotalgütern nicht greift, steht der Weg für eine *actio iniusti repudii* offen.

Es gibt auch Verbindungen von zwei Motiven, so wird z.B. in Quint. Decl. min. CCLXX das Motiv des Jungfrauenraubs mit dem Motiv der Zwillingsverwechslung gekoppelt. Eine Jungfrau wurde von einem Zwilling geraubt. Der Vater hat ihr befohlen, sich für den Tod des Räubers zu entscheiden. Der falsche Zwilling wurde getötet. Der Vater wird angeklagt für den Grund des Mordes verantwortlich zu sein.

In Calp. Flac. 43 wird das Motiv des Frauenraubes mit dem Motiv des geblendeten Mannes verbunden. Ein Räuber wurde von der Geraubten geblendet, er klagt auf Talion. Die Verknüpfung von unterschiedlichen Motiven erhöht den Grad der Spannung. Allerdings kann Spannung auch allein durch ein bestehendes Motiv erzeugt werden. Treffende Beispiele dafür sind Calp. Flac. 41 und Quint. Decl. min. CCCI. In Calp. Flac. 41 hatte ein Mann eine Jungfrau geraubt und übergab sie einem jungen Mann. Dieser vergewaltigte sie. Die Geraubte wählte den Tod des Vergewaltigers. Der Räuber will anstatt des Jungen getötet werden. In diesem Sachverhalt verbleibt die Spannung weniger im juristischen, als im sensationslüsternen Bereich. In Quint. Decl. min. CCCI hingegen gibt ein Armer, der einen Reichen zum Essen einlädt, da er keine Sklavin hat, seine Tochter als eine solche aus. Der Reiche raubt die Tochter, sie verlangt die Ehe, darauf klagt der

[995] Kaser, Römisches Privatrecht, 1. Abschnitt, § 81.

Reiche den Armen wegen Betruges an. Hier liegt die Spannung im juristischen Bereich, da der Reiche nicht wusste, dass er eine freie Frau raubte.
Sen. contr. 5.6 enthält die größtmögliche Modifikation des Frauenraubmotivs. Diese stellt sich als Pervertierung des Frauenraubmotivs dar. Ein junger Mann ging in Frauenkleidern aus und wurde geraubt. Er verklagt die Räuber, darf aber vor Gericht nicht reden und verklagt deshalb den Magistrat mit der *actio iniuriarum*.
Nicht nur die Figur der Jungfrau erinnert an die römische Komödie, auch das Motiv des Frauenraubs taucht in der römischen Komödie auf. In der Hecyra des Terenz, die dem Schiedsgericht des Menander nachgebildet ist, hat Pamphilus, ein junger Ehemann, vor der Ehe ein unbekanntes Mädchen vergewaltigt. Auf Wunsch der Eltern heiratet er die Nachbarstochter Philumena. Diese bringt vorzeitig ein Kind zur Welt, das sich als Hinterlassenschaft der vorehelichen Gewalttat des Pamphilus entpuppt. Die Aufklärung der Missverständnisse und Verwirrungen bringt ein Ring.[996] Auch bei Terenz ist das Frauenraubmotiv der Spannungsträger, aus ihm heraus ergeben sich alle übrigen Verwirrungen.

Ein Beispiel für ein weiteres Motiv, das sich durch alle Kontroversiensammlungen zieht und dort immer in verschiedenen Ausformungen zu finden ist, ist das Motiv der selbstsüchtigen Mutter. Sie verhindert die Rettung eines Familienangehörigen, der von Piraten gefangen wurde, oder versucht zumindest die Rettung zu verhindern. In Sen. contr. 7.4 taucht das Motiv in folgender Variante auf: Ein Vater reist auf Geschäftsreise mit einem Schiff. Er wird von Piraten gefangen und erbittet von seiner Frau und seinem Sohn Hilfe durch eine Bürgschaft. Die Frau erblindet durch das viele Weinen, sie will Hilfe von ihrem Sohn. Dieser macht sich jedoch auf, seinem Vater zu helfen. Die Mutter verlangt die Inhaftierung des Sohnes, weil dieser nicht bleiben will, um ihr zu helfen. In Quint. Decl. mai. VI taucht dieselbe Konstellation dann in erweiterter Form auf: Ein Mann hat eine Ehefrau und einen Sohn, er ist ebenfalls auf Geschäftsreise, als er von Piraten gefangen genommen wird. Er schreibt nach Hause und bittet um Loskauf. Die Mutter erblindet wegen des vielen Weinens und will den Sohn zurückhalten. Dieser bricht aber auf und erlöst seinen Vater, indem er selbst in den Kerker geht. Der Sohn stirbt im Kerker. Sein Leichnam wird ins Meer geworfen, er treibt zur Küste seiner Heimat und wird dort an Land gespült. Der Vater will den Leichnam des Sohnes bestatten, die Mutter erhebt Einspruch.[997] Verglichen mit dem Sachverhalt aus Sen. contr. 7.4 ist das Motiv in Quint. Decl. mai. VI um die sehr märchenhaft wirkende Episode des Opferns des Sohnes und des Anspülens seines Leichnams an die heimatliche Küste erweitert. Diese unrealistische Erweiterung macht den Wechsel auf eine andere Norm, die dem Sachverhalt vorangestellt ist, möglich. Während in Sen. contr. 7.4 die Norm *liberi parentes alant aut vincian-*

---

[996] Prang, Geschichte des Lustspiels, S. 34 f.
[997] Übersetzung nach Zinsmaier, Leichnam, S. 85.

tur zu verwenden ist, soll sich der Schüler in Quint. Decl. VI auf die Norm *qui in calamitate parentes deseruit, insepultus abiciatur* konzentrieren.
Auch Quint. Decl. mai. XVI weist eine große Ähnlichkeit zu Sen. contr. 7.4 und Quint. Decl. mai. VI auf. Zwei Freunde werden von einem Tyrannen gefangen genommen. Die Mutter des einen Freundes weint sich bei der Nachricht von der Gefangennahme die Augen blind. Der Tyrann erlaubt dem Sohn seine blinde Mutter zu besuchen unter der Auflage, dass sein Freund sterben werde, wenn er nicht innerhalb einer bestimmten Frist zurückkehre. Der Sohn wird von der Mutter festgehalten, weil sie in der schlimmen Situation, in der sie sich durch die Erblindung befindet, nicht verlassen werden will. Hier übernimmt der Tyrann die Funktion der Piraten, die Funktion der Mutter wird jedoch nicht verändert. Nicht grundsätzlich neu ist die Gefahr, in die der Freund nicht sich selbst, sondern eine andere Person bringt, wenn er seine Mutter nicht verlässt. Sowohl in Sen. contr. 7.4 als auch in Quint. Decl. mai. VI rettet der Sohn mit seinem Erscheinen bei den Entführern das Leben einer anderen Person. Die Modifikation aus Quint. Decl. mai. XVI erinnert stark an die pythagoreische Legende von Damon und Phintias.[998] Auch Tausendschön muss in dem gleichnamigen Märchen der Gebrüder Grimm zu dem Ungeheuer zurückkehren, nachdem es seinen Vater besucht hat, um ein Leben zu retten.
In dem Sachverhalt der Quint. Decl. min. CCCXLII fehlt die Figur der Mutter, aber auch hier muss das Leben einer Person mit dem Schicksal einer anderen freigekauft werden. Der Sohn eines Mannes wird von Piraten gefangen genommen, er sagt, dass er noch eine Schwester habe. Der Piratenhauptmann verlangt für die Freiheit des Sohnes die Heirat mit ihr. Der Vater schickt eine Sklavin anstelle seiner Tochter. Diese heiratet den Piratenhauptmann und kehrt später als reiche Frau zurück. Der Vater will sie wieder als Sklavin. Sie sagt, sie sei frei. Hier entsteht ein Problem aus einem völlig anderen Rechtsbereich. Es geht hier nicht um den Rechtsbereich der Fürsorgepflicht der Kinder gegenüber den Eltern, sondern um eine Freilassungsproblematik, die sich auf die Eigentumsverhältnisse der Güter, die die zurückkehrende Frau in Besitz hat, auswirkt.[999] Wäre sie nämlich frei, gehörten die Güter ihr. Wäre sie Sklavin, gehörten die Güter ihrem Herrn. Trotzdem wurde aber das Entführungsmotiv verwendet.
Auch in Quint. Decl. min. CCCLXXIII wird ein Mann von Piraten gefangen genommen. Die Frau des Mannes war verstorben, darauf hatte er eine andere geheiratet. Die neue Frau holte aus dem Grab der ersten Frau des Mannes den Schmuck heraus und kaufte den Mann damit frei. Der Sohn aus erster Ehe klagt die Stiefmutter wegen Grabschändung an. Hier wird nicht das Leben eines Menschen geopfert, um das Leben eines anderen zu retten, hier wird vielmehr die Ehre eines Menschen, die sich in der Wahrung der Totenruhe ausdrückt, geopfert, um einen anderen Menschen zu retten.

---

[998] Zinsmaier, Leichnam, S. 1.
[999] Sirks, Juridical rationality, S. 346 ff.

Ein Motiv lässt sich also durch Modifikation problemlos als Sachverhalt nicht nur für die Bearbeitung verschiedener Normen, sondern sogar für die Bearbeitung verschiedener Rechtsbereiche verwenden.
In dieser Rettungsmotivgruppe ist allen Varianten gemeinsam, dass die moralische Wertung eindeutig auf Seiten des Rettenden ist. Die rechtliche Wertung, die durch die Ansicht desjenigen, der die Rettung verhindern will, ausgedrückt wird, verstößt jedoch regelmäßig gegen das moralische Empfinden. Daher wird für den Redner eine Billigkeitsabwägung notwendig.

Ein weiteres Motiv, das Motiv des Soldaten des Marius, der zum Mörder wird, taucht fast unverändert in Quint. Decl. mai. III und Calp. Flac. 3 auf. In Quint. Decl. mai. III lautet der Sachverhalt: *Bello Cimbrico miles Mari tribunum stuprum sibi inferre conantem, propinquum Mari, occidit. reus est caedis apud imperatorem.* In Calp. Flac. 3 heißt es kürzer: *Miles Mari adulescens propinquum Marii tribunum vim sibi inferentem peremit. Reus est caedis. Contradicit.* Die Variante in der Kontroversie des Calpurnius Flaccus ist knapper und weniger genau. Die Angabe *bello Cimbrico* ist beispielsweise nicht mehr vorhanden. In beiden Sachverhalten ist der Ermordete ein Verwandter des Marius. Da die Kontroversiensammlung des Calpurnius Flaccus etwas jünger ist als die *Declamationes maiores*, liegt die Vermutung nahe, dass Flaccus das Motiv übernommen und leicht verkürzt hat. Die genaue zeitliche Differenz zwischen der Entstehung der *Declamationes maiores* und der Entstehung der Kontroversien des Calpurnius Flaccus lässt sich aufgrund der vagen Forschungslage (s. Kap. I. 7) nicht genau bestimmen. Es erscheint durchaus möglich, dass der Zeitraum nur ca. 15 Jahre beträgt. Diese Überlegung macht noch eine andere Möglichkeit bezüglich des Ursprungs des Motivs wahrscheinlich. Bei dem Motiv könnte es sich ebenso gut um ein in vielen Schulen der Zeit verwendetes Standardmotiv handeln, das nur gelegentlich verändert wurde. Interessant ist auch, dass sich der pseudohistorische Bezug, der durch die Betonung der Identität des Soldaten als Soldat des Marius entsteht, ein wichtiger Bestandteil des Motivs zu sein scheint, da er auch in der gekürzten Variante nicht weggelassen wird.

Eine weitere motivische Konstellation, die fast unverändert in den *Declamtiones minores* und den Kontroversien des Calpurnius Flaccus vorkommt, ist eine Verknüpfung des Motivs der bösen Mutter, die ihrer Tochter nicht den Mann gönnt, mit dem sie selbst zuvor ein Verhältnis hatte, mit dem Motiv des unschuldigen Kindes. Der Sachverhalt wird in Quint. Decl. min. CCCLIV und in Calp. Flac. 40 angegeben: Ein junger Mann hält um die Hand einer jungen Frau an. Der Vater des Mädchens berichtet seiner Frau die Neuigkeiten. Diese antwortet, dass die Tochter sterben wird, bevor sie den Mann heiraten wird. Tatsächlich stirbt die Tochter vor der Hochzeit an eigenartigen Symptomen, die auf Vergiftung hin-

deuten. Der Vater foltert die Dienerschaft. Eine Sklavin sagt aus, dass zwischen der Frau und dem jungen Mann eine Affäre bestanden habe. Der Vater klagt die Mutter wegen Giftmischerei an.
Obwohl die Sachverhalte fast identisch sind, enthält nur Calp. Flac. 40 eine Rede an sich. Quint. Decl. min. CCCLIV weist nur eine *sermo*, aber keine Rede auf. Auch dieses Motiv bietet hohes Konfliktpotential. Viele primäre menschliche Gefühle, wie das Vertrauen der Kinder zu ihren Eltern, Neid, Liebe und Hass stehen sich hier entgegen. Auch ein ödipales Element ist durch das Verhältnis des jungen Mannes zu der älteren Frau vorhanden.

Darüber hinaus sind in den *Declamationes maiores* aber auch Sachverhalte zu finden, die zweimal verwendet wurden. Quint. Decl. mai. XIV und Quint. Decl. mai. XV haben denselben Sachverhalt: Eine Dirne gab ihrem armen Liebhaber einen Trank des Hasses, daraufhin hörte seine Liebe zu der Dirne auf. Er klagt die Dirne wegen Giftmischerei an. Hier handelt es sich nicht nur, wie es in den Deklamationen des Prinzipats häufig vorkommt, um die Verwendung derselben Motive in unterschiedlichen Modifikationen, hier handelt es sich vielmehr um die Verwendung des identischen Sachverhalts. Auch der Sachverhalt von Quint. Decl. mai. XVIII und der Sachverhalt der Quint. Decl. mai. XIX sind identisch. Quint. Decl. mai. XVIII ist mit dem Titel *Infamis in matrem I* überschrieben, Quint. Decl. mai. XIX mit dem Titel *Infamis in matrem II*. Ein Sohn hatte mit seiner Mutter ein Verhältnis, der Vater wollte ein Geständnis des Sohnes mittels Folter erlangen. Der Sohn stirbt unter der Folter. Die Mutter will wissen, was der Sohn ausgesagt hat. Der Vater will es nicht sagen. Die Mutter klagt den Vater wegen *malae tractationis* an. Die doppelte Verwendung der Sachverhalte in den *Declamationes maiores* kommt dadurch zustande, dass jeweils eine Deklamation die Rede des Klägers und die andere Deklamation die Rede des Angeklagten enthält. Das jeweils doppelte Auftauchen der Sachverhalte entspringt einer Formalie, die in den *Declamationes maiores* im Vergleich zu den anderen drei untersuchten Deklamationensammlungen einzigartig ist. Die Gegenrede wird in den *Declamtiones maiores* nicht als eine *pars altera* in die Kontroversie eingefügt, sondern als eigenes Stück in die Sammlung eingereiht. Eine doppelte Verwendung ein und desselben Motivs ohne Modifikation in dem Sinne, dass es zwei Reden und zwei Gegenreden gibt, existiert auch in den *Declamationes maiores* daher nicht.

b) Nicht-komödienhafte Motive
Bei einer Gesamtbetrachtung der Motive in den Sachverhalten der Kontroversien wird deutlich, dass in den Kontroversien Senecas des Älteren und in den *Declamationes maiores* weit intensiver mit klischeehaften Motiven gearbeitet wird, als in den *Declamationes minores* und in den Kontroversien des Calpurnius Flaccus.

Beispielhaft für diesen Gegensatz können folgende Sachverhalte angeführt werden:
Ein Mann setzte zwei Frauen zu gleichen Teilen in seinem Testament als Erben ein. Die Verwandten fechten das Testament an (Quint. Decl. min. CCLXIV).
Ein Held hatte beide Hände im Krieg verloren. Er ertappte seine Frau beim Ehebruch. Mit seiner Frau hatte der Held einen Sohn im jugendlichen Alter. Er befahl dem Sohn, die Tötung zu vollziehen. Dieser widersprach. Der Ehebrecher floh. Der Ehemann enterbte den Sohn (Sen. contr. 1.4).
Während der Sachverhalt aus Quint. Decl. min. CCLXIV schmucklos Anlass gibt, auf die Probleme bezüglich der Regelungen in der *lex Voconia* einzugehen, ist der Sachverhalt der Sen. contr. 1.4 aktionsreich konstruiert, um sich mit dem *adulterium* auseinandersetzen zu können. In Quint. Decl. min. CCLXIV wird dabei sogar ganz auf die Hinzuziehung eines bekannten Motivs verzichtet. Es gibt also auch Sachverhalte in den Kontroversien des neueren Typs, die keines der komödienhaften Motive enthalten.

c) Ergebnis

Bei einem Überblick über die in den Sachverhalten der Kontroversien beliebten Themen, wie Jungfrauenraub, Tapferkeit und ihre Belohnung, Tyrannen und Tyrannenmörder, wird deutlich, dass der Sachverhalt stets der Aufgabe nachkommen muss, einen Konflikt bereit zu stellen. Dieser kann sich auf der menschlichen oder auf der juristischen Ebene abspielen. Ein Konflikt ist die Basis jedes Streits. Das Milieu, in dem sich die Sachverhalte abspielen, ist dasselbe wie das in der römischen Komödie. „An die Stelle der großen staatspolitischen Probleme war nun das Leben des Durchschnitts- oder Kleinbürgers getreten. Betrogene Männer, betrogene Frauen, verschwenderische Söhne, von Sorge geplagte Väter, großsprecherische Soldaten, betrügerische Kaufleute, verschlagene Sklaven und Dirnen spiegeln ein lebendig- karikiertes Bild des römischen Großstadtlebens wieder. Das Familienleben ist geprägt vom Misstrauen zwischen Männern und Frauen, Eltern und Kindern.“[1000] Die römische Komödie, die schon im Altertum bestimmte Elemente der Commedia dell` arte aufwies[1001], wird wie der Sachverhalt einer Kontroversie umso interessanter, je verquickter der Konflikt ist. Ein Fall, in dem viele Möglichkeiten stecken, war sowohl ideal für den Übungs- als auch für den Unterhaltungswert. Die Schüler sollten auf ihre Stellung als *patroni* vorbereitet werden. Diese hatten in Bezug auf ihre Klienten auch häufig im kleinbürgerlichen Milieu zu agieren. Es entspricht auch dem Stand der meisten *patroni*, als Heranwachsende auf den Umgang mit staatspolitischen Problemen vorbereitet zu werden. Dabei muss aber bedacht werden, dass die vier untersuchten Deklamationensammlungen im Prinzipat entstanden sind, also in einer Zeit, in der die

---

[1000] Prang, Geschichte des Lustspiels, S. 26 ff; Andersen, Garten der Rhetorik, S. 253ff; Zinsmaier, Leichnam, S. 85.
[1001] Andresen, Alte Welt, Bd. II, Sp. 1579.

staatspolitische Auseinandersetzung nicht gewünscht oder zumindest gegenstandslos geworden war. Auch die Ausbildung ist daher auf das kleinbürgerliche Milieu zurückgefallen. Staatspolitische Themen zu diskutieren, galt als unopportun.
Komödiendichter und Lehrer stehen in dieser Zeit vor demselben Problem: Es muss ein Konflikt konstruiert werden, der möglichst nicht in den staatspolitischen Bereich eingreift. Die bekannten Motive, die kombiniert und modifiziert werden können, boten sich dabei als große Hilfe an.

4. Rhetorische Kunstgriffe in den Kontroversien des neueren Typs

Die antike Kultur war eine überwiegend mündliche Kultur. Unter diesem Aspekt muss auch die antike Rhetorik betrachtet werden. Die Rhetorik hat sich in einer überwiegend mündlichen Kultur entwickelt. Daher wird die Antike viel stärker durch die Rhetorik geprägt als eine moderne Kultur, die auf Schriftlichkeit basiert. Der Mensch der Antike - zumindest der, der einer gewissen Schicht angehörte - war von klein auf an Gedichte gewöhnt. Er las sie aber nicht, er hörte sie. Es wurde auch nicht leise gelesen, sondern laut. Das Geschriebene war immer Mittel zu dem Zweck, etwas laut wiedergeben zu können, es war aber niemals Selbstzweck.[1002] Andersen formuliert dieses Phänomen folgendermaßen: „Die Menschen waren nicht zufälligerweise Zuhörer, wenn Redner auftraten. Sie waren vielmehr ganz und gar darauf eingestellt, zuzuhören und sich an das Gehörte zu erinnern.“[1003]
Natürlich haben sich nur die schriftlichen Dokumente bis in unsere Gegenwart erhalten. Dies darf aber nicht darüber hinweg täuschen, dass die Schriftlichkeit in allen Bereichen nur einen sehr kleinen Anteil hatte, so auch in Religion und Politik, aber auch in der Verwaltung und im Gerichtswesen.[1004] Die Kontroversiensammlungen des Prinzipats sind Dokumente, mit denen versucht wurde, diese Mündlichkeit einzufangen. Dass dies wiederum nur auf schriftlichem Wege geschehen konnte, liegt auf der Hand. Wenn nun die Kontroversien des Prinzipats im Folgenden auf ihren rhetorischen Gehalt untersucht werden, unterliegt diese Untersuchung dennoch keinem Zirkelschluss. Die Eigenart, die die Mündlichkeit verleiht, ist nämlich bei den Kontroversien nicht schon durch ihre schriftliche Fixierung weggefallen. Von Cicero wird zwar berichtet, dass er bei der schriftlichen Ausarbeitung einer Rede sie mehreren schriftkundigen Sklaven diktierte,[1005] doch die meisten Reden wurden niedergeschrieben nachdem sie gehalten worden waren und nicht davor.[1006] So sind die vier untersuchten Kontroversiensammlungen auch größtenteils Mitschriften von gehaltenen Reden oder Skripte für das Halten

[1002] Andersen, Garten der Rhetorik, S. 95.
[1003] Andersen, Garten der Rhetorik, S. 96.
[1004] Andersen, Garten der Rhetorik, S. 95 ff.
[1005] Cicero, Marcum Brutum 87.
[1006] Cicero, Marcum Brutum 91.

einer Rede. Obwohl es sich um schriftliche Dokumente handelt, hat sich auf diese Weise sehr viel von der Mündlichkeit in den Kontroversien bewahrt. Vor diesem Hintergrund ist es wichtig, die Deklamationen, also die Reden an sich, im Hinblick auf die Verwendung von rhetorischen Kunstgriffen und rhetorischer Kommunikation zu untersuchen.

Kairos bezeichnet die „rhetorische Situation" in dem Sinne, dass es sich um *kairos* handelt, wenn die Zeit für etwas reif ist und entsprechende, bestimmte Worte und Handlungen fordert. *Kairos* ist also der entscheidende Augenblick.[1007] *Kairos* macht deutlich, dass die rhetorische Kommunikation immer in einer konkreten Situation verankert ist. Diese Situation ist die größte Hilfsquelle des Redners. In den Kontroversien des Prinzipats ist *kairos* stets vor dem Gericht. Eine Partei hat gegen die andere eine Klage angestrengt. Die rhetorische Situation wird durch den Sachverhalt beschrieben, wie z.B. in Quint. Decl. min. CCLXXXII: *Tyrannus cum in arcem duci iussisset cuiusdam sororem, frater habitu sororis ascendit et occidit tyrannum. Eodem habitu magistratus illi, praemii nomine, statuam collocavit. Iniuriarum reus est.* Manchmal ist jedoch das Einbringen einer Klage nicht notwendig, ein Disput entsteht dann auch ohne eine Klage, wie z.B. in Sen. contr. 1.5: *Una nocte quidam duas rapuit; altera mortem optat, altera nuptias.*

Die rhetorische Kommunikation ist immer auf einen Empfänger bezogen, rhetorische Kommunikation ist nicht einseitig. Die Signale gehen in beide Richtungen. Redner und Zuhörer stehen in direktem Kontakt zueinander.[1008] Von dieser Prämisse her wird es auch verständlich, warum die Schulen wenn die Übungsstücke vorgetragen wurden ihre Türen auch für außerschulisches Publikum öffneten.[1009] Auf diese Weise wurde der Übungseffekt durch das Hinzuziehen von schulfremdem Publikum erhöht. Um das Wechselspiel zwischen Redner und Publikum aufrecht erhalten zu können, bei dem der Redner die Reaktionen des Publikums aufnimmt und sich auf das Publikum einstellt, ist eine gute Menschenkenntnis gefragt. So charakterisiert Aristoteles schon im zweiten Buch der Rhetorik die Menschen in ihren verschiedenen Lebensstadien.[1010] Er führt ihre daraus resultierenden Stärken und Schwächen auf. Diese Charakteristiken finden sich zu Gemeinplätzen erstarrt auch in den Kontroversien wieder. Besonders evident wird es am Beispiel des Jünglings und des Alten. Aristoteles beschreibt dies wie folgt: „Was den Charakter angeht, so lassen sich junge Menschen leicht von ihren Begierden lenken und tun nur, wozu sie Lust haben. Von den körperlichen Begierden folgen sie vor allem den sexuellen, und auf diesem Gebiet sind sie unfähig, sich zu beherrschen ... Sie sind spontan, begeisterungsfähig und jähzornig und Opfer ihrer eigenen Gefühle."[1011] „Die Charakterzüge der alten Menschen, die die Lebensmitte überschritten haben, stehen in genauem Gegensatz zu denen der

[1007] Andersen, Garten der Rhetorik, S. 28 f; Martin, Antike Rhetorik, S. 9.
[1008] Andersen, Garten der Rhetorik, S. 30 f; Martin, Antike Rhetorik, S. 11.
[1009] Sirks, Juricical rationality, S. 333.
[1010] Aristoteles, Rhet., II 12 ff.
[1011] Aristoteles, Rhet. II 12, 3-5 nach Andersen, Garten der Rhetorik, S. 33.

jungen Leute. Weil sie schon so lange gelebt haben, sind sie schon oft enttäuscht worden und haben oft Fehler gemacht."[1012] In der Rede der Calp. Flac. 37 wird mit dieser Charakterisierung gearbeitet. Ein Vater und ein Sohn unterhielten Liebesbeziehungen zu verschiedenen Dirnen. Der Vater gab dem Sohn Geld, um die vom Vater geliebte Dirne freizukaufen. Der Sohn kam diesem Auftrag aber nicht nach. Er kaufte nämlich die Dirne frei, die er selbst liebte, und wird daraufhin vom Vater enterbt. In der Rede des Sohnes heißt es: *Imparia sunt nobis in amore tormenta: primum quod amor, velis nolis, in senectute frigidor est.* In dieser Sequenz der Rede des Sohnes wird die oben stehende Charakterisierung des Jungen und des Alten aufgegriffen. Dieselbe Charakterisierung taucht auch in der Rede der Quint. Decl. min. CCCLVI und in der Rede der Quint. Decl. min. CCCXXX auf. Auch die Figur des *luxuriosus* basiert größtenteils auf dieser Charakterisierung. Gerade für Gerichtsreden ist es nützlich, ein Bild von den betroffenen Menschen zu zeichnen. Dem Jungen, dem Alten, dem Neureichen, dem Verliebten, dem Betrogenen usw. werden durch die Typisierung charakteristische Verhaltensweisen zugerechnet, die es ermöglichen, bestimmte Handlungsmotive zu konstruieren [1013]

Die Funktion des Zuhörers ist in den Kontroversien die der Entscheidenden (*krites*). Dies weist zwangsläufig auf die Redegattung des *genus iudicale* hin. Während in der antiken griechischen Gesellschaft die deliberative und epideiktische Rhetorik die angeseheneren Gattungen waren, beschäftigten sich die Römer eher mit der forensischen Rhetorik.[1014] Für die forensische Rede ist die Lehre von den Beweismitteln typisch. Beweise haben den Zweck, Zutrauen und Zustimmung zu schaffen. Nach Aristoteles werden die Beweise in fachliche oder kunstmäßige und nicht-fachliche oder nicht-kunstmäßige Beweise (*entechnoi/antechnoi pisteis*) unterteilt.[1015] Dabei können nur die fachlichen oder kunstmäßigen Beweismittel erlernt werden. Zeugen, Verträge, eidesstattliche und erzwungene Erklärungen, z.B. bei Sklaven durch Folter, Beweisstücke, wie eine Waffe oder blutige Kleidung in einem Mordprozess sind nicht-kunstmäßige Beweismittel. Zu den nicht-kunstmäßigen Beweismitteln gehören aber auch Gesetze. Das ist vom heutigen Standpunkt aus ungewöhnlich, da Gesetze als etwas Feststehendes gesehen werden. Vom deliberativen Standpunkt aus lassen sie sich eben so gut instrumentalisieren, wie die Zeugen.

Anhand der Rede der Quint. Decl. mai. I lässt sich die Verwendung der *antechnoi pisteis* besonders gut erkennen. Hier dienen z.B. blutige Handabdrücke als Beweis. Ein Vater hatte einen blinden Sohn und heiratete eine Frau, die nicht die Mutter des Sohnes war. Der Vater, die Stiefmutter und der blinde Sohn sind in einem abgelegenen Teil des Hauses untergebracht. Nachts ist der Vater allein mit der Frau im Schlafzimmer, morgens ist er tot. Das Schwert des Sohnes steckt

---

[1012] Aristoteles, Rhet. II 13 nach Andersen, Garten der Rhetorik, S. 33.

[1013] Aristoteles, Rhet., I 10, 18-I 11, 19 und II 2; Andersen, Garten der Rhetorik, S. 33 f.

[1014] Cicero, De oratore, II 27.

[1015] Martin, Antike Rhetorik, S. 97 - 101; Andersen, Garten der Rhetorik, S. 39 f.

in der Wunde und blutige Handabdrücke sind an den Wänden des *cubiculum* zu sehen. Der Sohn und die Stiefmutter klagen sich wechselseitig des Mordes an. Dass die blutigen Handabdrücke im ersten Augenblick auf die Täterschaft des Sohnes hinweisen, liegt auf der Hand. Er ist blind und musste sich den Weg zu seinem Schlafzimmer, das neben dem der Eltern lag, ertasten. Wären seine Hände durch den Mord mit Blut befleckt gewesen, hätte er dies und seine Spuren nicht sehen können. Dass dieser nicht-kunstmäßige Beweis gegen die Unschuld des Sohnes spricht, bezieht der Redner in seine Rede mit ein: *Relinqua, iudices, nimium suspecta, inprobe adsimulata: spatiosissimus paries et longissimum domus latus habuit notas sanguis, quas reliquisse videtur manus revertentis. ... sanguinem patris usque ad cubiculum suum perduxisse et viam sequentibus reliquisse....palmatus sanguine paries inventus sic est.* Auch ein Dokument, ein anderes nicht-kunstmäßiges Beweismittel, nämlich das Testament, wird hier als Beweis herangezogen: *Iuvenis hic patris sui heres solus est. hoc testamentum si vivente adhuc miserrimo sene notum esse in domo potiut, scitis, quis illi debuerit irasci* oder *ut heredem filium scriberet, non est res quae inputetur.* Obwohl das Testament auf den ersten Blick eher für die Täterschaft des Sohnes spricht, dreht der Redner die Wirkung des Beweismittels um: Würde der einzige Sohn des Mordes überführt werden, wäre er erbunwürdig und die Stiefmutter, die sonst nichts bekommen würde, wäre die Alleinerbin. Auf diese Weise wirkt der Beweis nicht gegen den Sohn, sondern gegen die Stiefmutter.

Die Bedeutung des Zeugenbegriffs ist in der antiken Rede viel weiter gefasst als heute. Nach Aristoteles wird zwischen alten und neuen Zeugen unterschieden.[1016] Alte Zeugen sind Autoritäten, wie Philosophen oder Dichter, aber auch Orakelsprüche und Sprichwörter. Neue Zeugen sind demgegenüber angesehene Männer der Gegenwart oder jüngsten Vergangenheit oder Augenzeugen. Die Augenzeugen werden zwar am niedrigsten eingestuft, weil sie nur bezeugen können, ob etwas tatsächlich geschehen ist, oder nicht. Sie helfen aber nicht dabei, zu beurteilen, wie das Geschehene zu bewerten ist. Wenn jedoch eine Partei Augenzeugen benennen kann, die gegnerische Partei aber nicht, dann hat die Partei mit den Augenzeugen einen erheblichen Vorteil. Sind keine Augenzeugen vorhanden, dann wird nach bestem Wissen und Gewissen nach der Wahrscheinlichkeit geurteilt.[1017] Ein Beispiel für das Anführen eines Philosophen als Zeugen ist in der Rede der Quint. Decl. mai. VI gegeben: (Quint. Decl. mai. VI 9[1018]) *Quod postulavit Cicero etiam ab illo crudelissimo Siciliae tyranno: mors sit extremum.* Es geht im Sachverhalt darum, dass ein Vater von Piraten gefangen genommen wurde und seine Angehörigen um Hilfe bittet. Der Sohn machte sich auf, ihn zu suchen, doch die Mutter wollte nicht, dass der Sohn sie allein ließe, weil sie sich die Augen blind geweint hatte. Der Sohn machte sich trotzdem auf und befreite

---

[1016] Aristoteles, Rhetorik, I 15, 14.
[1017] Andersen, Garten der Rhetorik, S. 40 f; Martin, Antike Rhetorik, S. 97 - 101.
[1018] Die Zeilenangaben und Seitenzahlen beziehen sich im Folgenden auf die im Literaturverzeichnis als Quellen bezeichneten Werke.

den Vater, indem er selbst in den Kerker ging. Der Sohn starb in Felsen, sein Leichnam wurde ins Meer geworfen. Er ist nun an der heimatlichen Küste angespült worden. Der heimgekehrte Vater will ihn begraben, die Mutter ist dagegen. Sie stützt sich auf die Norm, die besagt, dass Kinder, die ihre Eltern in einer Notsituation im Stich lassen, nicht bestattet werden dürfen. Der Redner führt Cicero als Zeugen an, indem er darauf hinweist, dass Cicero den Tod als das Äußerste bezeichnet. Selbst der grausame sizilianische Tyrann (Verres) habe die Toten zur Bestattung frei gegeben. In der Rede der Quint. Decl. min. CCCXXIII wird ein Orakelspruch als Zeugnis eingesetzt: (Quint. Decl. min. CCCXXIII S. 271 Sp. 9) *Oraculum poposcit: quae hic culpa nostra est?* Der Orakelspruch hilft dabei, die Handlungen Alexanders im Krieg mit den Athenern einordnen zu können. Er hatte den Tempel niedergerissen, darauf war die Pest ausgebrochen. Die Pest sollte nicht aufhören bis Alexander ihn wieder errichtet haben würde.

Als angesehener Mann der jüngsten Vergangenheit wird Marius häufig als Zeuge aufgeführt. Marius erscheint ohnehin oft in den Sachverhalten der Kontroversien, aber auch als Zeuge wird er offensichtlich gern herangezogen. So auch in Sen. contr. 1.6 und in Sen. contr. 3.4. Auch der Ausspruch, der sich auf den Tod des Achilles bezieht *quod Priamus gaudere senex post Hectora posset, hoc fuit* und einen antiken Allgemeinplatz darstellt, wird in Sen. contr. 10.4 als Zeugnis angeführt. Augenzeugen können in den Reden nicht angeführt werden, weil die Sachverhalte keine enthalten. Die Redner mussten sich also ohne Augenzeugen behelfen, sie waren auf den Wahrscheinlichkeitsbeweis angewiesen. Einen solchen Wahrscheinlichkeitsbeweis führt Albucius Silus in Sen. contr. 7.1 an: (Sen. contr. 7.1. 2) *A me frater ut viveret non impetravit, ut fugeret non impetravit: nihil aliud impetravit quam ut aliter quam in culleo moreretur. Malam causam habeo, ut inter fratres. Ubi spes? In gubernaculo? Nulla est. In remigio? Ne in hoc quidem est. In comite? Nemo repertus est naufragi comes. In velo? In antemna? Omnia [paene] instrumenta circumcisa sunt, adminiculum spei nullum est. Patri sum excusandus an fratri?* Der Vater wirft dem einen Sohn vor, den Bruder nicht, wie es vom Vater angewiesen wurde, getötet zu haben. Der Sohn hatte seinen Bruder in ein kleines Boot gesetzt, anstatt ihn in einem Sack zu ertränken. Der Bruder hatte überlebt und ist dem Vater später als Pirat begegnet. Durch das Heranziehen der Wahrscheinlichkeit soll der Sohn exkulpiert werden. Der Redner stellt dar, dass es sehr unwahrscheinlich war, dass der Bruder in dem kleinen Boot auf dem Meer überleben würde, der Sohn also im Grunde genommen nicht gegen den Wunsch des Vaters, den Bruder zu Tode zu bringen, gehandelt habe. Es wird deutlich, dass Zeugen in den Kontroversien des Prinzipats nicht die Funktion von Tatsachenlieferanten, sondern die von Bewertungshilfen erfüllen.

Die *entechnoi pisteis* sind *ethos*, *pathos* und *logos*. *Ethos* beschreibt den Charakter des Redners. Im Lateinischen gibt es kein Wort für *ethos*, es wird oft mit *mores* übersetzt.[1019] *Ethos* ist für das *delectare* ebenso wichtig, wie die untechnischen Beweismittel. In kleineren Orten, wo jeder jeden kannte, war es leichter,

---

[1019] Andersen, Garten der Rhetorik, S. 41ff.

den Zuhörern das *ethos* des Redners zu vermitteln, weil dieser den Zuhörern ohnehin bekannt war. In Rom, einer Großstadt, musste es der Redner in der Rede an sich bewerkstelligen, sich oder seinen Mandanten als guten Bürger vorzustellen. Der Redner muss seine moralische Persönlichkeit mit Hilfe des Wortes aufbauen.[1020] So bringt der Redner, der in Quint. Decl. mai. VI für den Vater redet, dessen missliche und tragische Lage zum Ausdruck. Er steigert die Beschreibung langsam, indem er die Vorkommnisse im Leben des Vaters nach der Intensität der durch sie hervorgerufenen Schmerzen ordnet und die schmerzvollste Erfahrung an das Ende der Schilderung setzt. Zuerst bringt der Redner die Gefangennahme durch die Piraten, das Legen in Ketten vor, dann die Gefangennahme des Sohnes, um den Vater zu retten, den Tod des Sohnes in Ketten, dessen Nichtbestattung, dann die Weigerung der Mutter, den durch das Meer angespülten Leichnam zu bestatten. Der Zuhörer lernt dadurch den Vater als einen gebrochenen Mann kennen, der nichts anderes will als seinen Sohn, der sich doch für ihn geopfert hat, zu bestatten,: *Quid enim passus sum tam leve, ut non comparatio mei felices aliorum etiam miserias faciat? Grave est a piratis alligari, magis dicat hoc, qui sciat, quam cito capti moriantur: alligatus sum, sed tamen miser magis queror, quod solutus sum.* Zu dieser Technik gehört es auch, dass der Redner fiktiv eine Person einführt, durch die er selbst spricht.[1021] In Quint. Decl. mai. VI führt der Redner die Passanten an, die den Leichnam des Sohnes, der ungeschützt am Strand verwest, bemitleiden, um durch sie zu reden: (Quint. Decl. mai. VI 3) *Deflent omnes homines, dolent; plurimorum tamen illa vox est: „iuvenis insepultus iacet miser, nec patrem habet fortasse nec matrem."* Diese rhetorische Figur wird mit *ethopoiia* bezeichnet[1022] und taucht in den Kontroversien häufig auf.

Pathos lässt sich im Lateinischen übersetzen mit *affectus*. Damit sind starke Gefühle gemeint, auf die der Redner anspielt, um die Zuhörer zu beeinflussen. Um durch Worte Gefühle bei den Zuhörern erregen zu können, muss der Redner die Gefühlsregungen als solche kennen.[1023] Dabei muss er nach Aristoteles drei Dinge beachten: Wie ist die Grundstimmung, aus der heraus ein Gefühl entsteht, worauf richtet sich das Gefühl und wodurch wird es geweckt?[1024] So ist die Erregung bestimmter Gefühle für bestimmte Situationen besonders günstig. Für die Anklage vor Gericht ist die Erregung von Zorn wichtig, für die Verteidigung ist das Erregen von Mitleid nützlich.[1025] Das Erwecken dieser beiden Gefühle wird in Calp. Flac. 4 deutlich. Die Kontroversie enthält Rede und Gegenrede. Die Norm besagt, dass eine Person, die *parricidium* begangen hat, für ein Jahr eingesperrt werden solle. Ein Mann war wegen *parricidium* verurteilt worden. Sein Vater will ihn zu Hause in Haft nehmen, der Sohn will aber lieber im staatlichen

---

[1020] Andersen, Garten der Rhetorik, S. 40 ff; Martin, Antike Rhetorik, S. 101 ff.
[1021] Andersen, Garten der Rhetorik, S. 41ff.
[1022] Andersen, Garten der Rhetorik, S. 41ff.
[1023] Andersen, Garten der Rhetorik, S. 43.
[1024] Aristoteles, Rhet., II 1, 9.
[1025] Andersen, Garten der Rhetorik, S. 45.

Gefängnis bleiben. In der Rede, mit der der Sohn verteidigt wird und vor der Haft im väterlichen Haus bewahrt werden soll, wird Mitleid erregt. Zu diesem Zweck stellt der Redner die Verhältnisse im staatlichen Kerker anschaulich dar: *Video carcerem publicum, saxis ingentibus structum, angustis foraminibus tenuem lucis umbram recipientem. In huc rei abiecti robur Tullianumque prospiciunt, et, quotiens iacentes ferrati postis stridor excitat, exanimantur, et alienum supplicium [ex]spectando suum discunt. Sonant verbera, cibus recusantibus spurca manu carnificis ingeritur. Sedet iantior inexorabili pectore, qui matre flente siccos teneat oculos. Inluvies corpus exasperat, manum catenae premunt.*

In der Rede des Vaters ist der Zorn das maßgebliche Element. Dies wird besonders durch den Ausruf *parricida* deutlich. Mit dem Hinweis darauf, dass der Verurteilte weder seine Taten bereue, noch dass er seinen Vater ehre, sondern im Gegenteil im öffentlichen Kerker bleiben wolle, um sich nicht mit seiner Tat auseinandersetzen zu müssen, muss ein römisches Publikum, dass die Ehrung der Vorfahren als sehr wichtig erachtet, zornig stimmen. (*Egone secretum isti conscientia dabo et ibi te patiar includi ubi non erubescas? Dignus es, parricida, dignus es videre patrem, si tam grave putas vel carcem malis.*)

Cicero hat beim Arbeiten mit *pathos* bestimmte Punkte (*loci misericordiae*) im Blick, durch die Mitleid erregt werden kann[1026]: Der Redner kann die unglückliche Situation des Angeklagten mit der zuvor vergleichen, er kann die unglückliche Lage in allen Einzelheiten ausmalen und er kann betonen, dass das Unglück ganz plötzlich hereingebrochen ist. Diese Techniken greift der Redner beispielsweise in Sen. contr. 3.1 auf. Es geht in diesem Fall darum, dass eine Gruppe von Jugendlichen ihre Vermögen aufgebraucht haben und dem Vorhaben nachgehen, einen von ihnen zu blenden, um die staatliche Zahlung für Blinde untereinander aufzuteilen. Dem Geblendeten wird diese Zuwendung verweigert. Der Redner weist auf den Verlust des Augenlichts hin und darauf, dass der Geblendete von seinen Freunden überrumpelt wurde.

Der Redner kann aber auch ganze Szenen aufführen lassen, in denen der Angeklagte sein kleines Kind auf dem Arm hält und die Angehörigen weinen. Den Deklamationen kann diese Methode natürlich nicht entnommen werden, obgleich sie sehr beliebt gewesen sein soll.[1027]

Den Gipfel dieser *loci misericordiae* bildet die rhetorische Figur der *energeia* (*illustratio*, *evidentia*). Dabei wird das Geschehen gleichsam wirklichkeitsgetreu vor dem inneren Auge des Zuhörers aber auch des Redners entwickelt. Der Redner identifiziert sich völlig mit der Person, von der er spricht, er sieht z.B. als Ankläger in einem Mordprozess alle Umstände vor sich, die vermutlich geschehen sind.[1028] Diese Figur ist in Sen. contr. 2.5 von Porcius Latro besonders geschickt entwickelt. Er verteidigt eine Frau, die von einem Tyrannen gefoltert wurde, um Auskünfte über ihren Ehemann zu erhalten. Sie hat die Tortur ertragen und ge-

[1026] Cicero, De oratore, II 209.
[1027] Jehne, Rednertätigkeiten und Statusdissonanzen, S. 174.
[1028] Quintilian, Institutio oratoria, VI 2, 31.

schwiegen. Weil sie auch fünf Jahre nach der Hochzeit noch kein Kind geboren hat, wird sie von ihrem Ehemann verstoßen. Sie klagt ihn mit der *actio ingrati* an. Latro identifiziert sich in der Rede so mit der Frau, dass er einen fiktiven Dialog zwischen der Frau und ihrem Mann entwickelt. Er empfindet ihre Angst, in einer Tyrannei ein Kind zur Welt zu bringen, das vielleicht eines Tages mit ihr gefoltert werden würde. Zudem bringt er ihr Unverständnis darüber zum Ausdruck, dass ihr Mann den Tyrannen nicht umbringt. Dadurch setzt er den Ehemann geschickt in die Verantwortung für ihre Kinderlosigkeit. Auch in Quint. Decl. mai. VI (22) wird mit *energeia* gearbeitet: Der Vater malt den Tod seines Sohnes überaus anschaulich aus. *Nemo aegra vincla laxavit, nemo manus ferro sordidas ad accipiendos remisit cibos. ... inter tot ardentissima febrium desidera non habuisti quem posceres.* In dieser rhetorischen Figur manifestiert sich der Unterschied zwischen der antiken und der gegenwärtigen Überzeugung bezüglich des Gewinnens von Erkenntnissen am deutlichsten. Heute wird der Erkenntnisgewinn nur aus der Vernunft geschöpft, während in der Antike auch den Gefühlen ein Erkenntniswert zugesprochen wird. Nicht ohne Grund bedeutet *sentire* denken **und** fühlen. Daher ist auch die Hauptaufgabe der Gerichtsrede das *movere*.

Die Deklamation ist „die Übung, eine Rede vor jemandem vorzutragen“[1029]. Sie greift alle elementaren rhetorischen Vorübungen auf und ist verglichen mit allen anderen Übungsstufen der Wirklichkeit am nächsten.[1030] Anhand der Deklamation kann der Lehrer prüfen, ob der Schüler die fünf Phasen des Arbeitsprozesses zutreffend bewältigen kann. Sie bestehen darin, den Stoff zu finden (*inventio*), den Stoff zu ordnen (*dispositio*, *adlocatio*), ihn auszudrücken (*elocutio*), ihn sich einzuprägen (*memoria*) und ihn vorzutragen (*actio*, *pronuntiantio*). Dadurch erfüllt die Rhetorik als Bestandteil der antiken Ausbildung die Aufgabe, den Menschen zu systematisieren und hilft ihm dadurch, das, was er spontan tun würde, besser tun zu können.[1031]

Bezüglich der Gliederung der Rede muss der Redner das *exordium* dazu verwenden, mit dem Publikum in Kontakt zu kommen. So ist es in der Gerichtsrede besonders zweckmäßig, den Gegner verdächtig zu machen und von den Verdächtigungen, die die eigene Partei treffen könnten, abzulenken.[1032] Besonders ergiebig ist es dabei, wenn der Redner ausmalt, wie bequem und luxuriös der Gegner lebt, dann nämlich stellt er ihn als Gegenbild dessen dar, was aufgrund der *mores maiorum* von einem Römer erwartet wird. Dies geschieht besonders eindrucksvoll in Sen. contr. 2.6. Ein Vater beginnt verschwenderisch zu werden. Sein Sohn ist ebenfalls ein Verschwender. Der Sohn klagt den Vater mit der *actio dementiae* an. Zu Beginn der Rede des Sohnes wird ausschließlich auf die Verschwendungssucht des Vaters eingegangen, die eigene Verschwendungssucht, durch die noch nicht einmal das eigene Geld, sondern das des Vaters ausgegeben wird,

---

[1029] Andersen, Garten der Rhetorik, S. 249 f.
[1030] Andersen, Garten der Rhetorik, S. 259 f.; Quintilian, Institutio oratoria, II 10, 2.
[1031] Andersen, Garten der Rhetorik, S. 50.
[1032] Martin, Antike Rhetorik, S. 25 f.

wird nur kurz erwähnt. Außerdem wird der Tadel des Vaters hier geschickt in vermeintliches Lob verpackt: *A laudibus patris incipiam. Fuit hic adulescens temperatissimus, et lubricum tempus sine infamia transit; duxit uxorem, filium sustulit, ad aetatem perduxit. Iam senex factus est, nisi quod sibi nondum videtur; <in> luxuriam usque eo se proiecit ut accusem. Senex amans, senex ebrius, circumdatus sertis et delibutus unguentis et in praeteritos annos se retro agens et valdius in voluptatibus quam iuvenis exultans, nonne portentum est? Luxuriosus adulescens peccat; at senex luxuriosus insanit; aetas exhaurit <virtutes>: vitia lasciviunt.*

Bei der Darstellung des Sachverhalts ist es nützlich, die Zuhörer um Rat zu fragen und sie so an den Überlegung teilhaben zu lassen. Rhetorische Fragen sind dafür besonders geeignet.[1033] Die Deklamationen sind voll von rhetorischen Fragen. Der Redner erwartet dabei keine reale Antwort, will aber das Interesse der Zuhörer gewinnen. Durch die Frage *creditis, iudices, quod filio meo bene inimicus velit, pater nolit* aus Calp. Flac. 36 versucht der Vater beispielsweise die Verbindung zwischen ihm und den Richtern, die in diesem Fall die Zuhörer sind, herzustellen. Der Vater wendet sich in seiner Rede dagegen, dass sein desertierter Sohn der Sklave des Feldherrn sein soll, der sein Feind ist. Er erbittet vielmehr als Belohnung für seine tapferen Taten die Exekution seines Sohnes. Aus der Figur der rhetorischen Frage lässt sich erkennen, dass rhetorische Kommunikation insgesamt darauf abzielt, die Zuhörer zu Disskussionspartnern zu machen.[1034]

Bei der Schilderung des Sachverhalts muss es laut Quintilian den Anschein haben, als erzähle der Redner die Wahrheit.[1035] Der Schluss der Rede muss die Wiederholung der Hauptpunkte der Rede und einen Appell an die Gefühle enthalten.[1036] Geradezu schulmäßig wird dies in der Rede der Quint. Decl. min. CCLXII beachtet. Jemand, der eine Ehefrau hatte, hatte eine Jungfrau geraubt. Die Geraubte wählte die Ehe mit dem Räuber. Der Räuber verstößt darauf seine Ehefrau. Die Ehefrau prozessiert wegen ungerechtferigter Verstoßung. Der Redner vertritt die Ehefrau. Er wiederholt am Ende der Rede sein Hauptargument: Würde die Wahl der Ehe durch die Geraubte eine Verstoßung der Ehefrau legitimieren, würde der Ehemann für seine schlechte Tat noch belohnt. Er kleidet dies ein in einen Appell an die Richter: *Praeter haec illud quoque, iudices, intueri oportebit, quo<modo> maximorum istum criminum aliqua tamen vindicta contingat. per se indignum erat, raptorem inpune fecisse; indignum erat, iniuste repudiatam esse uxorem: utrique crimini una poena erit, levis quidem. et sane habeat hoc lucrum magna nequitia, quod non fere puniri pro meritis potest. ab illa quidem rapta vindicabi nos ipsa.*

[1033] Andersen, Garten der Rhetorik, S. 55 ff.
[1034] Andersen, Garten der Rhetorik, S. 56.
[1035] Quintilian, Institutio oratoria, IV 2, 38.
[1036] Aristoteles, Rhet., III 19.

Außerdem ist es unerlässlich, dass der Redner selbst versteht, worüber er redet. Wenn dies nicht der Fall ist, so Cicero[1037], wird die Rede keine Aussicht auf Erfolg haben. So ist es bei Gerichtsreden unerlässlich, dass der Redner über die für die Rede interessanten juristischen Aspekte Bescheid weiß und mit dem Recht umgehen kann. Ein Redner zeigt dies z.B. durch folgende Formulierung in Quint. Decl. mai. VI: *Omnis nobis in hac prius causa, iudices, de scripto et intellectu legis contentio est, utrum verborum ambiguitate an voluntatis fide standum sit.*
Wenn die Rede dann sprachlich ausgearbeitet wird, kommt es besonders auf die Korrektheit der Sprache, die Klarheit und die Angemessenheit an. Angemessenheit bedeutet in diesem Zusammenhang, dass der Redner nicht nur bei der Frage, was er sagt, beachtet, was sich gehört, sondern auch bei der Frage, wie er es ausdrückt.[1038] Der Redner darf dabei nicht „er selbst sein", sondern muss sich der Situation adäquat benehmen.[1039] Die Redner treten in den Kontroversien als Advokaten auf, sie müssen sich in allen Fällen mit der Person ihres Auftraggebers identifizieren.
Eine weitere Anforderung an die Ausformung der Rede ist, dass sie ausgeschmückt sein soll. Dieser Schmuck ist in dem Sinne zu verstehen, dass die Rede stilistisch gut ausgearbeitet und ausgerüstet sein soll. In der gegenwärtigen Literatur wird diese Anforderung oft fälschlicherweise mit einer Übertreibung und Überfrachtung der Worte gleichgesetzt. Im antiken Verständnis kann jedoch niemals etwas schön sein, das nicht gleichzeitig nützlich ist.[1040] Für einen nutzlosen Schmuck (*ornatus*) ist die antike Gesellschaft zu pragmatisch ausgerichtet. Für diese Ausschmückung der Rede vermittelt die Rhetorik einige Vorschläge. Sie betreffen hauptsächlich drei Bereiche: Die Wortwahl, die rhythmische und klangliche Gliederung und die Figuren.
Bei der Wortwahl können z.B. Archaismen, veraltete Wörter oder auch Neologismen, Neubildungen, verwendet werden. Bei Wortverbindungen soll auf die Reihenfolge geachtet werden. Der Zusammenstoß von zwei Vokalen soll genauso vermieden werden, wie der Zusammenstoß von mehreren Konsonanten. Besonders bedeutend im Bereich der Wortwahl ist die Figurenlehre.

a) Rhetorische Figurenlehre

Die rhetorische Figurenlehre bezieht sich auf Ausdrucksmöglichkeiten, die von der gewöhnlichen Formulierung abweichen. Die *figura* wird mit Hilfe von Tropen erzeugt. Der *tropus* ist das grundlegende Element, durch das dem auszudrückenden Gedanken eine bestimmte Wendung verliehen wird.[1041] Quintilian definiert die Trope folgendermaßen: „Eine Trope ist die Wendung einer Redeweise von

[1037] Cicero, De oratore, I 48.
[1038] Cicero, De oratore, 70-71.
[1039] Aristoteles, Rhet., II 21, 9; Andersen, Garten der Rhetorik, S. 69.
[1040] Cicero, De oratore, VIII 3, 11.
[1041] Martin, Antike Rhetorik, S. 270-275; Andersen, Garten der Rhetorik, S. 70-74.

dem Gebiet, in das sie gehört, in das Gebiet, in das sie nicht gehört".[1042] Mit anderen Worten sind Tropen „Worte und Ausdrücke, die statt der eigentlichen, normalen oder näherliegenden Äußerung gebraucht werden"[1043]. Obwohl Quintilian drei Prinzipien erkennt, mit Hilfe derer die Flut der Tropen geordnet werden kann, nämlich Gleichheit, Nähe und Gegensatz,[1044] werden auch andere Ordnungsmöglichkeiten vertreten. Andersen[1045] beispielsweise tritt für folgendes Kriterium ein: Er ordnet nach dem Abstand vom „eigentlichen Wort". So bleibe beispielsweise die Umschreibung dem Ausgangspunkt am nächsten.

Umschreibungen sind das Synonym, die Periphrase, der Euphemismus, die Litotes und Antiphrase.[1046] Ein Beispiel für die Verwendung eines Synonyms aus den Kontroversien des Prinzipats ist die Verwendung des Wortes *denuntiatio* für *divinatio* in der Rede des Vaters in Calp. Flac. 40. Er klagt seine Frau der Giftmischerei an, weil seine Tochter mit zweifelhaften Symptomen gestorben ist, nachdem seine Ehefrau geäußert hat, dass die Tochter sterben würde bevor sie heiratete. (*O impiam divinationem vel potius denuntiationem!*) Eine Periphrase verwendet der Vater des verstorbenen Sohnes in Quint. Decl. mai. VI, der den Begriff der Bestattung mit „das letzte Feuer" (*ignis ultimus*) umschreibt. Eine weitere Periphrase ist der Charakter der Mutter, die sich die Augen blind weint (s. Kap. II.2).

Der Nebensinn macht einen größeren Abstand vom eigentlichen Ausdruck deutlich, wobei aber die Verbindung mit Hilfe von Assoziation, Verallgemeinerung oder Verstärkung aufrecht erhalten wird. Beispiele für diese Gruppe sind: Synekdoche (auch durch das Prinzip *pars pro toto* bekannt), Antonomasie, Emphase und Hyperbel.[1047] Die Synekdoche wird z.B. in Sen. contr. 8.4 verwendet. In der *pars altera* spricht der Redner von *manus quae sepeliant eum quem occiderunt suae*, meint damit aber natürlich die ganze Person des Selbstmörders, dem die Bestattung versagt werden soll, und nicht nur dessen Hände. Die Antonomasie wird in der Rede des Vaters in Quint. Decl. mai. VI (119, 9) verwendet, mit der er erreichen will, dass der Leichnam seines Sohn bestattet werden darf. Er spricht von *ab illo crudelissimo Siciliae tyranno* und meint damit Verres. Eine Emphase verwendet der Redner in Quint. Decl. min. CCLXII (S. 73 Z. 9f.)[1048]. Er bezeichnet die Verteidigung des Gegners als „vorzüglich" (*egregia hercule defensio*). Tatsächlich ist er natürlich der gegenteiligen Meinung und verleiht den Worten allein durch ihre Betonung eine andere Aussage, als diesen wörtlich zu entnehmen wäre.

[1042] Quintilian, Institutio oratoria, IX, 1, 4.
[1043] Andersen, Garten der Rhetorik, S. 74.
[1044] Quintilian, Institutio oratoria.
[1045] Andersen, Garten der Rhetorik, S. 74 ff.
[1046] Andersen, Garten der Rhetorik, S. 74.
[1047] Andersen, Garten der Rhetorik, S. 74.
[1048] Ritter, Declamationes.

Bei einer weiteren Gruppe, der Metonymie, wird der Bezug nicht durch die Überlappung der Bedeutung hergestellt, sondern durch die Nähe.[1049] So steht das eheliche Bett (*torus geniali*) für die sexuelle Beziehung der Eheleute (Quint. Decl. min. CCLXII, S. 73, Z. 14)[1050].
Der weiteste Abstand zum eigentlichen Ausdruck liegt in der Übertragung (*methaphora* oder *translatio*). Hier wird unterschieden zwischen der Metapher und der Katachrese, die eine notwendige Metapher ist.[1051] Die Metapher gehört auch in den Bereich des Vergleichs.[1052] Quintilian erkennt drei Funktionen der Metaphern; sie werden notwendigerweise verwendet, weil kein Wort dafür existiert, weil etwas kräftiger ausgedrückt werden soll oder weil die Rede ausgeschmückt werden soll.[1053] Die Metapher hat dabei auch ein belehrendes Element. Metaphern zu bilden, wird als intellektuelle Leistung verstanden, ihr Gebrauch nimmt der Sprache die Banalität.[1054] Sind mehrere Metaphern aneinander gereiht, dann entsteht eine *allegoria*. Mit der Allegorie wird etwas anderes gesagt als gemeint wird und dennoch wird der Redner verstanden. So wird in der Rede der Quint. Decl. mai. V (1) vom trauernden Vater gesagt, dass ihm, die Kinderlosigkeit an den Strand gespült wurde (*...et aliud agenti patri subito ad litus orbitas appulsa est ...*), gemeint ist damit natürlich der tote Sohn. Die Ironie ist eng mit der Allegorie verwandt.[1055]
Die Rhetorik macht aber noch eine andere Einteilung, nämlich in Wort- und Gedankenfiguren. Die Wortfiguren lassen sich mittels des Kriteriums der Bildung der Figur in drei Gruppen einteilen: Die erste Gruppe ist die Hinzufügung (*adiectio*). In dieser Gruppe lassen sich wiederum drei Untergruppen bilden. Der Klang ist in der ersten Untergruppe das entscheidende Element. Zu dieser Untergruppe gehört z.B. die Paronomasie, das ist ein Wortspiel, das sich aus der Klangähnlichkeit oder Klanggleichheit von Worten ergibt oder die *figura etymologica*, das *homoioteleuton*, das ist die Endungsgleichheit zweier oder mehrerer Wörter, Sätze oder Abschnitte.[1056] Ein *homoioteleuton* wird z.B. in Sen. contr. 1.2 verwendet: *Ubi adhuc fuisti? Discede, ignota es. Ubi adhuc non fuisti? discede, nimium nota es.*
Das Wort ist in der zweiten Gruppe das wesentliche Mittel. Hierher gehört die *geminatio*, das ist die Wiederholung des gleichen Wortes, die *anadiplosis*, d.h. das letzte Wort einer Satzreihe kehrt als erstes wieder, die Anapher und die Epipher.[1057] Ein Beispiel liefert wiederum Sen. contr. 1.2 (13): *An lege prohibeatur, in haec duo divisti: an casta sit, an pura sit. An casta sit, in haec divisti: utrum*

1049 Andersen, Garten der Rhetorik, S. 74.
1050 Ritter, Declamationes.
1051 Andsersen, Garten der Rhetorik, S. 75.
1052 Andersen, Garten der Rhetorik, S. 76.
1053 Quintilian, Institutio oratoria, VIII, 6, 4-7.
1054 Andersen, Garten der Rhetotik, S. 78.
1055 Andersen, Garten der Rhetorik, S. 75.
1056 Andersen, Garten der Rhetorik, S. 79.
1057 Andersen, Garten der Rhetorik, S. 79.

castitas tantum ad virginitatem referatur an ad omnium turpium et obscenarum rerum abstinentiam.
Bei der dritten Gruppe schaffen klangliche und wörtliche Wiederholungen in Verbindung mit der Bedeutungsgleichheit die Figur. Beispiele für diese Gruppe sind das Hendiadyoin, d.h. ein Wort durch zwei ausgedrückt, die *distributio*, das ist die Teilung des Allgemeinen in seine Einzelheiten, die *congeries*, das ist eine Reihe von Synonymen und die Klimax, das ist die Steigerung des Ausdrucks.[1058] Eine Klimax, die nur durch die juristische Bedeutung der Worte entsteht ist z.B.: *Quam non accepimus, non consumpsimus, non in ullum rerum nostrarum usum convertimus* (Quint. Decl. min. CCLXXIII S. 117 Z. 19f.).
Die zweite Großgruppe ist die Auslassung (*detractio*). Beispiele dafür sind die Ellipse, eine Aussage, die entweder syntaktisch oder logisch unvollständig ist, das Asyndeton, die unverbundene Satzreihe oder das Zeugma, bei dem mehrere Gedanken auf ein Verb bezogen sind.[1059] Als Elipse kann *quid, si noverca?* Aus Quint. Decl. mai. I (7) gelten. Dies ist jedoch nur eingeschränkt festzustellen, da das Verb besonders in Fragen im Lateinischen ohnehin oft weggelassen wird.
Die dritte Gruppe bildet die Umstellung (*transmutatio*), z.B. der Chiasmus, die Kreuzstellung, das *hysteron proteron*, das die natürliche zeitliche Abfolge durch eine künstliche ersetzt, indem das spätere zuerst genannt wird, oder das Hyperbaton, das dadurch gebildet wird, dass die normale Abfolge durch Umsetzen eines Wortes verändert wird,[1060] wie z.B. in Calp. Flac. 36, in der die gesamte Rede chiastisch aufgebaut ist. Die Stellung des ersten und des letzten Satzes der kurzen Rede stehen sich als Chiasmus gegenüber (*filium meum si liberare non licet, saltem liceat occidere/ fac hoc saltem quasi meus filius*).
Die Bildung der Gedankenfiguren ist nicht sehr von der Reihenfolge der Worte abhängig, weil sich die Figuren auf den Inhalt beziehen. Sie lassen sich ebenfalls in drei Gruppen untergliedern. Das gemeinsame Kriterium der ersten Gruppe ist die Syntax, d.h. die Figuren entstehen durch Änderung der erwarteten Satzform, z.B. die rhetorische Frage, die keine echte Frage ist, sondern eine Form der Behauptung oder der Ausruf.[1061] Einige der zahlreichen Beispiele für rhetorische Fragen in den Deklamationen des neueren Typs wurden bereits oben angegeben.
Bei der zweiten Gruppe spielt der Redner mit der Semantik. Dies geschieht z.B. durch Zuspitzung oder Verdeutlichung des Meinungsinhalts, wie bei der Antithese oder die Selbstkorrektur.[1062] Die Figur kann aber auch durch eine scheinbare Verneinung oder Abschwächung des Sachverhalts erfolgen, wie z.B. die betonte Auslassung oder *praeteritio*, wenn der Redner sagt er wolle etwas nicht erwähnen, er es dann aber sehr ausführlich erwähnt, oder das Verschweigen oder die Apsiopese, wenn der Redner seine Rede abrupt abbricht und sich die Zuhörer den

---

[1058] Andersen, Garten der Rhetorik, S. 80 ff.
[1059] Andersen, Garten der Rhetorik, S. 80.
[1060] Andersen, Garten der Rhetorik, S. 80.
[1061] Andersen, Garten der Rhetorik, S. 80.
[1062] Andersen, Garten der Rhetorik, S. 81.

Fortlauf ergänzen müssen.[1063] In der dritten Gruppe entstehen die Figuren dadurch, dass der Redner die Gruppe der Zuhörer vergrößert. Der Redner kann durch die Apostrophe eine fiktive Zuhörergruppe einfügen, er kann mittels der Ethopoie (Charaktergestaltung) oder der Mimesis (Nachahmung) historische oder mythologische Personen in der Rede auftreten lassen[1064], wie z.B. in Quint. Decl. mai. VI die Götter, die sich für den Angeklagten, hier den toten Sohn, einsetzen.

b) Antike Stillehre

Die antike Stillehre macht keinen Unterschied zwischen Prosa und rhetorischer Prosa. Theophrast hat die Stillehre an die Lehre des Aristoteles von den drei Stilarten angeknüpft. In der Antike wurden drei Stilarten anhand der Kriterien Wortwahl, Gebrauch der Figuren und Syntax gebildet.[1065] Es entsteht ein schlichter, ein mittlerer und ein hoher Stil. Der Redner muss die Stilart einsetzen, die dem entspricht, was er erreichen will. Bei der Beweisführung wird der schlichte Stil, bei der Unterhaltung der mittlere Stil und bei der Beeinflussung der hohe angewendet.[1066] Während Cicero und Quintilian die Lehre der drei Stilarten vertreten[1067], gibt es eine andere Richtung, die davon ausgeht, dass es nur einen Stil gibt. Dieser eine Stil enthält mehrere Eigenschaften. Daraus resultiert die Lehre von den Stilqualitäten, die von den griechischen Rhetorikern in der römischen Kaiserzeit entwickelt[1068] und von Hermogenes in *Peri ideon* (ca. 200 n.Chr.) manifestiert wurde. An diesem Punkt der rhetorischen Lehre setzt auch die Auseinandersetzung zwischen Asianern und Attikern, den Verfechtern zweier unterschiedlicher Stilrichtungen ein. Mit Asianismus wird ein üppiger Redestil bezeichnet, also der, den man sich heute gemeinhin als Rhetorik vorstellt. Er wurde in den griechischen Schulen des dritten Jahrhunderts vor Christus in Kleinasien entwickelt. Der Asianismus hatte schon in der Antike einen negativen Beigeschmack. Die schwülstige Redeweise wurde als nicht prägnant und weitschweifig bezeichnet.[1069] Die Attiker verstanden sich demgegenüber als Vertreter des Stils, den die klassische Redekunst im vierten Jahrhundert vor Christus hatte. Ihr Stil war geprägt durch sprachlichen Purismus und Archaismus. Nicht nur die griechischen, sondern auch römische Rhetoren teilten sich in Asianer und Attiker. Es gehörte zum guten Ton, dass ein Redner entweder die eine oder die andere Richtung vertrat.[1070] Cicero und Quintilian waren Attiker.[1071] Auch an diesem Punkt gilt, was für die gesamte antike Rhetorik maßgeblich ist, „nichts lag fest, aber

[1063] Andersen, Garten der Rhetorik, S. 81.
[1064] Andersen, Garten der Rhetorik, S. 81.
[1065] Durch Tacitus, Dialogus de oratoribus, Rhetorik an Herennius.
[1066] Andersen, Garten der Rhetorik, S. 84 - 89.
[1067] Cicero, De oratore III 100; Quintilian, Institutio oratoria, XII 10, 69- 71.
[1068] Andersen, Garten der Rhetorik, S. 89 ff.
[1069] Cicero, Korrespondenz mit Brutus 51.
[1070] Tacitus, Dialogus de oratoribus 18,5.
[1071] Cicero, Korrespondenz mit Brutus 167; Quintilian, Institutio oratoria XII 10, 27 - 37.

alles folgte einem Kanon"[1072]. Senecas Kontroversien, die *Declamationes minores* und die Kontroversien des Calpurnius Flaccus orientieren sich am attischen Stil. Die *Declamationes maiores* fallen als einzige Sammlung der Kontroversien des neueren Typs aus diesem Rahmen. Die Ausdrucksweise ist ornamentaler als die der anderen drei Sammlungen.

c) Rhetorische Argumentationstechnik

Die rhetorische Argumentationstechnik basiert vor allem darauf, dass sich der Redner bei denen, die er überzeugen möchte, vertrauenswürdig machen will. Die Argumente werden daher vorwiegend aus Aspekten abgeleitet. Diese liegen entweder in dem Gegenstand selbst oder werden von außen an die Sache heran getragen.[1073] Um mit den Argumenten umgehen zu können, ist nicht nur die formale Schulung, sondern auch Sachkenntnis nötig. Der zentrale Begriff der rhetorischen Argumentationstheorie heißt *eikos*, die Wahrscheinlichkeit oder Glaubhaftigkeit. Es wird davon ausgegangen, dass sich das, was wahrscheinlich ist, aus der menschlichen Lebenserfahrung ergibt. Durch die Beobachtung, wie Furcht, Freude, Sehnsucht, Schmerz, Gier, Habsucht oder Verachtung auf den Menschen einwirken und das Handeln beeinflussen, können Menschen die Handlungen anderer verstehen. Daher stimmen die Zuhörer dem zu, was wahrscheinlich ist. Der Redner muss darauf hinwirken, dass die Zuhörer über den Gegenstand der Rede genauso denken wie er. Um die Zustimmung der Zuhörer zu erlangen, genügt es aber nicht, dass etwas möglich erscheint, es muss sich auch in einem größeren Zusammenhang als wahrscheinlich erweisen können.[1074] Nach Aristoteles ist das Wahrscheinliche das, was am glaubwürdigsten ist,[1075] weil ja der Zuhörer die Aspekte immer mit seiner eigenen Lebenserfahrung vergleicht. Er hält diese für um so glaubwürdiger, je näher sie seiner Erfahrung sind.[1076] Quintilian unterscheidet drei Grade der Glaubhaftigkeit[1077]: Der erste Grad ist der Grad der stärksten Glaubhaftigkeit, weil es fast immer Gültigkeit hat, wie z.B. dass Eltern ihre Kinder lieben. Der zweite Grad ist etwas weniger wahrscheinlich; als Beispiel kann hier angebracht werden, dass derjenige, der heute gesund ist, den morgigen Tag noch erleben wird. Der dritte Grad betrifft das, was lediglich unwidersprochen gilt, z.B. dass ein Diebstahl in einem Haus von einem verübt wurde, der zum Haushalt gehört. Diesen Wahrscheinlichkeitsschlüssen begegnet man häufig in Rechtsangelegenheiten[1078], so auch in den Kontroversien des Prinzipats. Ist es z.B. glaubhaft, dass ein Bruder einen anderen töten wollte, nur weil es der Vater bestimmt hatte (Sen. contr. 7.1. (1))? Ist es glaubhaft, dass ein blinder Sohn sei-

---

[1072] Andersen, Garten der Rhetorik, S. 93.
[1073] Cicero, De oratore, II 163.
[1074] Andersen, Garten der Rhetorik, S. 140 - 143.
[1075] Arist., Rhet., I 2, 15.
[1076] Andersen, Garten der Rhetorik, S. 140 - 143.
[1077] Quintilian, Institutio oratoria, V 10, 16.
[1078] Andersen, Garten der Rhetorik, S. 142.

nen eigenen Vater wegen Geldes tötet (*caecus infelix patrem occidit?*/Quint. Decl. mai. I. (6))? Oder ist es nicht wahrscheinlicher, dass die Stiefmutter den Vater getötet hat (Quint. Decl. mai. I (7))?

Dialektik und Rhetorik sind eng miteinander verwandt, weil sich die Rhetorik der Dialektik als Arbeitsmethode bedient. Dialektik besteht (einfach gesagt) darin, Probleme allgemeinen Begriffen unterzuordnen und andererseits zusammengesetzte Phänomene in ihre Bestandteile aufzulösen. Die Dialektik enthält also die Begriffsanalyse und ist eine Methode, die eigentlich nur im Dialog entstehen kann. Daher kann von einem Redner nur erwartet werden, dass er dialektisch denkt, d.h. seine Rede dialektisch aufbaut. Der Redner kann die Dialektik demnach bei seinem Bemühen um Erkenntnis als Methode anwenden. Der Syllogismus ist ein Beispiel für dialektisches Vorgehen.[1079] Quintilian und Cicero unterwarfen sich regelrecht der Dialektik.[1080] Die Dialektik tritt besonders deutlich in der juristischen Argumentation hervor. Der Redner muss die Dialektik beherrschen, die Bedeutung eines Begriffs kennen, Zweideutiges klären, Verwickeltes entwirren, Unwahres beurteilen und etwas Beliebiges durch Schlüsse beweisen oder widerlegen können.[1081] In der Rede der Quint. Decl. mai. I, in der sich der blinde Sohn und die Stiefmutter wechselseitig anklagen, den Vater getötet zu haben, beweist der Redner die mögliche Täterschaft beider Kläger. Auf den ersten Blick scheinen die Indizien gegen den Sohn zu sprechen, doch bei einer genaueren Prüfung wird die Täterschaft der Stiefmutter - vorausgesetzt der Sohn würde als Mörder für erbunwürdig erklärt - als Alleinerbin wahrscheinlich.

Deduktion und Induktion sind Mittel rhetorischer Argumentation. Der Syllogismus ist auch eine Form der Deduktion, den Aristoteles wie folgt zu beschreiben weiß: „Wenn aus bestimmten gegebenen Voraussetzungen, da sie entweder immer oder meist wahr sind, etwas anderes als sie und von ihnen Verschiedenes folgt, so wird dies in der Dialektik Syllogismus und in der Rhetorik Ethymem genannt“.[1082] Die Prämissen können sowohl zwingende, als auch wahrscheinliche Aussagen und Indizien, aber auch Beispiele sein. Das Ethymem ist ein unvollständiger Syllogismus. Die allgemeine Prämisse wird nämlich nicht klar ausgedrückt, sondern vorausgesetzt. Ist eine der Prämissen bekannt, dann braucht sie nicht mehr erwähnt zu werden, die Zuhörer fügen sie selbst hinzu. Das Ethymem soll die Zuhörer dazu bringen, die Dinge genauso wie der Redner zu sehen. Für Gerichtsreden ist es besonders geeignet.[1083] Ein Beispiel ist die Begründung aus Quint. Decl. mai. XIII dafür, dass es kein *damnum per iniuriam datum* gibt. In dem Fall geht es darum, dass die Bienen des Armen dadurch umgekommen sind, dass der benachbarte Reiche seine Blumen vergiftet hat. Der Redner sagt: *In duas*

[1079] Martin, Antike Rhetorik, S. 102 - 106.

[1080] Cicero, Marcum Brutum 152; Cicero, De oratore I 189; Quintilian, Institutio oratoria, II 17, 42 und XII 2, 10f.

[1081] Quintilian, Institutio oratoria II 17, 42.

[1082] Aristoteles, Rhet., I 2,9.

[1083] Andersen, Garten der Rhetorik, S. 149f.

enim, quantum animadvertere potui, quaestiones dividit causam: an damnum sit, et an iniuria datum. Negat esse damnum, quod animal liberum et volucre et vagum et extra imperia positum perdiderim. Negat iniuria datum, quod in privato suo, quod eas, quae sibi noceret, extinxerit, postremo, quod sparso tantum per flores veneno ipsae apes ultro ad mortem venerit.

Die Induktion wird in der Rhetorik durch das Verwenden von Beispielen deutlich, durch das Schließen vom Einzelnen auf das Allgemeine. Das Beispiel beruht auf dem Prinzip der Gleichheit oder zumindest der Ähnlichkeit zweier Dinge. Die Beispiele müssen nicht nur in diesem Verhältnis stimmig sein, sie müssen auch dem Publikum angepasst sein.[1084] In Quint. Decl. mai. VI (14) wird in der Rede des Vaters, der den Leichnam seines Sohnes bestatten will, mit einem Beispiel gearbeitet. Der Vater formuliert in seiner Rede ein Beispiel von einem Sohn, der seine Eltern tatsächlich und offensichtlich im Stich lässt. Dieses wirkt als Gegenbeispiel zur Handlung des eigenen Sohnes, der seine Mutter nur verlassen hat, um dem Vater und dadurch auch ihr selbst zu helfen (*accedit illud vel garvius, quod, cum rerumnecessitas cotidie nos dividat, si quaedam fortuna parentes nos deprehenderit, quamvis exiguo divisus spatio inpune opem non feret, non succurret, ut hac saltem se calumnia defendat: „non reliqui, sed non accessi, neque pede, quod aiunt, uno a parente discessi“*).

Die rhetotische Toposlehre ist das Kernstück der *inventio*. Der Toposbegriff ist sehr weit gefasst. Die *topoi* oder *loci* bieten dem Redner eine Argumentationshilfe. Aristoteles zählt folgende *topoi* auf: Gegensatz, Zeitpunkt, gute und schlechte Folgen derselben Sache, Analogie, Ursache/Wirkung, Folge, Widerspruch zwischen Handeln und Sagen des Gegners, Umkehr eines Angriffs auf den Gegner.[1085] Cicero hat demgegenüber folgende *topoi* im Repertoire[1086]: Zusammenhang, Gattung und Klasse, Gleichheit, Vergleich zwischen Größerem und Kleinerem. Er gibt in *De inventione*[1087] Hilfestellungen, wie man anhand der *topoi* einen Sachverhalt analysieren kann.

So müssen folgende Punkte geklärt werden, wenn eine Person in einen Rechtsstreit verwickelt ist: Name (Identität der Person), Aussehen (Geschlecht, Herkunft, Körperbau usw.), Lebensweise (Bildung, Freunde und Bekannte, Arbeitsverhältnis), Lebensumstände (Geld, Alter), Eigenschaften (Charakterzüge, Kenntnisse, Fertigkeiten), Gefühle (Festigkeit oder Wankelmut), Interessen (persönlicher Einsatz für besondere Dinge), Absichten (was die betreffende Person plant), Handlungen (was die betreffende Person getan hat), zufällige Ereignisse (was der betreffenden Person zugestoßen ist) und Äußerungen (was die betreffende Person gesagt hat). Die typisierten Charaktere (Kap. II. 2), mit denen in den Kontroversien des neueren Typs gearbeitet wird, liefern solche Informatio-

---

[1084] Andersen, Garten der Rhetorik, S. 153 f.

[1085] Arist., Rhet., II 22, 17.

[1086] Cicero, De oratore II 162 - 173.

[1087] Cicero, De inventione.

nen. Aufgrund der bekannten Rollenklischees brauchen sie den Zuhörern nicht gesondert erklärt zu werden, sondern können als bekannt vorausgesetzt werden. Gerichtsverfahren beziehen sich immer auf einen bestimmten Sachverhalt. Es geht stets darum, den entscheidenden Gegenstand des Streits zu bestimmen, also den Kern der Sache herauszufinden. Dabei hilft dem Redner die Statuslehre.[1088] Status bedeute „Stellung“ oder auch „Zustand“ und bezeichnet die unterschiedlichen Standpunkte der Betroffenen gegenüber einer bestimmten Situation. Die Bezeichnung kommt aus dem Faustkampf, wo der Begriff die verschiedenen Ausgangspositionen der einander gegenüberstehenden Faustkämpfer auf dem Sportplatz angibt. Das Schema, das der Statuslehre zu Grunde liegt, teilt die Sachverhalte in zwei Gruppen ein. Die erste Gruppe bilden Sachverhalte, die durch Argumentation aus sich selbst heraus geklärt werden können (*genus rationale*), die andere Gruppe bilden Sachverhalte, die durch Interpretation und Anwendung eines Gesetzes entschieden werden (*genus legale*). Das *genus rationale* lässt sich wiederum in vier *status* unterteilen. Die Untersuchung der Sachverhalte des *genus rationale* richtet sich nämlich auf drei Fragen: Ob etwas geschehen ist (*an sit*), was geschehen ist (*quid sit*) und wie es zu beurteilen ist (*quale sit*). Der vierte Status behandelt die Frage , ob etwas vor dem richtigen Gerichtshof verhandelt wird. Auch das *genus legale* ist in Untergruppen geordnet.[1089] Der Fall aus Sen. contr. 1. 5 enthält ein Beispiel für einen Fall des *genus legale*. Ein Mann hatte zwei Mädchen geraubt. Das eine Mädchen wünschte seinen Tod, das andere eine Hochzeit mit dem Räuber. Beide berufen sich auf die *lex raptarum*. Hier stehen sich die Rechtsfolgen derselben Norm entgegen.

d) Ergebnis

Abschließend kann festgestellt werden, dass nahezu alle rhetorische Kunstgriffe in den Kontroversien des neueren Typus gefunden werden können. Dieses Ergebnis darf jedoch nicht losgelöst von der mündlichen Kultur (s.o.) gesehen werden. Ein Vergleich der Kontroversien mit dem Corpus Iuris Civilis, wäre nicht nur unhistorisch, sondern würde auch der Intention der Autoren zuwiderlaufen.[1090] Institutionen, Codex Iustinianus, Digesten und Novellen sind für den schriftlichen Verkehr verfasst, die Kontroversiensammlungen für das mündliche Training.

5. Juristische Argumentationstechnik in den Kontroversien des neueren Typs

Bezüglich der juristischen Argumentationstechnik muss beachtet werden, dass die Adressaten der Reden der Advokaten, also der *unus iudex*, die *recuperatores*, die *centumviri*, die Magistraten, die Geschworenen in den Kriminalgerichten oder die

---

[1088] Andersen, Garten der Rhetorik, S. 162.
[1089] Andersen, Garten der Rhetorik, S. 162 ff.
[1090] Crook, Legal Advocacy, S. 4.

Delegierten der Magistrate in den *cognitiones extraordinariae* Laien waren. Dennoch verfügte jeder römische Bürger eines höheren Standes schon aufgrund seiner Ausbildung über gewisse juristische Kenntnisse (s. Kap. I.3). Das Laientum der Richter ist also nicht vergleichbar mit dem des Laienstatus der Schöffen in gegenwärtigen Gerichten. Heute besitzt ein Großteil der Schöffen keinerlei juristische Bildung.[1091] In den römischen Städten waren die Personen in den Richterlisten, aus denen die Richter für den konkreten Prozess ausgewählt wurden, hauptsächlich *humiliores* oder *equites*. In den Provinzen wird es hingegen etwas schwieriger gewesen sein, die Listen mit *humiliores* zu füllen. Es war jedenfalls notwendig, diese Richter zu überzeugen. Sie mussten von den Advokaten gewissermaßen überredet werden, für den eigenen Klienten günstig zu stimmen.[1092]
Lévy kritisiert die Beweisführung der Advokaten in der Zeit des Prinzipats.[1093] Er stellt darauf ab, dass ihre Beweisführung mehr auf die *auctoritas* der beteiligten Personen aufbaue, als auf die Tatsachen. Die Advokaten kaprizierten sich lediglich auf die Beurteilung der Normen und endeten in Feststellungen, so Lévy. Er stuft die oströmische Kaiserzeit, in der der Richter zu einem Bürokraten geworden ist, als besser und juristischer ein.[1094] Lévy missachtet dabei, dass die Advokaten in ihrer Kritik der Rechtsregeln auf die Billigkeit abstellen. Sie lösen einen Rechtsstreit allein anhand der bestehenden Rechtsregeln und führen häufig dem Zuhörer vor Augen, dass eine andere Lösung in einem ganz bestimmten Fall zu einer Absurdität führen würde, obwohl sie rein vom Wortlaut her so entschieden werden müsste. In Quint. Decl. min. CCLXII beispielsweise hat ein verheirateter Mann eine Jungfrau geraubt. Diese Jungfrau hat sich auf die *lex raptarum* berufen und sich eine Hochzeit mit ihrem Räuber gewünscht. Der Räuber verstößt daraufhin seine Ehefrau und bringt als Begründung die Wahl der Geraubten vor. Obwohl die *lex raptarum* hier richtig angewendet wird, führt diese Anwendung zu einem absurden und unbilligen Ergebnis: Die treue Ehefrau würde verstoßen und der eigentliche Übeltäter könnte ungestraft eine jüngere Frau heiraten. Der Redner, der die verstoßene Ehefrau vertritt, entlarvt diese Unbilligkeit mit folgender Aussage: „Wenn Sie, Herren Richter, nicht zur Hilfe kommen, ist gerade erfunden, wodurch es freisteht, die besten Frauen zu verstoßen. Es reicht eine Jungfrau zu suchen, sie zu rauben.“
Puglieses Ansicht über die juristische Argumentationstechnik im Prinzipat fußt auf der Ansicht, dass die Argumentation der Advokaten nicht einseitig juristisch, sondern global war.[1095] Er meint damit, dass alle Bereiche genutzt wurden, um die Richter zu überzeugen. Fakten, Zeugenaussagen, aber auch der sensitive Bereich wurden angesprochen.[1096] Er lässt dabei außer Acht, dass es gar nicht mög-

---

[1091] §§ 28 - 34 GVG.
[1092] Crook, Legal Advocacy, S. 18.
[1093] Lévy, Cicéron et la preuve juridicaire.
[1094] Lévy, Cicéron et la preuve judicaire, S. 162 ff.
[1095] Pugliese, Cicerone tra diritto e retorica, S. 578.
[1096] Pugliese, Cicerone tra diritto e retorica, S. 578.

lich ist, im Prinzipat von einem abgegrenzten juristischen Blickfeld zu sprechen. Eine Extrahierung dieses Gesellschaftselements als wissenschaftsorientiert war zu diesem Zeitpunkt noch nicht abgeschlossen. Der Bereich „Recht" war noch viel zu stark mit Sitte, Religion, Politik und gesellschaftlicher Struktur verwoben, als dass es den Advokaten möglich gewesen wäre, in ihrer Rede auf diese anderen gesellschaftlichen Bereiche verzichten zu können.

Viehweg sieht den Kern der juristischen Argumentationstechnik im Prinzipat in der Topik und dem damit verbundenen syllogistischen Aufbau.[1097] Als Beispiel aus den Deklamationen des Prinzipats, in dem die Struktur sehr deutlich erkennbar ist, kann hier der Bienenfall aus Quint. Decl. mai. XIII angeführt werden (s. Kap. II. 4.). Im übrigen ist der Syllogismus als logisch deduktiver Schluss nicht nur charakteristisch für die juristische Argumentationstechnik des Prinzipats, sondern ist bis in unsere Tage der Grundstock des argumentativen Aufbaus einer juristischen Erörterung. Der Gutachtenstil, der die deutsche Juristenausbildung bis zum ersten Staatsexamen prägt, ist nichts anderes als ein Syllogismus. In der Subsumtion werden die beiden Prämissen, die durch Obersatz und Definition gegeben werden, verknüpft. Das Ergebnis ist der Schluss.

White beschreibt den Zusammenhang zwischen juristischer Argumentationstechnik und Rhetorik mit folgenden Worten: „The law is an art of persuasion that creates the objects of its persuasion, for it constitutes both the community and the culture it commends; it is a culture of argument, perpetually remade by its paricipants."[1098]

Es gibt dabei einen gravierenden Unterschied zwischen der juristischen Argumentationstechnik, wie sie in der römischen und der hellenistischen Welt praktiziert wurde. Dieser Unterschied geht schon auf die unterschiedlichen Anfänge der Advokatentätigkeit zurück. In Rom liegt der Ursprung der Advokatentätigkeit in der Beziehung des Patrons zu seinen Klienten. Der Patron stand seinen Klienten, freien römischen Bürgern, die sich in ein besonderes Schutzverhältnis begeben haben, unter anderem bei Rechtsproblemen zur Seite. In der hellenistischen Welt war es nicht üblich, sich als frei geborener Bürger in ein Schutzverhältnis zu begeben. Die Advokaten wirkten in der hellenistischen Welt gleichsam als „Ghostwriter" für Bürger, die sich selbst vor Gericht verteidigten.[1099] Bekannt war zudem nur die *synegoria* als freundschaftliche unbezahlte Hilfe.[1100] Es stehen sich somit zwei Systeme und zwei Überzeugungen entgegen: In Rom, einem oligarchischen System, war es selbstverständlich, dass eine Person mit größerer *auctoritas* eine andere vor Gericht vertrat. In Athen herrschte die Überzeugung vor, dass sich jeder Bürger selbst vertreten kann und dass dies auch dem bürgerlichen Stolz entspräche.[1101] Crook ist der Meinung, dass die Argumentationtstech-

[1097] Viehweg, Topik und Jurisprudenz.
[1098] White, Heracles' Bow.
[1099] Crook, Legal Advocacy, S. 31.
[1100] Crook, Legal Advocacy, S. 32 f.
[1101] Crook, Legal Advocacy, S. 32.

nik der römischen Advokaten der Tatsache Rechnung trage, dass die Grundsätze des römischen Rechts in einer unkodifizierten Tradition stehen, im Gegensatz zum Prozessrecht, das sehr formalisiert war.[1102] Er beachtet dabei nicht, dass das gesamte römische Rechtssystem prozessual orientiert war, so dass die starke Bindung an die Klagen eine Einordnung des römischen Rechts in materielles Recht und Prozessrecht unmöglich macht. Eine solche Trennung ist nur aus der Sicht der Übertragung der gegenwärtigen Praxis auf die Vergangenheit möglich. In den Kontroversien des Prinzipats wird das Problem der Wahl der richtigen Klage nie problematisiert. Der Grund dafür liegt jedoch darin, dass die Reden in den Kontroversien das Verfahren vor dem *iudex* und nicht vor dem Prätor abbilden. Das Prozessprogramm war also bereits aufgestellt worden. Auch bei den *cognitiones extraordinariae* und den *quaestiones perpetuae* sind *orationes* im Verfahren durch die Reden in den Kontroversien veranschaulicht.
Ein wichtiger Punkt in der juristischen Argumentationstechnik ist ihre politische Verbindung. Die Strafprozesse gelten als das Betätigungsfeld der Advokatentätigkeit überhaupt (*lex de repetundis*). In den *quaestiones perpetuae* ist ihre Bindung zur Politik am größten. Am deutlichsten wird dies schon in der Art der dort angeklagten Verbrechen, vor allem der *laesio maiestatis*.[1103] Die Verwendung von politischer Argumentation in der Anklage- oder Verteidigungsrede wird auch in den Kontroversien deutlich. Ein anderer Bereich, in dem sich unter die juristische Argumentation politische Argumente mischen, ist der des administrativen Rechts, des Verwaltungsrechts.[1104]

a) Beispielhafte Untersuchungen anhand einzelner Kontroversien

Um die juristische Argumentationstechnik in den Kontroversien des Prinzipats im Einzelnen zu zeigen, werden im Folgenden drei beispielhafte Deklamationen untersucht.
Quint. Decl. min. CCLXIV befasst sich mit dem Fall, dass ein Mann zwei Frauen zu hälftigen Teilen als Erbinnen eingesetzt hat. In der entsprechenden Norm heißt es aber, dass es nicht erlaubt ist, mehr als den halben Teil des eigenen Vermögens einer Frau zu hinterlassen. Der Redner beginnt mit der Feststellung, dass es sich hier um eine Güterabwägung zwischen dem Willen des Erblassers und der Norm handele. Er stellt fest, dass auch der Wille des Erblassers respektiert werden müsse. Nach dieser kurzen Vorrede beginnt er mit der Erörterung des Streitgegenstandes und kommt zu dem Schluss, dass um das gesamte Testament gestritten wird: *Neque enim litigant de bonorum parte, sed totum arguunt testamentum.* Darauf schließt der Redner eine Erörterung über den präzisen Inhalt des Gesetzes an. Das Gesetz besage, genau besehen, dass man einer Frau nicht **mehr** als die Hälfte des Vermögens hinterlassen dürfe: *Vetatur plus quam dimidiam partem*

[1102] Crook, Legal Advocacy, S.38.
[1103] Crook, Legal Advocacy, S. 47.
[1104] Avon, Les advocats.

bonorum relinquere. Nach dieser Feststellung geht der Redner chronologisch vor. Die erste Frau, die im Testament genannt wird, halte das Gesetz ein, die zweite aber nicht, auch wenn sie nicht als Erbin für mehr als die Hälfte eingesetzt worden ist. Darauf greift er den Sinn des Gesetzes an: „Ich erkenne den Sinn nicht, warum das, was jener zu nehmen erlaubt ist, nicht zu nehmen erlaubt ist, wenn es in demselben Testament geschrieben ist" (*nec video rationem, cur id, quod illi capere licuit, huic non liceat, cum in eodem scripta sit testamento*). Er stuft diese Anwendung als Interpretation des Gesetzes ein, die aber dem Willen des Gesetzgebers widerspräche. Die Interpretation dieses Gesetzes sei schädlich (*perniciosissimam esse civitati hanc legum interpretationem*). Er stellt weiter fest, dass das Urteil gerecht und billig sein müsse, und hofft, dass irgendwann Zeiten kommen werden, die die Wertschätzung der „einen Gerechtigkeit" erkennen. Der Zweck des Gesetzes sei „weggenommen" worden. Der Redner stellt auf den Willen des Gesetzgebers ab und erklärt, dass dieses Gesetz eindeutig sei: Es dürfen keine weiblichen Personen mehr als die Hälfte des Vermögens erben (*ne plus quam dimidia pars patrimonii ad feminas perveniret*). Es gehe im vorliegenden Fall vor allem darum, dass jede einzelne Frau nur einen kleineren Teil des Vermögens bekommen soll. Für den Zweck des Gesetzes, so der Redner, sei es aber unerheblich, wieviel jede einzelne bekomme. Der Zweck des Gesetzes sei es, die *civitas* davor zu schützen, dass Frauen zu viel Geschäfte machen und die *civitas* dadurch schädigen. Das Gesetz verbiete daher, einer Frau mehr zu vermachen, aber umfasse nicht den Fall, dass mehrere Frauen in einem Testament bedacht werden, so die abschließenden Worte des Redners.

Der Redner benutzt zum Aufbau seiner juristischen Argumentation bereits die Auslegungsmethoden, denen Savigny im frühen 19. Jahrhundert neue Beachtung verleiht[1105]. Neben einer Erörterung des genauen Streitgegenstandes werden in der *declamatio* die Auslegungen der Norm nach dem Wortlaut, den Entstehungsumständen, der Stellung im gesamten Rechtsbereich und der logischen Abfolge abgewägt. Der Redner belässt es aber nicht bei diesen vier Auslegungsgesichtspunkten, er stellt maßgeblich auf den Sinn und Zweck der Rechtsregelung ab. Die teleologische Auslegung, der Jhering Ende des 19. Jahrhunderts in seinem Werk „Der Zweck im Recht" neuen Ausdruck verleiht, indem er sich gegen die „Begriffsjurisprudenz" richtet,[1106] wird hier schon verwendet. Schließlich gelangt der Redner zu dem Schluss, dass der streitige Fall von der Regelung überhaupt nicht umfasst wird.

Eine etwas andere Argumentation liefert Quint. Decl. min. CCLXXIII. Die Normen besagen, dass der Ehemann die Güter dessen in Besitz nehmen solle, den er beim Ehebruch ertappt hat, dass es gegen den Bürgen dieselbe Klage gäbe wie

---

1105 Savigny, System, Bd. 1, 4.Kap; Rückert, Idealismus, S. 348 - 358.

1106 Jhering, Zweck, Bd. 1 und 2.

gegen den Schuldner und dass der Bürge zahlen müsse, wenn der Schuldner der Zahlung nicht nachkommt.
Der Sachverhalt ist folgender: Ein Ehemann hatte seinen Schuldner beim Ehebruch ertappt. Er hat nach dem Gesetz das ganze Vermögen beschlagnahmt. Nun verlangt er die Schuld von dem Bürgen. Der Bürge redet dagegen.
Der Redner beginnt damit, dass er die Gefahr, in die sich ein Bürge generell begibt, schildert. Er sagt weiter, dass der Gläubiger Geld von ihm verlange, das er nicht genommen habe. Er klagt den Gläubiger als inhuman an und stellt fest, dass der Gläubiger das Geld von ihm ungerechtfertigterweise verlange (*inhumane exigis, iniuste petis*), weil er es bereits besitze. Der Redner fragt, ob sich der Gläubiger schon an den Schuldner gewendet habe. Denn er hätte sich erst an seinen Schuldner wenden müssen, bevor er sich an den Bürgen wenden konnte. Der Redner setzt sich hier ganz detailliert mit dem Rechtsinstitut der Bürgschaft auseinander. Im vorliegenden Fall handelt es sich wohl um eine *sponsio* (s. Kap. II.1.f.dd). Obwohl der *sponsor* durch die *stipulatio* nur zum Nebenschuldner wird, ist es dem Gläubiger überlassen, ob er die Klage gegen den Hauptschuldner oder gegen den Bürgen anstellt. Er kann sich rechtlich direkt an den Bürgen wenden. Die Klagen gegen den Schuldner und gegen den Bürgen gelten aber als *de eadem re*.[1107] Er kann sich also nach der *litis contestatio* nach erfolgloser Klage gegen den Schuldner nicht auch noch an den Bürgen wenden oder umgekehrt. Dennoch verstößt es gegen die guten Sitten, wenn sich ein Gläubiger nicht an seinen solventen Hauptschuldner wendet, sondern direkt an den Bürgen.[1108] Nach der Schilderung des Redners liegt der Fall aber so, dass der Gläubiger das Geschuldete schon wieder in seinem Eigentum hat. Der Gläubiger könne daher noch nicht einmal den Schuldner verklagen, weil alles, was der Schuldner besessen habe - also auch die Schuld - dem Gläubiger zugegangen sei. Der Redner stellt darauf ab, dass der Gläubiger durch den Ehebruch **alles** erhalten habe, also das Vermögen mitsamt der Schuld. Denn die Schuld sei in dem, was er erhalten habe, enthalten. Weiter überlegt der Redner, was der Gläubiger ihm entgegnen würde. Er würde ihm entgegnen, dass ihm nach dem Gesetz die Güter des Schuldners übertragen worden seien, weil dieser beim Ehebruch ertappt wurde. Der Redner stellt fest, dass über das Gesetz keine Kontroversie verfasst wird, dass aber festgestellt werden müsse, was das Gesetz beinhalte, d.h. welche Güter in dem Gesetz gemeint seien (*Non facimus legi isti controversiam: quid tamen continet?*).
Was also gehört zu den Gütern des Ehebrechers? Das, was dessen Eigentum ist, also das, was ausschließlich ihm gehört. Das ist das Nettovermögen, also das, was zum Zeitpunkt in Besitz des Ehebrechers ist, abzüglich aller Verbindlichkeiten. Der Gläubiger hat aber alles an sich genommen, also auch den Kredit. Der Gläubiger hat also das Bruttovermögen in Besitz genommen. Die Schuld ist somit ausgelöst. Wenn aber der Schuldner dem Gläubiger nichts mehr schuldet, dann kann auch der Bürge nicht belangt werden. Gegen Ende der Rede vergleicht der

---

[1107] Kaser/Knütel, § 57 II.
[1108] Kaser/Knütel, § 57 II.

Redner die Situation des Vermögensübergangs mit der des Erbfalls. Der Erbe müsse dann die Schulden des Erblassers zurückzahlen, also sei der Kläger in diesem Fall gleichsam Beklagter. Der Redner schließt seine Ausführungen mit der Feststellung, dass der Kläger, das was er verlangt, bereits besitze.
Der Redner geht in seiner Rede so vor, dass er sich mit dem Inhalt der Normen auseinandersetzt. Er befasst sich damit, was unter den *bona* zu verstehen ist, die der Ehemann an sich nehmen darf. Dies gelingt ihm durch eine Analogie aus dem Erbrecht. Auch setzt er sich mit dem Rechtsinstitut der Bürgschaft auseinander. Er baut dabei viele Kniffe ein, wie z.B. eine Aussage eines fiktiven Zeugen durch die fiktive direkte Rede des Schuldners: „*Lege mihi bona debitoris tradita sunt, quoniam eum in adulterio deprehendi.*" Zudem verwendet er viele rhetorische Fragen, wie z.B. *bona porro quae sunt?*

In einem weiteren Stück, Quint. Decl. min. CCCXXXVI, stehen sich zwei Argumentationslinien gegenüber. In dem Sachverhalt geht es darum, dass der jüngere mit dem älteren Bruder nach dem Tod des Vaters ein *pactum* geschlossen hat, nach dem der ältere Bruder das gemeinsame Grundstück erhalten sollte. Dieser Bruder müsse dann aber auch die gesamten Schulden bezahlen. Nun hat sich die Situation verändert. Nach der *lex tabularum novarum* ist ein Schulderlass eingetreten und der jüngere Bruder verlangt nun die Hälfte des Landes. Der Ältere redet dagegen.
Unter *tabulae novae* versteht man nach Cicero neue Rechnungs- und Schuldbücher, durch die die alten Schuldposten ungültig erklärt wurden[1109] (s.o.). Der ältere Bruder versucht in seiner Rede das Argument des jüngeren Bruders, der betont, dass sich die Grundlage der Erbauseinandersetzung seit der Schließung des *pactum* geändert habe und dass das *pactum* aus Billigkeitsgründen heraus aufgehoben werden müsse, zu entkräften. Er stellt dabei auf einen Fall von *vis maior* ab.

Auch in der Quint. Decl. min. CCLXII geht es bei den Argumenten um den Sinn und Zweck eines Gesetzes aber auch um die Klärung des wahren Geschehens. Ein Ehemann hatte eine Jungfrau geraubt. Die Geraubte, die zwischen dem Tod des Räubers und einer Ehe mit ihm wählen konnte, hatte die Ehe gewählt. Der Ehemann hat daraufhin seine Ehefrau verstoßen, die nun wegen ungerechtfertigter Verstoßung gegen den Ehemann prozessiert. Der Rhetor verteidigt die verstoßene Ehefrau vor dem Gericht. Er beginnt mit der Feststellung, dass das Gesetz der ungerechtfertigten Verstoßung zum Schutz der Ehe beitrage. Im weiteren geht er auf die Frage ein, ob der Ehefrau ein Verschulden zur Last gelegt werden könne. Da sich, so erklärt er, das Gesetz der ungerechtfertigten Verstoßung auf beide Ehepartner beziehe, wäre die Verstoßung rechtmäßig, wenn der Verstoßenen ein

[1109] Georges, Handwörterbuch II, Sp. 3005.

Verschulden zur Last fallen würde oder sie die Verstoßung aus anderen rechtmäßigen Gründen hinnehmen müsste. Ein Verschulden der Ehefrau lehnt er sogleich ab. Der Klärung des zweiten Problems nähert er sich, indem er die Verteidigungsworte des Ehemannes wieder aufnimmt. Dieser hatte sich auf den Standpunkt gestellt, dass er aufgrund der Wahlentscheidung der Vergewaltigten für eine Ehe notwendigerweise seine Ehefrau verstoßen müsse. Der Redner entlarvt diese Verteidigung. Er stellt nämlich klar, dass der Ehemann selbst den Grund, durch den er gezwungen wurde, eine neue Ehe einzugehen und seine Frau zu verstoßen, durch die Vergewaltigung - also durch sein eigenes Handeln - herbeigeführt hat. Auch sei der Zeitpunkt der Verstoßung falsch bestimmt worden. Die Verstoßung habe nämlich nicht erst dann stattgefunden, als der Ehemann die Ehefrau aus dem Haus gewiesen hatte, sondern schon zu dem Zeitpunkt, zu dem er die Jungfrau geraubt hatte. Der Rhetor stellt fest, dass der Ehemann eine sittsame, gehorsame, treue Frau verstoßen habe, und er stellt sogar in Frage, ob es sich hier um eine „echte" Vergewaltigung gehandelt habe (*Quid? si ne credibile quidem est, nisi eo pacto factum hoc esse, ut tibi raptori* ***ignosceretur****?*). Er lässt die Frage im Raum stehen, ob der Vergewaltiger nicht vor der Vergewaltigung schon gewusst habe, dass die Vergewaltigte ihm - freiwillig oder erzwungenermaßen - verzeihen und die Ehe mit ihm wählen würde und ob die Vergewaltigung nicht nur ein Mittel war, um die Ehefrau loszuwerden. Zum Schluss werden die Richter direkt angesprochen. Sie werden ermahnt, zu erkennen, dass die Taten des Ehemannes ohnehin kaum durch die verdienten Strafen bestraft werden können, dass im Gegenteil die Vergewaltigte selbst durch die Wahl der Ehe den Ehemann von der Bestrafung befreit hat.

In den Reden der *Declamationes minores* wird häufiger auf die Auslegung von Gesetzen Bezug genommen als in den drei anderen Kontroversiensammlungen. Im Folgenden wird zum Vergleich je ein für die anderen Kontroversiensammlungen argumentationstechnisch typisches Beispiel untersucht.

Calp. Flac. 12 ist in der angewandten Argumentationstechnik für die Kontroversiensammlung des Calpurnius Flaccus typisch. Die Norm besagt, dass eine Frau, die wegen Giftmords verurteilt worden ist, solange gefoltert werden soll, bis sie ihre Komplizen nennt. Der Sachverhalt ist folgender: Ein Mann hatte seine Frau verloren, mit der er einen Sohn hatte. Er heiratete eine andere, mit der er eine Tochter hatte. Beide Kinder wuchsen heran. Der Sohn starb mit merkwürdigen Syptomen. Der Vater klagte seine Frau an und sie wurde verurteilt. Als sie gefoltert wurde, verriet sie die Tochter als Komplizin. Nun soll die Tochter nach dem „Gesetz" bestraft werden. Der Vater erscheint zu ihrer Verteidigung. Die Verteidigungsrede des Vaters beruht darauf, die Zeugenaussage der Mutter zu entkräften. Er argumentiert mit der Wahrscheinlichkeit. Dazu führt er aus, dass die beiden Kinder zusammen aufgewachsen seien und dass die Schwester den Bruder sehr liebte (*amasset et consciam putaremus?*). Es sei also unwahrscheinlich, dass sie half, ihn zu töten. Es sei hingegen auffällig, dass der Sohn erst dann starb, als die Tochter erwachsen war. Die Mutter sei sicherlich eifersüchtig auf die Tochter gewesen und tötete deshalb den Sohn. Jetzt wolle sie sich durch die Bezichtigung als Komplizin noch an der Tochter rächen. Der Vater suggeriert diese Lösung als viel wahrscheinlicher als die Mittäterschaft der Tochter.

Die Quint. Decl. mai. VI ist in ihrer Argumentationstechnik typisch für die *Declamationes maiores*. Der Vater redet gegen die Mutter. Er baut seine Rede so auf, dass er zuerst seine missliche und traurige Situation schildert, dann stellt er das unehrenhafte Verhalten dem Leichnam des Sohnes gegenüber dar. Er betont die Rechtschaffenheit des Sohnes, mit der er durch sein Opfer beiden Elternteilen in einer Notsituation half. Es war ihm nicht möglich, anders zu handeln, um beide Eltern zu befriedigen. Er opferte sich für den Vater und schickte der Mutter auf diese Weise ihren Ehemann zurück. Dann appelliert der Vater an das Pflichtgefühl und die Liebe der Mutter. Er macht ihr Weinen für den Entschluss des Sohnes verantwortlich. Schließlich ruft er die Götter als Zeugen an. Das Szenario des Tauschs der Ketten schildert er plastisch, auch den Tag, an dem der Leichnam an die Küste gespült worden war. Darauf bringt er mögliche Erklärungen für die Handlungsweise der Frau. Er zieht das Beispiel Ciceros heran, der sagt, dass sogar Verres Bestattungen gewährte und betont, dass es der Menschlichkeit gebühre, einen Toten zu bestatten. Erst dann befasst er sich mit dem Gesetz als solchem. Der Redner geht auf den Wortlaut und den Sinn und Zweck des Rechtes ein und kommt zu dem Schluss, dass das Recht für diesen Fall nicht gelte. Er erkennt den Sinn und Zweck des Rechtes darin, den Eltern zu helfen. Genau das habe der Sohn aber getan, er musste seine Mutter verlassen, weil sich beide Eltern in einer unglücklichen Lage befanden. So habe er die Mutter aber nur in der Absicht verlassen, ihr ihren Mann wieder zurück zu bringen. Der Redner wägt das schlimme Schicksal der Frau gegen sein eigenes ab und stellt klar, dass die Mutter den Sohn nicht zurückhalten konnte, weil dessen Pflichtgefühl stärker war. Er rühmt die löblichen Taten des Sohnes und beklagt das Schicksal seines Leichnams. Der Vater beschließt seine Ausführungen damit, dass vielleicht niemand die Bestattung des Sohnes befehlen werde, aber sie wohl auch nicht verwehrt werden würde.

Für die Kontroversien Senecas des Älteren ist die Argumentation in Sen. contr. 10.6. charakteristisch. Dadurch, dass in der Sammlung nie vollständige Reden angegeben werden, sondern nur Passagen aus den Reden verschiedener bekannter Rhetoren, werden nur die wichtigsten Punkte der Argumentation genannt. Die Norm aus Sen. contr. 10.6. besagt, dass ein Dieb nicht in der Öffentlichkeit reden dürfe.

Ein Mann hatte einen Reichen des Verrats bezichtigt. Der Ankläger hatte nämlich Briefe des Reichen gestohlen und bemerkt, dass diese vom Feind stammten. Der Magistrat verweigerte ihm die Anklagerede, er klagt mit der *actio iniuriarum* dagegen. In der Rede für den Ankläger verwenden alle Rhetoren dasselbe Argument: Die Tathandlung könne nicht als Diebstahl qualifiziert werden, weil der

„Bestohlene“ das Diebesgut nicht als seines identifiziere. Der Ankläger habe dem Staat hier vielmehr einen großen Dienst erwiesen. Diese Argumentation bringen sowohl Porcius Latro, Moschus, Musa, Clodius Turrinus, Arellius Fuscus der Ältere, Vibius Rufus als auch Cestius Pius. Die Gegenseite stützt sich auf das Argument, dass Diebstahl ein schlimmes Verbrechen sei und dass die erlaubte Tötung des Diebes bei Nacht, die Raffinesse der Diebe berücksichtige. Solch eine schamlose Tücke habe auch der Dieb hier an den Tag gelegt.

b) Ergebnis

Ein Vergleich der juristischen Argumentationstechnik mit der Verwendung von rhetorischen Kunstkniffen in den Kontroversien des neueren Typs macht deutlich, dass die juristische Argumentationstechnik mit der rhetorischen übereinstimmt. Es handelt sich um dieselbe deduktive Methode. Die Verwendung von Syllogismus, Analogie, des Vergleichs und der Beispiele macht dies am offensichtlichsten. Während die rhetorische Figurenlehre (Tropenlehre), die keinen Bezug zur juristischen Argumentationstechnik aufweist, von den Gerichtsrednern verwendet wird, um die Aussagen für einen mündlichen Vortrag brauchbar zu machen, ist die Methode der Argumentation schon vom Ansatz her übereinstimmend. Dies ist vor dem Hintergrund, dass mit Hilfe logischer Schlüsse ein Ergebnis erzielt werden soll, nicht verwunderlich. Die Argumentationsmethode, die im übrigen auch in schriftlichen juristischen Abhandlungen benutzt wird, so z.B. in der D.42.8.1,2, einem der beiden Wissenschaftsgebiete, der Juristerei oder der Rhetorik, zuzuordnen, ist unmöglich. Die beiden Bereiche bedienen sich hier vielmehr einem dritten, nämlich der Dialektik.
Im Bereich der Gerichtsrede hat daher in der Antike keine Trennung zwischen der juristischen Argumentationstechnik und der Rhetorik stattgefunden und ist auch bis heute nicht zu beobachten. Aufgrund der gemeinsamen Arbeitsmethode, der Dialektik, ist dies auch gar nicht möglich: Eine Trennung dieser beiden Bereiche ist und war daher immer künstlich.
Eine Verwandtschaft der Rhetorik und der Juristerei ist schon durch ihre Entstehung in der Antike gegeben. Die erste Systematisierung der Rhetorik ist bei der Gerichtsrede begonnen worden (Korax und Tisias, fünftes Jahrhundert v. Chr.)[1110]; auf dieser wurde dann im Folgenden immer wieder aufgebaut. Die Gerichtsrede war aber auch die Form, in der Rechtsgelehrtheit in der Antike, einer weitgehend mündlichen Kultur, im Alltag zum Ausdruck kam. Dass die Sachverhalte der Kontroversien oft nicht so ausgestaltet sind, dass sie von juristischen Detailfragen überhäuft sind, dürfte wohl dem Gerichtsalltag in kleineren ländlichen Gerichten entsprechen. Auch heute hat eine Amtsrichterin oder ein Amtsrichter eher selten mit wirklich schwerwiegenden juristischen Problemen zu kämpfen. Es kommt vielmehr darauf an, die Parteien durch eine billige Entschei-

---

[1110] Eisenhut, Einführung in die Antike Rhetorik, S. 8; Fuhrmann, Antike Rhetorik, S. 16.

dung zufrieden zu stellen, so dass sie mit der Überzeugung auseinander gehen können, nicht benachteiligt worden zu sein.
Andererseits sind aber auch die Gerichtsrede und die politische Rede eng miteinander verbunden, die Übergänge sind oft fließend, während die Abgrenzung zur Lobrede eindeutig ist. Gerade Strafprozesse sind in der späten Republik in Wahrheit politische Prozesse (z.B. Cicero, Reden gegen Verres). Bei der politischen Rede und der Gerichtsrede hat es der Redner mit Gegnern zu tun, die freilich in der Lobrede nicht zu finden sind.
Diese Einheit von juristischer Argumentationstechnik und rhetorischer Argumentationsmethode zeigt sich besonders deutlich in der Statuslehre.

6. Die Verwendung der Statuslehre in den Kontroversien des neueren Typs

Andersen sagt: „Manche Kontroversien sind ein ziemlich schematischer Durchgang durch die verschiedenen Punkte der Statuslehre."[1111] Er stellt also die Kontroversien des neueren Typs in enge Beziehung zur Statuslehre. Tatsächlich ist die Statuslehre als Hilfsmittel zum einfacheren und schnelleren Finden von Argumenten **die** Schnittstelle zwischen juristischer Argumentationstechnik und rhetorischer Argumentationsmethode. Sie macht die Einheit beider Bereiche, des juristischen und des rhetorischen, deutlich.
Der Status ist der Punkt, auf den es in der Entscheidung ankommt, um den gestritten wird. Die Statuslehre, die Cicero und Quintilian auch *constitutio* nennen, teilt die Fallfragen, die sich aus den Sachverhalten ergeben, in Gruppen ein. Der Redner muss zunächst anhand der Statuslehre den Status jeder Hypothese, die sich aus dem Sachverhalt ergibt, bestimmen. Eine Hypothese kann entweder zum *genus rationale* gehören oder zum *genus legale*.

a) *Genus rationale*

Das *genus rationale* betrifft Tatfragen und die Beurteilung von Handlungen unter der Voraussetzung, dass die Anwendung des Gesetzes selbst unproblematisch ist. Bei dem *genus legale* sind die Umstände der Tat nicht streitig, es wird vielmehr die Auslegung von Gesetzen behandelt.[1112] Quintilian hat sich unter anderem intensiv mit der Statuslehre auseinandergesetzt. Er zählte zum *genus rationale* nur drei Unterkategorien, während üblicherweise vier Unterkategorien unterschieden werden. Die erste Untergruppe beschäftigt sich mit der Frage, ob etwas geschehen ist. Die passende Frage lautet: *An sit*? Der *status coniecturalis* liegt immer dann vor, wenn der Angeklagte leugnet, die Tat, die ihm vorgeworfen wird, begangen zu haben. Der *status coniecturalis* ist im Strafprozess der häufigste.[1113]

[1111] Andersen, Garten der Rhetorik, S. 253.
[1112] Wesel, Rhetorische Statuslehre, S. 24 - 27.
[1113] Clarke, Rhetoric at Rome, S. 68; Martin, Antike Rhetorik, S. 42 ff; Zinsmaier, Leichnam, S. 49 - 55.

Aus dem Sachverhalt der Sen. contr. 8.1 ergibt sich die Hypothese: *An sit*? Er ist auf den *status coniecturalis* ausgelegt. Eine Frau hatte ihren Ehemann und zwei Kinder verloren. Sie wollte sich erhängen, wurde aber von ihrem dritten Kind gerettet. Ein Verbrechen war begangen worden, es wurde nach dem Schuldigen gesucht. Die Frau erklärte dem Magistrat, dass sie das Verbrechen begangen habe. Der Magistrat will sie exekutieren. Der Sohn redet dagegen. In der Kontroverse zwischen dem Magistrat und dem Sohn geht es um die Frage, ob die Angeklagte die Tat begangen hat. Die Besonderheit liegt einzig darin, dass die Angeklagte sich selbst der Tat beschuldigt und eine dritte Person, nämlich der Sohn, ihre Täterschaft verneint. Die Frau benötigt einen Tutor, um vor Gericht reden zu können. Fraglich ist jedoch, ob der Sohn hier befugt ist, die Mutter zu vertreten, da er doch gegen die bekundete Absicht der Mutter zu verstoßen scheint. Objektiv scheint er aber durch die Verteidigung ihre Interessen zu vertreten. Subjektives und objektives Interesse stehen einander hier entgegen. Der Sohn baut seine Rede entsprechend der Hypothese *an sit* auf. Er stellt seine Mutter als eine gebrochene Frau dar und betont den Verlust der Kinder und des Ehemannes (Bd. II, S. 182 Z 16, S. 184 Z. 1). Er weist darauf hin, dass sie nicht sagen könne, wo sich das Diebesgut befindet, was darauf schließen lasse, dass sie den Diebstahl nicht begangen habe (Bd. II S. 182 Z. 13-15). Weiter erklärt der Sohn, dass er seine Mutter nicht verteidigen, sondern nur beschützen wolle (Bd. II S. 184).
Die Gegenrede baut darauf auf, einen Grund für das Geständnis der Frau in ihrem schlechten Gewissen zu konstruieren. Auch wird der Frau für den Fall, dass die Tat vor dem Verlust ihrer Kinder begangen wurde, als Motiv die Habsucht, falls die Tat nach dem Verlust der Kinder begangen wurde, Zorn unterstellt. Die Einordnung des Problems, das sich aus dem Sachverhalt ergibt, als Hypothese in die Statuslehre macht es hier beiden Rednern möglich, gezielt passende Argumente zu finden.
Beim *status definitivus* oder *definitionis* ist die Frage *quid sit?* Bei diesem *status* besteht zwar Einigkeit darüber, dass die Tat begangen wurde, es wird aber darüber gestritten, wie die Tat zu qualifizieren ist. Die Frage *quid sit* ist die Frage nach dem einschlägigen Tatbestand. Die Frage ist dann zu stellen, wenn der Angeklagte zwar die Tat im wesentlichen zugibt, aber nicht die Deliktskategorie angewendet wissen will, die der Kläger angibt, sondern eine mildere. Häufig behauptet der Angeklagte, dass die Tatbestandsmerkmale für ein Delikt nicht vollständig erfüllt seien.[1114] Die Hypothese *quid sit* ergibt sich beispielsweise aus dem Sachverhalt der Sen. contr. 10.6. Die Norm aus Sen. contr. 10.6 besagt, dass ein Dieb nicht in der Öffentlichkeit reden dürfe. Ein Mann hatte einen reichen Mann des Verrats bezichtigt. Der Ankläger hatte nämlich Briefe des Reichen gestohlen und bemerkt, dass diese vom Feind stammten. Der Magistrat verweigerte dem Kläger die Anklagerede, er klagt darauf mit der *actio iniuriarum*.
In der Rede für den Ankläger verwenden alle aufgeführten Rhetoren dasselbe Argument. Die Tathandlung könne hier nicht als Diebstahl qualifiziert werden, weil

[1114] Martin, Antike Rhetorik, S. 32 - 36.

es sich um die Wegnahme einer fremden Sache handeln müsse, der angeblich Bestohlene die Briefe aber nicht als die seinen identifiziere (Bd. II S. 476, Abschn. 1).
Die Gegenseite stützt sich in der Rede auf das Argument, dass Diebstahl ein schlimmes Verbrechen sei und dass die Erlaubnis der Tötung des Diebes bei Nacht die Raffinesse der Diebe berücksichtige. Der Disput der Redner beschränkt sich auf die Klärung der Frage, ob die Tatbestandsmerkmale für den Diebstahl vollständig erfüllt sind oder nicht.
Auch Sen. contr. 5.5 ist ein Beispiel für die Hypothese *quid sit*. Hier ist das Beispiel jedoch zweigeteilt. Es geht um den *dolus* in Bezug auf die Zerstörung zweier unterschiedlicher Gegenstände. Die Norm besagt: Die Bestrafung für die wissentliche Schadenszufügung beträgt den vierfachen Wert der Sache, für unwissentliche Beschädigung beträgt die Strafe den einfachen Schadensersatz.
Ein reicher Mann fragte seinen armen Nachbarn, ob er ihm nicht den Baum verkaufen könne, der ihm die Sicht behindere. Der Arme verweigerte dies. Der Reiche brannte daraufhin den Baum nieder, dadurch fing auch das Haus Feuer und brannte ab. Der Reiche ist bereit, für den Baum das Vierfache, für das Haus aber nur das Einfache des Wertes zu bezahlen. Die Rede des Armen baut dementsprechend darauf auf, dass sich der *dolus* nicht nur auf die Zerstörung des Baumes, sondern auch auf die Zerstörung des Hauses beziehe. Als Begründung gibt er an, dass es auf der Hand läge, dass beim Entflammen eines nahe am Haus stehenden Baumes die Gefahr sehr groß sei, dass auch das Haus Feuer fange und vernichtet würde. Auch sei ein Baum bei einem Haus ein Teil dieses Hauses (*si unum tignum, puto, tota domus intellegeretur ex parte.... Atqui pars domus est arbor quae in domo est.* Sen. contr. Bd. I S. 488). Er argumentiert auch sachenrechtlich. Überraschenderweise lässt der Redner in der Rede für den Reichen diese Problematik außer Acht. Seine Rede stellt nur auf die Zerstörung des Baumes ab. Er betont, dass ein Baum schädlich für ein Haus sei, weil er Mauern zerstören könne und er ihn deshalb zerstört habe, weil er schon Teile seines Hauses beschädigt habe (Sen. contr. Bd. I S. 488).
Der *status qualitatis* fragt nach der Beschaffenheit der Handlung, *quale sit?* Er liegt dann vor, wenn der Angeklagte ohne Einschränkungen zugibt, dass er die Tat begangen hat, aber Rechtfertigungsgründe oder Entschuldigungsgründe geltend macht. Der *status qualitatis* besteht aus zwei Haupttypen, der *constitutio iuridicialis absoluta* und der *constitutio iuridicialis assumptiva*, dem absoluten und dem relativen Rechtfertigungsstatus. Der absolute Rechtfertigungsstatus war von geringer praktischer Bedeutung, da hier die begangene Tat als solche gerecht und ehrenwert war. Der relative Rechtfertigungsstatus ist der häufigste, weil der Beschuldigte Nebenumstände zur Rechtfertigung heranzieht. Diese Materie wird von Hermagoras in vier Fallgruppen gegliedert: *Concessio* (Zugeständnis), *relatio* (Übertragung des Vorwurfs), *remotio criminis* (Zurückweisung des Vorwurfs) und *comparatio* (Vergleich). Der *status qualitatis* bedingt also eine Gesamtwür-

digung des Tatgeschehens.[1115] Als Beispiel für die *constitutio iuridicialis absoluta* lässt sich der Sachverhalt der Sen. contr. 3.9 anführen. Ein kranker Herr bat seinen Sklaven, ihm Gift zu verabreichen. Der Sklave verweigerte dies. Der Herr schrieb in seinem Testament nieder, dass der betreffende Sklave von den Erben gekreuzigt werden solle. Der Sklave appelliert an die Tribunen um die *latio auxilii*. Der Sklave leugnet nicht, dass er dem Befehl seines Herrn nicht nachgekommen ist, die Umstände der Tat liegen ebenfalls klar. In diesem Zusammenhang erhebt sich die Frage, wie die Verweigerung zu qualifizieren ist, ob sie etwa in diesem speziellen Fall ehrenwert war, weil dadurch das Leben des Herrn wenigstens für eine gewisse Zeit gerettet wurde. Während die Verteidigung des Sklaven mehr darauf abstellt, dass der Sklave, der seinem Herrn Gift gibt, gegen die *lex Cornelia de sicariis et veneficis* verstieße, spielt die Gegenseite ganz mit dem Argument, die Verweigerung sei in diesem Falle ehrenwert gewesen (*ille non saluti consuluit domini*... Bd. I, S. 420). Interessant ist hier, dass Rede und Gegenrede in ihrer Argumentation nicht aufeinander abgestimmt sind, sie verfolgen unterschiedliche Argumentationslinien. Die Gegenseite greift eine Argumentation auf, die in der Rede des Sklaven nicht auftaucht. Diese Divergenz kommt möglicherweise dadurch zustande, dass es sich bei den Kontroversien Senecas um Stücke handelt, die nicht von einem Autor stammen, sondern aus den Reden unterschiedlicher Redner zusammengesetzt sind.

Für die *constitutio iuridicialis assumptiva*, den relativen Rechtfertigungsstatus, lässt sich Calp. Flac. 37 als Beispiel heranziehen. Ist es dem Angeklagten nicht möglich, die Tat wie bei der *constitutio iuridicialis absoluta* als in sich gerechtfertigt erscheinen zu lassen, ist er dazu gezwungen, das Vergehen zuzugeben und sich auf andere Hilfsmittel zu verlassen, um eine Rechtfertigung oder eine Entschuldigung zu erreichen.[1116]

Ein Vater und ein Sohn unterhielten intime Beziehungen zu unterschiedlichen Dirnen. Der Vater gab dem Sohn Geld, damit dieser die Dirne freikaufen sollte, die der Vater liebte. Der Sohn kaufte die Dirne frei, die er selbst liebte. Der Sohn wurde enterbt. In der Rede gibt der Sohn ohne Umschweife zu, dass er gegen den Willen des Vaters gehandelt und die Dirne, die er liebte, zurückgekauft habe. Er überträgt den Vorwurf der ehrlosen Handlung auf seinen Vater, indem er ihm vorwirft, durch den Wunsch, die geliebte Dirne freizukaufen, einen Narren aus seinem Sohn zu machen. Die Lächerlichkeit entstehe durch den Wunsch des Vaters, in seinem hohen Alter noch eine sexuelle Beziehung unterhalten zu wollen (*primum quod amor, velis nolis, in senectute frigidor est.* Calp. Flac. 37, S. 76, H. 31. 17/18).

[1115] Fuhrmann, Antike Rhetorik, S. 105 ff; Andersen, Garten der Rhetorik, S. 163; Martin, Antike Rhetorik, S. 36 - 42.

[1116] Martin, Antike Rhetorik, S. 39.

Für den *status translationis* gibt es in den Kontroversien des Prinzipats kein Beispiel. Dies korrespondiert mit der Ansicht Quintilians, der die Problematik des Vorbringens vor dem zuständigen Gericht nicht als eigenen *status* einordnete.[1117]

b) *Genus legale*

Beim *genus legale* geht es um die eigentliche Arbeit mit der Rechtsnorm, da es sich bei diesem *genus* um die Anwendung von Normen auf den konkreten Sachverhalt handelt[1118]. Dennoch sind in gegenwärtigen Verfahren Auseinandersetzungen bezüglich der Tat an sich und bezüglich der Rechtfertigungs- oder Entschuldigungsgründe, d.h. Probleme, die dem *genus rationale* entsprechen, ebenso zu finden, wie Probleme des *genus legale*. Die Schlussfolgerung, es handele sich nur bei der Beschäftigung mit dem *genus legale* um juristische Argumentation, ist daher nicht zutreffend. Rechtfertigungsgründe, Entschuldigungsgründe oder beweisrechtliche Probleme befinden sich ebenso im juristischen Bereich.

Bei der Anwendung von Normen auf den konkreten Sachverhalt können sich Probleme ergeben, die von einer scheinbaren oder wirklichen Ungenauigkeit der betreffenden Norm herrühren. Durch die Kategorien des *genus legale* werden diese Ungenauigkeiten in Fallgruppen geordnet. Die Kategorie *scriptum/sententia* betrifft das Verhältnis des Wortlauts eines Gesetzes zu seiner Auslegung.[1119] Für diese Kategorie finden sich in den Kontroversien des Prinzipats zahlreiche Beispiele, von denen hier nur einige genannt werden.

In Quint. Decl. mai. VI geht es um die Norm, die besagt, dass derjenige, der seine Eltern in einer Notlage im Stich lässt, nicht bestattet werden dürfe. Der Vater beruft sich in seiner Rede auf die Absicht hinter dem Gesetz, die durch den Wortlaut der Rechtsregel nur unzulänglich zum Ausdruck komme. Durch die Rechtsregel sei es festgeschrieben worden, dass Kinder sich um die Eltern kümmern müssen. Damit sei aber nicht gemeint, dass das Kind nur dem Elternteil beistehen müsse, der unmittelbar anwesend sei (*qui parentes in calamitate deseruit, insepultus abiciatur. omnis nobis in hac prius causa, iudices, de scripto et intellectu legis contentio est, utrum verborum ambiguitate an voluntatis fide standum sit.* Quint. Decl. mai. S. 123, 11; *...ut ego aestimo, an vero non mereatur adiutorium, nisi qui praesente filio miser est.* Quint. Decl. mai. S. 125, 13.) In seiner Rede greift der Vater die Argumente der Mutter auf, die sich auf den Wortlaut, auf die buchstäbliche Bedeutung der Rechtsregel, bezieht (*pars enim diversa id nititur parentem fuisse in calamitate eam, quae deserta sit; cuius rei poena est abici insepultum*, Quint. Decl. mai. S. 123, 12).

Auch in Quint. Decl. mai. VII geht es darum, dass die eine Partei laut Sachverhalt auf dem Wortlaut der Norm, *liberum hominem torqueri ne liceat*, beharrt (*dives contradicit ex lege*), obwohl sich der Vater des Angeklagten freiwillig in die

[1117] Wesel, Rhetorische Statuslehre, S. 27; Martin, Antike Rhetorik, S. 42 ff.
[1118] Fuhrmann, Antike Rhetorik, S. 109; Martin, Antike Rhetorik, S. 44 - 52.
[1119] Andersen, Garten der Rhetorik, S. 164; Fuhrmann, Antike Rhetorik, S. 109 f.

Folter begeben will, um seinen Sohn durch seine Aussage entlasten zu können. In der Rede für den Reichen greift der Redner tatsächlich auf den Wortlaut der Regelung zurück: *„Lex, „ inquit, „liberum hominem torqueri vetat." Per fidem, iudices, quis non hoc eum respondere credat, cuius tormenta poscantur! Nemini, iudices, credo dubium legem, quae torqueri liberum hominem vetat, hoc prospexisse tantum, ne quis torquerentur invitus, et iura, quae nos a servilium corporum condicione secerunt, inpatientiae tantum succurrisse nolentium* (Quint. Decl. mai. VII, S. 140, 4).

Quint. Decl. min. CCCXXXVI ist ein Beispiel dafür, wie sich eine Partei auf den buchstäblichen Inhalt eines Vertrages beruft, während die andere die eigentliche Absicht, die hinter dem *pactum* steht, zur Argumentation heranzieht. Dem geschlossenen *pactum* nach sollte der ältere Bruder den väterlichen *ager communis* erhalten und sollte dann auch die gesamten Schulden bezahlen, die auf der Erbschaft lasteten. Die Situation hat sich dann verändert. Nach der *lex tabularum novarum* ist nämlich eine Schuldbefreiung eingetreten. Der jüngere Bruder verlangt nun die Hälfte des Landes. Der Ältere redet dagegen. Tatsächlich greift der ältere Bruder in seiner Rede das Argument des jüngeren auf, das darin besteht, dass sich die Grundlage der Erbauseinandersetzung seit der Schließung des *pactum* geändert habe und daher das *pactum* aus Billigkeitserwägungen heraus aufgehoben werden müsse (*agrum fratri dedi; cum fratre meo convenit mihi, ut ille solveret,* Quint. Decl. min. S. 323, 30/31). Der ältere Bruder beruft sich aber letztendlich auf den Wortlaut des Paktes und nimmt lediglich einen Fall von *vis maior* an, der das *pactum* bestehen lässt.

In der Kategorie *leges contrariae* wollen die Parteien einander widersprechende Rechtsregelungen auf den Fall angewendet wissen.[1120] Calp. Flac. 1 ist ein gutes Beispiel für diese Kategorie. Eine Frau, die zwei Söhne hatte, hat ihren Mann, der ein Tyrann war, umgebracht. Als Belohnung verlangt sie die Verschonung ihrer Kinder von der Strafe. Dem wurde stattgegeben. Einer ihrer Söhne besetzte das Schloss, die Mutter tötete ihn. Sie verlangt als Belohnung die Verschonung ihres anderen Sohnes. Ihr wird widersprochen. Als Norm ist lediglich angegeben, dass der Tyrann und fünf seiner engsten Familienmitglieder mit der Todesstrafe bestraft werden sollen. Der Sachverhalt ist aber so gestellt, dass er nur unter Hinzufügung einer zweiten Norm, die besagt, dass dem Tyrannenmörder eine Belohnung seiner Wahl zusteht, sinnvoll wird. Die Mutter beruft sich auf diese zweite Norm, die die Belohnung vorsieht. Die Gegenseite bezieht sich auf die vor dem Sachverhalt angegebene Norm. Dementsprechend verteidigt sich die Partei der Mutter mit dem Satz: *Petit praemium, non quod accipiat, sed quod accepit* (Calp. Flac. S. 27).

Ein weiteres Beispiel für die Kategorie *leges contrariae* ist Quint. Decl. min. CCXCIII.

Ein Mann, der tapfer gekämpft hat, will als Belohnung die Tyrannis über die besiegte Gemeinde. Als Norm ist angegeben: *Viro forti praemium.* Der Sachverhalt

---

[1120] Fuhrmann, Antike Rhetorik, S. 110.

muss ebenfalls vor dem Hintergrund des Verbots der Konsolidierung einer Tyrannis betrachtet werden. Der Redner, der die Partei des tapferen Kriegers vertritt, wehrt sich nämlich gegen diese Ansicht und will nur die angegebene Norm angewendet wissen (*eadem ergo ratione hoc peto, qua fortiter feci.* Quint. Decl. min. S. 164 Z. 22 ff). Auch Quint. Decl. min. CCCLXVI ist beispielhaft für diese Kategorie.

In der dritten Kategorie des *genus legale*, der *ambiguitas*, warten die Parteien mit je verschiedenen Interpretationen einer nicht eindeutigen Norm auf.[1121] Ein Beispiel dafür ist die schon bekannte *Fraus legis Voconiae*, Quint. Decl. min. CCLXIV. Es geht um den Fall, dass ein Mann zwei Frauen zu hälftigen Teilen als Erben einsetzt. In der Norm heißt es aber, dass es nicht erlaubt sei, mehr als den halben Teil des Vermögens einer Frau zu hinterlassen. Der Sachverhalt lässt die Problematik erkennen, dass die Norm ungenau gefasst ist. Die Konstellation des konkreten Sachverhalts macht diese Schwäche deutlich. Es wird aus der Norm nicht klar, ob es verboten ist, **einer Frau** mehr als die Hälfte des Vermögens zu vererben, oder ob es verboten ist, dass durch Vererbung mehr als die Hälfte des Vermögens in das Eigentum **weiblicher Personen** gelangt. Der Redner, der für die erbenden Frauen und gegen die klagenden Kognaten spricht, geht auf den Sinn und Zweck des Gesetzes ein und kommt zu der Auslegung, dass das Gesetz verhindern solle, dass keine weibliche Person alleine mehr als die Hälfte eines Vermögens erben dürfe. Es sei aber für den Zweck des Gesetzes unerheblich, wieviel der Erbmasse an weibliche Personen gehe. Er begründet dies damit, dass es der Zweck des Gesetzes sei, die *civitas* davor zu schützen, dass Frauen zu viel Geschäfte tätigten und die *civitas* dadurch schädigen könnten (Quint. Decl. min. CCLIV S. 81 Z. 7 ff).

Ein weiteres Beispiel für die *ambiguitas* ist das Stück *Debitor adulter*, Quint. Decl. min. CCLXXIII. Die Normen besagen, dass der Ehemann die Güter dessen in Besitz nehmen solle, den er beim Ehebruch ertappt hat, dass es gegen den Bürgen dieselbe Klage wie gegen den Schuldner gebe und der Bürge zahlen müsse, wenn der Schuldner nicht zahlt. Ein Mann hatte seinen Schuldner beim Ehebruch ertappt und nach dem Gesetz dessen gesamtes Vermögen beschlagnahmt. Nun verlangt der betrogene Ehemann die Schuld von dem Bürgen. Der Bürge redet dagegen. Entscheidend ist hier die Frage, ob die Konfiskation, die in der Norm erwähnt wird, den Übergang des gesamten Vermögens oder nur den Eigentumsübergang des Nettovermögens, also des Vermögens abzüglich aller Schulden, meint. Im Sachverhalt wird gesagt, dass der Gläubiger das gesamte Vermögen (*bona omnia*) in seinen Besitz genommen habe. Würde also die Enteignung nur das Nettovermögen beinhalten, dann hätte hier der Gläubiger mehr als ihm zustünde in Besitz genommen. Die Schuld wäre dann schon zurückgezahlt und würde sich zum Zeitpunkt des Prozesses bereits wieder im Eigentum und im Besitz des Gläubigers befinden. Der Gläubiger könnte sich dann mangels einer noch bestehenden Schuld auch nicht mehr an den Bürgen wenden. Tatsächlich vertritt

---

[1121] Fuhrmann, Antike Rhetorik, S. 110.

der Redner, der für den Bürgen spricht, die Auslegung, die besagt, dass die Enteignung nur das Nettovermögen betreffe. Die Schuld sei also bereits abgegolten. In seiner Rede greift er die Argumentation des Gläubigers auf, der natürlich davon ausgeht, dass die Enteignung das gesamte Vermögen, also das Bruttovermögen umfasse.

Für die vierte Kategorie des *genus legale* fällt Quint. Decl. min. CCLXXIV als Beispiel auf. Bei der *ratiocinatio* behauptet eine Partei, der Fall sei vom Gesetz nicht geregelt. Sie verlangt, dass die Lücke durch eine Analogie geschlossen werde.[1122] Die eine Norm besagt: Wer vom Blitz erschlagen wird, der solle an demselben Ort bestattet werden. Die andere Norm besagt: Der Körper eines Tyrannen solle außerhalb der Grenzen unbestattet fortgeworfen werden. In dem Sachverhalt ist ein Tyrann im Forum vom Blitz erschlagen worden. Es wird gefragt, ob er an demselben Ort bestattet werden soll. In dieser Deklamation ist die *sermo* sehr interessant. Der Lehrer erteilt den Rat, in der Rede auf die Verschiedenheit der Rechtsbereiche hinzuweisen. Der Redner solle deutlich machen, dass eine Norm dem öffentlichen Recht angehöre und eine dem privatrechtlichen Bereich. Auf diese Weise könnte tatsächlich die Anwendbarkeit der Norm *quo quis loco fulmine ictus fuerit, eodem sepeliatur* auf diesen Sachverhalt verneint werden, weil die Person eines Herrschers, sei er ein Tyrann oder nicht, nicht dem privatrechtlichen Bereich zugeordnet wird (Quint. Decl. min. S. 121 Z. 2 - 7). Tatsächlich wird auch in der *declamatio* im engeren Sinn darauf Bezug genommen, dass die Person des Tyrannen unmittelbar mit der Staatsform verbunden sei. Er verhindere die Freiheit der *civitas*. Auch wird das *forum* als öffentlicher Bereich eingeordnet, der für das Leben in der *civitas* wichtig ist. Ihm wird eine Stellung ähnlich denen der Tempel zugebilligt. Das Forum müsse genauso wie die Tempel von dem Anwendungsbereich der Norm *quo quis loco fulmine ictus fuerit, eodem sepeliatur* aufgrund seiner Wichtigkeit für die *civitas* ohnehin ausgenommen sein. In diesem Punkt würden die Normen aber eine Lücke aufweisen (*...quod leges valent...*,Quint. Decl. min. S. 123 Z. 6 ff).

Schon die Beschäftigung mit diesen Beispielen zeigt den engen Zusammenhang zwischen Kontroversien und Statuslehre. Dies ist keine Verbindung, die sich erst im Prinzipat in den Kontroversien des neueren Typus durchgesetzt hatte, die Tradition ist viel älter. Von Sopatros ist eine Sammlung von über achtzig Themen erhalten, geordnet nach ihrem vorrangigen Status.[1123] Die Annahme, dass die Schüler durch die Kontroversien die Anwendung der Statuslehre üben sollten, wird dadurch erhärtet. Die Statuslehre erleichtert es, den Einstig in die Bearbeitung eines konkreten Falles zu finden. In vielen Deklamationen ist die Anwendung der Statuslehre wegen dieses Übungszwecks auch auf die Spitze getrieben. Es gibt daher viele Kontroversien, in denen sich sogar die Anwendung ein und derselben Norm entgegensteht. In der Sen. contr. 1.5 beispielsweise hat ein Mann zwei Frauen geraubt, die eine verlangt eine Hochzeit, die andere seinen Tod. Bei-

---

[1122] Fuhrmann, Antike Rhetorik, S. 110.
[1123] Andersen, Antike Rhetorik, S. 253.

de Frauen berufen sich auf die Norm, die einer Geraubten die Wahl zwischen einer Ehe mit dem Räuber, ohne Dotalgabe, und dem Tod des Räubers zubilligt. Der Fall ist einer der *leges contrariae*.[1124] Er treibt aber die Beschäftigung mit dieser Kategorie auf die Spitze, weil sich die Anwendung ein und derselben Norm widerspricht. Die Bearbeitung des Falles wird in verschiedene Stufen unterteilt, in denen der Sachverhalt temporal aufgerollt wird. Die Erstgeraubte habe so in einer logischen Sekunde vor dem Raub der anderen Zeit gehabt, sich für eine Hochzeit oder den Tod zu entscheiden (Sen. contr. Bd. I S. 126 - 134).

c) Ergebnis

Der Schwerpunkt der Übung der Statuslehre liegt also im Umgang mit besonders extremen und komplizierten Fällen. Ein sicherer Umgang mit diesen Fällen gewährleistet, dass der Schüler mit einfacher gelagerten Fällen erst recht ohne Schwierigkeiten umgehen kann. Die Statuslehre hilft, die Prüfung des Sachverhalts zu strukturieren und die Schwerpunkte zu erkennen.

7. Die prozessuale Situation in den Kontroversien des neueren Typus

Um feststellen zu können, ob die Kontroversien als Übungen für die reale juristische Praxis überhaupt tauglich waren, muss auch geprüft werden, ob die dort beschriebenen Situationen, prozessual gesehen, realistisch sind. Aus den Normen und Sachverhalten ergibt sich, dass aufgrund der beschriebenen Klagen folgende prozessuale Situationen in den Kontroversien gezeigt werden müssten: Formularprozesse, Kognitionsprozesse, Strafprozesse vor den *questiones perpetuae*, Verfahren vor dem Senat, Verfahren vor dem Prinzeps, Verfahren vor einem Kriegsgericht und Verfahren vor einem Familiengericht.

a) Formularprozesse

In der frühen Prinzipatszeit war die vorherrschende Prozessform für Zivilprozesse der Formularprozess. Das Verfahren war zweigeteilt.

Im Dominat setzte sich die *cognitio extra ordinem* als Standard durch[1125]. Beachtenswert ist, dass sich diese Umwandlung vom Formularprozess zum Kognitionsprozess nicht abrupt vollzog, sondern lange Zeit hindurch ein territoriales Phänomen war. In Ägypten etwa wurde die Form des Kognitionsprozesses schon seit langem praktiziert.[1126] Die *cognitio extra ordinem* ist für die Ansprüche geschaffen worden, die von den Prätoren nicht als einklagbar erkannt wurden.[1127]

[1124] Winterbottom, Seneca the elder - Declamation Volume I, S. 121, Fn. 4.
[1125] Mayer-Maly, Römisches Recht, S. 210.
[1126] Kaser/Hackl, Römisches Zivilprozessrecht, § 70, II. 1; Hackl, Zivilprozeß in den Provinzen, S. 158 f.
[1127] Kaser/Hackl, Römisches Zivilprozeßrecht, § 66 III. 1.

Bei dieser Prozessart unterliegt der gesamte Verlauf der Aufsicht eines Magistraten.
Die Zeit, in der die untersuchten Deklamationen entstanden sind, fällt also zivilverfahrensrechtlich gesehen in die Zeit des Formularprozesses, mit der Einschränkung, dass in einigen wenigen Provinzen (z.B. Ägypten)[1128] auch ein Verfahren *extra ordinem* zu dieser Zeit möglich war (s. Kap. I.3).

Das Verfahren *in iure*, das sich vor dem Prätor abspielt und den ersten Abschnitt eines Formularverfahrens bildet, wird von der freien Rede des Klägers und des Angeklagten dominiert. Es zielt auf die Entscheidung ab, ob ein Urteilsgericht (*iudicium*) eingesetzt wird oder nicht und unterliegt keinen festen Regeln. Zweckmäßigerweise wird sich eine bestimmte Reihenfolge herauskristallisiert haben (s. Kap. I.3). Bei der Verhandlung *apud iudicem* stehen den Parteien neben dem *orator* und dem *patronus* auch die *advocati* zur Seite.
Das Verfahren endet mit einem Urteil, das der Einzelrichter oder die *recuperatores* mit der einfachen Mehrheit ihrer Stimmen fällen.[1129]

Bestimmten Personengruppen mangelt es an der Parteifähigkeit. Sklaven mangelt es vollständig an der Parteifähigkeit im Formularprozess. Gewaltunterworfene Hauskinder und die gewaltunterworfene *uxor in manu* sind ebenfalls häufig nicht parteifähig.[1130] Eine Ausnahme bildet nur der Anspruch der Haustochter auf Rückgabe der *dos*. Dieses Recht kann sie notfalls mit selbständiger Klage durchsetzen. Eine weitere Ausnahme bildet der beleidigte Haussohn, dessen *pater familias* abwesend ist. Ihm steht eine besondere *actio iniuriarum* zu. Zudem kann der Haussohn als *cognitor* auch ohne Ermächtigung als Kläger oder Beklagter den *pater familias* vertreten. Die *uxor in manu* und die Hauskinder konnten nicht verklagt werden (außer bei den adjektizischen Klagen), aus den Delikten der Hauskinder konnte nur der *pater familias* mit der *actio noxalis* verklagt werden.[1131] *Impuberes* und gewaltfreie Frauen können im Formularprozess nur mittels der *auctoritas tutoris* klagen und verklagt werden. *Impuberes* sind prozessunfähig, für sie prozessiert ihr *tutor*. Geisteskranke stehen den *impuberes* gleich, für sie prozessiert ihr *curator*. Prozessfähig ist dagegen der *minor XXV annis* (er ist nämlich schon *puber*), sein *curator* ist nur in Ausnahmefällen zu seiner Vertretung befugt. Dem *minor* kann aber zur Prozessführung ein besonderer *curator* zugeteilt werden. *Peregrine* sind zum Formularprozess zugelassen, Körperschaften prozessieren durch ihre Vertreter.[1132]

[1128] Kaser/Hackl, Römisches Zivilprozeßrecht, § 70, II. 1; Hackl, Zivilprozeß in den Provinzen, S. 159.
[1129] Kaser/Hackl, Römisches Zivilprozeßrecht, § 54.
[1130] Dagegen Höbenreich/Rizzelli, Scylla, S. 83, 85.
[1131] Kaser/Hackl, Römisches Zivilprozeßrecht, § 28.
[1132] Kaser/Hackl, Römisches Zivilprozeßrecht, § 28 f.

Die Postulationsfähigkeit ist nicht allen Personen gegeben, die prozessfähig sind. *Postulare* bedeutet in diesem Zusammenhang das Stellen von Anträgen vor dem Magistrat. Die Postulationsfähigkeit ist im prätorischen Edikt geregelt. Postulationunfähig sind der noch nicht 17-jährige und der Taube. Der Prätor gewährt diesen einen Beistand, den *advocatus*. Frauen, Blinde, der Mann, der sich von einem anderen geschlechtlich hat missbrauchen lassen, der zur Kapitalstrafe Verurteilte und der, der sich zum Tierkampf verdungen hat, können nur für sich selbst postulieren, d.h. sie können nicht als *postulator* bzw. *advocatus* für einen anderen auftreten.[1133] Dies wird bei Frauen mit dem Schutz ihrer *verecundia* begründet (D.3.1.1.5).[1134] Nur für sich selbst oder für einen beschränkten Personenkreis können die Personen postulieren, die mit der prätorischen Infamie belegt sind.[1135] Trotzdem genossen z.B. Witwen und Waisen gewisse Privilegien vor Gericht. So gehörte es zu den Aufgaben des *praeses*, Frauen, Waisen oder anderen „Schwachen" einen Advokaten zur Seite zu stellen (D.1.16.9.5f.; D.3.1.1.4). In manchen Fällen wurde Frauen Rechtsunkenntnis zu Gute gehalten (D.22.6.9.pr.; Cod. Theod.2.16.3; Ulp. Reg. 11.1). Jedenfalls muss die weibliche *pudicitia* in allen Teilen des Verfahrens gewahrt werden.[1136]

Die untersuchten Kontroversien enthalten neben dem Sachverhalt, den Normen und den *sermones* ausschließlich Reden und Gegenreden. Es ist also davon auszugehen, dass hier bei den Zivilrechtsstreitigkeiten im Formularverfahren das freiere Verfahren *apud iudicem* imitiert wird (s. Kap. I.3). Diese Ansicht wird durch die Tatsache unterstützt, dass in vielen Reden, für die die Gegenrede fehlt, die Kenntnis bestimmter *exceptiones* der Gegenseite fingiert werden, auf die in der Rede Bezug genommen wird. In Quint. Decl. min. CCCLXXXIV z.B. greift der Redner Beispielsweise die *exceptio „mea, inquit, aestimatio est"* des Gegners in der *declamatio* auf.

Das Verfahren *apud iudicem* wird bezüglich der *actio rei uxoriae* realistisch dargestellt. Die Haustochter ist nämlich bei der *actio rei uxoriae* parteifähig und für sich selbst postulationsfähig. In beiden Stücken, bei denen es sich um eine *actio rei uxoriae* handelt (Quint. Decl. min. CCCLX und Quint. Decl. min. CCCLXXXIII), redet die Frau für sich selbst. Es hätte freilich auch ein *advocatus* bestellt werden können; für diesen Fall ist die Übung wohl gedacht.

Ein weiteres Beispiel von einem Formularverfahren, das in den Kontroversien des neueren Typs dargestellt wird, ist das Verfahren der *actio hereditatis* (Quint. Decl. min. CCCVIII und Quint. Decl. min. CCCXII). Obwohl sich der Sachverhalt der Quint. Decl. min. CCCXII eigentlich mit der Gesamtrechtsnachfolge der

---

1133 Pennitz, Postulationsfähigkeit der Athleten, S. 107 f.

1134 Krause, Witwen und Waisen II, S. 247.

1135 Kaser/Hackl, Römisches Zivilprozeßrecht, § 28. III.

1136 Krause, Witwen und Waisen II, S. 244 - 251.

Erben befasst, verlangt doch in beiden Fällen der vermeintliche Erbe vom Erbschaftsbesitzer die Erbschaft heraus.
In Quint. Decl. min. CCCXVIII geht es darum, dass in einem Testament ein Freund als Erbe eingesetzt wurde und von diesem verlangt wurde, einem von zwei Freigelassenen, die der Erblasser hinterließ, 1000 zu zahlen. Einer der Freigelassenen hatte geklagt, er war aber unterlegen. Jetzt klagt der andere. Der *libertus* agiert mittels der *actio ex testamento*, die einer *actio ex stipulatu* ähnlich ist. Der *libertus* ist sowohl partei- als auch prozessfähig, ihm steht sein Patron zur Seite.[1137] Dieser ist im vorliegenden Verfahren aber bereits verstorben. Verstirbt der Patron, dann gehen seine Rechte nur auf seine Abkömmlinge über.[1138] Im vorliegenden Fall werden Abkömmlinge des Erblassers nicht erwähnt. Der Prätor könnte also mangels Vorhandenseins eines Prozessbeistands dazu gezwungen sein, einen *advocatus* als Beistand zu berufen.
Auch eine *actio operarum* wird in Sen. contr. 4.8 vorgestellt. Es geht um einen Fall, in dem sich der Freilasser schon vor der Freilassung Dienste durch Eid hat versprechen lassen. Nun klagt er diese Dienstleistungen ein. Obwohl die Bezeichnung der Klage nicht auftaucht entspricht sie der *actio operarum.*
In Sen. contr. 9.3 wird die Gegenleistung eines Vertrags eingeklagt. Ein Mann hatte zwei ausgesetzte Kinder aufgenommen und ausgebildet. Der natürliche Vater erklärt sich damit einverstanden, dass der andere einen Sohn behalten könne, wenn er ihm sage, wo die Kinder zu finden seien. Der Mann, der die Kinder aufgenommen hatte, verlangt nun den einen Sohn, der nun beim leiblichen Vater ist, heraus. Es müsste sich bei dem Versprechen um eine Stipulation gehandelt haben. Die Klage, die der Mann, der die Kinder aufgenommen hatte, anstrengt, müsste also eine *actio ex stipulatu* sein. Im Sachverhalt wird aber von einem *pactum* geredet. Das *pactum* ist nach *ius civile* nicht klagbar.[1139] Der Prätor müsste daher eine *actio in factum* gegeben haben, um die Gegenleistung einklagbar zu machen. Dies ist jedoch im vorliegenden Fall fraglich, da sich schon im Verfahren *in iure* ergeben haben könnte, dass das Rechtsgeschäft unter *vis* und *metus* zustande gekommen ist. Das unter *vis* oder *metus* zustande gekommene Geschäft ist zwar, ungeachtet ob es förmlich oder formfrei zustande gekommen ist, regelmäßig gültig.[1140] Unbenommen davon gibt es aber seit 71 v. Chr. eine Entwicklung, die diese Geschäfte nach prätorischem Recht entkräftet. Genannt sei hier nur die *formula Octaviana*, durch die im Edikt erstmals eine Klage auf Rückgabe des durch Gewalt oder Drohung Erlangten festgesetzt wird.[1141] Die *in integrum restitutio*, die *actio quod metus causa*, die *actio arbitraria* und die *exceptio metus* sind bekannte Stationen dieser Entwicklung.[1142] Diese prätorische Rechtsfortbildung än-

---

[1137] Kaser/Knütel, § 16 II. 2.
[1138] Kaser/Knütel, § 16 II. 2.
[1139] Kaser/Knütel, § 38.
[1140] Kaser, Römisches Privatrecht, 1. Abschnitt, § 59 III.
[1141] Kaser, Römisches Privatrecht, 1. Abschnitt, § 59 III; Kaser/Knütel, § 8, IV:
[1142] Kaser, Römisches Privatrecht, 1. Abschnitt, § 59.

dert aber nichts an dem zivilrechtlichen Zustand der Rechtsgeschäfte, die unter Zwang oder Furcht entstanden sind. Die prätorische Entwicklung ist in der Prinzipatszeit längst so weit, dass - untechnisch gesprochen - durch die prätorischen Rechtsmittel jemand an die Rechtsgeschäfte, die er unter Zwang oder Furcht eingegangen war, nicht gebunden war. Der Prätor hätte also eine *actio in factum* geben können, der der Beklagte mit einer *exceptio metus* begegnen könnte. Die Norm, *per vim metumque gesta irrita sint*, macht es wahrscheinlich, dass im geschilderten Fall *vis* und *metus* vorgelegen haben.
In den Stücken der Quint. Decl. min. CCXLV, Quint. Decl. min. CCLXIX und der Quint. Decl. min. CCCLXI geht es um eine *actio depositi*. Das Verfahren *apud iudicem* wird entsprechend imitiert.

Die Delikte werden ebenfalls mit *actiones* im Formularverfahren verfolgt. In den Kontroversien des Prinzipats werden diese Klagen auch verwandt, wie die *actio de vi privata*, die *actio damni per iniuriam dati* und die *actio iniuriarum* gegen einen Magistrat (Kap. II. 1.g). Die *actio sepulchri violati* ist eine prätorische *actio in factum* (Kap. II.1.j). Eine Besonderheit bietet in dieser Gruppe die Klage, die in den Kontroversien mit *actio circumscriptionis* bezeichnet wird. Bei den geschilderten Fallkonstellationen müsste es sich bei der Klage eher um eine *actio furti* oder eine *actio de dolo* handeln (s. Kap. II.1.g).

b) Kognitionsprozesse

Das Verfahren der *cognitio extra ordinem* steht in der Prinzipatszeit dem Formularprozess gegenüber. Es hat im Prinzipat noch außerordentlichen Charakter. Nicht Geschworene, sondern staatliche Amtsträger sprechen in der *cognitio extra ordinaria* das Urteil. Das Verfahren ist nicht mehr in zwei Phasen unterteilt. Der Princeps oder die vom Princeps delegierten Beamten prüfen selbst die Beweise und sprechen das Urteil. Die Rechtfertigung für diesen Wandel unter Augustus wird in der wohlfahrtsstaatlichen Vorstellung des Augustus gesehen.[1143] Das Verfahren selbst war nicht in starren Rechtsregeln festgelegt, der Magistrat hatte einen großen Ermessensspielraum. Dennoch werden die allgemeinen Gerichtsprinzipien, wie z.B. das Öffentlichkeitsprinzip eingehalten worden sein. Der Gerichtsort war meist das Forum, bei einem Aufenthalt außerhalb Roms ein öffentlicher Platz. Über die gesamte Verhandlung wird ein Protokoll geführt. Das Verfahren *extra ordinem* ist ein Verfahren, das je nach Inhalt verschiedenen Zwecken dienen kann. In den Kontroversien des Prinzipats sind in den Sachverhalten einige Klagen angegeben, die ein Verfahren *extra ordinem* nach sich ziehen müssten. Dies sind: *raptus* (Quint. Decl. min. CCLXXX, Calp. Flac. 34, Calp. Flac. 41) und das Einklagen der Unterhaltspflicht der Kinder bezüglich der Eltern (Sen. contr. 1.7., Sen. contr. 7.4., Quint. Decl. mai. V). Auch hier werden

[1143] Kaser/Hackl, Römisches Zivilprozeßrecht, § 66; Robinson, Criminal Law, S. 21.

aber nur Rede oder Rede und Gegenrede in der Kontroversie erwähnt. Die prozessualen Vertretungen und Beistände werden dem römischen Prozessrecht entsprechend dargestellt, wobei die Männer aber stets selbst reden, die Frauen hingegen nicht. Bei den *raptus*-Prozessen wird nur die Rede der Gegenseite, d.h. die Rede eines Mannes, angegeben.

Viele Sachverhalte in den Kontroversien des neueren Typs weisen auf ein Verfahren hin, in dem festgestellt wird, ob ein *pater familias* an Altersdemenz leidet, oder nicht. In den Kontroversien wird dieses Verfahren unter der *actio dementiae* geführt. Tatsächlich ist im römischen Recht keine *actio dementiae* bekannt. Es handelt sich vielmehr um das Verfahren, bei dem entschieden wird, ob der *pater familias* unter die *cura* gestellt werden muss oder nicht. Über Maßnahmen dieser Art entschieden die Gerichtsmagistrate durch *cognitio*.[1144] Der Begriff *actio* soll hier wohl nicht technisch als „Klage", sondern in der Bedeutung „irgendein Verfahren" verstanden werden.
Ein anderes Verfahren der *cognitio* vor dem Prätor oder dem Statthalter war die *adoptio*.[1145] Sie kommt in den Kontroversien in den Stücken Sen. contr. 2.1. und Sen. contr. 3.3. vor.

c) Strafprozesse vor den *quaestiones perpetuae*
Parricidium (z.B. Sen. contr. 3.2., Sen. contr. 7.5., Quint. Decl. mai. XVII oder Quint. Decl. min. CCXCIX), *proditio* (z.B. Sen. contr. 7.7., Quint. Decl. min. CCLXXXVII, Quint. Decl. min. CCCLXVI oder Calp. Flac. 32), das *crimen maiestatis* (Sen. contr. 9.2.) und *veneficium* (z.B. Sen. contr. 6.4., Sen. contr. 6.6., Quint. Decl. mai. XIV, Quint. Decl. min. CCCL oder Calp. Flac. 35) wurden vor den *questiones perpetuae* verhandelt. Die *quaestiones perpetuae* waren außerordentliche Gerichtshöfe, mit deren Errichtung schon im zweiten Jahrhundert vor Christus begonnen worden war, um die unzureichenden Verfahren der *iudicia populi* zu ersetzen (s. Kap. I.3). Am Ende der republikanischen Zeit waren in Rom zumindest neun ständige Gerichtshöfe tätig. Fünf waren mit der Verurteilung von politischen Verbrechen betraut (*maiestas*, *repetundae*, *ambitus*, *peculatus*, *vis*) und vier mit gemeinen Verbrechen (Mord, Verwandtenmord, Fälschung, schwere Persönlichkeitsverletzungen). Die Verfahren wegen *proditio* und *crimen maiestatis*, die in den Kontroversien geschildert werden, müssten demnach vor den politischen Gerichtshöfen, die Verfahren wegen *veneficium* und *parricidium*, die ebenfalls in den Kontroversien dargestellt werden, dagegen vor den *quaestiones* der gemeinen Verbrechen abgeurteilt worden sein. Die Reden und Gegenreden, die in den Kontroversien die *declamationes* an sich bilden,

---

[1144] Kaser/Hackl, Römisches Zivilprozeßrecht, § 25. II. 2.
[1145] Kaser/Hackl, Römisches Zivilprozeßrecht, § 28 II. 2.

stimmen mit der Aufgabe der *orationes* im Verfahrensablauf der *quaestiones perpetuae* überein.

Das Verfahren über das Veranlassen von Aufständen in der Nacht, das in Sen. contr. 3.8. thematisiert ist, wurde in der republikanischen Zeit entweder vom Magistrat in Ausübung seiner polizeilichen Gewalt oder von einem mutmaßlichen Polizeigericht der *tresviri capitales* verhandelt[1146]. In der augusteischen Zeit wurde es bereits als Teil des *crimen maiestatis* vor einer der politischen *quaestiones perpetuae* verhandelt.[1147]

Die *actio inscripti maleficii*, die in Quint. Decl. min. CCCII, Quint. Decl. min. CCCXLIV und Quint. Decl. min. CCCLXX vorgestellt wird, wird von Mommsen[1148] als eine kriminlarechtliche *actio in factum* dargestellt. Ihre Existenz scheint aufgrund des Aufbaus der Kriminaljustiz in den *quaestiones perpetuae* nicht sehr wahrscheinlich, dennoch ist sie möglich.

d) Verfahren vor dem Senat

Das Verfahren zur Bewerbung um ein öffentliches Amt, das in Sen. contr. 5.8. aufgezeigt wird, spielte sich in der Republik vor den *curiae*, den Wahldistrikten, ab. Der Wahlleiter, ein *duumvir*, registrierte die freiwilligen Kandidaturen für die Ämter. Gab es zu wenige Kandidaturen, konnte er Bürger auf die Wahlliste setzten. Diese nominierten konnten ihrerseits wiederum andere Bürger vorschlagen. Die endgültigen Listen wurden den *curiae* vorgelegt (*lex Malacitana*). Nach der Wahl erfolgte eine Ernennung, die *nominatio*. In der Republik wurde die *nominatio* für die Prätur und die anderen Ämter von den Senatoren und *equites* in den *decuriae iudicium* erklärt. Unter Tiberius (14 n. Chr.) wurde der gesamte Wahlvorgang an den Senat übertragen, die Komitien hatten nur noch symbolische Bedeutung.[1149] Während des ersten nachchristlichen Jahrhunderts erlangte die *nominatio* eine zentrale Stellung. Der freie Zugang zu den Ämtern war nicht mehr gegeben. Es gab keine freien Kandidaturen mehr und auch keine Wahl.[1150] Obwohl die Kontroversie nicht vor 37 n. Chr. entstanden ist, zeigt sie noch eine republikanische Verfahrenspraxis, die von der freien Rede und dem freien Konkurrenzkampf geprägt ist, wie er vor einer Wahl in dem Komitien stattgefunden haben kann.

[1146] Kunkel, Herkunft und soziale Stellung des Römischen Juristen..
[1147] Santalucia, Diritto e processo penale, S. 75.
[1148] Mommsen, Römisches Strafrecht, S. 680 f.
[1149] Sirks, Nomination, S. 1ff, 20.
[1150] Sirks, Nomination, S. 21.

e) Verfahren vor dem Princeps

Ebenso verhält es sich bei dem *appellare tribunos de iniusto supplicio*, das ein eigenes Bittverfahren darstellt. Dieses Appellationsverfahren wurde in der Prinzipatszeit direkt an den Princeps als Träger der *tribunicia potestas* gerichtet. Auch in dieser Beziehung wird in den Kontroversien des neueren Typs ein Verfahren dargestellt, das republikanische Verfahrensmodalitäten und nicht Verfahrensmodalitäten des Prinzipats abbildet. Auch die *rogatio*, die in Quint. Decl. min. CCLIII gezeigt wird, entbehrt in der Prinzipatszeit ihrer Aufgabe als politische Anfrage an das Volk, dem Träger aller staatlichen Gewalt.

Das Verfahren der religiösen *actio incesti* war ein Verfahren vor den *pontifices*. Später wurde dieses Verfahren vor Augustus als Ponifex Maximus geführt[1151]. Auch dieses Verfahren dürfte sowohl eine Anklage- als auch eine Verteidigungsrede enthalten haben. Diese wird auch in der Kontroversie Sen. contr. 1.3. gezeigt. Zuerst wird die Anklagerede genannt. Die Verteidigung übernimmt die Vestalin nicht selbst, sondern ein *advocatus*.

f) Verfahren vor dem Kriegsgericht

Der Sachverhalt in Quint. Decl. min. CCCXV müsste ein Verfahren vor einem Kriegsgericht nach sich ziehen. Der *miles*, auch der *filiuis in potestate*, steht unter dem *imperium* des Feldherrn. Der Imperator wirkt als „Angelpunkt, auf den letztlich alle Verbote und Verstöße bezogen werden“[1152]. Der Imperator ist Rechtsquelle und oberster Richter. Er kann aber seine Juristdiktion delegieren. Zudem wacht er darüber, dass *disciplina* und *coercitio* eingehalten werden. Das *sacramentum*, die absolute Gehorsamsverpflichtung, wird im Prinzipat nicht mehr auf den einzelnen Imperator geleistet, sondern auf den Princeps.[1153] Dennoch wird er die auf sein *imperium* gegründete Jurisdiktionsgewalt in kleineren Verfahren ebenfalls delegiert haben. Auch der Kern dieses Verfahrens dürfte im Bereich der Anklage und der Verteidigungsrede sowie der Zeugenvernehmung liegen. Die Reden und die Gegenreden, die in den Kontroversien zu finden sind, passen sich also auch in dieses System ein.

g) Verfahren vor einem Familiengericht

Zahlreiche in den Kontroversien des neueren Typs vorgestellten Sachverhalte werfen aber auch Rechtsprobleme auf, die vor einem Familiengericht verhandelt werden müssten. *Adulterium* wurde beispielsweise vor den Ehegesetzen des Augustus vor einem Familien- oder Sittengericht, dem *iudicium de moribus* oder dem *iudicium domesticum*, verhandelt, dem der *pater familias* als Richter des

[1151] Sirks, Making a request, S. 131.
[1152] Rüpke, Domi Militiae, S. 91.
[1153] Rüpke, Domi Militiae, S. 93 f.

Familienrats vorsaß. Nach den Ehegesetzen des Augustus war dann die *quaestio de adulteriis* zuständig.
Auch die in Quint. Decl. min. CCLI, Quint. Decl. min. CCLXII, Quint. Decl. min. CCCXXVII, Quint. Decl. min. CCCXXXVIII und Calp. Flac. 10 erwähnte *actio iniusti repudii* könnte als Vorstufe zur *actio rei uxoriae* bzw. zur sittlichen Rehabilitierung der Frau bei einer Ehe ohne Dotalgabe tatsächlich vor einem Familiengericht stattgefunden haben. Selbst das Verfahren für die *actio malae tractationis* hat wahrscheinlich als ein spezieller Fall der *actio iniuriarum*, nämlich als ein Fall der *actio iniuriarum* gegen Gewaltunterworfene in archaischer Zeit ebenso vor einem *iudicium domesticum* stattgefunden.
Verfahren vor Familien- oder Sittengerichten dürften aber in der Zeit des Prinzipats schon der Vergangenheit angehört haben. Auch in diesem Aspekt ist eine Archaisierung in den Kontroversien des neueren Typs zu erkennen. Der Grund dafür liegt wohl nicht überwiegend im politischen Bereich. Augustus Politik basierte zwar zu einem großen Teil auf der scheinbaren Rückkehr zum Althergebrachten, im Verfahrensrecht des Prinzipats spiegelt sich diese Entwicklung jedoch nicht wider. Octavian hat im Gegenteil durch die Umstrukturierung der Strafjustiz durch den Ausbau der *quaestiones perpetuae* und durch die stärkere Betonung der *cognitio extraordinaria* einen nachhaltigen Wandel im Verfahrensrecht bewirkt. Durch die Konsolidierung dieser Verfahrensneuerungen mittels Gesetze hat er sich von der althergebrachten Verfahrensentwicklung durch Gewohnheitsrecht distanziert. Er hat durch die starke Bindung der Jurisdiktion an seine Person gerade eine Abweichung von dem *mos maiorum* bewirkt.[1154]

h) Ergebnis

Die verfahrensrechtliche Archaisierung in den Kontroversien des neueren Typs hat wohl ihren Grund in der leichteren Handhabung durch die Schüler. In allen Kontroversien werden entweder nur die Rede des Klägers oder nur die Rede des Beklagten oder aber beide Reden angeführt. Eine Zeugenvernehmung oder gar andere Verfahrensabschnitte, wie z.B. die Prüfung der Prozessvoraussetzungen, werden nicht erwähnt. Dies zeigt deutlich, dass die Kontroversien die Redefähigkeit der Schüler als Prozessvertreter oder als Prozessbeistand in der Verhandlung und zwar nur im Bereich der mündlichen Rede und Gegenrede üben sollten. Für das Einüben der Reaktion in anderen Verfahrensabschnitten waren die Kontroversien anscheinend nicht geeignet. Daraus zieht Reader die Schlussfolgerung, dass gerade dieser Teil der Verhandlung, auf den die Kontroversie als Übung vorbereiten soll, kein juristischer, sondern ein eigentlich rhetorischer Bestandteil der Verhandlung sei.[1155] Dies trifft jedoch erkennbar nicht zu. Die Argumentation in den Kontroversien weist eindeutig juristische Argumentationstechnik auf (s. Kap. II.5.). Die Konzentration auf den Verfahrensteil, der Rede und Gegenrede

---

[1154] Kaser/Hackl, Römisches Zivilprozeßrecht, § 67.
[1155] Reader, Servered Hand, S. 27.

enthält, hängt damit zusammen, dass dieser Bereich das Kernstück jedes Verfahrens ist - sei es nun des Prozesses vor den *quaestiones perpetuae*, des Formularverfahrens oder des Verfahrens vor dem Kriegsgericht. Dieser Teil des Verfahrens ist der Abschnitt, auf den es hauptsächlich ankommt. Über das Urteil entscheiden der Richter oder die Geschworenen und nicht der *praetor*. Natürlich ist es auch wichtig, z.B. im Formularverfahren überhaupt eine Klage zu erhalten; diese ersten Verfahrensabschnitte sind jedoch stark ritualisiert und dadurch viel einfacher zu erlernen. Eine Verteidigungs- oder eine Anklagerede vor Gericht zu führen, ist demgegenüber viel schwieriger zu üben, weil hierfür ein Sammelsurium von Fähigkeiten beherrscht werden muss. Ein gutes Gespür für die Personen der Richter und die Person des Gegners ist ebenso von Nöten, wie das Beherrschen von juristischen, emotionalen und moralischen Argumenten. Daher erscheint es durchaus sinnvoll, den kompliziertesten Verfahrensabschnitt gesondert und besonders intensiv zu üben. Das Verwenden von archaisierten Verfahren kann vor diesem Hintergrund ebenso sinnvoll gewesen sein. Die *actio iniusti repudii* ist hierbei im Vergleich zur *actio rei uxoria* ein gutes Beispiel. Eine *actio iniusti repudii*, so wie sie in den Kontroversien vorgestellt wird, behandelt ausschließlich die Schuldfrage. Die *actio rei uxoriae* ist die Klage, mit der eine geschiedene Ehefrau die Rückgabe ihrer Dotalgüter verlangen kann; dies ist aber wiederum von der Schuld, die sie an der gescheiterten Ehe trägt, abhängig. Eine *actio iniusti repudii* macht die Argumentation dem Schüler einfacher, weil sie den finanziellen, den bereicherungsrechtlichen Aspekt, den die *actio rei uxoriae* beinhaltet, außer Acht lässt (s.o. unter II.1.a). Diesen Grund hat wohl auch die Verwendung der Klagen in den Kontroversien, deren Existenz im römischen Recht deutlich verneint werden kann, wie z.B. das Verfahren in Folge der *actio laesae rei publicae*, der *actio caedis* und in Folge der Anklage wegen *homicidia*.

8. Die *declamatio* als Fenster in die Gesellschaft ihrer Zeit

Um den Wert der *declamationes* für die Rechtsgeschichte ergründen zu können, ist es auch notwendig, sich damit zu beschäftigen, wie sich die Themen der *declamationes* mit juristischem Inhalt in den gesellschaftlichen Kontext ihrer Zeit einordnen und was sie über ihn aussagen. Der Wert der *declamatio* für die Rechtsgeschichte kann nicht nur in den juristischen Aussagen der Stücke gefunden werden, unverzichtbar ist es vielmehr, die gewonnenen Ansichten in ihren sozio-kulturellen Kontext zu stellen. Die Wechselbeziehung von Recht und Kultur, die sich in jeder Gesellschaft als ein Verhältnis der gegenseitigen Beeinflussung erweist, zeigt das Rechtsleben und das Rechtsverständnis als einen gesellschaftlichen Aspekt neben anderen. Ein anderer in diesem Zusammenhang ebenso relevanter Aspekt ist die Religion. Die vorklassische Periode zeichnet sich dadurch aus, dass „Religion" und „Recht" noch nicht voneinander zu trennen sind. In der klassischen Zeit ist die Trennung zwar viel deutlicher erkennbar, aber in einzelnen Teilbereichen noch nicht ganz vollzogen.

a) Die Stellung der Frau

Gerade die Art der in den Kontroversien des neueren Typs behandelten Verbrechen öffnen den Blick für diesen sozio-kulturellen Kontext: Frauenraub (*raptus*), Vergewaltigung (*stuprum*), Ehebruch (*adulterium*) und die ungerechtfertigte Verstoßung (*repudium*) werden häufig thematisiert. In Quint. Decl. min. CCLI geht es um die Verstoßung einer Frau. Eine unfruchtbare Frau wurde geraubt, sie hatte sich für eine Ehe mit dem Räuber entschieden. Sie wurde dann von diesem Ehemann verstoßen, als sie innerhalb von fünf Jahren noch nicht geboren hatte. Sie klagt den Ehemann wegen ungerechtfertigter Verstoßung an.

Die Rede der Frau greift die Norm *intra quinquennium non parientem repudiare liceat* in seiner Anwendbarkeit auf den konkreten Fall an. Sie stellt sich auf den Standpunkt, dass es dem Mann durch den Raub nicht möglich war, sich für oder gegen eine Heirat zu entscheiden, genauso wenig sei es ihm dann möglich, seine ihm durch diese Ehe Angetraute zu verstoßen (Quint. Decl. min. CCLI S. 28, Z. 3f.). Die Frau betont zudem, dass sie ihrem Ehemann durch die Wahl der Heirat das Leben gerettet habe (*vitam tibi dedit laesa*). Dann sagt sie, dass der Grund ihrer Kinderlosigkeit nicht Sterilität, sondern Sittsamkeit sei. Sodann wartet die Frau oder ihr Advokat mit einer spitzfindigen Argumentation auf. Sie bezieht sich auf den Sinn und Zweck der Norm. Sinn und Zweck sei es, so die Partei der Frau, die *res publica* durch das Leben von Söhnen zu unterstützen, genau dies habe die Frau in dem vorliegenden Fall aber schon durch ihre Entscheidung für die Ehe vorweggenommen. Sie habe der *res publica* das Leben eines jungen Mannes - ihres jetzigen Ehemannes - bewahrt und so gewissermaßen wiedergeschenkt. Eine Verstoßung aufgrund der Norm sei also nicht möglich (Quint. Decl. min. CCLI S. 28, Z. 29 - 32).

Tatsächlich konnte der Ehemann nach römischem Brauch seine Frau verstoßen, wenn sie innerhalb einer bestimmten Frist nach der Hochzeit kein Kind geboren hatte[1156]. Über die Frist gibt es unterschiedliche Angaben, die sich zwischen einem und zehn Jahren bewegen.[1157] Die Scheidung konnte durch ein schriftliches *repudium* oder mittels eines Boten erklärt werden.[1158] Obwohl die Scheidung auch ohne gerechten Grund wirksam war, ist die erhebliche Bedeutung des Scheidungsgrundes für den Verbleib der *dos* und die soziale Stellung immens wichtig. Die *actio inusti repudii*, deren reale Existenz durchaus zweifelhaft ist, erscheint hier aufgrund der Tatsache, dass es sich bei der Ehe um eine in Folge eines Raubs, also um eine Ehe ohne Dotalgabe handelt, doch als mögliche Klage. Eine *actio rei uxoriae*, die bei Verstoßungsproblemen zu erwarten wäre, kann hier nämlich aufgrund der fehlenden Dotalgabe nicht einschlägig sein. Zudem war es für die Geschiedenen wichtig, ein Schriftstück zu erhalten, aus dem hervor-

---

[1156] Fall des Spurius Carvilius Ruga in: Gellius, Noctes Atticae, IV, 3.2; XVII, 21, 44; Dionysios Halikarnaß, Antiquitates Romanae, II, 25; Valerius Maximus, Factorum et dictorum, II, 1,4; Bonner, Roman Declamation, S. 122 ff.

[1157] Bonner, Roman Declamation, S. 122 ff.

[1158] Evans Grubbs, Law and Family, S. 226.

ging, dass die Scheidung rechtlich **und** gesellschaftlich anerkannt war.[1159] Eine ungerechtferigte Verstoßung könnte der Ausstellung eines solchen Schriftstücks entgegengestanden haben.
Das Stück Quint. Decl. min. CCLI zeugt von der Existenz der patriarchalischen römischen Gesellschaft, in der die Fertilität Sache der Frau bleibt. Hier spiegelt sich eine Gesellschaft wieder, in der die weibliche Fruchtbarkeit sobald als möglich männlichem Nutzen und männlicher Kontrolle zugänglich gemacht wurde.[1160] Obwohl Eunuchen und *spadones* bekannt waren, war männliche Unfruchtbarkeit - wenn der Mann optisch intakt war - nicht im gesellschaftlichen Bewusstsein verankert. Obgleich das geschlechtliche Zusammenwirken von Frau und Mann zur Entstehung von Kindern bekannt war, wird doch die Frau als diejenige gesehen, die ihre Fruchtbarkeit dem *genius* der Familie des Mannes zur Verfügung stellt. Der *genius familiae* ist allein an die männlichen Familienmitglieder geknüpft, sie tragen ihn weiter. Sirks erklärt daraus die Notwendigkeit der *auctoritas tutoris*. Da eine Frau den *genius* einer Familie nicht weitergeben kann, muss sie stets der *auctoritas* einer männlichen Person unterstehen. Die Vestalin ist die einzige römische Frau, die keiner *auctoritas* untersteht. Sie ist aber mit einer römischen Frau nicht vergleichbar, weil sie außerhalb des Normalen stand. Zu dem Zeitpunkt, zu dem sie noch vor ihrer Geschlechtsreife als Vestalin bestimmt wird, verschwindet nämlich die Macht des väterlichen *genius* in ihr. Diese Macht wird von einer weitaus höheren, einer göttlichen Macht, ersetzt. Dadurch, dass die Vestalin vor ihrer Geschlechtsreife bis in ein Alter, in dem eine Schwangerschaft zumindest unwahrscheinlich erscheint, ihr Amt als Vestalin bekleidet, schenkt sie der Göttin Vesta, der römischen Erd- und Fruchtbarkeitsgöttin, ihre Fruchtbarkeit. Dadurch wird die Fruchtbarkeit aller römischen Haushalte sicher gestellt.[1161] Obwohl die Vestalin sich von einer römischen Frau von Grund auf unterscheidet, bildet sie nur eine göttliche Parallele zum römischen Rollenverständnis. So sind auf beiden Ebenen beide Partner an der Entstehung neuen Lebens beteiligt, der römische Mann und die römische Frau, so wie das römische Volk und die Göttin Vesta. Während aber der männliche Part, nämlich der römische Mann auf der häuslichen Ebene und das römische Volk auf der übergeordneten Ebene, Träger des *genius* sind, wird dem weiblichen Part, der römischen Frau genauso wie der Göttin Vesta, die biologische Fruchtbarkeit allein zugeschrieben.
Die Rede der verstoßenen Frau in Quint. Decl. min. CCLI greift diesen Punkt auf. Die Frau argumentiert, sie habe der *res publica* schon ein Leben, nämlich das ihres Mannes (ihres Räubers) durch die Wahl der Ehe anstelle des Todes, geschenkt.
In Quint. Decl. min. CCLXXVII geht es um Ehebruch. Ein Ehemann hatte seine schwangere Ehefrau beim Ehebruch ertappt und getötet. Er ist des Totschlags angeklagt und redet dagegen. Die Norm besagt, dass die Bestrafung der Schwan-

---

[1159] Evans Grubbs, Law and Familiy, S. 227.
[1160] Höbenreich/Rizzelli, Scylla, S. 150 f.
[1161] Sirks, Auctoritas tutoris, S. 12f.

geren bis zum Tag der Geburt ausgesetzt wird. Die Norm, die es dem Ehemann erlaubt, seine Frau und deren Liebhaber, wenn er sie beim Ehebruch ertappt, auf der Stelle zu töten, wird in dem Stück nicht angegeben, müsste aber noch ergänzt werden. Auf diesen Rechtsbrauch beruft sich nämlich der Angeklagte. Das Verbrechen des Ehebruchs existiert nur bezogen auf die männliche Sicht.[1162] Der Ehebruch der Frau oder der Ehebruch des Mannes gegenüber dem Ehemann seiner Geliebten verstößt gegen die *pietas*.[1163] Obwohl die Scheidung in Rom sehr einfach war, und die geschiedenen Partner sich wieder verheiraten konnten und nach den Ehegesetzen des Augustus sich sogar wieder verheiraten mussten, blieb die *univira*, d.h. die Frau, die nur einmal im Leben verheiratet war, gesellschaftlich viel angesehener als die Frau, die mehrmals verheiratet war.[1164] Obwohl Vergil von einer Sittenverweichlichung am Ende der Republik spricht und viele Männer wie Frauen in ihrem Leben mehrere Male verheiratet waren, war die Idealvorstellung, dass ein junges Mädchen jungfräulich einen eher älterem Mann heiratet und sich in ihrem Leben kein zweites Mal verheiratet, noch im gesellschaftlichen Bewusstsein stark verankert. Die stark patriarchalische Gewichtung des *adulterium* manifestiert die männliche Angst vor der Aufzucht von „Kuckuckskindern“, die den *genius familiae* nicht weiter tragen können.[1165]
In seiner Verteidigungsrede bezieht sich der Ehemann eben auf diese Argumentation, das Kind, das die Frau erwarte, sei möglicher Weise gar nicht von ihm und stelle somit nur eine Folge des Ehebruchs dar (Quint. Decl. min. S. 129 Z. 29; S.131 Z. 5f). Daneben geht er auf den Geltungsbereich der Norm ein, die eine Schwangere bis zum Tag der Geburt vor der Strafe schützt. Er erkennt ihn nur für den Bereich der gerichtlichen Verfahren, nicht aber für den Bereich der Hausjustiz durch den Ehemann an.
Die Fälle der „Kuckuckskinder“ lagen nicht alle so eindeutig, wie der Fall in Calp. Flac. 2, in dem eine verheiratete Frau ein schwarzes Kind zur Welt bringt und des Ehebruchs angeklagt wird. Sie verteidigt das Kind als eheliches Kind, das an einer angeborenen Hautanomalie leide.

Der Fall, der in der Quint. Decl. mai. I beschrieben wird, in der sich ein blinder Sohn und die Stiefmutter wechselseitig des Mordes am Vater anklagen, drängt sich die Frage nach der sozialen und wirtschaftlichen Stellung der Witwen auf. Kinder oder Eltern konnten eine *querela inofficiosi* führen, nicht aber Witwen, die im Testament ihres verstorbenen Partners übergangen worden waren. Im römischen Erbverständnis hatte die Beziehung zwischen Eltern und Kindern ein größeres Gewicht als die Beziehung zwischen Ehepartnern. Die Versorgung der Witwe war nicht vorrangig Aufgabe des Ehemanns, sondern Aufgabe der Her-

---

[1162] Rein, Kriminalrecht der Römer, S. 833.
[1163] Saller, Patriarchy, property and death, S. 131.
[1164] Kötting, Die Bewertung der Wiederverheiratung, S. 18
[1165] Höbenreich/Rizzelli, Scylla, S. 204 - 243, aber ebenso setzen seine illegitimen Kinder auch den *genius* nicht fort.

kunftsfamilie. Die Dotalgabe diente als Sicherung für diesen Versorgungsfall. Oft wurde der Witwe ein Nießbrauch am Erbe eingeräumt oder ein Legat zu ihren Gunsten im Testament angeführt. Antike Autoren unterstellen für die Tötung des Mannes durch die Ehefrau nicht so sehr das Verlangen nach dem Erbe des Ehemannes, sondern eher den Wunsch ungestört den Liebhaber genießen zu können.[1166] Tatsächlich ist in der Quint. Decl. mai. I nicht von einem Testament die Rede. Sohn und Stiefmutter wären dann beide Angehörige der ersten Erbengruppe, der *sui heredes* (wenn eine *manus*-Ehe vorliegt). Von anderen *sui heredes* ist nicht die Rede. Es ist hier vielmehr wahrscheinlich, dass entweder tatsächlich der Sohn der Täter ist oder dass die Stiefmutter den Sohn verurteilt sehen will, damit er erbunwürdig wird und ihr das gesamte Vermögen zufällt. Auf diese zweite Möglichkeit stützt sich die Verteidigungsrede für den Sohn.

Auch auf die *lex Voconia* wird in den Kontroversien Bezug genommen. Die Verteidigungsrede der Quint. Decl. min. CCLXIV greift das weit verbreitete Argument auf, dass die *lex Voconia* zum Schutze der *res publica* davor bewahren soll, dass Frauen in hohem Maße am wirtschaftlichen Leben teilnehmen. Dies würde den Stereotyp eines römischen Frauenbildes stützen, das Frauen die Beteiligung am wirtschaftlichen Leben aus intellektuellen Gründen verwehrt. Tatsächlich wurden aber die römischen Kinder der Oberschicht bis zu einem Alter von zwölf Jahren zusammen unterrichtet,[1167] so dass auch die Mädchen Lesen, Schreiben und Rechnen konnten. Es ist vielmehr davon auszugehen, dass die *lex Voconia* sich ursprünglich nicht dagegen richtete, dass Frauen Eigentum erhalten und womöglich zu Großgrundbesitzerinnen werden sollten[1168], sie verdeutlichte vielmehr die Tatsache, dass Frauen aufgrund der römischen Gesellschaftsstruktur nicht in die gesellschaftliche Rolle des testamentarischen Erblassers eintreten konnten. Die Stellung des *heres* brachte aber auch die Aufgabe mit sich, die gesellschaftlichen Funktionen des Erblassers zu übernehmen. Einer Frau war dies, auch wenn sie wirtschaftliche Macht besaß, in der patriarchalischen Gesellschaft nicht möglich.[1169] Auch besteht die Möglichkeit, dass mit der *lex Voconia* verhindert werden sollte, dass eine Frau Erbin wird. Sie wäre als Frau nämlich unfähig gewesen, den Verpflichtungen des Ahnenkults, die den *sui heredes* oblagen, zu erfüllen.[1170] In diesem Zusammenhang ist zu beachten, dass die Motivation der Erlassung der *lex Voconia* (169 v.Chr.) aber in der Prinzipatszeit - also fast 200 Jahre später - nicht mehr bekannt gewesen sein dürfte. Hier bietet sich deshalb für die Argu-

---

[1166] Krause, Witwen und Waisen im Römischen Reich II, S. 100 ff.
[1167] Paoli, Vita Romana, VIII; van den Bergh sieht sogar einen weiteren gemeinsamen Unterricht auch über das zwölfte Lebensjahr hinaus, van den Bergh, Role of Education, S. 352 - 364.
[1168] Dies war durch die *lex Voconia* auch schon deshalb nicht möglich, weil die Intestaterbfolge bestehen blieb und auch Vermächtnisse möglich blieben.
[1169] Benke, Aemilia Pudentilla, S. 28 ff.
[1170] van der Meer, Made for Men, S. 134 ff.

mentationslinie, die auf den Willen des Gesetzgebers abstellt, ein großes Potential für der eigenen Partei günstige Argumente.

In Calp. Flac. 34 geht es um einen Fall, in dem ein Vater seine einst geraubte Tochter zu Hause einschließt. Der Räuber verlangt, dass sie vor den Magistrat geführt wird. Die Eigenmacht des Vaters stellt sich als eine besondere Geltendmachung seiner *patria potestas* dar. Obwohl das römische Prinzip der Konsensehe eine freiwillige Verbindung der Eheleute ermöglichen müsste, sah es in der Realität wohl so aus, dass gerade bei jungen Mädchen die Väter die geeigneten Ehepartner suchten.[1171] In dem Fall überschreitet der Vater aber eindeutig seine *patria potestas*. Darauf spielt auch der Räuber in seiner Rede an. Die Reaktion des Vaters symbolisiert ein anthropologisch häufig beobachtetes Verhaltensmuster in der mediterranen Welt. Obwohl jedes Familienmitglied Träger der Familienehre ist, werden die Frauen aufgrund ihrer sexuellen Rolle als besonders verwundbar in ihrer Funktion als Trägerin dieser Ehre angesehen. Die Verteidigung der weiblichen Ehre obliegt daher den männlichen Familienmitgliedern.[1172] Der Raub wird als Angriff auf die *pudicitia* der Tochter gewertet. Diese ist jedoch für das gesellschaftliche Leben der Familie wichtig.[1173] Möglicherweise handelt es sich bei dem Raub um einen vereinbarten, vorgetäuschten Raub. Es war in der klassischen Zeit eine beliebte Methode, eine von den Eltern nicht gebilligte Heirat durch einen inszenierten Raub zu erzwingen, weil die Entscheidung über die Art und Weise der Wiederherstellung der weiblichen Ehre entweder durch den Tod des Räubers oder durch eine Ehe allein der Geraubten oblag.
Die Frau hatte in der römischen Gesellschaft als *mater familias* eine angesehene Stellung. Ihr Leben war bei weitem nicht mit dem der griechischen Frau vergleichbar, die das Haus nur selten verließ. Zwar verbrachte die Römerin in der Regel mehr Zeit zu Hause als ihr Mann, sie besuchte aber Theater, Gladiatorenkämpfe, und Circusspiele, machte Einkäufe und besuchte oder empfing Besuche von Bekannten und Verwandten. Sie war zwar nicht in das politische Leben[1174] wohl aber in das gesellschaftliche und wirtschaftliche Leben eingegliedert.[1175] Halbwachs belegt in ihrer Studie über die Stellung der Frau im römischen Rechtsalltag der Kaiserzeit die vergleichsweise starke Stellung der Frau im römischen Wirtschaftsleben. Es lässt sich erkennen, dass die Qualität der Verträge, die von Frauen ausgehandelt wurden, keineswegs geringer ist, als die männlicher Vertragspartner.[1176] Um so weniger überraschend ist es, dass die Frau in den Kontroversien des neueren Typs obwohl sie in vielen Rollen auftaucht - sei es als Mutter, Stiefmutter, junges Mädchen oder Erbin - durchaus als Agierende auf-

[1171] Saller, Patriarchy, Property and death, S. 120 ff.
[1172] McGinn, Prostitution, Sexuality, S. 312 f; Winkler, Contraints of Desire, S. 45 ff.
[1173] Benke, Lucretia`s heritage, S. 4 ff.
[1174] Höbenreich/Rizzelli, Scylla, S. 61 - 65.
[1175] Paoli, Vita Romana, VIII.
[1176] Halbwachs, Frauen im Rechtsalltag, S. 217 f.

tritt.[1177] Dafür, dass die Gesellschaft von ihr Zurückhaltung und Sittsamkeit verlangt,[1178] ist ihr Auftreten in den Kontroversien auffallend stark. Sie erscheint als ein aktiver Teil der Gesellschaft, der für seine Interessen, notfalls mit Hilfe eines Prozessbeistands oder eines Prozessvertreters, eintritt.[1179]

Eine weitere „Rolle“, in der die Frau in den Kontroversien des neueren Typs auftritt, ist die Dirne (*meretrix*). Auch Zuhälter (*lenones*) bevölkern die antike Gesellschaft, wie sie in den Kontroversien gezeigt wird. In Quint. Decl. min. CCXCVII wird eine Dirne von ihrem Liebhaber geblendet. Die Dirne fordert darauf, dass er ihr Führer werden solle. Er erhebt Einspruch und offeriert eine Talion. Die Norm besagt, dass derjenige, der eine andere Person blind gemacht hat, entweder einer Talionstrafe hinnehmen müsse oder zum Führer der Person werde. Es handelt sich bei beiden Strafen um spiegelnde. In beiden Alternativen muss der Täter sein Augenlicht opfern. Im einen Fall muss er sein Augenlicht in die Dienste des Geschädigten stellen, im anderen Fall verliert er sein Augenlicht.
In Quint. Decl. min. CCCXLIV geht es darum, dass der Sohn eines Reichen und der Sohn eines Armen dieselbe Dirne liebten. Ihr Zuhälter bestimmt, dass sie dem gegeben wird, der den höchsten Preis erbringt. Der Sohn des Armen gewann das Mitleid des Reichen, als er weinend mit gezücktem Schwert erschien. Gefragt nach dem Grund seines Auftretens, sagte der Sohn des Armen, dass er sich aus Liebe zu der Dirne umbringen wolle. Der Reiche gab ihm den Preis und der Arme kaufte die Dirne zurück. Der Arme und der Reiche prozessieren wegen des Delikts des nicht festgeschriebenen Verbrechens. Es handelt sich bei der *actio inscripti maleficii* um ein im Gesetzbuch nicht verzeichnetes Verbrechen (s. Kap. II.1.g). Die Rede beschränkt sich darauf, den verwerflichen Charakter des ungeschriebenen Verbrechens deutlich zu machen, Aussagen über die Dirne und das Verhältnis zu ihrem Zuhälter werden nicht gemacht.
In Quint. Decl. min. CCCLXXXV liebte ein junger Mann eine Dirne. Hier wird deutlich, dass es sich bei der Dirne um eine Sklavin des Zuhälters handelt, sie wird als *ancilla* und als *mancipium* bezeichnet. Nachdem er sie reichlich beschenkt hatte, gab er ihr einen Liebestrank. Es schien, als habe sich die Sklavin in den jungen Mann verliebt. Der Zuhälter klagt den jungen Mann mit der *actio damni iniuria dati* an und begründet in seiner Rede die Art des ihm entstandenen Schadens. Es sei für eine Dirne schädlich, wenn sie verliebt sei, wenn er sie auf

[1177] Dies stimmt auch mit Gerkens und Vignerons Beobachtung überein, die eine Emanzipation der römischen Frau in der Antike erkennen, Gerkens/Vigneron, The Emanzipation of Women, S. 107 - 121; dazu auch van den Bergh, The Role of Education, S. 364.
[1178] Krause, Witwen und Waisen im Römischen Reich II, S. 129; Feldner, Zum Ausschluß der Frau, S. 391.
[1179] Diese Beobachtung stützt auch die These Höbenreichs und Rizzellis, die davon ausgehen, dass die römischen Männer ihre Frauen in Whrheit nicht als schwaches Wesen sahen, sondern als ein von einem starken Sexualtrieb gesteuertes zugleich verführerisches und zerstörerisches Wesen (= Scylla), das jedenfalls einen starken Part einnimmt; Höbenreich/Rizzelli, Scylla, S. 315 ff.

dem Forum oder in einem Bordell verkaufe (Quint. Decl. min. S. 430 Z. 9-14). In der darauf folgenden *sermo* macht der Lehrer deutlich, dass heraus gearbeitet werden müsse, ob der Zuhälter überhaupt wegen *damnum iniuria datum* klagen dürfe. In der folgenden kurzen *declamatio* wird dann auch festgestellt, dass der Zuhälter selbst einen öffentlichen Schaden darstellt (*publicum damnum*).
Auch in Calp. Flac. 5 geht es um einen Zuhälter, der in seinem Bordell Sklavinnen für sich arbeiten lässt. Auch aus diesem Stück wird deutlich, dass der Zuhälter auf der gesellschaftlich niedrigsten Stufe steht. Zuhälter gelten als zwielichtige Gestalten, die sich nicht an rechtliche Grundsätze halten (*nihil ei licat in quem nihil non licet*/Calp. Flac. 5 H. 6.1.). Einige junge Männer besuchten des öfteren ein Bordell. Nachdem der Zuhälter diese gewarnt hatte, dass sie das Bordell nicht mehr betreten sollten, konstruierte er eine Feuerfalle. Als die jungen Männer erneut kamen, wurden sie bei lebendigem Leibe verbrannt. Der Zuhälter wird von den Eltern der *laesa rei publicae* angeklagt. Obwohl es für diese Klage keine reale Entsprechung gibt, ist der Umstand, dass dem Zuhälter hier die Rolle des Fallenkonstrukteurs zukommt, selbstredend. Die Aussage: *„Iniuriam," inquit, „faciebat mancipiis meis." quid enim aliud in his quam iniuriarum vendis* lässt Rückschlüsse auf das Verhalten der Freier und der Zuhälter bezüglich der Sklavinnen, die als Dirne arbeiteten, zu.
Einen Kontrapunkt dazu bietet das Stück Calp. Flac. 33. Hier verlangt eine Dirne die Kreuzigung ihres Sklaven, der sich in sie verliebt hat. Der Sklave appelliert an die Tribunen wegen ungerechter Bestrafung. Hier scheint die Dirne im Unterschied zu den vorhergehenden Stücken als Freie, die ihrerseits Sklaven hat. Sie erscheint nicht als Spielball der Gesellschaft, sondern als handelnde selbstbewusste Frau.
In den Kontroversien des neueren Typs werden unterschiedliche Rollen der Prostituierten gezeigt. Sie unterscheiden sich in rechtlicher Sicht, in der Art ihres Auftretens und der Rolle, die sie im Sachverhalt spielen. Es werden sowohl prostituierte Sklavinnen (Sen. contr. 2.4; Calp. Flac. 37) als auch prostituierte Freie gezeigt, die eigene Sklaven haben und selbstbewusst auftreten (Calp. Flac. 33). Dennoch hat aber die Dirne ihren festen Platz in der Gesellschaft, die in den Kontroversien geschildert wird.
Tatsächlich gibt es unter den Prostituierten ein breites Spektrum an Agierenden. Die Dirnen waren im Straßenbild leicht zu erkennen, sie trugen eine kurze *tunica* und eine *toga*, nicht etwa die lange *stola* der ehrbaren Matrone. Außerdem waren sie grell geschminkt. Die meisten Dirnen stammten aus Syrien oder Ägypten, es gab jedoch auch nicht wenige Römerinnen aus ehrbarem Hause, die diesem Gewerbe nachgingen. Die Römerinnen arbeiteten dann jedoch nicht in den engen stickigen Bordellen der *subura*, sondern wurden von „Gönnern" mit einem eigenen Hausstand ausgestattet.[1180] Die Prostituierten waren bei den Aedilen (durch die *lex Iulia de adulteriis coercendis*) registriert und waren seit Gaius Caligu-

[1180] Balsdon, Roman Women, S. 248 ff; 251 ff.

la[1181] (37 - 41 n.Chr.) gezwungen, Steuern zu entrichten. Trotzdem standen die Zuhälter und die Dirnen im römischen Gemeinwesen in bürgerrechtlicher Sicht - selbst wenn sie römische Bürger waren - faktisch unter den Peregrinen.[1182] Aus D.3.2.4.2 wird deutlich, dass es keinen gesellschaftlichen und auch keinen rechtlichen Unterschied zwischen den Zuhältern gab, die Sklavinnen prostituierten, und denen, die freie Prostituierte „betreuten". Ulpian gibt hier eine Definition des Begriffs des Zuhälters. Demnach gilt als Zuhälter sowohl derjenige, der die Zusammenführungen der beiden Sexualpartner als hauptsächliche Tätigkeit betreibt, als auch der, der sie innerhalb oder neben einem anderen Geschäft betreibt. So gilt z.B. ein Gastwirt, dessen Sklaven, die eigentlich mit anderen Aufgaben in der Taverne betraut sind, sich selbständig prostituieren, als Zuhälter. Auch ein Bademeister, bei dem sich die Sklaven, die eigentlich, wie in vielen Provinzen üblich, auf die Kleidung achten sollten, prostituierten, gelten als Zuhälter. [1183] Die Mehrzahl der Prostituierten waren Sklavinnen. Direkte Kuppelei (*lenocinium*) wurde mit Infamie bestraft, daher wurde die Prostituierung von Sklavinnen in der Regel durch Mittelsmänner betrieben.[1184] Durch die *lex Iulia* war es Männern aus Senatorenfamilien untersagt, Dirnen zu heiraten. Allen anderen freien Männern war es ebenfalls untersagt, eine Freigelassene zu heiraten, die zuvor Sklavin eines Zuhälters oder einer Zuhälterin war (Ulpian, Epitome, Titul., 13).[1185] Tatsächlich werden die freigekauften Dirnen in den Sachverhalten der Kontroversien (z.B. Calp. Flac. 37) nicht geheiratet.

b) Homosexualität

Auch das Thema der „Homosexualität" findet auf verschiedene Weise Eingang in die Kontroversien des neueren Typs. In Calp. Flac. 20 geht es darum, dass ein Zwilling als Prostituierter arbeitet, der andere will sich daraufhin umbringen und trägt die Gründe seines angestrebten Selbstmordes dem Senat vor. Obwohl der dargestellte Brauch, die Selbstmordgründe vor dem Senat genehmigen zu lassen, keine Parallele im römischen Rechtsbrauch hat, lässt gerade dieses Stück einen tiefen Rückschluss auf das gesellschaftliche Ansehen von Homosexuellen und männlichen Prostituierten zu. In der Rede des Bruders wird dessen Abscheu vor der Tätigkeit des Bruders ausgedrückt. Er beginnt seine Rede mit dem Wunsch, dass sich sein Bruder umbringe solle. Er selbst aber wolle sich töten, um das Leben seines Bruders nicht mit ansehen zu müssen. Er erklärt, sein Bruder sei durch zweifelhafte Freunde in das schlechte Umfeld gelangt. Der Bruder wird als Wrack seiner eigenen Lust bezeichnet, sein Verhalten als schamlos. Bemerkens-

---

[1181] Balsdon, Roman Women, S. 248.

[1182] Mc Ginn, Prostitution, Sexuality and the Law, S. 341.

[1183] Mc Ginn, Prostitution, Sexuality and the Law, S. 53; Mc Ginn, Ne serva prostituatur, S. 351 ff.

[1184] Gamauf, Ad statuam confugere, S. 90.

[1185] Mc Ginn, Prostitution, Sexuality and the Law, S. 91.

wert ist an der Stelle, dass Homosexualität explizit nicht angesprochen wird. Sussman übersetzt *impudicitae scopulos* mit *rocks of homosexual perversion*. Dies gibt der Text so präzise nicht her. *Impudicita* beschreibt lediglich die Schamlosigkeit. Tatsächlich ist Sussman hier in seiner Übersetzung wohl etwas zu weit gegangen. Obwohl der Sachverhalt nahelegt, dass der Bruder homosexuell orientiert ist, geht dies aus dem Sachverhalt nämlich nicht eindeutig hervor. Auch wird die Homosexualität nicht an sich angegriffen. Eine grundsätzliche Verurteilung der Homosexualität, der Homophilie oder gar der Homoerotik lässt sich in der Antike an sich nicht erkennen. Von den Griechen offensiver betrieben, wird in Rom der Mann verachtet, der es zulässt, dass „weibliche Dinge" mit seinem Körper gemacht werden.[1186] Der Mann muss bei der Sexualität immer den aktiven Part einnehmen, der passive Part wird als weiblich und somit unmännlich bezeichnet.[1187] Dies ist womöglich ein Auswuchs der patriarchalischen römischen Gesellschaft.[1188] Ein Mann wird von der Gesellschaft - besonders wohl von dem männlichen Teil dieser - verachtet, sobald er seine Rolle im Beischlaf wechselt. Dringt er mit seinem Glied in eine andere Person, sei diese nun ein Mann oder eine Frau, ein, dann ist sein männlicher Part gewahrt, lässt er hingegen in sich eindringen, dann zeugt dies von Unmännlichkeit. Obwohl diese Überzeugung natürlich einer mittelbaren Diskriminierung Homosexueller gleichkommt, darf dies nicht mit einer grundsätzlichen Abneigung gegen die Homosexualität an sich verwechselt werden. Es wird in der Antike nämlich nicht die innere Einstellung bewertet, sondern nur der Akt an sich. Demnach hat der Konflikt, der in Calp. Flac. 20 dargestellt wird, aus römischer Sicht nichts mit einem Problem der Gesellschaft mit Homosexualität an sich zu tun, sondern mit Maskulinität. Williams geht sogar soweit, dass er die Existenz von Kategorien wie Homosexualität oder Heterosexualiät in der Antike anzweifelt.[1189] Ein Mann der die sexuell aktive Rolle verlässt und nicht grundsätzlich immer bereit und im Stande ist, einen durch ihn dominierten Geschlechtsverkehr auszuüben, rutscht in den Status einer Frau.[1190] Ein wesentlicher Unterschied zwischen männlichen Prostituierten in Rom und in Griechenland ist anscheinend, dass in Griechenland männliche Prostituierte ausschließlich in Anspruch genommen wurden, um ihnen die passive Rolle zuzuweisen, während ihre Dienste in Rom oft auch beansprucht wurden, um den aktiven Part zu bekleiden. Auch waren der römischen Gesellschaft die sogenannten *exoleti*, die männlichen Prostituierten, die aufgrund ihres Alters nicht mehr als solche arbeiten konnten, ein bekannter Begriff.[1191]

In Quint. Decl. mai. III kommt die Homosexualität deutlicher zur Sprache. Im Krieg mit den Kimbern tötet ein Soldat des Marius seinen Tribunen, weil er ver-

---

[1186] Mc Ginn, Prostitution, Sexuality and the Law, S. 46.

[1187] Höbenreich/Rizzelli, Scylla, S. 191 196; D.3.1.1.6.

[1188] Williams, Roman Homosexuality, S. 18.

[1189] Williams, Roman Homosexuality, S. 4.

[1190] Williams, Roman Homosexuality, S. 18.

[1191] Williams, Roman Homosexuality, S. 83; Reinsberg, Ehe, Hetärentum und Knabenliebe, S. 163 - 215.

sucht hatte, ihn zu vergewaltigen. Dieser Tribun war ein Verwandter des Marius. Der Soldat wird vom Feldherrn wegen Mordes angeklagt. Es handelt sich um eine durchaus pikante Geschichte. Das Szenario ist bekannt. Bei Valerius Maximus (Facta et Dicta Memorabilia VI 1, 7; 9; 10; 12) taucht es auch auf.[1192] Es handelt sich hier also nicht nur um versuchten Missbrauch, sondern um den versuchten Missbrauch eines Schutzbefohlenen. Dies wird in der Rede auch als Fall der *impudicitia* behandelt.[1193]

c) Philosophie

Auch Philosophen kommen in den Kontroversien vor. In Quint. Decl. min. CCLXVIII hat ein Vater denjenigen seiner Söhne zum Erben eingesetzt, der sich am meisten um die *civitas* verdient gemacht hat. Er hat drei Söhne: Einen Redner, einen Arzt und einen Philosophen. Im römischen Rechtsbrauch wäre dieses Testament ohnehin aufgrund der ungenauen Bezeichnung des Erben umgedeutet worden, so dass alle drei Brüder zu gleichen Teilen geerbt hätten. Die Rede der Kontroversie besteht aber daraus, dass die drei Professionen bezüglich ihres Nutzens für die *res publica* gegeneinander abgewogen werden. Als Disziplin, die den höchsten Nutzen für die *civitas* erbringe, wird die Medizin angesehen. Sie schaffe die Basis für die anderen beiden Künste. Dann folge die Philosophie, die alle Lebensbereiche umfasse. Die Redekunst wird zwar am niedrigsten eingestuft, dennoch wird auch ihrem Nutzen für die Kommunikation in der *civitas* ein großer Wert zugesprochen. Die Redekunst wird sofort mit dem juristischen Bereich verbunden, *et sane si iustitia valeat, quid est eloquentia?*(Quint. Decl. min. S. 95 Z. 21 f.). Hier ist eine präzise Antwort auf die Frage nach dem Verhältnis zwischen der Redekunst und dem rechtlich verwertbaren in den Kontroversien selbst gegeben.

In Quint. Decl. min. CCLXXXIII ist eine bestimmte philosophische Richtung Thema der Auseinandersetzung. Ein Redegewandter enterbt seinen Sohn, der der kynischen Philosophie angehört. Dieser redet dagegen. Dass der Kyniker hier enterbt wird, ist eigentlich eine logische Folgerung aus der kynischen Lehre. Die kynische Schule, begründet von Antisthenes, ist eine bestimmte sokratische Richtung, deren Schlüsselwort Bedürfnislosigkeit ist. Die Kyniker übten keinen Beruf aus, gegen die Armut waren sie aber ebenso gleichgültig gesinnt, wie gegen alle landläufigen Werte, wie z.B. die Vaterlandsliebe. Sie achteten Amt und Würde, den Staat und Reichtum gering. Sie beurteilten Menschen nicht nach ihrem Vermögen, sondern nach ihren geistigen Werten.[1194] Um so erstaunlicher ist es, dass der Enterbte widerspricht. Er legt dem Erblasser die Absurdität der gesell-

---

[1192] Schaafsma, Homoseksualiteit, S. 6 ff, S. 7.

[1193] Schaafsma, Homoseksualiteit, S. 7.

[1194] Störig, Philosophie, S. 126.

schaftlichen Pflichten dar und stellt sie in Frage (*cuius enim est hominis, pugnare cum moribus et damnare se?* Quint. Decl. min. S. 149 Z. 7 f.).

d) Straßenkinder

Sen. contr. 10.4 zeigt, dass ein besonders abstoßendes gesellschaftliches Problem, welches heute gerade aus armen Regionen der Welt bekannt ist, schon in der Antike bestand. Ein Mann verkrüppelte ausgesetzte Kinder und zwang sie zum Betteln. Er verlangte dann von ihnen ein Schutzgeld. Der Mann wird mit der *actio laesae rei publicae* angeklagt. (Zur *actio rei publicae* siehe Kap. II. 1.d.) Diese Deklamation zeigt, dass das Phänomen der systematischen Verkrüppelung von Kindern zu dem Zweck, mehr erbetteln zu können, um dann das Schutzgeld erhöhen zu können, in der Antike bekannt war. Es wurde als gesellschaftliches Problem gewertet. Ebenso ein Problem war das Aussetzen von Kindern, das erst im Codex Theodosianus (C. Theod. 9.14.1) verboten wurde. Die Existenz von Straßenkindern wurde auch in der Antike zum Großstadtproblem und ist Anzeichen mangelnder Fürsorge. Durch das Aussetzen werden die Kinder außerhalb der Gesellschaft gestellt, d.h. sie verlieren den Schutz, den die antike Gesellschaft durch die *familia* und das Patronatssystem bereithält. Sie sind durch das Aussetzen wie es der Redner bemerkt *extra rem publicam* (Sen. contr. Bd. II S. 436 Z. 12), weil ihr Personenstand sich nicht in die Gesellschaft einordnen lässt. Sie fallen aus dem Schutz der *potestas*.

e) Blindheit

Auch Blindheit ist ein Thema in den Kontroversien. Ein Sachverhalt besteht daraus, dass eine Gruppe von jungen Leuten den Plan schmiedete, einen aus ihrem Kreis zu blenden, um an die staatliche Zahlung für Blinde von 1000 Denaren zu gelangen. Dem Geblendeten wird die Zahlung verweigert (Sen. contr. 3.1). Die Intention der Handelnden ist hier im Vergleich mit dem oben besprochenen Sachverhalt sehr ähnlich. In beiden Fällen soll aus einer Verletzung Profit geschlagen werden.

Zur rechtlichen Stellung des Blinden ist zu bemerken, dass der Blinde im Prozess nur für sich selbst postlationsfähig war, er hat also prozessrechtlich gesehen eine Stellung, die der der Frau vergleichbar ist. Für die täglichen Geschäfte benötigt er keinen *curator*, auch ist nicht bekannt, dass ein Blinder kein *pater familias* werden konnte.[1195] Es ist davon auszugehen, dass die Blinden aufgrund ihrer eingeschränkten Erwerbsfähigkeit überwiegend arm und auf Almosen angewiesen waren. Auf eine staatliche Unterstützung in Rom gibt es keine Hinweise.[1196] Anders war das Ansehen Blinder in der griechischen Welt. Besonders Späterblindete

---

[1195] Kaser/Hackl, Römisches Zivilprozeßrecht, § 28 III.

[1196] Küster, Blinde und Taubstumme, S. 11.

wurden mit der Gabe der Prophetie und Magie in Verbindung gebracht.[1197] (Siehe auch weiter zu diesem Problemkreis in Kap. II. 1.d).)

f) Verstoßen von Hauskindern

Das Verstoßen oder Enterben (*abdicare*) erfreut sich in den Kontroversien großer Beliebtheit (Quint. Decl. min. CCCLXXI, Quint. Decl. min. CCCLXXIII, Quint. Decl. min. CCCLXXIV, Calp. Flac. 14, Quint. Decl. mai. IX, Quint. Decl. min. CCLXXXVI, Sen. contr. 1.1, Sen contr. 1.6, Sen. contr. 2.1, Sen. contr. 3.3, Sen. contr. 3.4, Sen. contr. 4.3, Sen. contr. 4.5, Sen. contr. 5.2, Sen. contr. 7.1, Sen. contr. 8.3, Sen. contr. 8.5, Quint. Decl. min. CCLVI, Quint. Decl. min. CCLVII, Quint. Decl. min. CCLIX, Quint. Decl. min. CCLXVIII, Quint. Decl. min. CCLXXI, Quint. Decl. min. CCLXXXIII, Quint. Decl. min. CCLXXXVI, Quint. Decl. min. CCXC, Quint. Decl. min. CCXCI, Quint. Decl. min. CCXCV, Quint. Decl. min. CCXCVIII, Quint. Decl. min. CCC, Quint. Decl. min. CCCX, Quint. Decl. min. CCCLVI, Quint. Decl. min. CCCLVI, Quint. Decl. min. CCCLXXVI, Quint. Decl. min. CCCLXXVIII, Quint. Decl. min. CCCLXXXVII, Calp. Flac. 18, Calp. Flac. 19 und Calp. Flac. 37). Es dient dann in der Regel als Bestrafung der Kinder, die nicht nach der Vorstellung des Vaters reagieren und handeln. Meist wird dem seitens der Enterbten mit der *actio dementiae* begegnet, oft wird der Enterbung nur widersprochen. Die häufige Verwendung der Enterbung ist auffällig. Saller bringt sie in engen Zusammenhang mit der *patria potestas*.[1198] Die *abdicatio* in den Kontroversien wird überdies als griechischer Import angesehen.[1199] Quintilian selbst trennt die *abdicatio* begrifflich von *exhereditatio*.[1200] *Abdicare* kann in diesem Zusammenhang auch lediglich das formale Ausscheiden aus dem Familienverband bedeuten. Es hätte dann die Bedeutung von „Verstoßen“ (s. Kap. II.1.e.ff)[1201]. In einer stark familiär orientierten Gesellschaft wie der römischen, erscheint der Ausschluss aus der Familie und der damit verbundene Verlust der Stellung als *heres* als Schande. In der römischen Gesellschaft wäre jedoch eher mit einer *emancipatio* zu rechnen (siehe Kap. II.1.e.gg). Nichtsdestotrotz widerspricht die Enterbung, wie sie in den Kontroversien dargestellt wird, der römischen Familienstruktur nicht, weil der Hausvater aufgrund seiner *potestas* die alleinige Eigentumsgewalt in der Familie inne hat.[1202] Ein bekannter römischer Enterbungsfall ist womöglich nicht zufällig in der Entstehungszeit der Kontroversiensammlungen zu finden, denn Agrippa Postumus wurde von seinem Adoptivvater Augustus ebenfalls enterbt.[1203]

[1197] Küster, Blinde und Taubstumme, S. 11.
[1198] Saller, Patriarchy, Property and Death, S. 118.
[1199] Saller, Patriarchy, Property and Death, S. 118.
[1200] Quintilian, Institutio oratoria, 7.4.11.
[1201] Sirks, Playboy, S. 712.
[1202] Saller, Patriarchy, Property and Death, S. 118.
[1203] Saller, Patriarchy, Property and Death, S. 118.

g) Lebensmittelerwerb

Auch der Lebensmittelerwerb wird in den Kontroversien angesprochen. In Quint. Decl. mai. XIII geht es um eine Bienenzucht. In Anbetracht dessen, dass Zucker im Altertum nicht bekannt war, kam der Bienenzucht und der dadurch entstehenden Honiggewinnung eine große Bedeutung zu. Besonders berühmt war der Honig aus Attika und aus Sizilien.[1204] Der Sachverhalt besagt, dass ein Reicher und ein Armer Nachbarn auf der Gartenseite waren. Der Reiche hatte im Garten Blumen, der Arme Bienen. Der Reiche hatte sich beklagt, dass seine Blumen durch die Bienen des Armen geschädigt würden. Er verlangt, dass der Arme umziehen solle. Als der Arme nicht umzog, hat der Reiche seine Blumen mit Gift besprüht. Alle Bienen des Armen sind daraufhin verendet. Der Reiche wird mit der *actio damni iniuria dati* angeklagt. Obwohl es der antiken Naturkunde nicht glückte, die Zoologie der Bienen zu klären, war die Wichtigkeit der Blumen für die Bienenzucht bekannt.[1205] Das zeigt auch die Quint. Decl. mai. XIII. Eine Theorie besagte beispielsweise, dass die Bienen ihren Nachwuchs in bestimmten Blumen fänden.[1206] Dass umgekehrt die Bienen wichtig und unerlässlich sind für das Fortleben der Blumen, wird in der Rede nicht angesprochen. Ein Indiz dafür, dass diese Bedeutung noch nicht erkannt war. Auch die Tatsache, dass der Nektar aus Blütenstaub besteht, ist dem Redner wohl nicht bekannt. Hingegen wird die Problematik des hervorgerufenen Schadens eingehend behandelt. Dabei beschäftigt sich der Redner zuerst mit dem Vorwurf des Reichen an den Armen, der besagt, dass der Arme die Blumen des Reichen durch seine Bienen beschädigt habe. Dem wird entgegengehalten, dass hier keine Schadenszufügung durch den Armen festgestellt werden könne, da die Bienen freie Tiere seien und nicht in der Gewalt des Armen stünden. Ähnlich freie Tiere seien z.B. Vögel (Quint. Decl. mai. S. 272 Z. 18 - 21 und S. 273 Z. 8 ff.). Andererseits könnte es sich auch bei der Klage des Armen gegen den Reichen um eine analoge *actio damni* handeln, da als Voraussetzung für eine aquilische Klage eine direkte, keine mittelbare Schädigung nötig ist.[1207] Hier hat aber der Reiche seine eigenen Blumen vergiftet, die Schädigung der Bienen erfolgte mittelbar. Der *praetor* hätte also nur eine analoge aquilische Klage zulassen können.

h) Ergebnis

Die Beispiele zeigen anschaulich, dass die Kontroversien nicht nur eine bestimmte rechtsrhetorische Entwicklung schildern, sondern auch Erkenntnisse über die naturkundliche, ökonomische und soziologische Welt der Antike liefern. Die Kontroversien sind eben ein Fenster in die Gesellschaft ihrer Zeit.

[1204] Andresen, Alte Welt, Bd. I, Sp. 464 f.

[1205] Andresen, Alte Welt, Bd. I, Sp. 464.

[1206] Vergil, Georgica 4.

[1207] Kaser/Knütel, § 51; dazu auch Schulz, Bienen, S. 111.

III. Schluss

Die Untersuchung erwies, dass der Wert der *declamationes* für die Rechtsgeschichte vor allem durch die Analyse mehrerer verschiedenartiger Faktoren erschlossen werden kann. Auch für die Antike gilt, dass das Recht nicht getrennt von der Sozialstruktur, der Gesellschaft, der Politik und der Religion, also isoliert vom sozio-kulturellen Kontext, in dem es angewandt wurde, betrachtet werden kann.

Unzweifelhaft ist die Kontroversie eine Synthese von „Recht" und „Rhetorik". Doch wird nicht schon durch diese Aussage eine Trennung von „Recht" und „Rhetorik" konstruiert, die es in dieser Form in der täglichen Gerichtspraxis des Prinzipats nicht gab? Die Problematik der Untrennbarkeit zeigt sich sinnbildlich am Beispiel der Statuslehre. Ist die Statuslehre eine Hilfe bei der juristischen Argumentationstechnik oder eine rhetorische Lehre? Die Untersuchung hat bewiesen, dass sie beide Aufgaben erfüllt. Der Grund dafür ist, dass die Statuslehre zur Dialektik gehört, derer sich als Tochterdisziplinen die Rhetorik und die Rechtswissenschaft gleichermaßen bedienen. Die nachstehende Zusammenfassung der wichtigsten Ergebnisse spiegelt diese Untrennbarkeit von „Recht" und „Rhetorik" wider.

1. Zusammenfassung der wichtigsten Ergebnisse und Schlussfolgerung

Besonders im Zivilprozess war der Patron durch das Patronatsverhältnis dazu verpflichtet, seinen *clientes* beizustehen. Im Strafprozess wurden oft auch Advokaten „herbeigerufen". Der *advocatus* war fester Bestandteil des römischen Rechtssystems.[1208] Nach römischem Usus prüfte der *iuris consultus* die rechtlichen Grundlagen des Falles und schlug den günstigsten Weg für die Prozessführung vor, während der *advocatus* als Rechtsbeistand bei der Verhandlung selbst auftrat.[1209] Der *iuris consultus* hatte in seiner Ausbildung den Rechtsunterricht besucht, der relativ selten gewählt wurde und sich an den höheren Unterricht anschloss.[1210] Die *advocati* hatten in der Regel wie die meisten *patroni* nur den höheren Unterricht, aber keinen weiterführenden Rechtsunterricht besucht. Der höhere Unterricht vervollständigte als dritte Stufe die allgemeine Schullaufbahn, die mit dem Elementarunterricht begann und in einer zweiten Schulstufe durch den Unterricht beim Grammatikus weitergeführt wurde.[1211] Um vor Gericht auftreten zu können, war es sowohl für den *patronus* als auch für den *advocatus* unerlässlich, auf eine Ausbildung zurückgreifen zu können, die ein gewisses juristisches Wissen und rhetorische Aspekte vermittelte. Dieses Ausbildungsanliegen machte den höheren Unterricht aus (s. Kap. I.3.). Die *declamationes*, die sich in die Streitreden, *controversiae* oder *causae*, und die beratenden Reden, *suasoriae*,

---

[1208] Crook, Legal Advocacy, S. 9.

[1209] Paoli, Vita Romana Vita Romana II, V.

[1210] Liebs, Römische Jurisprudenz in Gallien, S. 24.

[1211] Marrou, Histoire de l´ éducation, S. 389 - 421.

aufspalten (s. Kap. I.1), beherrschten diesen höheren Unterricht in der römischen Kaiserzeit.[1212]
Inhaltlich gesehen imitiert die *controversia* als Übungsrede das *genus iudiciale*. Deklamationen sind aber trotzdem nicht dem *genus iudiciale* zugehörig, da Übungsreden keine Handlungskonsequenzen haben. In diesem Aspekt stimmen sie mit dem *genus demonstrativum* überein[1213] (s. Kap. I.4.).
Gewöhnlich wird die *controversia* durch eine oder mehrere Normen eingeleitet. Dem folgt die Schilderung des Sachverhalts, dann die *declamatio*, die Rede an sich. Die erläuternden Partien des Lehrers werden als *sermones* in die Stücke eingebaut. Einige Stücke enthalten noch eine *pars altera*, die die Gegenrede zur *declamatio* an sich bildet. Einzig die Kontroversien Senecas haben eine andere Struktur. Dies erklärt sich daraus, dass er nicht einzelne vollständige Stücke anführt, sondern die Rede aus Textpassagen verschiedener Redner zusammensetzt und einzelne Kapitel mit einer *praefatio* einleitet (s. Kap. I.6.).
Obwohl der Entstehungszeitraum der verschiedenen Teile des Korpus, der Deklamationen Senecas des Älteren, der *Declamationes maiores*, der pseudoquintilianischen *Declamationes minores* und der Kontroversien des Calpurnius Flaccus, gut 100 Jahren beträgt (s. Kap. I.7.), sind diese vier Sammlungen doch paradigmatisch für einen bestimmten Kontroversientypus. Alle vier Sammlungen zeigen nämlich die neuere Kontroversia. Sie sind darüber hinaus die einzigen erhaltenen Sammlungen, die diesen Typus dokumentieren (s. Kap. I.1. und I.7.). Die neuere Kontroversia, zu deren Verfechtern auch Cicero gehört, wird nicht in griechischer Sprache, sondern in lateinischer Sprache dargeboten. Ihr liegt keine reale historische Begebenheit mehr zu Grunde.[1214] Dies lässt sich tatsächlich auch an den untersuchten Kontroversien erkennen (s. Kap. II. 2.). Die romantisch melodramatische Komponente, die in dem neueren Typus weitaus stärker zu beobachten ist, ist besonders durch die Beziehung zur antiken Komödie und zum antiken Roman durch die Handlungstopoi und die rollenhaft verwendeten Charaktere in den Sachverhalten erkennbar (s. Kap. II. 2.). Ein weiteres Moment, das alle vier Sammlungen verbindet, ist, dass sie alle zur Zeit der Regierungsform des Prinzipats entstanden sind, einer monarchischen Regierungsform mit demokratischem Anschein (s. Kap. I.7.).
Der Niedergang der griechischen Rhetorik in der antiken Literatur wird vielfach dem Demetrius von Phaleron angelastet, eben jenem, der auch die Praxis entwickelt haben soll, fiktive Themen nach Art der Streitfragen, wie sie in den Gerichtshöfen und vor den Volksversammlungen zu erwarten waren, zu erörtern. Teilweise wird hierin der Beginn, der Ursprung, der Deklamation gesehen.[1215] Durch diese bereits in der Antike verbreitete Legende wird der Untergang der Rhetorik schon vor dem römischen Prinzipat mit dem Phänomen der Deklamation in Ver-

[1212] Sirks, Juridical rationality, S. 333.
[1213] Kuße, Konjunktionale Koordination, S. 86 f.
[1214] Clarke, Rhetoric at Rome, S. 86.
[1215] Clarke, Rhetoric at Rome, S. 6 ff.

bindung gebracht (s. Kap. I.2.). Bereits Quintilian verneint diese These.[1216] In ihr wird nämlich Ursache und Wirkung vertauscht. Sie lässt sich dadurch als schon in der Antike geläufiger Topos enttarnen. Auch ist die These verkürzend. Die Rhetorik wird nämlich mit der freien politischen Rede gleichgesetzt, die forensische Rede wird außer Acht gelassen (s. Kap. I.2.). Aufgrund der strengen politischen Ausrichtung auf die Person des Prinzeps war die freie politische Rede im Prinzipat nicht systemkonform. Die Tatsache, dass es sich bei der Regierungsform des Prinzipats um eine Alleinherrschaft mit demokratischem Anschein handelt, zeigt Wirkung im Verbot des freien kontroversen und kritischen politischen Dialogs. So war die Zeit der großen Redner vorüber, die Phase der intensiven politischen Auseinandersetzung gehörte der Vergangenheit an. Ungeachtet dessen blieb das tägliche Geschäft der Rhetorik und das gesellschaftliche Ansehen, das durch diese Kunst erlangt werden konnte, aber nahezu unverändert bestehen.[1217] Die Patronatsverhältnisse hatten auch weiterhin Bestand. Die Redekunst zu beherrschen, behielt große Bedeutung für den Patron, der seinen Klienten gegenüber dazu verpflichtet war, sie bei Rechtsstreitigkeiten zu unterstützen (s. Kap. I.2.). Auch die Advokatentätigkeit vor Gericht blieb bestehen. Die Rede vor Gericht musste geübt werden. Dafür wurde die Deklamation in Form der Kontroversie im höheren Unterricht benötigt (s. Kap. I.1. und I.3.).
In Abgrenzung dazu wurden die Deklamationen in der Kaiserzeit auch um der Unterhaltung Willen vorgetragen.[1218] Bestimmte Schulen bildeten aber nur für die Rede auf dem *forum* aus, so z.B. die Quintilianschule.[1219] Es sind in den Kontroversiensammlungen des neueren Typs jedoch auch Beispiele für einen „Missbrauch" dieser Übungen zu finden, die eigentlich für den juristischen Bereich gedacht waren. Einigen Stücken (Sen. contr. 4.7, Quint. Decl. min. CCLXVII, Quint. Decl. min. CCCXXII, Quint. Decl. min. CCCLI, Quint. Decl. min. CCCLII, Quint. Decl. min. CCCXXIX., Quint. Decl. min. CCCLXXXII, Quint. Decl. min. CCLXXXII, Quint. Decl. min. CCLXXXVIII, Quint. Decl. min. CCCXLV, Quint. Decl. min. CCLXXIV, Calp. Flac. 1, Calp. Flac. 6, Calp. Flac. 13, Calp. Flac. 22) wird eine zusätzliche Funktion zugedacht. An diesen Beispielen wird ersichtlich, wie die Kontroversia als politisches Mittel eingesetzt wurde, um den Regenten, also Augustus, zu kritisieren. Da die Deklamation als Übungsrede von der staatlichen Zensur ausgenommen war, bot sie sich als Schlupfwinkel für versteckte Kritik an. Die aufgezählten Stücke, in denen meist die Bekämpfung der Tyrannis das Thema des Sachverhalts ist, machen lediglich ca. zehn Prozent der untersuchten Stücke aus. Obwohl sich die Sachverhalte auf den ersten Blick einer griechischen Problematik, nämlich der Bekämpfung einer

---

[1216] Clarke, Rhetoric at Rome, S. 6 ff.
[1217] Jehne, Rednertätigkeit und Statusdissonanzen, S. 170 f.
[1218] Allerdings ist dabei gerade unter Bezug auf die athenische Rechtspraxis zu bemerken, dass auch das Beiwohnen realer Verhandlungen eine beliebte Unterhaltung in der Antike war. Die Athener Beispielsweise schauten sich wohl häufig nach einem Einkaufsbummel Verhandlungen an, dazu Lanni, Courts of Classical Athens, S. 149 ff.
[1219] Dingel, Scholastica materia, S. 1.

Tyrannis annehmen, wird dadurch die allgemeine Ablehnung der Antike gegenüber Alleinherrschern deutlich. Die Vermutung, dass sich gerade das Problem der Tyrannis als ursprünglich griechischer Topos für die Themen der Sachverhalte der Kontroversien des neueren Typs nicht zufällig am stärksten durchgesetzt hat, liegt nahe. In der Prävalenz dieses Themas ist eine Kritik an der Alleinherrschaft Caesars und besonders Augustus' zu sehen (s. Kap. II. 1. d und II. 2.).
Ein seltenes Beispiel für eine offene Kritik am Vorgehen des Augustus ist in Sen. contr. 7.2 zu finden. Hier geht es um die Ermordung Ciceros. Popillius' Vorgehen, das unausgesprochen Augustus angelastet wird, wird hier offen zur Diskussion unter moralischen Gesichtspunkten gestellt. Dieses Beispiel übt, indem es sich durch die Zugrundelegung einer realen historischen Begebenheit an der Methode der älteren Kontroversia orientiert, eine für die Kontroversien des Prinzipats ungewöhnlich offene Kritik an der Person des Herrschers (s. Kap. II. 1. j).
Zusammenfassend ist festzustellen, dass die *declamatio* nicht Ursache des „Niedergangs" der freien politischen Redetätigkeit in der Prinzipatszeit ist, sondern dass sich die politische Rede vielmehr im Prinzipat in die Form der Deklamation zurückgezogen hat.

Die Protagonisten, die in den Sachverhalten der Kontroversien auftreten, gehören fast ausnahmslos zu einer Gruppe von typisierten Charakteren, die immer wieder verwendet werden. Die einzigen Stücke, in denen diese typisierten Charaktere nicht verwendet werden, sind die, die an eine historische Begebenheit angelehnt sind und diese historischen Situationen und historische Charaktere aufgreifen. Diese wenigen Stücke, in denen die typisierten Charaktere nicht auftreten, enthalten noch Elemente der älteren Kontroversie und reichen stark in den Bereich der *suasoria* hinein.
Zu der Gruppe der meist verwendeten typisierten Charaktere gehören die Jungfrau, die treue Ehefrau, die untreue Ehefrau, die Dirne, die Mutter, die sich aus Sorge um ihre Nächsten die Augen blind weint, die Stiefmutter, Piraten, ein Held, der Verräter, ein Tyrann, der Schiffbrüchige, ein Mann, der in die Sklaverei verkauft wird, der illegitime Sohn, der Vater, der Geblendete, der Gladiator, der betrogene Gatte, der schwelgerische Sohn, der Reiche und der Arme, der treue Sklave und der undankbare Herr, Vater und Tochter, Zwillinge und ein Orakel. Die aufgezeigten Figuren lassen sich als feststehendes Kontroversienrepetoire bezeichnen (s. Kap. II.2.).
Die Darstellung des Sachverhalts, der in der *declamatio* auch als Thema bezeichnet wird, geschieht immer sehr skizzenhaft und lässt in den meisten Kontroversien nicht auf ein bestimmtes Milieu oder auf eine bestimmte Zeit schließen. Jedoch lässt sich aus den Umständen die Aussage treffen, dass der Schauplatz an eine griechische Polis des vierten Jahrhunderts v.Chr. erinnert. Die Bewohner der Stadt sind sehr freiheitsliebend und von einer tiefen Abneigung gegen Tyrannen geprägt. Die Stadt ist eine Küstenstadt, deren Bewohner auf Geschäftsreisen die Meere durchkreuzen und von Piraten entführt werden. Anhand der skizzenhaften

Darstellungen lässt sich aber auch erkennen, dass die ideale Stadt der Deklamatoren dieselbe ist, wie die Stadt in der die Neue Komödie spielt, nämlich die Stadt am Meer.[1220] So führt die Straße auf der gedachten Bühne, die beim Hören oder Lesen des Sachverhalts im Geist entsteht, wie bei der Komödie links zum Forum und rechts aus der Stadt hinaus, d.h. meist zum Hafen. Einer Konvention zu Folge spielt die Neue Komödie, wenn nichts anderes angegeben ist, in Athen. In den Sachverhaltsschilderungen wird das Geschehen ebenfalls nur selten mit einer genauen Ortsangabe versehen. Die Protagonisten, deren Erscheinen dem Bühnengeschehen eine unerwartete Wendung verleiht, kommen entweder vom Forum oder vom Hafen.[1221] Auf diese Weise stimmen das Thema der *declamatio* und der Prolog der Komödie funktional weitgehend überein. Thema und Prolog vermitteln in knapper Form das Vorgeschehen bis zu dem Punkt, an dem die eigentliche Darbietung in der Form der *declamatio* an sich oder in der Komödie das Bühnengeschehen beginnt.[1222] Die Charaktere, auf die in den Sachverhalten der Kontroversien zurückgegriffen wird, sind, wie die in der Komödie, Bürger einer Stadt. Auch in der Komödie sind die Reaktionen der erfundenen Helden auf das Bühnengeschehen und die verhandelten Gegenstände typisch und drücken traditionelle Werturteile aus. Die Personen kehren schon in der Alten griechischen Komödie nach Art der Commedia dell'Arte von einem Stück zum anderen wieder.[1223] Die Kontroversie des neueren Typs weist also Elemente der neueren Komödie auf (s. Kap. II. 2. und 3.).

Die Charaktere, mit denen in den Sachverhalten der Kontroversien gearbeitet wird, erinnern aber noch an eine weitere Literaturform. Die Parallele zu den Protagonisten des Antiken Romans ist unverkennbar. Auch im Roman tauchen Jungfrauen, Dirnen und Piraten auf, deren Verhaltensweisen sehr typisiert erscheinen. Der Unterschied liegt nur darin, dass den Personen in den Sachverhaltsschilderungen jegliche Individualisierungsattribute fehlen, die im Roman vorhanden sind. In den Sachverhalten wird die Figur nicht ausgebaut, hier werden nur die klischeehaften Typisierungen an sich verwendet.[1224] Beide Kontroversientypen, die, die nach dem Modell der älteren Kontroversia historische Begebenheiten und Charaktere zu Grunde legen, und die, die sich aus dem Pool der typisierten Charaktere bedienen, weisen dennoch ein gemeinsames Merkmal auf. Es handelt sich in beiden Fällen um eine Sammlung von Topoi, die jedem Schüler in der klassischen Zeit bekannt gewesen sein dürften. Hier liegt auch der Vorteil der Verwendung dieser Allgemeinplätze. Sowohl für die Schüler als auch für die Lehrer war es einfacher, mit den festen Charakteren oder den bekannten Situationen zu arbeiten, weil die Charaktere mit ihren festen Handlungsweisen und Attributen, mit ihren Stärken, ihren Schwächen und ihren Eigenheiten allgemein bekannt waren.

[1220] Zinsmaier, Leichnam, S. 1 - 13.
[1221] Zinsmaier, Leichnam, S. 1 - 13.
[1222] Zinsmaier, Leichnam, S. 1 - 13.
[1223] Andresen, Alte Welt, Bd. II, Sp. 1579.
[1224] Zinsmaier, Leichnam, S. 6 - 13.

Im antiken Plädoyer war es viel mehr als in heutiger Zeit üblich, mit dem Charakter oder dem Stand der Streitparteien zu argumentieren, daher war es auch für den Schüler der Klassik sehr wichtig, über diese informiert zu sein.[1225] Die Lehrer konnten sich dank der feststehenden Charaktere beim Konzipieren des Sachverhalts kurz fassen, die Nennung der beteiligten Charaktere genügte, um die Schüler über alle wichtigen Attribute der Beteiligten aufzuklären. Die Verwendung der komödienhaften Charaktere und der allgemein bekannten historischen Personen und Situationen steht somit der klassischen juristischen Schulausbildung nicht entgegen, sondern bietet lediglich eine Vereinfachung für den Schulbetrieb. Die Lehrer waren dazu gezwungen, eine Vielzahl von Sachverhalten zu produzieren, damit das Deklamieren geübt werden konnte. Die umfangreiche Kreation eines neuen individualisierten Charakters wäre viel arbeitsaufwendiger gewesen und wäre dem Erlernen des Umgangs mit dem Recht und dem Erlernen von bestimmten Argumentationstechniken nicht dienlicher gewesen als das Zurückgreifen auf bekannte Klischees (s. Kap. II.2.).

Nicht nur die Figuren der Sachverhalte der Deklamationen haben sehr viel Ähnlichkeit mit denen der Komödie und des antiken Romans, sondern auch die Motive.[1226] Die Motive, die zur Sachverhaltsbildung gebraucht werden, sind ähnlich typisiert und überzeichnet wie die Figuren. Sie sind zum Teil notwendige Folgen aus der Eigenart der einzelnen Charaktere. Die Motive entstammen häufig dem Bereich der Liebe, des Abenteuers oder der Familie. Sie sind oft sehr reißerisch und sensationslüstern aufgemacht. Bei aller Kritik, die deshalb auf den Deklamationen lastet (s. Kap. II. 3.), muss bedacht werden, dass es sich bei den Schulen, in denen unterrichtet wurde, nicht um staatliche, sondern um Privatschulen handelte. Der Lehrer mietete Räumlichkeiten, meist im Parterre eines größeren Gebäudes, und war natürlich daran interessiert, dass möglichst viele Schüler seine Schule besuchten, um höhere Einnahmen zu erzielen. Die Verwendung von sensationslüsternen Themen, die heute zu dem Metier der Boulevardpressse zählen würden, hatte also auch wirtschaftliche Gründe. Zudem öffneten die Schulen, während sie die Übungsreden darboten, ihre Türen auch für außerschulisches Publikum.[1227] Dies vergrößerte einerseits das Auditorium, diente aber andererseits auch als Werbung. Zudem waren die Schüler ausnahmslos junge Männer, die sich für sensationslüsterne Themen mutmaßlich eher begeistern konnten. Andererseits lässt sich gerade an besonders komplexen und zugespitzten Fällen gut überprüfen, ob die Schüler schon sicher mit der Materie umgehen können. Bei leichten, einfach gelagerten Fällen findet der Schüler wenig Möglichkeiten, sich zu profilieren (s. Kap. II. 3.).

Bei der Vielzahl der verwendeten Motive gibt es bestimmte wiederkehrende, die in verschiedenen Deklamationensammlungen zu finden sind. Ganze Sachverhalte wurden häufig wiederverwendet oder nur wenig verändert. Dies wird besonders

---

[1225] Neumeister, Grundsätze der Forensischen Rhetorik, S. 17 f.

[1226] Zinsmaier, Leichnam, S. 6.

[1227] Dingel, Scholastica materia, S. 1 ff.

an den Kontroversien Senecas deutlich, der einen Zusammenschnitt der Reden verschiedener Redner zu demselben Sachverhalt liefert. Bei einer Gesamtbetrachtung der Motive in den Sachverhalten der Kontroversien zeigt es sich, dass in den Kontroversien Senecas des Älteren und in den *Declamationes maiores* weit intensiver mit klischeehaften Motiven gearbeitet wird, als in den *Declamationes minores* und in den Kontroversien des Calpurnius Flaccus (s. Kap. II. 3.).
Der Sachverhalt muss stets der Aufgabe nachkommen, einen Konflikt bereit zu stellen. Hier steht der Lehrer, der den Sachverhalt ersinnt, vor derselben Aufgabe wie der Komödiendichter. Der Konflikt kann sich auf der menschlichen oder auf der juristischen Ebene abspielen. Ein Konflikt ist die Basis jedes Streits. Das Milieu, in dem die Sachverhalte spielen, ist dasselbe, wie das in der römischen Komödie. An die Stelle der großen staatspolitischen Probleme war nun das Leben des Durchschnitts- oder Kleinbürgers getreten.[1228] Die Schüler sollten vor allem auf ihre Stellung als Patrone vorbereitet werden, diese hatten in Bezug auf ihre Klienten auch häufig im kleinbürgerlichen Milieu zu agieren. Zwar entspricht es dem Stand der meisten Patrone, als Heranwachsende auf den Umgang mit staatspolitischen Problemen vorbereitet zu werden. Es muss aber bedacht werden, dass dies in der Regierungsform des Prinzipats nicht erwünscht war. Auch die Ausbildung ist daher ganz auf ein kleinbürgerliches Milieu zurückgefallen.
Dass die Sachverhalte der Kontroversien manchmal nicht mit juristischen Detailfragen gespickt sind, dürfte wohl dem Gerichtsalltag von kleineren ländlichen Gerichten entsprechen. Auch heute hat eine Amtsrichterin oder ein Amtsrichter eher selten mit wirklich schwerwiegenden juristischen Probleme zu kämpfen. Es kommt vielmehr darauf an, die Parteien durch eine billige Entscheidung zufrieden zustellen. Daher ist das Element der Billigkeit in den Kontroversien sehr stark ausgeprägt. Eine Billigkeitsabwägung wird auch dann nötig, wenn die moralische Bewertung eines Falles eindeutig ist, die rechtliche Wertung aber gegen dieses moralische Empfinden verstößt, wie z.B. im Falle des von Bord geworfenen Leichnams in Quint. Decl. mai. VI.

Das Recht, das in den Normen zu Beginn der Kontroversien angegeben wird, befasst sich mit sehr unterschiedlichen Rechtsgebieten. Obwohl der größte Teil strafrechtliche Themen behandelt, sind doch in starkem Maße Regelungen zu finden, die dem zivilrechtlichen, dem verwaltungs- oder prozessrechtlichen Bereich angehören. Das Recht in den Kontroversien des Prinzipats wird jedoch nicht nur durch die den Sachverhalten vorangestellten Normen deutlich, es zeigt sich auch in der Verwendung in den einzelnen Sachverhalten und in den Reden. Dabei wird besonders evident, dass die Normen, die in den Kontroversien Senecas des Älteren und in den *Declamationes maiores* des Quintilian gebraucht werden, nicht so vielfältig sind, wie die in den *Declamationes minores* des Pseudoquintilian oder in den Kontroversien des Calpurnius Flaccus (s. Kap. II. 1.k.). Während sich die

---

[1228] Zinsmaier, Leichnam, S. 6.

Normen in den Deklamationen Senecas des Älteren und in den *Declamationes maiores* eher mit sensationslüsternen Themen befassen, wie z.B. Frauenraub, Ehebruch, Enterbung oder Tapferkeit im Krieg, sind in den *Declamationes minores* und in den Kontroversien des Calpurnius Flaccus auch weniger spektakuläre Themen regelnde Normen zu finden, z.B. Steuerpacht oder Vertragsschlüsse. Die *Declamationes minores* und die Kontroversien des Calpurnius Flaccus enthalten auch privatrechtliche Normen, während es sich in den Kontroversien Senecas und in den *Declamationes maiores* eher um Strafrecht handelt.

Der überwiegende Teil der Normen oder Rechtsregelungen aus den Kontroversien des neueren Typus hat eine Parallele im römischen Rechtsbrauch. Einige haben ihre Entsprechung aber auch im griechischen Recht. Durch die Untersuchung konnte die These Dirksens widerlegt werden, der der Ansicht ist, dass die Normen aus den Deklamationen grundsätzlich von den Lehrern erfunden wurden[1229]. Zu bemerken ist aber, dass die Normen oder Rechtsregelungen, verglichen mit dem tatsächlichen römischen Rechtsbrauch, in den Deklamationen oft vereinfacht wiedergegeben werden. Dabei muss berücksichtigt werden, dass die Vereinfachung einzelner Rechtsregeln in den Übungsstücken durchaus einem pädagogischen und didaktischen Zweck dienlich war (s. Kap. II.1.k.).

Bei zahlreichen Rechtsregelungen aus den Deklamationen des neueren Typs, die eine Parallele im römischen Rechtsbrauch haben, existiert diese nicht im Bereich des *ius*, sonder der *mores*. Die Regelungen entspringen oft der *pietas*.

Auch bezüglich des kleinen Teils der Rechtsregelungen aus den Deklamationen des Prinzipats, die keine Parallele im römischen oder im griechischen Rechtsbrauch haben, kann festgestellt werden, dass es auch möglich ist, gerade mit den erfundenen Normen (*leges fictae*) die juristische Arbeitstechnik zu erlernen. Über juristische Kenntnis zu verfügen lässt sich nämlich nicht darauf reduzieren, das geltende Recht zu kennen, es muss auch die Methode beherrscht werden, mit der das Recht auf den konkreten Fall angewendet werden kann. Bei diesem Zusammenspiel der beiden notwendigen Faktoren, Kenntnis der aktuellen Gesetzeslage und juristische Arbeitsmethode, muss in der Ausbildung das größere Gewicht auf der Kenntnis der juristischen Methode liegen, sonst könnte nur schwer mit einer wechselnden Gesetzeslage umgegangen werden. Durch die Arbeit mit Rechtsregelungen unterschiedlicher Herkunft, seien sie nun römischer oder griechischer Herkunft oder fiktive Regelungen, konnte einer übermäßigen Fixierung auf nur eine gerade geltende Rechtsordnung vorgebeugt werden. Eine größere Flexibilität im Umgang mit Recht wurde dadurch erreicht (s. Kap. II.1.k.).

Der zentrale Aspekt aber, der bei dieser Untersuchung bezüglich des verwendeten Rechts deutlich wurde, ist, dass viele Regelungen aus den Deklamationen des neueren Typs nicht den römischen Rechtsbrauch ihrer Entstehungszeit, also des Prinzipats, wiedergeben, sondern den Rechtsbrauch der frühen bis mittleren Republik, einer in der Regierungsform des Prinzipats schon längst vergangenen Zeit. Die Rechtsregelungen sind oft archaisch und frührömisch. Diese Erscheinung

---

[1229] Dirksen, Methode der Auswahl.

passt aber insofern in die Regierungsform des Prinzipats, als Augustus seine Neuordnung des Staates unter die Prämisse stellt, den *mos maiorum* wieder neu einzuführen. Er lässt die alten Traditionen wieder aufleben. Er stilisiert sich selbst als *pius* und als Virtusträger, als Hüter der Werte, die schon fast verloren gegangen waren. Die Erinnerung an eine längst vergangene Zeit wird so zu einer Wiederbelebung dieser Vergangenheit.[1230] Diese Restauration ist aber wie der Erhalt der römischen Republik nur scheinbar und in Wahrheit Instrument der Machtkonsolidierung der Alleinherrschaft.[1231] Die Kontroversien des neueren Typs fügen sich also in dieser Beziehung in den Geist ihrer Entstehungszeit ein (s. Kap. II. 1. k.).

Um feststellen zu können, ob die Kontroversien als Übungen für die reale juristische Praxis tauglich waren, wurde auch geprüft, ob die in den Kontroversien beschriebenen Situationen prozessual gesehen realistisch sind. Obwohl die Prozessvertretung und die Prozessbeistandschaft rechtlich korrekt eingesetzt werden (s. Kap. II.7.), ist auch im verfahrensrechtlichen Aspekt eine Archaisierung in den Kontroversien des neueren Typs zu erkennen. Der Grund hierfür ist nicht überwiegend im politischen Bereich zu suchen. Augustus Politik basierte zwar zu einem großen Teil auf der scheinbaren Rückkehr zum Althergebrachten, im Verfahrensrecht des Prinzipats spiegelt sich diese konservative Linie jedoch nicht wider. Octavian hat im Gegenteil durch die Umstrukturierung der Strafjustiz durch den Ausbau der *quaestiones perpetuae* und durch die stärkere Betonung der *cognitio extraordinaria* einen nachhaltigen Wandel im Verfahrensrecht bewirkt.[1232] Durch die Konsolidierung dieser Verfahrensneuerungen durch Gesetze hat er sich von der althergebrachten Verfahrensentwicklung durch Gewohnheitsrecht distanziert. Durch die starke Bindung der Jurisdiktion an seine Person wurde gerade eine Abweichung von dem *mos maiorum* erreicht.

Die verfahrensrechtliche Archaisierung in den Kontroversien des neueren Typs hat wohl ihren Grund in ihrer leichteren Handhabung. Diese Verfahren berücksichtigten oft weniger Aspekte als die „modernen Verfahren" des Prinzipats (s. Kap. II. 7.).

In allen Kontroversien werden entweder nur die Rede des Klägers oder nur die Rede des Beklagten, bisweilen aber beide Reden angeführt. Eine Zeugenvernehmung oder gar andere Verfahrensabschnitte, wie z.B. die Prüfung der Prozessvoraussetzungen, werden nicht erwähnt. Dies zeigt deutlich, dass mit den Kontroversien die Redefähigkeit der Schüler als Prozessvertreter oder als Prozessbeistand in der Verhandlung, und zwar nur im Bereich der mündlichen Rede und Gegenrede, geübt werden sollte. Für das Einüben der Reaktion in anderen Verfahrensabschnitten waren die Kontroversien ungeeignet. Die Konzentration auf

---

[1230] Augustus, Res gestae.

[1231] Hammond, The Augustan Principate; Bleiken, Augustus, S. 509 - 540.

[1232] Kaser/Hackl, Römisches Zivilprozeßrecht, § 67.

den Verfahrensteil der Rede und Gegenrede hängt damit zusammen, dass dieser Bereich das Kernstück jedes Verfahrens bildet - sei es nun des Prozesses vor den *quaestiones perpetuae*, des Formularverfahrens oder des Verfahrens vor dem Kriegsgericht. Dieser Teil des Verfahrens ist der Abschnitt, auf den es für das Urteil hauptsächlich ankommt (s. Kap. II. 7.). Natürlich ist es auch wichtig z.B. im Formularverfahren überhaupt eine Klage zu erhalten; diese ersten Verfahrensabschnitte sind jedoch stark ritualisiert und dadurch einfacher erlernbar. Eine Verteidigungs- oder eine Anklagerede vor Gericht zu führen, ist demgegenüber viel schwieriger zu erlernen, weil hierfür ein Sammelsurium von Fähigkeiten beherrscht werden muss. Ein gutes Gespür für die Personen der Richter und die Person des Gegners ist ebenso von Nöten, wie das Beherrschen von juristischen, emotionalen und moralischen Argumenten. Daher erscheint es durchaus nützlich, aus Übungsgründen den kompliziertesten Verfahrensabschnitt gesondert und besonders intensiv zu üben.

Da die antike Kultur eine überwiegend mündliche Kultur war, hatte die Schriftlichkeit in allen Bereichen, so in Religion und Politik, aber auch in der Verwaltung und im Gerichtswesen, nur einen sehr kleinen Anteil.[1233] Die Kontroversiensammlungen des Prinzipats sind Dokumente, mit denen versucht wurde, diese Mündlichkeit einzufangen. Dass dies wiederum nur auf schriftlichem Wege geschehen konnte, liegt auf der Hand. Dennoch ist die Untersuchung keinem Zirkelschluss unterlegen, weil die vier untersuchten Kontroversiensammlungen auch größten Teils Mitschriften von gehaltenen Reden oder Skripte für das Halten einer Rede sind (s. Kap. II. 4.).
Ein Vergleich der juristischen mit der rhetorischen Argumentationstechnik und ihrer Verwendung in den Kontroversien des neueren Typs macht deutlich, dass die juristische Argumentationstechnik mit der rhetorischen - abgesehen von der Figurenlehre, die dem Redner hilft an die Gefühlswelt der Zuhörer zu appellieren - übereinstimmt. Beide Argumentationstechniken bedienen sich derselben deduktiven Methode. Die Verwendung von Syllogismus, Analogie, des Vergleichs und der Beispiele macht das eindrucksvoll deutlich. Diese Erkenntnis ist vor dem Hintergrund, dass mit Hilfe logischer Schlüsse ein Ergebnis erzielt werden soll, nicht verwunderlich. Im Bereich der Gerichtsrede hat daher in der Antike keine Trennung zwischen der juristischen Argumentationstechnik und der Rhetorik stattgefunden. Die Dialektik bleibt beiden Teilen als Arbeitsmethode eigen (s. Kap. II. 4. , 5. und 6.).
Die Einheit von juristischer Argumentationstechnik und rhetorischer Argumentationsmethode zeigt sich besonders deutlich anhand der Statuslehre. Tatsächlich ist die Statuslehre als Hilfsmittel zum einfacheren und schnelleren Auffinden von Argumenten **die** Schnittstelle zwischen juristischer Argumentationstechnik und rhetorischer Argumentationsmethode. Der Status ist der Punkt, auf den es in der Entscheidung ankommt, um den gestritten wird. Die Statuslehre, die Cicero und

[1233] Andersen, Garten der Rhetorik, S. 95 ff.

Quintilian auch *constitutio* nennen,[1234] teilt die Fallfragen, die sich aus dem Sachverhalt ergeben, in Gruppen ein.
Der Redner muss zunächst anhand der Statuslehre den Status jeder Hypothese, die sich aus dem Sachverhalt ergibt, bestimmen, um die Statuslehre anwenden zu können. Der Inhalt der Statuslehre kann mit modernen Kriterien ausgedrückt als eine Mischung aus dem strafrechtlichen Prüfungsaufbau nach Tatbestandsmäßigkeit, Rechtswidrigkeit und Schuld, der sich im *genus rationale* wiederfindet, und den savignyschen Auslegungsregeln, die sich im *genus legale* wiederfinden, beschrieben werden. Dabei enthält sie aber auch die Beschäftigung mit Zulässigkeitsproblemen, die zumindest als *status translationis* Teil des *genus rationale* sind (s. Kap. I.5. und II. 6.).
Die Statuslehre ist also viel mehr als eine rhetorische Lehre, sie ist eine Form juristischer Prüfungsstruktur, die sich bis in die Gegenwart erhalten hat. Größtenteils sind die Kontroversien ein schematischer Durchgang durch die verschiedenen Punkte der Statuslehre. Mit Hilfe der Kontroversien sollte der Umgang mit ihr geübt werden. Da die Statuslehre aber selbst an heutigen Maßstäben gemessen nur wenig rhetorische Aspekte enthält, würde eine Bezeichnung der Kontroversien als „rhetorische Schulübungsstücke" dem Inhalt und der Intention der Kontroversien nicht gerecht.
Die Untersuchung hat ferner gezeigt, dass die römische Deklamation in der Form der Kontroversia auch Erkenntnisse über die naturwissenschaftliche, ökonomische, soziale und religiöse Welt des Prinzipats liefert. In den untersuchten Kontroversien mischen sich viele Elemente, die den rechtshistorischen Wert, aber auch den kulturellen Wert der *declamationes* des Prinzipats erkennen lassen. Markant ist dabei, dass sich in allen Bereichen der Kontroversie, sei es im verwendeten Recht oder in gesellschaftlicher oder prozessualer Sicht, die politische Lage der Entstehungszeit niederschlägt. Der Prinzipat lässt sich in allen Bereichen erkennen.

Die *Declamatio Romanorum* ist zugleich Dokument juristischer Argumentationstechnik, Rechtsquelle und Fenster in die Gesellschaft ihrer Zeit - eine Zeit, die geprägt ist von der Rückbesinnung als politisches Programm.

2. Ausblick: Die *declamatio* in der Spätantike - Element einer auslaufenden Unterrichtsform

In der Spätantike muss beim Rechtsunterricht streng zwischen dem Ost- und dem Westreich unterschieden werden. Obwohl es auch im Westen, z.B. in Clermont, Arles oder Ravenna in der Spätantike Rechtsschulen gegeben hat[1235], erreichten sie nicht annähernd solch einen Aufschwung wie die im Osten. Die Ausbildung im Westen zielte, wie die Ausbildung der Klassik, unmittelbar auf die Anwen-

[1234] Martin, Antike Rhetorik, S. 29.
[1235] Liebs, Römische Jurisprudenz in Gallien, S. 22.

dung im Alltag ab, war also praxisorientiert. Sie bereitete nach klassischem Modell häufig in kleineren Schulen auf das Wirken als Advokat oder auf das Bekleiden von Justiz- und Verwaltungsaufgaben vor.[1236]
Im Ostreich blühten dagegen die Rechtsschulen. Genannt seien die in Alexandria, Athen und Antiochia. Diese wurden allerdings von der Schule in Berytos und später in Konstantinopel weit in den Schatten gestellt.[1237] Die theoretische Grundlage des akademischen Unterrichts bildeten dort hauptsächlich die alten Juristenschriften. Die Ausbildung basierte auf einem nach Studienjahren geordneten festen Unterrichtsplan.[1238] Das Programm der Juristenausbildung in Berytos war auf fünf Jahre konzipiert. Im ersten Jahr wurden die Institutionen und von den Digesten die Bücher eins bis vier behandelt. Im zweiten Jahr standen von den Digesten die Bücher fünf bis elf, die Bücher zwölf bis 19 und die Bücher 23, 26, 28 und 30 auf dem Programm. Das dritte Jahr bestand aus der Behandlung der Bücher 20 bis 22 der Digesten. In diesen ersten drei Jahren war der Unterricht verpflichtend. Im vierten und fünften Jahr der Ausbildung war auch selbständiges Lernen möglich. Im vierten Jahr wurden der vierte und fünfte Teil der Digesten behandelt, das sind die Bücher 24, 25, 29, und 31 bis 36. Im fünften Jahr befasste man sich mit dem Codex Iustinianus.[1239] Einer auf die Praxis gerichtete Rechtsausbildung im Westen stand also ein spezialisiertes Rechtsstudium im Osten gegenüber.
Dieses Verhältnis zwischen der praktisch orientierten Ausbildung im Westen und der wissenschaftlich orientierten im Osten wäre nicht problematisch gewesen, wenn nicht die Ausdehnung des römischen Bürgerrechts im Jahre 212 das römische Recht zu einem allgemeingültigen Reichsrecht erhoben hätte.[1240] Obwohl die Einwohner, die vor den Reformen nicht das römische Bürgerrecht besaßen, lange Zeit mit einer Art „Doppelnationalität" lebten, zeigen besonders die Papyrusfunde, dass auch diese Einwohner immer mehr und mehr gezwungen waren, ausschließlich römisches Recht anzuwenden.[1241] Es war nun nicht mehr ausreichend, über die gängigen juristischen Grundsätze und Normen Bescheid zu wissen. Genau das war aber Inhalt der klassische geprägten Rechtsausbildung im Westen. Der Schwerpunkt lag im Westen eindeutig auf dem Umgang mit dem Recht, auf der Betonung der Billigkeit, auf der Vermittlung von juristischem Basiswissen und dem Geschick, Anklage und Verteidigung durch die Heranziehung von Allgemeinplätzen und die Betonung der Sitte der Vorfahren zu unterstützen. Ein eher wissenschaftlich orientiertes System, wie es sich im Osten herausbildete, stand einem eher ganzheitlichen System im Westen gegenüber. In der Antike war das

[1236] Wieacker, Recht und Gesellschaft in der Spätantike, S. 98.
[1237] Wieacker, Recht und Gesellschaft in der Spätantike, S. 97 ff.; Medvedev, Rechtskultur des byzantinischen Imperiums, S. 102 - 133.
[1238] Andresen, Alte Welt, III, S. 2538.
[1239] Medvedev, Pravovaja kul`tura vizantijskoj imperii, S. 112.
[1240] Hose, Krise der Rhetoren, S. 292.
[1241] Modrzejewski, La Règle de Droit, S. 349 - 352; zur Vermischung von Rechtsfiguren Chiusi, Vormundschaft der Mutter, S. 155 - 196 und Hengstl, Rechtsvereinheitlichung, S. 41 - 55.

juristische Korpus noch weit intensiver in die Gesellschaft, Religion, Politik und die Sitte der Vorfahren integriert als in der Spätantike. *Codex Theodosianus* und *Codex Hermogenianus* waren Schritte auf dem Weg der Extrahierung des Rechts. Diese Entwicklung sollte dann im *Corpus Iuris Civilis* gipfeln.

Es ist darum auch nicht verwunderlich, dass die nach klassischem Vorbild Ausgebildeten vor einem, „der vor Gericht Trebatius und Alfenus ins Feld führte, kapitulierten."[1242] Diese Entwicklung führte zu einer Krise, zu einem Niedergang der Ausbildung im Westen. Das bedeutete gleichzeitig einen Niedergang der *Declamatio Romanorum*, die als Schulübung das westliche Ausbildungsmodell dominierte. Das Bildungssystem des Ostens setzte sich durch. Ein weiterer Grund für die Entwicklung, durch die die „freie Form des Rechtsunterrichts" zurückgedrängt wurde, war aber auch das Verbot der Form des freien Unterrichts, weil Justinian bürokratische Kontrolle auf dem Gebiet des Rechtsunterrichts ausüben wollte.[1243] Libanius beschreibt die Situation in ep. 1203, 1 treffend, wenn er sagt: „Es würde mich nicht wundern, wenn ich selbst noch nach Berytos liefe. So segeln und wandern und fahren Kinder, Männer und Greise dorthin, weil sich offenbar die Meinung durchgesetzt hat, ein Advokat vermöge nichts, wenn er nicht aus jener Quelle getrunken habe."[1244] Die eher allgemeinjuristisch nach klassischem Modell Ausgebildeten konnten sich bei der unübersichtlichen Rechtslage vor Inkrafttreten des *Corpus Iuris Civilis* gegen die spezialisierten Rechtsschüler aus dem Ostreich letztendlich nicht durchsetzen.

[1242] Hose, Krise der Rhetoren, S. 292.
[1243] Liebs, Römische Jurisprudenz in Gallien, S. 21 f.
[1244] Übersetzung nach Wolf, Schulwesen der Spätantike, S. 82.

IV. Anhang: Einzelne Beispiele

Im Folgenden sollen die durch die Untersuchung gewonnenen Ergebnisse anhand einzelner Beispiele verdeutlicht werden. Die Stücke werden auf den Realitätsbezug des verwendeten Rechts, auf die Eigenart und Herkunft ihrer Sachverhalte, auf die Zugehörigkeit zu einer bestimmten Fallgestaltungsgruppe, bezüglich der in dem betreffenden Stück enthaltenen rhetorischen Kunstgriffe, auf die juristische Argumentationstechnik, auf die Verwendung der Statuslehre, auf den Realitätsbezug der dargestellten prozessualen Situation und auf die Aussagen über den sozio-kulturellen Kontext hin untersucht. Dadurch lässt sich das Zusammenspiel und die Beeinflussung aller Faktoren untereinander veranschaulichen.
Die Anzahl der Beispiele wird auf drei beschränkt, weil von jedem der drei Autoren ein Stück der Strukturanalyse unterzogen werden soll. Zudem sollen die ganzheitlichen Untersuchungen von Stücken unterschiedlichen Umfangs und unterschiedlichen juristischen Anspruchs gezeigt und gewertet werden.

1. Die Mutter des Bastards, die als Teil eines Vermögens ausgewählt wurde - Untersuchung der Sen. contr. 6.3

Das Stück entstammt den Kontroversien Senecas des Älteren. Es besteht aus 295 Worten. Zwei Normen stehen dem Sachverhalt voran.

a) Text[1245]

MATER NOTHI LECTA PRO PARTE

Maior frater dividiat patrimonium, minor eligat. Liceat filium ex ancilla tollere.

Quidam, cum haberet legitimum filium, alium ex ancilla sustulit et decessit. Maior frater sic divisit ut patrimonium totum ex una parte poneret, ex altera matrem nothi. Minor elegit matrem et accusat fratrem circumscriptionis.

Unus omnium exheredatus sum dividendo. Legisset, inquit, alteram partem. Tu solus talis potuisti esse filius qualis frater es. Lex te dividere, me eligere iussit: aperte ne minor circumscribeatur timet. Sic divisit ut, si vellem non esse mendicus, relinquerem fratrem in egestate, matrem in servitute. Non est dividere ex altera parte patrimonium ponere, ex altera onus. Talis fuit ut illi coheredem pater ex

[1245] Winterbottom, Seneca the Elder - Declamations Volume I, S. 504 - 508.

ancilla tolleret. Elige ut aut patrimonio careas aut scelere. Circumscriptores dici solent qui aliquid abstulerunt: iste nihil reliquit. Tu, inquit, voluisti pauper esse. Cur ergo queror, si egestate delector? Obici, inquit, non potest quod lege factum est. Immo nihil nisi quod lege factum est; nam si quid aliter gestum est, per se inritum est. Circumscriptio semper crimen sub specie legis involvit: quod apparet in illa legitimum est, quod latet insidiosum. Semper circumscriptio per ius ad iniuriam pervenit. Lex iubet maiorem dividere, minorem eligere: nec tu divisisti nec hic elegit; sic a te alligatus est ut necesse haberet quod non expediebat malle. Nota fuit in matrem mea pietas; non timuit ne eligere possem alteram partem.

Pars altera. Ego nihil aliud quam divisi. Circumscriptio non in divisione est, sed in electione. Habes matrem, quam totis quidam bonis redemerunt; habes gloriam, quam per ignes quidam, per arma quaesierunt. Multa de patrimonio rapuit, cum haberet ius dominae ancillae inpudentia. Timebas ne in illam saevirem? Non expediebat mihi, cum in illa totum patrimonium habiturus essem. Nunc tantundem habes; habes enim partem quam voluisti. Ut tantundem haberes, nec pater voluerat; ideo matrem tuam ancillam reliquit.

b) Realitätsbezug des in Sen. contr. 6.3 verwendeten Rechts

Die erste Norm besagt, dass der ältere Bruder das Vermögen teilen solle, der jüngere solle auswählen. Es handelt sich also um eine Norm, die die Aufteilungsmodalitäten eines Nachlasses zum Inhalt hat. Die Rechtsregelung kann freilich nur dann zum Tragen kommen, wenn die beiden Söhne nach dem Tod des Vaters nach der Intestaterbfolge die einzigen *sui heredes* sind oder wenn der Vater sie in einem Testament als Erben zu je ein Halb eingesetzt hatte. Aufgrund der Sachverhaltsangaben könnte hier beides möglich sein. Es könnte ein Testament vorgelegen haben, es könnte aber auch keines vorgelegen haben, dann wären die beiden Söhne tatsächlich die einzigen *sui heredes*. Von einer legitimen Ehefrau des Vaters, die nach dem Tod des Vaters ebenfalls gewaltfrei werden würde und somit auch zu den *sui heredes* zählen würde, ist keine Rede. Es wird nur von der Sklavin gesprochen, die aber weder eine gültige Ehe mit dem Vater eingehen, noch zu dessen *sui heres* werden konnte.

Der jüngere Bruder stellt in seiner Rede darauf ab, dass nicht nach dem oben genannten Grundsatz verfahren worden sei, weil er keine Wahl gehabt habe. Daher sei die Teilung des Vermögens im Ergebnis auch nicht wirksam. Die Methode basiert auf rein logischen Prämissen. Derjenige, der teilt, kann sich nicht sicher sein, welchen Teil der andere wählen wird, daher wird er beide Teile so gestalten, dass er selbst mit jedem von beiden zufrieden sein kann. Hätte nämlich der Auswählende das Gefühl, ein Teil sei besser oder größer als der andere, würde er sofort den besseren oder größeren wählen. Die Methode basiert auf der Erkenntnis, dass jeder Mensch den größtmöglichen Vorteil für sich selbst sucht. Würde der Mensch als altruistisch handelnde Gestalt gesehen, liefe die Regelung leer. Bonner[1246] findet die Regelung im römischen Rechtsbrauch in dem Verfahren der *actio familiae erciscundae* wieder. Obwohl in D.10.2.38 und D.10.2.57, auf die er sich stützt, die Regelung nicht explizit erwähnt wird, sieht er das Bindeglied in der Bestellung eines *arbitrators*, der die Teilung überwacht und im Zweifel zu der Regelung „einer teilt, der andere wählt" raten würde. Die *actio familiae erciscundae* existiert bereits in den Zwölf Tafeln (D. 10.2.1).
Obwohl Bonners These gerade wegen des Allgemeinplatzcharakters der Regelung durchaus möglich erscheint, muss doch beachtet werden, dass die Regelung nur bei zwei Teilungspartnern möglich ist, die beide gleiche Teile erhalten sollen. Dies würde der Praxis der römischen Vererbung in sofern widersprechen, als es der Normalfall war, dass ein detailliertes Testament angefertigt wurde, welches schon eine Teilung der Erbmasse beinhaltete. Die Anzahl der Erben, zwei Söhne, wiederum scheint vor dem Hintergrund der hohen Kindersterblichkeit und wegen der Tatsache, dass die Töchter, wenn sie eine *manus*-Ehe eingegangen waren, ohnehin nicht *sui heredes* ihres Vaters wurden, durchaus realistisch. Allerdings soll die *manus*-Ehe im Prinzipat schon nicht mehr in Mode gewesen sein.[1247] Die Teilungsmodalität „der eine teilt, der andere wählt" fügt sich besser in die attische Vererbungspraxis ein. Ein Testament kam dort nämlich erst dann zum Tragen, wenn keine direkten Erben vorhanden waren. Der juristische Normalfall war also - anders als im römischen Recht - der Erbfall ohne Testament. Das attische Erbrecht war männlich orientiert, aber nicht agnatisch. Hatte ein Erblasser Söhne und Töchter, erbten nur die Söhne. Die Töchter erbten erst dann, wenn keine Söhne vorhanden waren.[1248] Die Teilungsproblematik war also im attischen Rechtsbrauch viel drängender, weil der juristische Normalfall nur Söhne als Erben und kein Testament vorsah. Die Erbmasse musste zu gleichen Teilen an die Söhne fallen.
Durch die Aussage *non est dividere ex altera parte patrimonium ponere, ex altera onus* und durch die Aussage *immo nihil nisi quod lege factum est; nam si quid aliter gestum est, per se inritum est* macht der jüngere Bruder deutlich, dass die Auseinandersetzung aus Mangel einer echten Wahl für den jüngeren Bruder

---

[1246] Bonner, Roman Declamation, S. 128 - 131.
[1247] Kaser, Römisches Privatrecht, 1. Abschnitt, § 17.
[1248] Todd, Athenian Law, S. 216 - 221.

insgesamt unwirksam ist. Darin kann jedoch auch ein Verweis auf die Möglichkeit der *actio familiae erciscundae* gesehen werden.
Die zweite Norm, die dem Sachverhalt vorangestellt ist, besagt, dass es möglich sei, ein Kind, das von einer Sklavin geboren worden ist, anzuerkennen. Die Norm setzt die Situation voraus, dass ein freier Römer ein Kind mit einer Sklavin hat. Gemäß der allgemeinen antik-völkerrechtlichen Regel ist das Kind, wenn eine legitime Ehe zwischen den Eltern nicht möglich ist, rechtlich vaterlos. Es hat den bürgerlichen Status seiner Mutter.[1249] Im vorliegenden Fall war die Mutter des jüngeren Sohnes Sklavin. Eine gültige Ehe zwischen ihr und dem Vater, der wohl freier Bürger war, war ausgeschlossen. Das Kind wurde also auch als Sklave geboren. Zu seinem Vater gab es keine rechtliche Beziehung. Das Sklavenkind ist dann Sklave und Eigentum des Herrn der Mutter. Dem Sachverhalt ist ferner zu entnehmen, dass die Mutter Eigentum des Vaters war. Also muss davon ausgegangen werden, dass auch der jüngere Sohn Eigentum seines leiblichen Vaters war. Laut Sachverhalt blieb die Mutter Sklavin des Vaters, deshalb konnte sie auch Teil des Nachlasses werden. Den Sohn hatte der Vater aber legitimiert, so sagt es der Sachverhalt.
Bonner setzt die Regelung der zweiten Norm in Verbindung mit der *lex Papia Poppaea*, also mit der augusteischen Gesetzgebung.[1250] Er bringt dafür aber keine Belege. Viel näher liegt die Möglichkeit, dass der Vater, der seinen leiblichen Sohn, der aber sein Sklave war, in den rechtlichen Stand eines legitimen Kindes setzen wollte, und deshalb das Kind frei lies, um es dann mit Hilfe der *adrogatio* als seines anzunehmen. Diese Möglichkeit gab es jedoch nur für den Fall, dass das Kind von einer eigenen Sklavin geboren wurde. Die Praxis wurde erst von Constantin für Senatoren und andere hochgestellte Persönlichkeiten verboten (Cod. Iust. 5.27.1)[1251]. Insofern ist die Norm aus Sen. contr. 6.3 ungenau. Es war in der Realität nur möglich einen Sohn, der von einer eigenen Sklavin geboren wurde, anzuerkennen.
Der ältere Bruder sagt im letzten Satz seiner Rede, der Vater habe nicht gewollt, dass der jüngere Sohn genausoviel wie sein älterer Halbbruder erhalten solle. Daher habe der Vater die Mutter des Jüngeren auch nicht freigelassen. Diese Aussage ist zumindest juristisch falsch, da rechtlich kein Unterschied zwischen einem adrogierten und einem legitimen leiblichen Kind gemacht wurde. Möglicherweise ist diese Wertung hier moralisch gemeint und auf der Ebene der moralischen Motivierung des Handelns des Bruders bewusst getroffen worden.

Noch ein drittes „Rechtsinstitut" wird in der Kontroversie angeführt, die *actio circumscriptionis* (*minor elegit matrem et accusat fratrem circumscriptionis*). Eine *actio circumscriptionis* kennt das römische Recht nicht. Der Tatbestand des Betrugs wird von unterschiedlichen den speziellen Umständen Rechnung tragen-

---

[1249] Sirks, Freie Frauen und unterworfene Männer, S.2.
[1250] Bonner, Roman Declamation, S. 127f.
[1251] Bonner, Roman Declamation, S. 128.

den Klagen abgedeckt. In der republikanischen Zeit wurde der Betrug mittels der zivilrechtlichen *actio furti* abgeurteilt. Der Zensor konnte aber auch mit seiner sittenrechtlichen Befugnis eingreifen. Später wurden die prätorische *actio de dolo* und die *exceptio doli* eingeführt. In der Kaiserzeit wurde die Stellionatsklage als Verfahren *extra ordinem* eingesetzt.[1252] Im vorliegenden Fall ist die *circumscriptio* aber eher als ein Fall der Übervorteilung eines Minderjährigen einzuordnen. Es ist davon auszugehen, dass die Teilung des Nachlasses im vorliegenden Fall durch das Verfahren der *actio familiae erciscundae* vollzogen worden ist, mit der jeder Genosse einer Erbengemeinschaft jederzeit die Teilung begehren kann. Die Zwölf Tafeln weisen der Klage das Verfahren der *legis actio per arbitri postulationem* zu. Die Teilung konnte bei Einigkeit freilich auch nach einem Verfahren, das der in *iure cessio* ähnlich war, vollzogen werden.[1253] Dies könnte im vorliegenden Fall auch geschehen sein. Jedenfalls fühlte sich der jüngere Bruder nach der Teilung übervorteilt. Der Bruder hatte dadurch, dass er in den einen Teil den gesamten Nachlass außer der Mutter des Jüngeren und in den anderen Teil nur die Mutter des Jüngeren einordnete, dem jüngeren Bruder keine freie Wahl gelassen. Mit *accusat fratrem circumscriptionis* ist dann wohl gemeint, dass der jüngere Bruder mit der pönalen *actio popularis* gegen den Bruder, der ihn übervorteilt hat, vorgegangen war. Dieser Schutz stand aber im römischen Recht nur dem *minor*, d.h. einer Person zu, die noch nicht 25 war. Der Minderjährigenschutz wurde durch die *lex Laetoria* oder *Plaetoria* um 200 v.Chr. hergestellt.[1254] Er hat also zur Entstehungszeit der Kontroversien Senecas schon bestanden. Dass der klagende Bruder im vorliegenden Fall unter 25 ist, scheint durchaus möglich, da es sich hier um den jüngeren von beiden handelt. Mit der Klage konnte der Übervorteilte eine *in integrum restitutio* erreichen. Er konnte sich auch auf Wunsch einen *curator* zur Seite stellen lassen.[1255]

Der Realitätsbezug des in der Sen. contr. 6.3 verwendeten Rechts zum römischen Recht besteht also durchaus. Das in dem Recht der Kontroversien häufig beobachtete Element der Archaisierung ist hier aufgrund der Tatsache, dass die *actio familiae erciscundae* so wie der Minorenschutz auch im Prinzipat Geltung hatte, nicht sehr evident. Die Anspielung des älteren Bruders auf die Ungleichstellung der beiden Brüder, die dadurch erreicht sein soll, dass die Mutter des jüngeren nicht freigelassen wurde, trübt dieses Ergebnis nicht. Es ist anzunehmen, dass das Argument moralisch treffen und den jüngeren Bruder in ein gesellschaftlich schlechteres Licht rücken soll.

[1252] Rein, Criminalrecht, S. 330f.
[1253] Kaser, Römisches Privatrecht, 1. Abschnitt, § 24 III,3.
[1254] Kaser, Römisches Privatrecht, 1. Abschnitt, §65 II. 3.
[1255] Kaser, Römisches Privatrecht, Bd. I, § 65 II. 3.

c) Eigenart des Sachverhalts

Auch im Sachverhalt der Sen. contr. 6.3 wird ein feststehender Charakter verwendet, der sich noch in anderen Kontroversien wiederfindet. Der **illegitime Sohn** bildet hier den Kernpunkt des Konflikts. Der illegitime Sohn ist, wie in Kapitel II. 2. festgestellt wurde, in der Regel das Kind eines wohlhabenden Bürgers. Bei den illegitimen Kindern, die in den Kontroversien vorkommen, handelt es sich stets um Söhne, wie auch im Sachverhalt der Sen. contr. 6.3, die zwischenmenschliche oder juristische Verwirrung stiften.[1256] Tatsächlich bringt der jüngere Sohn im Sachverhalt die Welt des anderen durcheinander, der sich moralisch als Alleinerbe des Vaters fühlt. Er erkennt die Legitimierung des Halbbruders nicht an, was anhand seiner Aussage *ut tantundem haberes, nec pater voluerat; ideo matrem tuam ancillam reliquit* deutlich wird. Er betrachtet seinen Halbbruder als Bruder zweiter Klasse. Der Charakter des älteren Bruders ist hingegen nicht typisiert. Er tritt lediglich als Person auf, die ihre eigenen Interessen gegenüber dem Bruder vertritt. Anzeichen auf luxuriöses Verhalten sind nicht zu erkennen.

d) Motivische Parallelen des Sachverhalts

Bezüglich des Motivs ist der Sachverhalt der Sen. contr. 6.3 zu einem für die Kontroversien Senecas des Älteren ungewöhnlich geringem Maße typisiert. Es handelt sich hier nicht um eines der feststehenden Motive, die in den Sachverhalten der Kontroversien des neueren Typs oft verwendet werden, wie z.B. Frauenraub, Tapferkeit, Belohnung, Tyrannen und Tyrannenmörder. Es handelt sich hier bei der Erbstreitigkeit zweier Brüder um ein durchaus realistisches, im juristischen Bereich in Rom des Prinzipats wahrscheinlich bekanntes Streitpotential. Der Sachverhalt dreht sich um einen Streit im familiären Bereich, der wegen seiner emotionalen Verstrickung den voyeuristischen Reiz der Zuschauer mehr befriedigt als ein Streit zwischen Fremden. Dennoch sind Erbstreitigkeiten für den familiären juristischen Bereich generell ein typisches Feld. Hinsichtlich des Milieus, in dem sich der Sachverhalt abspielt, besteht trotzdem kein Unterschied zu der römischen Komödie. An die Stelle der großen staatspolitischen Probleme war im Prinzipat das Leben des Durchschnitts- oder Kleinbürgers getreten[1257] (s. Kap. II. 3.). Auch noch in einem weiteren Punkt ist eine motivische Parallele zur römischen Komödie zu erkennen. In der römischen Komödie ist das Bild des verschlagenen Sklaven beliebt (s. Kap. II. 3.). Obwohl der jüngere Bruder zu dem Zeitpunkt, zu dem der Sachverhalt spielt, schon frei und nicht mehr Sklave ist, spielt der ältere Bruder in seiner Rede in Bezug auf den Halbbruder mit dem Bild des verschlagenen Sklaven, den er aus gesellschaftlicher Sicht immer noch in ihm sieht.

[1256] Frenzel, Motive der Weltliteratur, S. 222.

[1257] Zinsmaier, Leichnam, S. 1 - 13.

e) Rhetorische Kunstgriffe in der Sen. contr. 6.3

Die Sen. contr. 6.3 enthält nicht nur eine *declamatio* an sich, sondern noch eine *pars altera*. In der ersten Rede spricht der jüngere Bruder, in der *pars altera* redet der ältere dagegen.

Kairos ist in diesem Stück auch vor Gericht. Die rhetorische Situation wird durch den Sachverhalt beschrieben. Eine Klage wurde laut Sachverhalt durch den jüngeren Bruder eingebracht, diese wird in seiner Rede begründet. Die gute Menschenkenntnis, die der Redner besitzen muss, kommt in beiden Reden dadurch zum Vorschein, dass auf beiden Seiten mit den komplizierten zwischenmenschlichen Beziehungen, die innerhalb der Familie herrschen, gespielt wird. Die Liebe kommt in Form der Liebe des jüngeren Bruders zu seiner Mutter ebenso vor, wie Eifersucht und Neid, welche die Beziehung der Brüder untereinander dominieren.

Als *atechnoi pisteis* (nicht-kunstmäßige Beweismittel) werden in beiden Reden Gesetze verwendet. Interessant ist dabei, dass von den zwei vor dem Sachverhalt angegebenen Normen in beiden Reden nur der eine, der sich auf die Nachlassteilung bezieht, thematisiert wird. Auf die andere Norm wird an keiner Stelle Bezug genommen. Als Beweis wird hier durch den älteren Bruder die Handlung des Vaters verwendet (*ut tantundem haberes, nec pater voluerat; ideo matrem tuam ancillam reliquit*/Z. 44f.). Die Handlungsweise wird als Beweis dafür genommen, dass es nicht der Wille des Vaters war, dass die Söhne als ebenbürtig gelten sollen und dass ihnen nach seinem Tod gleichviel zukommen solle. Zeugenaussagen werden nicht eingebracht, deshalb wird der Wahrscheinlichkeitsbeweis von dem jüngeren Bruder angetreten. Er führt in seiner Rede an, dass es aufgrund seiner Liebe zu seiner Mutter für den älteren Bruder klar war, dass sich der jüngere bei einer Wahl zwischen dem gesamten Nachlass abzüglich der Mutter und der Mutter für die Mutter entscheiden würde. Die Einteilung, die der Ältere getroffen hatte, war also für diesen finanziell ungefährlich.

Bezüglich der *entechnoi pisteis* stellt sich der jüngere Bruder in seiner Rede bei der Vermittlung des *ethos* (*mores*) als mutterliebend dar. Dies entspricht der römischen Tugend der *pietas*, die sich auch in der Liebe gegenüber den Eltern ausdrückt. Der Ältere stilisiert sich als einen um einen Teil seines Erbes Betrogenen. Das *pathos* (*affectus*) tritt bei der Anklagerede des Jüngeren nicht wie meist durch das Erregen von Zorn, sondern durch das Erregen von Mitleid hervor. Diese Vorgehensweise ist hier insofern sinnvoll, als sich der Kläger auf den Minderjährigenschutz beruft.

In der Rede des Älteren wird das *pathos* auch mit Hilfe von Mitleid erzeugt. Dies geschieht hauptsächlich durch den Satz *multa de patrimonio rapuit, cum haberet ius dominae ancillae impudentia*, in dem er sich als Bestohlenen darstellt.

Die rhetorische Figur der *energeia* kommt nicht vor. Das *exordium* der Rede nutzen beide, um den Gegner ins Unrecht zu setzen und von den Vorwürfen, die die eigene Partei treffen könnten, abzulenken. Der jüngere Bruder stellt den Älteren als betrügerisch und als vom Vater nicht geliebt dar. Er macht dies an der Handlungsweise des Älteren fest. Sie zeige nämlich, dass dieser scheinbar im Rahmen

des Gesetzes den Nachlass geteilt habe, was tatsächlich nicht stattgefunden habe. Der Vater habe den älteren Bruder so wenig geliebt, dass er ihm nicht seinen gesamten Nachlass gegönnt habe.
Der ältere Bruder bedient sich desselben Arguments. Er verwendet dies nur vom anderen Blickwinkel. Er leitet aus dem Handeln des Vaters ab, dass der Vater die beiden Brüder nicht gleichberechtigt gesehen habe, sonst hätte er die Mutter des jüngeren Sohnes frei gelassen. Außerdem stellt sich der ältere Bruder auf den Standpunkt, dass er dem Bruder eine Wahl gelassen habe, weil dieser sich auch für das Vermögen entscheiden hätte können. Der jüngere hätte keine Angst haben müssen, dass seine Mutter von seinem älteren Bruder schlecht behandelt worden wäre, weil sie dann das gesamte Eigentum des älteren Bruders ausgemacht hätte.
Der Jüngere wiederum beugt der Frage vor, warum er sich nicht anders entschieden habe. Er stellt den Bruder als grausam dar (Z. 13).
In jeder Rede ist eine rhetorische Frage eingebaut. In der Rede des Jüngeren heißt es: *Cur ergo queror, si egestate delector?* In der Rede des Älteren heißt es: *Timebas ne in illam saevirem?* Die Zuhörer, in diesem Fall der *iudex*, sollen dadurch zum Nachdenken angeregt werden.
In der Regel müssen am Schluss der Rede die wichtigsten Argumentationspunkte wiederholt und ein Appell an die Gefühle gerichtet werden. Eine Wiederholung geschieht hier wohl aufgrund der Kürze der Reden nicht. Jedoch wird in beiden Reden zum Schluss ein Appell an die Gefühle gerichtet. *Nota fuit in matrem mea pietas; non timuit ne eligere possem alteram partem* spielt auf die Mutterliebe des jüngeren Bruders an. *Ut tantundem haberes, nec pater voluerat; ideo matrem tuam ancillam reliquit* stellt auf das Sklavenblut des jüngeren Bruders ab.
In der Rede des jüngeren Bruders wird deutlich, dass er genau weiß, auf was er inhaltlich zielt. Er kennt sich bezüglich der juristischen Standpunkte aus. Dies wird vor allem an der Auseinandersetzung über die Teilung klar. Der Redner greift die Wirksamkeit der gesamten Auseinandersetzung nämlich an dem Punkt der Teilung an.
In der Rede des Älteren tritt ein sachlicher Fehler in Bezug auf die Rechtsstellung des Jüngeren nach der Anerkennung auf. Möglicherweise ist diese Argumentation aber beabsichtigt und der letzte Satz der Rede soll nur auf der moralischen Ebene wirken.
Keine der beiden Reden bedient sich der rhetorischen Figurenlehre. Es werden keine Wortfiguren und keine Gedankenfiguren verwendet. Der Stil ist von attischem Purismus geprägt.
Mit dem zentralen Mittel der rhetorischen Argumentationstechnik, dem *eikos*, der Wahrscheinlichkeit oder Glaubhaftigkeit, wird dafür um so stärker gearbeitet. Der jüngere Bruder beruft sich bei seiner Argumentation auf den stärksten Grad der Glaubhaftigkeit, wenn er sagt, dass der Bruder als sicher annehmen konnte, dass er selbst sich bei einer Wahl zwischen dem gesamten Nachlass ohne Mutter und der Mutter allein für die Mutter entscheiden würde.

Bezüglich der dialektischen Argumentationsmethode ist die Argumentation des jüngeren Bruders interessant, weil er darauf abstellt, was eine wirksame Auseinandersetzung beinhalten soll. Der konkrete Sachverhalt wird hier unter die erste Norm subsumiert. Beispiele werden nicht verwendet.
Die rhetorische Toposlehre wird in der Beziehung verwendet, dass hier Argumente des Gegners in ihrer Funktion umgekehrt werden, um den Gegenangriff zu stützen. So wird das Argument des älteren Bruders, der jüngere habe auch den Nachlass ohne Mutter wählen können, durch den jüngeren geschickt folgendermaßen aufgegriffen: Von ihm könne nicht verlangt werden, dass er durch seine Wahl seinen Bruder in die Armut treibe.
Die Verwendung der Statuslehre ist in beiden Reden deutlich zu erkennen. Es handelt sich um einen Fall des *genus legale*.

f) Juristische Argumentationstechnik in der Sen. contr. 6.3
Auch in der untersuchten Kontroversie verläuft die Beweisführung in der Rede des jüngeren Bruders über den Inhalt der ersten Norm, die besagt, dass der ältere Bruder den Nachlass teilen solle und der jüngere auswählen solle. Der Redner subsumiert den konkreten Fall unter die Norm. Hierin ist auch die Topik und der damit verbundene syllogistische Aufbau zu finden, die laut Viehweg für die juristische Argumentationstechnik des Prinzipats charakteristisch sind[1258]. Es geht dem Jüngeren darum, darzulegen, dass er übervorteilt worden ist und er deshalb eine Wiederherstellung des vorherigen Zustands verlangen kann. Er lässt den Zuhörer selbst den offensichtlichen Schluss aus den durch die Normen bekannten Prämissen ziehen. Die Prämissen sind folgende: Erstens hat das Verfahren einer wirksamen Auseinandersetzung so zu erfolgen, dass der Ältere teilt und der Jüngere wählt (*lex iubet maiorem dividere, minorem eligere*), und - so die zweite Prämisse - hat der Ältere nicht geteilt und der Jüngere nicht gewählt (*nec tu divisti nec hic elegit*), da dem Jüngeren keine freie Wahl geblieben ist (*nota fuit in matrem mea pietas; non timuit ne eligere possem alteram partem*). Der Schluss, den die Zuhörer aus den beiden Prämissen ziehen sollen, lautet: Der jüngere Bruder ist übervorteilt worden und somit soll eine *restitutio in integrum* erfolgen.
Der Ältere geht in seiner Rede nicht syllogistisch vor, er führt nur Argumente an, die sein Handeln rechtfertigen sollen.
Detailliert gesehen sind die Argumentationsstränge der beiden Reden folgerndermaßen gestaltet:
Der Jüngere beginnt seine Rede mit der Feststellung, dass er nicht der erste Sohn sei, der durch eine Teilung enterbt worden ist. Dies macht deutlich, dass ein geschicktes Vorgehen nach Art des älteren Bruders als bekannt vorausgesetzt wird. Dann wird ein vermeintlicher Satz des Gegners wiederholt: *Legisset, ..., alteram partem* (er hätte den anderen Teil wählen können). Diese Aussage ist deshalb

[1258] Viehweg, Topik und Jurisprudenz, S. 1ff.

vermeintlich, weil der ältere Bruder noch gar nicht geredet hat. Der Jüngere nimmt somit die Argumente des Gegners vorweg.
Darauf geht er auf den Inhalt der ersten Norm ein. Er überträgt diesen Inhalt auf die konkrete Situation und kommt zu dem Schluss, dass die Regelung besage, dass sein Bruder teilen und er wählen solle.
Nun erklärt der Jüngere, welche Wahl ihm nach der Teilung geblieben sei: Hätte er nicht bettelarm werden wollen, dann hätte er seinen Bruder in die Armut schicken und seine Mutter in der Sklaverei belassen müssen. Es entspräche nicht einer Teilung, wenn das väterliche Erbgut einen Teil ausmacht und die Last den anderen Teil. Dies nennt er auch als Grund, weshalb der Vater dem älteren Bruder einen Miterben, der von einer Sklavin geboren wurde, zur Seite stellte. Die Wahl sei für den Älteren gewesen, ob er frei vom väterlichen Erbe oder frei von einem Frevel sein wolle (*elige ut aut patrimonio careas aut scelere*).
Darauf nimmt der Jüngere wieder ein Argument der Gegenseite in seine Rede auf, er antwortet auf die gegnerische Feststellung *tu voluisti pauper esse*, dass dies wohl nicht zutreffe. Wenn dies nämlich der Wahrheit entspräche, würde er nicht klagen. Danach geht er auf die Wirksamkeit der Auseinandersetzung ein. Er enttarnt die Handlung des älteren Bruders als *circumscriptio*. Die Handlung des Bruders erkennt er als auf den ersten Blick rechtmäßig, bei genauerer Untersuchung aber als betrügerisch an. Eine Teilung im Sinne der Regelung würde nur dann stattfinden, wenn sich dem anderen darauf eine Wahl eröffnen würde.
Aufgrund der Tatsache, dass das Verantwortungsgefühl des Jüngeren in Bezug auf seine Mutter bekannt sei, habe für ihn, den jüngeren Bruder, aber nie eine echte Wahl bestanden. Die Schlussfolgerung, die nicht ausgesprochen wird, die sich aber im Geiste des Zuhörers formen soll, ist, dass der Jüngere betrogen worden ist.
Bei dem Redeverlauf muss beachtet werden, dass das gesamte Stück nur aus Exzerpten besteht. Die teilweise starken Brüche in der Argumentationslinie sind wahrscheinlich darauf zurückzuführen. Dennoch ist festzuhalten, dass der Schwerpunkt der juristischen Argumentation am Schluss der Rede vorgenommen wird. Mittels deduktiver Schlussfolgerung wird dargelegt, dass eine *circumscriptio* des jüngeren Sohnes besteht und wodurch diese zustande gekommen ist. Eine *circumscriptio* des *minor* ist aber notwendig, um mittels der *actio* nach der *lex Plaetoria* eine *in integrum restitutio* zu erhalten (s.o.). Darauf spielt der Redner auch mit der Aussage *aperte ne minor circumscribatur timet* an.

Die Argumentationsweise in der *pars altera* ist völlig anders. Es wird erklärt, dass die *circumscriptio* nicht in der Teilung, sondern in der Wahl liege. Der jüngere Bruder sei nun Eigentümer seiner eigenen Mutter. Sie habe bereits einen Teil des Vermögens des Vaters und somit auch einen Teil seines, des älteren Bruders, Erbe, durchgebracht, weil sie sich als *domina* aufgespielt und sich deren Rechte angemaßt habe (*multa de patrimonio rapuit, cum haberet ius dominae ancillae inpudentia*). Es handelt sich bei der Argumentationsweise in der *pars altera* lediglich um eine Aneinanderreihung von Argumenten, die gegen eine *circumscriptio* des jüngeren Bruders sprechen. Eine deduktive syllogistische Methode ist nicht zu erkennen.

Gerade weil sich in beiden Reden der Sen. contr. 6.3 der typisch rhetorischen Argumentationsmittel, der Tropenlehre und der Figurenlehre, gar nicht oder nur wenig bedient wird, tritt die Einheitlichkeit der dialektischen rhetorischen und der dialektischen juristischen Argumentationsmethode durch dieses Stück überaus deutlich hervor. Die syllogistische Methode ist im rhetorischen und im juristischen Bereich dieselbe.

g) Die Sen. contr. 6.3 als Übung für die Statuslehre

Auch anhand des Bezugs zur Statuslehre lässt sich die Einheit von juristischer und rhetorischer Argumentationstechnik in der Sen. contr. 6.3 deutlich machen. Es wurde bereits festgestellt, dass es sich im vorliegenden Fall um einen Fall des *genus legale* handelt. Der Fall kann nämlich nur durch Interpretation und Anwendung von Rechtsregelungen gelöst werden. Das *genus rationale*, dem die Fälle zugeordnet werden, die durch Argumentation aus sich selbst heraus geklärt werden können, erfasst die Problematik des Falles, in dem eine formale Teilung durch den älteren Bruder stattgefunden hat, es aber fraglich ist, ob die Art derer dem Sinn und Zweck des Gesetzes entspricht. Es muss daher auf das Verhältnis des Wortlauts der Regelung zu seiner Auslegung eingegangen werden. Diese Kategorie des *genus legale* wird mit *scriptum - sententia* bezeichnet. Von dem Ergebnis dieser Untersuchung hängt ab, ob eine *circumscriptio* vorliegt. Ist die Teilung nämlich nicht im Sinne der Rechtsregelung erfolgt, ist eine *circumscriptio* gegeben und der jüngere Bruder kann eine *in integrum restitutio* verlangen. Die Umstände der Tat sind nicht streitig, aber die Auslegung der Rechtsregelung *maior frater dividat patrimonium, minor eligat* und der Inhalt des Begriffs der *circumscriptio*. Es handelt sich hier also um zwei ineinander verschachtelte Fälle des *genus legale* der Kategorie *scriptum - sententia*.
Tatsächlich stellt zumindest der jüngere Bruder in seiner Rede schulmäßig auf die Statuslehre ab. Aus den Exzerpten lässt sich erkennen, dass erst darauf abgestellt wird, was eine Teilung im Sinne des Gesetzes ausmacht. Eine Teilung im Sinne des Gesetzes sei nur dann erfolgt, wenn dem jüngeren Bruder eine Wahl offenstünde. Dies liegt aber im vorliegenden Fall nicht vor, da die Zuneigung des Jüngeren zu seiner Mutter bekannt und er aufgrund der *pietas* gezwungen war, seine Mutter zu wählen (*nota fuit in matrem mea pietas; non timuit ne eligere possem alteram partem*). Es entspricht nämlich dem römischen Ideal, dass sich Kinder um ihre Eltern sorgen (s. Kap. II.1.b.aa). Jeder Römer hätte also so handeln müssen. Eine echte Wahl bestand für den Jüngeren demnach nicht. Dann liefert der Redner eine Definition der *circumscriptio* (*circumscriptio semper crimen sub*

specie legis involvit: quod apparet in illa legitimum est, quod latet insidiosum) und subsumiert gegen Ende der Rede den konkreten Fall darunter.
In der Rede des Älteren hingegen ist die systematische Beachtung der Statuslehre zu erkennen. Dennoch kann beobachtet werden, dass der Redner zu begründen versucht, warum dem jüngeren Bruder doch eine Wahl offengestanden haben soll: *Timebas ne in illam saevirem? Non expediebat mihi, cum in illa totum patrimonium habiturus esse.* Zudem setzt er im letzten Satz noch eine neue Argumentationrichtung ein. Er führt nämlich an, dass der Erblasser sich der Gefahr der für den Jüngeren ungerechten Teilung wegen der Mutter als Druckmittel sehr wohl bewusst gewesen sein müsse, weil er sonst die Mutter des Jüngeren freigelassen hätte (*ut tantundem haberes, nec pater voluerat; ideo matrem tuam ancillam reliquit*).

h) Realitätsbezug der dargestellten prozessualen Situation

Da es sich im vorliegenden Stück bei der *actio circumscriptionis* wohl um eine *actio popularis* nach der *lex Plaetoria* handelt, ist es möglich, dass dem *minor* auf sein Verlangen hin ein *curator* zur Seite gestellt worden ist. Dieser würde dann auch als Prozessvertreter plädieren können. Tatsächlich lässt sich in der Rede des Jüngeren erkennen, dass Passagen in der ersten Person Singular, andere Teile aber in der dritten Person Singular formuliert sind (*unus omnium exheredatus sum dividendo. / nec tu divisisti nec hic elegit; sic a te alligatus est ut necesse haberet quod non expediebat malle*). Dies ist dadurch zu erklären, dass es sich hier nur um Exzerpte des Stücks handelt. Wie bereits festgestellt wurde, ist es für die Kontroversien Senecas typisch, dass sie aus einzelnen Redeteilen verschiedener Redner zusammengesetzt sind (s. Kap. I.7). Ein und derselbe Sachverhalt scheint also bei mehreren Übungen verwendet worden zu sein. Es kann also Redner gegeben haben, die die Rede als Rede eines Prozessvertreters konzipiert haben, - dann ist der Redner davon ausgegangen, dass der jüngere Bruder nach einem *curator* verlangt hatte - und Redner, die die Rede als Rede des *minor* konzipiert haben, der keinen *curator* verlangt hatte. Der wahrscheinlich schon volljährige ältere Bruder wird aber in allen Teilstücken als Redner in der ersten Person Singular geführt. Die prozessuale Situation ist realistisch.

i) Aussagen über den sozio-kulturellen Kontext in der Sen. contr. 6.3

Die Sen. contr. 6.3 spielt auf die wichtige gesellschaftliche Stellung des *liberos tollere* an. Obwohl dieser Akt, bei dem die Kinder neun Tage nach der Geburt dem Vater zu Füßen gelegt wurden, der sie um sie sozial als die seinen anzuerkennen, aufheben und in die Arme nehmen musste, an sich keine juristischen Auswirkungen hatte[1259], muss er von großer gesellschaftlicher Relevanz gewesen sein.

[1259] Kaser, Römisches Privatrecht, 1. Abschnitt, § 83 I 1.

Juristisch begründete er nicht die *patria potestas*, weil diese schon ab dem Zeitpunkt der Geburt als Vollgewalt wirkte. Auch konnte ein Kind, zwischen dessen Eltern das *connubium* nicht möglich war, durch diesen Akt nicht vom Vater rechtlich als seines angenommen werden. Dies konnte auch im geschilderten Fall nicht möglich gewesen sein. Der Vater musste das Kind gegebenenfalls erst freilassen und es dann adrogieren (s.o.). Dennoch hatte das *liberos tollere* gerade in Fällen, in denen die biologische Vaterschaft des Kindes nicht sicher war, obwohl das *connubium* zwischen den Eltern bestand, eine große Bedeutung. Cleopatra legte Caesarion auch vor die Füße Caesars, obwohl das *connubium* zwischen Cleopatra und Caesar nicht möglich war. Es scheint sich bei dem *liberos tollere* um ein im Mittelmeerraum gesellschaftlich sehr bedeutungsvollen Akt gehandelt zu haben, bei dem nicht in erster Linie auf juristische Folgen, sondern auf das Übernehmen von Verantwortung abgestellt wurde.[1260]

2. Der ehebrecherische Schuldner - Untersuchung der Quint. Decl. min. CCLXXIII

Das Stück aus den pseudoquintilianischen *Declamationes minores* hat mit seinem Umfang von 702 Worten einen für die *Declamationes minores* typischen Umfang. Die *declamatio* an sich ist, wie bei den pseudoquintilianischen *Declamationes minores* häufig, von *sermones* durchsetzt.

a) Text[1261]

Debitor adulter.

MARITUS DEPREHENSI ADULTERI BONA POSSIDEAT. ADVERSUS SPONSOREM SIT ACTIO, QUAE ADVERSUS DEBITOREM. QUOD DEBITOR NON SOLVERIT, SPONSOR SOLVAT. Quidam debitorem suum in adulterio deprehendit. bona omnia ex lege occupavit: petit debitum ab sponsore. ille C. D.

SERMO.

Priusquam venimus ad causam, praeparare debebimus animum iudicis pro ipsa persona sponsoris.

[1260] Zum Zusammenhang mit dem *senatus consultum Pacianum* siehe D.25.3.1.

[1261] Ritter, Declamationes, S. 117-120.

DECLAMATIO.

Petitur a nobis pecunia, quam non accepimus, non consumpsimus, non in ullum rerum nostrarum usum convertimus. etiam cum istud periculum est sponsoris, miserabile est: bonitate labitur, humanitate conturbat. hoc quo pertinet? non ut extorqueam vobis, iudices, religionem: sed ut intellegatis, quod profecto cognoscitis, non esse exigendum a sponsore creditum, nisi iure summo. De quo priusquam loquor, etiamnum ea, quae humanitatis et consuetudinis gratia dici solent, non omitto: debitorem adpellasti? cum ipso, cui dederas pecuniam, egisti? non enim aliter salvo pudore ad sponsorem venit creditor, quam si recipere a debitore non possit. inhumane exigis, iniuste petis: pecuniam, quam credideras, recepisti; nihil mea interest, qua via. quidquid est istud, quod a te ad debitorem tuum pervenit, penes te est. sponsor porro in hoc accipitur, ne creditor in damno sit. vis scire, quam sponsorem appellare non possis? - : debitorem appellare non potes. Et quoniam confitendum est, eandem esse causam meam, quam debitoris, nec tu aliud videri vis: volo sic agere, tamquam petas a debitore, semota illa ratione, quod honestior persona sponsoris est; detracto eo, quod debitor adulter est, quod deprehensus est, quod punitus est. fingamus ergo petere te a debitore, cuius nos sponsores sumus. respondere pro debitore tuo volo. recepisti omnia; quaecumque possedi, ad te transierunt: in his, quae possedi, erat debitum tuum: totum habes, immo plus habes. adversum haec quid respondes? „Lege mihi bona debitoris tradita sunt, quoniam eum in adulterio deprehendi."

Non facimus legi isti controversiam: quid tamen continet? ut ad te bona debitoris pertineant. bona porro quae sunt? ut opinor, ea quae detractis alienis deprehensa sunt. finge alium creditorem fuisse eius, quem tu deprehendisti: num dubium est, quin, quamvis ad te bona pertinerent adulteri, recepturus tamen suum creditor fuerit? ponamus nunc debitorem sine sponsore: rationem, ut opinor, [de]po-

neres: detracto aere alieno omni, detractis oneribus bonorum quod residuum ex patrimonio fuisset, id tibi lex concederet. quem igitur calculum cum alio posuisses, ponas necesse est tecum. nam patrimonii in alium transituri ea ratio est, ut primum credito satisfiat. partem tamquam debitor solvit, partem tamquam creditor accipis. etiam nunc fingamus alios creditores et nihil in patrimonio quod supersit; id ut manifestius atque apertius dicam, sint possessiones huic deprehenso, sint mancipia, supellex, sit aes alienum, cui aeri alieno non sufficiant ea, quae in patrimonio sunt: occupabis mancipia, occupabis supellectilem, creditores inanes excuties atque dimittes? non potest hoc aequum videri tibimet ipsi faeneranti. omnia igitur ea, quae apparerent, in creditum et in aes alienum transissent; tu, quamvis legem haberes, qua tibi adulteri bona deberentur, nihil tamen ex eius adulteri bonis, qui nihil haberet, recepisses. sic ergo tecum debitor tuus loquitur: „bona mea, id est, quod liberum in patrimonio meo est et quod proprie meum, ad te transire debet lege. prius solvo: et quid interest ego solvam, an tu auferas?" Non debet ergo tibi is, cui pecuniam credidisti: multo minus ego, qui profecto solutus sum, si alter iam solvit. quid enim alioquin facere me vis? integro statu debitoris mei si a me petere maluisses, ad debitorem reverterer; si debitor decessisset et bona eius ad heredem pervenissent, ad heredem redirem, id est, bona persequerer patrimonii, pro quo ego spopondi. † idem es reus, † a quo fui repetiturus, si quid tamquam sponsor solvissem: nunc ad te transiit patrimonium, [tu] coepisti vicem habere heredis. quid enim interest, iure testamenti a defuncto veniat ad te hereditatis, an lege a vivente? si patrimonium mihi persequi licet, ad te redeam necesse est. ita istud, quod accipere non potes, si posses accipere, solveres.

SERMO.

Haec de iure, illa iam de circumscriptione huius sponsoris.

DECLAMATIO.

Ego fortiter spopondi sine periculo pro eo homine, qui bona habebat: tu quousque avaritiam perduxisti? parum est faenerari civibus? sine aliqua tua fraude factum videbitur, ut qui aliena pecunia utebatur, incideret in hoc potissimum adulterium? sed inciderit sane (neque enim mihi causa pro illo hodie dicenda est): quod protulisti habes; et plus quam protulisti habes: est, quod in rationes tuas tamquam creditor referas; est, quod in lucrum tamquam maritus referas.

b) Realitätsbezug des in Quint. Decl. min. CCLXXIII verwendeten Rechts

Die erste Norm besagt, dass der Ehemann das Vermögen des *adulter* in Besitz nehmen solle. Er ordnet also eine Enteignung zu Gunsten des betrogenen Ehemannes an. Die zweite und die dritte Norm beziehen sich auf die Bürgschaft. Die zweite Norm besagt, dass es gegen den Bürgen die Klage gebe, die es auch gegen den Schuldner gibt. Die dritte Norm besagt „was der Schuldner nicht zahle, müsse der Bürge bezahlen".

Tatsächlich ist bekannt, dass sowohl die Ehefrau als auch der *adulter* mit Vermögenseinbußen zu rechnen hatten, nachdem Augustus den Brauch, dass der Ehebrecher und die Ehebrecherin, wenn sie auf frischer Tat ertappt worden sind, auf der Stelle getötet werden konnten, in der *lex Iulia de adulteriis* beschränkt hat.[1262]

Allerdings ist nur bekannt, dass der *adulter* die Hälfte seines Vermögens verlor.[1263] Es ist jedoch durchaus denkbar, dass sich der Umfang der Bußzahlung im Laufe der Jahre, wie es z.B. bei der *actio furti* auch der Fall war, geändert hat. Unklar bleibt, wem die Bußzahlung zufällt. Üblicherweise fallen Konfiskationen, was schon aus der Zusammensetzung des Wortes erkennbar ist, der Staatskasse, dem *fiscus*, zu.

Im vorliegenden Sachverhalt hat ein Ehemann seinen Schuldner beim Ehebruch ertappt und nach der *lex*, womit die erste Norm gemeint ist, das gesamte Vermögen (*omnia bona*) in seinen Besitz genommen. Er verlangt die Schuld von dem Bürgen. Der redet dagegen.

Interessant ist, dass der Abzug des Vermögens hier mit *occupare* bezeichnet wird und nicht mit *confiscare*. Der Sachverhalt besagt deutlich, dass der betrogene Ehemann, der gleichzeitig der Gläubiger des *adulter* ist, das Vermögen in seinen Besitz nimmt. An keiner Stelle des Sachverhalts und der Rede kommt das Wort

---

[1262] Benke, Lucretia`s heritage, S. 1.

[1263] Paulus, Sententiae, II.26.14.

confiscare vor. Es ist daher anzunehmen, dass die Bußzahlung, wie zu früheren Zeiten die Tötung auf frischer Tat, die Ehre des Ehemannes auf Kosten des *adulter* wieder herstellen soll. Daher ist es auch nicht verwunderlich, dass das Vermögen hier dem Ehemann und nicht dem Staat zufällt.

Die zweite und die dritte Norm befassen sich mit den Grundsätzen der Bürgschaft. Es handelt sich im vorliegenden Fall um eine *sponsio*. Eine im Vergleich zur Entstehungszeit der *Declamationes minores* eher altertümliche Form (s. Kap. II. 1. f). Der Gläubiger, der der betrogene Ehemann ist, hat sich sofort an den Bürgen gewendet, weil der Schuldner aufgrund des Vermögensabzugs infolge des *adulterium* insolvent ist. Der Schuldner ist tatsächlich bei der *sponsio* nicht dazu gezwungen, sich zuerst an den Gläubiger zu wenden, er kann sich auch sofort an den Bürgen wenden. Die Klage gegen den Bürgen und die Klage gegen den Schuldner gelten aber als *eadem res*.[1264] Der Gläubiger kann also nicht, nachdem er erfolglos gegen den Schuldner geklagt hat, auch noch gegen den Bürgen klagen. Nach der *litis contestatio* ist ein Wechsel nicht mehr möglich.
Die dritte Norm, die sich auch mit der *sponsio* befasst, besagt, dass der Bürge das zahlen müsse, was der Schuldner nicht zahlt. Hier wird die Sicherungsfunktion der *sponsio* betont.
Die vorliegende Rede, die vom in Anspruch genommenen Bürgen geführt wird, stellt hauptsächlich darauf ab, zu belegen, dass der Gläubiger seine Schuld schon erhalten habe. Ein Bürge müsse, wenn noch nicht einmal der Schuldner zur Zahlung verpflichtet ist, ebenfalls nicht zahlen. Dem Bürgen stehen bei einer Klage des Gläubigers die selben Einreden zu wie dem Schuldner.[1265] Der Bürge beruft sich hier darauf, dass zum Zeitpunkt der Klage gar keine Schuld mehr bestanden habe. Um dies belegen zu können, muss er sich mit dem Inhalt der ersten Norm auseinandersetzen.
Es geht um die Frage, ob die Vermögensokkupation durch den betrogenen Ehemann das Bruttovermögen, d.h. das Vermögen inklusive aller Schulden und Verbindlichkeiten, oder das Nettovermögen, d.h. das Vermögen abzüglich aller Schulden und Verbindlichkeiten, umfasst. Es steht, da durch den Sachverhalt angegeben, außer Zweifel, dass der Ehemann hier das gesamte Vermögen (*bona* ***omnia***), also das Bruttovermögen, eingezogen hat. Der Besitzer der Schuld und der Gläubiger seien nun ein und dieselbe Person.
Der Bürge nimmt in seiner Rede auch auf die Argumentation des Gläubigers Bezug, der auf die Okkupation des Bruttovermögens abstellt, was bedeuten würde, dass ihm die Zahlung der Schuld noch zusätzlich zustehe. Der Bürge entkräftet diese Ansicht mit einem Vergleich zur Stellung des Erben, der ebenfalls die Verbindlichkeiten des Erblassers erfüllen muss. Er kommt daher zu dem ihn entlastenden Ergebnis, dass das zu okkupierende Vermögen lediglich das Nettover-

[1264] Kaser/Knütel, § 57 II.
[1265] Kaser/Knütel, § 57 II.

mögen umfasse. Tatsächlich stellt auch D.24.3.31.pr. in einer vergleichbaren Situation auf das Nettovermögen ab.
Bezüglich der Bürgschaft wird hier in der *sponsio* eine im Vergleich zum Rechtsbrauch der Entstehungszeit der *Declamationes minores* veraltete Form behandelt.

c) Eigenart und Herkunft des Sachverhalts der Quint. Decl. min. CCLXXIII

Die Sachverhaltsgestaltung ist typisch für die neuere Kontroversie. Es wird kein Bezug zu historischen Ereignissen hergestellt, wie es in der älteren Kontroversie und in den Suasorien gewöhnlich der Fall ist. Die Verwendung von typisierten Charakteren ist hier erkennbar. Der „betrogene Gatte" ist gleichzeitig Gläubiger des *adulter*, also wahrscheinlich ein wohlhabender Großbürger. Er geht unerbittlich gegen den *adulter* vor. Die *uxor infidelis* kommt nicht im Sachverhalt selbst vor, sie gehört der Vorgeschichte an. Der Konflikt entsteht durch unterschiedliche Auslegungen derselben Rechtsregel. Das Handeln der Ehefrau ist notwendige Voraussetzung für das Zusammentreffen des Bürgen und des betrogenen Ehemannes als Gläubiger vor Gericht.

d) Motivische Parallele des Sachverhalts

Der Sachverhalt der Quint. Decl. min. CCLXXIII ist ein treffendes Beispiel dafür, wie ein in den Kontroversien sowie in der neueren Komödie beliebtes Thema, der Ehebruch, zu einer interessanten juristischen Verstrickung führt. Der Ehemann ist hier nicht nur der Betrogene, er ist auch noch der Gläubiger des Geliebten. Durch das Hinzutreten einer weiteren Person, des Bürgen, wird diese menschlich wie juristisch komplizierte Beziehung noch gesteigert. Die Variante des Ehegattenbetrugmotivs ist durch die Modifikation zu einem juristisch interessanten Fall geworden.

e) Rhetorische Kunstgriffe in der Quint. Decl. min. CCLXXIII

Kairos ist in dieser Kontroversia ebenfalls vor Gericht. Die Klage wird laut Sachverhalt von dem Gläubiger gegen den *sponsor* eingebracht. Der *sponsor* redet dagegen. Die taktische Vorgehensweise in der Rede des Bürgen wird durch die eingefügten *sermones* knapp angegeben. Der Redner soll sich zuerst dem Streitgegenstand annähern, dann soll er die Richter für die Partei des Bürgen gewinnen. Dies ist allerdings eine Vorgehensweise, die bei jeder Rede vor Gericht geboten war. Der Redner setzt diese Vorgabe des Lehrers in der Weise um, dass er sich zuerst mit dem Wesen der *sponsio* befasst. Er macht deutlich, dass das Übernehmen einer Bürgschaft für den Bürgen ein großes wirtschaftliches Risiko bedeute, es aber auch gleichzeitig eine menschliche moralische Pflicht sei, als *sponsor* für die Schuld einer bestimmten Person einzutreten (Z. 18 bis 22). Dabei spricht der Redner die Adressaten (*krites*), die *iudices*, direkt an (Z. 23). Gleichzeitig spielt er mit seiner Menschenkenntnis, weil er davon ausgeht, dass jedem Menschen das Elend eines Bürgen, der sich in einem Zwiespalt zwischen wirtschaftlichem Risiko und dem Zwang der Menschlichkeit befindet, bekannt ist (Z. 25 - 27). Der erste Teil der Rede (Z. 18 - 50) stellt ein typisches *exordium* dar, in dem der Redner versucht, mit dem Publikum in Kontakt zu kommen. Der *orator* versucht mit der Anspielung auf die Menschenkenntnis eine emotionale Verbindung zwischen seiner Partei und den Adressaten herzustellen. Dazu bedient er sich auch des *ethos* und *pathos*, also kunstmäßigen Beweismitteln (Z. 21 - 27). Er betont die missliche Lage des Bürgen, in die ihn seine *humanitas* gebracht habe. Der Redner verwendet viele rhetorische Fragen (Z. 22 - 29, 35 f.), die als Gedankenfiguren qualifiziert sind. Auch macht er schon im *exordium* (Z. 29 ff.) deutlich, dass er auch fachlich kompetent ist. Er vollzieht hier nämlich die Reaktionsweise des Gläubigers nach, der sich entweder an den Schuldner oder an den Bürgen mit einer Klage wenden kann, weil beide Klagen als *eadem res* gelten. Im vorliegenden Fall hat der Gläubiger die gesamten Güter des Schuldners schon erhalten, er ist nun insolvent, daher wendet sich der Gläubiger nun direkt an den Bürgen.

Gegen Ende des *exordium* erfolgt die Sachverhaltsschilderung (Z. 45 ff.), ebenfalls ein typisches Element eines *exordium*. Der letzten Satz des *exordium* besteht aus der Wiederholung der zusammengefassten Anklage des Klägers in direkter Rede: „*Lege mihi bona debitoris tradita sunt, quoniam eum in adulterio deprehendi.*" (Z. 48 ff.).

Im Hauptteil der Rede arbeitet der Redner unter der Verwendung zahlreicher rhetorischer Fragen das Problem des vorliegenden Falles heraus (Z. 51 - 57). Er bedient sich bei der Lösung des Falles der dialektischen Methode durch Begriffsanalyse. Die führt ihn dann zur entscheidenden Begriffsdefinition von *bona* im Zusammenhang mit der Okkupation. Unter Verwendung weiterer rhetorischer Fragen und eines Vergleichs der Eigenart der vorliegenden Okkupation mit der Erbschaft vollzieht er eine Induktion.

In der zweiten *sermo* dieses Stückes wird der Redner vom Lehrer dazu aufgefordert, seinerseits dem Kläger Betrug vorzuwerfen. Tatsächlich transponiert der Redner dann am Schluss der Rede den Vorwurf des Klägers mit Hilfe zahlreicher rhetorischer Fragen in einen Vorwurf gegen den Kläger (Z. 105 - 114).

Die gesamte Rede, die streng dem attischen Stil folgt, wird stark von der Gedankenfigur „rhetorische Frage" geprägt. Die Rede ist insgesamt als Ethymem aufgebaut, d.h. dass der Zuhörer durch einen unvollständigen Syllogismus angelegt, den letzten Schluss selbst ergänzen muss. Die ersten beiden Prämissen, „es bestehe keine Schuld mehr" und „der Schuldner müsse deshalb nichts mehr zahlen", werden in der Rede direkt angesprochen, so dass der Zuhörer ableiten muss, dass dann der Bürge erst recht nicht zur Zahlung verpflichtet ist.

f) Juristische Argumentationstechnik in der Quint. Decl. min. CCLXXIII

Der juristische Argumentationsstrang in der Rede verläuft entsprechend der Konkordanz von juristischer und rhetorischer Argumentationstechnik. Das *exordium* beginnt mit einem emotionalen Auftakt, in dem die Adressaten direkt angesprochen werden und die Schwierigkeiten der *sponsio*, die sich für den *sponsor* ergeben können, vorgebracht werden. Dann fragt der Redner den Kläger, ob er den Schuldner verklagt habe (*debitorem adpellasti?*/Z. 28). Er antwortet, dass er den Bürgen verklagt habe, weil der Schuldner nun arm sei. Der Redner spricht nun den Gläubiger direkt an (Z. 31) und wirft ihm vor, dass er ungerechtfertigterweise fordere. Darauf beginnt der Redner, seine Ansicht zu belegen. Er fragt nämlich den Kläger, ob er wissen wolle, warum er den Schuldner nicht verklagen könne (Z. 36). Um diese Begründung geben zu können, wiederholt der Redner den Sachverhalt. Er macht deutlich, dass der Kläger, der ja der Gläubiger ist, im Zuge der Okkupation der Güter des Schuldners in Folge dessen Mithilfe beim Ehebruch alles (*recipisti* ***omnia***) an sich genommen habe. Er stellt die Behauptung auf, dass bei den *omnia* auch die Schuld, die der Schuldner dem Kläger geschuldet hat, inbegriffen war. Die Wiederholung der Aussage des Klägers, der sich auf das Recht beruft, er könne die Güter des *adulter* okkupieren, schließt sich an.

Im Hauptteil der Rede bringt der Redner das Problem des Sachverhalts auf den entscheidenden Punkt. Er stellt fest, dass geklärt werden müsse, wie der Inhalt der Norm, die besagt, dass der Ehemann die Güter des *adulter* okkupieren kann, präzise bedeute (Z. 51 - 57). Um der Lösung näher zu kommen geht der Redner dazu über, den Fall zunächst in seiner Grundform zu betrachten. Er löst den Fall in der Grundzusammenstellung, d.h. in einer Konstellation ohne Bürgen (*ponamus nunc debitorem sine sponsore*/Z. 57 f.). Er macht deutlich, dass der Gläubiger tatsächlich alles in seinen Besitz genommen habe, d.h. das, was anderen aus dem Besitz geschuldet wurde **und** das Nettovermögen, das dem Ehemann zustand. So nähert er sich der Frage, ob die Okkupation durch den Ehemann das Brutto- oder das Nettovermögen beinhalte (Z. 70 - 77). Dazu definiert er den Begriff *mea bona*. Er kommt zu dem Schluss, dass *mea bona* alles das bezeichne, was freiwillig im Vermögen ist („*bona mea, id est, quod liberum in patrimonio meo est et quod proprie meum, ad te transire debet lege...*"/Z. 78 ff). Damit grenzt er auch die Begriffe *bona* und *patrimonium* voneinander ab.

Darauf vergleicht er die Sachlage mit einer Erbschaft, bei der der Erbe auch die Verbindlichkeiten des Erben erfüllen muss. Weiter macht er aber auch deutlich, dass im vorliegenden Fall eine Konfusion eingetreten sei, weil die Person des Besitzers der Schuld nun, nach der Okkupation, identisch mit der Person des Gläubigers sei (Z. 84 - 93). Daraus ergibt sich die Lösung des Falles: Die Schuld ist bereits bezahlt, sie existiert nicht mehr. Die Schlussfolgerung, die sich nun für den konkreten Fall ergibt, muss der Zuhörer aber selbst formen: Es besteht keine Schuld mehr, daher schuldet der *adulter* dem Gläubiger nach der Okkupation nichts. Das bedeutet, wenn aber nicht einmal mehr der Schuldner noch leisten muss, dann kann dies vom Bürgen erst recht nicht verlangt werden.

Diese Gedankenfigur, die sich in der Rhetorik als Ethymem darstellt, ist nichts anderes als ein unvollständiger Syllogismus.

g) Die Quint. Decl. min. CCLXXIII als Beispiel einer signifikanten Verwendung der Statuslehre

Das untersuchte Stück ist ein Beispiel für einen brillianten Umgang mit der Statuslehre. Die Argumentation ist deutlich von der Statuslehre bestimmt. Es handelt sich bei dem vorliegenden Fall um einen klassischen Fall des *genus legale*, d.h. die Umstände der Tat sind nicht streitig, aber die Auslegung der Norm um so mehr. Streitig ist die Auslegung der Norm: *Maritus deprehensi adulteri bona possideat.*

Der Kläger scheint, wie oben eingehender beschrieben, die Auslegung zu vertreten, dass mit *bona* alle Güter des *adulter* gemeint sind. Bei dieser Auslegung könnte er die Zahlung der Schuld vom Bürgen verlangen. Die Okkupation des betrogenen Ehemanns würde sich bei dieser Auslegung also auf das Bruttovermögen beziehen. Der Bürge ist aber der Ansicht, dass es sich bei *bona* lediglich um das Nettovermögen handele, dass also dem Ehemann - wie auch einem Erben - die Pflicht obliegt, die Verbindlichkeiten des ehemaligen Eigentümers, des *adulter* bzw. des Erben, zu erfüllen.

Es handelt sich hier also um den Unterfall der *ambiguitas*. Der Redner zeigt dementsprechend im *exordium*, dass die Tatumstände unstreitig sind (Z.40 - 46), und beweist im Hauptteil der Rede die Gültigkeit der ihm günstigen Auslegung der Norm mit Hilfe einer Begriffsanalyse und eines Vergleichs. Es liegt nahe, dass der Sachverhalt bewusst darauf ausgerichtet war, den Umgang mit der Statuslehre zu üben. Der Schüler scheint sich der Statuslehre auch gekonnt bedient zu haben, da er das Problem des Stückes logisch und zutreffend herausgearbeitet hat.

h) Realitätsbezug der dargestellten prozessualen Situation

Der Gläubiger klagt gegen den Bürgen auf die Stipulationsschuld, die der Bürge im Rahmen der *sponsio* versprochen hat. Nach der *litis contestatio* kann er den Schuldner nicht mehr auf dieselbe Schuld verklagen, weil die Klagen als *eadem res* angesehen werden (s.o.). Dies wäre für den Gläubiger im vorliegenden Fall ohnehin nutzlos. Da die *sponsio* auf römische Bürger beschränkt war, muss es sich hier bei dem Bürgen um einen römischen Bürger handeln. Der Bürge ist also selbst partei- und postulationsfähig, benötigt eigentlich keinen Prozessbeistand. Er könnte sich allerdings freiwillig eines Advokaten bedienen.

Trotzdem spricht der Redner hier in der ersten Person Singular und schlüpft ganz in die Rolle des Bürgen.

i) Der moralische Zwang und die Zerstörung der Familienehre als Aussage über den sozio-kulturellen Kontext der Quint. Decl. min. CCLXXIII

Gerade der erste Teil der Rede macht auf die finanziellen und moralischen Probleme einer Bürgschaft aufmerksam. Obwohl die Bürgschaft trotz der Möglichkeit des Rückgriffs auf den Bürgen wegen des Insolvenzrisikos des Schuldners ein hohes wirtschaftliches Risiko birgt, ist zu erkennen, dass der moralisch gesellschaftliche Druck, als Bürge für einen anderen einzutreten, in der Antike nicht minder stark gewirkt hat.

Ein weiterer Aspekt, der bezogen auf den sozio-kulturellen Kontext anhand der Quint. Decl. min. CCLXXIII deutlich wird, ist die Art der Verletzung, die durch den Ehebruch eintritt. Durch das *adulterium* zerstört die betrügerische Ehefrau nicht nur die Vertrauensbeziehung zu ihrem Ehemann, sie handelt auf die römische Gesellschaft bezogen damit auch gegen ihre *pudicitia*, die eigentlich ihr Leben als römische Frau bestimmen soll.[1266] Ein römischer Mann soll dagegen nach *virtus* streben, er macht sich daher des Ehebruchs nur bezüglich des Ehemanns der *adultera* strafbar.

3. Die Geraubte, die von einem jungen Mann vergewaltigt wurde - Untersuchung der Calp. Flac. 41

Das Stück, das in seiner überlieferten Form nur 54 Worte umfasst, ist für die Sammlung des Calpurnius Flaccus typisch. Die kleinste erhaltene Sammlung von Kontroversien des neueren Typs ist lediglich eine Sammlung aus Exzerpten. Sie enthalten alle, wie Calp. Flac. 41 auch, einen Titel, einen oder mehrere Normen, einen Sachverhalt und einen Auszug der Rede, der *declamatio* an sich. Aufgrund des reißerischen Titels scheint das Stück auf den ersten Blick sehr sensationslüstern.

a) Text[1267]

RAPTA AB EPHEBO STUPRATA

RAPTARUM LEX. Rapuit quidam virginem et ephebo, quem amabat, tradidit stuprandum. rapta ad magistratus producta mortem ephebi petit. Offert se ille qui rapuit.

Ego, iudices, rapui, ego domum duxi, ego pariter inclusi, ego vim duobus feci. Perire mihi satius est quam hunc videre pereuntem. Callide, puella, commenta es: unum petis ut duos pariter occidas.

[1266] Benke, Lucretia's heritage, S. 3.

[1267] Nach Sussman, Declamations of Calpurnius Flaccus, S. 80.

b) Realitätsbezug des in Calp. Flac. 41 verwendeten Rechts

Bezüglich des verwendeten Rechts ist es bei diesem Stück auffallend, dass nicht der Inhalt des Rechts genannt wird, sondern nur die Bezeichnung. Es wird also erwartet, dass der Redner über den Inhalt des Rechts Bescheid weiß. Tatsächlich ist der Frauenraub in den Kontroversien ein beliebtes und viel verwandtes Motiv. Es ist daher auch nicht verwunderlich, wenn dieser Rechtsbrauch in der jüngsten Sammlung nur noch kurz als *lex raptarum* bezeichnet wird. Jeder Schüler, der mit Hilfe der Kontroversien ausgebildet wurde, dürfte über den Inhalt dieses Rechts hinreichend informiert gewesen sein.

Raptus bezeichnet den Raub, die Entführung, einer Frau. Die auffälligste Regelung bezüglich des Frauenraubs ist *rapta raptoris aut mortem optet aut nuptias* in Quint. Decl. min. CCLXXX und in Quint. Decl. min. CCLXXXVI. Der Geraubten wird die Wahl zwischen dem Tod des Räubers und einer Hochzeit mit diesem überlassen. *Rapta raptoris aut mortem aut indotatas nuptias optet* aus Sen. contr. 34 ist eine weitaus präzisere Form dieser *lex raptarum*. In der Version Senecas wird deutlich, dass es sich bei der Hochzeit, die die Geraubte wählen kann, um eine Hochzeit handeln wird, bei der für die Braut bzw. deren Familie nicht die Verpflichtung bestehen wird, eine Mitgift (*dos*) zu stellen. Diese Einschränkung scheint auch durchaus verständlich, da es üblich war, dass die Mitgift nach der Hochzeit in das Eigentum des Ehemannes überging.[1268] Es bestand zwar bei einer Scheidung die Pflicht, abhängig vom Verschulden, die *dos* wieder ganz oder anteilig an die Frau auszuzahlen, dennoch wäre der Räuber im Falle einer Hochzeitswahl zumindest finanziell besser gestellt als zuvor.

Obwohl unter *raptus* der Raub einer Frau, genauer gesagt einer Jungfrau, zu verstehen ist, bedeutet *raptus* nicht „Vergewaltigung". „Vergewaltigung" wird nämlich mit *stuprum* übersetzt.[1269] So gibt es auch die Regelung *qui ingenuam stupeaverit, det decem milia* in Quint. Decl. min. CCCLXX. Es taucht aber auch die Norm *raptor decem milia solvat* (Quint. Decl. min. CCLII) auf. Hier wird überraschender Weise für Raub und Vergewaltigung dieselbe Strafe festgelegt. Auch darf die Verführte in Sen. contr. 8.6 den Tod des Verführers oder eine Hochzeit ohne Mitgift wählen (*vititia vitiatoris aut mortem aut indotatas nuptias petat*). Dem ist zu entnehmen, dass Raub, Vergewaltigung und Verführung in den Kontroversien zwar begrifflich unterschieden werden, die Tatbestände aber praktisch nicht getrennt werden können. Wird beispielsweise eine Jungfrau geraubt, ist es wahrscheinlich, dass entweder eine Vergewaltigung, also Geschlechtsverkehr gegen ihren Willen, oder eine Verführung, also Geschlechtsverkehr mit ihrem Einverständnis, stattgefunden hat. Weil im sozialen Umfeld der Akt des Geschlechtsverkehrs, auf welche Weise auch immer, bei einem Raub ohnehin angenommen wurde, war es für das soziale Ansehen unwichtig, was während der Entführung tatsächlich stattgefunden hat. Dies macht die begriffliche Unterscheidung hinfällig. Deshalb ist auch zu verstehen, dass die *lex raptarum* in Calp. Flac.

[1268] Kaser, Römisches Privatrecht, 1. Abschnitt, § 14. II. 1.

[1269] Georges, Handwörterbuch II, Sp. 2833.

41 ungenau angewendet wird. Die Geraubte, die laut Sachverhalt von einem anderen Mann als dem, der sie vergewaltigt hat, geraubt wurde, verlangt den Tod des Vergewaltigers und nicht den des Räubers. Obwohl nach dem Wortlaut der *lex raptarum* nur der Tod des Räubers gewählt werden kann, deckt die *lex raptarum* aber sinngemäß auch Vergewaltigungsfälle ab. Diese Differenz führt hier zur Zuspitzung des Falles, da Räuber und Peiniger zwei verschiedene Personen sind. Die beiden Tatbestände fallen also auseinander.
Lex raptarum ist nicht so zu verstehen, dass es tatsächlich ein gleichlautendes legislativ erlassenes Gesetz mit gleichem Namen gegeben hat. *Lex raptarum* bezeichnet vielmehr die faktische Rechtslage bezüglich Frauenraubs zur Zeit des Prinzipats (s. Kap. II. 1. a. aa).

c) Eigenart des Sachverhalts der Calp. Flac. 41

Der Sachverhalt der Calp. Flac. 41 ist beispielhaft für den typisierten Protagonistenpool, aus dem sich in den meisten Sachverhalten der Kontroversien des neueren Typs bedient wird. Die *virgo* steht auch hier in Verbindung mit einem Frauenraub. Im Verhältnis zum Mann ist die *virgo* schutzbedürftig und schwach. Im Vergleich zu ihrem sonstigen Auftreten in den Kontroversien liegt hier die Besonderheit ihrer Rolle darin, dass sie gewaltsam zum sexuellen Verkehr gezwungen wird, obwohl sie eine Liebesbeziehung zu ihrem Peiniger unterhielt. Gewöhnlich sollen bei einem Raub, dem eine schon bestehende Liebesbeziehung zu Grunde liegt, einzig die Eltern zur Einwilligung in die von ihnen nicht gebilligte Verbindung gezwungen werden. Das aber scheint hier nicht der Fall zu sein, weil die Geschändete dann nicht den Tod des Vergewaltigers gewählt hätte. Diese Auffälligkeit lässt aber auch eine andere Lesart bzw. Übersetzung des Sachverhalts zu, wenn nicht sogar möglicher erscheinen. Sussman übersetzt den Nebensatz *quem amabat* als *with whom **she** was in love.*[1270] Tatsächlich ist es aber nach der Originalfassung keineswegs klar, wer Subjekt dieses Relativsatzes ist, der sich im Objekt auf *ephebo* aus dem Hauptsatz bezieht. Das Verb des Nebesatzes steht lediglich in der dritten Person Singular.
In dem Satz tauchen drei Handelnde auf: *quidam*, *virgo* und *ephebus*. Dass *ephebus* das Subjekt des Nebensatzes ist, erscheint unwahrscheinlich, denn er ist bereits das Objekt. Es bleiben also nur noch *virgo* und *quidam*. Sussman hat sich für die Möglichkeit *virgo* entschieden. Viel wahrscheinlicher ist es aber, dass *quidam* auch Subjekt des Nebensatzes ist. Dies macht den *stuprum* und die Reaktion der Frau, die den Tod des Peinigers wählt, nachvollziehbarer. Es würde natürlich auch bedeuten, dass *quidam* homosexuell ist. Obwohl Sussman in seinem Commentary angibt, dass er bereits auf diese andere Lösungsmöglichkeit hingewiesen wurde, verteidigt er seine Deutung als wahrscheinlicher.[1271] Als Begründung gibt er an, dass andernfalls *quidam* dem Peiniger wohl kaum ein Mäd-

[1270] Sussman, Declamations, S. 81.
[1271] Sussman, Declamations, S. 210.

chen zugeführt hätte, auf das er im Nachhinein hätte eifersüchtig sein müssen. Er lässt jedoch die Möglichkeit bestehen, dass das heterosexuelle Wesen des Ephebus den *quidam* zu solch einer Handlung gezwungen haben könne. Außerdem wäre es bei einer Liebesbeziehung des Ephebus zu der *virgo* wahrscheinlicher gewesen, dass der Ephebus diese dann selbst geraubt hätte. Wozu also dann der Umweg über den *quidam*.
Die beiden Lösungen, die Sussman als wahrscheinlich ansieht, dass nämlich entweder die Jungfrau eingeweiht war, sie aber den Jungen hintergangen hat oder väterliche Härte sie zu der eigentümlichen Wahl gezwungen habe, scheint bei genauer Beachtung der Rede unwahrscheinlich. Die letzten Worte des Räubers, des *quidam*, sind von einer innigen Beziehung des *quidam* zu dem Ephebus geprägt. Die Deutlichkeit der Worte, die das eigene Wohlergehen, ja das eigene Leben von dem des Ephebus abhängig machen, zeugen von weit mehr als einer zufälligen Bekanntschaft.

d) Motivische Konstellation der Calp. Flac. 41

Das Motiv des Jungfrauenraubs, das in dem Sachverhalt der Calp. Flac. 41 verwendet wird, ergibt sich unmittelbar aus dem typisierten Charakter der Jungfrau, die in ihrer Schwäche und Schutzbedürfitigkeit dem starken Mann ausgeliefert ist. Das Motiv ist sehr typisch für die Kontroversien des neueren Typs und wird in den drei Sammlungen allein 25-mal benutzt. Schon die Grundform des Motivs ist sehr reißerisch und sensationslüstern und macht dadurch die Verwandtschaft der Kontroversie des neueren Typs zur neuen Komödie und zum antiken Roman deutlich (s. Kap. II. 3). Es ruft aber auch die Tatsache in Erinnerung, dass das Schülerklientel ausnahmslos aus jungen Männern bestanden hat und dass es sich bei den Schulen um Privatschulen handelte, die nicht nur langweilige Themen behandeln wollten (s. Kap. II. 2). Auch für eine Darbietung zum Zwecke des Vergnügens bietet das Jungfrauenraubmotiv genug Konfliktstoff. Die vorliegende Fallkonstellation übertrifft durch die offensichtliche Einflechtung der homoerotischen Komponente das Grundmotiv in Bezug auf ihre „pikanten Momente" im menschlichen Bereich noch um einiges. Nicht zuletzt deshalb ist die Calp. Flac. 41 ein Beispiel dafür, dass ein reißerisch aufgemachter Fall auch eine juristisch sehr anspruchsvolle Problematik bergen kann. Die spezifische Fallkonstellation dient als Indikator sowohl für den menschlichen als auch für den juristischen Konflikt.

e) Rhetorische Kunstgriffe in der Calp. Flac. 41

Freilich beschränkt die Kürze des erhaltenen Exzerpts die Vielfalt der verwendeten rhetorischen Artefakte. Dennoch sind in den insgesamt nur vier Sätzen der Rede einige zu finden. *Kairos* ist auch hier vor Gericht. Der Redner spricht die *krites*, die *iudices*, zu Beginn der Rede direkt an. Zudem führt er sich selbst als

atechnoi pisteis an, in dem er als Zeuge aussagt. Nicht der Ephebus, sondern er selbst habe die Jungfrau geraubt und das Zusammentreffen der beiden arrangiert. Auf diese Weise entlastet er den angeklagten Ephebus. Auch arbeitet der Redner mit den *entechnoi pisteis*, indem er im vorletzten und im letzten Satz betont, wieviel ihm das Leben des Ephebus bedeute. Er arbeitet hier mit *pathos*.
Eine Gliederung der Rede lässt sich schon aufgrund der Kürze des Stücks schwer nachvollziehen. Von der rhetorischen Figurenlehre, die in den Bereich des *ornatus* fällt, macht der Redner Gebrauch. Er setzt im ersten Satz die *geminatio* ein, indem er die einzelnen Sätze der Satzreihe immer mit *ego* beginnen lässt. Er betont sowohl durch die Verwendung des Pronomens *ego* (das, um die erste Person Singular im Lateinischen auszudrücken, ja gerade entbehrlich ist), durch die viermalige Wiederholung als auch dadurch, dass er es als erstes Wort noch vor die Anrede der *krites* setzt, seine eigene aktive Rolle im Sachverhalt und rückt den Ephebus dadurch in ein passives Licht. In seiner letzten Aussage *unum petis ut duos pariter occidas* konstruiert er eine Methapher. Die Trauer, die der Räuber über den Tod seines geliebten Ephebus empfindet, wird als eigener Tod ausgedrückt.
Ein zentraler Punkt in der Argumentation basiert hier aber auch auf der Statuslehre. Im ersten Satz bringt der Redner durch *ego rapui* die Divergenz zwischen der Wahl der Geraubten und dem Wortlaut der *lex raptarum* zum Ausdruck. Die *lex raptarum* in ihrer am häufigsten verwendeten Version, gewährt der Geraubten den Tod oder die Hochzeit des Räubers zu wählen, nie jedoch wird die Wahl über das Schicksal eines Dritten erwähnt. Der Redner macht aber deutlich, dass er und nicht Ephebus die Jungfrau geraubt habe. Die Schlussfolgerung, die der Zuhörer daraus ziehen muss, ist, dass die Jungfrau den Tod des Ephebus nicht verlangen kann.

f) Juristische Argumentationslinie

Die Calp. Flac. 41 macht trotz ihrer Kürze die Einheit zwischen rhetorischer und juristischer Argumentationstechnik deutlich. Die juristische Argumentationslinie wird im ersten Satz erkennbar. Die Formulierung zielt auf den Wortlaut der *lex raptarum* ab. Der Redner gibt preis, dass er der Räuber sei und nicht der Ephebus. Er zeigt sich als Handelnder, während er den Ephebus als Opfer stilisiert (*ego vim duobus feci*). Der Ansatz ist identisch mit dem dialektischen Aspekt der rhetorischen Argumentationslinie.

g) Die Calp. Flac. 41 als Übung für die Statuslehre

Obwohl der Sachverhalt sensationslüstern anmutet, ist er für die Einübung der Statuslehre ideal konzipiert. Durch die Modifikation des Frauenraubthemas, indem Peiniger und Räuber nicht dieselbe Person, sondern zwei unterschiedliche Personen sind, wird der problematische Punkt in der Auslegung der Norm deut-

lich. Bei einer personalen Trennung der beiden Rollen „Räuber“ und „Peiniger“ erhebt sich nun die Frage, über wessen Leben die Geraubte verfügen darf. Sollte sie nach dem Wortlaut über das Leben ihres Räubers oder über das Schicksal ihres tatsächlichen Peinigers, d.h. über das Schicksal desjenigen, der ihr tatsächlich sexuelle Gewalt angetan hat, entscheiden.
Dieses Problem wird in der Statuslehre als ein Fall des *genus legale* eingeordnet. Alle Umstände der Tat sind klar, nicht aber die Anwendung des Rechts in diesem Fall. Hier warten die beiden Streitparteien mit je unterschiedlichen Interpretationen der nicht eindeutigen Norm auf. Die Geraubte verlangt den Tod des Ephebus, d.h. sie legt die Rechtsregelung nach ihrem Sinn und Zweck aus und will über das Schicksal ihres tatsächlichen Peinigers richten. Der Redner, der die Partei des Ephebus ergreift, plädiert für seinen eigenen Tod, d.h. er orientiert sich streng am Wortlaut der Rechtsregelung und verlangt für den Räuber, in diesem Fall für sich selbst, den Tod.
Durch dieses Stück wird einerseits anhand der Statuslehre die Einheitlichkeit von juristischer und rhetorischer Arbeitsmethode deutlich, andererseits wird zudem offensichtlich, dass ein reißerischer und akuminös zugespitzter Fall für die Einübung der Statuslehre und der damit verbundenen juristischen Probleme sich durchaus als sehr geeignet erweisen kann.

h) Auffälligkeiten im Realitätsbezug der dargestellten prozessualen Situation

Obwohl die Existenz einer *lex raptarum* im familiären sittenrechtlichen Bereich möglich erscheint (s. Kap. II. 1. a), wird im Sachverhalt ein *magistratus*, also ein Beamter, erwähnt. Dies würde der These widersprechen, dass die Frauenraubfälle vor einem Familiengericht verhandelt wurden. Auch erwähnt Marcian in D.48.6.5.§2: *Qui vacantem mulierem rapuit vel nuptam, ultimo supplicio punitur et, si pater iniuriam suam precibus exoratus remiserit, tamen extraneus sine quinquennii praescriptione reum postulare poterit, cum raptus crimen legis Iuliae de adulteris potestatem excedit.* Diese Passage ist in den Digesten unter dem Titel *Ad legem Iuliam de vi publica* eingeordnet. Obwohl Rein davon ausgeht, dass es sich hierbei um einen nachträglich erweiterten Anwendungsbereich der *lex Iulia de vi publica* handele[1272], kann die Erwähnung des Magistraten in Calp. Flac. 41 als Indiz dafür gelten, dass *raptus* schon seit dem Ende des ersten Jahrhunderts nach Christus zu denen in der *lex Iulia de vi publica* unter Strafe gestellten Verbrechen gehörte. Auffällig bleibt dabei jedoch, dass in der Digestenstelle eine Wahlmöglichkeit der Geraubten nicht erwähnt wird. Dennoch wäre vor diesem Hintergrund die prozessuale Situation realistisch. Der Räuber kann als Prozessbeistand für den Ephebus reden.

[1272] Rein, Criminalrecht der Römer, S. 394.

i) Das Verhältnis zur Homosexualität in der Gesellschaft - Aussagen über den sozio-kulturellen Kontext der Calp. Flac. 41

Die Übersetzungsproblematik im ersten Satz des Sachverhalts weist auf die Verschiedenheit der gesellschaftlichen Bewertung homoerotischen Verhaltens in unterschiedlichen Epochen und Kulturkreisen hin. Während Sussman sich deutlich für die Übersetzungsvariante entscheidet, die die beiden beteiligten Männer, den *quidam* und den Ephebus, als heterosexuell erscheinen lässt, bringt er die in den gegenwärtigen Kulturen immer noch weit verbreitete Abwertung und Skepsis gegenüber der Homosexualität zum Ausdruck. Die andere, von Sussman nicht unterstützte Übersetzungsvariante, drückt aber einen viel unbeschwerteren Umgang mit Homosexualität oder wenigstens mit Homoerotik aus. Während der *quidam* dann durchaus als homosexuell bezeichnet werden kann, scheint der von ihm geliebte Ephebus bisexuell zu sein. Die Tatsache lässt den Ephebus aus römischer Sicht positiver erscheinen. Er tritt zwar als Objekt der Begierde des *quidam* auf, aber nicht als dessen Lustknabe. Die römische Bewertung sexuellen Verhaltens orientiert sich nicht an der Fixierung auf das gleiche oder ein anderes Geschlecht, die Bewertung richtet sich vielmehr nach der Rolle, die eine Person beim Beischlaf einnimmt.[1273] Ein Mann wird von der Gesellschaft - im speziellen wohl von dem männlichen Teil dieser - verachtet, sobald er die aktiv penetrierende Rolle im Beischlaf verlässt.[1274] Im vorliegenden Fall erfüllt der Ephebus zumindest in Bezug auf die geraubte Frau eine aktive sexuelle Rolle.

[1273] Ähnlich auch die Rolle des Prostituierten im griechischen Bereich (Cohen, Law, Sexuality, S. 177), die nicht mit der als Initiationsritus institutionalisierten Beziehung eines Knaben zu einem erwachsenen Krieger (Patzer, Knabenliebe, S. 72 ff.) verwechselt werden darf, dazu auch Mac Dowell, Homosexuality, S. 13 - 27.

[1274] Williams, Roman Homosexuality, S. 18.

Literaturverzeichnis

Deklamationensammlungen

Ritter, Constantinus (Hrsg.): M. Fabii Quintiliani Declamationes quae supersunt CXLV - editio stereotypa editoris proiris (MDCCC LXXXIV), Stuttgart 1940.
Sussman, Lewis A.: The Declamations of Calpurnius Flaccus, Text, Translation and Commentary, Leiden 1994.
Winterbottom, Michael: Seneca The Elder - Declamations - Volume I, Controversiae 1 - 6, 2. Auflage, Cambridge 1999.
Winterbottom, Michael: Seneca The Elder - Declamations - Volume II, Controversiae VII - X, Suasoriae, Cambridge 1974.

Übrige Quellen

Aischines: Orationes.
Appianus von Alexandria: Historia Romana, II.
Aristoteles: De arte rhetorica.
Augustus: Res gestae divi Augusti (Monumentum Ancyranum).
Cassius Dio: Historia Romana.
Cicero, Marcus Tullius: Declamatio in L. Sergium Catilinam.
Cicero, Marcus Tullius: De inventione.
Cicero, Marcus Tullius: De legibus.
Cicero, Marcus Tullius: De officiis.
Cicero, Marcus Tullius: De oratore.
Cicero, Marcus Tullius: De re publica.
Cicero, Marcus Tullis: Orationes Verrinae.
Cicero, Marcus Tullius: Orationes Philippicas.
Cicero, Marcus Tullius: Oratio pro Sexto Roscio Amerino.
Cicero, Marcus Tullius: Paradoxa ad Marcum Brutum.
Cicero, Marcus Tullius: Pro Archia Poeta.
Cicero, Marcus Tullius: Rhetorica ad Herennium.
Corpus Iuris Civilis.
Demosthenes: Philippikai.
Dionysios Halikarnassos: Antiquitates Romanae.
Gaius: Institutiones.
Gellius, Aulus: Noctes Atticae.
Horatius, Quintus Flaccus: Epode XVI.
Juvenalis, Decimus Iunius: Saturae.
Libanius: Epstulae, Fatouros.
Livius: Libri ab urbe condita.
Martialis, Marcus Valerius: Epigramme.
Paulus, Iulius: Sententiae.
Platon: Gorgias.
Platon: Phaidros.

Platon: Politeia.
Platon: Protagoras.
Plinius der Jüngere: Epistula 5.
Plutarch: Alexander, Caesar.
Polybius von Megalopolis: Historiae.
Quintilianus, Marcus Fabius: Institutio oratoria.
Seneca, Lucius Annaeus: De beneficiis.
Seneca, Lucius Annaeus: De ira libri tres.
Sueton, Gaius Tranquillus: Libri de claris grammaticus et de claris rhetoribus.
Tacitus, Cornelius: Annales.
Tacitus, Cornelius: Dialogus de oratoribus.
Tacitus, Cornelius: Historiae.
Valerius Maximus: Factorum ac dictorum memorabilium libri IX.
Vergil, Maro Publius: Aeneis.
Vergil, Maro Publius: Ekloge IV.
Vergil, Maro Publius: Georgica.

Literatur

Abbott, Frank Frost: Society and Politics in Ancient Rome. Essays and Sketches, New York 1963.

Alexander, Michael Charles: Trials in the Late Roman Republic 149 BC to 50 BC, Toronto 1990.

Andersen, Øivind: Im Garten der Rhetorik - Die Kunst der Rede in der Antike (dt. Übersetzung von B. Mannsperger, I. Tveide), Darmstadt 2001.

Andresen, Carl; Erbse, Hartmut; Gigon, Olof; Schefold, Karl; Stroheker, Karl Friedrich; Zinn, Ernst: Lexikon der Alten Welt, Band I, 3. Auflage, Augsburg 1995.

Andresen, Carl; Erbse, Hartmut; Gigon, Olof; Schefold, Karl; Stroheker, Karl Friedrich; Zinn, Ernst: Lexikon der Alten Welt, Band II, 3. Auflage, Augsburg 1995.

Andresen, Carl; Erbse, Hartmut; Gigon, Olof; Schefold, Karl; Stroheker, Karl Friedrich; Zinn, Ernst: Lexikon der Alten Welt, Band III, 3. Auflage, Augsburg 1995.

Andrews, Antony: The Greek Tyrants, London 1956.

Arjava, Antti: Women and Law in Late Antiquity, 2. Auflage, Oxford 1998.

Arnaoutoglou, Ilias: Pollution in the Athenian Homocide Law, in: RIDA, 3. Serie, 40.Bd.(1993), S. 109 - 137.

Avon, Marcel: Les advocats du fisc dans le droit romain, in: Publications du centre d'histoire institutionelle et économique de l'antiquité romaine, Série Mémoires et Travaux, Nr. 2, Aix-en-Provence 1972.

Balsdon, Dacre: Roman Women, 5. Auflage, London 1977.

Beckby, Hermann: Anthologia Graeca I, München 1957.

Benke, Nikolaus: Aemilia Pudentilla - A landowning lady, in: Ex iusta causa traditum. Essays in honour of Eric H. Pool, Praetoria 2005, S. 19 - 31.

Benke, Nikolaus: Lucretia`s Heritage in the Legal Regime on Adulterium, Vortrag SIHDA Bochum, 2005.

Bergh, Rena van den: The Role of Education in the Social and Legal Position of Women in Roman Society, in: RIDA, 3. Serie, 47. Bd. (2000), S. 352 - 364.

Beulke, Werner: Der Verteidiger im Strafverfahren: Funktion und Rechtstellung, Frankfurt 1980.

Bleicken, Jochen: Zwischen Republik und Prinzipat. Zum Charakter des zweiten Triumvirats, Göttingen 1990.

Bleicken, Jochen: Das Volkstribunat der klassischen Republik, 1955.

Bleicken, Jochen: Augustus - Eine Biographie, Berlin 2000.

Blösel, Wolfgang: Die Geschichte des Begriffes *mos maiorum* von den Anfängen bis zu Cicero, in: Linke, Bernhard; Stemmler, Michael (Hrsg.), Mos maiorum. Untersuchungen zu den Formen der Identitätsstiftung und Stabilisierung in der römischen Republik, Stuttgart 2000, S. 25 - 91.

Bonner, S. F.: Roman Declamation in the late Republic and early Empire, Liverpool 1969.

Borneque, Henri: Les Déclamations et les Déclamateurs d`apres Sénèque le Père, Lille 1902 (Nachdruck Hildesheim 1967).

Bowersock, G. W.; Brown, Peter; Grabar, Oleg: Late Antquity - A Guide to the Postclassical World, Cambridge 1999.

Bürge, Alfons: Der mercennarius und die Lohnarbeit, in: Zeitschrift der Savigny-Stiftung für Rechtsgeschichte, Roman. Abteilung, 107. Bd. (1990), S. 80 - 136.

Bürge, Alfons: Zum Edikt De edendo. Ein Beitrag zur Struktur des römischen Zivilprozesses, in: Zeitschrift der Savigny-Stiftung für Rechtsgeschichte, Romanist. Abteilung, 112. Bd. (1995), S. 1 - 50.

Bürge, Alfons: Römisches Privatrecht. Rechtsdenken und Gesellschaft: die Verankerung. Eine Einführung, Darmstadt 1999.

Bynkershook, Cornelis van: De iure occidendi vendendi et exponendi liberos apud veteres Romanos. Acta Eruditorum, 1720, 363 - 368, in: Numan, Oncko Wicher Star, Cornelis van Bynkershook. Zijn leven en zijne geschriften, Leiden 1869, S. 476.

Bynkershook, Cornelis van: Observationes Tumultuariae III, Haarlem 1946.

Camiñas, Julio G.: Le crimen calumniae dans la lex Remmia de calumniatoribus, in: RIDA, 3. Serie, 37. Bd. (1990), S. 117 - 133.

Caplan, Harry: Of Eloquence - Studies in Ancient and Medieval Rhetoric, Ithaca 1970.

Caravan, Edwin M.: Trial of Exiled Homicides and the Court at Phreatto, in: RIDA, 3. Serie, 37. Bd. (1990), S. 47 - 67.

Chiusi, Tiziana J.: Zur Vormundschaft der Mutter, in: Zeitschrift der Savigny-Stiftung für Rechtsgeschichte, Roman. Abteilung, 111 Bd. (1994), S. 155 - 196.

Ciferri, Ludovico V.: Cicero`s Conception of iurisprudentia, in: RIDA, 3. Serie, 38. Bd. (1991), S. 103 - 119.
Ciferri, Ludovico V.: The Spectre of Contradiction in Cicero`s Orations. A Study based on his Conception of iurisprudentia and some other Speeches, in: RIDA, 3. Serie, 39. Bd. (1992), S. 85 - 125.
Clarke, Martin Lowther: Rhetoric at Rome - A historical survey, London 1953 (Übers. Clarke, Martin Lowther: Die Rhetorik bei den Römern, Göttingen 1986).
Cohan, David: Law, Sexuality, and Society. The enforcement of morals in classical Athens, Cambridge 1991.
Corbett, Percy Ellwood: The Roman Law of Marriage - sec. Repr. Of the ed. Oxford 1930, Aalen 1979.
Coskun, Altay: Zu den Rechtsgrundlagen der römischen Bürgerrechtsvergabe infolge des Bundesgenossenkriegs, in: RIDA, 3. Serie, 41. Bd. (2004), S. 101 - 132.
Crook, J.A.: Legal Advocacy in the Roman World, London 1995.
Currie, Georg W.: The Military Discipline of the Romans from the Founding of the City to the Close of the Republic, Bloomington 1928.
David, J.-M.: Die Rolle des Verteidigers in der Justiz, Gesellschaft und Politik. Der Gerichtspatronat in der späten römischen Republik, in: Manthe, Ulrich; Ungern-Sternberg, Jürgen von (Hrsg.), Große Prozesse der römischen Antike, München 1997, S. 28 - 47.
De Ruggiero, E.: Bona damnatorum, in: Dizionario epigrafico di antichà romane, Bd. I, Rom 1895.
Dilke, O. A. W.: Mathematik, Maße und Gewichte in der Antike, Stuttgart 1991 (Mathematics and Measurement, London 1987).
Dingel, Joachim: Scholastica Materia - Untersuchungen zu den Declamationes Minores und der Institutio Oratoria Quintilians, Berlin 1988.
Dirksen, H. E.: Über die durch griechische und lateinische Rhetoren angewendete Methode der Auswahl und Beispiele römischrechtlichen Inhalts (1847), in: Hinterlassene Schriften zur Kritik und Auslegung der Quellen römischer Rechtsgeschichte und Altertumskunde, Friedrich Daniel Sanio (Hrsg.), Leipzig 1871.
Drexhage, Hans-Joachim; Konen, Heinrich; Ruffing, Kai: Die Wirtschaft des Römischen Reiches (1. - 3. Jahrhundert). Eine Einführung, Berlin 2002.
Düll, Rudolf: iudicium domesticum, abdicatio und apocerytis, in: Zeitschrift der Savigny-Stiftung für Rechtsgeschichte, Romanist. Abteilung, 63 Bd. Weimar 1943, S. 54 - 116.
Dumézil, Georges: Flamen-Brahman, Paris 1935.
Dumézil, Georges: Naissance de Rome, Paris1944.
Eisenhut. Werner: Einführung in die Antike Rhetorik und ihre Geschichte, Darmstadt1974.
Elster, Marianne: Die Gesetze der mittleren römischen Republik, Darmstadt 2003.

Engelmann, Helmut; Knibbe Dieter (Hrsg.): Das Zollgesetz der Provinz Asia. Eine neue Inschrift aus Ephesos, in: Epigraphica Anatolica - Zeitschrift für Epigraphik und historische Geographie Anatoliens, Akurgal, Ekrem; Merkelbach, Reinhold; Sahin, Sencer; Vetters Hermann (Hrsg.), Heft 14, Bonn 1989.
Ermann, Joachim: Das senatus consultum de Cn. Pisone patre und die Funktion des consilium im römischen Strafprozess, in: Zeitschrift der Savigny-Stiftung für Rechtsgeschichte, Roman.Abteilung, Bd. 119 (2002), S. 380 - 388.
Esser, Albert: Das Antlitz der Blindheit in der Antike, Leiden 1961.
Evans Grubbs, Judith: Abduction Marriage in Antiquity: A Law of Constantine and it's Social Context, in: The Journal of Roman Studies - Vol. 79, London 1989, S. 59 - 83.
Evans Grubbs, Judith: Law and Family in Late Antiquity. The Emperor Constantine's Marriage Legislation, 2. Auflage Oxford 1999.
Feldner, Birgit: Zum Ausschluss der Frau vom römischen *officium*, in: RIDA, 3. Serie, 47. Bd. (2000), S. 381 - 396.
Flach, Dieter: Die Gesetze der frühen römischen Republik, Darmstadt 1994.
Flume, Werner: Zu den römischen Bürgschaftsstipulationen, in: Zeitschrift der Savigny-Stiftung für Rechtsgeschichte, Roman. Abteilung, Bd. 113 (1996), S. 88 - 131.
Frenzel, Elisabeth: Motive der Weltliteratur, 4. Aufl., Stuttgart 1992.
Frenzel, Elisabeth: Stoffe der Weltliteratur, 8. Auflage, Stuttgart 1992.
Fronto, Marcus Cornelius: Stratagemata, 1, 7, Bennett, Charles (Hrsg.), London 1980.
Fuhrmann, Manfred: Die Antike Rhetorik, Zürich 1984.
Fuhrmann, Manfred: Cicero und die römische Republik - Eine Biographie, 4. Auflage, München 2000.
Gamauf, Richard: Damnum, in. Der Neue Pauly. Enzyklopädie der Antike, Bd. 3, Cl - Epi, Cancik, Hubert; Schneider, Helmuth (Hrsg.), Stuttgart 1997, Sp. 300 ff.
Gamauf, Richard: Exilium, in: Der Neue Pauly. Enzyklopädie der Antike, Bd. 4, Epo - Gro, Cancik, Hubert; Schneider, Helmuth (Hrsg.), Stuttgart 1998, Sp. 343 f.
Gamauf, Richard: Ad statuam licet confugere. Untersuchungen zum Asylrecht im römischen Prinzipat, Frankfurt am Main 1999.
Gamauf, Richard: Sex and crime im römischen Recht. Zu einem Fall nichtsanktionierter sexueller Gewalt (D 47.2.39 Ulp. 41 Sab.), in: Recht ohne Grenzen. Grenzen des Rechts, Europäisches Forum Junger Rechtshistorikerinnen und Rechtshistoriker Graz 1997, Polaschek, Martin F.; Zieghofer, Anita (Hrsg.), Frankfurt am Main 1997.
Gamauf, Richard: Realität in der Fiktion: Zur Rechtspraxis in den Satyrica des Petronius, Vortrag, SIHDA Clermont-Ferrand, 2003.
Geelhaar, Clemens; Scheibelreiter, Philipp: Eine existenziell beduetsame Form der Vertragsbesicherung antiker Rechtskulturen? Eine vergleichende Studie zur

rechtssymbolischen Bedeutung der Geschlechtsteile, RIDA, 3. Serie, 41. Bd. (2004), S. 31 - 45.

Gehrke, Hans-Joachim: Geschichte Milets in der Mitte des 5. Jahrhunderts v. Chr., in: Historia, Bd. 29 (1980), S. 17 - 31.

Georges, Heinrich (Hrsg.): Handwörterbuch, Erster Band, 9. Auflage, Hannover 1918.

Georges, Heinrich (Hrsg.): Handwörterbuch, Zweiter Band, 9. Auflage, Hannover 1918.

Gerkens, Jean-François; Vigneron, Roger: The Emancipation of Women in Ancient Rome, in: RIDA, 3. Serie, 47. Bd. (2000), S. 107 - 121.

Giaro, Tomasz: Geltung und Fortgeltung des römischen Juristenrechts, in: Zeitschrift der Savigny-Stiftung für Rechtsgeschichte, Roman. Abteilung, Bd. 111 (1994), S. 66 - 94.

Giesecke, Walther: Antikes Geldwesen, Leipzig 1938.

Grant, Michael: The Roman Emperors. A Biographical Guide to the Rulers of Imperial Rome. 31 BC - AD 476, London 1985.

Grasmück, Ernst Ludwig: Exilium. Untersuchungen zur Verbannung in der Antike, Paderborn 1978.

Guizzi, F.: Aspetti giuridici del sacerdozio romano. Il sacerdozio di Vesta, Neapel 1968.

Haase, Richard: Justinian I. und der Frauenraub (raptus), in: Zeitschrift der Savigny-Stiftung für Rechtsgeschichte, Roman. Abteilung, Bd. 111 (1994), S. 454 - 470.

Hackl, Karl: Der Zivilprozeß des frühen Prinzipats in den Provinzen, in: Zeitschrift der Savigny-Stiftung für Rechtsgeschichte, Roman. Abteilung, Bd. 113 (1997), S. 141 - 159.

Habicht, Christian: Cicero der Politiker, München 1990.

Håkanson,Lennart: Textkritische Studien zu den größeren pseudoquintilianischen Deklamationen, Lund 1974.

Halbwachs, Verena Tiziana: Frauen im Rechtsalltag der römischen Antike, in: Alltägliches Altertum, Specht, Edith (Hrsg.), Frankfurt am Main 1998, S. 207 - 226.

Halbwachs, Verena Tiziana: Pactum, in. Der Neue Pauly. Enzyklopädie der Antike, Bd. 9, Cancik, Hubert; Schneider, Helmuth (Hrsg.), Stuttgart 2000, Sp. 133 ff.

Hallebeek, Jan J.: Si ob stuprum datum sit, cessat repetitio. The palingenesis of an early responsum, in: Zeitschrift der Savigny-Stiftung für Rechtsgeschichte, Roman. Abteilung, Bd. 112 (1995), S. 400 - 410.

Hammond, Mason: The Augustan Principate in Theory and Practice during the Julio-Claudian Period, 3. Auflage, New York 1968.

Harke, Jan Dirk: Mora debitoris und mora creditoris im klassischen römischen Recht, Berlin 2005.

Hermansen, Gustav: Studien über italischen und den römischen Mars, Kopenhagen 1940.

Herrmann-Otto, Elisabeth: Sklavenkinder in Recht, Ökonomie und Gesellschaft des Römischen Reiches, in: RIDA, 3. Serie, 51. Bd. (2004), s. 167 - 186.

Heumann, H. E.: Handlexikon zu den Quellen des römischen Rechts, 3. Auflage, Jena 1857.

Hitzig, Hermann Ferdinand: Die Herkunft des Schwurgerichts im römischen Strafprozess. Eine Hypothese, Zürich 1909.

Höbenreich, Evelyn: Überlegungen zur Verfolgung unbeabsichtigter Tötungen von Sulla bis Hadrian, in: Zeitschrift der Savigny-Stiftung für Rechtsgeschichte, Roman. Abteilung, Bd. 107 (1990), S. 249 - 314.

Höbenreich, Evelyn; Rizzelli, Giunio: Scylla. Fragmente einer juristischen Geschichte der Frauen im antiken Rom, Wien 2003.

Honsell, Heinrich: Römisches Recht, 5. Auflage, Berlin 2002.

Hooft, Anton van: Zelfdoding in de antike wereld. Van autothanasia tot suicide, Nimwegen 1990.

Hope, Valerie M.; Marshall, Eireann (Hrsg.): Death and Disease in the Ancient City, London 2000.

Hose, Martin: Die Krise der Rhetoren. Über den Bedeutungsverlust der institutionellen Rhetorik im 4. Jahrhundert und die Reaktion ihrer Vertreter, in: Christoff Neumeister, Wulf Raeck (Hrsg.), Rede und Redner - Bewertung und Darstellung in den Antiken Kulturen, Paderborn 2000, S. 289 - 299.

Hosius, Carl; Schanz, Martin: Geschichte der Römischen Literatur bis zum Gesetzgebungswerk des Kaisers Justinian, Zweiter Teil: Die Römische Literatur in der Zeit der Monarchie bis auf Hadrian, 4. Auflage, München (1935) 1959.

Humphreys, S. C.: Solon on adoption and wills, in Zeitschrift der Savigny-Stiftung für Rechtsgeschichte, Roman. Abteilung, 119 Bd. (2002), S. 340 - 347.

Jehne, Martin: Rednertätigkeit und Statusdissonanzen in der späten römischen Republik, in: Rede und Redner - Bewertung und Darstellung in den Antiken Kulturen, Christoff Neumeister, Wulf Raeck (Hrsg.), Paderborn 2000, S. 167 - 189.

Jhering, Rudolph von: Der Zweck im Recht, 2. Bd., Leipzig 1883.

Jhering, Rudolph von: Der Zweck im Recht, 1. Bd., 2. Auflage, Leipzig 1884.

Johne, Klaus-Peter; Köhn Jens; Weber, Volker: Die Kolonen in Italien und den westlichen Provinzen des Römischen Reiches: eine Untersuchung der literarischen, juristischen und epigraphischen Quellen vom 2. Jahrhundert v. u. Z. bis zu den Severern, Berlin 1983.

Kaiser, Otto (Hrsg.): TUAT 1: Texte aus der Umwelt des Alten Testaments, Bd. I. Rechts- und Wirtschaftsurkunden. Historisch-chronologische Texte, 4. Auflage, Aachen 1985.

Kapparis, K.: Humiliating, the Adulterer: the Law and the Practice in Classical Athens, S. 63 - 77, in: RIDA, 3. Serie, 43. Bd. (1996).

Kaser, Max; Hackl, Karl: Das Römische Zivilprozeßrecht, 2. Auflage, München 1996.
Kaser, Max: Das Römische Privatrecht, Erster Abschnitt, Das Altrömische, das Vorklassische und Klassische Recht, 2. Auflage, München 1971.
Kaser, Max: Das Römische Privatrecht. Zweiter Abschnitt. Die Nachklassischen Entwicklungen, 2. Auflage, München 1975.
Kaser, Max; Knütel, Rolf: Römisches Privatrecht, 18. Auflage, München 2005.
Kennedy, Georg: Quintilian, New York 1969.
Klingenberg, Georg: Commissum: Der Verfall nichtdeklarierter Sachen im römischen Zollrecht, Graz 1977.
Kniemeyer, Claus-Dieter: Das Verhältnis des Strafverteidigers zu seinem Mandanten: Vertrauen und Unabhängigkeit, Frankfurt am Main 1997.
Koch, Christian: Drei Skizzen zur Vesta-Religion, in: Religio 1960, S. 1 - 16.
Koch, Christian: Die Wiederherstellung der Demokratie in Ilion. Zum Wandel der Gesetzgebung gegen die Tyrannis in der griechisch-makedonischen Welt, in: Zeitschrift der Savigny- Stiftung für Rechtsgeschichte, Roman. Abteilung, 113. Bd. (1996).
Köbler, Gerhard: Juristisches Wörterbuch, 13. Auflage, München 2005.
Kötting, Bernhard: Die Bewertung der Wiederverheiratung (der zweiten Ehe) in der Antike und in der frühen Kirche, Opladen 1988.
Krause, Jens-Uwe: Witwen und Waisen im Römischen Reich II. Wirtschaftliche und gesellschaftliche Stellung von Witwen, Stuttgart 1994.
Küster, Axel: Blinde und Taubstumme im Römischen Recht, Köln 1991.
Kunkel, Wolfgang: Herkunft und soziale Stellung der Römischen Juristen, 2. Auflage, Weimar 1967.
Kuße, Holger: Konjunktionale Koordination in Predigten und politischen Reden - Dargestellt an Belegen aus dem Russischen, München 1998.
Lafont, Sophie: Femmes, Droit et Justice dans l`Antiquité orientale, Göttingen 1999.
Lanfranchi, Fabio: Il Diritto Nei Retori Romani, Mailand 1938.
Lanfranchi, Fabio: Recerche sul valore giuridico delle diharazioni di nascita in diritto romano, Bologna 1951.
Lanfranchi, Fabio: Ricerche sulle azioni di stato nella filiazione in diritto romano, Bd. I, L` „agere ex senatusconsultis de partu agnoscendo", Modena 1953.
Lanfranchi, Fabio: Ricerche sulle azioni di statuo nella filiazione in diritto romano, Bd. II, La c. d. presunzione di paternitá, Bologna 1964.
Lanni, Adrian: Law and Justice in the Courts of Classical Athens, New York 2006.
Lécrivain, Ch.: Le droit Grec et le droit Romain dans les controverses de Sénèque le père et dans les Déclamations de Quintilien et de Calpurnius Flaccus, in: Nouvelle Revue Historique de droit Français et Étranger (RHDFE) - quinzième année, Paris 1891, S. 680 - 691.

Levi, Mario Attilio: L`auctoritas di Augusto, in: RIDA, 3. Serie, 39. Bd. (1992), S. 185 - 201.

Levy, Ernst: Libertas und Civitas, in: ZRG 78 (1961); S. 143 - 172.

Lévy, J. P.: Cicéron et la preuve judicaire, in. Droits de l'antiquité et sociologie juridique, Mélanges, Henri, Lévy-Bruhl (Hrsg.), Paris 1959, S. 187 - 197.

Libero, Lauretana de: Die archaische Tyrannis, Stuttgart 1996.

Liebs, Detlef: Römisches Recht, Göttingen 1975.

Liebs, Detlef: Römische Jurisprudenz in Gallien (2. bis 8. Jahrhundert), Berlin 2002.

Link, Stefan: ...ut optimo iure optimaque lege cives Romani sint: Bürgerrecht, Liturgie- und Steuerfreiheit im Übergang von der Republik zum Prinzipat, in: Zeitschrift der Savigny- Stiftung für Rechtsgeschichte, Roman. Abteilung, Bd. 112 (1995).

Link, Stefan: Die Vermögensrechtliche Stellung der Frau nach dem großen Gesetz von Gortyn, in: Zeitschrift der Savigny-Stiftung für Rechtsgeschichte, Roman. Abteilung, Bd. 115 (1998), S. 214 - 234.

Loretto, Franz (Hrsg.): M. Fabius Quintilianus - Institutio oratoria X - Lehrbuch der Redekunst, 10. Buch, Stuttgart 1995.

MacDowell, Douglas: Athenian Laws about Homosexuality, in: RIDA, 3. Serie, 47. Bd. (2000), S. 13 - 27.

Malek, Klaus: Verteidigung in der Hauptverhandlung, 2. Auflage, Heidelberg 1997.

Manthe, Ulrich: Ein Sieg der Rhetorik über die Jurisprudenz, in: Manthe, Ulrich; Ungern-Sternsberg, J. von (Hrsg.), Große Prozesse der römischen Antike, 1997, S. 74 - 84.

Marrou, Henri - Irénée: Histoire de L`education dans L'antiquité, 6. Auflage Paris 1965.

Martin, Josef: Antike Rhetorik - Technik und Methode, München 1974.

Masi Doria, Carla: Inpudicitia, officium e operae libertorum , in: Zeitschrift der Savigny-Stiftung für Rechtsgeschichte, Roman. Abteilung, 110 Bd. (1993), S. 77 - 102.

Mayer-Maly, Theo: Römisches Recht, 2. Auflage, Wien 1999.

McGinn, Thomas A. J.: Ne serva prostituatur. Restrictive Covenants in the Sale of Slaves, in: Zeitschrift der Savigny- Stiftung für Rechtsgeschichte, Roman. Abteilung, 107. Bd. (1990), S. 315 - 353.

McGinn, Thomas A. J.: Prostitution, Sexuality, and the Law in Ancient Rome, Oxford 1998.

Medvedev, J. P.: Pravovaja kul`tura vizantijskoj imperii, Sankt-Peterburg 2001.

Meissel, Franz-Stefan: Sociatas. Struktur und Typenvielfalt des römischen Gesellschaftsvertrages, Frankfurt 2004.

Memmer, Michael: Ad servitutem aut ad lupanar ... Ein Beitrag zur Rechtsstellung von Findelkindern nach römischem Recht - unter besonderer

Berücksichtigung von §§ 77 - 98 Sententiae Syracae, in: Zeitschrift der Savigny-Stiftung für Rechtsgeschichte, Roman. Abteilung, Bd. 108 (1991), S. 21 - 93.
Mette-Dittmann, Angelika: Die Ehegesetze des Augustus. Eine Untersuchung im Rahmen der Gesellschaftspolitik des Princeps, Stuttgart 1991.
Meyer, Ernst: Römischer Staat und Staatsgedanke, 4. Auflage, Zürich 1975..
Modrzejewski, Joseph: La Regle de Droit dans L'Egypte Romaine, in: American Studies in Papyrology - Volume Seven - Prodeedings of the Twelfth International Congress of Papyrologie, Deborah H. Samule (Hrsg.), Toronto 1970, S. 317 - 370.
Meer, Johanna Anna Josepha Maria van der: The lex Voconia. Made for men. Mulier heres institui non potest, Den Haag 1996.
Mönnich, Ulrike: Frauenschutz vor riskanten Geschäften. Interzessionsverbot nach dem Velleianischen Senatsbeschluß, Köln 1999.
Mommsen, Theodor: Römisches Staatsrecht, III, 4. Auflage, Tübingen 1952.
Mommsen, Theodor: Römisches Strafrecht, Leipzig 1899.
Montesquieu, Charles Louis de Secondat de: L`esprit des lois, Masson, M. André, Paris 1950.
Morawski, C.: Zu lateinischen Schriftstellern, in: Wien. Stud. IV, 1882, S. 166 - 168.
Müller-Ehlen, Martina: Hereditatis petitio. Studien zur Leistung auf fremde Schuld und zur Bereicherungshaftung in der römischen Erbschaftsklage, Köln 1998.
Munziger, Michael: Vincula deterrimae condicionis: die rechtliche Stellung der spätantiken Kolonen im Spannungsfeld zwischen Sklaverei und Freiheit, München 1998.
Neumeister, Christoff: Grundsätze der Forensischen Rhetorik gezeigt an den Gerichtsreden Ciceros, München 1964.
Nicolet, Claude: L'Ordre Équestre L'Époque Républicaine (312 - 43 av. J.-C.), 1. Band Définitions Juridiques et Structures Sociales, Paris 1966.
Nicolet, Claude; Lefebvre, Sabine: Censeurs et publicains: économie et fiscalité dans la Rome antique, Paris 2000.
Niebuhr, B. G. (Hrsg.): Reiquae M. C. Frontonis, Berolini 1816.
Nörr, Dieter: Causa Mortis - Auf den Spuren einer Redewendung, München 1986.
Noy, David: Foreigners at Rome. Citizens and Strangers, London 2000.
Ogorek, Regina: Richterkönig oder Subsumtionsautomat?, Frankfurt am Main 1986.
Ortmann, Ursula: Cicero, Brutus und Octavian - Republikaner und Caesarianer. Ihr gegenseitiges Verhältnis im Krisenjahr 44/43 v. Chr., Bonn 1988.
Ostendorf, Heribert: Strafvereitelung durch Strafverteidigung, in: Neue Juristische Wochenschrift 1978, S. 1345 - 1350.
Otto, Harro: Grundkurs Strafrecht - Allgemeine Strafrechtslehre, 5. Auflage, Berlin 1996.

Otto, Karl Eduard; Schilling, Bruno; Sintenis, Karl Friedrich Ferdinand (Hrsg.): Das Corpus Iuris Civilis (Romani), Band 3, Leipzig 1831.

Paoli, Ugo Enrico: Vita Romana, 8. Auflage, Florenz 1958.

Paoli, Ugo Enrico: Droit attique e droit romain dans les rhéteurs latins (Erstveröff. 1953), in: Altri studi di diritto greco e romano, Mailand 1976, S. 79 - 102.

Parks, E. Patrick: The Roman Rhetorical Schools as a Preparation for the Courts under the early Empire, Baltimore 1945.

Patzer, Harald: Die griechische Knabenliebe, 2. Auflage, Wiesbaden 1983.

Paulus, Christoph: Die Verechtlichung der Familienbeziehungen in der Zeit der ausgehenden Republik und ihr Einfluß auf die Testierfreiheit, in: Zeitschrift der Savigny-Stiftung für Rechtsgeschichte, Roman. Abteilung, Bd. 111 (1994), S. 425 - 435.

Paulus, Christoph: Römisches Eigentumsverständnis und Aberglauben, in: RIDA, 3. Seirie, 43. Bd. (1996), S. 283 - 314.

Pennitz, Martin: Zur Postulationsfähigkeit der Athleten im klassischen römischen recht, in: Zeitschrift der Savigny-Stiftung für Rechtsgeschichte, Roman. Abteilung, Bd. 112 (1995), S. 91 - 108.

Péter, Orsolya Márta: „Liberorum quaerundorum causa". L'image idéale du mariage et de la filiation à Rome, in: RIDA, 3. Serie, 38. Bd. (1991), S. 285 - 331.

Pölönen, Janne: Plebeians and Repression of Crime in the Roman Empire: From Torture of Convicts to Torture of Suspects, in: RIDA, 3. Serie, 51. Bd. (2004), S. 217 - 257.

Pötter, Ursula: Animus accusatorius - Anklage und Verteidigung als menschliche Verhaltensweisen in Ciceros Schriften, Münster 1967.

Prang, Helmut: Geschichte des Lustspiels von der Antike bis zur Gegenwart, Stuttgart 1968.

Pugliese, G.: Cicérone tra diritto e retorica, in: Raccolta di scritti in ore di Arturo Carlo Jemolo IV, Mailand 1963, S. 561 - 587.

Puliatti, Salvatore: Incesti Crimina. Regime Giuridico Da Augusto a Giustiniano; Mailand 2001.

Querzoli, Serena: I Testamenta E Gli Officia Pietatis. Tribunale centumvirale, potere imperiale e giuristi tra Augusto e i Severi, Neapel 2000.

Radbruch, Gustav: Rechtsphilosophie, 5. Auflage, Stuttgart 1956.

Reader, William W.; Chvala-Smith, Anthony J.: The Servered Hand and the Upright Corpse - The Declamations of Marcus Antonius Polemo, Atlanta 1996.

Rein, Wilhelm: Das Römische Privatrecht und der Civilprozess bis in das erste Jahrhundert der Kaiserherrschaft - ein Hülfsbuch zur Erklärung der alten Classiker, vorzüglich für Philologen nach den Quellen bearbeitet, Leipzig 1836.

Rein, Wilhelm: Das Criminalrecht der Römer, Eisenach 1844.

Rein, Wilhelm: Das Privatrecht und der Zivilprozeß der Römer von der ältesten Zeit bis auf Justinian - Neudruck der 2. Auflage, Leipzig 1858, Aalen 1964.

Reinach, Th.: De Archia Poeta, Paris 1889.
Reinsberg, Carola: Ehe, Hetärentum und Knabenliebe im antiken Griechenland, München 1989.
Richter, Thomas: Überlegungen zur Redegestik in der römischen Kunst, in: Rede und Redner. Bewertung und Darstellung in den antiken Kulturen. Kolloquium Frankfurt a.M., 14. - 16. Oktober 1998, Neumeister, Christoff; Raeck, Wulf (Hrsg.), Paderborn 2000, S. 249 - 268.
Riggsby, Andrew M.: Lenocinium: Scope and Consequences, in: Zeitschrift der Savigny-Stiftung für Rechtsgeschichte, Roman. Abteilung, Bd. 112 (1995), S. 423 - 427.
Riggsby, Andrew M.: Crime and Community in Ciceronian Rome, Austin 1999.
Rilinger, Rolf: Humiliores - Honestiores. Zu einer sozialen Dichotomie im Strafrecht der römischen Kaiserzeit, München 1988.
Ritter, Constantinus: Die Quintilianischen Declamationen - Untersuchung über Art und Herkunft derselben, Freiburg im Breisgau 1881.
Ritter, Constantinus (Hrsg.): M. Fabii Quintiliani Declamationes quae supersunt CXLV - editio stereotypa editoris proiris (MDCCC LXXXIV), Stuttgart 1940.
Robinson, Olivia F.: The Criminal Law of Ancient Rome, Baltimore 1995.
Robinson, Olivia F.: Quintilian (Book III) and his use of Roman Law, in: Quintilian and the Law. The Art of Persuasion in Law and Politics, Tellegen-Couperus, Olga (Hrsg.), Leuven 2003, S. 59 - 66.
Rostovtzeff, Michael: Gesellschaft und Wirtschaft im Römischen Kaiserreich, Bd. I, New Haven 1929.
Rückert, Joachim: Idealismus, Jurisprudenz und Politik bei Friedrich Carl von Savigny, 1984.
Rüpke, Jörg: Domi Militiae. Die religiöse Konstruktion des Krieges in Rom, Stuttgart 1990.
Saller, Richerd P.: Patriarchy, property and death in the Roman family, Cambridge 1994.
Santalucia, Bernardo: Diritto e processo penale nell'antica Roma, Mailand 1989.
Savigny, Friedrich Carl von: System des heutigen römischen Rechts, Bd. 1 - 8, Berlin 1840 - 1849.
Schaafsma, Agnes: Homoseksualiteit in Klassiek - latijnse retorische teksten, in: Groniek - Gronings Historische Tijdschrift, 6/Januar 80 - Homoseksualiteit & Geschiedenis.
Scheibelreiter, Philipp: Untersuchungen zur vertraglichen Struktur des attisch-delischen Seebundes, Diss., Wien 2004.
Schmitz, Winfried: Der nomos moicheias - Das athenische Gesetz über den Ehebruch, in: Zeitschrift der Savigny-Stiftung für Rechtsgeschichte, Roman. Abteilung, Bd. 113 (1997), S. 45 - 140.
Schubert, Charlotte: Der Areopag als Gerichtshof, in: Zeitschrift der Savigny-Stiftung für Rechtsgeschichte, Roman. Abteilung, Bd. 117 (2000), S. 49 - 70.

Schulz, Stefan: Die historische Entwicklung des Rechts an Bienen, Frankfurt 1990.
Schumacher, Leonhard: Octavian und das Testament Caedars, in: Zeitschrift der Savigny-Stiftung für Rechtsgeschichte, Roman. Abteilung, Bd. 116 (1999), S. 49 - 70.
Seel, Otto: Quintilian oder Die Kunst des Redens und Schweigens, Stuttgart 1977.
Sherwin-White, A.N.: The Roman citizenship, 1939.
Simonds, T. S.: The Themes treated by the elder Seneca, Baltimore 1896.
Sion-Jenkis: Von der Republik zum Prinzipat - Ursachen für den Verfassungswechsel in Rom im historischen Denken der Antike, Stuttgart 2000.
Sirks, Boudewijn: Juridical rationality in rhetorics: The roman law in the minor declamations Ascribed to Quintilian, nos 340 and 342, in: Atti del III Seminario Romanistico Gardesano, Mailand 1988, S. 331 - 359.
Sirks, Boudewijn: Reconsidering the Roman Colonate, in: Zeitschrift der Savigny-Stiftung für Rechtsgeschichte, Roman. Abt., Bd. 110 (1993), S. 331 - 369.
Sirks, Boudewijn: Frei Frauen und unterworfene Männer. Das Senatus Consultum Claudianum von 52 n. Chr., Antrittsvorlesung an der Johann Wolfgang Goethe-Universität Frankfurt am Main, 2. Juni 1999.
Sirks, Boudewijn: Making a request to the emperor: Rescripts in the Roman empire, in: Administration, prosopography and appointment policies in the roman empire, Blois, Lukas de (Hrsg.), Amsterdam 2001, S. 121 - 135.
Sirks, Boudewijn: Der Playboy im Römischen Recht, in: Iurisprudentia universalis, Festschrift für Theo Mayer-Maly zum 70. Geburtstag, Köln 2002, S. 709 - 718.
Sirks, Boudewijn: Die Nomination für die städtischen Ämter im römischen Reich, in: Cordes, Albrecht; Rückert, Joachim; Schulze, Reiner (Hrsg.), Stadt - Gemeinde - Genossenschaft. Festschrift für Gerhard Dilcher zum 70. Geburtstag, Berlin 2003, S. 13 - 22.
Sirks, Boudewijn: An Aspect of Archaic Roman Law: Auctoritas tutoris, in. The Law`s Beginnings, F. J. M. Feldbrugge (Hrsg.), Leiden 2004, S. 45 - 58.
Sirks, Boudewijn: Der Zweck des Senatus Consultum Claudianum von 52 n. Chr., in: Zeitschrift der Savigny-Stiftung für Rechtsgeschichte, Roman. Abteilung, Bd. 122 (2005), S. 138 - 149.
Solazzi, Siro: Curator Impuberis, Rom 1917.
Sprenger, Joseph: Questiones in Rhetorum Romanorum Declamationes Iuridicae, Halle 1911.
Stolleis, Michael (Hrsg.): Juristen. Ein biographisches Lexikon; von der Antike bis zum 20. Jahrhundert, München 1995.
Störig, Hans Joachim: Kleine Weltgeschichte der Philosophie, Stuttgart 1961.
Stroux, Johannes: Römische Rechtswissenschaft und Rhetorik, Potsdam 1949.
Sussman, Lewis A.: The Declamations of Calpurnius Flaccus, Text, Translation and Commentary, Leiden 1994.

Täubler, Eugen: Der römische Staat. Anhang, Grundfragen der römischen Verfassungsgeschichte, Stuttgart 1985.
Tellegen, Jan Willem: The reliability of Quintilian for Roman Law: On the Causa Curiana, in: Quintilian and the Law. The Art of Persuasion in Law and Politics, Tellegen-Couperus, Olga (Hrsg.), Leuven 2003, S. 191 - 200.
Tellegen-Couperus, Olga: Quintilian and Roman Law, in: RIDA, 3. Serie, 47. Bd. (2000), S. 167 - 177.
Tellegen-Couperus, Olga: Introduction, in: Quintilian and the Law. The Art of Persuasion in Law and Politics, Tellegen-Couperus, Olga (Hrsg.), Leuven 2003, S. 11 - 28.
Thonissen, J. J.: Le Droit Pénal de la République Athénienne, Brüssel 1875.
Todd, Stephen: Athenian Law, 2. Auflage, Oxford 1995.
Trojahn, Silke: Die auf Papyri erhaltenen Kommentare zur Alten Komödie. Ein Beitrag zur Geschichte der antiken Philologie, München 2002.
Troje, Hans Erich: Gestohlene Liebe - Zum Problem der Rettung der Ehe, Stuttgart 1988.
Tuori, Kaius: The ius respondendi and the Freedom of Roman Jurisprudence, in: RIDA, 3. Serie, 51. Bd. (2004), S. 295 - 337.
Turcan, Robert: The Cults of the Roman Empire, 3. Aufl., Oxford 1999.
Végh, Zoltán: Ex pacto ius. Studien zum Vertrag als Rechtsquelle bei den Rhetoren, in: Zeitschrift der Savigny-Stiftung für Rechtsgeschichte, Roman. Abt., Bd. 110 (1993), S. 184 - 295.
Viehweg, Theodor: Topik und Jurisprudenz. Ein Beitrag zur rechtswissenschaftlichen Grundlagenforschung, 3. Auflage, München 1965.
Völkl, Artur: Die Verfolgung der Körperverletzung im frühen Römischen Recht, Köln 1984.
Wacke, Andreas: Zur Beweislast im klassischen Zivilprozeß. Giovanni Pugliese versus Ernst Levy, in: Zeitschrift der Savigny-Stiftung für Rechtsgeschichte, Roman. Abteilung, Bd. 109 (1992), S. 411 - 449.
Wacke, Andreas: Il suicidio nel diritto romano e nella storia del diritto, In: St. Sanfilippo III, S. 679 - 712.
Wacke, Andreas: Der Ältere teilt, der Jüngere wählt, in: HRG, Sonderexemplar des Autors, November 2005.
Warde Fowler, W.: Social Life at Rome in the Age of Cicero, London 1964.
Watson, Alan: The State, Law and Religion: Pagan Rome, London 1992.
Watson, Patricia A.: Ancient Stepmothers. Myth, Misogyny and Reality, Leiden 1995.
Weishaupt, Arnd: Die lex Voconia, Köln 1999.
Welwei, Karl-Wilhelm: Unfreie im antiken Kriegsdienst, 3. Teil - Rom, Stuttgart 1988.
Welwei, Karl-Wilhelm: Gefolgschaftsverband oder Gentilaufgebot? Zum Problem eines frührömischen familiare bellum (Liv. II 48,9), in: Zeitschrift der Savigny-Stiftung für Rechtsgeschichte, Roman. Abteilung, Bd. 110 (1993), S. 60 - 76.

Wenger, Leopold: Die Quellen des Römischen Rechts, Wien 1953.
Wesch-Klein, Gabriele: Soziale Aspekte des römischen Heerwesens in der Kaiserzeit, Stuttgart 1998.
Wesel, Uwe: Rhetorische Statuslehre und Gesetzesauslegung der Römischen Juristen, München 1967.
White, J. B.: Heracles' Bow: Essays on the Rhetoric and Politics of the Law, Wisconsin 1985.
Wieacker, Franz: Römische Rechtsgeschichte - Quellenkunde, Rechtsbildung, Jurisprudenz und Rechtsliteratur - Erster Abschnitt: Einleitung, Quellenkunde - Frühzeit und Republik, München 1988.
Wieacker, Franz: Recht und Gesellschaft in der Spätantike, Stuttgart 1964.
Winkler, John J.: The Contraints of Desire, The Antropology of Sex and Gender in Ancient Greece, New York 1990.
Williams, Craig A.: Roman Homosexuality. Ideologies of Masculinity in Classical Antiquity, New York 1999.
Winterbottom, Michael: Schoolroom and Courtroom, in: Rhetoric Revalued, B. Vickers (Hrsg.), New York 1982, S. 59 - 70.
Winterbottom, Michael: The Minor Declamations ascribed to Quintilian, Berlin 1984.
Winterbottom, Michael: Seneca the Elder - Declamations - Volume I, 2. Auflage, Cambridge 1999.
Wissowa, Georg: Religion und Kultus der Römer, München 1912.
Wissowa, Georg; Kroll, Wilhelm; Witte, Kurt (Hrsg.): Paulys Real-Encyclopädie der Classischen Altertumswissenschaften, 2. Reihe, 1. Halbband, Stuttgart 1914.
Wissowa, Georg; Kroll, Wilhelm (Hrsg.): Paulys Real-Encyclopädie der Classischen Altertumswissenschaften, 9. Band, Stuttgart 1916.
Wissowa, Georg; Kroll, Wilhelm (Hrsg.): Paulys Real-Encyclopädie der Classischen Altertumswissenschaften. 24. Halbband, Stuttgart 1925.
Wissowa, Georg; Kroll, Wilhelm (Hrsg.): Paulys Real- Encyclopädie der Classischen Altertumswissenschaften, 29. Halbband, Stuttgart 1931.
Wissowa, Georg; Kroll, Wilhelm; Mittelhaus, Karl: Paulys Real-Encyclopädie der Classischen Altertumswissenschaften, 2. Auflage, 8. Halbband, Stuttgart 1932.
Wolf, P.: Vom Schulwesen der Spätantike, Baden-Baden 1952.
Wülfing, Peter: Classical and modern gesticulation accompanying speech: An early theory of body language by Quintilian, in: Quintilian and the Law. The Art of Persuasion in Law and Politics, Tellegen-Couperus, Olga (Hrsg.), Leuven 2003, S. 265 - 275..
Ziegler, Konrat; Sontheimer, Walther: Der Kleine Pauly. Lexikon der Antike, Vierter Band, München 1972.
Zinsmaier, Thomas: Der von Bord geworfene Leichnam - Die sechste der neunzehn größeren pseudoquintilianischen Deklamationen - Einleitung, Übersetzung, Kommentar, Frankfurt 1993.

Zlinsky, János: La répression Criminelle dans la Rome archaique: aspects juridicaires, in: RIDA, 3. Serie, Bd. 37 (1990), S. 463 - 475.
Zumpt, A. W.: Der Criminalprozess der Römischen Republik, Leipzig 1871.

Bildnachweis
Abbildung (deklamierender Knabe): Verlag Bibliopolis, Möhnesee.

Index declamationum

Peter Lang · Europäischer Verlag der Wissenschaften

Bernd Michael Kreiler

Statthalter zwischen Republik und Prinzipat

Frankfurt am Main, Berlin, Bern, Bruxelles, New York, Oxford, Wien, 2006.
324 S., zahlr. Abb.
Europäische Hochschulschriften: Reihe 3, Geschichte und ihre Hilfswissenschaften. Bd. 1026
ISBN-10: 3-631-55491-5 / ISBN-13: 978-3-631-55491-3 · br. € 56.50*

Aus der einleitenden Untersuchung ergibt sich ein vollständiger Neuansatz. Die Triumvirn beherrschten in der Nachfolge Caesars die ihnen im Vertrag von Bononia zugefallenen Provinzen auf der Grundlage der nicht überlieferten *lex Iulia de provinciis* und setzten ihre Statthalter diesem Gesetz entsprechend ein. Deren Funktion wird im analytischen Teil anhand der reichlichen Quellen, das heißt der antiken Autoren, Inschriften und vor allem der Münzen, neu bestimmt und illustriert.

Kreilers Studie dürfte die Forschung über die beiden schicksalhaften Jahrzehnte zwischen dem Tod Caesars und der endgültigen Etablierung des Augustus erheblich bereichern, ebenso als praktisches Arbeitsinstrument wie durch die Klärung zahlreicher Fragen, die bisher offen geblieben oder jedenfalls nicht völlig gesichert waren.
(Prof. Dr. Hatto H. Schmitt, Ludwig-Maximilians-Universität München)

Aus dem Inhalt: Prosopographie der Statthalter des Antonius und Octavians · Abriss zur Funktion der spätrepublikanischen Statthalter · Statthalter der Triumvirn: Herkunft, Laufbahn, Tätigkeit in der Provinz · Beförderungskriterien · Provinzfasten (Amtszeiten der Statthalter nach Provinzen geordnet)

www.ingramcontent.com/pod-product-compliance
Ingram Content Group UK Ltd.
Pitfield, Milton Keynes, MK11 3LW, UK
UKHW022104051026
15623UKWH00003B/662

9 783631 558614